Friedrich Leo

Plautinische Forschungen zur Kritik und Geschichte der Komödie

Friedrich Leo

Plautinische Forschungen zur Kritik und Geschichte der Komödie

ISBN/EAN: 9783742894823

Hergestellt in Europa, USA, Kanada, Australien, Japan

Cover: Foto ©Thomas Meinert / pixelio.de

Manufactured and distributed by brebook publishing software
(www.brebook.com)

Friedrich Leo

Plautinische Forschungen zur Kritik und Geschichte der Komödie

PLAUTINISCHE FORSCHUNGEN

ZUR KRITIK UND GESCHICHTE DER KOMÖDIE

VON

FRIEDRICH LEO

BERLIN

WEIDMANNSCHE BUCHHANDLUNG

1895

FRANZ BVECHELER

Vorwort.

Dieses Buch ist dazu bestimmt, meine Ausgabe des Plautus zu begleiten und zu stützen. Meine Absicht war gewesen es zu diesem Zwecke geschickter zu machen als es sich nun darstellt; aber es hat seine Entwickelung selbst genommen und ich habe, um es nicht anschwellen zu lassen, gerade die Kapitel, geschriebene und ungeschriebene, die von Stil und Metrik handeln und eine Menge von Einzelheiten der Textbehandlung rechtfertigen sollten, zurückgelegt; im Vertrauen auf die Leser, deren Urteil ich suche, die aus der Ausgabe herausholen werden was in sie hineingelegt ist und diese Abhandlungen um ihrer selbst willen hinnehmen werden.

Es scheint mir an der Zeit darauf hinzuweisen, dafs die Studien, die sich an Plautus als den Mittelpunkt der erhaltenen altrömischen Litteratur naturgemäfs anschliefsen, seit vielen Jahren sich in Regionen verfangen haben aus denen sie wieder hinauswachsen müssen. Wenn es mir gelungen ist einige Wege zu zeigen, die ins Freie führen, so erfüllt dieses Buch seinen eigenen und besseren Zweck.

Doch mufs ich über sein Verhältnis zur Ausgabe noch ein Wort hinzufügen. Ich habe es vermieden, in der Ausgabe auf die Abhandlungen hinzuweisen, die doch ein Stellenregister erhalten sollten; dagegen beziehen sich die Abhandlungen vielfach auf meinen Text und seine adnotatio, während doch jetzt nur der erste Band der Ausgabe erscheint. Das habe ich nicht für bedenklich gehalten, da der zweite

Band zum Teil bereits gedruckt ist und, wie ich hoffe, im Laufe eines halben Jahres erscheinen wird.

Der Satz hat in den letzten Tagen des vorigen Jahres begonnen; einige der seitdem erschienenen Schriften und Ausgaben habe ich noch bei der Korrektur benutzen können, die für mich zu spät gekommenen sind in der Vorrede meiner Ausgabe verzeichnet.

Göttingen, den 10. Juli 1895.

F. Leo.

Inhalt.

I
Geschichte der Überlieferung der plautinischen Komödien im Alterthum

1

Seitdem durch Ritschl die Erkenntnifs begründet worden, dafs die Palatini eine einheitliche Überlieferung, ja eine einzige Handschrift darstellen, der mit eigner Überlieferung der Ambrosianus allein gegenübersteht, haben viele die beiden Recensionen gegen einander abgewogen, der eine den Primat des Ambrosianus, der andere den der Palatini verfochten (und diese mufsten freilich gegen den mit dem neuen Lichte blendenden Nebenbuhler erst zu Ehren gebracht werden), einzelne auch bemerkt, dafs das Verhältnifs nicht für alle Stücke das gleiche sei. Alle sind davon ausgegangen und haben sich darauf beschränkt, die Abweichungen der einen Handschrift von der andern zu prüfen und die ursprünglichen von den gefälschten Lesarten zu sondern. Auf diesem Wege ist im einzelnen, durch die sprachliche und metrische Untersuchung, viel wichtiges erkannt worden, und im ganzen die Thatsache, dafs man keine Formel aufstellen, sondern nur eklektisch verfahren, d. h. aus inneren Gründen entscheiden darf. Aber in den Kern der Frage dringt man mit dieser Methode nicht vor[1]) und zu einer historisch begründeten recensio des Plautustextes führt sie nicht.

Wir besitzen eine Handschrift des 4. oder 3., eine andere des 10. oder auch 9. Jahrhunderts, diese mit der Verderbnifs der Jahrhunderte behaftet, jene mit den Fehlern des librarius, dessen Muttersprache zwar Latein, aber nicht das Latein des Plautus war; beider Text und Ausstattung so weit verschieden, dafs wir nicht bezweifeln können, Exemplare zweier antiker Ausgaben vor uns zu haben. Zu welcher Zeit, von was

---

1) Tiefer zu gehn haben Ritschl (Neue plaut. Exc. p. 110), Bergk (Beiträge p. 121), Studemund (Würzb. Festgrufs p. 38) u. a. zwar Versuche gemacht, aber solche die nicht viel mehr beweisen als die Nothwendigkeit tiefer zu gehn.

für Leuten, auf Grund welches urkundlichen Materials sind diese Ausgaben gemacht worden? Zur Beantwortung dieser Fragen sind wir im wesentlichen auf die Analyse der Ausgaben selbst angewiesen; sie schliefsen die weitere ein, ob wir es mit einer im wahren Sinne des Worts einheitlichen oder mannigfaltigen Überlieferung zu thun haben.

Eine Überlieferung kann einheitlich sein und den Schein der Mannigfaltigkeit haben; Varianten erzeugt jede Abschrift, und gegen willkürliche Änderung ist kein Text geschützt. Wir beurtheilen die Überlieferung der griechischen Dichter richtig, seit wir wissen, dafs fast alle einheitliche Überlieferung haben und von dem einmal fixirten Text in späterer, zum Theil sehr später Entwicklung abgewichen worden ist, während Isokrates Demosthenes Thukydides in mehrfacher Textgestalt vorliegen. Zu erkennen aber ob eine Überlieferung einheitlich oder mannigfaltig ist, mufs man die Übereinstimmung der Zeugen untersuchen, nicht ihre Abweichungen von einander. Ihre Übereinstimmung mufs die Stufe erkennen lassen, von der aus die Überlieferung verschiedne Wege genommen hat. Treffen die Zeugen nur im Richtigen zusammen, so ist die Präsumption dafür, dafs die Trennung früh stattgefunden hat; treffen sie im Falschen zusammen, so wird zwar oft ein sicherer Schlufs nicht möglich sein, denn Übereinstimmung im Falschen kann so alt sein wie die ersten Copien des Gedichts, Interpolationen brauchen nicht viel älter zu sein, vieles nahm Varro hin und hielt Fronto für eine figura; aber Art und Umfang der gemeinsamen Corruptel können mit Sicherheit beweisen, dafs es im Alterthum, so weit uns die recensio führt, nur einen Text gegeben hat. Ich meine dafs für Plautus dieser Fall vorliegt und will ihn zuerst an einer bekannten Erscheinung erläutern.

Über die Thatsache, dafs in unserm Plautustext der Hiatus so häufig und in allen Spielarten erscheint, ist so wenig mit Correcturen und allgemeinen Erwägungen wegzukommen, als indem man kurzerhand dem Dichter selbst eine solche Technik zumuthet. Die Thatsache mufs in der Geschichte der Überlieferung mit ihre Erklärung finden. Dafs solche Verse wie etwa Poen. 453 sq.

> sex immolavi ágnos, nec potui tamen
> propitiam Venerem facere uti (ut *A*) esset mihi.
> quoniam litare nequeo, abi illim ilico
> iratus, votui éxta prosecarier

in dieser Form nicht von Plautus herrühren ist vollkommen sicher. Weder Terenz noch Varro, weder Phaedrus noch Seneca[1]) kennen

---

1) Bei Terenz sind im ganzen 18 Verse mit Hiatus durch Bembinus und Calliopius gemeinsam überliefert, davon kommen auf Eunuchus 6 (v. 95. 117.

solche Verse, und in den metrischen Inschriften erscheinen sie nicht vor hadrianischer Zeit. Beides zwar gestattet keinen unmittelbaren Schlufs; die plautinische Technik könnte eine Stufe unter der terenzischen stehen und die von gebildeten Versemachern verfafsten inschriftlichen Senare mit Hiatus sind, wie die akrostichischen Argumente, keineswegs vom plautinischen Text unabhängig, sondern von Archaisten in vermeintlich plautinischer Technik verfafst; dafs solche Inschriften nicht früher auftreten, kann daran liegen dafs der Archaismus nicht älter ist. Aber Verse wie die angeführten vertragen sich nicht mit der sonst herrschenden Synalöphe, sie konnten von römischen Schauspielern in älterer Zeit nicht gesprochen werden. Wo der Hiatus in die Cäsur fällt, ist das ein Grund nicht für sondern gegen seine Zulässigkeit; denn der Hiatus widerspricht dem Wesen der Cäsur (nicht dem der Diärese). Klotz[1]) hat mit Recht darauf hingewiesen, dafs Verse mit Hiatus in der Cäsur die Spitze einer Entwickelung bilden, die mit der Vermeidung der Synalöphe beginnt, einer Entwickelung, die der plautinischen Technik entgegengesetzt ist. Die Frage heifst nicht: hat Plautus den Hiatus zugelassen? sondern: welche Hiate der Überlieferung sind für Plautus und seine Zeit Hiate gewesen? Auf diese Frage komme ich zurück[2]); im folgenden werde ich die allgemein als nur scheinbar anerkannten Hiate (in den Diäresen der Langverse, in einsilbigem betontem Wort, auch bei Personenwechsel)

---

132. 662. 733. 912, und zwar 95 durch offenbaren Irrthum, 912 durch die Form *supposuit* für *supposivit*), Heautontimorumenos 3 (v. 461. 655. 890), Phormio 5 (v. 146. 542. 664. 896. 1047, davon 896 durch *ut* für *uti*), Hecyra 3 (v. 1. 745. 803), Adelphi 1 (v. 514); von diesen Versen haben 4 den Hiatus im (unbetonten) einsilbigen Wort (Eun. 662. 912 Heaut. 685 Ad. 514), drei im jambischen (Eun. 132 Heaut. 890, Phorm. 1047, hier sicher falsch), drei bei Personenwechsel (Phorm. 146. 542 und vielleicht 963), einer im Diphthong (Hec. 1): so dafs schon die Seltenheit dieser Fälle ihre Zulässigkeit widerlegt. Calliopius gibt allein Hiatus nur Eun. 743 Heaut. 593 (513 anders) Ad. 630 und, wo der Bembinus fehlt, And. 182. 548. 850 (anders *D*), doch nicht v. 605; der Bembinus allein Eun. 433. 673. 739. 743 Heaut. 911 Phorm. 207. 363. 470. 659 Hec. 869. Ad. 395. 515. 602. 826: diese Fälle hat nicht etwa Calliopius im Streben nach metrischer Glätte entfernt, sondern sie sind sämmtlich durch irrthümliches Auslassen einzelner Wörter oder Worttheile entstanden aufser Eun. 433 (*haud* für *non*) Phorm. 363 (*cui opera* statt *cui in opere*) und Hec. 869. Ad. 826, in den beiden letzten Fällen durch unrichtige Wortstellung. Der Bembinus gibt Hiatus mit der älteren Calliopiusrecension zusammen Eun. 701 (ähnlich Phorm. 1047, beide sicher falsch) und Hec. 229, mit der jüngeren Heaut. 572 Phorm. 656, die drei letzten Fälle durch Wortauslassung. Die Überlieferung lehrt uns also, dafs Terenz überhaupt keinen Hiatus zugelassen hat.

1) Grundzüge altröm. Metr. 165 sq.
2) Kap. VI.

nicht berücksichtigen, aber die umstrittenen und solche deren Zulässigkeit
ich erst beweisen mufs, mit einrechnen, um nicht auf Fragen einzugehen,
die uns hier aufhalten würden. In den 4 Hiaten der 4 Verse Poen. 453—456 stimmen Ambrosianus
und Palatini überein. Von den 1422 Versen des Poenulus sind im Ambrosianus 852 erhalten; wenn wir diese durchgehen, so finden wir übereinstimmend in *A* und *P* überliefert Hiatus in der semiquinaria 15 mal
(448. 453. 456. 474. 485. 651. 694. 969. 982. 1042. 1051. 1113. 1127.
1138. 1327), in der semiseptenaria 6 mal (455. 679. 685. 1009. 1130.
1137), in der fünften Senkung 3 mal (443. 486. 1025), vor dem dritten
metron 2 mal (454. 497), dies alles im Senar; im Septenar nach dem
5. Trochäus v. 862. 866 (ohne Diärese), 1204 und 1289 (beide *ut* statt
uti[1])), nach dem 2. Trochäus v. 1290. 1302, in der 6. Hebung v. 903[2]),
in der 2. Hebung v. 1295; ferner in einsilbigen Wörtern v. 395 (*huic*
zweisilbig?) 985. 1005. 1054. 1235, in jambischen und pyrrhichischen
v. 873 (882) 888. 1144. 1246. 1308. 1344. Dazu v. 1272 *cur número
estis mortui* (mit Festus) und 328 *námque edepol lucrúm amare nullum
amatorem addecet*; denn dafs so gelesen wurde zeigen v. 1295 Merc. 788
Pers. 537 Pseud. 449. 938. 1315 Trin. 375. 425 (alle in *AP*)[3]).

Dieselben Kategorien[4]) und ähnliche, auch vereinzelte Fälle, auch
Verse mit zwei Hiaten finden sich in allen Stücken, meistens auch wo
im Ambrosianus nur geringe Reste erhalten sind. Ich verzichte darauf
das Material vorzulegen; es steht ohnehin fest, dafs der Hiatus in *A* und
P übereinstimmend so überliefert ist wie er sonst in lateinischen Versen
vor dem 2. Jahrhundert nicht vorkommt. Es ist nicht schwer zu sehen,
auf welchem Wege ein solches Resultat entstehen konnte. Ich kann als
sicher vorwegnehmen, dafs eine Menge von Hiaten, die die Überlieferung

---

1) vgl. Merc. 312. 712 Pers. 685. So *me* und *te* 301 (671) 889. 1258 und
bekanntlich oft in andern Stücken, z. B. im Stichus v. 159. 193. 248. 488. 489.
504. Für die emendatio ist dergleichen Schreibung irrelevant, für die Überlieferung nicht; ebenso die Hiate im Ablativ.

2) vgl. Luchs in Studemunds Studien I p. 23, Klotz p. 133; in *AP*: Epid. 214.
653 Merc. 619 Mil. 1425 Pers. 433 Pseud. 346, vgl. Most. 593 Pers. 274 Stich. 344.

3) Ebenso, ohne *A*, in *m* ausgehende Silbe vor Vocal als Länge Asin. 85
Aul. 55. Cist. 775 Ep. 363. 435 Men. 1117 Merc. 706. 749. 788 Mil. 1057. 1236
Poen. 211 Pseud. 493 Rud. 70. 243; von diesen Stellen 5 mit Personenwechsel,
andere mit Satzpause; viele nicht angeführte mit unsicherer Stelle des Hiatus.
Römische Inschrift Bücheler I 29 v. 6 *ego súm, ovantes convenite pilicrepi*, nach
a. 126. Zu *omniúm acerrumum* (Rud. 70), *drachumarúm Olympico* (Trin. 425),
mulierém in aedibus (Merc. 706) vgl. *Cresphontém existimas* ad Herenn. p. 241,
20 M.

4) Von den angeführten Hiaten sind 15 in *-m*, 4 in Ablativen.

gibt, für Plautus und seine Hörer keine Hiate waren; in den Versen
Stich. 458 sq.

> auspicio hódie óptumo exivi foras:
> mustela murem ábstulit praeter pedes;
> cum strena óbscaevavit. spectatum hoc mihist

war für Plautus ein oder kein Hiatus. Es spricht sehr für die Treue
der älteren Überlieferung dafs diese Verse bewahrt wurden wie sie waren.
Aber sie erzeugten die Ansicht, dafs Plautus wie die andern ältesten
Dichter *saepe hiabat*: Ciceros Äufserung ist sicherlich schon auf diesen
Umstand zu beziehen. So war der Zulassung weiterer Iliate die Thür
geöffnet; sie konnten in Menge eindringen sobald Plautus von der Bühne
verschwand; ihr Eindringen wurde befördert durch die im Beginn der
augusteischen Zeit beginnende Abneigung gegen die Synalöphe. Am
Ende des ersten Jahrhunderts konnte dieser Procefs so weit gediehen
sein wie er uns in der gemeinsamen Überlieferung entgegentritt. Diese
Überlieferung, wie wir sie haben, gehört ins dritte Jahrhundert; die
gelehrte Bewegung, die gegen Ende des ersten einsetzt, ist für die grammatische Thätigkeit des dritten mafsgebend gewesen.

Es fällt aber hier gleich ins Auge, dafs der Hiatus nicht in alle
Stücke gleichmäfsig Eingang gefunden hat; die einen sind übervoll, die
andern fast frei davon. Neben den Poenulus treten in *AP* Casina Stichus
Pseudolus Mercator Persa, weniger sind in Epidicus Mostellaria, wegen
zu geringer Erhaltung treten Rudens und Menaechmi (die in *P* wohl die
gröfste Zahl klaffender Verse haben) zurück; aber einen wahren Gegensatz
gegen den Poenulus bilden Trinummus Truculentus Miles. Alle 3 Stücke
haben auch in den Palatini allein, mit den übrigen verglichen, sehr wenig
Hiate. Im Ambrosianus sind vom Trinummus 622, vom Truculentus 210,
vom Miles etwa 520 Verse erhalten. Im Trinummus bieten *AP* übereinstimmend nur folgende Hiate: in der semiquinaria v. 10. 48, unsicher
173. 185; in der 5. Senkung v. 15 (oder semiseptenaria) 539; in der
4. Hebung v. 540. 558, diese wenigen zum Theil nur scheinbare Hiate;
aufserdem bei Personenwechsel v. 375. 432, in der Diärese *v.* 652. Der
gemeinsam überlieferte Theil des Truculentus ist frei von Hiatus, nur
v. 227 gibt *A*: *meretricem sentis similem esse condecet*, *P*: *meretricem esse*
similem sentis condecet. Am deutlichsten spricht die Überlieferung des
Miles. In fast 500 Versen haben Hiatus nur v. 4 *praestringat oculorum*
aciem in ácie hostibus, 23 *me sibi habeto*, *ego me mancupio dabo*, 351
néque cuiquam quam illi in nostra meliust famulo familia, 1136 *una*
éxeuntis video hinc e proxumo, d. h. unzweifelhaft wirklichen Hiatus nur
der letzte. Dann in den 40 Versen der Schlufsscene 1412 *tu hodie,*

1421 *te hodie*, 1413 *si te salvom hinc mittemus*, 1425 *gratiam habeo tibi* und in der Diärese v. 1402. 1408. 1411. 1426 (*te*), vorher v. 1159. 1168.

Es liegt klar vor Augen: Trinummus Truculentus Miles verhalten sich anders zum Hiatus als Poenulus und Menaechmi. Hierfür sind zwei Erklärungen möglich. Die eine, die viele zu ergreifen geneigt sein werden, ist die Annahme, daſs Plautus selbst eine Entwickelung von Freiheit zu Strenge oder auch von Strenge zu Freiheit durchgemacht habe. Mir scheint das ausgeschlossen. Einmal gehören Trinummus und Truculentus in späte, Miles in frühe Zeit; zum andern müſsten wir, wenn die römische Technik in früher Zeit des Plautus den Hiatus gestattet hätte, den Hiatus im Saturnier, in den scenischen Fragmenten des Livius und Naevius herrschend finden, wenn in später Zeit, die Spuren bei Ennius finden. Somit bleibt die andere Erklärung, die als unabweislicher Schluſs aus den vorliegenden Thatsachen folgt: der Miles hat andere Überlieferung als der Poenulus, die Stücke sind nicht auf gleichem Wege und in gleicher Erhaltung in das corpus gelangt das uns vorliegt, mit andern Worten: die 21 Stücke waren nicht als corpus überliefert. Weitere Argumente für diesen Satz werden sich bald ergeben.

2

Wir haben erkannt, daſs uns der plautinische Text in einer Gestalt vorliegt, die nicht viel älter ist als der Ambrosianus selbst. Auch für diesen Satz werden sich weitere Belege finden. Man wird nun geneigt sein anzunehmen, daſs im zweiten Jahrhundert n. Chr. eine grofse Zahl von Plautusexemplaren vorhanden war und daſs daher auch die Überlieferung einer so jungen Zeit noch sehr mannigfaltig sein könnte. Der Vordersatz ist nicht richtig, wie wir später sehen werden; daſs wir in unseren beiden Texten nicht verschiedene Überlieferung vor uns haben, lehrt ihre Übereinstimmung mit Sicherheit.

Wenn in einer Überlieferung, die aus mittelalterlichen oder Renaissance-Handschriften besteht, gemeinsame Corruptel vorwaltet, so ziehen wir den sicheren Schluſs, daſs den Handschriften ein einziger Archetypus zu Grunde liegt, und wir suchen den Archetypus im Mittelalter, da wir solche Corruptel dem lateinisch redenden Schreiber oder dem antiken Herausgeber nicht zutrauen. Der Schluſs auf einen Archetypus ist nun für Plautus so zwingend wie für irgend einen mittelalterlichen Text. Ich muſs den Beweis ausführlich geben, da die Thatsache (obwohl sie keinem der sich verständig mit Plautus beschäftigt hat unbekannt sein dürfte) nicht gebührend gewürdigt wird und da der eben erkannten Thatsache gegenüber, dafs die Stücke verschiedene Überlieferung haben, der Beweis für jedes Stück erbracht werden mufs. Ich werde dabei alles bei Seite lassen wovon man auch nur vermuthen kann, dafs es einem gebildeten Leser der Antoninenzeit erträglich gewesen wäre. Voranstehen mag auch hier der Poenulus. v. 331 steht in *AP: et secunda tu in secundo salve in pretio, tertia | salve extra pretium.* Es ist dieselbe Corruptel, die ich vind. Plaut. 10 sq. besprochen und mit ein paar Beispielen belegt habe; die Beispiele lassen sich häufen und ich kann aus *P* etwa 70 anführen[1]), viele aus *B* allein (zu den Bacchides vgl. Götz praef. VII A.). Dieselbe Corruptel erscheint in vielen Texten. die auf einer Handschrift beruhen, wie bei Varro r. rust. (vgl. Keil comm. p. 303), Cicero de leg. (p. 185, 3; 197, 16 V. und öfter), Tacitus Germ. 18 (v. 6 N.), wie in beiden Medicei: ann. IV, 37 (v. 34) XII, 67 (v. 23), hist. I 2 (v. 5) II 76 (v. 34); Catull 76, 23 *non iam illud quaero, contra me ut me diligat illa* u. a.

In der Regel schreiben *AP ae* für *ai* im gen. sing., z. B. Pseud. 9S. Stich. 537; aber Poen. 432 *aquast A, aqua est B, est aqua CD* beruht auf der Verschreibung *aqua* statt *aquai.*[2])

v. 474 steht *Evolaticorum* statt *volaticorum* in *A* und *P*, in *B* das Personenzeichen E voran; Götz in der Note beurtheilt die Erscheinung richtig; vgl. 1016, Aul. 829. Als Gegenstück mag Ter. Heaut. 611 dienen, wo Calliopius *atqui*, aber der Bembinus richtig *A*. (Note des Chremes) *qui* hat.[3])

v. 669. 670 sind übereinstimmend so überliefert:

immo út ipse nobis dixit, quo *accurres* magis,
trecentos nummos Philippos portat *praesibi*

(statt *accures* und *praesidi*). Man würde keiner mittelalterlichen Überlieferung gegenüber anstehen, dies als Beweis für einen gemeinsamen schlechtgeschriebenen Archetypus anzusehen.

Der Vers 720 (*quin séquere me ergo. abduc intro, addictum tenes*) steht in *P* auch vor v. 707 in folgender Form: *quin sequere me intro. duc me ergo intro. addictum tenes,* in *A* (wo v. 709—745 fehlen) nach v. 707 in folgender: *quin sequere me intro duc me ergo intro* (dann v. 730.

---

1) Besonders viele Fälle finden sich in Miles, Pseudolus, Truculentus; im Poenulus noch v. 279. 1387, *A* allein v. 599, *A* und *P* zusammen vielleicht auch v. 2S8. 922 (*ero uni potius intus ero odio*) und Mil. 707. Emendirt habe ich nach dieser Beobachtung aufser Most. 311 (wo ich Bothes Vorgang hätte erwähnen sollen, vgl. 1177) Bacch. 606 (auch 1115 und 1195 gehören dahin) und Capt. 201.

2) Vgl. Kap. VI.

3) Vgl. Dziatzko Ter. praef. p. XV.

708). Es konnte jemand auf den Gedanken kommen, v. 707—719 für die Aufführung zu streichen, so dafs mit v. 706 Collybiscus zugleich das Geld überreichte. In dieser Absicht ist v. 720 (an den sich, wie aus *A* zu sehen, v. 730 anschliefsen sollte) an den Rand eines Exemplars geschrieben worden, und aus diesem Exemplar stammen *A* wie *P,* wie sowohl die verschiedene Stellung (falsch in *A*) als die Schreibung des Verses, die in gleichartiger Verderbnifs von der an richtiger Stelle erscheinenden abweicht, aufser Zweifel stellen.[1])

In derselben Weise sind v. 1382—1384 nach v. 1332 an den Rand geschrieben und von *P* aufgenommen worden, während in *A* an dieser Stelle nur die drei ersten Worte von v. 1382 an v. 1332 gehängt sind, zum sicheren Zeichen dafs auch in dessen Archetypus die 3 Verse am Rande standen.

Den Vers 1168 habe ich in Wölfflins Archiv IX p. 162 besprochen und nachgewiesen, dafs wir es in der That mit einer Handschrift zu thun haben, in der *TRAGICAE* zu *TRAECAE* geworden und in deren Abschriften dies als *Thraecae* oder *Thracae* weitergegeben worden ist, so sinnlos es war.

Nur hinweisen will ich auf die gemeinsamen Corruptelen v. 351. 352 *potest* für *potes* und *nunc* für *non,* 691 *a* ausgelassen (1005 *ita*), 695 *illum* für *illud,* 852 *offeras* für *offers AB* (dieselben 885 *mortalis* für *mortali,* 952 *mel* für *mei, ACD* v. 964 *manum* für *manu*), 876 *resistam* für *res sistam,* 1225 (*volo* für *voco*), 1317 (*cur non* für *quin*), die übereinstimmend falsche Vertheilung unter die Personen v. 334. 347. 906, die unmetrischen Verse 479. 1116. 1165 (cf. Stich. 243) 1177. 1213. 1245. 1265. Die gemeinsame Corruptel ist, bald in *P,* bald in *A,* weiter vorgeschritten v. 390 (s. Anm.) 922. 928. 1176. 1190; für diesen Vorgang werde ich später ein paar Belege genauer ausführen.

Für den Poenulus darf ich es aussprechen, dafs man keiner so gearteten mittelalterlichen Überlieferung gegenüber daran zweifeln würde, dafs man es mit einem einzigen Archetypus zu thun hätte und die Abweichungen der Handschriften untereinander für secundär halten müfste.

Der Persa beginnt mit zwei unmetrischen Versen, die freilich von Alters her corrupt sein können. Aber v. 173 trägt die Signatur der auf einer Handschrift beruhenden Überlieferung: der Vers *ovis si in ludum iret, potuisset iam fieri ut probe litteras sciret* beginnt in *A* mit *quis,* in *B* mit *cuis* (woraus *CD cuius* machen). v. 310 *ecquid quod mandavi tibi estne in te speculae? adito* enthält eine sprachliche und eine

---

prosodische Unmöglichkeit, eine prosodische v. 319 *enim métuo ut possim in bubile reicere, ne vagentur,* desgleichen v. 572 *férream seram atque anulum* (für *anellum*), vgl. 182, der jambische Vers 353 beginnt *non ego inimicitias,* v. 386 *quoivismodi hic cum mala fama facile nubitur* hat eine Interpolation, die Sinn und Vers vernichtet (*mala*), v. 418 ist *servitritium* eine Corruptel für *servitutium,* die in einer Barbarenhandschrift nicht auffällt, aber in einem auf mehreren Zeugen beruhenden antiken Text ganz wunderbar ist; und bei solcher Überlieferung kann man es nicht mehr für Zufall halten, wenn v. 581 und 591 *est* statt *es* in AP steht. v. 284 *video égo te, iam incubitatus es. ita súm, quid id ad te attinet?* steht das unmögliche *attinet* in A an der Stelle die ihm der gegeben hatte der das Interpretament aufnahm; in P ist eine Correctur durch Umstellung versucht: *quid id attinet ad te,* die Corruptel lag also vor; vgl. v. 265. Das Resultat ist so deutlich wie beim Poenulus.

Ein ähnlicher Fall von fortschreitender Corruptel begegnet im Miles, v. 1419 *di tibi bene faciant semper, quom advocatus bene mihi es:* so steht in P, für *es* hat B *adest,* d. h. die Variante oder Conjectur *advocatus mihi ades* ist mit dem Text der Vorlage verquickt. Das zweite *bene* ist sprachwidrig, wie Ribbeck gefühlt hat (*bonu's*); Ritschl schrieb wenigstens *bene mi ades.* In A steht *advocatus mihi benest,* damit ist die Emendation gesichert: *mihi venis;* so Stich. 326 *tun mi huc hostis venis?* Cic. pro Rosc. Am. 55 *vident omnes qua de causa huic inimicus venias;* Epid. 422 *ei volo ire advocatus,* sonst *qui advocatus adsit, dum asto advocatus:* ire venire adesse sind die drei Stufen; Merc. 887 *amicus advenio* ist zwar unecht, zeugt aber für den Ausdruck. Die Schreibung *benis* (so Stich. 695 *vivimus* für *bibimus* A P) hat zur Corruptel den Anlaſs gegeben. Das Fortwuchern der Corruptel ist auch v. 404 zu bemerken. — v. 595 *ibo intro, ne, dum absum, multae sortitae fiat (multi sortito fuam* P) ist *multae* (wie *multi*) sowohl des Verses wegen unmöglich als weil es neben der Loosung keinen Sinn geben kann; Periplectomenus geht hinein, weil er bei der Loosung zugegen sein muſs; er und Palaestrio sind die Führenden, er denkt an die Loosung der Consuln: *ne, dum absum, alter sorti defuat* (der eine der beiden in Betracht kommenden, unentbehrlichen) trifft Sinn und Ausdruck und erklärt die Corruptel. *sortitus* giebt es bei Plautus nicht, weder hier noch Cas. 306. Nur hinweisen will ich auf v. 60 (*ere* für *eae,* doch A zweifelhaft, so 748), 67 (*illam* für *illa*[1]), 379 (*clarata* für *clatrata*), 386 (*Palaestrioni* für *-is*), 391 (*AB*[1]), 482 (*servitute* für *-em*), 497 (*expurges mihi*), 591 (*festiva* für *-am*), 602 (fehlt wahr-

---

1) Correctur in *B*[2].

scheinlich in beiden *consultum*), 699. 700 (*huius* für *horum, serant* für *serat*), 707 (*mea*), 740 (*sumptum* für *sumptui*), 794 (*haec* für *ec-*), 797 (*hoc* für *hunc*), 808 (*abis* für *abi*), 826 (*quid* für *qui*, wie Poen. 1322 *AP*), 1152 (*prosenserit*, vgl. zu Pers. 311), 1161 (fehlt *et*).

In der Casina bieten *AP* folgende Senare: *et hic in nostra térra in Apúlia* (72) und *rogitáre oportet prius et contárier* (571), die die Identität jeder Überlieferung zu beweisen ausreichen würden; andere unmetrische Verse 799. 819. 839. 882, sinnlos durch Ausfall 182. 955 und wahrscheinlich 786. *subicitare* v. 964 mag man dem Zufall zuschreiben, wie *locos* Stich. 221. v. 126 ist *ruri* aus *ervi* geworden. v. 625, wo *AP* in *tánta factis modo mira miris* (*veris P*) *modis | intus vidi* übereinstimmen, ist *factu* längst corrigirt; aber vorhergeht *néscio unde auxili, praesidi, perfugi | mi aut opum copiam comparem aut expetam:* hier ist *opum copiam* falsch und *opis* erforderlich, nach Mitteln oder Schätzen begehrt sie nicht sondern nach Hülfe. *factu* ist in *factis* und *opis* in *opum* verändert: es ist klar, dafs beide Fehler, wie die Wörter unter einander stehen, durch einen und denselben Vorgang entstanden sind, d. h. in einer und derselben Handschrift. v. 806 (*si*) *offendam hymenaeum* erklärt meine Emendation die Corruptel und ihr Fortschreiten.

Im Pseudolus steht v. 627 der Septenar (*res rationesque erî*) *Bállionis curo, argentum accepto expenso et quoi debet dato*, wo *expenso*, das mit *quoi debet dato* inhaltlich gleich ist, zu *accepto* geschrieben ist und den Vers sprengt. v. 124, wo *oculum anne in aurem?* Bentley emendirt hat, bietet *P oculum utrum anne in aurem, A utrum an in aurem*, d. h. in der Vorlage war *utrum* über *oculum* geschrieben, was *P* mit aufgenommen, *A* für *oculum* gesetzt hat, indem er es für Correctur hielt. v. 189 hat *P quibus cinctis montes maxumi acervi frumenti sunt domi, A frumenti acervi*: erst in der Vorlage war *acervi* zur Erklärung von *montes* beigeschrieben. Vielleicht gehört in dieselbe Kategorie v. 1127 *dum calet dum datur A, dum datur dum calet P*, vielleicht auch v. 372 und 833. v. 351 ist die Emendation unsicher, aber es scheint gewifs, dafs in *quantum terra tetigit* (*A*) *tetigit* metrische Correctur für das corrupte *tegit* (*P*) ist, vgl. v. 889. Dazu Corruptelen verschiedner Art, die zumeist nur durch die Übereinstimmung von *A* und *P* interessant werden: v. 42. 184. 185. 306. 331 (vielleicht zufällig wie 683. 910) 385. 582. 598. 671. 681. 719. 836. 880. 954. 1000. 1050. 1252. 1305. 1327.

Stichus v. 282 war zu dem Verse, der *eraeque egenti subveni* begann, der ähnliche Vers 303 *eramque ex maerore eximam, benefacta maiorum meum* (*exangeam*) beigeschrieben worden und daraus die zweite Hälfte in v. 282 gerathen, der nun ganz sinnlos in *AP* heifst *eraeque egenti subveni benefacta maiorum meum*, sogar mit dem Schreibfehler *malorum* in *A* und *B* (erst in *CD* corrigirt), der in *P* v. 303 wiederkehrt. Einen schlagenderen Beweis für den Ursprung aus einer Handschrift kann es nicht geben. v. 223 ist *hercle aestumavi* nur leicht verdunkelt in *A: hercule iste amavi*, daraus in *P* mifsgebessert *Hercules te amabit*; v. 342 *equidem* verdunkelt zu *ecquidem* in *A*, daraus verdorben in *ecquem* in *P*; v. 587 erscheint *medimnum* als *mediumnum* in *A*, als *mediam nunc* in *P* (weiter verdorben in *B*); v. 704 hat *A* die Corruptel *cynice hic accipimur quam in lecticis* (statt *lectis*, sinnlos), *P* läfst *hic* aus um einen Vers daraus zu machen; v. 620 hat (statt *satis est*) *P* saterest und *A* *sateris est*, d. h. es liegt eine Verquickung von *satis est* und *sat erit* vor (vgl. Cist. 111 *est erit* statt *erit*). Dies ist alles unmittelbar beweisend und ich brauche nur noch auszuschreiben : 165 *uteri dolores mihi oboriuntur cotidie*. 175 *quia inde iam a pusillo puero ridiculus fui*, 243 *eu ecastor risi te hodie multum. quando aut quo in loco*, 254 *rogare opinor te volt. mene ut ab sese petam?* (alles Senare unter Senaren), 357 *nisi forte hospites venturi sunt. lectos sternite*, 389 *ridiculosissimos. revorram hercle hoc quod converri modo* (Septenare unter Septenaren, vgl. 688), und hinzuweisen auf v. 44. 45. 167. 225. 292. 306. 311. 312. 334. 339. 474. 529. 593. 629.[1]) 695.

Die Mostellaria ist, wenn man den geringen Umfang der in *A* erhaltenen Partien bedenkt, reich an Belegen. Das unmögliche *ducere* v. 961, *triginta* statt *quadraginta* v. 1010, *senatum congerronem* statt *congerronum* würde man in mittelalterlicher Überlieferung als Schreibfehler gewöhnlicher Art ansehen. Unmetrische Senare bieten *AP*, in der Hauptsache übereinstimmend, v. 580 *reddeturne igitur faenus? reddetur, nunc abi*, 599 *cui sortem accipere iam licebit. quin non peto*, Septenare v. 832 *viden pictum ubi ludificatur una cornix* (*cornix una P*) *volturios duos?* 984 *Tranio, is vel Herculi conterere quaestum potest*, 1044 *nam erus me postquam rus misit, ut filium suum arcesserem*, 1069 *docte atque astute mihi captandumst cum illo, ubi huc advenerit*, alles aus Corruptel eines einzelnen Wortes hervorgegangene Fehler, den baccheischen Tetrameter 794 *age duc mé num moror? subsequor te*, lückenhaft wie den übernächsten 794 *sed ut maestus est se* (*sese A*) *hasce vendidisse* (fehlt *aedis*), 851 (fehlt *modo*), 854 (fehlt *aliquis*), 962 (fehlt *mihi*).

Auch unter den Stücken, von denen im Ambrosianus weniger erhalten ist, fehlt es keinem an beweisenden Stellen. Men. 201 ist der

---

1) Meine im Rhein. Mus. 39, 471 vorgetragene Emendation habe ich bestätigt gefunden als ich erkannte, dafs die von *A* gebotene Versordnung die richtige ist.

richtige Versanfang *Hercules haud* bei Festus überliefert, *A* und *P* geben
das unmögliche *haud Hercules.* v. 593 sollte der Leser offenbar verbinden
dixeram controversiam, ut sponsio fieret, was überhaupt vor dem ersten
Jahrhundert schwerlich gewollt werden konnte. Über v. 1041 s. u.
Dazu kommen v. 212. 573. 1132. 1156. — Merc. 521 *matura iam inde
aetate* ist mechanische und unverständliche Corruptel; v. 842. 843
sind in *AP* nach v. 598 beigeschrieben, ohne irgend welchen Grund als
dafs an beiden Stellen Eutychus auftritt; vgl. v. 759. 761; im Rudens
521 *multo tanta miserior*[1]), 537 der Senar *iure optumo me lavisse
arbitror*, unmetrisch und sinnlos, 763 der Septenar *iam hercle tibi
messis in ore fiet mergis pugneis*; in den Bacchides v. 487 *ut opinor
illius inspectandi mi esset maior copia*; in den Captivi der unvollständige
Vers 912, dazu v. 927 und 1009.

Immerhin haben diese Stücke weniger ins Auge fallende gemeinsame Verderbnifs als die vorher behandelten; auffallend selten ist sie im
Epidicus, doch beweisend v. 506 der Senarschlufs *liberavit*, v. 568 *Acro-
polistidem* für *Telestidem*; v. 508 *Stratippoclen aiunt* (a. om. *P*) *Periphani
filium*, ein Unvers nach Sprachform und Metrum (vgl. 612 *Periphanen*);
v. 232 lag beiden offenbar die gleiche Corruptel des von Nonius bezeugten
subnimium vor; dazu v. 496. 704. Ähnlich der Truculentus mit seiner
endlosen Verderbnifs; von v. 232. 33. 34 ist nur der erste wirklich beweisend, 317 und 383 thun wenig dazu; dagegen zu v. 374 hat
Abraham bewiesen, dafs *A* den lückenhaften Vers, den *P* bietet, gleichfalls vor sich hatte. Fast ebenso selten endlich sind die unabweislichen
Fälle gemeinsamer Corruptel im Trinummus, dem Stück dessen Überlieferung für die moderne Plautuskritik bestimmend geworden ist; woraus sich die geringe Beachtung erklärt, die man der Frage die uns
hier beschäftigt überhaupt zugewandt hat. Die Stellung von v. 369 nach
361, die Unverse 302 *tuis servivi servitutem imperiis et praeceptis pater*,
495 *an mirum quin tu illuc tecum divitias feras*, 660 *át operam perire
meam sic et te haec* (*h.* om. *A*) *dicta corde spernere* beweisen freilich genug;
v. 186 ist aus beigeschriebnem *mihi* in *P hascine me*, in *A* mit versuchter
Correctur *hasce mihi* entstanden; v. 538 ist die fehlende Präposition in *A*
unrichtig ergänzt; dazu v. 85. 295. 575, vielleicht 207; ferner 311.
371 (*A C D*). 530. 757. 773, von denen der eine und der andere vielleicht dem Zufall auf Rechnung kommt: beweisende Belege werden sich

---

1) Ebenso Stich. 339 *multo tanta plus AP* und Men. 800 *multo tanta amplius P* (*A* fehlt), dagegen Bacch. 310 *multo tanto carior;* es scheint also doch
für *tanta* ein Anlafs in der Sprache vorzuliegen, ich weifs aber nicht zu sagen
welcher.

aufser diesen schwerlich beibringen lassen; aber die vorhandnen genügen vollkommen, um die Thesis auch für den Trinummus zu erhärten.

Der verschiedene Grad der gemeinsamen Corruptel ist nicht ebenso zu beurtheilen wie das ungleiche Auftreten des Hiatus in den einzelnen Stücken. Denn während der Hiatus den Urhebern unsrer Ausgaben unbedenklich war, haben sie, wie man zunächst annehmen mufs, die das Verständnifs störende Verderbnifs nach Kräften entfernt. Und in der That trägt der Text des Ambrosianus in keinem Stück stärkere Zeichen der Überarbeitung als im Trinummus und Truculentus.

3

Wir wollen zusehen, ob uns die öde Strecke Weges, die ich dem Leser der mir hat folgen wollen zumuthen mufste, auf eine Höhe geführt hat.

Der Ambrosianus selbst gehört in die Zeit zwischen Nonius oder auch Iulius Romanus einerseits, Donatus und Servius andrerseits; die Ausgabe, von der der Archetypus der Palatini ein Exemplar war, wird dadurch in ungefähr dieselbe Zeit gewiesen. Die Texte beider Ausgaben sind gleichsam Palimpseste, durch das Übergeschriebne hindurchschend erkennt man die ursprüngliche Fassung: es ist für beide dieselbe schwer verdorbne Handschrift, deren Verderbnifs beide Herausgeber auf verschiednen Wegen zu beseitigen oder zu vermindern gesucht haben.

Die Anlage und Ausstattung der Ausgaben führt in dieselbe Zeit. Beide hatten metrische Argumente, beide nicht zu allen Stücken (*A* nicht zu Trinummus und Vidularia, erhalten zu Persa Pseudolus Stichus, *P* zu Amphitruo Aulularia Mercator Miles: leider kein übereinstimmendes, so dafs die Identität nicht constatirt werden kann), *P* allein die akrostichischen, und zwar zu allen; die Argumente sind alle und sicherlich die akrostichischen mit ihrer vermeintlichen plautinischen Technik in der Archaistenzeit verfafst worden.[1]) Die Didascalien hat *A* allein[2]), sie weisen auf die Zeit der Wiederaufnahme von Varros Büchern und Studien. Die Scenenbezeichnung und Scenentheilung folgt bei aller Verschiedenheit im Einzelnen (vgl. Baier p. 103 sq.) demselben Princip[3]), die Personenbezeich-

---

1) Das ist nur aus nichtigen Gründen in Abrede gestellt worden. Wer an der Fähigkeit des 2. und 3. Jahrhunderts, solche Verse zu machen, zweifelt der lese die Inschriften.

2) Erhalten zu Pseudolus Stichus, vorhanden gewesen zur Vidularia, vielleicht zu Casina Miles Poenulus Rudens Truculentus, nicht zu Persa Trinummus. Daraus dafs Varro zu allen terenzischen Stücken Didascalien aufbringen konnte folgt nicht, dafs er es zu allen plautinischen konnte.

3) Die Scenentitel entstammen den Bühnenexemplaren, also alter Überlieferung, aber sie rühren nicht vom Dichter her. Dem Regisseur konnte daran

nung mit griechischen Buchstaben gehörte dem Original (s. o. zu Poen. 474).[1]) Die Noten C und DV in *P* sind gewifs nicht älter als die Argumente, denn DV folgt der jungen Art der notatio, die die Wortelemente sondert.[2]) Identität der gemeinsamen Vorlage folgt aus der Anordnung der Stücke; sie ist alphabetisch, darüber unten; innerhalb der Buchstaben M und P ist verschieden geordnet, aber nicht diese Verschie-

---

liegen, die Abschnitte der Handlung regelmäfsig zu bezeichnen, und er mufste darin bestimmte Principien befolgen (die Spengel nachgewiesen hat); aber die Durchführung der Principien führte zu Unzuträglichkeiten, die für den antiken und modernen Leser gleich störend sind. Einige Beispiele: Truc. II 8 (Phronesium Stratophanes) geht Phronesium nach 2 Versen ab; Most. 408 (II 1ᵇ Tranio Puer): Tranio spricht schon v. 407 allein, der puer tritt erst v. 419 auf; Cas. 279 (II 4 Lysidamus Chalinus): die letzten Verse des Lysidamus (275 sq.) bilden den Scenenanfang, denn Mitte 279 tritt Chalinus auf, das zerstört die Wirkung; 815 (IV, 4) macht der Scenenanfang die zweite Hälfte von 814 (*iam oboluit Casinus procul*), d. h. die ersten Worte der Auftretenden, unverständlich; Capt. III 5 (659): die Lorarii sprechen schon die zweite Hälfte von 658; Aul. II 3 unterbricht der Scenenanfang die Rede des Euclio sehr störend, vgl. II 6. 7; Merc. 469 (II 4 Charinus Eutychus): Charinus spricht schon 468 ext. allein; Bacch. 925 (IV, 9 Chrysalus Nicobulus): Nicobulus ist erst 978 auf der Bühne; Merc. V, 1. 2 sind nicht zwei Scenen, die Freunde sprechen Monologe ehe sie sich sehen, ebenso Pers. I 1. 2; auch Mil. II 6 ist Monolog, aber die danach auftretende Person in den Titel aufgenommen; Amph. V, 2 und 3 sind als zwei Monologe bezeichnet, es ist eine Scene zwischen zwei Personen. Fehler der Überlieferung, wie die falsch angesetzten neuen Scenen z. B. Aul. 327. 537 Capt. 361, die falsch benannten Personen *Lampadiscus* in der Cistellaria, Pasicompsa *meretrix* Merc. III 1, das Fehlen der Philaenium Asin. V 1, der Captivi im Titel des Prologs und I 1. 2, des Aristophontes III 2 u. s. w. sind Fehler wie andere, aber sie führen wie alle diese Nichtigkeiten dazu leeres Stroh zu dreschen und λέγειν τι δοκοῦντα μηδὲν λέγειν. Wie störend sind z. B. im Schlufsact der Casina die Scenenabtheilungen, oder wo sonst bewegte Handlung dem Stück einen stürmischen Gang gibt. Wir wollen eben die Stücke lesen, da wir sie nicht sehen können. Ich habe darum diese häfsliche Theatersitte der Scenenüberschriften aus dem Text entfernt und in die Anmerkungen verwiesen, wie ich es mit Senecas Tragödien gemacht habe (vgl. I p. 86 sq.), und wünschte, dafs es mit Shakespeare, dem sie nicht einmal der Überlieferung nach zukommt, und mit Schiller und Goethe jemand ebenso machte. Die Überlieferung des griechischen Dramas bezeichnet das Auf- und Abtreten der Personen richtig und sachgemäfs. Wer Euripides und Plautus lesen will, der mufs auch die Handlung verstehen, wenn ihm die auftretende Person durch den Namen und der Abgang einer oder mehrerer durch einen Strich bezeichnet wird.

1) Was es mit den griechischen Buchstaben auf sich hat habe ich Sen. trag. I p. 85 nachgewiesen; wer danach noch von Rollenvertheilung fabelt, hat es mit sich selber auszumachen.

2) Wie in Inschriften kaum vor dem 2. Jahrhundert P. F. = *praefectus*, B. F. = *beneficiarius*, aber auch d. d. = *dedicare*, q. d. = *quondam* u. s. w.

denheit fällt ins Gewicht, sondern die gleiche Anordnung in C: Captivi Curculio (der in *A* auch an dieser Stelle stand) Casina Cistellaria. Die Ausgaben stimmen überein in Schreibungen wie z. B. *aiebat* für *aibat*, *periuras* für *perieras*, *isti peristi peri perfidis* statt *iisti periisti* u. s. w., *populi periculo* statt *popli periclo*, *opinor* statt *opino*, *vostrum* statt *vostrorum* und *nummorum* statt *nummum*, *libellae* statt *libellai*, in prosodischen Eigenheiten und Irrthümern (vgl. Pers. 398 Mil. 481, Cas. 799 u. a), metrischen Fehlern wie der spondeischen oder anapästischen Bildung der Diäresis des jambischen Septenars (Mil. 361. Poen. 1245. 1265) und vielen anderen Dingen, die zwar mehr oder minder fehlerhaft sind, aber der Zeit nicht so erschienen.

Wir besitzen bekanntlich die Reste einer anderen Ausgabe derselben Stücke in den bei Nonius vorliegenden Excerpten. Der Text dieser Ausgabe stand zwischen *A* und *P* ähnlich wie die Marseiller und Londoner Papyri des Isokrates zwischen Urbinas und vulgata, mit eignen Varianten wie diese; aber auch hier schimmert die gemeinsame Corruptel durch, in Übereinstimmung bald mit *P* bald mit *A* bald mit beiden. Damit eröffnet sich der Ausblick in eine eifrige Editorenthätigkeit im zweiten und dritten Jahrhundert, die das vorhandene Material an Lesarten, es durch Conjecturen bereichernd, hin und her geschoben und gewifs den Plautustexten der Zeit den Schein grofser Mannigfaltigkeit gegeben hat, aber alles auf Grund des einen verdorbenen Textes der 21 Stücke, dessen wahre Natur unter dem Firnifs sich schlecht verbarg. Eine Spur einer solchen Ausgabe läfst sich aus den Menaechmi nachweisen. Die Verse 1037—1044 (Gespräch zwischen Menaechmus I und Messenio) sind in *P* an ihrer Stelle im wesentlichen so überliefert:

cum viatico. Sᴇʀ. id tibi iam huc adferam. Aᴅ. adfer strenue.

Sᴇʀ. Salvom tibi ita ut mihi dedisti redhibeo hic.

Aᴅ. Nimia mira mihi quidem hodie exorta sunt multis modis.

alii me negant eum esse qui sum atque excludunt foras. 1040

etiam hic servom esse se meum aiebat quem ego emisi manu.

is ait se mihi allaturum cum argento marsuppium,

id si attulerit, dicam ut a me habeat liber quo volet.

In *A* sind nur die durch den Druck hervorgehobenen Buchstaben erhalten, aus denen aber die Identität des Textes in der Hauptsache zur Genüge hervorgeht. Nun sind dieselben Verse in *P* aufser an ihrer Stelle auch zwischen v. 1028 und 1029 geschrieben, aus der Veranlassung die Spengel (Plautus S. 50) erkannt hat; sie sind aber hier in abweichender Fassung geschrieben, und zwar in der Hauptsache in folgender:

quom viatico. AD. id tibi iam huc adferam. SEN. adfer strenue.
salvom tibi item ut mihi dedisti reddebo. hic me mane.
AD. Nimia mira mihi quidem exorta sunt miris modis.
alii me negant eum esse qui sum atque excludunt foras.   1040
vel ille qui se petere modo argentum. modo qui servom se meum
esse aiebat. quem ego modo emisi manu.
is ait se mihi· allaturum cum argento marsuppium.
AD. id si attulerit, dicam ut a me abeat liber quo volet.

Hier ist v. 1038 *reddibo*, 1039 *miris* offenbar richtig gegenüber der ersten
Fassung, aber der Schwerpunkt der Abweichung liegt in v. 1041. 1042
der zweiten Fassung. Es sind zwei Verse an Stelle des unmetrischen
der ersten, des mit dem unerträglich anflickenden *etiam*; allein das schöne
vel ille beweist die Echtheit der Überlieferung in der es auftritt. Der
Vers ist emendirt, sobald wir uns der oben besprochenen Art der Corruptel erinnern, die *modo argentum modo* statt *argentum modo* erzeugt
hat; der zweite Vers verlangt eine Ergänzung und diese, wie mir scheint,
auch Zusammenhang und Ethos der Scene:

vel ille qui se petere argentum modo, qui servom se meum
esse aiebat, ⟨meus servator⟩, quem ego modo emisi manu.

Dieser Satz schliefst sich nicht an v. 1040 an; es ist aber ohnedies klar,
dafs auf v. 1040 ein andrer einst folgte: *alii me esse aiunt qui non sum*,
wie Ritschl ergänzte, wodurch auch das gegensätzliche *alii me negant*,
was buchstäblich nicht zutrifft, erst seinen Sinn erhält; aber *etiam* der
ersten Fassung ist gesetzt, um an v. 1040 anzuschliefsen. Der Ausdruck
ist vollkommen sachgemäfs und lebhaft: den zuletzt erlebten, besonders
interessanten Umstand, dafs der Mann ihm auch noch Geld bringen will,
erwähnt Menaechmus zuerst und kommt nachher wieder darauf zurück. Die
Stelle ist also aus einer andern Handschrift, die einen andern und besseren
Text bot, an den Rand geschrieben worden. Zufällig citirt Nonius den
v. 1038, er gibt *ita* mit der einen, *reddibo* mit der andern Fassung,
die in *P* beigeschriebene stammt also nicht aus der Nonianischen Ausgabe, sondern aus einer vierten: in ihr fehlte wie in *A P* der nach v.
1040 ausgefallene Vers.[1])

---

1) Von ähnlicher Art ist Merc. 555, wo *A* bietet

nunc tamen interea ad me huc invisam domum,

P:

nunc tamen interea ad me huc invisam domum
interea tamen huc intro ad me invisam domum,

wo Itali und die alten Herausgeber mit Recht (s. zur St.) die zweite Fassung
der ersten, die sich nun auch als die von *A* ausweist, vorgezogen haben; die

Von den Grammatikern der Zeit aufser Nonius ist es in der Regel
gar zu unsicher, ob nicht nur sie, sondern auch ob ihre Gewährsmänner
die Texte selbst benutzt haben. Eine beträchtliche Zahl von Citaten
stimmt in der Corruptel mit unserer Überlieferung zusammen.[1]) Nachweisen läfst sich kein Plautustext der Antoninenzeit, der in der Grundlage von dem erhaltenen abwiche.

Ob die Bearbeiter des Plautus in diesen späten Jahrhunderten keinen
andern vollständigen Text der 21 Stücke besafsen, ist eine andere Frage;
dafs sie sich, soweit wir es erkennen können, an eine einzige Ausgabe
dieses corpus hielten, folgt aus dem Sachverhalt. Was für eine Ausgabe
das war müssen wir zu bestimmen suchen.

4

Die 21 Stücke sind die 'fabulae Varronianae', deren Begriff und
Geschichte Ritschl erläutert hat. Die Frage, die Ritschl offen gelassen
hat, durch welchen Vorgang sie in unserer Überlieferung zur Herrschaft
gelangt sind, beantwortet Usener[2]) dahin, dafs Atticus von Varro berathen
eine Ausgabe der Varronischen Auswahl veranstaltet habe und diese für
die Folgezeit mafsgebend geworden sei. Gegen die Richtigkeit dieser
Annahme scheinen mir zwei wichtige Argumente zu zeugen. Eine Auswahl im gewöhnlichen Sinne waren die fabulae Varronianae nicht, wie
Ritschl aus dem Wortlaut des Gellianischen Kapitels mit Sicherheit nachgewiesen hat; und dafs Varro in eine 'für das Lesepublicum berechnete
Sammlung Plautinischer Komödien' (Usener p. 199) grade nur die von
Andern für echt gehaltenen Stücke aufgenommen und alle die, die er
selbst 'adductus filo atque facetia sermonis Plauto congruentis Plauto
vindicavit', fortgelassen hätte, ist gar nicht in Varros Art.

Einen Fingerzeig für den Überlieferungsgang der erhaltenen Stücke
gibt uns die vorher ermittelte Thatsache, dafs die Stücke sich zum Hiatus
verschieden verhalten; dies ist Product späterer Überlieferung als sie Varro
vorgefunden hat. Aber die Stücke zeigen auch sonst in ihrer ganzen
Verfassung verschiedenen Stand der Überlieferung. Eine Zerrüttung des
Textes wie sie im Truculentus vorliegt gegenüber der guten Erhaltung

zweite ist aus einer andern Ausgabe der ersten als Variante beigesetzt worden.
Ferner Stich. 157 sq.

1) Vgl. die Eingangsverse des Persa (schol. Verg. im allgemeinen gleiche
Fassung mit *AP*), zu Poen. 443 (Priscian), 1113 (Gellius), 1179 (Charisius), 1286
(Priscian mit *A* gegen *P*), Mil. 360 (Gellius mit *P*, andre Corruptel in *A*), Trin.
340 (Lactantius inst. div. mit *P* gegen Servius mit *A*); vielleicht zufällig Cas.
346 schol. Verg. wie die Handschriften *speravimus* (*A* fehlt).

2) Nachrichten der Göttinger Gesellschaft 1892 p. 201.

etwa der Bacchides sind wir nicht berechtigt nur der mittelalterlichen
Verderbnifs der Palatini zuzuschreiben[1]); die Stücke haben im Alterthum
verschiedene Wege genommen und sind zusammengebracht worden in
einer Zeit, in der die Quellen sie zu verjüngen nicht mehr flossen.
Und doch sind unsere 21 Stücke ohne Zweifel *illae una et viginti,
quae Varronianae vocantur* *quas idcirco a ceteris segregavit, quoniam
dubiosae non erant, sed consensu omnium Plauti esse censebantur*.
Schon das *illae* des Gellius zeigt, welche Bedeutung zu seiner Zeit die
21 hatten; man hatte sie Varronianae genannt, obwohl sie das keineswegs
waren; in dieser Bezeichnung liegt dafs man sie zu der Auswahl ge-
stempelt hatte, die sie in Varros Sinne nicht sein sollten.   Der Irrthum
lag nahe, denn Stilo hatte 25 Stücke ausgesondert, die er *solas Plauti
esse existimavit*.   Dies zusammengenommen mit der Thatsache, dafs die
21 den Überlieferungsbestand des 3. Jahrhunderts bilden, und zwar in
einer bestimmten Überlieferungsform, führt zu dem nothwendigen Schlufs,
dafs eine vor der Zeit des Gellius aber zu einer Zeit, in der man der
wenn auch falsch verstandenen Autorität Varros folgte, veranstaltete Ausgabe der 21 Stücke für alle Folgezeit mafsgebend geworden ist.   Die
damit bestimmte Zeit ist die hadrianische.   In jener Ausgabe sind die
21 Stücke als corpus zum ersten mal zusammengetreten; der Herausgeber fand sie einzeln in verschiedener Erhaltung vor.   Er wählte sie
aus den erhaltenen Stücken aus und stellte sie nach dem alphabetischen
Verzeichnifs zusammen, das er bei Varro vorfand.   Es gab auch andere
Stücke, die er in diese Auswahl nicht aufnahm; aber was nicht in der
Auswahl stand gerieth bald in Vergessenheit.   Alle diese Sätze folgen
theils unmittelbar aus dem Gesagten, theils werde ich sie im Folgenden
ausführlicher erörtern.

Eine Auswahl, veranstaltet um dem Bedürfnifs nicht der Schule (für
die war Terenz da[2]), sondern des gelehrten Lesepublicums zu genügen,
ist was das 3. Jahrhundert und was wir von Plautus besitzen.   Das ist
für die poetische römische Litteratur beispiellos.   Freilich ist kein
Zweifel, dafs es an Beispielen nicht fehlen würde, wenn wir die archaische
dramatische Litteratur besäfsen, d. h., wie es nicht anders sein würde,
in den Ausgaben der Archaistenzeit besäfsen.   Die Spuren liegen deutlich bei Nonius vor.   Von Naevius' Tragödien erscheinen bei ihm Lycurgus
und Danae, jener mit 23 diese mit 11 Citaten, aufserdem Iphigenia mit

---

1) Das letzte Stück der Sammlung ist der Truculentus nie gewesen, sondern
das vorletzte; warum sollte es ihm schlechter ergangen sein als seinem Neben-
mann dem Trinummus?

2) Den deutlichsten Fingerzeig dafür gibt Quintilian X, 1, 99.

einem; von den anderen Stücken führt den Equos Troianus an Macrobius aus dem Vergilcommentar, die Hesiona Gellius mittelbar oder unmittelbar aus Varro, den Hector Priscian, alles einmal und zufällig; von den Komödien lernen wir nur durch Nonius den Gymnasticus, und zwar 8 Fragmente kennen, vereinzelte Citate aus vier bis fünf andern, meist nur durch ihn bekannten[1]), dagegen durch Charisius (und Diomedes) allein Agitatoria Acontizomenos Figulus, fast allein die vielen Fragmente von Tarentilla und Corollaria; aber Iulius Romanus scheint auch wenigstens ein plautinisches Stück aufser den 21 (den Caecus) selbst excerpirt zu haben.[2]) Von Ennius' Tragödien hat Nonius 13 von den 15 Fragmenten der Hectoris lutra, allein die der Eumeniden, dagegen kennt er nicht die früher viel citirten Alexander und Iphigenia. Von Caecilius dagegen haben die Autoren des Nonius eine Menge Stücke excerpirt, und alle des Terenz. Es ist hiernach sehr wahrscheinlich, dafs auch die Dichtungen anderer hervorragender archaischer Dichter dem Publicum der Archaistenzeit in Ausgaben ausgewählter Stücke vorgelegt wurden; sicher dafs den Kreis der archaischen Litteratur nicht nur die rhetorische Bildung sondern auch die grammatische Gelehrsamkeit des 2. Jahrhunderts enger und enger zog. Die von Probus wiederentdeckte frührömische Litteratur und wiedererweckte varronische Gelehrsamkeit war der verfallenden geistigen Kraft der auf ihn folgenden Epoche nicht zum Segen gerathen. Die Versuche, wissenschaftlich weiter zu gehen, erlahmten bald; statt Probus nach in die Tiefe zu steigen schrak man auch vor der Breite zurück; die Texte waren zum Excerpiren gut, die philologischen Bücher zum Compiliren und Epitomiren. Der geistige Gewinn war ein Flitter am Zopfe des Säculums.

Es ist die Zeit, in der endlich, nach dreihundertjähriger Wirkung und Gegenwirkung, die römische und griechische Cultur, von der unentrinnbaren Organisation des Kaiserstaates zusammengezwungen, ihre Ströme in einem seichten Bette vereinigen. Die gleichen Erscheinungen bilden in der griechischen und römischen Welt die Signatur des geistigen Lebens; noch immer geht der Anstofs von den Griechen aus und noch immer folgt der Römer dem Impulse; aber beide Bewegungen sind Product derselben Schwäche, der eine fällt und der andere gibt dem todten Gewicht des Fallenden nach.

Der Mann, der die Auswahl der 21 plautinischen Stücke machte, folgte dem Beispiel der griechischen Philologen, die aus dem attischen Drama

---

1) Die Verse p. 187 (pall. inc. frg. 79 R.) scheinen mir nicht von Naevius zu sein, sondern nachplautinisch.

2) Winter Pl. frg. p. 10. Dagegen Götz Pl. fragm. p. 194.

2*

ausgewählte Stücke in commentirten Ausgaben für das Schulbedürfnifs
zusammenstellten und damit, ohne es zu wollen, den Untergang der
übrigen dramatischen Litteratur herbeiführten [1]), genau wie die anderen,
nicht minder als die 'Varronianae' varronischen Stücke, mit denen Probus gearbeitet hatte, durch die Sammlung der Varronianae zu Grunde
gingen. Es steht fest, dafs mit wenigen Ausnahmen kein Grammatiker
vom 2. Jahrhundert an die über den Kreis der 21 hinausgehenden Stücke,
die er anführt, aus eigner Lectüre anführt.[2])

Die Analogie der griechischen Auswahlen mufs zunächst dazu führen,
die Kennzeichen dieser Ausgaben in dem Bilde zu suchen, das wir uns von
der ersten Ausgabe der 21 zu machen haben. Der Text gibt äufserlich
ein sicheres Kennzeichen der griechischen Technik in der im Ambrosianus
genau durchgeführten und in den Palatini nur verdunkelten aristopha-
nisch-heliodorischen Vers- und Kolenstellung mit Aus- und Einrücken
(Studemund Würzb. Festgrufs p. 48).[3]) Für jene Auswahlen sind die
Commentare mit Einleitungen und ὑποθέσεις unerläfslich. Ob die Ausgabe der 21 commentirt war ist später zu besprechen. Die Didaskalien
werden den Stücken vorgesetzt entsprechend den didaskalischen Angaben
in den aristophanischen ὑποθέσεις. Von den beiden Gattungen der
metrischen Argumente[4]) entsprechen die nichtakrostichischen genau den
10 zeiligen metrischen ὑποθέσεις der aristophanischen Komödien, die
zu einigen Stücken als Ἀριστοφάνους γραμματικοῦ bezeichnet werden
(Nauck Ar. Byz. frg. p. 258 sq.). Dafs diese von Anfang an der uns
überlieferten Auswahl von Aristophanes' Komödien beigegeben waren ist
sehr wahrscheinlich; Verse zum Auswendiglernen gehören in gute alexandrinische Tradition und die Verstechnik ist alt trotz starker Verderbnifs.[5])
Wie diese Argumente je 10 Verse haben, so die des Sulpicius Apollinaris
zu Terenz je 12 (zu Vergil je 6, andre, dem Ovid zugeschriebene, je 10),

---

1) v. Wilamowitz Herakles I 173 sq.

2) Nachgewiesen von Winter Plauti frg. p. 8 sq. Vgl. Götz Pl. fragm.
p. 189 sq.

3) Dafs dadurch nicht, wie Studemund will, die Ausgabe zu der der Ambrosianus gehörte nach Heliodor datirt wird, bedarf wohl keiner Ausführung.

4) Sie unterscheiden sich in der metrischen Behandlung dadurch, dafs die
akrostichischen den Hiatus (keineswegs blos in der Cäsur) zulassen, die andern
nicht, vgl. Klotz Fleckeisens Jahrb. 143,829. Das ist doch wohl nur ein individueller
Unterschied; verschiedene Entstehungszeit würde es beweisen, wenn die nicht
akrostichischen griechische Technik hätten, sie haben aber terenzische wie die
zu Terenz.

5) Nauck p. 256 polemisirt gegen die Autorschaft des Aristophanes und
erklärt Sprache und Vers gleich als des Tzetzes würdig. Es gibt aber ein
Mittelding.

weniger regelmäfsig die zu Aul. Merc. (*P*) Pseud. (*A*) je 15, zu Mil.
(*P*) und Persa (*A*) je 14, zu Stichus (*A*) 9 und Amph. (*P*) 10; alle, die
griechischen und lateinischen, erzählen im praesens, die offenbar jüngeren
zu Sophokles Oedipus Tyr. und Philoktet (die einzigen zur Tragödie
überlieferten, das zu Oedipus auch als Ἀριστοφάνους γραμμ. bezeichnet,
beide im Laurentianus) im praeteritum. Für die akrostichischen Argumente liegen in den Ausgaben griechischer Dichter nicht die unmittelbaren Analogien vor, aber wie sehr die παραστιχίς griechischer Sitte
entsprach,[1]) wie sie grade in Alexandria heimisch war[2]), wie die römischen Nachahmungen früh beginnen[3]) und sich später mehren[4]) ist bekannt. Das Auftreten der lateinischen metrischen Inhaltsangaben vom
2. Jahrhundert an (Sulpicius) erklärt sich durch den Vorgang der griechischen Ausgaben, die bald in Aller Hände kamen.

Die innere Beschaffenheit aber des corpus der 21 Stücke zu erkennen müssen wir weiter ausholen.

5

Für die Überlieferungsgeschichte der altrömischen Texte im Alterthum haben wir an der Erzählung Suetons von M. Valerius Probus einen
festen Anhalt. Es sind wenige Worte, aber sie geben uns directe Auskunft über einen litterarhistorischen Vorgang von höchster Bedeutung,
dessen Kenntnifs wir uns indirect auf keine Weise verschaffen könnten,
so deutlich wir uns aus der Geschichte des ersten Jahrhunderts die
negative Entwicklung machen können, die er abschliefst oder besser
deren letzte Folgen er durch seine persönliche Leistung abwendet. *le-*
gerat in provincia quosdam veteres libellos apud grammatistam, durante
adhuc ibi[5]) *antiquorum memoria necdum omnino abolita sicut Romae.*
hos cum diligentius repeteret atque alios deinceps cognoscere cuperet,
quamvis omnes contemni magisque opprobrio legentibus quam gloriae et
fructui esse animadverteret, nihilo minus in proposito mansit; multaque
exemplaria contracta emendare ac distinguere et adnotare curavit, soli
huic nec ulli praeterea grammaticae parti deditus. Sueton erzählt dies
mit Interesse und Wärme, ihm liegt die Sache am Herzen und er be-

---

1) Vgl. Wachsmuth Rhein. Mus. 44, 151 sq., Kaibel epigr. ind.
2) Diels doxogr. p. 85 A. ΕΥΔΟΞΟΥ ΤΕΧΝΗ gibt den Titel im Akrostichon.
3) Ennius, Aurelius Opillus, Silius. Vgl. W. Meyer Abh. Bayr. Akad.
XVII, 2 p. 370.
4) Beispiele bei Teuffel-Schwabe[5] p. 41 sq.
5) Vgl. in der Einleitung: *iam in provincias quoque grammatica penetra-*
verat u. s. w.

wundert den Mann, dem die Schriften ihre Erhaltung verdanken, mit
denen sich zu beschäftigen jetzt so sicher Ehre und Gewinn brachte
wie damals Geringschätzung; er spricht wahrscheinlich aus persönlicher
Kenntnifs des Mannes, sicher der Zeit und Umstände, von denen er
spricht. Wir erfahren dafs das Andenken der veteres libelli in Rom
völlig untergegangen war, dafs es in der Provinz noch lebte, aber auch
dort in Dunkel und Unehre, dafs Probus in der That diese Schriften
nicht nur vom Untergang gerettet, sondern auch viele wissenschaftlich
wiedergewonnen und ihre Existenz gesichert hat. Dafs Plautus unter
den geretteten war ist damit so gut wie als Thatsache bezeugt, denn
er gehört zu den antiqui, deren memoria omnino abolita war, und nach
Probus ist er vorhanden, Probus selbst tractirt ihn; es ist damit ferner
bezeugt, dafs die plautinischen Stücke erhalten wurden, die aufzufinden
dem Probus gelang.

Wie es gekommen ist, dafs zwei Menschenalter nach Varros Tode
die Poesie, die er gehegt und gepflegt hatte, einem solchen Schicksal
verfallen war, können wir uns wohl anschaulich machen und dadurch
die Darstellung Suetons indirect wenigstens bestätigen. Es handelt sich
dabei um einen Entwicklungsgang, der für die Geschichte des römischen
Geisteslebens im ersten Jahrhundert von besonderer Wichtigkeit ist.[1]

Die Beschäftigung mit der archaischen Litteratur begann in Rom
zur Zeit ihrer Ausläufer, mit derselben Nothwendigkeit, mit der in der
hellenistischen Epoche die wissenschaftliche Bearbeitung der klassischen
Poesie auf deren Abschlufs folgte. Der letzte Tragiker machte den
Anfang damit, die Gattung an deren Ende er stand mit den Augen des
Gelehrten anzusehen; Afranius und Atta, Novius und Pomponius wurden
schon von ihren Zeitgenossen zu glossographischen Zwecken excerpirt.
Von nun an flofs mit einiger Beständigkeit nur noch ein dünner Bach
künstlicher Poesie, aus der Quelle der hellenistischen Poesie unter
ähnlichen Verhältnissen abgeleitet wie er dort entsprungen war, unterhalten meist von vornehmen Dilettanten und wie dort zum Genufs eines
kleinen Bildungskreises bestimmt. Wer mehr wollte, griff nach den
Griechen; aber, und das war das zweite Moment das der alten Poesie
zu Ehren verhalf, der nationale Stolz sträubte sich schon in der sulla-
nischen Zeit gegen die Alleinherrschaft der Griechen auch auf diesem
Gebiet und man begann die abgeleitete Dichtung des vorigen Jahrhunderts als eignen Besitz gegen die fremde ins Feld zu führen[2]. Der
dritte und vielleicht stärkste Antrieb war der romantische Zug der Zeit;

---

1) Zum Folgenden vgl. Hermes XXIV p. 79 sq.
2) Vgl. Cicero de fin. I Vorrede.

der Ausdruck ist modern, aber er trifft zu, auch darin dafs sich eine
wissenschaftliche Bewegung mit der sentimentalen verbindet. Die besten
Römer wendeten sich aus der Zerfahrenheit der sittlichen und der Trost-
losigkeit der politischen Zustände in die Zeit des alten Römerthums
zurück und holten ihre geistige Erbauung aus den Schätzen der alten
und veralteten Sprache. Varros antiquarische Forschung ging aus dem
Bedürfnifse hervor sich in die Vergangenheit zu versenken und führte
Andere dazu; die grammatische Erforschung der 12 Tafeln und Cult-
lieder, des Livius und Naevius wurde durch die Sehnsucht nach Zeit
und Zuständen belebt und ein Zug von Liebe und Bewunderung mischt
sich sichtlich in die trockene Arbeit. Diese romantische Richtung
dauert und verstärkt sich naturgemäfs die schreckliche Übergangszeit
hindurch bis zur Befestigung von Augustus' Regiment. Vergil ist noch
Romantiker, seine Studien und seine Dichtung bewegen sich in der
römischen Vorzeit, er benutzt Naevius wie Varro[1]); das 8. Buch der
Aeneis gestaltet zu einer auch den modernen Leser ergreifenden An-
schaulichkeit die schwankenden Vorstellungen vom Urzustande der Stadt,
die in der Phantasie der Zeitgenossen lebten und in den gleichzeitigen
Gedichten des Tibull (II 5) und Properz (IV, 1. 2. 4. 9) mit verweilender
Liebe behandelt werden; oder er dichtet von dem einfach ursprünglichen, der städtischen Gesellschaftscultur entrückten Leben der ländlichen Menschen, in dem sich Vorzeit und Gegenwart ununterscheidbar
mischen. Beides greift in derselben Wurzel zusammen, in beidem berührt er sich mit Varro, in beidem mit einer ähnlichen Dichternatur,
Tibull. Augustus kamen diese Regungen recht, da sie mit seinen Versuchen, die römische Welt sittlich zu regeneriren, zusammentrafen. Aber
die in der That innerlich und äufserlich neue Zeit, die Zeit des Welt-
friedens und des persönlichen Regiments, in der der Römer, quid Tiri-
daten terreat unice securus, ein Amt oder Ehrenamt versieht und danach oder daneben auf anständige Ausfüllung seiner Mufse denkt, die
neue Zeit hatte einen andern Inhalt und verlangte und schuf sich auch
litterarisch andere Ideale. Varro ragte zuletzt in sie herüber als Zeuge
einer vergangenen Epoche; auch Vergil wäre als ein Fremder in ihr
gewandelt, wenn er nicht mit seinem starken und klaren Formensinn
die Aufgabe erkannt und ausgeführt hätte, die dem Dichter des neuen
Rom gestellt war. Er wufste die von der Prosa der cäsarischen Zeit

---

1) Das beste Material haben die obtrectatores gesammelt, um dem Modernen Diebstahl an den Alten nachzuweisen. Die Quellenuntersuchung bestätigt es: Maafs ind. lect. Gryphisw. 1886/87 p. XVII sq., Noack Hermes XXVII
p. 428 sq.

zur Vollendung gebrachte Sprache poetisch umzuschmelzen und den
durch die Neoteriker nach hellenistischen Regeln geschmeidiger gemachten Vers in strenges und doch nachgiebiges Gesetz zu fügen, so
dafs der ennianische gegen ihn regellos klang und er doch nicht weniger
stolz und kraftvoll als der ennianische: mit diesem Epos beherrschte
er die folgenden Jahrhunderte. Der aber das neue Gesetz in Dichtung
und Lehre verkündete und mit dem alten brach, war Horaz. Unroman-
tisch von Natur und jeder unklaren Regung widerstrebend schob er
den alten Plunder, als sein Wächter Varro zu den Vätern versammelt
war, mit starker Hand beiseite und verwarf die ganze archaische Poesie
vom Salierlied bis Atta, dazu die neoterische, Properz eingeschlossen.
Wie Augustus mit Recht seinen Platz einnahm, so sollte dem römischen
Volk sein Verlangen nach einer seiner neuen Natur eignen Poesie erfüllt werden; wer sich an der Plumpheit der Alten noch erfreuen
wollte, der mochte in der Ecke stehen, in die er sich selber schob.
Horaz formulirte die Gedanken, deren Elemente in der Luft verstreut
waren, darum übte er radicale Wirkung. Freilich ging die Entwicklung
nicht den Gang, den er ihr vorgezeichnet hatte. Die moderne Rhetorik
trat als neuer Factor in das geistige Leben ein, sie fing bald an die
römische Bildung mafsgebend zu beeinflussen und gelangte mit er-
schreckender Geschwindigkeit dazu, den römischen Geist fast ausschliefslich zu beherrschen. Die Reinheit des Stils ging verloren, die klassische
Periode schlofs mit dem Leben des Augustus ab; aber die archaische
Litteratur wurde nur noch tiefer in den Hintergrund geschoben; ein
so durch und durch rhetorischer Dichter wie Accius wurde wieder ge-
schätzt; aber im ganzen war natürlich auch die Rhetorik der Alten den
Modernen ungeniefsbar (Tac. dial. 20). Vergil hatte noch nicht nur
Ennius sondern auch Naevius gelesen und benutzt; Ovid nennt nur
noch den Ennius (*arte carens*, wie Quint. I 8, 8), Accius und Terenz;
beim Vater Seneca ist keiner der alten Dichter vor Catull, Publilius,
Varro Atacinus mehr zu finden. Auch die metrische Bildung des dramatischen Verses hat sich geändert und nicht nur Geist und Wohllaut,
auch das Formengesetz des plautinischen Verses hätte kein Verständnifs
mehr gefunden; die archaische Versbildung des Plebejers Phaedrus ist
eine Anomalie und tritt aus dem vornehmen Kreise der herrschenden
Dichtung heraus. In der Zeit des Claudius und Nero steigert sich diese
Entwicklung auf ihren Höhepunkt, die alte Litteratur fällt in fast völlige
Vergessenheit. Seneca verfafst seine Tragödien nach den griechischen
Originalen, ohne die römischen Bearbeitungen auch nur zu kennen;
die Verse der altrömischen Tragödie, die er in seinen prosaischen

Schriften citirt, stammen sämmtlich aus dritter Hand.[1]) Persius spreizt sich wohl mit den Namen des Ennius Pacuvius Accius, aber er citirt den Eunuchus nach Menander, nicht nach Terenz.[2]) Kenntnifs der archaischen Litteratur (die klassische der augusteischen Zeit hat nun schon ihre Säcularfeier begangen) ist an keinem Punkte nachzuweisen.

In der Gelehrsamkeit hat sich, wie zu erwarten, die Beschäftigung mit den alten Sprachdenkmälern länger, aber nur um ein weniges länger erhalten, und die Entwicklung der grammatischen Studien bestätigt voll-auf die eben dargelegte Anschauung. Verrius Flaccus, der als Varros eigentlicher Nachfolger die römische Glossographie abschlofs, starb unter Tiberius; in derselben Generation arbeiten in Varros Sinne eine Reihe von Grammatikern und Antiquaren: Capito, Hygin, Fenestella, dann Modestus. Aber aus diesem Kreise heraus wurde Vergil, bald nach seinem Tode und dem Erscheinen der Aeneis, als Klassiker behandelt, durch Hygins Werk de Vergilio. Die Gunst von oben drängte dazu wie die Strömung der Zeit. Schon vor Hygin erfuhren die modernen Klassiker schulmäfsig grammatische Behandlung, zuerst durch Q. Caeci-lius Epirota, den Freigelassenen des Atticus, der *primus Vergilium et alios poetas novos praelegere coepisse dicitur* (Sueton 16), und zwar wahr-scheinlich bei ihren Lebzeiten, denn wie könnte man anders den Spott des Domitius Marsus verstehen, der ihn *tenellorum nutricula vatum* nannte?[3]) Allmählich traten in der Schule die neuen Klassiker an die Stelle der Alten, um so ausschliefslicher je entschiedener sich die Rhe-torik der Schule bemächtigte. So verminderte sich das Bedürfnifs nach gelehrtem Wissen und damit gar bald die Gelehrsamkeit; wie der alten Dichter, so bedurfte man auch ihrer Kenner und Interpreten nicht

---

1) Nachgewiesen von F. Straufs de ratione inter Senecam et antiquas fabulas Romanas intercedente, Rostocker Dissertation 1887. Vgl. Quint. I 8, 11. Dafs die Verse *en impero Argis* von Varius seien hat schon Lange vermuthet. Straufs p. 16 sq. Vgl. Sen. ep. 58. 108, de ira III 37, 5, Gellius XII, 2. Steup de Probis p. 64 sq.

2) Wie Quintilian XI, 3, 91 Hydria und Georgos, d. h. Menander, nicht Caecilius oder Terenz. Es ist das rechte Widerspiel zu Varro, der VII, 3 statt Sophokles zu citiren sagt: *etiam Teucer Livii post annos XV ab suis qui sit ignoratur*, und de re rust. II 11, 11 um griechische Sitte zu belegen *Caecilium in Hypobolimaeo* und *Terentium in Heautontimorumeno* anführt; die historische Bewegung ist auf der Gegenseite der Spirale angelangt.

3) Ribbeck Verg. proleg. p. 114, dagegen mit einem Grunde der nicht durch-schlägt Steup de Probis p. 5. — An Asinius Pollio bei Serv. Aen. II 7 (wo nach Thilo auch der Cassellanus *Asinius* hat) und XI, 183 ist schwer zu glauben (Pollio VI, 554), vgl. Bergk op. I p. 601, Ribbeck proleg. p. 114 sq. und Haupt op. II p. 70.

weiter: Varros Schriften verschwanden aus den Händen der Grammatiker und zogen sich in ihre scrinia zurück, er wurde magni nominis umbra. Nur auf zwei Gebieten, so viel ich sehe, treffen wir noch varronische Gelehrsamkeit: in der Vergilerklärung, für die sie nöthig war, den wesentlich von Hygin zusammengebrachten Stoff; und bei Caesius Bassus im Abschnitt über den Saturnier direct aus Varro geschöpftes Material mit der wahrscheinlich unwahren Behauptung dafs er es aus den Quellen selbst habe.[1]) Diese Abwendung von den Alten und Varro ist vollendet worden durch Remmius Palaemon, der unter Tiberius Claudius Nero *principem locum inter grammaticos tenuit* (Sueton 23), der Mann der die griechische τέχνη in die römische Grammatik einführte. Aus der Anecdotensammlung Suetons über ihn erfahren wir dafs er *M. Varronem porcum appellabat* und dafs er den Palaemon bei Vergil auf sich bezog, *omnium poetarum ac poematum iudicem*. Vergil ist ihm zuerst ὁ ποιητής[2]), der Schulsack seiner ars überaus dürftig und von Älteren nur Terenz darin.

In Rom und Italien war selbst das Gedächtnifs der archaischen Litteratur ausgelöscht, als Probus erschien[3]); noch dauerte es *in provincia*.[4]) Probus brachte nach Rom was er von Exemplaren der alten Schriften erlangen konnte, er brachte es in dem Zustande in dem er es erlangen konnte.

Wir wissen jetzt woher die Textgestalt stammt, in der die plautinischen Stücke den Herausgebern des 2. Jahrhunderts allein zu Gebote standen. Die Stücke waren fast ein halbes Jahrhundert lang nur von

---

1) Vgl. Hermes XXIV, 281.

2) F. Schöll Rhein. Mus. XXXIV, 631.

3) Ich weifs keine Erklärung dafür, dafs diese Bücher in den öffentlichen Bibliotheken nicht aufbewahrt wurden. Aber offenbar verhielt es sich so, Sueton spricht unzweideutig und war mit diesen Verhältnissen aufs engste vertraut. Erinnern will ich nur, dafs die grofsen Brände unter Nero und Titus jener in einer Zeit der äufsersten Gleichgiltigkeit gegen die archaische Litteratur, dieser in einer Zeit stattfand, in der das erwachende Interesse für sie noch auf enge Kreise beschränkt war. Sueton Dom. 20 berichtet, dafs Domitian *bibliothecas incendio absumptas* erneuerte; auf welche Bibliothek aufser der in der porticus der Octavia, die unter Titus abbrannte (Dio Cass. 66, 24), sich das bezieht ist ungewifs. Vgl. Ihm Centralbl. für Bibliothekswesen X p. 518. 520.

4) Damit kann Sueton sehr wohl Berytos meinen, wo römisches Leben im J. 740 eingeführt wurde und in der Folgezeit eine juristische Hochschule hervorbrachte. Denn wenn es auch mit der von Steup de Probis p. 2 bestrittenen petitio centuriatus seine Richtigkeit hat (vgl. Marquardt R. St. II 366 sq.), so folgt daraus doch kein einziger Feldzug des Probus.

Liebhabern aufserhalb der wissenschaftlichen Centren gelesen, ohne die
Fürsorge kundiger Grammatiker abgeschrieben und weiter überliefert
worden. Es hing von zufälligen Umständen ab, wie rein ein Stück
sich erhielt, wie hoch seine Verderbnifs stieg, ob die Modernisirung
der Sprachform oder die Lockerung des Versgefüges stärker um sich
griff. Von solcher Art war das Material über das Probus verfügte. Es
waren beträchtlich mehr als die 21 Varronianae darunter; fast Alles
was die späteren Grammatiker aufser den Varronianae citiren geht, soweit es nicht von Varro oder Verrius Flaccus herrührt, direct oder
indirect auf Probus zurück.[1]) Ob er eine Ausgabe der von ihm zusammengebrachten Stücke veranstaltet hat bleibt ungewifs. Wenn Plautus
unter denen war die er *emendare ac distinguere et adnotare curavit*, so
liegt darin bekanntlich nicht, dafs er den Text nach seinen Ansichten
veränderte, sondern dafs er *librariorum menda sustulit* (Cic. ad Att.
XIII, 23, 2), Versabtheilung und Interpunktion herstellte und sein Urtheil
über den Text durch kritische Zeichen andeutete. Ob er oder ein
Nachfolger diese Arbeit gethan hat: der Text der Stücke blieb im wesentlichen wie er ihn gefunden hatte und wurde so von dem Herausgeber
der Auswahl reproducirt, von den späteren zugestutzt.

Probus hatte nicht nur die alten Dichter, sondern auch die gelehrte Litteratur zurückgeführt, die sich an sie angeschlossen hatte und
auf der seine Studien ruhten. So trat auch Varro wieder ins Leben,
seine Untersuchung wurde für das neue corpus bestimmend; und auch
auf die Gestaltung des Textes hat vermuthlich er und andere seiner Zeit
bestimmenden Einflufs geübt. Davon wird unten noch die Rede sein.

6

Wir haben zunächst zu fragen, in welcher Verfassung der Plautustext gewesen sein mag, als die Philologen, gegen Ausgang der augusteischen Zeit, ihn aus den Händen liefsen und der Verwahrlosung anheim-
gaben, in der ihn später Probus vorfand.

Über die Schicksale des Plautustextes in seiner ersten Überlieferungsperiode herrscht, so weit ich sehe, Übereinstimmung. Plautus
schrieb für die Bühne, wie Livius und Naevius, und würde kein Lesepublicum gefunden haben, wenn er seine Stücke hätte herausgeben

---

1) Wie ein Kenner der lateinischen Grammatiker zweifeln kann, ob Probus
auch andere als die 21 plautinischen Stücke gekannt habe, ist mir räthselhaft
(Götz Pl. fragm. p. 192). Vor der jetzt üblichen Überschätzung der grammatischen Originalstudien des Plinius sollte doch die Kenntnifs bewahren, die wir
von der Originalität seiner naturwissenschaftlichen Studien haben.

können und wollen. Die Stücke blieben in den Händen der Theater-
directoren und erfuhren die Umwandlungen, die die Bühnenpraxis mit
sich brachte, in Interpolationen und Streichungen, mildernden oder
kürzenden Parallelfassungen, Modernisirung der Sprache. Als die palliata sich durch engeren Anschlufs an die attischen Originale verfeinert
und dadurch dem grofsen römischen Publicum entfremdet hatte, kamen
die Bühnenleiter, in deren Besitz sich die plautinischen Stücke befanden,
der öffentlichen Stimmung entgegen und brachten Plautus wieder auf
die Bühne (Casina prol.); wir sehen aus den terenzischen Prologen,
mit was für Widerwärtigkeiten Leute wie Turpio zu kämpfen hatten,
deren geschäftliches Interesse mit der neueren palliata eng verbunden
war und so zum mindesten den Schein eines litterarischen Interesses
annahm. Es war um die Wende des Jahrhunderts; in dieser Zeit, über
die ersten Jahrzehnte des 7. Jahrhunderts hinaus, haben die Stücke die
stärkste willkürliche Veränderung erfahren. Es konnte nicht anders
sein, als dafs Exemplare von sehr verschiedener Fassung entstanden,
z. B. Poenulus und Captivi mit verschiedenen Schlüssen.

Diese erste Periode der Überlieferung umfafst nicht viel mehr als
ein halbes Jahrhundert nach Plautus' Tode; denn Accius hatte offenbar
eine Ausgabe vor sich und wir sind nicht berechtigt, die Didascalica
in seine letzte Lebenszeit zu setzen. Hierdurch bestätigt sich, was wir
auch sonst als sehr wahrscheinlich anzusehen hätten, dafs diese Ausgabe in die erste Periode philologischer Thätigkeit in Rom gehört, über
die Sueton (de gramm. 2) Auskunft gibt. Er knüpft durch eine Vermuthung, die er mit *quantum opinamur* einführt, den Beginn des grammatischen Studiums in Rom an die Gesandtschaftsreise des Krates an;
die Combination gehört wahrscheinlich Varro, der selbst unter dem Einflufs der pergamenischen Grammatik stand und bei seinen Vorgängern
etwas davon erkannte.[1]) Mehr als eine Combination hierin zu sehen ist

---

1) Dafs die historische Einleitung zum Tractat de grammaticis (§ 1—3)
aus Varro stammt, ist nicht nur für eine Einzelheit direct erweislich (Roth
Suet. praef. n. 58), es folgt für das Ganze daraus, dafs die Darstellung erstens
genau bis auf Varros Zeit reicht und dafs zweitens Varro in ihr nicht genannt
ist; ein Varronianer wie Sueton konnte das *instruxerunt auxeruntque ab omni
parte grammaticam* von Stilo und Clodius aussagen und Varros Namen verschweigen nur wenn er Varro selbst ausschrieb. Dann folgt in deutlichem
Absteigen ein aus anderer Quelle (vielleicht Cornelius Nepos) oder auch aus drei
selbstgelesenen Schriften (Nepos, Messalla, Orbilius) hinzugefügter Abschnitt § 4
(zu dem überleitenden *initio litterati vocabantur* vgl. Asper V p. 547 K. *grammaticam Varro primum ut adhuc rudem appellatam dicit litteraturam*) und zum
Schlufs eine aus Suetons eigner Kenntnifs stammende Mittheilung, § 5.

nicht erlaubt und für die Geschichte der jungen römischen Philologie ist die Nachricht von der persönlichen Einwirkung des Krates ein morsches Fundament; aber allzu weit von Varros Datirung darf man die Anfänge der wissenschaftlichen Textbehandlung in Rom nicht weg verlegen.[1]) Weiteres über die Zeit lernen wir aus Suetons Mittheilungen nicht; Varguntcius führt er selbst mit *postea* ein, Archelaus und Philocomus bemühen sich um Lucilius' Satiren nach der Mitte des 7. Jahrhunderts; nur Lampadio stünde es frei um 600 anzusetzen.[2]) Wahrscheinlicher ist es, dafs Varro die Bedeutung von Krates' Gesandtschaftsreise überschätzt hat und dafs Männer wie Lampadio (gerade für ihn bezeugt Sueton eine nach griechischem Muster hergerichtete Ausgabe) die kritische Technik aus ihrer Heimath[3]) mitgebracht und gewisse Kreise des römischen Publicums genügend für sie vorbereitet gefunden haben. Die Grammatikerreihe im Pariser Tractat über die kritischen Zeichen (Keil gr. VII, 533) ist leider nicht zu restituiren, da Bergks Einwendungen (op. 1, 595) gegen *Varro Ennius Aelius* (die auch gegen *Varro Sinnius Aelius* gelten) berechtigt sind.[4]) Aus diesem Tractat lernen wir, dafs die römischen Kritiker sich in der Anwendung der Zeichen an die alexandrinische Philologie anschlossen, und zwar an Aristarch, nicht direct an

---

1) Suetons ungenauer Ausdruck *missus ad senatum ab Attalo rege* (*sub ipsam Enni mortem*, 585, da es keinen König Attalus gab) darf uns nicht irre machen. Natürlich hat er den König verstanden (nicht den Prinzen, Wachsmuth de Cratete p. 5, Steup de Probis p. 11) und sich in dessen Regierungszeit geirrt. Sehr wahrscheinlich hat Varro die von Livius XLV, 13, 12 zum Jahre 586 berichtete Gesandtschaft gemeint: *et ab Eumene et ab Attalo et ab Athenaeo fratribus communis legatio de victoria gratulatum venit*, eine Fassung aus der sich der Irrthum Suetons erklärt.

2) Ihn aus Fronto p. 20 als Ennius' Zeitgenossen zu datiren ist Bergk (op. I p. 603) nicht gelungen.

3) Dafs Lampadio Grieche von Geburt war (neuerdings wieder in Abrede gestellt von Hillscher p. 364) ist mir nicht zweifelhaft, wie Archelaus, Philocomus (daher ich diesen auch nicht mit Marx Rhein. Mus. 41, 555 für *grammaticorum equitum doctissimum* halte) Lenaeus Melissus Teucer Iacchus Chares, d. h. fast alle in diesem Abschnitt genannten sonst nicht oder minder bekannten grammatici. Suetons Ausdruck *nostris exemplo fuit* beweist nichts dagegen, denn wen sollte er anführen oder auf wen die Nachahmung beziehen, wenn nicht auf die Leute, die eben in Rom so früh Grammatik getrieben hatten; und das waren natürlicherweise Halbgriechen. Einen Gegensatz gegen die *semigraeci* oben würde man nur künstlich hineinconstruiren.

4) Die wahrscheinlichste Herstellung ist *Varguntcius Ennius Laelius*. Dann käme der Grammatiker Ennius zu den von Sueton de gramm. 2 genannten hinzu, und wir hätten es mit einem andern Excerpt Suetons aus derselben Stelle Varros zu thun, nach der er de gramm. referirt.

Aristophanes [1]); auch dies gibt ein Indicium für den Zeitansatz. [2]) An keiner von beiden Stellen, weder de grammaticis noch de notis, erwähnt Sueton ausdrücklich Ausgaben der Dramatiker aus dieser Zeit; wir sind darum nicht berechtigt, die Anwendung der kritischen Zeichen ohne weiteres der ersten Plautusausgabe zuzuschreiben. Aber dafs sie nach derselben Technik gemacht war, lassen uns die allgemeinen Erwägungen, aus der natürlichen Entwicklung, und die besonderen, aus der Gestalt des Textes, nicht bezweifeln. Ihr Bearbeiter stellte zum ersten mal die zerstreuten Stücke zusammen. Er befand sich damit einer schwierigeren Aufgabe gegenüber als die Herausgeber der Epen des Naevius und Ennius; denn diese können in einen Zustand des Textes, wie er für die Bühnenlitteratur angenommen werden mufs, auf keine Weise gerathen sein. Wie er sich mit den verschiedenen Fassungen, die er vorfand, auseinandersetzte, zeigt zur Evidenz die Gestalt in der Plautus dem folgenden Alterthum vorlag und uns vorliegt. Es ist genau die kritische Technik der griechischen Herausgeber der dramatischen Litteratur, d. h. des Aristophanes von Byzanz. [3])

Das charakteristische Merkmal der alexandrinischen Ausgaben ist die Urkundlichkeit des Textes; dieser stellt die erreichbare, durch Vergleichung der besten Zeugen gewonnene Tradition dar, der Zweifel an ihrer Richtigkeit wird durch die kritischen Zeichen ausgedrückt. Was überliefert und gut bezeugt war, wurde auch dann gegeben, wenn der Herausgeber von der Unrichtigkeit überzeugt war. Aristophanes setzte ἀντίσιγμα und σίγμα zu Ar. Ran. 152. 53, erst spätere liefsen V. 152 fort, aber unsere Auswahl bewahrt ihn. In Medea und Phönissen stehen eine Anzahl von Versen an zwei verschiedenen Stellen; der Stand unserer Überlieferung macht es durchaus wahrscheinlich, dafs diese Wiederholungen von Aristophanes an im Texte standen, während nicht geglaubt werden kann, dafs er oder ein anderer Urtheilsfähiger sie anerkannte. Genau dieselben Züge zeigt unser Plautustext. Corruptelen

---

1) Die Angabe über den asteriscus darf man vielleicht für die *antiqui nostri* nicht scharf interpretiren, aber die über den asteriscus cum obelo ist unzweideutig: *propria nota Aristarchi — item antiqui nostri.* Warum ich die Argumentation Steups p. 53 sq , der dem Probus zuerst Anwendung der Zeichen zuschreibt, nicht billige geht aus meiner Darstellung hervor. Probus hat den Notenapparat bis auf 21 vervollständigt.

2) Die Anwendung der alexandrinischen σημεῖα zeugt natürlich nicht gegen die Rolle, die dem Krates zugeschrieben wird, aber sie mufs davor warnen, die pergamenische Philologie als von Anfang in Rom alleinherrschend anzusehen.

3) v. Wilamowitz Herakles I p. 147, Usener Nachr. d. Gött. Ges. 1892 p. 151 sq.

etwa durch Übereinstimmung mit Festus als einer der ältesten Ausgaben
angehörig zu erweisen ist natürlich selten möglich, aber es fehlt nicht
an solchen Fällen.¹) Wesentlich ist die allgemeine Verfassung des Textes,
und hier zeigt sich durchaus das Bestreben, die Tradition zu erhalten,
das Vorhandene nicht umkommen zu lassen. Ich brauche nur an den
zwei- oder vielmehr dreifachen Schluſs des Poenulus zu erinnern; in
einer Menge von Fällen sind die Verse und Versgruppen, die sich aus-
schlieſsen, neben einander gestellt. Es gibt eine Anzahl Verse, die in
einem Stück ihre Stelle haben und in einem andern wiederholt sind²),
wo der Zusammenhang eine ähnliche Wendung gestattet; über das Alter
dieser Wiederholungen ist schwer zu urtheilen, wie auch einzelne kurz
vor oder nach ihrer richtigen Stelle wiederholte Verse durch mechanische Corruptel oder spätere Willkür versprengt sein können.³) Aber
genau wie in der Medea sind im Pseudolus die Verse 116 (vgl. 1073)
381 (600) 409 (788) 485 (527) in Umgebungen wiederholt, in denen
sie allenfalls auch stehen könnten; und es ist unstatthaft, gleiche Erscheinungen von so specifischer Beschaffenheit aus verschiedenen Ursachen
zu erklären. Der erste Herausgeber verfuhr nach der Methode des
Aristophanes und Aristarch und hat uns dadurch das reine Bild der
Überlieferung mit ihren Zufälligkeiten, wie sie sich in den beiden Men-
schenaltern nach Plautus' Tode gestaltet hatte, aufbewahrt.

In derselben Weise tritt der Anschluſs an die Arbeitsmethoden der
griechischen Grammatiker in den pinakographischen Studien Varros und

1) Vgl. zu Poen. 1272 (Hiat in *numero*), Cas. 523 (ohne *A*), 646, Truc. 277
(in beiden *A* richtig gegen *P*, Festus). Über die beiden von Varro bezeugten
Hiate Amph. 275 und Merc. 615 s. u. Varro las Curc. 393 *Coclitum* mit erster
Länge.

2) Ritschl op. II 274. Von anderer Art sind die Traumerzählungen in Mercator und Rudens (s. Kap. III); theils von anderer Art theils zweifelhaft die Stellen
Capt. 664—66 und Pseud. 459—61; Capt. 77 und Pers. 58; Men. 104 und Rud.
137; Epid. 49 und Poen. 754; vgl. Capt. 359 und Mil. 256, zu Asin. 186, Capt.
324, Cas. 970, Men. 983, Pseud. 65. So findet sich bei Terenz Eun. 801 der
Vers Capt. 800 wieder, Phorm. 976 der Vers Most. 655, während andere seiner
Verse, mit plautinischen verglichen, sich als Übersetzungen fast übereinstim-
mender griechischer Worte erweisen, so Ad. 35 sq. mit Mil. 718 sq., besonders
viele im Heautontimorumenos: v. 86. 110. 236. 642 verglichen mit Pseud. 19,
Merc. 62, Bacch. 679, Men. 580; wobei die Vermuthung nahe liegt, daſs die
ähnlichen Worte und Wendungen bei Terenz aus der Plautuslectüre stammen.
— Der Vers And. 208 ist wiederholt nach Phorm. 181 im Bembinus, nach 182
bei Calliopius.

3) Zu Merc. 842. 43 s. o. Einigemal sind diese Wiederholungen das Zeichen
einer für die Aufführung beabsichtigten Kürzung und erweisen sich dadurch
als sehr alt; vgl. zu Bacch. 64. 393 u. a.

seiner Vorgänger hervor, über die Gellius III 3 nach Varro berichtet.
Schon die Fragestellung, ob die ganze unter Plautus' Namen überlieferte
Masse ihm wirklich gehöre, ist nur durch die Kenntnifs der griechischen
Forschung zu erklären; eine solche Frage zu stellen und die Wege zu
gehen die sie wies, auf die Ausblicke hin die sie eröffnete, das erfor-
derte eine wissenschaftliche Reife oder eine Genialität, die beide in
Rom nicht zu finden waren und wahrlich in den ersten Proben römi-
scher litterarischer Forschung, die uns erhalten sind, nicht hervortreten.
Accius konnte nur weil ihm so viele Urtheile alexandrinischer und per-
gamenischer Grammatiker über Echtheit attischer Komödien vor Augen
waren, reden wie er es that: *nam nec Gemini lenones nec Condalium nec
Anus Plauti, nec Bis compressa nec Boeotia umquam fuit, neque adeo
Agroecus neque Commorientes Macci Titi.*[1]) So war die Kategorie der

---

1) Die Kühnheit der Behauptung hat Accius in den Worten deutlich hervortreten lassen, und wenn man darauf achtet, versteht man auch die sprachliche Fassung. Ritschl sagt (parerg. 85): 'wer an Hermanns schöne Entdeckung,
dafs es Verse sind, keinen rechten Glauben fassen kann, der versuche nur vor
Allem sich und Andern die Frage zu beantworten, was doch das für eine Prosa
sei, in der eine Wort- und Satzbildung wie diese erhört wäre' — und nun ein
Beispiel, in dem *Varronis* gleich *Plauti* und *Terenti Marci* gleich *Macci Titi*
gesetzt ist. Die Sache liegt aber so: in den Prologen zu Gemini lenones, Condalium, Anus war der Genetiv des Dichternamens *Plauti*. zu Agroecus und
Commorientes *Macci Titi*. Es sind Kategorien, die Accius durch die Namen
und ihre Stellung bezeichnet, etwas gesucht, wie man es von ihm erwarten
mufs. Er sagt damit: obgleich die 3 Stücke ausdrücklich des Plautus und die
beiden andern des Maccus Titus heifsen, sind sie doch nie von ihm gewesen;
woraus folgt, dafs er die Prologe für unplautinisch hielt. Dazwischen stehen
ohne einen von Plautus' Namen Bis compressa und Boeotia; nun wissen wir,
dafs die Boeotia einem andern Dichter zugeschrieben wurde, und die Bis compressa erscheint nirgend wieder, es ist also nicht unwahrscheinlich dafs sie
unter den unbezeugten war. So scheidet er die dritte Kategorie der dem
Plautus willkürlich zugeschriebenen und setzt das *umquam* zu diesen, wie *adeo*
zu Agroecus und Commorientes; und man mufs gestehen dafs er durch eine
ungemein künstliche Wortstellung für den Leser, der im Zusammenhang war,
die Scheidung deutlich gemacht hat. Mir scheint dies völlig beweisend, und
es ergibt sich daraus einmal dafs der Agroecus echt war wie die durch Terenz
bezeugten Commorientes, wodurch auch die Titel Colax und Dyscolus gestützt
werden; zum andern dafs *Plauti* weder umgestellt noch sonst corrigirt werden
darf; endlich dafs von Versen hier keine Rede mehr sein kann, so wenig wie
für *nam quam varia genera poematorum, Baebi*. Es ist eine schlechte Ausrede gegen Bücheler (Rhein. Mus. XXXV, 401), dafs die Didascalica eine pro-
saische Vorrede gehabt hätten; die Stelle ist nicht aus der Einleitung, sondern
mitten aus dem Zusammenhang. Das Buch des Accius hatte menippeische
Form. Die Geschichte der Vorrede bedarf einer Behandlung, sie beginnt mit
Isokrates.

ἀμφίβολοι, der *fabulae quae dicuntur ambiguae*, bald vorhanden. Erst nachträglich verband sich die litterarhistorische Untersuchung mit der sprachlich ästhetischen Kritik, die nach pergamenischem Vorbild zu handhaben den römischen Dilettanten lockender erschien. Die Stücke der *ἀρχαία* und *μέση* hatten bis ins 3. Jahrhundert hinein eine von der plautinischen nicht sehr verschiedene Überlieferung durchgemacht und in der That pafsten die Voraussetzungen der Methode zum Theil in überraschender Weise hier und dort. Freilich besafsen die Alexandriner die Didaskalien des Aristoteles, während für eine ähnliche Forschung in Rom erst Varro das Material sammelte; denn die Anschauungen seiner Vorgänger über die Chronologie der dramatischen Litteratur waren überaus ungeordnet und fehlerhaft.[1]) Noch Stilo kann nicht wesentlich anders als nach ästhetischem Belieben über Echtheit und Unechtheit entschieden haben, wenn er nur 25 Stücke anerkannte. Das ist die pergamenische Methode, die in der Kritik der Redner am deutlichsten hervortritt: von den 60 Reden unter Isokrates' Namen erkennt Dionys 25, Caecilius 28 an; von den 44 Stücken des Aristophanes waren doch nur 4 bezweifelt worden, und zwar unter einem Gesichtspunkt. Auch Varro übte diese *κρίσις*, die ja die Blüthe auch der alexandrinischen Grammatik war: *credendum ipsi Plauto moribusque ingeni atque linguae eius*; *hac iudicii norma Varro usus*; aber er übte sie mit der Tendenz eher zu erhalten und hinzu zu gewinnen als zu verwerfen. Gellius spricht nur von ihr, wie er und sein Kreis denn nur für sie Verständnifs hatten, nicht für die historische Untersuchung; sonst hätte er die didaskalischen Forschungen nicht übergehen können, auf deren Resultaten natürlich Varro hauptsächlich fufste. Er suchte ferner, ganz nach der Methode der alexandrinischen Gelehrten, nach Indicien und Anspielungen in den Stücken selbst.[2]) Er suchte nach Gründen der Verwechselung andrer Dichter mit Plautus, er erkannte eine Anzahl plautinischer Stücke als Überarbeitungen älterer Nachdichtungen der attischen Originale, durchaus nach dem Vorgang der griechischen Gelehrten.[3])

Ich habe auf diesen Zusammenhang hier nur hingewiesen, um es einleuchtender zu machen, dafs der erste Herausgeber des plautinischen Nachlasses nach den Principien der alexandrinischen Philologie verfuhr. Dafs Varro selbst eine Ausgabe veranstaltet hätte ist nicht wahrschein-

---

1) s. Kap. II.
2) s. Kap. II.
3) Athen. III 127[b] τὸ δ' αὐτὸ δρᾶμα (Ἀντιφάνους Ἄντεια) φέρεται καὶ ὡς Ἀλεξίδος ἐν ὀλίγοις σφόδρα διαλλάττον. Anderes Kaibel Hermes XXIV, 44, dessen Erörterung überhaupt zu vergleichen ist.

lich, dafs er es im Jahre 710 noch nicht gethan hatte folgt aus de l. l.
IX, 106 *quod Plauti aut librarii mendum si est, non ideo analogia sed
qui scripsit est reprehendendus:* so konnte er als Herausgeber nicht
sprechen. Dafs bald auf die erste Ausgabe andere folgten, wahrscheinlich
solche die sich auf die nach der Ansicht des Herausgebers echten Stücke
beschränkten, liegt in der Natur der Sache; aus den Varianten, die gelegentlich ein Citat Varros von demselben bei Festus unterscheiden
(Poen. 530 Varro mit den Handschriften gegen Festus) und aus den
Varianten bei Festus selbst[1]) folgt es nicht ohne weiteres.

<h1 style="text-align:center">7</h1>

Die Anschauung, die wir von den Schicksalen und der Fixirung
des Plautustextes gewonnen haben, wird sich bestätigen, wenn wir einige
Werke der römischen Litteratur ins Auge fassen, die unter ähnlichen
Bedingungen überliefert worden sind.

Freilich besitzen wir keinen Text aus der Zeit, in der der dramatische Dichter seine Stücke nicht selbst veröffentlichte. Die Textgeschichte der terenzischen Komödien im Alterthum bildet einen rechten
Gegensatz gegen die der plautinischen. Terenz hat seine Stücke ohne
Zweifel gleich für ein Lesepublicum veröffentlicht, wie er sie geschrieben
hatte. Wohl gleich nach seinem Tode sind die 6 Stücke, seine ganze
Production, zusammengefafst worden, sicher ehe sie den Gefahren starker
Verderbnifs ausgesetzt gewesen waren. Selbst in der neronischen Zeit
waren sie nicht ganz vergessen. Als Probus für alle Folgezeit den Text
fixirte, verfügte er ohne Zweifel, wie allein der Donatcommentar zeigt,
über ein reiches Material[2]), ganz anders als für Plautus. Schon darum
kann es nicht wunder nehmen und gestattet keinen weiteren Schlufs,
dafs Ciceros Exemplar erheblich von der Ausgabe des Probus abwich[3]),
dafs Varro eine Variante wie *scortatur* Ad. 117 aufweist. Die Orthographie und einige Sprachformen haben sich natürlich abgeschliffen und
erneuert, auch in späterer Zeit, als Terenz ein Hauptbuch der Schule
geworden war; aber von einer durchgreifenden Corruptel, die sich auch
nur von ferne der des plautinischen Textes näherte, kann keine Rede
sein und die Vorstellung, die Bentley sich von den Schicksalen des

---

1) S. u. p. 48.
2) Auch Bembinus und Calliopius zeigen übereinstimmende Corruptel,
z. B. Phorm. 181. 243 (gegen Cicero) 249. 311, aber mit den Plautushandschriften
verglichen äufserst selten; Calliopius hat eben die Ausgabe zu Grunde gelegt,
von der der Bembinus ein Exemplar ist.
3) Vgl. besonders Phorm. 243. 245.

Textes in früher Zeit gemacht hat, ist völlig unzutreffend. Der Unterschied tritt am bezeichnendsten darin hervor, dafs der unechte Ausgang
der Andria, der aus einem Bühnenexemplar stammt, zwar einmal in eine
Ausgabe aufgenommen wurde, aber in keine mafsgebende d. h. nicht
in die des Probus: *hi versus in plurimis exemplaribus bonis non feruntur* (Donat); das vergleiche man mit den ineinander verfilzten Schlüssen
des Poenulus. Daher ist auch den terenzischen Stücken der Hiatus fremd.

Aber eine einigermafsen zutreffende Analogie haben wir an Catos
Buch de agri cultura. Cato hat sein Buch selbst veröffentlicht, es wurde
eins der am meisten gelesenen und benutzten römischen Bücher. Im
Gebrauch verjüngte sich die sprachliche Form, schlofs sich an den Cato-
nischen Kern verwandter Stoff an, wurden die älteren Fassungen der
einzelnen Recepte und Lehren durch jüngere ersetzt. Die jüngeren erscheinen bei Plinius, sind für Celsus nachzuweisen, vielleicht auch für
Varro[1]); es scheinen in der That in ziemlich früher Zeit eine oder
mehrere Zusammenstellungen der modernisirten Form umgelaufen zu
sein. In dem erhaltnen Buche stehen ältere und jüngere Fassungen
ungeschieden hintereinander, wie c. 114—116 drei Recepte zur Herstellung von Wein *ad alvum movendam*, zuerst das ausführlichste, dann
das kürzeste, dann ein kürzeres als das erste, in der Regel an verschiednen Stellen, wie c. 5 und 142 die vilici officia, 91 und 129 Herstellung der area, 48 und 151 Cypressenpflanzung. Im ersten Theil
dauert einige Ordnung, allmählich wird es eine wilde Sammelei. Durch
die Annahme, dafs eine Überarbeitung, gemacht in der Absicht die ältere
und jüngere 'Recension' zu vereinigen, den gegenwärtigen Zustand hervorgerufen habe, wird der Zustand nicht erklärt; niemand kann mit
Absicht weder Form noch Materie eines Buches so herstellen wie dieses
vorliegt. Der Herausgeber der erhaltenen Fassung hat ohne Zweifel
gewufst, dafs das Buch so wie er es gab nicht vom Verfasser herrührte;
er kann es in diese Form gebracht haben nur weil er dem Princip
folgte, das Überlieferte nicht umkommen zu lassen. Der Text hat Dittographien und Eindichtungen wie der Plautustext, aus dem Gebrauch
hervorgegangen, zum Zwecke gemacht und für jeden kenntlich. Der
Herausgeber hat ein solches aus der Praxis stammendes Exemplar, das
vollständigste das er erreichen konnte, zu Grunde gelegt und wohl aus

---

1) Weise quaestiones Catonianae, Göttingen 1886, und mit besserer Einsicht in die Quellenfrage, vollständigeren Belegen für die jüngere Fassung und
richtigerer Auffassung der sprachlichen Form (die Weise p. 104 einem Grammatiker der augusteischen Zeit zuschreibt) Reitzenstein Wochenschr. für kl.
Phil. 1888 p. 587 sq.

anderen ergänzt; diese Ausgabe ist für die Folgenden mafsgebend geworden.

Die Überlieferung der römischen Litteratur seit dem Anfang des 7. Jahrhunderts stand im übrigen unter den günstigsten Bedingungen. Die Form und Anordnung, in der die Verfasser ihre Werke publicirt hatten, blieb ihnen für alle Zeit. Horaz besitzen wir wie Vergil in einer commentirten Gesammtausgabe, Catull wahrscheinlich in einer Membranausgabe die nicht vor der Zeit der Flavier veranstaltet worden, aber kein Gedicht steht an einem anderen Ort als der Dichter ihm gegeben hatte; es macht dafür keinen Unterschied, ob ein Dichter wie Horaz durch den Schulgebrauch kanonisch geworden war oder wie Catull nur von Liebhabern gelesen wurde. Die alexandrinische Grammatik hatte die griechische und römische Nachwelt zur gewissenhaften Bewahrung des authentischen Textes erzogen und der Name des Verfassers gab seinem Werke Schutz durch die Jahrhunderte. Unter anderen Bedingungen, und zwar unter solchen die der Geschichte des Plautustextes in gewisser Weise analog sind, stehen nur solche Schriften, die von ihren Verfassern deshalb nicht herausgegeben wurden weil sie vor der Vollendung oder doch vor der Veröffentlichung des Werkes starben. Einem unvollendeten Werke gegenüber befand sich der Herausgeber in der That in einer ähnlichen Lage wie vor einem durch längere willkürliche oder nachlässige Überlieferung verdorbenen. Sueton selbst fafst an der oben besprochenen Stelle zusammen *carmina parum adhuc divolgata vel defunctorum amicorum vel si quorum aliorum probassent.* Um zu sehen wie in solchen Fällen verfahren wurde und ob auch hier eine feste Tradition, eine Pflicht der Treue gegen das verwaiste Werk eines Todten galt, wollen wir auf einige der wichtigsten Werke, die hier in Betracht kommen, einen Blick werfen.[1])

Wie Philipp von Opus mit Platons νόμοι oder wie der Herausgeber von Herodots oder Thukydides' Werk verfuhr gibt uns für diese Betrachtung, in der es sich um grammatische Praxis handelt, keinen Mafsstab. Aus der hellenistischen Zeit, in der grammatische Praxis galt, ist mir kein Beispiel eines unvollendet hinterlassenen und nach

---

1) Eine vierte Kategorie hat nur scheinbar mit dieser Ähnlichkeit. Wenn Q. Cicero seinen Bruder bittet *ut annales suos emendet et edat* (ad Att. II 16, 4) oder Plinius den Arrian, dafs er seine Rede *legat et emendet* (ep. I 2, vgl. die von Steup de Probis p. 26 sq. besprochenen Stellen), so hat der Emendator oder Editor natürlich die Freiheit, die der Verfasser ihm zugesteht. — Dafs Servius besonders bemerkt (I p. 2 Th.), *Vergilium bucolica triennio scripsisse et emendasse — georgica scripsit emendavitque VII annis*, ist natürlich nur im Gegensatz zur Aeneis (*scripsit, sed nec emendavit nec edidit*) geschehen.

dem Tode des Verfassers herausgegebenen Buches bekannt. Für einzelne römische Bücher, wie die letzten Gedichte des Tibull und Properz, und gewifs für diese nicht mit Recht, hat man sich die Schwierigkeiten der Interpretation dadurch zu erklären gesucht dafs man die Gedichte für postum erklärte. Das erste sichere Beispiel gibt Lucrez. Er starb im Jahre 699, im Winter 700 liest Q. Cicero seine *poemata*, d. h. Abschnitte des unvollendeten Werkes, in der Handschrift oder Abschrift.[1]) Er ist gestorben *cum aliquot libros — conscripsisset, quos postea Cicero emendavit* (Hieronymus). Hier ist ein directes und unanfechtbares Zeugnifs, das auch mifszuverstehen nur dann war, wenn man *emendavit* im modernen statt antiken Sinne verstand. Der Herausgeber war Cicero, d. h. Marcus, der aber eine solche Arbeit natürlich nicht selbst machte, sondern seine Leute dazu hatte.[2]) In welcher Weise die Arbeit gemacht wurde, liegt vor Augen: die Unfertigkeiten des Gedichtes, die Lachmann aufgezeigt hat, und die unmöglichen Wiederholungen[3]) lehren es; die einen wie die anderen sind nur zu begreifen unter der Voraussetzung, dafs das unvollendete Werk publicirt wurde wie es hinterlassen war; das *emendavit* bedeutet nicht dafs etwas ab- oder zugethan wurde.[4]) Natürlich erledigen sich so nicht alle Schwierigkeiten und Bedenken, aber der allgemeine Zustand des Gedichtes wird erklärt. Nun wissen wir durch Sueton (de notis), dafs Lucrez von Probus mit kritischen Zeichen herausgegeben wurde. Es ist sehr wahrscheinlich, dafs wir ein Exemplar von Probus' Ausgabe besitzen und dafs der Text des Probus genau der des Cicero war.

---

1) Den Wortlaut der Briefstelle Ciceros ad Q. fr. II 9, 3 haben Vahlen (ind. lect. 1881/82 p. 3 sq.) und Marx (Berl. phil. Wochenschr. 1891 p. 834) erledigt: *Lucreti poemata ut scribis ita sunt: non multis luminibus ingenii, multae tamen artis. sed cum veneris. virum te putabo, si Sallusti Empedoclea legeris, hominem non putabo.* Reitzenstein (Drei Vermuthungen p. 52 sq.) vermag ich nicht zu folgen.

2) Vgl. Marx Rhein. Mus. XLIII p. 137, der die Sache überhaupt richtig beurtheilt. Unrichtig z. B. Gneifse de versibus in Lucreti carmine repetitis p. 21 sq.

3) Lohmann quaest. Lucret., Bonn 1882, c. I.

4) In der Lucrezvita des Girolamo Borgia (J. Masson Academy 1894 p. 519) vom J. 1502 findet sich folgende Mittheilung: *Cum T. Pom. Attico Cicerone M. Bruto et C. Cassio coniunctissime vixit. Ciceroni vero recentia ostendebat carmina, eius limam sequutus, a quo inter legendum aliquando admonitus, ut in translationibus servaret verecundiam, ex quibus duo potissimum loci referuntur 'Neptunni lacunas' et 'coeli cavernas'.* Den Beweis, dafs diese Offenbarung direct aus Sueton stammt, liefert C. Radinger in der Berliner philologischen Wochenschrift von 1894 p. 1244 sq.

Am klarsten sehen wir in der Textgeschichte von Vergils Aeneis,
obwohl schon im Alterthum unrichtige Ansichten über die erste Ausgabe verbreitet waren. Die richtige Angabe macht Sueton in der Donat-
vita p. 64 R.: Vergil vermacht seinen schriftlichen Nachlafs dem Varius
und Tucca, seinen Erben ex uncia, *sub ea condicione ne quid ederent
quod non a se editum esset. edidit autem auctore Augusto Varius, sed
summatim emendata, ut qui versus etiam imperfectos si qui erant reli-
querit.* Also Varius war der Herausgeber[1]); dafür hat man, weil sie im
Testament beisammen stehen, Varius und Tucca gesetzt: Donat in dem
Zusatz zu Sueton, den er p. 63, 11—19 eingeschoben hat mit dem
Epigramm des Sulpicius (der auch Varius und Tucca als Retter der
Aeneis bei Vergils Lebzeiten anführt, während Sueton p. 64, 1 sq. nur
den Varius nennt), Servius in der vita I p. 2, 13 Th. und im Commentar IV, 436; V, 871; VII, 464, die Scholien II 566, vgl. VI, 289 *ab
emendatoribus,* während Nisus (bei Sueton p. 64) nur von Varius spricht.
So sagt auch Hieronymus, der es nur aus Sueton hat: *Varius et Tucca
Aeneidos libros emendarunt* und fügt mit einer Verwechselung, die bei
Vergleichung mit Suetons Ausdruck in die Augen springt, hinzu: *sub
lege ea ut nihil adderent.* Dafs nichts zugefügt war sah freilich jeder,
der die halben Verse sah. So entstand das Mifsverständnifs, das wir
bei Servius finden: *Augustus vero, ne tantum opus periret, Tuccam et
Varium hac lege iussit emendare, ut superflua demerent, nihil adderent
tamen.* Es bleibt also als wahre Überlieferung nichts übrig als: *edidit
Varius summatim emendatam,* d. h. er gab das Manuscript heraus wie
es hinterlassen war und sorgte für die Correctheit der Ausgabe.[2]) Die
halben Verse blieben wie sie waren, wie sie ja auch in der Regel Satz
und Vers abschlossen (Sueton p. 64); aber auch der unfertige Satz und
Vers III 340 blieb; ebenso blieb die Lücke der Erzählung zwischen

---

1) Vgl. Norden Hermes XXVIII, 501.

2) Vergil hat die Äneis so geschrieben, dafs Vers und Sprache vollkommen durchgearbeitet sind, sonst hätte sie auch weder Augustus noch Varius
publicirt; eine Kritik, die stilistische oder metrische Unvollkommenheiten durch
die mangelnde Feile entschuldigen oder erklären möchte, hat keinen Boden.
Darum konnte er auch die unvollendeten Bücher dem Kaiser vorlesen. Unge-
löste ζητήματα gab es, wie IV, 436, wo aber Varius das ursprüngliche *dederis*
bot (eine falsche Interpunction schreibt ihm Servius zu; *morte* konnte auch
Varius nicht verstehen). Unfertig, und so unfertig dafs man Vergils Stimmung
wohl begreift, ist das Gedicht in der Ausgleichung der zu verschiedenen Zeiten
geschriebenen Theile; darüber haben die neueren Untersuchungen Licht verbreitet. An Noacks 'erste Äneis' aber kann ich nicht glauben; allein der Brief
an Augustus, den N. zu seinen Gunsten anführt, widerlegt eine solche Hypothese.

II 566 und 589. Von kritischen Zeichen hören wir nichts; es war lediglich die genaue Wiedergabe der einzigen Urkunde. Die falsche Anschauung von der Thätigkeit des Varius wurde bald nach Vergils Tode vorbereitet. Zunächst wurden Versuche gemacht, die wirklich unfertigen Stellen zu ergänzen: *quos multi mox supplere conati non perinde valuerunt* (Sueton). Es wurden Ausgaben mit solchen Ergänzungen gemacht; Seneca las in seinem Vergil X, 284 *audentis Fortuna iuvat, piger ipse sibi obstat* (Bücheler Rhein. Mus. XXXIV, 623), vgl. Servius zu III 340 u. a. In einer solchen Ausgabe wurde das 5. Buch erst mit VI, 2 geschlossen: *sciendum sane Tuccam et Varium hunc finem quinti esse voluisse; nam a Vergilio duo versus sequentes huic iuncti fuerunt. unde in nonnullis antiquis codicibus sexti initium est 'obvertunt'* (Servius zu V, 871); wenn man dies umdreht, hat man die Wahrheit. Zu VII, 464 liest man bei Servius, *aquai* haben Tucca und Varius geschrieben, *nam Vergilius sic reliquerat 'furit intus aquae amnis' et* (465) *'exuberat amnis', quod satis asperum fuit,* eine Lüge, denn Vergil machte keine metrischen Fehler.[1]) Die Herausgeber kamen bald dazu, ihre Interpolationen als echt vergilisch auszugeben und Varius als den zu verlästern der die guten Sachen fortgelassen habe; es ist genau die Art der Beschuldigung, die Apollodoros aus Tarsos und Didymos gegen die ὑποκριταί angewendet haben.[2]) Einen Zeitansatz für die interpolirte Ausgabe, die mit den abscheulichen Versen *ille ego qui quondam* begann, gibt Nisus, der das Zeugnifs von Zeitgenossen des Varius dafür anführte, dafs dieser den wahren Anfang gestrichen habe; das führt in die Grenze der neronischen und flavischen Zeit, möglich dafs Verse und Lüge erst damals entstanden. Mit denselben Versen zusammen führt Servius (I p. 2) die in die Lücke nach II 566 hinein interpolirte Stelle an; vielleicht sind die Verse aus derselben Ausgabe, besser als der unechte Anfang sind sie nicht[3]); aber *hos versus constat esse detractos*

---

1) Genau so steht es mit den Angaben der Scholien (nicht Servius) zu den Georgica, die frühere vergilische Lesarten anführen; zu diesen Erfindungen hat die Überlieferung von der Umgestaltung der zweiten Hälfte des 4. Buches den Anlafs gegeben. Pulvermacher (de Georgicis a Vergilio retractatis) hat jene Varianten richtig beurtheilt (p. 45 sq.), nicht diese Überlieferung (p. 32 sq.), an der nicht zu zweifeln ist.

2) Bruhn Lucubrat. Eurip. 248 sq.

3) Dafs die Verse von Vergil seien halte ich für ausgeschlossen und Noacks Vertheidigung (Rhein. Mus. XLVIII p. 420 sq.) für unglücklich. Der Nachweis, dafs die Erfindung mit Motiven der Iliupersis stimmt, ist für Vergils Autorschaft nicht zu verwerthen. Dafs die Situation, die im übrigen einfach und anschaulich ist, durch die Eindichtung unmöglich wird will ich beiseite

(vgl. zu II 592), und zu II 566 steht auch in den Scholien die Stelle mit der Einführung *post hunc versum hi versus fuerunt, qui a Tucca et Vario obliti sunt.* Dazu die anderen Stellen ähnlicher Art (Ribbeck proleg. 91). So erkennen wir, dafs es im Alterthum Ausgaben der Aeneis gab, und zwar wahrscheinlich in grofser Anzahl, die nicht nur den Text willkürlich lesbarer machten sondern auch durch dreiste Interpolationen erweiterten. Es ist doch eine der Erwägung werthe, wichtige und erfreuliche Thatsache, dafs unser Text mit keiner dieser interpolirten Ausgaben etwas zu thun hat, sondern sowohl in seiner ganzen Verfassung als fast überall wo es durch besondere Zeugnisse zu controlliren ist, den authentischen Text des Varius darstellt; und das bei der Neigung der Schulcommentatoren, die Interpolation für ursprünglich zu halten. Hier hat die Einsicht und der Wille eines Mannes gewaltet; es kann keine Frage sein, wessen Wille und Einsicht. Probus hat eine kritische Ausgabe Vergils veranstaltet.[1]) Unser Text ist von vollkommener Einheitlichkeit, eine einzige alte Ausgabe. Es ist der Text des Probus, und Probus hat den des Varius, d. h. die Urkunde selbst, zu Grunde gelegt. Ebenso steht es mit Lucrez, ebenso, nur dafs es sich hier um Werke handelt, die der Dichter selbst vollendet und veröffentlicht hatte, mit Horaz.[2])

Auch für Ovids Fasten liegt die Sache klar. Die 6 ersten Bücher

lassen, da ich aus Noacks Ausführung sehe, dafs man darüber verschiedener Meinung sein kann; ich sehe freilich nicht ein wie sich v. 567—570 mit 458 und 632 und der ganzen Schilderung vertragen sollen oder v. 569 mit 590. Aber so trockene Verse wie 571—574 und so trocken und fehlerhaft gedachte wie 583—587 hat Vergil nicht gedichtet, und sicher nicht in der Erzählung des Aeneas; noch weniger, unmittelbar nach 526—558, die öde Tirade 581. 82 (nach 554 sq. gemacht). Wer aber das dulden mag, der müfste doch die elende Sprache mit ihrem hülflosen Tasten nach Ausdrücken höheren Stils anders vertheidigen als es Noack S. 425 thut. *sceleratas sumere poenas* (576, nach XII, 949 gebildet) kann Vergil sowenig sagen wie *sumpsisse merentes poenas* (585), und gewifs nicht beides hintereinander, noch auch *animum explesse* (586) und *cineres satiasse.* v. 587 *ultricis famam* (*famae* Cassell.) ist corrupt, ich vermuthe *ultricemque famem,* das ist aber wohl zu gut für diesen Poeten. Vergil ist da nirgend. Den Anlafs zur Eindichtung und Erfindung gaben v. 594 und 601. Wie Noack die Stelle, sei sie nun echt oder unecht, mit den durch Blattausfall aus den älteren Handschriften verschwundenen Versen der ovidischen Heroiden vergleichen kann (S. 432) verstehe ich nicht; zu vergleichen ist *Lucili quam sis mendosus* oder der zweite Schlufs der Andria.

1) Sueton de notis. Steup de Probis p. 82 sq. und, was ebenso hierher gehört, 99 sq.

2) Mit dem falschen Anfang der 10. Satire hat er es gehalten wie Bentley; genau wie mit den Interpolationen der Aeneis.

wurden aus dem Nachlafs herausgegeben, aufser dem 1. Buch nicht zu
Ende überarbeitet wie sie waren, ohne einen Versuch die Discrepanzen
zu entfernen; von der zweiten Hälfte des Werkes ist es wahrscheinlich
(nach trist. II 549), dafs sie entworfen, aber auch für postume Herausgabe nicht reif waren. Von den Metamorphosen sucht Ovid selbst
(trist. I 7, 37) die Anschauung zu erwecken, dafs sie als das Werk eines
Todten erschienen seien: *haec non edita ab ipso, sed quasi de domini
funere rapta sui*, und dann *emendaturus si licuisset eram*.

Nach dem Tode der Verfasser herausgegeben sind die Gedichte des
Persius und Lucan. Für Persius bezeugt es die Probusvita: *hunc
ipsum librum imperfectum reliquit. versus aliqui dempti sunt ultimo
libro, ut quasi finitus esset. leviter correxit Cornutus et Caesio Basso,
petenti ut ipse ederet, tradidit edendum.* Der Ausdruck ist wie in Suetons
Mittheilung über die Aeneis, und die Nachricht von der scheinbaren
Abrundung ist gewifs gut. Dagegen ist im Stil der Erfindungen über
Varius und Tucca und mindestens zweifelhaft was im scholion zu I 121
und daraus im Zusatz zur vita über die Änderung jenes Verses durch
Cornutus erzählt wird. Dafs Lucans Epos aufser den ersten 3 Büchern
postum war und ohne weitere Überarbeitung publicirt wurde erfahren
wir durch die jüngere vita, durch Sueton die Bestätigung dafs er vor
dem Tode *codicillos ad patrem corrigendis quibusdam versibus suis ex-
aravit.* Die Überlieferung beider scheint erst im späten Alterthum auseinander gegangen zu sein, der Persius des Sabinus und der Pithoeanus
treffen in Corruptelen zusammen (Bücheler Rhein. Mus. XLI p. 455)
wie der Lucan des Paulus und der Vossianus; die Palimpsestblätter
Lucans zeigen dieselbe Überlieferung (vgl. Hosius praef. p. XVII sq.),
und darin liegt ihr hoher Werth.

Dafs Statius' Achilleis nach dem Tode des Dichters edirt wurde
liegt auf der Hand; vom 5. Buche der Silven hat es Markland p. 342
(ed. 1827) ausgesprochen und Nohl quaest. Stat. p. 20 sq. ausgeführt. Es
ergibt sich mit Sicherheit aus der Vorrede, die nur zum ersten Gedicht
gehört, während Statius sonst stets die Gedichte eines Buches in der
Vorrede zusammen einführt; der Herausgeber stellte also die consolatio
an Abascantus mit der Vorrede, wie Statius sie noch selbst publicirt
hatte, voran und liefs die übrigen im Nachlafs vorgefundenen Gedichte
einfach folgen. Den Mafsstab für seine Thätigkeit gibt das dritte Gedicht, das epicedion in patrem. Statius hat es gleich nach dem Tode
des Vaters, Ende 79 oder Anfang 80, begonnen (v. 29 sq.), aber nicht
vollendet, wenigstens nicht publicirt; erst nach dem Jahre 86 hat er
v. 225 sq. über seine Siege und Niederlage in poetischen Wettkämpfen

hinzugedichtet; diesen Versen folgt unmittelbar eine Stelle, die vor der Vollendung der Thebais verfafst ist, also vor der Edition des 1. Buches, die also wahrscheinlich zur ersten Conception gehört. Nun ist die Fuge der beiden Stellen mitten in v. 233, die über die Thebais beginnt mit den Worten *te nostra magistro | Thebais urgebat priscorum exordia vatum*; die vorausgehende über den Albanischen und Capitolinischen Agon schliefst mit den Worten: *nam quod me mixta quercus non pressit oliva et fugit speratus honos, qua dulce parentis invida Tarpei caperes:* hier ist in den letzten mit *qua* beginnenden Satztheil der nothwendige Nachsatz weder durch Emendation hineinzubringen noch kann, wie ich zu behaupten wage, ein Gedanke der dem Vordersatz genügt in diesen Worten überhaupt gewohnt haben. Ich bin überzeugt, dafs das eingedichtete Stück, unfertig wie es der Dichter hinterlassen hatte, vom Herausgeber an der Stelle die ihm bestimmt war eingezwängt worden ist. Eine objective Entscheidung kann es ja hier nicht geben; aber dasselbe Bestreben, das Vorhandene zu bewahren, ist deutlich. Ob auch das letzte Gedicht immer unvollendet war, wie die Achilleis, ist nicht zu entscheiden.[1])

Tibulls Gedichte, vom Dichter selbst edirt, sind wahrscheinlich bald nach seinem Tode mit hinterlassenen Gedichten (IV, 2—7; 13. 14), den Gedichten des Lygdamus, dem panegyricus und den Versen der Sulpicia verbunden worden; zu demselben corpus gehörte der Cuiacianus; wann die Überlieferung des corpus sich gespalten hat, d. h. wie alt die Verderbnifs ist in der unser vollständiges Exemplar vorliegt, ist mit Bestimmtheit nicht zu sagen. Über Catull s. o. Ebenso sicher wie Tibulls Gedichte sind Senecas Tragödien nach seinem Tode zu der Sammlung vereinigt worden, die wir im Etruscus besitzen.[2]) Den directen Beweis gibt Quintilian VIII, 3, 31 *nam memini iuvenis admodum inter Pomponium et Senecam etiam praefationibus esse tractatum, an 'gradus eliminat' in tragoedia dici oportuisset*: die Stücke waren also einzeln mit Vorreden erschienen, wenigstens einige von ihnen. Der Herausgeber liefs die Phönissen wie sie waren, aber vereinigte wohl selbst die nicht zusammengehörigen Scenen unter einem Titel; dem Hercules Oetaeus aber wurde der fehlende Schlufs angedichtet, vielleicht nicht vom Herausgeber selbst.[3])

In der Prosalitteratur geben ein sicheres Beispiel postumer Edition Caesars Bücher de bello civili; aus dem schon publicirten aber nicht

---

1) Aus späterer Zeit gehört hierher die Ausgabe des Asterius von Sedulius' carmen paschale.
2) Ebenso die Dialoge (O. Rofsbach Hermes XVII p. 365) und Briefe.
3) Senecae trag. I p. 88.

zu Ende geführten gallischen Kriege und dem unvollendeten pompejischen wurde durch Ergänzung und Fortsetzung ein Ganzes gemacht[1]),
aber das von Caesar Geschriebene offenbar unangetastet gelassen.[2]) Überliefert ist das corpus in einem schwer verdorbenen Exemplar, dessen
Spuren im Alterthum zu verfolgen sind[3]), daneben das bellum gallicum
in einer besonderen Ausgabe, wie denn auch von diesem später emendirte Texte durch Unterschriften des 5. und 6. Jahrhunderts bezeugt sind.[4])
Ebenso sehe ich es als Thatsache an, dafs Ciceros Bücher de legibus
aus dem Nachlafs edirt worden sind, nicht weil sie gleich mit dem Gespräch beginnen (genau so unterscheidet sich der Eingang von Platons
νόμοι von dem der πολιτεία) noch wegen der Corruptelen des einzigen Exemplars des corpus der philosophischen Schriften, das wir besitzen; aber das zweite Buch zeigt so starke Spuren der Unfertigkeit[5]),
dafs es für mich ausgeschlossen ist, dem Cicero selbst die Herausgabe
zuzuschreiben.[6]) Gewifs ist ferner, dafs aus dem Nachlafs herausgegeben

1) Leider ist der Anfang von Hirtius' Vorrede an Balbus schwer verdorben; dafs Sueton ihn vollständiger las hat Hirschfeld gezeigt und wie mir
scheint das Fehlende richtig ergänzt (Hermes XXIV p. 101 sq.); vgl. Hartel in
Comment. Woelfflin. p. 115 sq. Aber auch das Vorhergehende ist corrupt und
durch die Änderung von comparantibus in cohaerentibus nicht emendirt.

2) Das emendaturus si licuisset erat hat auch auf Caesars commentarii,
doch wohl die de bello civili, Pollio angewendet: existimat rescripturum et
correcturum fuisse (Suet. Caes. 56).

3) Orosius hat es benutzt: R. Schneider Jahresber. d. philol. Vereins
Berlin XI p. 154 sq.

4) Jahn Ber. Sächs. Ges. 1851 p. 359. Eine 'recensio' des Celsus oder
Lupicinus folgt natürlich aus dem legi der Subscriptionen nicht, sondern es
zeigt, dafs diese mit der 'recensio' gar nichts zu thun haben. Dasselbe gilt
von dem legi et emendavi des Nicaeus für den interpolirten Juvenaltext, der
schon im Vatikanischen Palimpsest (Götz Jen. Progr. 1884) vorliegt, und von
allen ähnlichen Fällen.

5) In einem wichtigen Beispiel nachgewiesen von Bösch de XII tabularum
lege a Graecis petita durch die Analyse von II 55—65.

6) Im Jahre 708 lag das Werk noch nicht vor (Brut. 19); dieses Argument ist gegen die eigene Edition Ciceros nicht mehr anzuführen, seit Reitzenstein (drei Vermuthungen zur Geschichte der röm. Litt. p. 1 sq.) nachgewiesen
hat, dafs Cicero das erste Buch in seiner philosophischen Periode überarbeitet
hat. Dafs daraus nicht folgt, dafs Cicero die Bücher de legibus selbst herausgegeben habe, ist Reitzenstein natürlich nicht entgangen, aber seine Folgerung,
es sei deshalb wahrscheinlich dafs er es gethan habe, weil 'die Thätigkeit
eines fremden Redactors durch nichts bisher erwiesen' sei (p. 31), brauche ich
nicht mehr besonders zu widerlegen. Es ist selbstverständlich, dafs Tiro das
Manuscript unverändert gab, wie er es vorfand, oder im Nothfall so weit verändert dafs man es lesen konnte. — Mit grofser Wahrscheinlichkeit vermuthet

wurde die aus Platons Timaeus übersetzte Rede, die dem Nigidius im
Gespräch mit Cicero und Kratippos in den Mund gelegt werden sollte.
Die Rede sollte im Dialog den Umfang haben, den sie hat, ist also als
Ganzes fertig (die Lücken fallen unserem Exemplar des corpus zur Last),
aber an dem sprachlichen Ausdruck und der Terminologie würde Cicero
geändert haben, wenn er sie herausgegeben hätte.[1]) Die Gewissen-
haftigkeit des Herausgebers zeigt sich vor allem darin, dafs er das prooemium gibt wie er es fand: ein mitten im Satz abbrechendes Stückchen.[2])

Diese Thatsachen genügen um zu constatiren, dafs in der wissenschaftlichen römischen Welt so sehr wie in der griechischen das un-
verbrüchliche Gesetz galt, herrenlose Bücher möglichst so mitzutheilen
wie sie aus der Hand des Verfassers hervorgegangen waren und die
Kritik vom Texte zu sondern.[3]) Aber schon früh macht sich eine Unter-
strömung bemerkbar. Das Bedürfnifs des breiten Publikums, das nicht
nach kritischen sondern nach lesbaren Ausgaben verlangte, traf sich
mit dem Bedürfnise des Dilettanten, an berühmten Autoren seinen Witz
zu üben; so wurde, von der Zeit an in der das Interesse an der schönen
Litteratur allgemein wurde, der Markt mit interpolirten Texten über-
fluthet. Dafs die Wahrheit in der Mitte liegt, zwischen dem corrupten
und interpolirten Text der wissenschaftlich emendirte, war eine Erkenntnifs, die erst einer verschütteten Cultur gegenüber erwachen konnte,
also der modernen Zeit vorbehalten war. Die beiden Richtungen, die

Marx ad Herenn. p. 77, dafs auch die partitiones oratoriae erst nach Ciceros
Tode publicirt worden seien.

1) Der Schlufs des Erhaltenen ist der von Cicero gewollte Schlufs der
Rede, wie der Ausdruck *haec quae est habita de universitate oratio a nobis*
zeigt, und ein passender Schlufs, wie aus der Vergleichung mit dem Original
leicht zu ersehen ist. Es ist ebenso gewifs dafs ein Anderer als Cicero diese
Übersetzung nicht machen konnte wie es verständlich ist dafs sie ihm nicht
genügte. Natürlich hat er § 38 nicht geschrieben *et nosse et enuntiare ortum
corum maius est quam ut profiteri nos scribere audeamus,* sondern *scire.*

2) Über Seneca s. o. Probus selbst *nimis pauca — edidit, reliquit autem
non mediocrem silvam observationum sermonis antiqui,* die nach seinem Tode
herausgegeben wurden.

3) Cato, der nach dem falschen Anfang der 10. horazischen Satire des
Lucilius *male factos emendare parat versus,* soll danach freilich die Verstechnik des Lucilius haben verbessern wollen; aber seine Thätigkeit ist doch
nur nach dem folgenden *hoc lenius ille* zu beurtheilen (Marx Rhein. Mus.
XLI p. 556). Den anderen dort genannten auf Philocomus zu beziehen trage
ich auch deshalb Bedenken (s. o. S. 29 A. 3), weil seine Kritik gewaltsamer
gewesen sein soll (vgl. Kiefsling z. St.). — Die Stelle ist vielleicht nicht zum
Zwecke interpolirt, aber doch vorgesetzt um die Satire nicht mit *nempe* anfangen
zu lassen; und das ist doch Interpolation.

wissenschaftliche und dilettantische, setzten sich fort und bekämpften sich bis in die letzte Zeit des Alterthums; die unwissenschaftliche hat die Überlieferung unserer Texte noch in starkem Mafse beeinflufst.

Probus aber hat durch That und Beispiel nicht nur die archaische Litteratur vom Untergang, sondern auch die klassische von der drohenden Verdunkelung und Verschüttung durch rücksichtslose Textverderber gerettet; seiner That verdanken wir den ursprünglichen Text des Lucrez und Vergil, auch des Horaz, seinem Beispiel den Respect vor der Überlieferung, der die reinen Texte auch in später Zeit des Alterthums nicht ganz untergehen liefs.

8

Ich kehre nun zu der ersten Ausgabe der als fabulae Varronianae zu einer Auswahl vereinigten 21 plautinischen Komödien zurück, um die Folgerung zu ziehen, die sich aus der bisherigen Erörterung über die Beschaffenheit ihres Textes ergibt.

Für den ersten Herausgeber dieses corpus gab es kein anderes urkundliches Material als die von Probus aufgefundenen Exemplare der einzelnen Komödien. Ob die einzelnen Stücke in vielen Exemplaren oder auch nur in einem einzigen vorhanden waren, er mufste durch Vergleichung der ihm zu Gebote stehenden die zuverlässig überlieferte Lesung Vers für Vers erschliefsen und fixiren; wo nur Corruptel überliefert war, liefs er sie im Text. Die unerläfsliche Corrector und Ergänzung eines solchen Verfahrens ist entweder die Anwendung der kritischen Zeichen oder ein kritischer Commentar oder die Vereinigung von beiden, d. h. die Verarbeitung der kritischen Zweifel in besonderen Schriften, wohin die observationes sermonis antiqui des Probus gehören, die sich an das Beispiel der Alexandriner und Varros anlehnen (Usener a. A. 185). Die Editoren der Auswahlen griechischer Dramen wendeten nur noch das χ an und besprachen die Schwierigkeiten im Commentar. Von Probus bezeugt Sueton de notis nur, dafs er im Vergil, Horaz und Lucrez das ganze System der kritischen Zeichen anwendete; aber für Terenz ist es auch sicher und von 'vielen' antiqui bezeugt es Sueton de grammaticis; dafs aber seine sectatores und Nachfolger ihre Ausgaben in derselben Weise anlegten ist gar nicht zu bezweifeln. asteriscus und asteriscus cum obelo, antisigma und antisigma cum puncto, obelus, obelus cum puncto und ceraunium, alogus (vgl. Steup de Probis p. 85 sq.) und φ et ϱ reichten in der That aus, selbst den plautinischen Text, wie er geworden war, kritisch zu charakterisiren. Die observationes des Probus scheinen, wie das Vorkommen dieses Materials in den späteren Commentaren zeigt, gleich von seinen Nachfolgern in Noten zu solchen Ausgaben aufgelöst zu sein, Noten die die Erklärung der Interpunction und der kritischen Zweifel enthielten, mit Conjecturen und den Varianten, die, wenn die Handschriften vereinzelt waren, aus den Arbeiten der früheren Zeit zu entnehmen waren; denn Probus und die Seinigen griffen wieder zu Varro und Verrius Flaccus und der verwandten gelehrten Litteratur.

An diese Ausgabe schlossen sich die Commentare des Sisenna und Terentius Scaurus an, deren Namen wir allein mit Sicherheit angeben können.[1]) Es wäre nicht schwer Namen von Grammatikern zu nennen, denen man die erste Ausgabe der 21 zutrauen könnte; aber es wäre nicht viel gewonnen auch wenn wir den Namen wüfsten.

Der Text dieser Ausgabe ist die Grundlage für alle Bearbeitungen die in der Folgezeit unternommen worden sind, auf ihr beruht die Masse der Noniuscitate, auf ihr Ambrosianus und Palatini. Wir haben uns oben mit der Einheitlichkeit des Textes dieser uns aus dem Alterthum überlieferten Ausgaben beschäftigt; jetzt ist es an der Zeit ihre Verschiedenheit ins Auge zu fassen. Beide Texte sind in starkem Mafse überarbeitet, theils aus Conjectur theils nach Überlieferung; es wird sofort deutlich, dafs eine ganz andere Methode der Edition in ihnen befolgt ist als wir sie in der philologischen Thätigkeit der früheren Jahrhunderte auf griechischem und römischem Boden gefunden haben; aber diese Methode ist der Richtung verwandt, die sich, wie wir sahen, im Gegensatz zur echten grammatischen Technik schon im ersten Jahrhundert der klassischen Poesie zu bemächtigen versucht hatte.

Der Kampf zwischen der wissenschaftlichen und unwissenschaftlichen Kritik war durch Probus entschieden worden. Solange die von ihm wiedererweckte Philologie einen Funken von Lebenskraft besafs, dauerte auch der Schutz, den sie dem litterarischen Besitz der römischen Welt gewährte. Als später, gegen Ende des vierten Jahrhunderts, in den heidnischen Bildungskreisen ein neuer Drang nach dem Geist der alten Zeit erwachte, erinnerte man sich auch der Mittel wieder, denen man die Erhaltung des alten Gutes verdankte; eine Menge von Subscriptionen lateinischer Handschriften vom 4. bis 6. und 7. Jahrhundert zeigen, dafs das *emendare* im Sinne der alexandrinischen Grammatiker und des Probus verstanden und geübt wurde. Aber in der Zeit der äufsersten Erschlaffung des römischen Geistes, in der zweiten Hälfte des 3. und der ersten des 4. Jahrhunderts, war die Strömung

---

1) Bezeugt sind nur Commentare zu Amph. Aul. Capt. Poen. Pseud. Rud., keiner aufserhalb der 21. Der Versuch von Klotz (Metr. p. 562) den alten Sisenna zu retten ist ausgefallen wie er mufste.

mächtig geworden, die Probus bezwungen hatte; soviel wir sehen, entstehen in dieser Zeit die interpolirten Ausgaben, die den Text verändern um ihn bequemer lesbar zu machen, mit größerer oder geringerer persönlicher Willkür, je nachdem Material zur Umarbeitung zur Verfügung steht oder nur das subjective Belieben maßgebend ist. In solcher Umarbeitung kann eine ganz achtbare persönliche Leistung liegen, aber das Princip der antiken Wissenschaft war durch jede Textbehandlung dieser Art gebrochen. Hervorragende Beispiele sind der Terenz des Calliopius[1]) und die interpolirte Ausgabe von Senecas Tragödien; in beiden Fällen ist ein Exemplar der echten Überlieferung erhalten und wir sehen wie die Änderungen auf Grund desselben Textes gemacht werden, der uns dort mit der rein erhaltenen Corruptel vorliegt. Mit dem Text des Tibull steht es vermuthlich ähnlich[2]); und für Ovids Metamorphosen scheint sich dasselbe Verhältnifs immer deutlicher zu ergeben.[3]) Es ist merkwürdig, dafs Calliopius für seine Thätigkeit den Ausdruck *recensui* wählt, während die in der wissenschaftlichen Tradition stehenden Männer von Statilius Maximus bis Mavortius und Lupicinus das *legi* und *emendavi* beibehalten. Wir haben darin vielleicht den wirklichen Gegensatz der Terminologie. Diese 'Recensionen' bedurften keiner kritischen Zeichen mehr, deren sich andererseits auch die Ausgaben mit Schulcommentaren, nach Vorgang der griechischen, bald enthielten. Den Emendatoren der späteren Zeit standen, wie es scheint, keine kritisch notirten Texte mehr zu Gebote; aber die Annahme ist berechtigt, dafs die Recensenten des 3. Jahrhunderts sich ihrer noch bedienen konnten.

Der Ambrosianus und die Palatini stellen jeder eine solche recensio dar. Wie sich uns durch Vergleichung der gemeinsamen Corruptel die ursprüngliche Einheitlichkeit des Textes ergeben hat, aus dem beide hervorgingen, so zeigt die verschiedene Gestaltung der unzähligen ungleichen Fassungen, dafs in beiden, in *A* weitergehend, in *P* innerhalb gewisser Schranken, der zu Grunde liegende Text ohne Scheu geändert wurde, um eine lesbare Ausgabe zu schaffen. Die Änderungen sind zum einen Theil willkürliche, zum andern auf der Tradition beruhende;

---

1) Ich halte auch nach Dziatzkos Einwendungen an meiner Datirung des Calliopius vor Donat fest. Die Seifenblase, die Gutjahr-Probst hat ausgeben lassen, ist ja wohl seitdem geplatzt.

2) Nur dafs hier die Änderungen bescheidener sind und sich zumeist nur auf einzelne Worte erstrecken. Ich werde hierauf an anderer Stelle zurückkommen; nur soviel, dafs ich mit dem Verfahren Bellings (Kritische prolegomena zu Tibull 1893, quaestiones Tibullianae 1894) nicht einverstanden bin.

3) Über das fragmentum Bernense Magnus in Fleckeisens Jahrbüchern 1891 p. 659 sq.

eine sehr grofse Anzahl der ersten Kategorie, eine kleine der zweiten
ist durch die neuen Untersuchungen nachgewiesen worden.[1]) Eine Anzahl der willkürlichen habe ich oben besprochen, Fälle in denen die
Corruptel noch vorliegt, auf Grund deren augenscheinlich die Conjectur
gemacht ist; hier genügt die Thatsache, dafs die Herausgeber eine Fülle
von Stellen selbst geändert haben. Die Änderungen die auf Tradition
beruhen zerfallen der Natur der Sache nach in zwei Klassen: die eine
umfafst die Varianten, die in den Abschriften und neuen Bearbeitungen
der 21 Stücke seit dem ersten Erscheinen des corpus entstanden waren;
dafs es solche geben mufste und wie sehr sie den Eindruck verschiedener Überlieferung hervorbringen mufsten, ohne doch etwas anderes
als secundäre Lesarten zu sein, die Leser und Schreiber durch Zufall
und Willkür in und neben die Verse setzten, lehrt allein die Analogie
der Überlieferung des griechischen Dramas. Eine Menge von Stellen,
an denen beide Recensionen gleich Gutes geben, ohne dafs der Grund
der Abweichung ersichtlich ist, erklärt sich aus diesem Variantenapparat
der letzten anderthalb Jahrhunderte. Die andere Klasse ist wichtiger,
wenn auch nur durch wenige Stellen vertreten. Viermal (Cist. 408
Epid. 620 Mil. 1180 Truc. 271) bezeugt Festus, entweder in Doppel-
glossen oder (s. *suasum*) unter demselben Lemma, eine zwiefache Lesung
von Plautusversen[2]), die sich jedesmal auf Ambrosianus und Palatini
vertheilt finden.[3]) Das Licht, das von diesen Stellen auszugehen schien,
ist für die ein Irrlicht geworden, die aus ihnen schlossen, dafs in varro-
nischer Zeit dieselben beiden Recensionen, die wir besitzen, den Gelehrten vorlagen; eine Annahme, die durch die Geschichte der Überlieferung einfach ausgeschlossen ist. Das Verhältnifs ist umgekehrt: die
Varianten im Text stammen aus Verrius Flaccus oder seiner Quelle oder,
was wahrscheinlicher ist, aus Scholien eines Schulcommentars, der sich
der glossographischen Werke und der sprachlich-kritischen Arbeiten der
varronischen Ära bedient hatte, oder schon der Excerpte daraus. Die
Palatini geben wenigstens an zweien jener Stellen sicher das Ursprüngliche, d. h. den Text der ersten Ausgabe der 21; es stimmt zum Cha-

---

1) Die Verschiedenheit der beiden Ausgaben ist Punkt für Punkt besprochen
worden von Niemeyer de Plauti fabularum recensione duplici und Baier de
Pl. fab. rec. Ambr. et Pal., besonders von Baier sehr sorgfältig die Lesungen
des Ambrosianus.

2) Vgl. zu Aul. 555, Leidolph de Festi locis Plautinis p. 204 sq. Baier
p. 20 sq.

3) Mil. 1180 ist *A* unsicher, aber sicher dafs seine Lesart, wenn sie nicht
mit der zweiten des Paulus übereinstimmt, doch aus dieser hervorgegangen ist;
und hier kommt Nonius mit der zweiten Lesart (*expapillato*) hinzu.

rakter des Ambrosianus, dafs er die Varianten gibt. In derselben Weise
sind Stellen zu beurtheilen wie Mil. 24, wo P mit Varro übereinstimmend *insane* und A richtig *insanum* gibt, gewifs nicht aus Conjectur,
vgl. Cas. 646 Truc. 277; nach derselben Analogie aber auch Stellen
wie Poen. 356, wo A und P in der Corruptel übereinstimmen, während
Fronto und Priscian das Richtige haben, und die vielen Verse, für die
Nonius ähnlich gegen die Handschriften steht, vgl. Pseud. 382. 864;
und wo in einer wirklichen Corruptel die Handschriften und Festus
übereinstimmen, wie es augenfällig Cas. 523 geschieht, kann uns das
nicht Wunder nehmen. Auf der anderen Seite stehen Stellen wie
Pseud. 955, wo A und P die falsche Fassung haben und Varro die
richtige, oder Curc. 568, wo Varro (nach Festus) eine Corruptel las, die
unseren Handschriften fremd ist.

Nur eine andere Kategorie derselben Klasse von Varianten ist es,
wenn eine der beiden Ausgaben eine Dittographie nicht bietet, die in
der anderen steht. A läfst den zweiten Ausgang der Captivi (1016 bis
1022) fort, ebenso die im Stichus statt des schwierigen Gesangstückes
zu Anfang eingeschobene Senarpartie (48—57) oder Bacch. 540—551
die Stelle von der Charisius sagt: *in quibusdam non ferunt*[1]), P die
Verse Most. 940—945. In diesen und ähnlichen Fällen[2]) bedeutet die
Auslassung, dafs die Stelle im corpus der 21 ein σημεῖον trug, das
dann in dem Commentar, den unser Herausgeber benutzte, besprochen
worden war. Dasselbe bedeutet es, wenn Plinius XVIII, 107 sagt:
*artoptas iam Plautus appellat in fabula quam Aululariam inscripsit, magna
ob id concertatione eruditorum an is versus poetae sit illius*; der Vers
(Aul. 400) trug in der aus Probus' Schule hervorgegangenen Ausgabe
eine διπλῆ ἀπερίστικτος (de notis 535, 12 sq. K.).

Nur eine Frage allgemeiner Art[3]) erhebt sich noch, den Versen
gegenüber, die in beiden Ausgaben dieselbe Corruptel zeigen. In sehr
vielen Fällen erkennen wir die Corruptel, in denen die Herausgeber
das Überlieferte für richtig oder erträglich halten mochten; aber es
bleibt die Menge der zu Anfang besprochenen Stellen, die eine solche
Erklärung nicht zulassen. Da die Absicht in beiden Recensionen deutlich vorliegt, einen lesbaren Text zu geben, so müssen wir fragen, wie

---

1) Ungenügend beurtheilt von Studemund Festgr. Würzb. p. 40 sq.
2) Vgl. Poen. 457ᵃ·ᵇ. Baier p. 121 sq.
3) Wenn in den Discrepanzen des Ambrosianus wirklich zum grofsen Theil
Schauspielerinterpolation zu sehen wäre, wie neuerdings wieder Baier wahrscheinlich zu machen gesucht hat (p. 118 sq.), so würden wir dafür freilich eine
Erklärung schuldig sein. Ich halte das aber weder für erweislich noch irgendwo
für erwiesen und überhaupt durch meine ganze Erörterung für widerlegt.

die Herausgeber dazu kommen konnten, eine Anzahl Verse unemendirt
zu lassen wie sie sie vorfanden. Über die Thatsache, dafs sie es thaten,
dafs in vielen Fällen beide sich der Conjectur enthielten, kommen wir
nicht hinweg; die Fälle waren auf beiden Seiten ohne Zweifel viel zahl-
reicher, als wir es bestimmen können, da uns die einseitige Corruptel
keine Sicherheit darüber gibt. Die einzige Erklärung aber, die für die
Thatsache möglich ist, liegt eben in dem Thatbestand den wir ermittelt
haben. Es gab keinen anderen Text als den der 21 Stücke in den
verschiedenen Graden der Verderbnifs, wie Probus sie aufgefunden hatte.
Es gab kein Exemplar des Textes, den Varro und Verrius Flaccus gelesen hatten; ein solches Exemplar würde genügt haben, die Flecken
von zweieinhalb Jahrhunderten zu tilgen. Aus Varros und der Seinigen
Schriften und aus den Schulcommentaren, die sich mit ihren Brocken
gespeist hatten, stammten die alten Lesarten, mit denen die neuen Texte
aufgeputzt wurden; wo dieses Material und zugleich der Fleifs oder die
Erfindsamkeit der Herausgeber versagte, da zeigten ihre Recensionen
die Wunden offen, die durch das gemeinsame Schicksal des alten römischen Dramas der Plautustext empfangen hatte.

　　Es bleibt mir nur noch übrig die Folgerungen zu ziehen, die sich
aus der Überlieferungsgeschichte der Komödien für die recensio und
emendatio ergeben.

9

　　Der Text der Komödien des Plautus ist etwa zwei Menschenalter
hindurch nach dem Tode des Dichters nur in Schauspielerhänden gewesen und war während dieser Zeit nicht nur der Modernisirung der
Sprachformen sondern auch willkürlichen Änderungen ausgesetzt, wie
sie der Bühnengebrauch mit sich bringt. Als das litterarische Interesse
sich der palliata zuwendete, wurden die unter Plautus' Namen gehenden
Stücke unter Bewahrung der Gestalt, die sie in dieser Periode durch ungleiche, das eine Stück mehr das andere weniger treffende Überarbeitung allmählich gewonnen hatten, veröffentlicht. In der augusteischen
Zeit wendete sich das Interesse wieder von ihnen ab, Leser und Gelehrte in Rom liefsen sie gänzlich aus der Hand, und wo sie noch gelesen und abgeschrieben wurden, verfiel ihr Text nicht durch Willkür,
aber durch Verwahrlosung der Verderbnifs. Auch diese Periode dauerte
etwa zwei Menschenalter; in ihr sonderten sich die Stücke und erfuhren
ihre eigenen Schicksale. Dann sammelte Probus was von den Stücken
noch zu finden war. Eine kritische Ausgabe von den irrthümlich als
varronische Auswahl angesehenen 21 Komödien wurde veranstaltet und
diente allen folgenden zur Grundlage. Die übrigen Stücke, die Probus

gefunden hatte, gingen nun allmählich verloren. Die 21 wurden schulmäfsig commentirt. Allmählich entstanden Ausgaben, die den schwer verdorbenen Text mit wissenschaftlichen Hülfsmitteln, aber auch durch willkürliche Emendation lesbar zu machen suchten. Zwei solcher Ausgaben besitzen wir, Reste von anderen bei Nonius und sonst in vereinzelten Spuren.[1]) Für die recensio ergibt sich aus diesem Sachverhalt Folgendes. Der Text, den wir durch die Übereinstimmung von A und P oder, wo sie auseinandergehen, dadurch gewinnen dafs wir die ursprüngliche Lesart erschliefsen, oder, wo P allein vorliegt, mit Wahrscheinlichkeit der Text der sich nach Abstreifung der mittelalterlichen Corruptel ergibt, ist der Text der um die Wende des 1. und 2. Jahrhunderts nach Christus den Gelehrten vorlag. Daraus folgt in jedem einzelnen Falle keineswegs, dafs sie den Text für richtig hielten; wohl aber liegt diese Möglichkeit auch in Fällen vor in denen wir ihn für falsch halten; zumal wo eine Reihe einzelner Erscheinungen dieser Art sich unter einem Gesichtspunkt sammelt, wird die Möglichkeit zur Wahrscheinlichkeit, und solche Fälle dürfen nicht vereinzelt beurtheilt werden[2]), sie verlangen immer eine historische Erklärung. Dieser Text ist wohl im grofsen und ganzen der des Accius und Varro, aber im einzelnen stark alterirt. Wenn wir die homerischen Gedichte haben wie Herodian sie las und die aristophanischen Komödien wie Symmachus sie las, so haben wir damit im wesentlichen den Text des Aristarch und Aristophanes von Byzanz; denn hier ist die Continuität nie unterbrochen worden. Aber den Text Varros im einzelnen zu erreichen haben wir gar kein Mittel aufser durch einzelne Citate, und die recensio mufs bei der Archaistenzeit Halt machen. Dies zugegeben bietet freilich die Überlieferung Homers wie des attischen Dramas eine Parallele; für beide mufs die recensio bei den Alexandrinern stehen bleiben und zwischen ihr und der emendatio gähnt eine Kluft, die nicht zu überbrücken sondern nur auf Umwegen zu überschreiten ist; auch die Verjüngung der Sprachform in den homerischen Gedichten erinnert an die plautinische Überlieferung.

Ohne Zweifel ist der Text, den wir so gewinnen, sehr weit entfernt von der Gestalt, die ihm der Dichter gegeben hat und ohne Zweifel ist der emendatio hier ein grofses, leider ein allzugrofses Gebiet eröffnet, ganz anders als bei Vergil und Horaz. Aber die Änderungen, die ein Text im Alterthum erfahren hat, stellen andere Aufgaben als mittelalterliche Corruptel, der Text des Plautus andere als

---

1) Der Corrector des Vetus benutzte ein anderes Exemplar der Palatini.
2) Einige wichtige Gruppen solcher Erscheinungen werde ich im 5. und 6. Kapitel behandeln.

der des Catull und Properz. Wer kein Gefühl für den Unterschied hat,
ob er die Palatini von den Flecken des Mittelalters zu reinigen hat oder
aus dem durch die recensio gewonnenen Text des 2. Jahrhunderts den
des Plautus herzustellen versucht, der soll die Hände davon lassen. Wer
aber emendiren will, der soll sich bewufst sein, dafs er über zwei
Perioden wilder Überlieferung hinwegemendirt, in deren erster der Text
durch willkürliche, in der zweiten durch mechanische Änderungen ent-
stellt worden ist; dafs zum Abschlufs beider Perioden der Text fixirt
worden ist wie ihn die Zeit gestaltet hatte. Wer das bedenkt, der wird
oft die Unmöglichkeit erkennen wahrhaft zu emendiren, öfter sich mit
dem Geschäft des Philologen begnügen, das mehr als Kunst ist, und
interpretiren, das heifst den Gedanken des Dichters verstehen; das ist
mehr als die Form herstellen in der der Gedanke ausgesprochen war.
Auch hier heilt die Waffe die die Wunde geschlagen hat. Die Überlieferung ist immer durch die Hände von Lesern und Schreibern gegangen, deren Muttersprache das Latein war; ein Interesse daran, den
Wortlaut zu interpoliren, hat vor den Recensionen, die wir besitzen
und vergleichen und danach auch einen Mafsstab für die Partien gewinnen können, die nur in einer überliefert sind, niemand gehabt. Die
absichtlichen Änderungen der ersten Periode sind für den Bedarf gemacht, es sind dadurch wohl in manchen Stücken echte Verse verloren
gegangen, interpolirte entstanden und neue Fassungen neben die alten
getreten, aber wenn auch oft die Form, so sind doch Wortlaut und
Gedanken der plautinischen Verse schwerlich wesentlich geändert worden.
Die Verwahrlosung der zweiten Periode hat kaum zu willkürlichen Änderungen geführt; man liefs den Hiatus eindringen, ersetzte beim Nach-
schreiben Wörter durch synonyma oder sonst Naheliegendes, corrigirte
die Schreibfehler aus den Abschriften nicht wieder heraus und gab sie
dann weiter; aber da den Stücken kein breites Interesse im Publicum
entgegenkam, lag auch keine Veranlassung vor sie durch Interpolation
lesbarer zu machen. Die Überlieferung dieser Zeit hat also eine gewisse
Ähnlichkeit mit der mittelalterlichen, aber man hat mit keiner Karolinger-
oder Ottonenzeit zu rechnen und darf annehmen, dafs im allgemeinen
der plautinische Gedanke geblieben ist. So schafft sich auch hier der
Gegenstand seine Methode und setzt der Willkür ihre gewissen Schranken.

Die grofsen alexandrischen Philologen erfüllten durchaus die Forderungen des Objects, als sie in ihren Ausgaben die urkundlichen Texte
bewahrten.[1]) Von dem ersten Herausgeber des plautinischen Nachlasses

---

1) Nach einer grofsen, ein gewaltiges Material sichtenden Recensionsarbeit.
Wir haben es jetzt vor Augen, wie sie einen schlechten Text, wie den des

kann man dasselbe sagen, nicht mehr mit derselben Sicherheit von Probus: er hätte mehr emendiren müssen. Aber die Reinheit der wissenschaftlichen Stellung des Probus ist dadurch getrübt, dafs er nicht nur die Continuität der alten Philologie vertrat, sondern zugleich Reaction zu üben hatte gegen die Vernachlässigung der alten Kunst und die Verachtung der alten Wissenschaft. So verfiel er in den Fehler der Reaction, die Methode rücksichtslos durchzuführen, er beschränkte den Text auf die Überlieferung, obwohl das Material nicht mehr ausreichte. Es war jetzt nicht die Zeit, Bekkers und Lachmanns Gedanken zu finden, denen Aristophanes und Aristarch bereits nahe gewesen waren; und zu verfahren wie Markland und Gottfried Hermann widersprach dem Begriff der antiken Philologie, auch wenn in Rom die Kräfte dazu gereicht hätten. Wir selbst müssen gestehen, dafs durch die Sonderung und Vereinigung von recensio und emendatio zwar der Begriff der wissenschaftlichen Kritik richtig bestimmt ist, dafs wir aber in der Durchführung jeder einzelnen kritischen Aufgabe niemals über den Widerspruch hinauskommen. Die Grenzen der recensio sind durch das Material genau gesteckt und innerhalb ihrer Grenzen ist sie immer durchzuführen; aber die emendatio ist unendlich auch innerhalb der Grenzen ihres Materials. Wer nicht recensiren kann, ist so unfähig, eine kritische Arbeit durchzuführen, wie wer Alles emendiren will; und eine blofse recensio ist so unwissenschaftlich wie, gegenüber einem Text der andere als die einfachsten Schicksale gehabt hat, eine durchgeführte emendatio. Daraus dafs man Plautus in unzähligen Fällen nicht emendiren, sondern nur interpretiren kann, folgt nicht dafs man ihn nur recensiren soll. Das Ideal würde auch dann nicht erreichbar sein, wenn wir den Text hätten, den Varro las; der in der Sache liegende Widerspruch führt dazu dafs die mögliche Leistung ein Mittelding ist, ein Mittelding zwischen dem Texte des Plautus und dem der Archaisten und ein Mittelding zwischen objectiver und subjectiver Wahrheit. Dem Kritiker gibt zuletzt den einzigen Mafsstab seine wissenschaftliche Überzeugung: möge er zusehen, dafs sie auf den wahren Grundlagen ruht.

Phaedonpapyrus, verwarfen (Usener Nachr. Gött. Ges. 1892 p. 186), während ihnen freilich auch ein vorzüglicher, wie der des Lachespapyrus (Flinders Petrie pap. II, L p. 166), entgehen konnte; wie sie in der Homer- und Hesiodkritik die geänderten und eingedichteten Verse und Versgruppen der Rhapsodenhandschriften οὐδὲ ἔγραψαν (Dubliner u. Genfer Iliasfragmente, Diels Ber. Berl. Ak. 1894 p. 349 sq., Papyrus Naville der Ἔργα). Möglich dafs auch die ersten Herausgeber des plautinischen Nachlasses schlechtere Handschriften verworfen haben; Probus hatte über eine Fülle, aus der er hätte wählen dürfen, nicht zu gebieten.

II

Leben des Plautus

1

Ich wähle diesen Titel, nicht weil ich das Leben des Plautus schreiben oder viel positives Neues darüber ermitteln könnte, sondern weil es
einen modernen Ausdruck, der den antiken βίος oder γένος Πλαύτου
träfe, nicht gibt. Die Fragen, auf die ich eine Antwort suche, kann ich
in diese zusammenfassen: wie weit ist das was die Alten und die Neuen
über Lebenszeit und Person des Plautus zu wissen meinten oder vor-
gaben begründet?

Bei Teuffel-Schwabe liest man: 'T. Maccius Plautus ist geboren um
500 in — Sarsina, als Freier, aber von niedrigem Stande. Er fand
in Rom an der Bühne Beschäftigung. Die daselbst gemachten Erspar-
nisse verlor er durch kaufmännische Unternehmungen und mufste sich
zeitweilig in eine Mühle verdingen. Später fand er seinen Lebensberuf
in der lateinischen Bearbeitung griechischer Lustspiele. Er starb 570.'
An diesen überlieferten Thatsachen sind meines Wissens niemals Zweifel
geäufsert worden.[1]) Im Vorwort eines vor 8 Jahren erschienenen Buches
über Plautus sieht sich der Verfasser 'veranlafst, ausdrücklich hervorzuheben, dafs er von der natürlichen Begabung des Plautus und seiner
aufserordentlichen Thatkraft, welche mit vielerlei Widerwärtigkeiten des
Lebens siegreich den Kampf bestanden hat, die gröfste Achtung hegt.
Er ist der Ansicht, dafs unter Tausenden kaum einer, in die Lage und
Lebensverhältnisse des Plautus versetzt, auch nur annähernd Ähnliches
geleistet haben würde'.

Solche Gläubigkeit hätte vor nicht gar langer Zeit noch kein Lächeln
verdient und es ist gar nicht zu verwundern, dafs Ritschl sie theilte.

---

1) Aufser von mir selbst, Hermes XXIV p. 78.

Dafs er sie theilte ist auch der Grund dafür, dafs sie seitdem nicht er-
schüttert worden ist. Aber heute wissen wir doch etwas mehr über
solche Dinge.

In der griechischen Litterarhistorie hat man sich längst gewöhnt,
uncontrollirbare Nachrichten über die Lebensverhältnisse litterarischer
Männer mit Mifstrauen aufzunehmen und zu fragen woher die Gewährsmänner wissen konnten was sie berichten. Der römischen Überlieferung
gegenüber schlummert dies Mifstrauen noch; nur in dem einzigen Falle,
in dem eine zusammenhängende Sammlung von Notizen über das Leben
eines der älteren Dichter vorliegt, deren Unglaubwürdigkeit in die Augen
springt, ist es allmählich erwacht und hat zu einer vollständigen Analyse der Nachrichten geführt, die nichts Positives aufser ein paar möglicherweise authentischen Notizen übrig gelassen hat. Die Biographie
des Terenz hat Sueton aus Varro und den besten Autoren sonst, die
überhaupt Litterarhistorisches mitgetheilt hatten, zusammengestellt, die
Überlieferung selbst liegt nicht gar weit von Terenzens Lebzeiten ab,
das Verhältnifs der Zeit und der Glaubwürdigkeit ist ähnlich wie das
der älteren Peripatetiker zu Plato.

Die Terenzvita mufs uns den Mafsstab geben, wie wir die biographischen Nachrichten über die älteste Periode der römischen Litteraturgeschichte zu beurtheilen haben. Die Gewährsmänner sind, in der
Hauptsache, dieselben; die Bedingungen sind für Terenz günstiger als
für die Dichter von Andronicus bis Ennius, denn er steht zeitlich den
Gewährsmännern näher. Die Anecdoten freilich fliefsen reichlicher für
jüngere Zeit, aber für ältere sind die scheinbar positiven Nachrichten
seltener, selbständige Combinationen nöthiger.

Das Material der Terenzvita zerfällt im wesentlichen in Anecdoten
und Combinationen, nicht scharf zu scheiden freilich, sondern so dafs
es oft deutlich ist wie die Anecdoten nicht von Mund zu Mund fort-
gegebener Klatsch, sondern aus Combinationen erwachsen sind. Die
beiden Hauptgeschichten, die von der heimlichen Mitarbeiterschaft des
Scipio und Laelius und die von dem unerlaubten Verkehr mit ihnen,
stellen die eine und die andere Kategorie dar; jene entstand während
er dichtete, *eamque ipse auxit, numquam nisi leviter refutare conatus,
ut in prologo Adelphorum* (aufserdem im Prolog des Heautontimorumenos): *homines nobiles eum adiutare assidueque una scribere.* Die Erfindung selbst und wie sie ausgestaltet wurde ist ganz im Stil der in
Athen umlaufenden, durch die Komödie erfundenen oder weitergegebenen,
dann in die βίοι aufgenommenen Geschichten: Kephisophon hilft dem
Euripides bei seinen Stücken, dann auch bei seiner Frau. So ist das

unsittliche Verhältnifs auch bei Terenz aus der Fabel von dem litterarischen herausgesponnen worden, materiell nach dem Muster der unzähligen παιδικά-Geschichten, die aus ähnlichen Andeutungen erwachsen sind. Nach gleicher Methode werden die Personen der *nobiles* ermittelt, auf die im Prolog der Adelphi angespielt ist, *qui vobis univorsis et populo placent.* Es mufsten Männer mit litterarischen Interessen sein, die zu den ersten ihrer Zeit gehörten; da waren die Namen gegeben. Wo Cicero die Bildungshäupter jener Zeit aufzählt, sind es Africanus, Laelius, Furius (pro Arch. 16, de rep. III 5, de or. II 154, pro Mur. 66), an der letzten Stelle tritt C. Sulpicius Galus hinzu, den Santra anstatt jener zur Wahl stellt; jene dieselben drei, die Porcius Licinus nennt, indem er noch die Motivirung, warum gerade sie es sein sollen, wie nebensächlich hinzufügt: *tres per idem tempus qui agitabant nobiles facillime.*

Hier haben wir den Ursprung der Erfindungen und die Methode nach der sie erweitert und ausgeschmückt wurden vor Augen. Für die Dichter, die älter waren als Terenz, war gewifs das subjective Bedürfnifs, Lebensumstände zu erschliefsen und auszumalen, geringer, denn die Personen standen den Litterarhistorikern ferner; aber das objective Bedürfnifs war, wenn man überhaupt etwas sagen wollte, wie bemerkt um so gröfser.

Varro fand die Terenzlegende fertig vor und behielt sie trotz einiger Zweifel bei, da er wenig Besseres an ihre Stelle zu setzen hatte. Seine Hauptzeugen waren Porcius Licinus und Volcacius Sedigitus, geistreiche Leute, die in Nachfolge des Lucilius und Accius poetische mit litterarhistorischen Neigungen verbanden und zu ernsthafter Untersuchung dessen was sich hübsch in klingende Verse fügte nicht verpflichtet waren. Von solcher Art waren die Vorgänger Varros; er hat auf diesem Gebiet zuerst gearbeitet. Seine Arbeit aber ging die Wege der griechischen, das bedeutet auf biographischem Gebiet die der alexandrinischen Philologie.

Die alexandrinische Biographie, wie sie uns in vielfacher Überlieferung vorliegt, umfafst zwei gesonderte Kreise der Forschung: die χρόνοι, die alexandrinische Fortsetzung der Arbeiten des Aristoteles, Timaios, Philochoros; den βίος, die peripatetischen Sammlungen über die Persönlichkeit der litterarischen Gröfsen, die von den alexandrinischen Philologen übernommen und in Auszügen in gelehrtem Stil zu ihren Zwecken weiter gegeben wurden. Diese biographischen Studien, deren Zusammenfassungen uns vorliegen wie sie den erhaltenen commentirten Dichterausgaben voraufgeschickt sind, nahm sich Varro zum Muster; er konnte nicht anders; auch aus seinen Studien sind solche vitae hervor-

gegangen, die den alexandrinischen βίοι ähneln wie das Wasser des
Tiber dem des Nil. Er schrieb die vitae nicht selbst, denn er machte
weder Ausgaben noch Commentare. Die Form, in der er seine biographischen Studien vorlegte, war die der griechischen Bücher περὶ
κωμῳδίας oder περὶ τραγῳδῶν. Das mag uns daran erinnern, dafs
er die Methode der Untersuchung nicht aus den βίοι zu lernen brauchte,
die nur Resultate enthielten, sondern aus den Schriften lernte, die auch
von den Methoden Rechenschaft gaben.

Seine Arbeit mufste sich von vornherein auf die χρόνοι und den
βίος gleichmäfsig erstrecken, er mufste für beide den Grund legen.
Als Quellen hatte er zu betrachten, nach dem Muster seiner Vorbilder,
erstens die Texte, zweitens die Archive der Festbeamten, soweit über
die scenischen Aufführungen überhaupt Buch geführt worden war. Aus
diesen Quellen war das Thatsächliche zu entnehmen und das Zweifel-
hafte und Scheinbare zu combiniren. Die Vorgänger lieferten ihm ein
Gerüst der Litteraturgeschichte, das schief und verquer war, und eine
Füllung, die aus schlechtem Anecdotenkram bestand.

Wie es mit den chronologischen Kenntnissen derer, die vor Varro
sich mit diesen Fragen befafsten, beschaffen war, lehrt uns der Ansatz,
den Accius für die Epoche des Livius gegeben hatte, den wir zugleich
mit der Polemik Varros durch Cicero erfahren. Cicero theilt im Brutus 72
aus dem kurz vorher geschriebenen annalis des Atticus mit, Livius habe
im J. 514 als erster ein Stück aufgeführt (ebenso Tusc. I 3, de sen. 50);
er führt für das Jahr die Autorität des Atticus an, denn unter den
Schriftstellern sei *de numero annorum controversia*: Accius gebe statt des
Jahres 514 das Jahr 557 und setze die Überführung des Livius nach
Rom ins Jahr 545. Das Zeugnifs des Atticus habe er nicht nur *in
antiquis commentariis* bestätigt gefunden, sondern die ganze Chronologie
der ältesten Litteratur widerlege den Ansatz des Accius: Ennius sei
515 geboren und werde durch Accius zum Altersgenossen des Livius;
Plautus und Naevius hätten vor 557 schon viele Stücke aufgeführt, und
doch solle Livius der erste sein der es gethan habe, auch werde er auf
diese Weise jünger als die beiden. Der Irrthum des Accius scheint
daher entstanden zu sein, dafs er den berühmtesten Livius, den Sieger
von Sena (547), als Herrn des Andronicus annahm und daher seine
Gefangennahme, da seine tarentinische Abkunft anerkannt war, auf die
Wiedereroberung von Tarent a. 545 schrieb, die erste Aufführung auf
die Votivspiele des Salinator. In welches Zeitverhältnifs Accius selbst
die übrigen Dichter zu Livius gesetzt, ob er eine allgemeine Chronologie überhaupt versucht, ob er Livius gar nicht für den ältesten Dichter

gehalten hat, wissen wir leider nicht; die Polemik Ciceros richtet sich
nur gegen die Ansetzung des Livius. Cicero hat das Material dieser
Polemik aus Atticus, dieser hat es aus Varro; die *antiqui commentarii*
führt Cicero so an wie wenn er ihr Zeugnifs nicht im annalis des Atticus selbst gefunden hätte; möglich dafs er Varro selbst hat nachschlagen
lassen, der die Epoche 514 aus den commentarii der Ädilen constatirt
hatte. Dafs das Zeugnifs nebst der Polemik aus Varro stammt, zeigt
Gellius XVII 21, 42: im J. 514 *primus omnium C. Livius poeta fabulas
docere Romae coepit*, im Jahre vor der Geburt des Ennius, wie M. Varro
in primo de poetis libro bezeuge: Cicero hat *in antiquis commentariis*
gefunden, dafs Livius 514 *primus fabulam docuit anno ipso ante quam
natus est Ennius*. Wir sehen mit vollkommener Deutlichkeit, dafs Varro
der erste war, der aus den Archiven die entscheidende Epoche festlegte
und dabei gegen eine Ansicht ankämpfen mufste, die nur bei vollständiger Unklarheit über die Chronologie jener Anfänge der Litteratur
überhaupt bestehen konnte, die aber doch von der wichtigsten Autorität
vertreten war.

Einen anderen Vertreter derselben Ansicht lehrt uns Gellius gleich
danach kennen. Er fährt fort, im J. 519 habe Naevius Stücke öffent-
lich aufgeführt[1]), *quem M. Varro in libro de poetis primo stipendia fecisse
ait bello Poenico primo, idque ipsum Naevium dicere in eo carmine quod
de eodem bello scripsit* — auch dies ist Polemik, Varro hat im Gedicht
des Naevius selbst das Zeugnifs dafür gefunden, dafs er den Krieg mitgemacht habe, den er besinge; gegen wen sich die Polemik richtet erfahren wir im nächsten Satz: *Porcius autem Licinus serius poeticam
Romae coepisse dicit in his versibus:*

Poenico bello secundo Musa pinnato gradu
intulit se bellicosam in Romuli gentem feram.

Dafs die Verse aus der Anführung Varros stammen, darüber ist kein
Wort zu verlieren. Die Frage ist, in welchem Zusammenhang sie im
Gedichte selbst standen. Man bezieht sie[2]) auf Ennius und schliefst
daraus, dafs Porcius die Dichter vor Ennius, also Livius Naevius Plautus,
überhaupt nicht als Dichter anerkannt habe. Das ist so falsch wie
möglich. Fällt denn die Dichtung des Ennius, der 2 Jahre vor Schlufs
des zweiten punischen Krieges nach Rom gekommen, 33 Jahre nach
dem Schlufs gestorben ist und in seiner letzten Periode die Annalen

---

1) *fabulas apud populum dedit* sagt Gellius nach Varro mit genauem
Ausdruck, da Varro eben aus den Archiven nur über solche Aufführungen
etwas erfahren konnte.
2) Büttner Porcius Licinus p. 51, nach Anderen.

gedichtet hat, in den zweiten punischen Krieg? Redet denn Porcius
von einer höheren Stufe der Kunstdichtung, wenn er die kriegerische
Muse schildert, die beschwingten Schrittes in das wilde Römervolk ihren
Einzug gehalten habe? Das bedeutet nicht: erst mit dem Siege der
gräcisirenden Richtung beginnt unsere Poesie; sondern es bedeutet: als
unsere Poesie begann, war sie noch ein wildes Ding wie wir selber
einst. Mit anderen Worten, Porcius war der Ansicht, dafs die Anfänge
der römischen Poesie in den hannibalischen Krieg gehörten, dafs Naevius
und Livius nicht früher im Mannesalter standen. Wenn er annahm, dafs
das bellum Punicum des Naevius während des hannibalischen Krieges entstanden sei, so traf das zu; denn wir wissen durch Cicero (de sen. 50),
dafs auch Naevius sein Epos erst im Alter gedichtet hat. Aber dafs Naevius
den Krieg mitgemacht hatte, den er besang, das hat Porcius übersehen.
Er braucht darum nicht das Gedicht nie angesehen zu haben, denn es ist
nicht wahrscheinlich, dafs Naevius seine eigenen *stipendia* anders als
bei Gelegenheit und an versteckter Stelle erwähnt hat. Varro wies,
um seinen ganzen Beweis von der Chronologie des Naevius zu stützen,
auf die Stelle hin und wies auch so die Unkenntnifs des Porcius in
ihre Schranken.

Es ist deutlich, dafs Porcius in demselben Irrthum befangen ist
wie Accius; er hat wahrscheinlich gar nicht selbst untersucht, sondern
die Ansätze des Accius, d. h. die allgemein für wahr geltenden, seinem
Gedicht zu Grunde gelegt. So stand es mit der Einsicht in diese Dinge.
als Varro arbeitete.

Wir sehen hieraus zugleich, von welchem Werth die übrigen Thatsachen aus dem Leben des Livius waren. Man kannte den Herrn des
Andronicus nicht, wie wir ihn nicht kennen, man wufste nicht ob und
bei welcher Eroberung Tarents er kriegsgefangen geworden war, aber
man wollte beides wissen. Dagegen konnte man erfahren, wann seine
Bühnenthätigkeit begonnen, auch dafs er noch das Processionslied von
547 gedichtet hatte; aber für solche Erkenntnifs fand erst Varro die
Wege.

Von anderer Art ist die Polemik Varros, die sich an das Todesjahr des
Naevius knüpft. Cicero theilt, gleichfalls im Brutus (60) und gewifs auch
aus Atticus, mit dafs Naevius im Jahre 550 gestorben sei, *ut in veteribus commentariis scriptum est;* Varro aber *putat in hoc erratum vitam-
que Naevi producit longius.* Was sollen denn das für *commentarii* gewesen sein, in denen der Tod eines poeta barbarus wäre verzeichnet
worden? Cicero redet als litterarisch interessirter Mann im Sinne einer
geistig angeregten Epoche und macht sich selbst nicht klar, dafs in

amtlichen Aufzeichnungen für eine solche Notiz durchaus kein Raum
war. Wenn aber ein amtliches Zeugnifs für den Tod des Naevius vorhanden gewesen wäre, so hätte Varro unmöglich das für irrig erklären
können. Andererseits lag ein Zeugnifs in *veteres commentarii* vor, daran
darf nicht gezweifelt werden, da Atticus es mittheilte. Es folgt mit Nothwendigkeit, dafs das Zeugnifs kein directes und unzweideutiges Zeugnifs
über den Tod des Naevius war, sondern dafs aus ihm das Todesjahr
des Naevius erst gefolgert wurde und Varro diese Folgerung für falsch
hielt. Ich meine, dafs es nur eine Möglichkeit gibt, auf Grund dieser
zwingenden Folgerungen das richtig aufzufassen was Cicero von dem
ihm vorliegenden Material mittheilt: in den commentarii der festgeben-
den Beamten war zum J. 550 die letzte Aufführung eines Naevianischen
Stückes verzeichnet; nachdem Varro diese Thatsache constatirt hatte,
wurde aus ihr gefolgert, dafs Naevius im J. 550 gestorben sei; diese
Folgerung hielt Varro für falsch und war der Meinung dafs es andere
Ursachen gegeben habe, warum Naevius nach 550 in den Festproto-
kollen nicht mehr erscheine. Atticus aber theilte die Meinung derer,
die seinen Tod ins J. 550 verlegten; er theilte offenbar Varros Widerspruch mit (wie vermuthlich auch seine das Jahr des Livius betreffende
Polemik). Varro hat zu seinem Widerspruche natürlich guten Grund
gehabt, wir lernen diesen durch Hieronymus aus Sueton kennen.

Eine andere Combination Varros über Lebensverhältnisse des Naevius
hängt eng zusammen mit dem was er über Plautus berichtet hat.

2

Über die Chronologie des Plautus haben wir drei feste Daten, alle
drei von Varro erschlossen: Aufführung des Stichus 554, des Pseudolus 563, Tod 570. Das Todesjahr theilt Cicero gleich nach dem des
Naevius aus derselben Quelle mit: ich halte es für sehr wahrscheinlich,
dafs auch der Tod des Plautus nur daraus gefolgert worden ist, dafs er
zum letzten mal in einem Festprotokoll nachzuweisen war. Wie weit
wir diese festen Punkte durch eigene Combination ergänzen können,
wollen wir erwägen nachdem wir die Nachrichten über den Lebensgang
des Dichters näher ins Auge gefafst haben.

Varros Mittheilungen stehen bei Gellius III 3, 14 und in einem
Auszuge bei Hieronymus, der uns lehrt, dafs Sueton dieselbe Erzählung
aus Varro übernommen hatte. Wir hören, bei Gelegenheit von Varros
Echtheitskritik, dafs Plautus drei Stücke als Tagelöhner geschrieben
habe: *sed enim Saturionem et Addictum et tertiam quandam, cuius nunc
mihi nomen non suppetit, in pistrino eum scripsisse Varro et plerique*

*alii memoriae tradiderunt, cum pecunia omni quam in operis artificum
scaenicorum pepererat in mercatibus perdita inops Romam redisset et ob
quaerendum victum ad circumagendas molas, quae trusatiles appellantur,
operam pistori locasset; sicuti de Naevio quoque accepimus, fabulas eum
in carcere duas scripsisse, Hariolum et Leontem, cum ob assiduam maledicentiam et probra in principes civitatis de Graecorum poetarum more
dicta in vincula Romae a triumviris coniectus esset. unde post a tribunis
plebis exemptus est, cum in his quas supra dixi fabulis delicta sua et
petulantias dictorum, quibus multos ante laeserat, diluisset.*[1])

Plautus und Naevius haben beide, der eine in der Mühle, der
andere im Gefängnifs Stücke geschrieben, und zwar bestimmte, mit
Namen genannte Stücke, Plautus drei, an deren plautinischem Ursprung
Varro eben deshalb nicht zweifelt, weil er sie in das Leben des Plautus
einordnen kann. Bei dieser Gelegenheit hat er im 1. Buche *de comoediis
Plautinis* (Gellius § 9) das erzählt oder daran erinnert was er zu biographischem Zwecke im 1. Buche *de poetis* mitgetheilt hat, woher es
Sueton genommen.[2]) Varro hat, auch daran läfst der Zusammenhang
des ganzen Kapitels keinen Zweifel, eine Nachricht über die Lebens-
schicksale des Plautus vorgefunden, eine Nachricht, die ihm die Sicherheit zu geben schien, dafs Saturio und Addictus in der That von Plautus
herrührten; er hat daher wahrscheinlich auch die Entstehung dieser
Stücke in der Mühle nicht zuerst angenommen, sondern diese Ansicht
vorgefunden; und *Varro et plerique alii* wird nichts anderes bedeuten
als Varro nebst den Autoren die er selbst anführt: in diesem Falle läfst
sich auch mit Bestimmtheit sagen wer die *alii* waren: die 'Pinako-
graphen' vor Varro, unter denen sich Dichter und Dilettanten wie Accius
und Volcacius und Gelehrte wie Aelius befanden. In diesem Kreise
von Schriftstellern, die sich um die Sichtung und Beurtheilung des
Nachlasses der ersten römischen Litteraturepoche bemühten, war die
Erzählung von Plautus' Jugenderlebnissen weiter gegeben worden, um
die Echtheit des Saturio und Addictus zu erweisen. Welcher Grad von
Glaubwürdigkeit wohnt einer solchen Erzählung bei?

Ich will um es deutlich zu machen einige, meist bekannte, analoge

---

1) Hieronymus: *qui propter annonae difficultatem ad molas manuarias
pistori se locaverat, ibi quotiens ab opere vacaret scribere fabulas solitus ac
vendere.*

2) Die nicht wesentlichen Abweichungen des Hieronymus von Gellius
(*propter annonae difficultatem*, dann *quotiens ab opere vacaret scribere fabulas
solitus ac vendere*) können von der verschiedenen Fassung herrühren, die
Varro selbst der Erzählung gegeben hatte.

Fälle aus der Geschichte der griechischen Komödie anführen. In der Aristophanesvita der Platoscholien heifst es (p. 227 Herm.) κατεκλήρωσε δὲ καὶ τὴν Αἴγιναν, ὡς Θεογένης ἐν τῷ περὶ Αἰγίνης. Das ist die bestimmte Fassung einer von mehreren Vermuthungen, die im βίος XI D. beisammenstehen: οἱ δὲ (αὐτόν φασιν εἶναι) Αἰγινήτην, στοχαζόμενοι ἐκ τοῦ πλεῖστον χρόνον τὰς διατριβὰς ποιεῖσθαι αὐτόθι, ἢ καὶ ὅτι ἐκέκτητο ἐκεῖσε. κατὰ τινὰς δὲ, ὡς ὅτι ὁ πατὴρ αὐτοῦ Φίλιππος Αἰγινήτης. Bekanntlich sind dies nur Versuche, einer Stelle der Parabase den thatsächlichen Untergrund abzugewinnen, den die Worte gehabt haben müssen: καὶ τὴν Αἴγιναν ἀπαιτοῦσιν — ἵνα τοῦτον τὸν ποιητὴν ἀφέλωνται. Der Niederschlag der Vermuthungen liegt im Venetusscholion zum Verse (654) vor: ἐντεῦθέν τινες νομίζουσιν ἐν Αἰγίνῃ τὰς κωμῳδίας ποιεῖν τὸν Ἀριστοφάνην· — ταῖς ἀληθείαις εἰς ἣν τῶν ἐν τῇ νήσῳ κληρουχησάντων (denn seine Stücke hätte er ja auch anderswo schreiben können); dann: οὐδεὶς ἱστόρηκεν ὡς ἐν Αἰγίνῃ κέκτηταί τι Ἀριστοφάνης, die ganze Sache betreffe den Kallistratos, der sei Kleruch auf Aigina gewesen. Es war vollkommen in der Ordnung, dafs die Möglichkeiten erwogen wurden wie man zum Verständnifs der Stelle gelangen könnte, und es war die natürliche Folge, dafs das vermeintliche Resultat für die Biographie des Aristophanes verwendet wurde. Sicher ist dafs auch Theogenes nichts weiter wufste als den Vers, den wir haben. Die Gelehrten stellten auch in der Biographie die Vermuthungen gegeneinander; der Localschriftsteller wie der Excerptor wählte die Vermuthung die ihm pafste, oder eine beliebige, aus und stellte sie als Thatsache hin.

Etwas Thatsächliches liegt auch den πέντε τάλαντα ἃ Κλέων ἐξήμεσεν zu Grunde (Ach. 5); die Scholien erzählen die Geschichte und führen Theopomp dafür an (vgl. schol. Eq. 226); im βίος wird sie als ein Theil des Kampfes zwischen Aristophanes und Kleon erwähnt und die Verse als Beleg angeführt. Dagegen weifs jeder, dafs es nur ein Scherz ist wenn der Dichter den Perserkönig fragen läfst, ποτέροις εἴποι κακὰ πολλά, und im Venetus steht richtig (zu v. 649) τοῦτο χαριεντιζόμενος ψευδῶς λέγει, aber das ist doch schon Polemik gegen solche, die auch dies als baare Münze nahmen und zur Bereicherung des βίος verwendeten (Z. 57, vgl. das schol.).

Wie viel Söhne Aristophanes hinterlassen hätte war ungewifs; die Einen wufsten drei Namen zu nennen, die Andern verwarfen den einen und führten als Beweis die Worte aus einer uns unbekannten Komödie an: τὴν γυναῖκα δὲ αἰσχύνομαι τώ τ᾿ οὐ φρονοῦντε παιδίω. Wie hier die Rede einer handelnden Person augenscheinlich willkürlich dem

Aristophanes in den Mund gelegt worden ist, so erklärt sich aus dieser
Voraussetzung die sonderbare Notiz in der ὑπόθεσις zum Plutos IV:
τελευταίαν δὲ διδάξας τὴν κωμῳδίαν ταύτην ἐπὶ τῷ ἰδίῳ ὀνόματι
καὶ τὸν υἱὸν αὑτοῦ συστῆσαι Ἀραρότα δι᾿ αὐτῆς τοῖς θεαταῖς βου-
λόμενος, τὰ ὑπόλοιπα δύο δι᾿ ἐκείνου καθῆκε, Κώκαλον καὶ Αἰολο-
σίκωνα. Araros als διδάσκαλος der beiden letzten Stücke war aus
den Didaskalien bekannt; aber wie konnte Aristophanes den Sohn dem
Publicum empfehlen durch ein Stück, das er selbst aufführte? Dasselbe, nur vom Plutos, lesen wir auch im βίος: ἐν τούτῳ δὲ τῷ δρά-
ματι συνέστησε τῷ πλήθει τὸν υἱὸν Ἀραρότα. Nun spricht in der
Komödie Chremylos zweimal von seinem Sohn: 35 τὸν δ᾿ υἱὸν, ὅσπερ
ὢν μόνος μοι τυγχάνει, πευσόμενος εἰ χρὴ μεταβαλόντα τοὺς τρό-
πους εἶναι πανοῦργον und 250: καὶ τὴν γυναῖκα καὶ τὸν υἱὸν τὸν
μόνον, ὃν ἐγὼ φιλῶ μάλιστα μετὰ σέ. Aus einer ähnlichen Interpretation dieser Verse, die auch eine Beziehung auf den Dichter gegen
dessen Absicht hineinlegte, ist offenbar die Vorstellung entstanden, Aristophanes habe den Araros im Plutos dem Publicum empfohlen, um ihn
dann das folgende Stück aufführen zu lassen.

Von Kratinos heifst es περὶ κωμ. III, er sei gestorben beim ersten
Einfall der Lacedämonier in Attika; glücklicherweise wird der Ge-
währsmann angegeben, Aristophanes im Frieden: οὐ γὰρ ἐξηνέσχετο
ἰδὼν πίθον ἀνοιγνύμενον οἴνου πλέων. Von Menander wird erzählt
(Athen. XIII, 594 d), er habe mit Bezug auf Philemons Geliebte in
einem Stücke gegen jenen gesprochen ὡς οὐδεμιᾶς οὔσης χρηστῆς.
Dafs sich dies wahrscheinlich auf die zum Theil erhaltenen Verse aus
dem Prolog zur Thais bezieht, hat Frantz de com. att. prol. 68 schön
ausgeführt.

Dafs es leichte Mühe wäre, Beispiele dieser Art zu häufen, bedarf
keiner Versicherung; die angeführten genügen um in die Erinnerung
zu rufen, dafs die alexandrinischen Erklärer sowohl mit richtiger Methode aus den Dichterworten entnahmen was ihnen Persönliches zu
entnehmen war, als auch, um zu ersetzen was man nicht wufste und
nicht wissen konnte, den Schein einer Anspielung auf vorausgesetzte
Umstände als Wahrheit gelten liefsen; dafs solche Interpretationsver-
suche fortwirkten, in welchem Grade sie die Darstellung der Litteraturgeschichte auf allen Gebieten inficirten, wie sie dann wieder auf die
Auffassung der Texte einwirkten, ist nur zu bekannt.

Es scheint mir ganz einleuchtend, dafs in Saturio, Addictus und
der tertia quaedam Stellen vorkamen, die auf die Person des Dichters
bezogen wurden und, so bezogen, von seiner Arbeit im Tagelohn und

den Erlebnissen, die ihn dazu geführt hatten, zu sprechen schienen[1]);
das Wort *molae trusatiles* kam vermuthlich an einer dieser Stellen vor.
Die Situation der Vidularia, in der der schiffbrüchige Jüngling *ob quaerendum victum operam agricolae locat*, kann am besten deutlich machen,
welcher Anlafs der Handlung zu solchen Reden führen konnte; eine
etwas, nur scheinbar, persönliche Färbung mufste die Beziehung auf
den Dichter herbeiführen. Solche wie von der Person des Dichters
ausgehende Reden liegen vor Bacch. 214 (Epidicus und Pellio) und
Mil. 211: hier hat man nach dem *poeta barbarus, quoi bini custodes
semper totis horis occubant* gesucht, hat gefunden dafs die Verse sich
auf Naevius beziehen müssen, und das Resultat dieser ganz richtig, gewifs auch von Varro, geführten Untersuchung hat Verrius Flaccus als
Thatsache gefafst: *unde Plautus poetam Naevium latinum barbarum dixit*
(Paulus p. 36).

Ich habe früher nachgewiesen, dafs Varro die Entwicklungsgeschichte des römischen Dramas, von den vorausgesetzten Anfängen bis
zu den historischen, nach dem Muster der peripatetischen Litterarhistorie
construirt hat[2]), mit grofser Kühnheit aus dem Vorhandenen auf nie
Gewesenes, aus fremden Entwicklungsphasen auf die innerlich verschiedenen römischen zurückschliefsend. So hat er auch nach dem Muster
der peripatetisch-alexandrinischen Biographie historische Thatsachen aus
den Texten erschlossen und die einmal vorhandenen Anecdoten als
historisches Material verwendet; er hat auch hier nicht nur die Methode,
sondern, wie wir sehen werden, auch gelegentlich den Stoff seinen Vor-
bildern nachgebildet.

Die Geschichte des Plautus, wie sie Gellius nach Varro erzählt,
fängt damit an, dafs er *in operis artificum scaenicorum* viel Geld verdient habe. Es ist nicht unwichtig für uns zu wissen was damit gemeint sei. Die allgemeine Ansicht ist jetzt, dafs er 'als Theaterarbeiter',
'als Bedienter von Schauspielern', 'unter den Handlangern und Arbeitern
des Theaters beschäftigt' 'einiges Geld erworben habe'. So nämlich
hat Ritschl die Worte erklärt, Parerga p. 60, im Widerspruch gegen
Lessing, der in seiner jugendlichen 'Abhandlung von dem Leben und

---

1) Der Vers *opus facere nimio quam dormire mavolo* ist aus dem Addictus erhalten.
2) Hermes XXIV p. 75 sq., vgl. Hendrickson Amer. journ. of philol. XV p. 1 sq.
Wie Ribbeck (Gesch. d. röm. Dicht. I[2] p. 350) die *acerbissima satura* des Lenaeus auf Sallust mit der Ursatura in Verbindung setzen mag ist mir nicht
verständlich, dagegen sehe ich kein Bedenken sie als Satire lucilischen Stils
aufzufassen.

den Werken des Plautus' sie so verstand, Plautus habe mit Komödien-
schreiben 'so viel gewonnen, dafs er eine Handlung anfangen konnte'.[1])
Richtig ist das ja nicht, aber richtiger gedacht und im Zusammenhang
empfunden als die jetzt geltende Auffassung. Dafs an den Bühnen Arbei-
ter dienten ist selbstverständlich und auch bezeugt.[2]) Aber damit ver-
diente man sich kein Capital. Wenn es heifst *pecunia omni quam in
operis — pepererat,* so bedeutet das, dafs es sich um ein Geschäft handelt, bei dem viel Geld zu verdienen war. Ich würde schon darum
nicht glauben, dafs *operae artificum scaenicorum* hier die Tagelöhner-
dienste bei der Bühne bedeutet. Dafs es bedeutet die Leistungen, die
Aufführungen der Schauspieler, geht aus folgenden Stellen Suetons hervor: Aug. 45 *universum genus operas aliquas publico spectaculo praeben-
tium etiam cura sua dignatus est,* Tib. 35 *quominus in opera scaenae
harenaeque edenda senatus consulto teneretur,* Calig. 58 *pueri nobiles ex
Asia ad edendas in scaena operas evocati,* und aus Tacitus ann. I 16
Percennius quidam, dux olim theatralium operarum, dein gregarius miles.
Kein Zweifel, Gellius verstand was er sagte so, dafs Plautus als Schauspieler sich eine Menge Geld verdient habe. Das ist deshalb wichtig,
weil die Handlangerarbeit am Theater an sich für Plautus etwas Auf-
fallendes wäre und auf einer besonderen Tradition zu beruhen scheinen
könnte; es wäre etwas wovon man nicht leicht annehmen würde, dafs
es sich jemand ganz ohne Veranlassung ausdächte. Aber dafs Plautus,
wenn er sein Vermögen verloren hatte, dies Vermögen als Schauspieler
verdient hatte, das ist freilich eine Combination, die gerade Varro oder
auch seinen Vorgängern sich ohne weiteres einstellen mufste. Denn
es heifst in der varronischen Darstellung bei Liv. VII, 2, 8, alle Dichter
der ersten Zeit seien auch Schauspieler gewesen; dafs Plautus als Schauspieler anfing war also so gut wie gegeben. Obendrein werden wir
finden, dafs diese Ansicht, war sie nun combinirt oder überliefert, das
Richtige traf. Und gewifs, wenn es auch in den Worten nicht zu
liegen braucht, hat Varro an Plautus' eigene Stücke gedacht (a. O. *idem,
id quod omnes tum erant, suorum carminum actor);* dafs zu den *artifices
scaenici* auch die Dichter gehören wufste er besser als Ritschl es im
Jahre 1841 wissen konnte.

Plautus ist, wie die *senes* in Mostellaria, Persa, Trinummus, die
adulescentes in Mercator, Stichus, vielleicht Vidularia, in See gegangen

---

1) XI, 1 p. 12 Hempel.
2) Aufser dem von Ritschl Angeführten vgl. Servius zu Georg. III 25
*Augustus — plurimos de captivis quos (ex Britannia) adduxerat, donavit ad
officia theatralia.* Griechisches: Müller Bühnenalterth. p. 203 A. 5.

um Handel zu treiben, hat Unglück gehabt und ist ohne Geld nach
Rom zurückgekommen; da hat er sich in Tagelohn verdungen und
scheint nun, eine rechte Komödiensituation, ein Anderer als er ist. Das
können die Leute die es berichteten nur von Plautus selbst, d. h. aus
seinen Stücken, erfahren haben oder zu erfahren geglaubt haben; eine
andere Quelle der Überlieferung ist schlechthin undenkbar. Aber jeder
Moderne wird fragen, wie die römischen Litteraten, als sie sich in den
Komödien umsahen um etwas über das Leben des Dichters zu erfahren,
dazu kommen konnten so absonderliche Erlebnisse aus Andeutungen
herauszulesen; denn mit dürren Worten hatte doch Plautus sicherlich
dergleichen nicht erzählt, er konnte nur, vorausgesetzt dafs seine Lebenslage der der handelnden Person ähnlich war, mit versteckten Worten
darauf hindeuten.

Auch hierauf gibt die entsprechende griechische Überlieferung die
Antwort. Wir haben es mit einer Schablone zu thun, nach der sich
Anecdoten dieser Art wie von selber bildeten.

Von Kleanthes erzählt Diogenes VII 168: οὗτος πρῶτον ἦν πύκτης,
ὥς φησιν Ἀντισθένης ἐν διαδοχαῖς· ἀφικόμενος δὲ εἰς Ἀθήνας
τέσσαρας ἔχων δραχμάς, καθά φασί τινες, καὶ Ζήνωνι παραβαλὼν
ἐφιλοσόφρησε. Der frühere Faustkämpfer, der mit 4 Drachmen nach
Athen kommt, kann natürlich nicht in Bequemlichkeit philosophiren:
πένης ὢν ἄγαν ὥρμησε μισθοφορεῖν· καὶ νύκτωρ μὲν ἐν τοῖς κή-
ποις ἤντλει, μεθ᾽ ἡμέραν δὲ ἐν τοῖς λόγοις ἐγυμνάζετο. Einmal
mufste er sich vor Gericht verantworten, woher er seinen Lebensunter-
halt beziehe: da sei er freigesprochen worden, nachdem er den Gärtner
bei dem er Wasser trug zu Zeugen gerufen καὶ τὴν ἀλφιτόπωλιν
παρ᾽ ᾗ τὰ ἄλφιτα ἔπεττεν. Kleanthes hat also auch in der Mühle
gearbeitet.

Dieselbe Geschichte wird, ohne Angabe des Autors, bei Athenaeus
IV p. 168 von Menedemos und Asklepiades erzählt.[1]) Die Areopagiten
zogen sie vor Gericht, νέους ὄντας καὶ πενομένους, um ihnen dieselbe
peinliche Frage zu stellen: καὶ οἳ ἐκέλευσαν μεταπεμφθῆναί τινα
τῶν μυλωθρῶν. ἐλθόντος δ᾽ ἐκείνου καὶ εἰπόντος ὅτι νυκτὸς ἑκά-
στης κατιόντες εἰς τὸν μυλῶνα καὶ ἀλοῦντες δύο δραχμὰς ἀμφό-
τεροι λαμβάνουσι, θαυμάσαντες οἱ Ἀρεοπαγῖται διακοσίαις δραχ-
μαῖς ἐτίμησαν αὐτούς.

Die Geschichte von Plautus ist nichts als eine Variante dieser von
niemandem geglaubten Anecdoten; entstanden nicht als freier Mythus,

---

1) Vgl. v. Wilamowitz Antigonos p. 87.

sondern in Anlehnung an eine Textstelle, aber entstanden in Fortwirkung desselben Motivs, das jene und gleichartige griechische Geschichtchen erzeugt hat.

Von Ennius erzählt Hieronymus nach Sueton, er habe gelebt *parco admodum sumptu contentus et unius ancillae ministerio.* Die *ancilla* figurirt in der hübschen Geschichte, die Cicero von Ennius und Nasica erzählt; daher wird sie stammen. Dafs es die einzige war sagt Cicero nicht; die *una ancilla* ist, wie das *pistrinum,* ein Requisit des genügsamen βίος: Demetrios *ἐν ὁμωνύμοις* erzählte von Chrysipp: *ἠρκεῖτο γραιδίῳ μόνῳ* (Diog. L. VII 185).[1]) Das Motiv ist homerisch: *ὥσπερ ὁ Λαέρτης, γρηὶ σὺν ἀμφιπόλῳ* (Teles p. 40. 25 H.). Die Anecdote über Ennius ist nur eine Variante, diese Geschichten stehen in einer Herkunftslinie, gleichviel ob sie von griechischem oder römischem Boden stammen.

Eine Bestätigung dafür, dafs zu der ganzen Erfindung über Plautus' Leben einzelne Stellen seiner Komödien den Anlafs gegeben haben, liefert die Geschichte von der Einkerkerung und Befreiung des Naevius, die Gellius im Zuge des Varroexcerptes als Parallele mittheilt. Naevius habe, wie Plautus in der Mühle, so im Gefängnifs zwei Komödien geschrieben, *Hariolum et Leontem, cum ob assiduam maledicentiam et probra in principes civitatis de Graecorum poetarum more dicta in vincula Romae a triumviris coniectus esset;* dann hätten ihn die Volkstribunen befreit, *cum in his fabulis delicta sua et petulantias dictorum, quibus multos ante laeserat, diluisset.* Die παρρησία des Naevius wie sein Gefängnifs sind durch Fragmente und durch die Stelle des Miles bezeugt, die von den Alten ohne Zweifel richtig gedeutet worden ist; dafs er nicht im Gefängnifs gestorben war, war bekannt. Dafs er aber *in vinculis* Komödien geschrieben habe ist so unglaublich wie dafs entschuldigende Verse in diesen Komödien Anlafs zu seiner Befreiung gegeben hätten. Das Wahre daran sind die Verse, die auf seine Haft anspielten und vermuthlich entschuldigend oder versöhnlich klangen; mit ihrer Hülfe füllte man die Lücke der Überlieferung aus und construirte die Vermittelung zwischen Haft und Freiheit. Auch hier lag ein sehr berühmtes Muster vor, die gerichtlichen Verfolgungen denen Aristophanes in Folge seiner Angriffe auf Kleon ausgesetzt war, für deren Kenntnifs auch den alten Erklärern nichts zu Gebote stand als die von der Sache handelnden Stellen der Acharner und Wespen. Dar-

---

1) Vorher: *ἔνιοι δέ φασι γέλωτι συσχεθέντα αὐτὸν τελευτῆσαι· ὄνον γὰρ τὰ σῦκα αὐτῷ φαγόντος εἰπόντα τῇ γραὶ διδόναι ἄκρατον ἐπιρροφῆσαι τῷ ὄνῳ ὑπερκαγχάσαντα τελευτῆσαι.*

aus sind im *βίος* drei Processe gemacht worden; in den Scholien finden
sich Ausdrücke, die den von Naevius gebrauchten genau entsprechen [1]):
ἐκωμῴδησε γὰρ τάς τε κληρωτὰς καὶ χειροτονητὰς ἀρχὰς καὶ
Κλέωνα (schol. 378): *ob assiduam maledicentiam et probra in principes
civitatis de Graecorum more dicta*; τοὺς Βαβυλωνίους, ἐν οἷς πολλοὺς
κακῶς εἶπεν (ib., schol. 503 διὰ τὸ ἐν τοῖς Βαβυλωνίοις — εἰρηκέναι
κατὰ πολλῶν τὸν Ἀριστοφάνην): *petulantias dictorum quibus multos
ante laeserat.* Es war gewifs gegenüber den Stücken des Naevius so
berechtigt, Vermuthungen über das Thatsächliche zu versuchen, wie vor
denen des Aristophanes; Naevius selbst, dessen Bedeutung nicht zum
wenigsten darin liegt dafs er der ἀρχαία κωμῳδία nachstrebte, in
Form und Geist seiner Komödie, mag in seinen beschwichtigenden
Versen das Vorbild vor Augen gehabt haben, die Verse im Anfang der
Wespen 54 sq. und gegen Ende 1284 sq. Aber wie die alexandrinischen Gelehrten die Processe des Aristophanes mit geringem Glück aus
den Komödien erschlossen, so wären die Thatsachen, die die Erklärer
des Naevius später aus seinen Andeutungen zu gewinnen meinten, für
athenische Verhältnisse eher denkbar als für das Rom des hannibalischen Krieges.

3

Von den Nachrichten über den *βίος* des Plautus ist nicht viel
übrig geblieben; sehen wir wie es mit unserer Kenntnifs der χρόνοι
steht. Ritschl (de aetate Plauti, Parerga Kap. II), dessen Ansicht noch
heute so gut wie unbestritten ist, hat so geschlossen: Plautus hat vor
557 schon viele Stücke aufgeführt (Cic. Brut. 73); er hätte, der Zeit
nach, P. und Cn. Scipio auf der Bühne angreifen können, die 542 gefallen sind (Cic. de rep. IV 10, 11); sein Lebensgang beweist, dafs er
erst spät zu dichten begonnen hat, etwa als Dreifsigjähriger (Varro bei
Gellius III 3); den Pseudolus, a. 563, hat er als mindestens Sechszig-
jähriger gedichtet (Cic. de sen. 50): also ist er um 500 geboren, seit
etwa 530 mit Komödien hervorgetreten.

Diesen Combinationen stehen gegenüber die festen Daten von Aufführungen 554 und 563, das Todesjahr 570 (o. S. 60). Während hiernach
die productive Thätigkeit des Plautus mit dem Ende des zweiten punischen Krieges beginnt, wird sie, wenn Ritschl richtig combinirt, diesem
6 Jahre vorausgeschoben. Wer sich die Dinge anschaulich zu machen
weifs wird gestehen, dafs dieser Unterschied für das Verständnifs der
ganzen ersten Periode der römischen Litteratur ungemein wichtig ist.

---

1) Vgl. Platonius v. S D.; überhaupt Hermes XXIV p. 67.

Das Aufführungsjahr des Stichus gibt natürlich keinen terminus
post quem. Aber es ist eine bekannte Thatsache dafs, soweit überhaupt
sichere Indicien sich nachweisen lassen, 'die Abfassungszeit fast aller
unserer heutigen plautinischen Dramen in das letzte und vorletzte De-
cennium des Dichters fällt' (Ritschl Parerga p. 117). Die ältesten Stücke
sind, soweit irgend eine Anspielung sich verwerthen läfst, der Miles, der
nach v. 210 gegen das Jahr 550, und die Cistellaria, die nach v. 202 vor
das Jahr 553 zu setzen ist; den methodischen Fehler, aus v. 412 der
Menaechmi zu schliefsen, das Stück sei vor dem Jahre 438 verfafst,
wird nicht so leicht wieder jemand begehen.¹) Ritschl hat sich das so
zurechtgelegt, dafs eben die Stücke aus der letzten Periode des Dichters
erhalten geblieben, die aus der früheren theils verloren gegangen theils
der sicheren Bezeugung ihres Ursprungs verlustig gegangen seien. Das
ist an sich sehr denkbar, aber annehmbar nur, wenn äufsere Belege
vorhanden sind, dafs Plautus vor dem Jahre 550 überhaupt gedichtet hat;
wenn nicht, so ist die einzig erlaubte Folgerung, dafs die Zeit, in der
Plautus für die Bühne productiv war, wie am Ende durch das Jahr 570,
so am Anfang annähernd durch das Jahr 550 begrenzt ist.

Die äufseren Belege hat Ritschl in der Abhandlung de aetate Plauti
nachzuweisen versucht. Der Fehler seiner Argumentation liegt darin,
dafs er Cicero, in dessen Schriften sich alle dahin gehörigen Äufserungen
finden, eine zu genaue Kenntnifs von den Lebensverhältnissen des Plautus
zutraut und eine zu genaue Ausdrucksweise, wenn er von solchen Dingen
redet. Cicero sagt Brut. 73 *multas fabulas docuerant ante hos consules*
(a. 557) *Plautus et Naevius*. Erstens nimmt er Plautus mit Naevius,
dessen ganze Production sicher vor 553 liegt, zusammen; zweitens
kennen wir mindestens 3 Stücke des Plautus, die vor 557 liegen. Auch
angenommen, es wäre sonst kein Stück aus der Zeit vor 557 nach 550
als solches bekannt gewesen, würden doch die uns bekannten völlig
ausreichen, den Ausdruck des Cicero zu rechtfertigen, der nur im annalis des Atticus in der Rubrik der res illustres nachsah, ob vor 557
Aufführungsjahre plautinischer Stücke verzeichnet wären. Hieraus also
lernen wir nicht, dafs Plautus vor 550 ein Stück aufgeführt habe.

---

1) Vgl. Hüffner de Plauti com. exemplis att. p. 48, der überhaupt die Sache
richtig beurtheilt. — Es wäre verfehlt, den Rudens wegen v. 631, wo Capua als
das italische Hauptemporium für den Handel mit Kyrene bezeichnet ist, vor
die Vernichtung der politischen Existenz von Capua (a. 543) verlegen zu wollen;
die Bedeutung des Ortes für den Handel war nach jener Katastrophe nicht
vermindert. Dafs es für den Epidicus (der den Bacchides voraufliegt) ein Indicium gibt, das ihn etwa in die Zeit des Stichus rückt, habe ich Vindic. Plaut.
p. 6 bemerkt.

Cicero liefs de rep. IV 10 den Aemilianus sagen: *Periclem violari versibus et eos agi in scaena non plus decuit quam si Plautus noster voluisset aut Naevius P. et Cn. Scipioni aut Caecilius M. Catoni male-dicere.* Wenn hier Cicero wirklich die beiden im Jahre 542 gefallenen Scipionen im Sinne hatte, so hat er diese gewählt, um für Plautus und Naevius[1]) Männer einer weit zurückliegenden Zeit anzuführen; er hat aber sicherlich nicht sich vorher umgesehen, ob Plautus auch wirklich, wie Naevius ohne Zweifel, schon vor 542 Stücke aufgeführt hatte; der annalis des Atticus war damals noch nicht geschrieben. Es scheint mir aber unabweisbar zu sein, dafs wie bei Caecilius an den alten Cato, so Cicero bei Plautus und Naevius, wenn er P. Scipio nennt, an den grofsen Publius denkt und gedacht wissen will. Dafs er dessen Oheim Gnaeus hinzufügt, geschieht weil er den zwei Dichtern zwei Scipionen gegenüberstellen will und für den älteren Naevius, obwohl dieser ja den Africanus in der That angegriffen hat, einen älteren Namen wählt. Ohne Zweifel folgt aus dieser Stelle für die Lebenszeit des Plautus gar nichts.

Aber wenn Plautus den Pseudolus im Jahre 563 als Greis gedichtet hat, so ist ja damit schon so gut wie erwiesen, dafs seine Production vor dem hannibalischen Kriege begonnen hat. Diese Folgerung wäre unwidersprechlich; aber ich bestreite, dafs aus den Worten im Cato maior: *quam gaudebat bello suo Punico Naevius, quam Truculento Plau-tus, quam Pseudolo* folgt, Cicero habe gewufst, dafs Plautus ein hohes Alter erreicht habe. Wir wissen ohnedies dafs der Pseudolus in Plautus' letzte Lebenszeit gehört; aus jenen Worten folgt nur dafs auch der Truculentus hineingehört. Cicero fand die Aufführungsjahre beider Stücke in der Zeit kurz vor Plautus' Tode verzeichnet; der Dichter alter Zeit am Abend seines Lebens ist *senex*; Cicero gab der Thatsache, dafs Truculentus und Pseudolus späte Stücke des Plautus seien, in Catos Munde, dem Dialogstil entsprechend, einen lebhaften Ausdruck. Es folgt aus der Stelle auch, dafs Naevius sein Epos in seiner letzten Zeit dichtete; von Naevius wissen wir auch, dafs er in höherem Alter ge-storben ist, würden es aber aus dieser Stelle nicht lernen. Von Livius (*vidi etiam senem Livium*) findet Cicero es angebracht zu beweisen, dafs

---

1) Wie hier und Brut. 73, so stehen *Plautus et Naevius* zusammen auch Tusc. I 3 *Livius fabulam dedit C. Claudio M. Tuditano cos. anno ante natum Ennium; qui fuit maior natu quam Plautus et Naevius; sero igitur a nostris poetae vel cogniti vel recepti.* Wenn man den Zusammenhang bedenkt, der nur beweisen soll dafs das Epochenjahr des Livius das älteste ist, so sieht man dafs nicht das mindeste Bedenken besteht, *qui fuit* auf Livius zu be-ziehen; mit der vermeintlichen Interpolation schlägt man dem Satze ein Bein ab.

er alt geworden, auch aus der Chronik, die ihm das erste Aufführungsjahr und das Todesjahr an die Hand gab; dafs er es auch für Plautus
beweisen konnte folgt aus seinen Worten nicht.

Wir müssen sagen: nach unserer Kenntnifs fällt die Production
des Plautus in die Jahre 550—570. Plautus ist der Nachfolger des
Naevius, er setzt sein Werk fort, indem er die von Naevius bevorzugte
dramatische Gattung, wie später Pacuvius die andere, zu einer in sich
ruhenden Kunst erhebt, deren Stil den ganzen Mann fordert. Zeitlich
steht er dem Ennius näher, der im Jahre 550 nach Rom kam; aber
er steht zwischen beiden, die epochemachende Arbeit des Ennius an
der römischen Sprache und Verskunst berührt ihn noch nicht und
Ennius hat nur schwache Versuche gemacht in das von Plautus beherrschte Gebiet einzudringen. Caecilius steht unter dem Einflufs des
Plautus wie des Ennius, der volle Sieg der ennianischen Richtung auch
auf diesem Felde tritt erst in der Kunst des Terenz zu Tage.

4

Wir wissen und die Alten wufsten über Plautus nicht mehr als
uns seine Komödien und sie die gröfsere Zahl der erhaltenen lehrte,
aufser den Notizen, die sie aus den Archiven der Magistrate entnehmen
konnten und uns zum kleinen Theil überliefert haben. Nur eine Möglichkeit gibt es noch, etwas Positives über die Person des Dichters zu
erschliefsen, diese gewährt sein Name; denn der römische wie der
griechische Name mufs, wenn er richtig befragt wird, wenigstens über
den bürgerlichen Stand, oft auch über den äufseren Lebensgang seines
Trägers Auskunft geben.

Dafs Plautus aus Sarsina gebürtig war, wird aus den Acten über
die Aufführungen seiner Stücke ersichtlich gewesen sein, denn es war
für die Bezeichnung seiner Person und ihres Rechtsstandes in einem
öffentlichen Document wesentlich.[1]) Als Sarsinate war er *Vmber* (Festus
p. 238 *Vmber Sarsinas*)[2]), nicht, wie er als Pisaurenser Ariminenser
Spoletiner hätte sein können, römischen oder latinischen Rechts; er

---

1) Ob Livius aus Tarent war ist nicht gewifs, der Geburtsort des Freigelassenen kümmerte die Behörden nicht; Terenz trug in seinem Sclavennamen
die Bezeichnung der Heimath.

2) Most. 770 *quid? Sarsinatis ecquast, si Vmbram non habes?* sondert
er, zum Zweck eines Wortwitzes, die Volksstämme wie Polybius II 24, 7 οἱ
τὸν Ἀπεννῖνον κατοικοῦντες Ὄμβροι καὶ Σαρσινᾶτοι (bei Hannibals Einfall in
Italien). Die Bevölkerung des Grenzortes und seiner Umgebung hatte einen
von der übrigen umbrischen Nation abweichenden Charakter entwickelt.

kam als peregrinus nach Rom und mufste wenigstens zunächst als solcher dort leben. Seinen Namen erfahren wir durch ihn selbst: er nennt sich in seinen Prologen *Plautus*, im Mercatorprolog gibt er den Genetiv seines Namens *Macci Titi*, dieselbe Form stand, wie ich oben (S. 32) nachgewiesen habe, im Prolog der Commorientes, Accius wiederholte sie in seiner Erörterung über die Echtheitsfrage. Hiefs der Mann nun *T. Maccius Plautus?* Dafs er nicht M. Accius hiefs, darüber will ich kein Wort verlieren[1]); aber mir scheint die Frage nicht richtig gestellt zu sein mit dem Dilemma 'T. Maccius Plautus oder M. Accius Plautus'.

Wenn das Zeugnifs des Ambrosianus die Sache erledigte, so hiefse der Dichter *T. Maccius Plautus*. Im Katalog des Plinius und bei Fronto (p. 162 N., hier mit dem Schreibfehler *Accius*) heifst er *Maccius Plautus*.[2]) Wahrscheinlich also hat ihn Probus *T. Maccius Plautus* genannt, vermuthlich hat er diesen Namen in den Titeln der von ihm gefundenen Texte auch gefunden. Aber damit ist freilich die Sache nicht erledigt.

Aufser im Genetiv *Macci Titi* kommt der Gentilname in den Prologen oder sonst in älterer Zeit nicht vor. Den Vers des Asinariaprologs, in den man, nachdem *Marcus* abgethan war, *Maccius* einzusetzen versuchen mufste, hat Bücheler (Rhein. Mus. XLI, 12) aufgeklärt, indem er die Überlieferung *Maccus vortit barbare* als richtig nachwies und zugleich den richtigen Weg zur Auffassung des Namens wies. Er nahm an, dafs Plautus als Schauspieler den Spitznamen *maccus* getragen, dann das Bürgerrecht erhalten und nun den vollen Namen *T. Maccius Plautus* angenommen habe. Dagegen hätte ich nichts einzuwenden, wenn er sich *T. Maccius* oder *T. Plautius* genannt hätte; aber der dreifache Name ist bedenklich.

Die Führung eines festen Cognomen neben Individual- und Gentil-

---

1) Auch Cocchia (Riv. di filol. XIII p. 97 sq.) kommt über leere Reden nicht hinaus, aufser in dem letzten Abschnitt p. 147—157, den Hülsen widerlegt hat.

2) Varro de l. l. VII 104 hat der Florentinus *Maccius in Casina* (v. 267), aber dafs das völlig gegen Varros Citirweise verstöfst hat Ritschl Parerga p. 26 bemerkt. Varro nennt das ganze Werk hindurch entweder *Plautus* ohne Nennung des Stückes oder das Stück ohne Nennung des Dichters (den Dichter wohl immer in V. VI, vereinzelt VI 73 *in Astraba plautine* oder *plautinea F;* dagegen *Plautus in Menaechmis* de re r. II 4, 16). Der Stelle VII 104 geht voran (von 98 ab): *apud Plautum — apud eundem — apud Ennium — apud Ennium — apud Pacuvium — in Aulularia — Enni — Plauti — Caecili — Lucili — eiusdem Porci — Enni — eiusdem* 3mal, dann zwischen zwei Citaten mit corrupten oder fehlenden Namen der fragliche *Maccius*, dann *in Colace*. Man sieht, dafs es mit *Macci* nicht gethan ist.

namen war lange Zeit ein Vorrecht des Adels[1]), das sich erst allmählich die vornehmen Plebejer aneigneten, das bis ins 7. Jahrhundert hinein den Freien der niederen Stände vorenthalten war. Es genügt hier auf die litterarischen Persönlichkeiten Roms in der älteren Litteraturperiode hinzuweisen. Die Prosa ist in den Händen der Vornehmen, des Q. Fabius Pictor, L. Cincius Alimentus, M. Porcius Cato; auf dem Felde der Poesie erscheinen die dreinamigen Freigelassenen, L. Livius Andronicus, P. Terentius Afer, die den Sclavennamen als Distinctiv ihres bürgerlichen Standes tragen. Aber die Römer, Latiner und peregrini, die in der Poesie einen Namen haben, heifsen Cn. Naevius, Q. Ennius, M. Pacuvius, L. Accius, C. Lucilius bis L. Afranius und L. Pomponius, mit unbekannten Vornamen die Atilius Titinius Turpilius. Der einzige dreinamige römische Dichter vor T. Quinctius Atta ist T. Maccius Plautus — wenn er je im Leben so geheifsen hat wie ihn drittehalb Jahrhunderte später die Gelehrten nennen.

Wir wollen zunächst fragen, was die sicheren Namen des Plautus zu bedeuten haben. Er hiefs nach seinem eigenen Zeugnifs Titus, Plautus und Maccus.

Sein Vater, von dem wir nicht wissen wie er hiefs, hatte ihn Titus genannt. Als er heranwuchs, erhielt der Plattfufs (noch in der Heimath nach Festus p. 238) den Spitznamen plautus. Als er nach Rom gekommen war und dort auf der Bühne bekannt wurde, erhielt Titus den zweiten Beinamen maccus. Nun war er im Besitz eines Individualnamens und zweier Spitznamen.

Hiefs er denn von seinem Vater her nur Titus oder Titus Titi? Wir kennen das aufserlatinische italische Namensystem zu wenig, um darauf eine bestimmte Antwort geben zu können. Aber der Fall des Plautus mag mit zum Beweise dienen, dafs die Einnamigkeit in Italien ursprünglich gewesen und nur durch allmähliche Entwickelung, namentlich durch die Bedürfnisse der öffentlichen Beurkundung, und durch römischen Einflufs die Vielnamigkeit überall, schon vor der Latinisirung, zu voller oder halber Herrschaft gelangt ist. Die wenigen umbrischen Inschriften mit Namen zeigen, wie die faliskischen und übrigen mittelitalischen, keine Einzelnamen; aber auf oskischen sind sie nicht ganz selten (Zvet. 77. 117. 134, anders griechische 98. 131) und für Rom und Latium ist die Ansicht Varros *simplicia in Italia fuisse nomina*, die er, wenn das Referat im Tractat de nominibus richtig ist, nur mit *Romulus Remus Faustulus* belegte, zu Ehren gekommen durch die ältesten Inschriften

---

1) Mommsen Röm. Forsch. I p. 55 sq., Röm. Staatsr. III p. 209 sq.

mit *Manios med fhefhaked Numasioi, Dvenos med feked.* Es ist nur
wahrscheinlich, dafs in dem bis zum hannibalischen Kriege von der Latinisirung noch fast unberührten umbrischen Grenzort Sarsina das System
der Einzelnamen noch nicht verschwunden war.

So kam ein umbrischer Titus nach Rom, der sich durch seinen
Beinamen Plautus von den tausend anderen Titi der niederen Bevölkerung unterschied. Als er seine Stücke aufführte, konnte er sich in
den Prologen, die dem Publicum die Person des Dichters bekannt
machen oder ins Gedächtnifs rufen sollten, nicht mit seinem Hausnamen
nennen, der nichts Unterscheidendes hatte, wohl aber *Plautus* oder, da
er als beliebter Schauspieler diesen Namen erhalten hatte, *Maccus.* Wenn
ihn aber die Lust anwandelte, auch einmal seinen wirklichen, ihm von
Geburt gehörigen Namen vors Publicum zu bringen, so mufste er dem
Titus ein Zeichen beifügen. Dafür standen ihm seine beiden Beinamen zu
Gebote; in zwei uns bekannten Fällen wählte er den in Rom empfange-
nen Namen und nannte sein Stück den Mercator des *maccus Titus.*

Accius machte daraus keinen *T. Maccius,* sondern behielt den Genetiv *Macci Titi* bei. Später aber, als die Führung des vollen dreifachen Namens auch in den niederen Ständen zur allgemeinen Sitte
geworden war, hielt man es für selbstverständlich, dafs das *Macci Titi*
der Prologe und des Accius den Genetiv von *T. Maccius* bedeute; an
der Umstellung der Namen im Verse konnte man keinen besonderen
Anstofs nehmen: von *Cornelius Lucius* bis *Cascellius Aulus* fehlt es nicht
an Beispielen dafür.[1]) So hat Plinius, der seinen Autoren nur je zwei
Namen gibt, den Dichter *Maccius Plautus* genannt, und der Bearbeiter
der einen antiken Ausgabe, von der wir ein Exemplar besitzen, ihm
den vermeintlichen vollen Namen *T. Maccius Plautus* gegeben, während
der andere Herausgeber sich mit *Plautus* begnügte.

Wir können sonach, wie ich meine, nicht mit Bestimmtheit sagen
dafs Plautus je den Namen T. Maccius geführt hat; wir können nicht
einmal behaupten, dafs er römischer Bürger geworden sei. Aber die
allgemeinen Umrisse seines Lebensganges und seines bürgerlichen Verhältnisses lehrt uns der Name, etwas Specielles der Beiname *Maccus.*
Den konnte er nicht in seiner Eigenschaft als Dichter, sondern nur in
der als Schauspieler erhalten; Varros *in operis artificum scaenicorum*
erhält also eine thatsächliche Bestätigung. In seiner späteren Zeit ist
Plautus nicht mehr Schauspieler gewesen; das geht aus Bacch. 214
nullam aeque invitus specto, si agit Pellio hervor; und schon im J. 554

---

1) Wie *Pacuvi Marci* in der Grabschrift bei Gellius, so *Maeci Luci Pilo-
timi* Bücheler S 18.

hat Pellio den Stichus aufgeführt. Es ist also sehr wohl möglich, dafs
er als Schauspieler begonnen und sich zur poetischen Production durchgearbeitet, dann aber die schauspielerische Thätigkeit aufgegeben und
sich auf die poetische beschränkt hat. Wenn dies, wie es der Fall ist,
sich mit grofser Wahrscheinlichkeit aus den bekannten Thatsachen ergibt, so ist es weiter wahrscheinlich, dafs der Beiname Maccus nicht
im allgemeinen Plautus als Bühnenheld und Possenreifser bezeichnen
sollte, sondern dafs er, wie der Name besagt, in der italischen Volksposse als Atellanenspieler berühmt geworden ist. Darauf mag sich Horazens *quantus sit Dossennus edacibus in parasitis* beziehen, darauf, was
mich wichtiger dünkt, Poen. prol. 54 *Plautus patruus pultiphagonides.*[1])
So wäre es auch erklärt, dafs er als Dichter die Bühne verliefs und
seine Stücke den Palliatenspielern übergab, deren Kunst er nicht geübt hatte.

Doch ist mit diesen Umrissen das was in Plautus' Leben das Wichtigste ist noch nicht berührt. Gewifs war er in Rom ein Fremder niederen Standes, vielleicht hat er es nie über eine sorgenfreie Existenz
hinaus zu bürgerlichem Ansehen gebracht, denn noch gab es keinen
tonangebenden Kreis vornehmer Römer, der einen Lebensberuf wie den
des Plautus respectirte. Aber er hat es in seiner Jugend zu einer
freien und reichen, auf die Kenntnifs der griechischen Sprache und
der klassischen und modernen attischen Komödie gegründeten Bildung
gebracht, in deren Besitz er dichtete, es ist ihm gelungen, dem Umbrer
von der gallischen Grenze, in die Tiefen der lateinischen Sprache hinab-
zusteigen und ihr Gold zu heben, ihren Vers zu vervielfältigen und zu
schmeidigen, ihren Geist mit dem der anderen Sprache zu vereinen.
Ein Talent wie das des Plautus konnte nur in beständiger Arbeit, durch
unzählige Versuche zu der Meisterschaft des Stiles ausgebildet werden,
die es erreicht hat.

Diese Erwägung allein schafft den Handelsmann und Müllersknecht
aus der Welt, den um Geld Spielenden, um Geld Reisenden, um Geld
Mahlenden, um Geld Schreibenden, an den Horaz glaubte, als er sich
die Fehler seiner Dichtung durch das arge *gestit enim nummum in lo-
culos demittere* erklärte. In den Jahren, die man mit jenen Surrogaten
der Lebensbeschreibung gefüllt hat, hat Plautus griechisch gelernt, griechische Dichter gelesen, lateinische Verse gemacht, Übersetzungen ver-

---

1) Vgl. **Pomponius'** *Patruus.* — Curc. 150 *fite causa mea ludii barbari.*
Rud. 535 *quid si aliquo ad ludos me pro manduco locem? L. quapropter?*
Ch. *quia pol clare crepito dentibus*, vgl. **Varro** de l. l. VII 95 *a quo in Atella-
nis Dossennum vocant Manducum.*

sucht und verworfen, allmählich sich einen Stil erobert, seinen Geist
hineingelegt, den Geist des fremden Kunstwerkes hineingefafst. Vielleicht unter Entbehrungen und Enttäuschungen; aber die antike Litterarhistorie hat die unglückliche Richtung genommen, sich um die ver-
gessenen Irrgänge und Fehlschritte eifriger zu kümmern als um den
Weg und das Ziel.

    Ein Dichter wie Aristophanes, von dessen Leben wir auch nicht
viel mehr wissen als von dem des Plautus, steht in vollem Leben vor
uns, denn seine Werke zeigen sein Wesen in allen Kammern und seine
Entwickelung auf allen Stufen. Plautus dichtet nicht, er dichtet nur
um; darum zeigen seine Werke keine innere Entwickelung, Miles und
Cistellaria sind zeitlich nahe bei einander, Truculentus und Trinummus.
Aber in seinem Stile tritt uns doch eine volle Persönlichkeit entgegen,
in ihm hat sich gestaltet was in dem Menschen wirkte und lebte. Wer
sich hier in das Leben eines Geistes zu vertiefen und mit ihm zu leben
weifs, der wird nicht weiter viel nach seinem βίος fragen.

III

Plautus und seine Originale

I

Die landläufige Beurtheilung des Plautus thut ihm zu viel und zu
wenig. Seine Komödien sind nicht sein, und sie waren schöner und
besser ehe er sie sich zu eigen machte; aber sein Stil ist gewachsen,
wenn auch aus fremdem Lande verpflanzt, doch im eigenen Erdreich.
Er hat die Kunst, die in der ersten Epoche der römischen Litteratur
die neuen Litteraten gewonnen haben, zur freiesten und reichsten Ent-
faltung gebracht, um so freier und reicher da er sie in seiner Person
auf eine Stilgattung beschränkt hat. Es ist nicht mehr aber auch nicht
weniger als die Übersetzungskunst.

Naevius und Ennius haben Anspruch auf den Dichternamen, aber
Livius und Plautus, Caecilius und Terenz wenigstens nicht in dem Sinne
den wir wie die Griechen in den Namen poeta legen. Die Verwechselung war den Römern von Anfang an geläufig, sie haben kein Wort
für den Übersetzer, er ist *poeta*, das Stück *Mercator Macci Titi: graece
haec vocatur Emporos Philemonis;* oder, wie Terenz sich ausdrückt,
*Synapothnescontes Diphili comoediast, eam Commorientes Plautus fecit
fabulam:* Πλαῦτος ἐπόησεν. Aber doch *Demophilus scripsit, Maccus
vortit barbare.*¹) Die Römer haben nun auch angefangen zu dichten;
dafs sie wiederdichten was die Griechen ihnen vorgedichtet haben macht
keinen Unterschied. Aber Plautus war sich doch bewufst, wenn er
seinen Pseudolus sagen liefs: *quasi poeta, tabulas cum cepit sibi, quaerit*

---

1) Vgl. Don. z. prol. Andr. 9 (*scribit Terentius, qui verba adhibet tantum;
facit Menander, qui etiam argumentum componit*). Der Archaist Bassulus Bücheler 97: *Menandri paucas vorti scitas fabulas*, und dann *ipsus etiam sedulo finxi
novas.* Vgl. Plin. ep. VI, 21.

*quod nusquamst gentium, reperit tamen, facit illud veri simile quod men-
daciumst*, dafs er damit, wie die Worte nicht sein waren, auch nicht
seine Thätigkeit zeichnete. Antiphanes durfte so sprechen: πάντα δεῖ
εὑρεῖν, ὀνόματα καινά, καινὰ πράγματα, καινοῖς λόγους, κἄπειτα
τὰ διῳκημένα πρότερον, τὰ νῦν παρόντα, τὴν καταστροφήν, τὴν
εἰσβολήν, Plautus hatte es leichter.

Diese Verwechselung steht dem im Lichte was die römischen Dichter
in Wahrheit geleistet haben. Es ist das Gröfste was der römischen
μίμησις gelungen ist; Panaetius und Posidonius werden es besser gewürdigt haben als unsere Litterarhistoriker.

In der Person des Livius Andronicus, wie in seinem Namen, stellt
sich, an der Schwelle dieser Entwickelung, vordeutend die Vereinigung
dar, die die römische Cultur mit der griechischen eingehen sollte. Er
hat den Weg gebahnt, indem er die Kunst des Übersetzens erfand, für
Rom und die Welt.[1]) Einen Stoff zu übertragen, wie die Landwirth-
schaft des Mago, dazu bedurfte es keiner Kunst. Aber die griechische
Poesie umzudichten, ohne dafs auch nur der Begriff der Umdichtung
in fremde Sprache existirt hätte, umzudichten in eine Sprache, die
weder für die Form noch für den poetischen Ausdruck andere als die
ursprünglichsten Mittel hatte, das war ein grofser und zukunftschwerer
Gedanke; seine Ausführung vorbereiten erforderte eine mächtige und
frei schaffende Arbeit. Der halbgriechische Schulmeister Andronicus
verdient unsere Bewunderung, nicht die Geringschätzung die ihm die
auf seiner Strafse weitergeschrittene Nachwelt gar bald hat zu Theil
werden lassen. Er hat die Formen der griechischen Dialogverse frei
nachgeschaffen, genau in dem Geiste der Umformung, in dem er oder
doch seine Nachfolger die Materie der attischen Dichtung behandelt
haben. Seine Versgebilde waren so angemessen der römischen Rede
und ihrem Geiste, dafs sich die poetische Kunstsprache fast zweier Jahrhunderte in ihren Schranken bewegt hat. Aber er hatte Sinn für das
Recht und die Macht der ursprünglichen Form; den Hexameter liefs er
liegen und beugte die homerische Rede unter das italische Mafs.[2]) Sodann die Sprache; sie dichtete und dachte noch für keinen Dilettanten,
Form und Inhalt mufsten gestaltet werden. Wir werden hier nicht dem
Andronicus allein zuschreiben wollen was die Talente einer Generation

---

1) Hermes XXIV p. 78.
2) Dafs seine Übersetzung des Epos vor die der Dramen fällt ist möglich, aber mir nicht wahrscheinlich; nach meiner Ansicht ist die Technik der
Saturnier des Livius und Naevius durch die der Dialogverse beeinflufst. Das
Drama verlangte jährliche Production, das Epos erschien nach langer Arbeit.

geleistet haben; aber ihm mufs doch ein grofser Theil von dem zu-
fallen was bei Plautus, dem jüngeren Zeitgenossen, in der Vollendung
auftritt. Es ist dasselbe Verhältnifs wie in der Bildung der metrischen
Formen: Naevius und Plautus behalten die Dialogverse des Andronicus
bei, aber sie gestalten neu die Fülle der lyrischen Mafse.[1]) Gleich zu
Anfang mufs die Sprache des Lebens, die noch durch keine Kunst discipli-
nirt war, ohne analogistische Strenge in Schreibung und Flexionsformen
gefügig gemacht worden sein; die Möglichkeiten der poetischen Wortbildung mufsten erst versucht und erwogen, die griechischen Namen
latinisirt werden (wobei Andronicus die vorhandenen italischen Namen
aufnahm), die Bedeutungen der Wörter mufsten in ihren Abstufungen
erkannt, ihre Fähigkeit freiere und mannigfaltigere Färbung anzunehmen
ausgebildet, ein poetischer Wortschatz für Epos und Drama aus der
Tiefe geschöpft und für die Komödie die Ausdrucksweise des besseren
Umgangstones beobachtet und, wie die Formen, von der tieferen Schicht
geschieden werden. Die Gedanken mufsten sich den Satz zu Willen
machen und die hypotaktischen Satzformen zu geschmeidiger Fügung
zwingen. Zum Ausdruck neuer Gedanken und Gefühle, deren Elemente
nur im römischen Geiste schlummerten, mufste die Sprache erweckt
werden. In Form wie Inhalt konnte sich ja der Schöpfer dieser neuen
Kunst an die Originale anlehnen; durch ihren Inhalt die römische Anschauung zu bereichern war das Motiv der ganzen Bewegung; aber es
ist doch eine grofse Erscheinung, wie selbständig und im Römischen
wurzelnd die Entwickelung sich vollzog. Gräcismen gibt es in der altrömischen poetischen Sprache überhaupt nicht.

Das Epos gab in Erzählung und Rede die einfacheren Formen
der Satzbildung an die Hand; die kurzen Verse des nationalen Mafses
beförderten die Einfachheit des Ausdrucks, denn Vers und Satz gehen
ursprünglich zusammen; so hat das Gedicht im alterthümlichen Verse
auch sprachlich ein alterthümlicheres Ansehen. Das Drama verlangte
mit der gröfseren Lebendigkeit und Mannigfaltigkeit seines Stoffes eine
freiere Gestaltung der Sprache.

Von der angedeuteten Art waren die Vorbedingungen für jede
Übertragung der griechischen Poesie. Wie sich der einzelne Übersetzer
zu den Originalen verhielt, das können wir in ganzen Werken erst an
Plautus, und auch da nicht durch directe Vergleichung sehen. Ob er
immer gleichmäfsig verfuhr lehrt uns leichter die Betrachtung der Stücke.
Ob das Princip seiner Kunst in ihm selbst ruhte oder überkommen
war, ob seine Production eine Phase in einer stetigen Entwickelung

1) Rhein. Mus. XL p. 166. 202.

der römischen Übersetzungskunst bedeutet, diese wichtigste Vorfrage zu
beantworten haben wir nur die Reste der älteren Gedichte.

Wir besitzen von Epos und Drama des Andronicus ungefähr je
40 Verse[1]); das ist ein geringes Material. Die Bruchstücke der Odyssee
können wir am Original messen. Dem Titel scheint er die griechische
Form selbst gelassen zu haben, aber der Held wie das göttliche Personal trägt italische oder italisirte, das übrige menschliche Personal lati-
nisirte Namen: *Camena Morta Moneta, Saturnus Mercurius Latona, Cocles,
Laertius*, flectirt *Calupsonem Circae* u. s. w. Wie weit sich Form und
Ausdruck vom Original entfernen zeigt jeder Vers; ob die Übersetzung
durch eigenen Stil einen einheitlichen, altrömischer Art gemäfseren
Eindruck hervorbrachte, reichen die Reste zu erkennen nicht aus, aber
ebenso wenig zu modern voraussetzungslosen, absoluten Urtheilen wie
man sie zu hören gewohnt ist, die, soweit sie berechtigt sind, auf jede
beginnende Kunstübung zutreffen. Ich will nur versuchen, einige für
Art und Vermögen des Übersetzers charakteristische Erscheinungen zu
finden. Ein gröfseres Stück von etwas gehobenem Ausdruck ist frg. 23[2])
*namque nullum peius macerat homonem quamde mare saevom: vires quoiei
sunt magnae, topper confringent importunae undae[3])*, nach ϑ 138 οὐ γὰρ

---

1) Die Odyssee ist in der älteren und in der Archaistenzeit grammatisch
verwerthet worden. Die Tragödien zu antiquiren hat schon Naevius das Seinige
gethan: Danae und Equos Troianus hat er neu bearbeitet. Schon Cicero las
sie nicht mehr; wenn er sagt *non dignae quae iterum legantur*, so möchte ich
daraus nicht schliefsen, dafs er sie einmal gelesen hat; wohl aber Varro (de
l. l. VII 3). Die Archaisten brachten sie wieder auf. Fragmente hat mit Tragö-
dientiteln nur Nonius, ohne Titel nur das Fragment p. 197, 31, das aber zur
Komödie zu schreiben, die bei Nonius nicht vorkommt, bedenklich wäre;
Festus nur ohne Titel, wenigstens frg. inc. 2 sq. und 6 aus Ateius Philologus
(so p. 162 richtig ergänzt von Reitzenstein Verr. Forsch. 91); aufserdem ein
Vers bei Priscian I p. 231 als Anhängsel eines Odysseecitats. Komödie hat
nur Festus, und zwar mit Titeln, 2 Fragmente, eines aus Cincius; inc. 2, aus
Ateius Philologus, könnte zur Tragödie gehören, schwerlich zur Odyssee; v. 3
und frg. inc. 3 hat beide wie mir scheint mit Recht L. Müller Livi et Naevi
fab. rel. p. 20. 45 sq. dem Livius abgesprochen. v. 3 kann man ergänzen
⟨ornati⟩ *ornamento incedunt gnobili ignobiles*, d. h. (wie Bothe schrieb) *gnobilid*.
Die Komödien wurden gleich durch Naevius völlig in den Schatten gestellt
und von den Archaisten nicht wieder hervorgezogen.

2) Ich citire nach der neuesten und auch trotz der Willkürlichkeiten
besten Bearbeitung: Zander versus Italici antiqui p. 83 sq.

3) Auf das Metrum lasse ich mich hier nicht ein und citire nur einen
verständlichen Text. Dafs ich die Saturnier für italische Verse halte und
nicht für das metrische Kauderwelsch, das jetzt modern ist in sie hineinzu-
lesen, brauche ich wohl nicht zu sagen.

ἐγώ γέ τι φημὶ κακώτερον ἄλλο θαλάσσης ἄνδρα γε συγχεῦαι, εἰ καὶ μάλα καρτερὸς εἴη. Der Übersetzer hat συγχεῦαι confundere durch zwei Verba gegeben, die parataktisch aneinandergereihte Sätze beherrschen [1]), macerat und confringent, beide nach Art ungeübter Übersetzer nicht das Bild wiedergebend sondern die Wirkung umschreibend; confringent hat er aber aus dem vorhergehenden κακοῖσι συνέρρηκται πολέεσσιν (137), wir könnten also die Übersetzung doch erst beurtheilen, wenn wir auch den vorigen Vers hätten. Ferner, die Unsitte schlechter und auch guter Übersetzer, die Hauptwörter des Originals durch Adjectiva herauszuputzen, finden wir hier schon in der Wiege der Kunst: saevae und importunae sind zugesetzt; aber auch hier finden wir, dafs Andronicus seinen Stoff nicht aus der Luft griff: importunae ist aus v. 231 entnommen: λίην γὰρ ἀεικελίως ἐδαμάσθην κύμασιν ἐν πολλοῖς. Auch topper ist zugesetzt. Ohne Zweifel hat Andronicus den Ausdruck der Stelle ohne poetischen Gewinn verbreitert. Andere Zusätze zeigen, dafs er absichtlich einen römisch feierlicheren Schritt annahm; der Calypso setzt er hinzu Atlantis filia, die Muse umschreibt er diva Monetas filia, πότνια Ἥρη sancta puer Saturni — regina. [2]) So gibt er aber auch ἄναξ ἑκάεργος Ἀπόλλων durch filius Latonas, θεόφιν μήστωρ ἀτάλαντος durch vir summus adprimus, ohne viel zu wählen. Doch wie in frg. 23 hat er offenbar oft einen poetischen Ausdruck gesucht; er gibt (frg. 18) Ὀδυσσῆος λύτο γούνατα καὶ φίλον ἦτορ wieder Vlixi cor frixit prae pavore, ein anderes Bild statt des homerischen; aber freilich kann er auch hier im folgenden Verse den Ausdruck erweitert haben.[3]) Die einfache Anaphora des Originals hat er fortgelassen frg. 24 (Mercurius cumque eo filius Latonas: ἦλθ᾽ ἐριούνης Ἑρμείας, ἦλθεν δὲ ἄναξ ἑκάεργος Ἀπόλλων), das καθ᾽ ὅλον καὶ μέρος wie den anschaulichen Ausdruck frg. 3 (mea puera, quid verbi ex tuo ore supera fugit: τέκνον ἐμὸν, ποῖόν σε ἔπος φύγεν ἕρκος ὀδόντων;); dafs er dagegen frg. 4 die unpassende Apostrophe hineingebracht hätte ist nicht glaublich.[4]) Der Anfangsvers zeigt in der Wahl des etymologisch entsprechenden Verbums insece, das zwar nicht verschollen (Cato wendet es an), aber gewifs nur für hohen Stil geschickt war, sicheren

---

1) Bei Festus steht viret cui sunt, man brächte etiam gern hinein, aber et quoi geht doch nicht.

2) Vgl. Zander zu frg. 15.

3) Frg. 19 kann kaum zur Odyssee gehören.

4) neque enim te oblitus sum, Laertie noster pafst nur mit seinem Verbum in α, in die Situation eher von ν, 339 oder ν, 17. — Die Hexameter bei Priscian berücksichtige ich natürlich nicht. frg. 33 gehört in die Komödie (inc. 1 Ribb.): affatim edi bibi lusi, die Sardanapalische Weisheit, ἔσθιε πῖνε παῖζε.

Takt; der Ausdruck wurde für Ennius vorbildlich (Gellius XVIII, 9).
Ob Livius wirklich in dieser Weise Vers für Vers übersetzt oder das
Original auch frei behandelt und gekürzt hat ist leider nicht auszumachen; die einzige Stelle die einen Anhalt geben könnte, Festus 352
(frg. 29. 30), ist gar zu unsicher.[1])

Ähnliches Wählen des poetischen Ausdrucks beobachten wir in der
Tragödie; v. 38 *lacteam immulgens opem* ist sehr gesucht und gewifs
nicht Imitation der griechischen Wendung (Vergil Aen. XI, 572 *teneris immulgens ubera labris*), v. 37 und 5 sehr zierlich; *flos Liberi* v. 30, οἶνος
ἄνϑεος ὅσδων, ist als stehender Ausdruck geblieben: Plaut. Cist. 127
Cas. 640 Curc. 96. 99. Wirklich vergleichen können wir nur an einer
Stelle, v. 16 mit Sophokles Aias 1266.[2]) Der Vers ist nur leicht verdorben und sicher emendirt: *praestatur laus virtuti, sed multo ocius
verno gelu tabescit*; so hat Andronicus die Worte übersetzt: φεῦ, τοῦ
ϑανόντος ὡς ταχεῖά τις βροτοῖς χάρις διαρρεῖ καὶ προδοῦσ᾽ ἁλίσκεται. Er mag sowohl den Ausruf im vorigen Verse als die Beziehung
auf den Todten im nächsten gebracht haben; aber zweierlei liegt vor:
die χάρις hat er gar nicht sinngemäfs übersetzt, dagegen schwerfällig
und gegen die Absicht des Dichters, der das Positive nicht betonen
wollte, in einen eigenen Satz umgesetzt; sodann hat ihn die leicht über-
tragende Wendung ταχεῖα διαρρεῖ, deren bildliches Element durch das
verbundene προδοῦσ᾽ ἁλίσκεται wieder aufgehoben wird, dazu angeregt
ein poetisches Bild zu suchen und mit anschaulichem und gewähltem
Ausdruck durchzuführen. Darin zeigt sich zwar keine Tendenz zu ge-
wissenhafter Übertragung, aber poetische Anlage, der der Übersetzer
offenbar frei und sorglos Raum läfst. Es ist die Richtungslinie, in der
sich alle Folgenden bewegen.

Naevius nahm einen kühnen und raschen Flug, der Latiner und
Soldat, wo der Halbgrieche und Schulmeister mühsam vorangeschritten

---

1) Havet de Sat. p. 306 scheint mir darin Recht zu haben, dafs *topper
citi ad aedis venimus Circae* nur in den Zusammenhang von χ, 445 sq. pafst.
Das Folgende (*simul dona eorum portant ad navis, multa alia in isdem inscri-
nuntur*) stimmt besser zu ν, 70 sq. als zu μ, 16; vorher mufs ein Vers mit *topper*
ausgefallen sein (αἶψα ν, 71). Unerklärlich bleibt die Mehrzahl der Schiffe.

2) Wenn der Aegisthus nach Aeschylus gearbeitet wäre, so müfsten wir
auch da vergleichen können; aber ihm liegt dieselbe jüngere Tragödie zu
Grunde, die Seneca im Agamemnon hinzugezogen hat, vgl. Straufs in der auf
S. 25 angeführten Abhandlung p. 36 sq. Die Übereinstimmungen beweisen genauere Übertragung. frg. 8 ist wohl zu schreiben *quin, quod parere vos
maiestas mea procat, toleratis templo ⟨leto⟩que hanc deducitis?* 'hebt sie aus
dem heiligen Bezirk und führt sie zum Tode'; vgl. Sen. Ag. 951. 986. 997.

war. Er wollte seinem Volke ein Epos von eignem Fleisch und Blut
geben und die Kunstform der Tragödie mit römischen Sagen und Thaten
beleben. Die Geschichte ist über ihn weggeschritten, durch Ennius gelangte das Hellenenthum in der römischen Litteratur zum endgültigen
Siege, aber sein Name verdient neben Vergil genannt zu werden, vielleicht dem letzten der ihn zu würdigen wußte. In ihm vereinigten
sich zwei Personen, der frei schaffende Dichter und der nachdichtende
Bearbeiter fremder Stücke, wie sie die Bühne verlangte. Daß er auch auf
diesem Gebiete mehr wollte als Livius zeigt seine Behandlung der gleichen Tragödienstoffe (o. S. 80); in der Komödie sind es drei Punkte an
denen wir den energisch durchgreifenden Neuerer erkennen. Wir haben
das Zeugnifs des Terenz, daß er mit einem Original Theile eines anderen verband, um Stoff und Handlung zu häufen; daß er der erste
war ist ex silentio wenigstens ein wahrscheinlicher Schluß. Zum andern suchte er den Ton der attischen παρρησία, und zwar der alten
Komödie, auf der römischen Bühne einzuführen (o. S. 67); das war nur
möglich wenn er sich vom Original unabhängig machte und in freier
Rede erging. Drittens brachte er Elemente römischen Lebens in seine
Bearbeitungen attischer Komödien hinein, und zwar nicht nur wie wir
es aus Plautus kennen in beliebiger Mischung mit dem attischen Stoff;
der Hariolus muß geradezu auf römischen Boden versetzt gewesen sein;
denn wo sonst könnte eine Person des Stückes auf die Frage *quis
heri apud te?* antworten: *Praenestini et Lanuvini hospites.* Er hat ohne
Zweifel die togata vorgebildet und, wie es scheint, schon einzelne toga-
tae wie einzelne praetextatae geschrieben.

Talent und Neigung führten ihn zur Komödie; als *comicus* war
er bei Sueton bezeichnet (Hieronymus). Daß wir mehr Komödien von
ihm kennen als Tragödien würde an sich nichts beweisen; aber es beweist in diesem Falle, da die Überlieferung nicht zufällig ist: Varro
und Festus lassen seine Tragödien fast unbeachtet, wie auch Iulius
Romanus; ohne die Autoren des Nonius wären sie so gut wie verschollen.[1]) Die Komödien aber sind in beiden Perioden der römischen
Gelehrsamkeit gleichmäfsig herangezogen worden. Als Komiker hat

---

1) Trag. frg. inc. 1. 4. 6. 8. 10 hat Ribbeck schwerlich mit Recht der
Tragödie zugewiesen. Varro VII 107 beginnt die alphabetische Reihe erst mit
Clastidium, in ihr sind Komödie und praetextata ineinander geordnet; vorauf
geht *Hesiona*, das einzige Tragödiencitat. Hier zeigt sich deutlich, daß Varro
die Stücke jener beiden Gattungen excerpirt und aus der Tragödie nur gelegentlich eine Glosse nachgetragen hat. Büchelers *Aesiona* (Rhein. Mus.
XXVII 475) erklärt diese Vereinzelung nicht.

6*

Naevius den Anstofs gegeben, dem Plautus gefolgt ist, die Gattung als
solche selbständig zu machen; die Tragiker folgten erst nach Ennius.
In Livius Naevius Ennius tritt der Charakter der römischen Poesie
als einer Übersetzerkunst darin vor allem hervor, dafs sie thun was
dem Attiker ein sokratisches Paradoxon ist: τοῦ αὐτοῦ ἀνδρὸς εἶναι
κωμῳδίαν καὶ τραγῳδίαν ἐπίστασθαι ποιεῖν καὶ τὸν τέχνῃ τραγῳ-
δοποιὸν ὄντα καὶ κωμῳδοποιὸν εἶναι. Plautus macht in der Geschichte der römischen Litteratur eben dadurch Epoche, dafs er die
Komödie und den Komiker von der Tragödie und dem Tragiker, dem
Epos und dem Epiker sondert und zunächst die Komödie zu einer im
Dichter verkörperten und auf sich angewiesenen Kunst macht; ἐπεὶ
οὐδὲ τὰ δοκοῦντα ἐγγὺς ἀλλήλων εἶναι δύο μιμήματα δύνανται οἱ
αὐτοὶ ἅμα εὖ μιμεῖσθαι, οἷον κωμῳδίαν καὶ τραγῳδίαν ποιοῦντες.
Von aufsen drängte das wachsende Bedürfnifs der Bühne zu dieser Entwickelung, aber sie vollzog sich auch mit innerer Nothwendigkeit. Von
Plautus an verlangt der Stil seinen Mann, Plautus Caecilius Terenz sind
so wenig als Übersetzer wie Aristophanes und Menander als Dichter
von Tragödien zu denken. Ennius war der letzte, der die drei Gattungen
in seiner Person vereinigen durfte; an ihm sahen es die Zeitgenossen
deutlich, dafs der Epiker und Tragiker von der Komödie seine Hand
lassen sollte. Volcacius spricht das Urtheil aus, das die anderen bestätigen indem sie seine Komödie[1]) so unerwähnt lassen wie die Tragödie des Naevius. Die Ausbildung, die der tragische Stil durch ihn
gefunden hatte, veranlafste den Pacuvius, dem Beispiel des Plautus zu
folgen. Die metrischen Formen zwar waren für Tragödie und Komödie
ausgeglichen; aber auch die Schauspielkunst folgte der Dichtung oder
ging ihr, nach dem Muster der Techniten, voran und sonderte sich in
tragische und komische. Von Pellio darf man noch bezweifeln ob er
nur Komödie spielte, von Turpio nicht mehr.

Dem andern Impuls aber, der von Naevius ausging, die Komödie
zu einer römischen Gattung zu machen, ist Plautus nicht gefolgt, ja er
hat, wenn auch auf der Bahn des Naevius, einen Schritt zurückgethan.
Er hat die Stimme des Genius, der ihn zum Dichter machen wollte,
überhört und ist Übersetzer geblieben, sehr zum Schaden der römischen
Litteratur; man darf sagen dafs er der Mann gewesen wäre, eine togata
mit mehr römischem Blut zu schaffen als später Afranius, der sich Me-

---

1) Sie ist verschollen bis auf 4 Citate des Nonius (2 Titel). Den Vers
bei Diomedes p. 400 (com. v. 5 R.) hat L. Müller mit Evidenz den Annalen zugeschrieben; zu lesen wird sein *quin quod do nolite morare sed accipite ⟨a
me⟩*, die Ergänzung nur als Beispiel.

nanders Pallium als Toga aptirte. Aber Handlung und Charakter, Costüm und Scenerie des Griechen, die er beibehielt, mit souveräner Freiheit zu behandeln hatte er von Naevius gelernt. An einzelnen Beispielen es direct nachzuweisen gestattet unser Material nicht; wir wollen daher die Stellen, an denen dies für die Dramatiker neben und nach ihm möglich ist, und die Entwickelung die sich da erkennen läfst noch mit einem Blicke streifen.

Ennius hat was ihm an der schöpferischen Production des Naevius lebensfähig schien und der römischen Nobilität erfreulich war beibehalten: den römischen Stoff des Epos und die praetextata; jenen gofs er in die griechische Form und verdunkelte so das Werk des Vorgängers, diese kannte keine andere Form als die der Tragödie. Aber der Gedanke, die attische Tragödie vor ihr verschwinden zu lassen, lag ihm gänzlich fern, das Ziel das er bewufst erstrebte war die Herrschaft des modernen hellenischen Geistes in der römischen Cultur, die er sich berufen fühlte mit heraufzuführen. Darum stellte er auf der tragischen Bühne Euripides in die erste Linie. Wie er die Aufgabe löste, seinen Geist und seine Rede zu romanisiren, liegt in einer Reihe charakteristischer Beispiele vor Augen, die oft behandelt worden sind; am deutlichsten in den Fragmenten der Medea. Eine durchgreifende Änderung, die für die Anlage der Tragödien bestimmend ist, zeigt die Behandlung der lyrischen Partien. Alle sicheren Beispiele gesungener Verse in den Tragödienfragmenten des Ennius sind aus Monodien; alle sicheren Chorverse der Originale sind in Dialogverse übertragen. In der Medea sind die Trimeter 1069 sq. in Daktylen übersetzt, die leidenschaftliche Rede als Lied gegeben (frg. 13); die Parodos und das dochmische Chorlied 1251 im Dialogmafs (frg. 4. 14). Es ist sehr wahrscheinlich dafs Ennius wie Plautus nur Monodie und Wechselgesang einzelner Personen, also auch des Chorführers[1]) gekannt hat, dafs der älteren römischen Bühne überhaupt der Chorgesang unbekannt war; die Stellung des Chors in der Handlung wurde dadurch bewahrt[2]), die Übersetzung freilich mufste

1) Frg. 16, wohl aus Eur. v. 431, hat Ennius vielleicht der Chorführerin im Singgespräch mit Medea gegeben, vgl. Eur. v. 386 sq.
2) Die Stellung des Chors in der römischen Tragödie verlangt unserer neuen Kenntnifs vom griechischen Theater gemäfs nach Grysar (Wiener Sitz.-Ber. XV, 1855, 384 sq.) und O. Jahn (Hermes II 227) eine neue Behandlung. Dafs das Auftreten des Chors auf demselben Terrain mit den Schauspielern keine Änderung der griechischen Art bedeutet wissen wir jetzt. Pacuvius und Accius haben sicher lyrische Chorverse, aber die Art des Vortrags ist dadurch nicht bestimmt. Livius VII 2 weifs nichts von Chorlied; Diomedes p. 491, 27 und Donat praef. And. p. 5, 9 R. (vgl. de com. 6, 3) beweisen der eine nich

in den wichtigsten Partien das Original wesentlich umgestalten. In die
Aulische Iphigenie hat Ennius einen Soldatenchor eingeführt, der in
Septenaren spricht (v. 183 sq.). Für die ῥήσεις wählt Ennius mit Vorliebe
den Septenar: in der Medea sind die beiden ersten grofsen Reden Medeas (214 sq. und 364 sq.) wie die des Iason (522 sq.) aus Trimetern
trochäisch geworden (frg. 5. 8. 11). Für den Stil besonders bezeichnend
ist die rhetorische Erweiterung und Ausschmückung in frg. 9, die Ersetzung des gegenständlichen Bildes durch eine figura frg. 11'), die
poetische Aufstutzung des einfachen ἔκλυον φωνάν durch die Worte
fluctus verborum aures aucupant frg. 4. Im Eingang des Liedes v. 1251
setzt er *Iuppiter* statt Γᾶ, paraphrasirt die παμφαὴς ἀκτίς mit breiten
Worten und drängt dagegen κατίδετ᾽ ἴδετε τὰν ὀλομέναν γυναῖκα
πρὶν φοινίαν τέκνοις προσβαλεῖν χέρ᾽ αὐτοκτόνον so zusammen: *in-
spice hoc facinus: priusquam fiat prohibessis scelus*. Gleichfalls verkürzt
ohne Bemühung den schönen und gewählten Ausdruck des Originals
wiederzugeben sind frg. 2. 7; gänzlich mifsverstanden die nicht leicht zu
verstehenden Verse 215 sq. in frg. 5. Mehrere dieser Erscheinungen
finden sich auch in den berühmten Eingangsversen, z. B. ἔρωτι θυμὸν
ἐκπλαγεῖσ᾽ Ἰάσονος durch doppelten Ausdruck, der beidemal nicht trifft,
wiedergegeben: *animo aegra, amore saevo saucia*. Aber diese Verse lehren
uns etwas Wichtigeres, um dessen willen ich sie hersetzen mufs:

> utinam ne in nemore Pelio securibus
> caesa accidisset abiegna ad terram trabes,
> neve inde navis incohandi exordium
> coepisset, quae nunc nominatur nomine
> Argo, quia Argivi in ea delecti viri
> vecti petebant pellem inauratam arietis
> Colchis, imperio regis Peliae, per dolum.
> nam numquam e. q. s.

----

für römischen, der andere nicht für alten Gebrauch. Dafs Plautus *comoediae
choros exemplo Graecorum inseruit* (Rhein. Mus. XXVIII, 419) beweist nichts
für die Vortragsweise, es betrifft die advocati im Poenulus so gut wie die
Fischer im Rudens, die Worte spricht nur Einer, wohl auch für die grex oder
caterva am Schlusse. Chorgesang auf der Bühne ist nicht vor Cicero und Horaz
bezeugt. Bei Seneca finden wir die äufserste Consequenz der in Euripides'
späten Stücken begonnenen und dann fortgeführten Entwicklung, durch die
der Chor von der Handlung gelöst und endlich räumlich von den Handelnden
getrennt Zwischenactslieder singt.

    1) Ἔρως σ᾽ ἠνάγκασεν τόξοις ἀφύκτοις τοὐμὸν ἐκσῶσαι δέμας wiederge-
geben durch *tu me amoris magis quam honoris servavisti gratia*. Eumen. frg. 1
eine Sentenz wie Epid. 59 statt ἐπίσταμαι λέγειν ὅπου δίκῃ σιγᾶν θ᾽ ὁμοίως.

Vergleichen wir dies mit dem Original:

> εἴθ᾽ ὤφελ᾽ Ἀργοῦς μὴ διαπτάσθαι σκάφος
> Κόλχων ἐς αἶαν κυανέας Συμπληγάδας,
> μηδ᾽ ἐν νάπαισι Πηλίου πεσεῖν ποτε
> τμηθεῖσα πεύκη, μηδ᾽ ἐρετμῶσαι χέρας
> ἀνδρῶν ἀριστέων, οἳ τὸ πάγχρυσον δέρας
> Πελίᾳ μετῆλθον· οὐ γὰρ κτέ᾽)

so finden wir zunächst, dafs Ennius nur 3½ Verse übersetzt und zwar in 7 Versen, von denen einer das Πελίᾳ erläutert, zwei bis drei die Etymologie des Namens Argo geben und betonen dafs es das erste Schiff gewesen. Dies letzte wie die Andeutung der Vorgeschichte mochte Ennius seinen Zuschauern zu liefern nöthig finden; nach Quellen dafür braucht man nicht zu suchen. Aber dafs er die Etymologie des Namens gibt ist auffallend. Es zeigt ja, so schlecht es zum παθητικόν dieses Eingangs pafst, dafs er sich in den trockenen Stil der späteren Euripideischen Prologe wohl eingelebt hatte; aber das allein konnte ihn doch nicht dazu veranlassen, den zum Verständnifs nicht erforderlichen Zusatz zu machen; dazu kommt die Seltenheit der von ihm vorgebrachten Etymologie. Die gangbaren sind die vom Erbauer und von ἀργός, die beide in unseren Pariser Scholien stehen und sich in allen Nebenquellen finden[2]); dazu kommt aber in einem anderen Excerpt des vollständigeren Commentars im Etymologicum magnum s. Ἀργώ die Etymologie ἢ ὅτι ἐν Ἄργει τῇ πόλει κατεσκευάσθη, ὡς Ἡγήσανδρος ὁ ἱστορικός (nicht Ἡγήσιππος ἱστορεῖ), bestätigt durch Tzetzes zu Lykophr. 883: es ist die Etymologie der Ennius folgt, und damit ergibt sich der wahrscheinliche Schlufs dafs er sie von einem Erklärer hat. Dies bestätigt sich durch die Abweichung im Anfang. Wie kam er nur dazu, die Wirkung der schönen Rede so kümmerlich abzuschwächen und von den beiden ersten Versen nichts als die Namen übrig zu lassen? Dies Räthsel löst das Scholion, das im Vaticanus (Schwartz p. 138) und im Parisinus (p. 140) steht: ἐπαινεῖται δὲ ἡ εἰσβολὴ διὰ τὸ παθητικῶς ἄγαν ἔχειν καὶ ἡ ἐπεξεργασία ‘μηδ᾽ ἐν νάπαισι’ καὶ τὰ ἑξῆς (A), ὁ δὲ Τιμαχίδας τὸν τρόπον ἀγνοήσας ποιητικὸν ὄντα τῷ ὑστέρῳ πρώτῳ φησὶ κεχρῆσθαι —· πρότερον γάρ φησι φῦσαι τὰ δένδρα, εἶθ᾽ οὕτως κατασκευασθῆναι τὴν Ἀργώ. cf. schol. 167. Die schlechte

---

1) Ennius hat sich die herrliche Wirkung entgehen lassen, mit der Euripides den Nachsatz statt mit neuem Verse nach der Cäsur mitten im Verse beginnen läfst.

2) Die Stellen bei Schwartz schol. II p. 140.

schematische Erklärung, die hier zurückgewiesen wird, die vielleicht, wie der Anfang des Scholions andeutet, gleich als Tadel gegen Euripides gefafst war, hat gewirkt: Ennius will nicht mit den Symplegaden beginnen und zum Pelion zurückschreiten, sondern die natürliche Folge der Begebenheiten einhalten, da hat in der ausführlicheren Erzählung das διαπτάσθαι keine passende Stelle mehr. Seine Übersetzung ist also durch Grammatikermeinung beeinflufst, er hat schon gearbeitet wie später Valerius Flaccus und Germanicus. Die Zeit des Hegesander von Salamis ist nicht zu bestimmen, auch nicht mit Sicherheit die des Timachidas[1]); es läfst sich aber auch nicht behaupten, dafs sie die Urheber der von ihnen angeführten Meinungen seien.

Cicero sagt einmal von Ennius' Medea und Pacuvius' Antiopa (die er übrigens nicht ihrer speciellen Eigenschaften wegen, sondern als typische Beispiele anführt), sie seien *ad verbum e Graecis expressae* (de fin. I 4); da pafst ihm der starke Ausdruck, dafs der Ausdruck nicht pafst weifs er sehr gut. In demselben Jahre (Acad. post. 10) sagt er von Ennius Pacuvius Accius und 'multi alii', dafs sie *non verba sed vim Graecorum expresserunt poetarum*. Damit hat Cicero ohne Zweifel ausgedrückt was Ennius wollte und versuchte. Aber seine römisch scharfgespannte Sprache und seine hellenistische Rhetorik reichten nicht aus, Euripides mit freier Kunst zu reproduciren; und ihn mit mühsamer Vertiefung lateinisch herauszuarbeiten, der Gedanke lag ihm fern. Als Übersetzer war er doch, trotz der Herrschaft über eine freier gewordene Sprache, nur ein Nachfolger des Andronicus.

Pacuvius können wir an keinem Originale messen, Accius an einigen Versen der Bacchae und Phoenissae; er hat den Eingang der Phönissen viel schöner übersetzt als Ennius den der Medea. Die Tragödie entwickelte, gleichzeitig mit der aufblühenden Redekunst, einen prächtigen und sehr stark von der Rhetorik inficirten Stil; die rhetorischen Elemente bei Ennius und seinen Nachfolgern verdienen eine besondere Behandlung.

Über die Entwicklung der Komödie zwischen Plautus und Terenz erfahren wir einiges durch die plautinischen und terenzischen Prologe. Die palliata wurde dem römischen Publicum zu fein, zu attisch; es sehnte sich nach Plautus zurück. *omnes res gestas esse Athenis autumant, quo vobis illae graecae videantur magis*. Es ist bezeichnend dafs man die Casina wieder hervorholte. Terenz kämpft gegen eine Gruppe von Dichtern, die das Verarbeiten zweier Stücke incinander perhorres-

---

1) v. Wilamowitz Herakles I 147.

cirt, also genaue Wiedergabe eines Originals verlangt: ihm ist die *ne-glegentia* der Früheren lieber als *istorum obscura diligentia;* Luscius macht aus guten griechischen Stücken schlechte lateinische durch genaue Übersetzung, *bene vortendo et easdem scribendo male*[1]); er führt selbst als Empfehlung für seine Bearbeitung der Scene des Diphilus an *verbum de verbo expressum extulit*. Eine solche Forderung, was man gibt so zu geben wie es der attische Dichter gewollt hat, erkennt er also auch als berechtigt an, wenn er auch keineswegs wörtlich übersetzt; der Fehler, den er dem Thesaurus des Luscius vorwirft (prol. Eun. 10 sq.), ist eine Versetzung von Reden des Originals. Wie entschieden er die attische Farbe, im Gegensatz zu Plautus, beibehält und die Ethopöie wahrt liegt am Tage; aber die Schule, gegen die er kämpft, verlangt einen stärkeren Respect vor dem Original. Es ist wahrscheinlich Caecilius, der solche Regeln aufgestellt hat.[2]) Dafs Caecilius im Anfang seiner Laufbahn mit Schwierigkeiten zu kämpfen hatte, lehrt der zweite Prolog zur Hecyra: sie gingen vermuthlich aus dem Gegensatze gegen Plautus und seine Art hervor. Dafs Caecilius *in argumentis poscit palmam* (Varro) besagt einmal dafs er die besten Stücke übersetzte; denn wie Ennius den Euripides so bevorzugte er den Menander; zum andern dafs er die Composition des Originals unverändert beibehielt. Das eine lehren die Titel, das andere die bekannte Stelle des Andriaprologs: *qui cum hunc accusant, Naevium Plautum Ennium accusant, quos hic noster auctores habet.* Die Andria ist a. 588 gegeben, der Prolog ist für eine spätere Aufführung gedichtet.[3]) Caecilius ist

---

1) Dies (prol. Eun.) an den Megalesia 593; darauf an den ludi Romani desselben Jahres (prol. Phorm.): *qui ita dictitat, quas antehac fecit fabulas tenui esse oratione et scriptura levi;* so hatte Luscius an den Apollinarischen Spielen geantwortet.

2) Für Caecilius kann ich auf Ribbeck Gesch. d. röm. Dichtung I 127 sq. verweisen. Terenz im Verhältnifs zu seinen Vorlagen hat ausführlich und sorgfältig behandelt Nencini de Terentio eiusque fontibus (Turin 1891). Das neugefundene Fragment des Ἑαυτὸν τιμωρούμενος (Reitzenstein Rostocker ind. lect. 1890/91 p. 8), das an ein bekanntes anschliefst (140 K. = v. 61 sq.), zeigt dafs Terenz Ἀλχαῖοι mit *his regionibus* übersetzt und τὸ μαχαριώτατον, ἄστιχτον fortgelassen hat — wenn nicht das wie mir scheint unmögliche *servos complures* v. 65 (die zu besitzen ist nichts besonderes, der Ausdruck gegen den Sinn der Rede) auf eine Lücke deutet; wenn die Rede, wie ich glaube, vollständig ist, so verlangt sie *nec servos plures*.

3) Daran kann kein unbefangener Leser zweifeln. Der Prolog ist weder für ein Anfangsstück noch von einem Anfänger und er ist geschrieben nachdem der Verfasser mit einem anderen Stücke (Hecyra a. 589) traurige Erfahrungen gemacht hat.

a. 586 gestorben[1]); wie sein Andenken geehrt ward zeigt der Prolog zur Hecyra. Da sich Terenz auf ihn nicht beruft, so konnte er sich nicht auf ihn berufen. Also hat Caecilius nicht ‘contaminirt’. Caecilius hat die Entwickelungsphase eingeleitet, die den Anfang vom Ende der palliata bedeutet. Er hat die Handlung, Terenz die Charaktere in treuer Nachbildung des Originals attikisirt, Terenz die Sprache zum Ton des feinsten Umgangs erhoben; so wurde die palliata eine würdige Lectüre des Scipionenkreises, aber das Publicum wollte derbere Kost, wie Naevius und Plautus sie geboten hatten. Durch die Häufung des Stoffes rettete Terenz die Gattung nicht; ja als Afranius das Lustspiel auf römischen Schauplatz verlegte, aber genau in der menandrischen Form und Weise blieb, fiel die Toga dem Mantel und ihr das ganze griechisch-römische Spiel nach und die italische Volksposse trat an seine Stelle.

Aber zur wörtlichen Übersetzung selbst der Partien des Originals, die für das römische Publicum nichts Fremdartiges haben konnten, ist es nie gekommen. Für Terenz ist es vielfach im Donatcommentar bezeugt. Für Caecilius gibt uns Gellius (II 23) eine unschätzbare Auskunft in 3 Reden Original und Nachdichtung, und damit den einzigen sicheren Mafsstab für die ganze Übersetzungstechnik der alten palliata. Der Monolog des Alten in Trimetern zu Anfang des Stückes ist ein canticum geworden mit freiester Gestaltung und auch Erfindung des Inhalts; für das Gespräch mit dem Nachbarn sind die Trimeter des Originals beibehalten, aber *nescio quae mimica inculcavit* sagt Gellius[2]); in der Rede des Sclaven sind nur Fetzen Menanders und der Ton zu hoch gegriffen, der komische Charakter verfehlt. *di boni, quantum stupere atque frigere quantumque mutare a Menandro Caecilius visus est* ruft der enthusiastische Verehrer der altrömischen Dichtung aus; und doch, wenn man Caecilius allein liest, *lepide et venuste scriptae videntur, prorsus ut melius posse fieri nihil censeas.* Wir dürfen uns nicht verhehlen, dafs die charakteristischen Züge, die sich für Caecilius aus jenen Versen ergeben, ganz entsprechend bei Plautus wiederkehren; wenn uns einmal aus den Gräbern das Leben der νέα κωμῳδία erblühen sollte, würden wir gewifs in der Hauptsache urtheilen müssen wie Gellius. Nur freilich, in sermonibus Plautus poscit palmam: argumenta und ἤθη haben Caecilius und Terenz durch treue Wahrung des Originals, der eine in der Handlung, der andere in der Charakterisirung, besser gegeben als man es in der palliata gewohnt war; aber die vis comica der Sprache

---

1) Diese Nachricht ist zuverlässig, die Terenzanecdoten nichts weniger.
2) Die Verse sind eine Nachahmung von Plautus' Asinaria v. 594—904.

erforderte einen eigenen Genius, hier ist Plautus schöpferisch und das feurige Leben seines Dialogs würde auch neben Menander bestehen.

2

Die Reste des Livius Ennius Caecilius gestatten mehr directe Vergleichung mit den Originalen als die Masse der plautinischen Stücke und selbst der terenzischen. Was diese Vergleichung für die Phasen und die durchgehenden Eigenschaften der altrömischen Übersetzungskunst ergibt wollte ich vorausschicken, um der Rechnung mit Unbekannten, wie sie bei Plautus nöthig ist, eine Grundlage zu geben. Wo wir das Original nicht neben die Bearbeitung halten können, sind nur zwei Arten der Untersuchung möglich, entweder die Bearbeitung zu analysiren oder durch Combination Eigenschaften des Originals zu erschliefsen; welche von beiden Methoden oder ob beide anzuwenden sind, kann nur in jedem Falle durch das Material bestimmt werden; die zweite wird uns öfter dazu führen müssen, auf das Gebiet des griechischen Dramas abzuschweifen. Zu untersuchen ist Stoff und Form, das attische Material und die attische Technik in ihrer römischen Umbildung zu bestimmen. Dabei ist es gut sich bewufst zu bleiben, dafs man nicht immer scharfen Schnitt zwischen Griechischem und Römischem machen kann; wie an allen Punkten dieser von aufsen befruchteten Cultur gibt es auch hier ein Mittelgebiet zwischen dem Übernommenen und dem Selbstgewachsenen, alles was der römische Geist durch den griechischen angeregt nach dessen Analogie hervorgebracht hat. Den Gegenstand erschöpfen zu wollen wäre Thorheit; es kann sich nur darum handeln, auf verschiedenen Wegen dem Ziel um einige Schritte näher zu kommen.

Wir wissen aus allem Bisherigen, dafs wir für Plautus die freieste Bewegung dem Original gegenüber anzunehmen haben. Die Wahl der Metra ist ganz frei, ebenso ob eine Scene als Rede oder canticum behandelt wird; danach aber ändert sich auch die Art der Behandlung, die Breite oder Knappheit des Tones. Ob die Ökonomie des Originals beibehalten ist, Scenen und Figuren ab- oder zugethan sind, steht nicht von vornherein fest; dafs vom attischen Stoff eine Menge fortgeblieben und römischer zugetreten ist unterliegt keinem Zweifel; den Stücken sieht man ohne weiteres an, dafs sie in sehr verschiedenen Graden der Treue die Farbe des Originals bewahren. Alles in allem mufs man in jedem Falle, den man beurtheilen will, ebensowohl den Beweis verlangen dafs eine Wendung, Anspielung, Vorstellung griechisch wie dafs sie römisch sei; von vornherein ist, wenn ein Zweifel erlaubt ist, für keines von beiden die Präsumption. Wenn z. B. Stasimus mit dem μάνης

des Kottabos (Trin. 1011)[1]) oder Pseudolus mit dem Eristiker Sokrates
(Pseud. 465) verglichen wird, so ist ja kein Zweifel möglich; aber auch
das scheinbar rein Griechische kann täuschen: wenn z. B. Curc. 285
als *opulenti*, denen man auf der Strafse begegnen kann, aufgezählt
werden *strategus tyrannus agoranomus demarchus comarchus*, so bedarf
es keines Beweises, dafs *tyrannus* und *comarchus* so bei keinem Attiker
stehen konnten, so wenig wie der *dictator Athenis Atticis* Pseud. 416;
wenn Labrax Rud. 761 Feuer an den Altar legen will und sagt: *Vol-
canum adducam*, *is Venerist advorsarius*, so hiefs es sicherlich bei Diphilos anders: er ging wie Helios den Hephaestos herbeizuholen, nicht
weil er der Aphrodite Feind ist, sondern weil er sie zu überlisten und
zu fassen weifs.[2])

Vor der Jagd nach Gräcismen in der Syntax wird wohl eine besondere Warnung nicht nöthig sein. Sie war früher üblich und hat
keine Beute ergeben; auch was man noch geneigt ist, als griechische
Construction anzusehen, wird sich aus den anderen italischen Dialecten
mehr und mehr als italisch ausweisen.[3]) Die Sprache ist frei und geht

1) Vgl. Athen. XI 457. Robert Arch. Jahrb. II p. 179 sq., Böhm de
cottabo p. 25.

2) Dafs Plautus Cist. 48 die Hecale, die für die Komödie mindestens noch
keine typische Figur war, in seine Übersetzung eingeführt hätte, ist undenkbar;
oder wo finden sich sonst bei ihm Einlagen aus hellenistischer Poesie?

3) Als Beispiele führe ich einige Genetivstructuren an. In der Regel
werden als genetivus graecus geführt (Dräger I p. 492, Kühner II p. 346) die
Constructionen einiger Verba, die in der litterarisch geschulten Prosa nur den
Accusativ zu sich nehmen, wie das häufige *rerum credere*. Diese Constructionen
sind nicht zu trennen von den bekannten juristischen (vgl. Reisig-Haase p. 585
Landgraf), die sich selbst als ursprünglich erweisen und durch tab. Bant. 24
pru medicatud manum ascrum eizazunc egmazum als italisch erwiesen werden.
Als ich Vind. Plaut. p. 8 die beiden Verse Poen. 641 *boni de nostro tibi nec
ferimus nec damus* (nach *quid boni*) und Most. 1017 *mecum ut ille hic gesserit,
dum tu hinc abes, negoti?* (nach *quod negoti*, vgl. Truc. 383) als richtig nachwies, vergafs ich die meist falsch behandelte Stelle, die sich durch jene beiden
aufklärt, Ter. Phorm. 709 *ante brumam autem novi negoti incipere*. Später
beschränkt sich diese Verbindung auf das Participium, wie schon Truc. 145.
323 *rei male gerentes*, so Cicero *negoti gerentes, sui negoti bene gerens, sui
iuris retinens, religionum colentes*. Der Genetiv folgt, wie im Griechischen,
aus der Natur des Genetivs in adverbialer Verbindung, es ist natürlich dafs er
sich vor dem Accusativ allmählich zurückziehen und bei dem halbnominalen
Participium eine Zuflucht suchen mufste; wahrscheinlich war die Sprache in
noch früherer Zeit viel reicher an solchen Genetiven; später haben sie sich
unter dem Schutze des griechischen Gebrauchs in der Dichtersprache wieder
eingefunden. Ein anderes Beispiel habe ich Mil. 1274 hergestellt: *ne tu eius
mirere mulierem* (*ne tu melius* die Handschriften, d. h. *tum*, nach der im Miles

ihren stolzen Gang. Aber es mufs freilich in einer auf dem Griechischen
beruhenden Übersetzungslitteratur Gräcismen leichterer Art geben, solche
die den Geist der Sprache unberührt lassen. In einer Bühnensprache,
die sich an eine vorhandene reich ausgebildete anlehnt, müssen neben
dem Umgangston des eigenen Lebens auch fremde Wendungen heimisch
werden oder versuchen es zu werden. Dafs man in beiden Sprachen,
wenn man nicht verstanden hat oder sich wundert, *quid est* und τί ἔστιν
sagt ist natürlich, und dieser Ausdruck ist immer lebendig geblieben.
quid verbis opust? τί δεῖ λέγειν; (z. B. Eur. Andr. 920) ist so eingewurzelt, dafs es auch wohl als selbstgewachsen anzusehen ist. Aber
wenn wir Cas. 490 lesen *scin quid nunc facias?* und Pers. 154 *sed
scin quid facias?* so führt die Seltenheit der Wendung darauf, sie aus
dem stehenden ἆρ᾽ οἶσϑ᾽ ὃ δρᾶσον¹) herzuleiten. So erinnert Capt. 558
fit quod tibi ego dixi an τοῦτ᾽ ἐκεῖν᾽ οὑγὼ ᾽λεγον (Arist. Ach. 41
Pac. 64), Rud. 415 *quid hoc bonist?* an τουτὶ τί ἐστι τὸ κακόν:
(Ach. 156 Pac. 181)²), Cas. 198 *nos sumus* an αὐταὶ γάρ ἐσμεν (Aristophanes und Platon).

Man kann es wohl einen Gräcismus nennen, wenn Simia dem Ballio
sagt (Pseud. 980) *ut vestitu's, es perfossor parietum,* denn dieser Ausdruck
gibt dem Römer nicht die anschauliche Vorstellung wie dem Griechen
τοιχώρυχος.³) So versucht er βωμολόχος wiederzugeben (Rud. 140)
tu qui fana ventris causa circumis, πατραλοίας und μητραλοίας Pseud.
367 *verberavisti patrem atque matrem* nach einer Serie substantivischer
Schimpfnamen. Plautus übersetzt sonst καιρός abwechselnd mit *tempus*
oder *occasio* (Bacch. 673 sq. Pers. 724 sq.), einmal durch Copulation der
beiden synonyma (Pseud. 958); Asin. 278 *nam si huic sese occasioni*

üblichen Corruptel, *eius*). Auch der finale Genetiv des Gerundiums figurirt
als Gräcismus (Dräger II p. 834). Diesen hat zwar Plautus nicht, aber Terenz
Ad. 270 *ne id adsentandi magis quam quo habeam gratum facere existumes.*
Auch hier liegt weder ein Gräcismus noch eine allmähliche Entwicklung, wie
Wölfflin (Philol. XXV) sie construirt hat, sondern eine ursprünglich italische,
in der Kraft des Genetivs ruhende Construction vor; das beweisen die umbrischen Sätze tab. Ig. VIᵃ 8 *verfale pufe arsfertur trebeit ocrer peihaner* (vgl. 19)
und VIᵇ 48 *sururo stiplatu pusi ocrer pihaner,* deren zweiter zeigt, dafs auch
in den ersten beiden die Genetive nicht von den Nomina abhängig sind; vgl.
Bücheler p. 86; dagegen VIᵃ 20 *ocrer pehaner paca.* Es bedürfte eher einer
Erklärung dafür, dafs sich diese Construction bei Plautus nicht findet als dafs
sie sich bei Terenz findet.

1) Cobet V. L. 101.
2) Asin. 50 *quid istuc novist?* priap. 83 B. *quid hoc novist?* Ter. Eun. 1029
perii, quid hoc autemst mali? Anders Merc. 165 *quid istuc est mali?*
3) Naevius com. 17 *praemiatores nocturni:* λωποδύται.

tempus supterduxerit hatte offenbar der *Καιρός* im Original Flügel: ἦν ὁ *Καιρὸς διαφύγῃ*. Hier ist die Übersetzung nicht sehr glücklich; sie kann auch ganz mifslingen, wie Cas. 319 *quam tu mi uxorem? quasi venator tu quidem es: dies atque noctes cum cane aetatem exigis*: der Wortwitz tritt erst heraus, wenn man *κυνηγέτης* für *venator* setzt, *κυνηγέτης τις συνδιατρίβων εἶ κυνί.*[1]) Plautus wendet *morbus* schon häufig in übertragener Bedeutung, vom Seelenleiden an; aber ein Bild wie Trin. 72 *nam si in te aegrotant artes antiquae tuae —, omnibus amicis morbum tu incuties gravem, ut te videre audireque aegroti sient* wird für ihn doch erst durch den griechischen Gebrauch von *νοσεῖν* hinreichend erklärt.[2])

Soll man annehmen, dafs das attische Sprichwort ἐπ᾽ ἀμφότερα καθεύδειν, das Menander nach unserer Kenntnifs zweimal anwendet (frg. 402 K. und Ter. Heaut. 342)[3]), den Römern so geläufig war, wie es aus Pseud. 123 sq. hervorzugehen scheint, wo in einem Wortwitz damit gespielt und dann die richtige Fassung als *pervolgata* bezeichnet wird? Gewifs war dem Publicum das Sprichwort neu; dafs die Übersetzung (P. *de istac re in oculum utrumvis conquiescito.* C. *oculum anne in aurem?* P. *at hoc pervolgatumst minus*) ein Gräcismus ist, geht auch hier aus der Paronomasie hervor, die erst durch die griechischen Wörter gebildet wird: *A.* περὶ τοῦδ᾽ ἐπ᾽ ἀμφότερα κάθευδε τώμματα. *B.* ἆρ᾽ οὐχὶ τῶτα; *A.* τόδε σύνηθες ἔστ᾽ ἄγαν. Wenn der Dichter des Persa den betrogenen Kuppler mit den Worten verspotten liefs (v. 846) *hicinest qui fuit quondam fortis?* ὅδ᾽ ἐστὶν ὅστις ἦν πάλαι ποτ᾽ ἄλκιμος; so konnte er auf dieselbe Wirkung zählen, wie wenn Aristophanes Plut. 1002 (1075), den er nachahmt, dem Jüngling die Spottrede gibt πάλαι ποτ᾽ ἦσαν ἄλκιμοι Μιλήσιοι: in der Übersetzung des Plautus mufste das Wort unter den Tisch fallen. Wem in der attischen Komödie über ein Dutzend mal τἀλλότρια δειπνεῖν begegnet ist, wundert sich nicht, dieselbe Wendung Pers. 58 (*quasi mures semper edere alienum cibum*) und Capt. 77 (*quasi mures semper edimus alienum cibum*) anzutreffen; hier zeigt freilich das Vorkommen in zwei Stücken, dafs auch dem römischen Publicum mit

---

1) Vgl. Poen. 648 *cum praeda hic hodie incedet venator domum: canes compellunt in plagas lepide lupum A*, Lycum statt lupum P. Ostermayer de hist. fab. p. 5. Vgl. Aristaen. II, 20 λύκος χανών, ὦ Λύκων.

2) Vgl. Diphilus frg. 24 K. αἱ κρίσεις ἡμῶν νοσοῦσι.

3) Und der Sokratiker Aeschines (Poll. II 84). In Rom erscheint es wieder bei Cicero und dem jüngeren Plinius, Otto Sprichw. 47. — Dafs auch der Pseudolus vielleicht von Menander ist will ich nicht betonen.

der Zeit eine solche Wendung geläufig werden mufste, aber dem attischen war sie nicht nur ein alter Bekannter, sie war ihm auch die Parodie eines Euripidesverses und die Sache aus dem täglichen Leben vertraut. Solche Erwägungen überzeugen bald, wie nöthig es der römische Bearbeiter hatte, römische Anspielungen und lateinische Wortspiele einzuflechten. Die Stelle der Captivi gibt ein sicheres Beispiel. Der Parasit beginnt v. 69: *iuventus nomen indidit Scorto mihi, eo quia invocatus soleo esse in convivio*, das ist ganz attisch: Antiphanes bei Athenaeus VI 238 e καλοῦσί μ' οἱ νεώτεροι διὰ ταῦτα πάντα σκηπτόν (frg. 195 K.) und vorher v. 7 δειπνεῖν ἄκλητος μυῖα, der ἄκλητος mit dem ἀλλότρια δειπνῶν zusammen bei Alexis (Athen. IV 165 a) ἐπὶ δεῖπνον εἰς Κόρινθον ἐλθὼν Χαιρεφῶν ἄκλητος· — οὕτω τι τἀλλότρι' ἐσθίειν ἐστὶν γλυκύ (frg. 210 K.). Dann aber ganz plautinisch: *scio absurde dictum hoc derisores dicere, at ego aio recte. nam 'scortum' in convivio sibi amator, talos quom iacit, 'scortum' invocat. estne invocatum an non est? est planissume; verum hercle vero nos parasiti planius, quos numquam quisquam neque vocat neque invocat.* Dafs dies freie Erfindung ist, zeigt das Spiel mit *invocatus*, das sich auf ἄκλητος nicht übertragen läfst; woraus auch hervorgeht, dafs der Spitzname Scortum Plautus' eigene Erfindung ist.[1]

Die griechischen Wörter, die bei Plautus vorkommen, brauchen nicht aus dem Original zu sein, wie direct z. B. Capt. 882 sq. beweist. Vielmehr ahmt durch ihre Anwendung Plautus wie nur in irgend einem Ding das römische Leben nach; dafs er nur Sclaven und Personen niederer Schicht griechische Brocken in den Mund legt, nur Trin. 187 und Bacch. 1162 alten Herren, aber nie einem gebildeten Jüngling, habe ich anderswo bemerkt.[2] Wenn Diniarchus Truc. 78 den Namen etymologisirt: *suom nomen omne ex pectore exmovit meo*, φρόνησιν, *nam* φρόνησις *est sapientia*, so steht das auf einem andern Brett, die Bemerkung kommt gerade dem Gebildeten zu; dafs sie von Plautus herrührt, lehrt der Augenschein[3]), ob auch das Wortspiel von ihm ist, könnte man erst

---

1) Auch im Persa folgt gleich der plautinische Witz v. 60 *atque eis cognomentum erat duris Capitonibus*, d. h. nicht *Capitones* wie andere vornehme Leute a maioribus (55 sq.), sondern *Duricapitones*. Die alten Kritiker haben natürlich richtiger verstanden als die neuen, die diesen Edelstein ausbrechen, und Ussing richtiger als diese.

2) Hermes XVIII 566; zu Pseud. 700.

3) Sie zu athetiren sehe ich, mit Vahlen Hermes XVII 276, gar keinen Grund. Auffallend ist überhaupt nur, dafs Plautus φρόνησις mit *sapientia* übersetzt. Cicero thut dasselbe de fin. V 58, wo er Platons φρόνησιν καὶ ἀληθεῖς δόξας übersetzt *sapientiam verasque opiniones*, nicht ohne Berechtigung,

entscheiden, wenn man wüfste, ob der Name *Φρονήσιον*, wie es gewifs
möglich ist[1]), aus dem Original stammt.

Die plautinischen Namen sind ein langes Kapitel, zu dem ich nur
ein paar Bemerkungen machen will. Dafs die römischen Komiker die
Namen der Originale in der Regel nicht beibehalten[2]) zeigt sogar Terenz,
der doch lauter Namen hat, die bei Menander oder Apollodor vorkommen
könnten.[3]) Die plautinischen Namen können zum grofsen Theil bei
keinem Attiker vorkommen, das Personenverzeichnifs weniger Stücke
ist frei von Namen, die aus der neuen Komödie nicht stammen können.[4])
Dies gilt von den handelnden Personen.[5]) Die gelegentlich im Dialog
angeführten Namen sind in der Regel gut attisch, sowohl wenn Verwandte[6]) oder sonst mit den handelnden in Beziehung stehende[7]) Per-

denn Platon vertauscht die Begriffe (Sympos. 202 A *μεταξὺ σοφίας καὶ ἀμαθίας*,
dann *μεταξὺ φρονήσεως καὶ ἀμαθίας*). Xenokrates (vgl. Heinze p. 5) und Aristoteles (vgl. Eth. Nicom. VI c. 6) sondern scharf, dann bekanntlich die Stoa
(Cic. de off. I 153 *illa sapientia, quam σοφίαν Graeci vocant — prudentiam
quam Graeci φρόνησιν dicunt*, vgl. Madvig de fin. p. 89; Zeno vgl. Schlemm
de font. Plut. de aud. poet. et de fort. p. 73 sq. 85 sq.). Epikur p. 64, 18 Us.
Ennius sagt correcter *sophiam, sapientia quae perhibetur*, Afranius *Sophiam
vocant me Grai, vos Sapientiam*, vgl. Cic. Tusc. V 7. Also eine Erklärung
verlangt die plautinische Übersetzung des Wortes: sie liegt eben in der grofsen
Werthschätzung der *φρόνησις* in allen jüngeren Systemen der Ethik; der frühere
Müllerknecht der Legende hätte wohl *prudentia* geschrieben.

1) *Φρόνησις* auf attischem Grabstein C. I. A. III 3421.

2) Während die Namen der Tragödie am Stoffe haften Wo später die
Bukoliker nicht an Daphnis' und Menalcas' Namen gebunden sind, halten sie
es wie die Komödie.

3) Persius 5, 161 sq. Vgl. Nencini a. O. 80 sq. 152 sq.

4) Sehr selten ist in dieser ein Name wie *Πυργόθεμις* (Euphron 3 p. 320 K.).

5) Ausgeschlossen ist natürlich nicht dafs auch Namen geblieben sind,
z. B *Bacchides; Lycus* im Poenulus, s. o. p. 94, *Gelasimus* im Stichus s. v. 630.
Der Alte im *Δὶς ἐξαπατῶν* hiefs *Δημέας* (nach Fulgentius, frg. 123).

6) Aul. 779 *Antimachus* (aber *Megadorus* ist ein gemachter Name, *Eunomia*
vielleicht nicht, da *Εὔνομος* in Athen häufig ist), Asin. 344 *Stratonis f.* 751
Glauci f., Bacch. 250 sq. *Archidemides* (auch Eun. 327, s. u. Asin. 865 *Archidemus*),
262 *Pelago* ist Ephesier wie der bei Alexanders Einnahme von Ephesos ge-
tödtete Pelagon (Arrian I 17, 12), Rud. 1164 *Daedalis*, Poen. 1060 *Demarchus*,
Amph. 365. 614 *Davus*, Men. 408 sq. *Moschus;* doch 1131 *Teuximarche*, ein son-
derbarer Name wie *Alcesimarchus* (Cist., vgl. *Alcesimus* in der Casina) und
Callimarchus (s. u.), den man in Sicilien suchen möchte, da *Messenio* und *Moschus*
der Sclave und Vater des Siciliers in den Menächmen sind. Curc. 64 *Cleobula,
Archestrata;* 636 der Vater *Periplanes* von Plautus mit komischer Absicht neben
die Tochter *Planesium* und den Sohn *Therapontigonus* gesetzt?

7) Capt. 335 *Menarchus*, Asin. 116 *Archibulus.* 433 sq. *Stichus, Dromo,
Philodamus*, dadurch wird *Exaerambus* noch bedenklicher.

sonen genannt werden, als wenn Namen aus dem Leben stehen geblieben sind[1]) oder zu komischer Wirkung Namenlisten gegeben werden[2]);
meist auch die Namen stummer Personen.[3]) So haben Pseud. 187 sq.
die Hetären zwar redende Namen (*Hedytium*[4]), *Aeschrodora*, *Xystilis*,
Phoenicium), aber wahrscheinlich aus dem Original: die ganze Scene
des Kupplers ist darauf gebaut und für Hetären sind redende Namen
im Leben ganz gebräuchlich[5]), wie für Sclaven in der Komödie.[6]) Unter
den Namen nun, für die man in den Originalen gut attische voraussetzen mufs, den Namen der senes adulescentes matronae, erscheinen
bei Plautus zwar zu einem Theil gut attische, besonders für die alten
Herren (*Charmides Simo Nicobulus Philoxenus Gorgines* etc.)[7]), sonst
aber in bunter Mischung solche die zwar gut gebildet sind aber wenigstens in Athen nicht vorkommen[8]), solche deren Formation zu vertheidigen man sich alle Mühe geben mufs (z. B. *Periplectomenus*) und

1) Pers. 824 sq. Bacch. 912 Most. 1149, vgl. Hermes XVIII 558 sq.

2) Asin. 865 *ait sese ire ad Archidemum, Chaeream, Chaerestratum, Cli-
niam, Chremem, Cratinum, Diniam, Demosthenem*, Trin. 916 sq. *Callias — Cal-
lippus — Callidemides — Callinicus*, endlich da ihm keine weiteren einfallen
Callimarchus (s. o.), dann wieder *Chares — Charmides*. 1020 sq. redende Namen.

3) Aul. 398 Capt. 657 Rud. 657 wie andere Sclavennamen zu beurtheilen.

4) Vgl. Wölfflins Archiv IX p. 163.

5) Athenaeus XIII 583 d sq. aus Aristophanes und seinen Fortsetzern,
p. 587. 567; in der Hetäreninschrift von Paros (Athen. Mitth. XVIII, 1893,
p 16) Ἀπάτη und Ὁμιλία, vgl. Maafs p. 22. So bei Plautus *Anterastilis Gymnasium Palaestra Erotium Philaenium Philematium Philocomasium* u. s. w., im
Mercator *Pasicompsa* (v. 517 *ex forma nomen inditumst*) gebildet wie Πασι-
φίλη, während alle gangbaren Namen mit πασι- Verbalbildungen sind. Auch
Ἀκροτελεύτιον wäre möglich zu erklären (Mil. 803 u. s.), aber was ist *Acro-
polistis Lemniselenis Milphidippa* (und *Milphio*)?

6) Donat. Andr. 1 3, 21 und aus derselben Quelle Helladius bei Photius
bibl. 279 p. 532 (auch ἀπὸ τοῦ γένους, ἐξ ἐπιθέτων und ἀπὸ τοῦ τρόπου).
Gripus Γρῖπων ὁ γριπεύς Leonidas Tarent. (A. P. VII 504, 12), vgl. *Latris, cui
nomen ab usust* Prop. IV 7, 75, *Dipsas, ex re nomen habet* Ov. am. I 8, 3. Un-
kenntliche Namen auch hier wie *Sceledrus Syncerastus Toxilus Trachalio Milphio*.
Tranio Θρανίων s. v. Wilamowitz Aristot. und Athen II 176, und überhaupt
p. 175 sq. (*Ballio* p. 177, Axionikos frg. 1 p. 412 K.). Für Mägde gilt dasselbe.
Casina Κασίνη zu κασία Zimmt wie Κροκώτιον, Μυρρίνη, nicht zu Κάσος
(Fleckeisen Jahrb. 103, 638, das ist für eine plautinische Magd kein Name, wenn
auch im Curculio die Amme *Archestrata* und im Truculentus *Archylis* vorkommt, beide im Text, nicht als Person). *Lucris* (Persa) Λοκρίς (mit lateinischem
Wortspiel, v. 624 sq.) und *Lucrio* (Mil.) Λοκρίων. *Citrio* (der Koch) Χυτρίων
zu Cas. 720.

7) Γοργίνης s. de Pl. Vidul. p. 9.

8) z. B. *Megaronides Blepharo Philolaches Artemona* und viele der Art

Plautinische Forschungen

endlich kühne Neubildungen, alle theils als redende Namen theils ohne kenntliche Absicht. Er gefällt sich ganz wie die adligen Griechen in Bildungen mit ἵππος[1]): *Argyrippus Pamphilippus Plesidippus Stratippocles Dorippa Milphidippa*, in Bildung vornehmer Namen wie *Periphanes Stratophanes Pleusicles Agorastocles Philopolemus Phanostrata*, seine Jünglinge heifsen *Pistoclerus* und *Chaeribulus*, seine Soldaten nicht Thraso oder Polemo, sondern *Pyrgopolynices, Bombomachides, Therapontigonus Platagidorus*, seine Parasiten *Artotrogus* und *Miccotrogus*. Über einzelne Namen ist nicht zu rechten; aber dafs dies Schwelgen in neuen und absonderlichen Bildungen nicht menandrisch sondern plautinisch ist, ist nicht zu bezweifeln, es verhält sich zur Namengebung der νέα κωμῳδία wie die plautinische Polymetrie zur Einfachheit der menandrischen Metra. Der Versuch diese Bildungen aus der Anlehnung an unteritalisch-sicilische Namengebung zu erklären wäre aussichtslos; eine Urkunde wie das Verzeichnifs der Strategen von Taormina (I. G. I. 421), ungefähr aus der Zeit der plautinischen Komödie[2]), zeigt in der Fülle ihrer Namen gar keine Verwandtschaft mit jenen.[3]) Wie Plautus zu einer solchen Namengebung kam, dafür gibt es nur eine Erklärung, aber diese klärt auf was an den Namen auffallend und räthselhaft ist. Es ist genau die Art der alten Komödie[4]) mit ihren Δικαιόπολις und Φειδιππίδης, Φιλοκλέων und Βδελυκλέων, Εὐελπίδης und Πειθέταιρος, und auch dort stehen die neuen und Phantasienamen mit den Namen des Lebens wie Λάμαχος, Χρεμύλος und Ξανθίας zusammen; dort sind auch die Τισαμενοφαίνιπποι und Γερητοθεόδωροι, und überhaupt die kühnen Wortbildungen, die auch bei Plautus neben den Namenbildungen stehen. Plautus hat seine Namen frei bilden wollen wie die ἀρχαία κωμῳδία, das hat ihn auch zu falschen Bildungen verführt; es ist sehr bezeichnend, dafs der Mann, der sich in seiner Sprache schöpfe-

---

1) Vgl. v. Wilamowitz Arist. und Athen II 29.

2) Bormann Marb. Progr. 1891. Rizzo in der Rivista Etnea 1893 p. 183 sq.

3) Der massaliotische Ἑρμοκαικόξανθος in Aristoteles Poetik 1457ᵃ 34 (arab. Übers.), den Diels Ber. d. Berl. Akad. 1888 p. 52 als komische Bildung, Wilamowitz Arist. und Athen II 29 A. 39 als wirklichen Namen erklärt, gestattet trotz des τὰ πολλὰ τῶν Μασσαλιωτῶν keinen weiteren Schlufs. — I. G. I. 868 (Cumae) Θειναμάξῃ ἀδελφῷ Ἀθηνίων Ἀνόπτης Κεδνίων: da ist nur Ἀθηνίων gangbar, Κεδνίων wie Ἀριστίων Ἐμπεδίων, Ἀνόπτης ein Βλεπαῖος oder Δερξίας, Θειναμάξης wie Πλήξιππος, attisch Ἁρματεύς. Aber die Namen sind nicht auffallender als in manchen attischen Inschriften.

4) Die plautinischen redenden Namen mit den wilden Namenbildungen der Epistolographen zusammenzubringen würde in die Irre führen; ein Zusammenhang besteht da nicht, wenigstens keiner aus gemeinsamer Wurzel.

risch fühlte, es auch in der fremden sein wollte, in die er sich so tief
versenkt hatte; aber dem Wortbildner gehorcht nur die Muttersprache.¹)

3

Dies sind alles Einzelheiten, die sich mit leichter Mühe häufen
lassen; das zu thun ist nicht meine Absicht. Die Analyse jeder Scene
ergibt dergleichen, und wenn einmal jemand versuchen will, einen er-
klärenden Commentar zu plautinischen Stücken zu schreiben, statt der
üblichen Conglomerate von sehr schätzbaren sprachlichen und metrischen
Sammlungen mit Trivialerklärung, so wird solche Analyse überall die
Hauptaufgabe sein.²) Jeder Verstehende weifs, dafs der Reiz, den Plautus
ausübt, zum grofsen Theil in diesem Incinanderspielen griechischer und
römischer Farben liegt. Man mufs den Reiz lange auf sich haben wirken
lassen, ehe man versuchen darf die Elemente zu sondern, aus denen er
hervorgeht. Dann aber darf man sich nicht an die Einzelheiten halten,
wenn man über Tasten und Unsicherheit hinauskommen will. Es müssen
Gruppen von Erscheinungen zusammengefafst werden, die dann für das
Einzelne den Mafsstab geben. Man kann sich wohl fragen, ob es richtiger ist, zuerst das römische Element, das ja doch nur aufgesetzt und
angefügt ist, abzustreifen, so dafs von selbst das Griechische übrig bleibt,
oder zuerst den griechischen Kern nachzuweisen, so dafs das Römische
von selbst abfällt. Ich brauche nicht zu wiederholen, dafs weder auf
dem einen noch auf dem andern Wege ein reinliches Resultat heraus-
kommen kann. Aber auf dem ersten wird man überhaupt zu keinem
Ziele gelangen. Das sicher Römische ist meistens sofort erkannt, aber
dafs das Übrige dem Original gehört ist damit nicht erwiesen und eben
da das Römische zugesetzt ist, entfernt man es ohne eine Handhabe für
den Grundstock zu gewinnen. Diesen nachzuweisen mufs man zuerst
versuchen, hier ist sicherer Boden, da das Original griechisch ist; aber
mit der Aussonderung dessen was sich unmittelbar als griechisch zu erkennen gibt ist es hier auch nicht gethan. Das dunkle Mittelgebiet erhellt sich erst, wenn es gelingt, das scheinbar Neutrale in eine bestimmte
Beleuchtung zu rücken. Ich will, um dies zu versuchen, zunächst einige

---

1) Ich habe Rhein. Mus. XL nachgewiesen, dafs die naevianisch-plautinische
Polymetrie in der ἀρχαία wurzelt; dafs von der naevianischen παρρησία dasselbe
zu sagen ist habe ich Hermes XXIV (s. o. 67 sq.) angedeutet. Die plautinische
Namenbildung kommt als drittes Moment zu dem Beweise, dafs die Dichter der
alten palliata mit der ἀρχαία κωμῳδία vertraut waren.
2) Ganz an der Oberfläche bleibt Siewert, Plautus in Amph. fabula quomodo exemplar graecum transtulerit, 1894.

Gruppen griechischen Stoffes herausheben und danach die Form des
Dramas in Betracht ziehen; besprechen kann ich natürlich auch hier
nur Beispiele, aber typische.

Das Material, das sich ohne weiteres als griechisch zu erkennen
gibt, ist hauptsächlich in einer Hinsicht belehrend. Plautus findet es
zwar öfter nöthig, der mythologischen Anspielung eine Erklärung anzu-
fügen, die das Original augenscheinlich nicht gekannt hat (z. B. Aul. 556,
Epid. 604, Merc. 690), etwa wie Ennius im Eingang der Medea; aber
er scheut sich keineswegs auch Entlegenes zu übernehmen[1]), das dem
attischen Hörer vertraut war, aber stofflich wenigstens am Sinne des
römischen vorübergleiten mufste, doch darum nicht ohne Wirkung. Den
fremden und fremdartigen Charakter dem Stücke abzustreifen war nicht
die Absicht des Palliatendichters, vielmehr dem Fremden das Heimische
beizumischen, dem Publicum in raschem Wechsel bald das eine, fremde,
bald das andere vertraute Gesicht zu zeigen und so die seltsame Wirkung
auf den Zuschauer hervorzubringen, dafs er ein drittes Gesicht mit den
Zügen der beiden vor sich zu sehen meint. Eine ähnliche Wirkung übt
aus freiem Impulse Shakespeare, wenn er Plutarch dramatisirt oder Theseus in englisches Hofcostüm bringt, eine ähnliche unsere Romantiker,
wenn sie ihre phantastischen Erfindungen in dem Rahmen des vertrauten
Kleinlebens spielen lassen. Die palliata mufste sterben als sie dieses ihr
Lebensprincip aufgab und attisch wurde wie Terenz.

Das mythologische Material ist von Ostermayer[2]), das sonstige auf
Religion und Cultus bezügliche von Schuster[3]) vorgelegt, von diesem
auch einiges besprochen worden was zwar römisch erscheint aber das
ursprünglich Griechische durchscheinen läfst. Auf einige persönliche Anspielungen, die Plautus hat stehen lassen, habe ich Hermes XVIII p. 559
hingewiesen.[4]) Schwieriger ist es, in den Anspielungen auf das Rechts-

---

1) Kiefsling Anal. Plaut. I p. 14, II p. 9; z. B. Bacch. 275, Epid. 490, Men.
143, Rud. 489. Das tadelt Donat de com. p. 6, 21 R. *adde quod nihil abstrusum
ab eo ponitur aut quod ab historicis requirendum sit, quod saepius Plautus facit
et eo est obscurior multis locis.* Bei Terenz ist schon eine Anspielung wie
Heaut. 1035 *si ex capite sis meo natus, item ut aiunt Minervam esse ex Iove*
sehr vereinzelt.

2) De historia fabulari in comoediis Plautinis, Greifswald 1884, vgl. Kese-
berg quaest. Plaut. et Ter. ad religionem spectantes, Leipzig 1884.

3) Quomodo Plautus attica exemplaria transtulerit, Greifswald 1884.

4) Ebenso auf die Gewohnheit der attischen Komödie, die Illusion zum
Zweck der komischen Wirkung zu zerstören. Dergleichen hat Terenz gestrichen,
Plautus beibehalten, was Donat de com. p. 7, 3 R. tadelt: *et item (mirabile in
Terentio) quod nihil ad populum facit actorem velut extra comoediam loqui* (vgl.

leben zu sondern was auf griechischer und was auf römischer Rechtsanschauung beruht.[1]) Sowohl dieses Gebiet als das des militärischen, des häuslichen, des städtischen und ländlichen Lebens und alle ähnlichen verlangen neue und zusammenhängende Untersuchungen auf die Mischung ihrer griechischen und römischen Bestandtheile hin. Ich beabsichtige mit meinen Beispielen nur einige Wege zu zeigen, die wie ich meine zum Ziele führen.

Wenn nicht Namen oder Sachen sich ohne weiteres als griechisch darstellen, so gibt es nur eine Möglichkeit, den Ursprung aus dem Original direct zu erweisen, aber das Material beschränkt diese Möglichkeit so sehr, dafs man die Fälle an den Fingern herzählen kann, die Fälle nämlich in denen ein Bruchstück der attischen Komödie sich mit plautinischen Versen deckt.[2]) In jedem andern Falle mufs sich die Zugehörigkeit zum Original indirect herausstellen. Da uns die νέα κωμῳδία nicht zur Hand ist, müssen wir die Beziehungen in den Kreisen der Litteratur suchen, aus denen sie hervorgewachsen ist oder die sie selbst mit Nahrung versehen hat oder mit denen sie in äufserer Verbindung steht; wir sind damit auf die Tragödie und Aristophanes, auf die erotische, auf die populär-philosophische Litteratur hingewiesen. Wo die Fäden von einem dieser Gebiete zu Plautus führen, da können wir sicher sein, dafs sie über die νέα zu Plautus führen. Es sind dieselben Wege auf denen es gelungen ist Kallimachos in der sophistischen Erotik, die hellenistische in der römischen Elegie wiederzufinden.

Es ist bekannt und im Zusammenhang der attischen Kunst mit dem Leben tief begründet, dafs die Komödie des Menander und Philemon in der Erfindung und Führung der Handlung, in der Welt- und Lebensanschauung, deren Spiegel sie ist, mehr in der euripideischen Tragödie als in der alten Komödie wurzelt. Zwar ist schon im Alterthum richtig beobachtet worden, dafs die letzten Stücke des Aristophanes den Stil

---

v. 22 sq.), *quod vitium Plauti frequentissimum.* Die tadelnden Seitenblicke, die in diesem Abschnitt auf Plautus fallen, sind ebensoviel Zeugnisse für sein Festhalten am Original.

1) Ein Beispiel werde ich p. 110 sq. ausführen. Es ist nicht zu verwundern und nicht nur in der Dürftigkeit der Überlieferung über das ältere römische Recht begründet, dafs die Einordnung der juristischen Plautusstellen in die Rechtsgeschichte so viele unlösbare Probleme stellt.

2) Ostermayer p. 4 führt einiges an, doch trifft nicht alles zu. Anderes Kock, besonders nach Toeppel (Progr. Neubrandenb. 1857); vgl. Pseud. 884 und Alexis 172, 5; Men. 103 und Euangelus III p. 376 K.; selbst solche Fälle sind unsicher, da glückliche Wendungen sich in der attischen Komödie forterben; vgl. Trin. 339 (Philemon) und Menand. frg. 14 K.

der jüngeren Komödie vorbereiten, aber ein Stück wie die Helena des
Euripides steht der Komödie, die wir aus Plautus und Terenz kennen,
näher als selbst der Plutos. Wo Plautus an Euripides erinnert, da haben
wir festen Boden unter den Füfsen.

Palaestra (Rud. 185) hadert in ganz euripideischem Stil mit den
Göttern, die sie trotz ihrer εὐσέβεια in solches Unglück gestürzt haben,
indem sie das Dilemma aufstellt: entweder habe ich gesündigt, dann
will ich das Unglück ertragen; oder ich bin σώφρων καὶ κακῶν ἀκή-
ρατος, dann sind die Götter zu tadeln; der letztere Fall aber trifft zu (als
Übergang findet sie nachher den Ausweg, dafs sie für die Schuld ihres Herrn
mitbüfsen mufs, v. 198). Zu tadeln sind die Götter nicht nur wegen der Ungerechtigkeit, sondern weil niemand die Guten von den Schlechten unterscheiden kann, wenn die Götter beide unterschiedslos behandeln: v. 190

> hancine ego partem capio   ob pietatem praecipuam?
>
> nam hóc mi haud laborist, laborem hunc potiri,
>
> si érga parentem aut deos me impiavi;
>
> sed íd si parate curavi ut caverem,
>
> tum hóc mihi indecore, iníque, inmodeste
>
> datis, di. nam quid habebunt sibi   signi[1]) ímpii posthac,
>
> si ad hunc modumst innoxiis   honór apud vos?

Der Gedanke dafs es leicht ist die Echtheit des Goldes zu prüfen, aber
nichts schwerer als den echten Freund vom unechten zu unterscheiden,
steht bei Theognis 119 sq.: εἰ δὲ φίλου νόος ἀνδρὸς ἐνὶ στήθεσσι
λελήθῃ ψυδρὸς ἐών, δόλιον δ᾽ ἐν φρεσὶν ἦτορ ἔχῃ, τοῦτο θεὸς
κιβδηλότατον ποίησε βροτοῖσιν, καὶ γνῶναι πάντων τοῦτ᾽ ἀνιηρό-
τατον. Das ist im attischen Skolion zu dem Wunsche gewendet: εἴθ᾽
ἐξῆν ὁποῖός τις ἦν ἕκαστος τὸ στῆθος διελόντ᾽, ἔπειτα τὸν νοῦν
ἐσιδόντα, κλείσαντα πάλιν, ἄνδρα φίλον νομίζειν ἀδόλῳ φρενί.[2])
Schon Theognis schreibt diese Erschwerung des menschlichen Lebens
dem Gotte zu[3]); aber Euripides, im Hinblick auf beide Lieder, verlangt

---

1) *sibi igni CD, sibigni B,* die Emendation ist ganz sicher. Zum Ausdruck
vgl. Amph. 421 *signi die quid est,* 787 *vide sis signi quid siet.* Lucr. V 918
nil tamen est signi mixtas potuisse creari. Cato r. r. 88, 2 *id signi crit.* Cic. pro
Cael. 38 *quid signi?*

2) Vitruv III in. *Socrates — memoratur prudenter doctissimeque dixisse,
oportuisse hominum pectora fenestrata et aperta esse, uti non occultos haberent
sensus, sed patentes ad considerandum. utinam vero rerum natura sententiam
eius secuta explicata et apparentia ea constituisset; si enim ita fuisset, non
solum laudes aut vitia animorum ad manum aspicerentur, sed etiam discipli-
narum scientiae* etc.

3) Cic. de amic. 62 tadelt die Menschen: *in amicis eligendis neglegentes*

dafs der Gott dem Menschen einen χαρακτῆρ auf den Leib präge Med. 516: ὦ Ζεῦ, τί δὴ χρυσοῦ μὲν ὃς κίβδηλος ᾖ τεκμήρι᾽ ἀνθρώποισιν ὤπασας σαφῆ, ἀνδρῶν δ᾽ ὅτῳ χρὴ τὸν κακὸν διειδέναι, οὐδεὶς χαρακτὴρ ἐμπέφυκε σώματι; und ein andermal (Hipp. 925 χρῆν βροτοῖσι τῶν φίλων τεκμήριον σαφές τι κεῖσθαι καὶ διάγνωσιν φρενῶν), dafs sich die Gerechten und Ungerechten durch die Sprache scheiden sollen.[1]) Einen bestimmten χαρακτήρ aber empfiehlt er den Göttern und tadelt ihren Unverstand Herakl. 656: εἰ δὲ θεοῖς ἦν ξύνεσις καὶ σοφία κατ᾽ ἄνδρας, δίδυμον ἂν ἥβαν ἔφερον φανερὸν χαρακτῆρ᾽ ἀρετᾶς ὅσοισιν μέτα, καὶ θανόντες εἰς αὐγὰς πάλιν ἁλίου δισσοὺς ἂν ἔβαν διαύλους, ἁ δυσγένεια δ᾽ ἁπλοῦν ἂν εἶχε ζοᾶς στάδιον· καὶ τῷδ᾽ ἦν τούς τε κακοὺς ἂν γνῶναι καὶ τοὺς ἀγαθούς —· νῦν δ᾽ οὐδεὶς ὅρος ἐκ θεῶν χρηστοῖς οὐδὲ κακοῖς σαφής.[2]) Im Rudens sehen wir wie Diphilus diesen Gedanken gewendet hat: die Unschuldigen würden sich von den Frevlern durch ihr besseres Glück unterscheiden, wenn die Götter ἐπιεικεῖς, δίκαιοι, σώφρονες wären[3]); dem alltäglichen Denken genähert, ohne das sophistische Phantasma, doch der genaue Reflex der euripideischen Anschauung von Welt und Menschen.

Das Motiv ist auf ein anderes Gebiet gewendet, aber ganz im euripideischen Stil ausgedrückt (χρῆν) im Epidicus 382 sq., wo der Herzensspiegel als ein Instrument empfohlen wird, das einem verbreiteten Übelstande abhelfen würde: *non oris causa modo homines aequom fuit sibi habere speculum, ubi os contemplarent suum, sed qui perspicere possent cor sapientiae, ubi id inspexissent, cogitarent postea, vitam ut vixissent olim in adulescentia.* Der Dichter des Originals ist unbekannt; auch der des Miles gloriosus, nur dafs wenigstens der Ἀλαζών nach Menander gedichtet ist.[4]) Im Miles findet sich, durch dasselbe *aequom fuit* ein-

---

esse nec habere quasi signa quaedam et notas, quibus eos qui ad amicitias essent idonei iudicarent, nach Theophrast, vgl. Heylbut de Theophr. libris π. φιλ. p. 27; es folgt *et iudicare difficile est sane nisi expertum, experiendum autem est in ipsa amicitia,* vgl. Aristot. eth. Eudem. 1237ᵇ 12 sq.

1) Vgl. Elektra 367 sq.

2) Hyperid. frg. 196 χαρακτὴρ οὐδεὶς ἔπεστιν ἐπὶ τοῦ προσώπου τῆς διανοίας τοῖς ἀνθρώποις.

3) Eur. Phoen. 86 χρὴ δ᾽, εἰ σοφὸς πέφυκας, οὐκ ἐᾶν βροτὸν τὸν αὐτὸν αἰεὶ δυστυχῆ καθεστάναι, frg. 900 (Athenag. p. 5 Schw.) ὤφειλε δ᾽, εἴπερ ἔστ᾽ ἐν οὐρανῷ — Ζεὺς, μὴ τὸν αὐτὸν δυστυχῆ καθιστάναι.

4) Die Verse um die es sich handelt sind nicht aus dem Ἀλαζών (s. u.). Dafs der Ἀλαζών nachmenandrisch ist, folgt aus dem Vorspiel. Der ἀλαζών wie der κόλαξ sind alte Komödientypen, dieser als Parasit durch Antiphanes und Alexis, jener als Bramarbas durch Menander, wie das Leben sie neu herausbildete, neu gestaltet (Ribbeck Kolax p. 21 sq., Alazon p. 25 sq.). Menander

geleitet, eine Stelle die mit der des Herakles überraschende Ähnlichkeit
hat. Wie dort die Guten zweimal, die Schlechten nur einmal leben
sollen, so wird es hier für eine bessere Welteinrichtung erklärt, wenn
die Guten ein langes, die Schlechten ein kurzes Leben hätten: v. 725 sq.
Die menschlichen Einrichtungen sind besser als die göttlichen; wie die
Marktpolizei darauf hält, dafs die Waren nach ihrer Güte hoch oder
niedrig im Preise stehen, so sollte man auch dem Leben der Menschen
ansehen, dafs nicht alle von gleichem Werthe sind:

> itidem divos dispertisse vitam humanam aequom fuit:
> qui lepide ingeniatus esset, vitam ei longinquam darent,
> qui improbi essent et scelesti, is adimerent animam cito.
> si hoc paravissent, et homines essent minus multi mali
> et minus audacter scelesta facerent facta, et postea,
> qui probi homines essent, esset is annona vilior.

Nur durch den grobkomischen Schlufs unterscheidet sich diese Diatribe
von den ähnlichen euripideischen. Der Dichter hat gleich die Opposition
gegen das sophistische Besserwissen dem klugen Alten in den Mund
gelegt: *qui deorum consilia culpet, stultus inscitusque sit, quique eos
vituperet.* Ich will schon hier darauf hinweisen, dafs die Stelle ein Theil
der grofsen Mittelscene des Miles ist, die in neuerer Zeit von mehreren
Seiten verdächtigt worden ist; selbst wenn die Gründe besser wären,
aus denen es geschehen ist, würden die besprochenen Verse ein starker
Beweis für den Ursprung der Scene aus der attischen Komödie sein[1]);
freilich die diesen Ursprung nicht leugnen und doch athetiren haben
leichtes Spiel, das man sie möge spielen lassen.

---

hat den glücklichen Gedanken gehabt, ἀλαζών und κόλαξ zusammenzufügen,
den Parasiten dem Bramarbas als Folie und Begleiter beizugeben, der ihm die
tausendmal gehörten Prahlereien zur Freude des Publicums wieder entlockt.
Diese Zusammenstellung hat Terenz aus dem *Κόλαξ* in den Eunuchus herüber-
genommen (III 1), im *Δὶς ἐξαπατῶν* war sie nur skizzirt (Ribbeck Kolax p. 26), im
Miles ist sie breit ausgeführt. Eine Vergleichung des Miles mit dem Eunuchus
mufs jeden lehren, dafs im *Ἀλαζών* ins Starke und Grobe gemalt ist was im
Κόλαξ Mafs und Feinheit hatte und dafs diese Verschiedenheit dem Original
gehört; woraus folgt dafs der *Κόλαξ* vor dem *Ἀλαζών* vorhanden war und dafs
dieser von einem Nachahmer Menanders gedichtet ist. Zum Überflufs aber sagt
Menander selbst in der Rede des Gnatho II 2, dafs die Erfindung neu ist (*est
genus hominum qui esse primos se omnium rerum volunt nec sunt, hos con-
sector — ego adeo hanc primus inveni viam*), dafs sie hier zum erstenmal auftritt.
Hüffners Ansatz (p. 28) stimmt hiermit zusammen.
    1) Wer sich daran erbauen will, welches Verständnifs die 'Plautuskritiker'
der Komödie entgegenbringen, lese die Anmerkung von Lorenz zu v. 735.

Euripides schliefst sein Project, indem er den erreichten Zweck
hervorhebt und den Gegensatz des bestehenden Zustandes betont: καὶ
τῷδ᾽ ἦν τούς τε κακοὺς ἂν γνῶναι καὶ τοὺς ἀγαθούς· νῦν δέ — ¹),
der Komiker malt im einzelnen die Folgen aus; auch diese Form ist
Euripides bekannt: Phoen. 1015 εἰ γὰρ λαβὼν ἕκαστος ὅτι δύναιτό
τις χρηστὸν διέλθοι τοῦτο κεἰς κοινὸν φέροι πατρίδι, κακῶν ἂν αἱ
πόλεις ἐλασσόνων πειρώμεναι τὸ λοιπὸν εὐτυχοῖεν ἄν, im grofsen
Fragment des Erechtheus v. 53 ὦ πατρίς, εἴθε πάντες οἳ ναίουσί σε
οὕτω φιλοῖεν ὡς ἐγώ· καὶ ῥᾳδίως οἰκοῖμεν ἄν σε κοὐδὲν ἂν πάσχοις
κακόν, vgl. Andr. 1279 sq. (οὐ γάρ ποτ᾽ ἂν πράξειαν ἐκ θεῶν κακῶς),
frg. 978; sie kehrt bei Plautus wieder Aul. 478 *nam meo quidem animo
si idem faciant ceteri opulentiores, pauperiorum filias ut indotatas ducant
uxores domum, et multo fiat civitas concordior* u. s. w., cf. 492 sq., Truc. 60
*quos cum celamus si faximus conscios, qui nostrae aetati tempestivo tem-
perent, — faxim lenonum et scortorum* u. s. w., und am Schlusse des
Miles: *si sic aliis moechis fiat, minus hic moechorum siet, magis metuant,
minus has res studeant*; und als Abschlufs ähnlicher Diatriben Merc. 826
Pers. 73 Trin. 220, vgl. Men. 460.²)

Ein ähnlicher Vorschlag an die Götter zur Weltverbesserung sind
Eur. Hipp. 616 sq. der Plan wie das menschliche Geschlecht ohne Weiber
fortzupflanzen wäre, Suppl. 1080 sq. der Wunsch nach einer doppelten
Jugend und doppeltem Alter, Ion 1313 der Tadel des Asylrechts der
Frevelhaften, frg. 439 (s. o.). In anderen Fällen empfiehlt Euripides
Einrichtungen, die die Menschen selber treffen sollten, wie im Verfolg
derselben Rede Hipp. 645 χρῆν δ᾽ εἰς γυναῖκα πρ᾽σπολον μὲν οὐ περᾶν
(Andr. 943 sq.), ἄφθογγα δ᾽ αὐταῖς συγκατοικίζειν δάκη θηρῶν, ἵν᾽

---

1) Frg. 439 φεῦ φεῦ, τὸ μὴ τὰ πράγματ᾽ ἀνθρώποις ἔχειν φωνήν, ἵν᾽ ἦσαν
μηδὲν οἱ δεινοὶ λέγειν. νῦν δ᾽ εὐρόοισι στόμασι τἀληθέστατα κλέπτουσιν, ὥστε
μὴ δοκεῖν ἃ χρὴ δοκεῖν.

2) Cicero de inv. II 5 *quod si in ceteris quoque studiis a multis eligere
homines commodissimum quidque quam sese uni alicui certe vellent addicere
minus in arrogantiam offenderent, non tanto opere in vitiis perseverarent, ali-
quanto levius ex inscitia laborarent.* pro Rosc. Am. 149 *quod si omnes qui
eodem loco nati sunt facerent, et res publica ex illis et ipsi ex invidia minus
laborarent.* in Catil. 2, 18 *quod si maturius facere voluissent —, et locupletio-
ribus his et melioribus civibus uteremur*, dies letzte von persönlichen, nicht allgemeinen Verhältnissen. Es ist ein auf der Bühne ausgebildetes σχῆμα, sonst
angewendet z. B. von Vitruv in seinen Vorreden: III pr. 1 *si enim ita fuisset* (s. p. 102
A. 2), X pr. 2 *utinam di immortales fecissent — namque non sine poena grassa-
rentur imperiti* etc. Seneca de clem. I 19, 4 *utinam quidem eadem homini lex
esset* (quae apibus) *et ira cum telo suo frangeretur nec saepius liceret nocere
quam semel nec alienis viribus exercere odia. facile enim lassaretur furor* etc.

εἶχον μήτε προσφωνεῖν τινα μήτ᾽ ἐξ ἐκείνων φθέγμα δέξασθαι
πάλιν, so frg. 388, 3 (καὶ χρῆν δὲ τοῖς βροτοῖσι τόνδ᾽ εἶναι νόμον —),
402 (νόμοι γυναικῶν οὐ καλῶς κεῖνται πέρι —), 449 (ἐχρῆν γὰρ
ἡμᾶς —), oder er tadelt nur den bestehenden Zustand: Andr.
693 οἴμοι,
καθ᾽ Ἑλλάδ᾽ ὡς κακῶς νομίζεται· ὅταν τροπαῖα πολεμίων στήσῃ
στρατός, οὐ τῶν πονούντων τοὔργον ἡγοῦνται τόδε, ἀλλ᾽ ὁ στρα-
τηγὸς τὴν δόκησιν ἄρνυται, ὃς εἷς μετ᾽ ἄλλων μυρίων πάλλων δόρυ,
οὐδὲν πλέον δρῶν ἑνὸς ἔχει πλείω λόγον. Der übeln Einrichtung,
Sitte, Anschauung der Menschen gegenüber bedarf es nicht der Anklage
gegen die Götter; da kann der Weltverbesserer als Gesetzgeber auftreten
und den Menschen die wahre und naturgemäfse Einrichtung empfehlen,
die aber dem νόμος gegenüber stets paradox erscheinen und nie befolgt
werden wird.   In dem einen wie in dem andern Falle, in der Verbesserung der Weltordnung wie des menschlichen νόμος, ist die einseitige
sophistische Beleuchtung, die der Redende dem vorliegenden Moment der
Handlung gibt, um seine Argumentation ins Allgemeine zu erheben, für
Euripides charakteristisch[1]); gerade dadurch wurde diese Form für die
Komödie besonders verwendbar. Die Verhältnisse des Lebens, die sie ab-
spiegelt, veranlassen den, der unter ihnen leidet oder zu leiden glaubt,
zu der gleichen Art von Ausfällen gegen das Bestehende und Plänen zur
Besserung wie die tragischen Helden, die ihr Dichter dem Leben des
Tages und der alltäglichen Empfindungsweise nähert. Wo es sich um
menschliche Verhältnisse handelt, die das allgemeine Empfinden berühren,
unterscheidet sich die Komödie wenig von Euripides; wo speciell auf die
komische Handlung zugespitzte Fälle allgemein behandelt werden, tritt
natürlich der komische Charakter des Gedankens deutlicher zu Tage.
Es ist niemand den, aus der Situation heraus empfunden, die Rede der
Medea über das von der Sitte bestimmte Frauenschicksal nicht mit ihrer
einfachen Wahrheit ergriffe (230): πάντων δ᾽ ὅσ᾽ ἔστ᾽ ἔμψυχα καὶ γνώμην ἔχει γυναῖκές ἐσμεν ἀθλιώτατον φυτόν bis zu dem Schlusse: ἀνὴρ
δ᾽ ὅταν τοῖς ἔνδον ἄχθηται ξυνών, ἔξω μολὼν ἔπαυσε καρδίαν ἄσης,
ἡμῖν δ᾽ ἀνάγκη πρὸς μίαν ψυχὴν βλέπειν, und Klytämnestra (Elektr.
1032 sq.) erweckt eine Art von Mitgefühl durch ihre Klage über dieselbe
Ungerechtigkeit der Welt: ὅταν δ᾽ ὑπόντος τοῦδ᾽ ἁμαρτάνῃ πόσις τἄν-

---

1) Sophokles frg. 103 (Ἀλήτης) zeigt genau dieselbe Anschauung und dieselbe Redeform; Meineke hielt es für euripideisch; wenn das Lemma bei Sto-
baeus richtig ist, so gibt das Fragment einen merkwürdigen Beleg für den Ein-
fluss, den Euripides auf Sophokles in dessen späterer Zeit (denn in sie müfste
man den Ἀλήτης verlegen) geübt hat.   Ein anderes ist die Hinweisung auf νό-
μιμα βαρβαρικά Oed. Col. 337 sq.

δον παρώσας λέκτρα, μιμεῖσθαι θέλει γυνὴ τὸν ἄνδρα χἄτερον κτᾶσθαι φίλον· κἄπειτ' ἐν ἡμῖν ὁ ψόγος λαμπρύνεται, οἱ δ' αἴτιοι τῶνδ' οὐ κλύουσ' ἄνδρες κακῶς.[1]) Damit vergleiche man die Klage der alten Syra über das ihrer Herrin vermeintlich zugefügte Unrecht, im Mercator, d. h. dem Ἔμπορος des Philemon, v. 817:

> ecastor lege dura vivont mulieres
> multoque iniquiore miserae quam viri.
> nam si vir scortum duxit clam uxorem suam,
> id si rescivit uxor, impunest viro;   820
> uxor virum si clam domo egressast foras,
> viro fit causa, exigitur matrimonio.

Es ist, in die Lebensverhältnisse der Komödie umgesetzt, genau die euripideische Klage. Und nun folgt der Vorschlag zur Abhülfe in Form des Wunsches[2]):

> utinam lex esset eadem quae uxorist viro;
> nam uxor contentast, quae bonast, uno viro:
> qui minus vir una uxore contentus siet?   825

und mit komischer Spitze die Ausmalung der Folgen[3]):

> ecastor faxim, si itidem plectantur viri,
> si quis clam uxorem duxerit scortum suam,
> ut illae exiguntur quae in se culpam commerent,
> plures viri sint vidui quam nunc mulieres.

Diese Rede gehört auch zu den Partien, die in neuerer Zeit mehr als ein Verdammungsurtheil getroffen hat.[4]) Dafs der Inhalt ihre Echtheit beweist brauche ich nicht weiter zu beweisen; die sprachlichen Anstände sind so nichtig wie möglich. Das einzige Argument, auf das, wie es scheint, die Athetirenden selbst Gewicht legen, ist die Stellung der Verse in den Handschriften an vermeintlich falscher Stelle. Auf dieses Argument mufs ich eingehen und den Leser bitten, mir in die Interpretation

---

1) Ähnlich in der Danae (Naevius frg. 6): *desubito famam tollunt, si quam solam videre in via.*

2) Vgl. S. 105 A. 2.

3) Vgl. S. 105.

4) Ussing p. 346 ('sive Plautus haec scripsit sive poeta paulo posterioris aetatis'), Ribbeck emend. Merc. Plaut. spicil. p. 13, Langen Plaut. Stud. p. 312. Wie Langen unter Berufung auf seine Beiträge p. 148 sq. den Ausdruck *in se culpam commerent* für unplautinisch erklären kann ist mir ebenso unverständlich wie seine Behauptung, *viro fit causa* sei 'eine ziemlich ungeschickte Wendung' oder Ritschls von Ribbeck und Langen (denn wie könnte er sonst von den 'von Ribbeck angeführten sprachlichen Bedenken' reden?) wiederholte Behauptung, die Stellung von *miserae* v. 818 sei 'unplautinisch'.

der Scene zu folgen. Die alte Syra ist von ihrer Herrin fortgeschickt
worden um deren Vater herbeizuholen; sie kehrt zurück v. 803: *era
quo me misit, ad patrem, non est domi, rus abiisse aibant. nunc domum
renuntio.* Wie sie eintreten will, kommt Eutychus, ihr alumnus, vom
Umherlaufen ermüdet heim, Syra erzählt ihm dafs die Mutter eine Dirne
beim Vater im Hause getroffen habe, er geht hinein und fordert die Alte
auf dasselbe zu thun: *sequere me.* Diese bleibt aber auf der Bühne und
spricht die Verse von der übeln Lage der Frauen. Hieran hat Bothe
Anstofs genommen und die Verse 817—829 nach v. 804 eingesetzt; da
hat Ritschl sie beibehalten, und seitdem wird nur noch die Frage, ob
sie nach v. 804, nicht mehr ob sie an ihrer handschriftlichen Stelle
passend seien, als offen behandelt. Ussing argumentirt so: 'illic, postquam Syra Eutychum secuta abiit, versus ferri non posse apparet' (vgl.
Langen Pl. Stud. 312); und der Schablone entspricht es freilich, dafs
auf das *sequere me* Syra sofort dem Herrn nachgeht; meist wird zwar in
solchem Falle der Befehl mit *sequor* entgegengenommen, aber nicht immer.
Ein Fall, in dem der Befehl nicht gleich befolgt wird, liegt Epid. 305 sq.
vor: Periphanes geht, um dem Epidicus das Geld zu geben, ins Haus mit
den Worten *sequere tu intro,* Epidicus antwortet *i numera, nil ego te
moror* und spricht den Monolog v. 306—318, ehe er mit den Worten
ibo intro, argentum accipiam a damnoso sene dem Alten nachgeht. Ähnlich
Aul. 696. Hier wie dort spricht freilich der Bleibende ausdrücklich aus,
dafs er noch nicht hineingeht, während Syra weder sagt dafs sie zuerst
nicht folgt noch nachher dafs sie folgt; aber während es keine Erklärung
hätte, wenn Epidicus oder Lyconides einfach nicht gehorchten, braucht
man sich nur Person und Spiel anschaulich zu machen, um zu sehen dafs
der Dichter mit guter Absicht Syra nicht ohne weiteres gehorchen läfst.
Syra ist ein uraltes Weibchen, so ist sie beim ersten Auftreten charakterisirt: v. 670 sagt die Herrin *sed anum non video consequi nostram
Syram. atque eccam incedit tandem. quin is ocius?* Darauf Syra: *nequeo
mecastor, tantum hoc onerist quod fero,* und auf die Frage *quid oneris?*
weiter: *annos octoginta et quattuor; et eodem accedit servitus sudor sitis.*
Dann mufs sie wieder laufen und kommt ermüdet zurück. Die Ethopöie
der neuen Komödie und das Spiel, das ihr entspringt und auf das sie
rechnet, chargirt eine solche Rolle in den Äufserlichkeiten der Charakterisirung.[1]) Die alte Syra humpelt und hüstelt über die Bühne; der
junge Eutychus springt, entsetzt über die Nachricht, ins Haus, da springt
ihm die Alte nicht nach, sie verschnauft und spricht, ἐν ἤθει, ihr

---

1) Vgl. Men. 753 sq. Ter. Eun. 336.

Sprüchlein, durch die Eröffnung die sie dem jungen Herrn gemacht hat neu dazu angeregt. Mit dieser Betrachtung in solcher Fassung erst findet der Akt wirksamen Abschlufs. Aber auch dieses dem Leben abgelauschte Motiv von der Alten, die aufgefordert ins Haus zu gehen es zwar zu thun bereit ist, aber vorher eine allgemeine Betrachtung anstellt, ist von Euripides vorgebildet, an einer Stelle, die mit der des Mercator wahrlich Ähnlichkeit hat. Die alte Dienerin Medeas, παλαιὸν οἴκων κτῆμα, antwortet der Aufforderung des Chors ἀλλὰ βᾶσά νιν δεῦρο πόρευσον οἴκων ἔξω, die er dringlicher wiederholt, σπεῖσον πρίν τι κακῶσαι τοὺς εἴσω, mit den Worten (184) δράσω τάδ᾽ · ἀτὰρ φόβος εἰ πείσω δέσποιναν ἐμήν· μόχθου δὲ χάριν τήνδ᾽ ἐπιδώσω, obwohl es gefährlich ist ihr jetzt zu nahen. Dies sind sachliche Bedenken, mit denen sie sich entfernen könnte, wenn sie thäte was die Sache erfordert; aber sie bleibt und redet von der Thorheit der Menschen, die den Fröhlichen Musik machen, und weist nach dafs es viel gerathener wäre, die arge Trauer des Herzens durch Lied und Saitenspiel zu beschwichtigen: genau wie die Alte im Mercator zuerst die üble Einrichtung beklagt und dann bespricht wie man sie bessern müfste. Das ist Philemon; und ich halte es nicht für Zufall, dafs die Betrachtung Medeas über das Weiberlos sich unmittelbar an die Rede der Alten anschliefst.

Den Schlufs des Mercator bildet eine ähnliche Phantasiebestimmung: *immo dicamus senibus legem censeo. annos natus sexaginta*[1]) *qui erit si quem scibimus — scortarier, cum eo nos hac lege agemus* u. s. w. Im Trinummus klagt Megaronides v. 199 sq. über das Unwesen der scurrae. die die Leute mit ihren Lügen verlästern, und schliefst mit der Betrachtung (217): *quod si exquiratur usque ab stirpe auctoritas, unde quicque auditum dicant, nisi id appareat, famigeratori res sit cum damno et malo, hoc ita si fiat, publico fiat bono. pauci sint faxim qui sciant quod nesciunt, occlusioremque habeant stultiloquentiam.*[2]) Ähnlich kommt dem alten Philto im Trinummus v. 547 der Gedanke eines Deportationsortes für Verbrecher: *sed iste est ager profecto, ut te audivi loqui, malos in quem omnes publice mitti decet, sicut fortunatorum memorant insulas, quo cuncti qui aetatem egerint caste suam conveniant; contra istoc detrudi maleficos aequom videtur, qui quidem istius sit modi.*[3])

Es läge dem Umstande gegenüber, dafs sich in Mercator und Tri-

---

1) Die Altersgrenze der 60 Jahre ist attisch wie römisch.
2) Sehr verschieden ist es, wenn es von derselben Kategorie von Leuten Pseud. 428 heifst *si meo arbitratu liceat, omnes pendeant*.
3) Ter. Phorm. 978 *non hoc publicitus scelus hinc asportarier in solas terras!*

nummus je zwei Belege finden, nahe anzunehmen, dafs gerade Philemon
diese Art, Verbesserungen der Welt- und Lebenseinrichtung vorzuschlagen,
von Euripides übernommen und ihre Form für die Komödie durchgebildet
habe. Bei Euripides entspringt sie der sophistischen Betrachtungsweise
zusammen mit dem tiefen Antheil, den er an den Dingen des menschlichen Lebens und den Leiden der Menschen nimmt; sie ist in der
Tragödie dem an Euripides noch nicht gewöhnten Hörer ein fremd
klingendes Element. Der Komödie gehört jede Art der Lebensbetrach-
tung an; aber jene Form ist übernommen und von einzelnen Dichtern
schematisch durchgebildet worden. Menander gehört sehr wahrscheinlich
die Aulularia[1]), und damit die Diatribe des Megadorus 478 sq. über das
Heirathen von indotatae. Sie ist nicht in Form des Gesetzvorschlages
gebracht, sondern eingeleitet durch *si idem faciant ceteri,* aber der Abschlufs v. 492 sq. entspricht ganz dem Schema, und als komisches Gesetz
ist die Annahme, dafs es so geschehen sollte, gefafst v. 488 *neque lex
neque sutor,* 489 *quo illae nubent divites dotatae, si istud ius pauperibus
ponitur?*[2]) Über Philemon hinaus aber führt der Persa[3]), den Wilamowitz[4]) auf einen Dichter der mittleren Komödie zurückgeführt hat. Hier
findet sich das Schema ganz ausgebildet in der Rede des Parasiten v. 62 sq.:
*neque quadrupulari me volo, neque enim decet sine meo periclo ire aliena
ereptum bona, neque illi qui faciunt mihi placent,* und nach der vorsich-
tigen Einschränkung 65 *nam publicae rei causa quicumque id facit magis
quam sui quaesti, animus induci potest eum esse civem et fidelem et bonum*
das Gesetz v. 68, dessen Einleitungsvers verloren gegangen ist:
'   si legirupam qui damnet, det in publicum
          dimidium; atque etiam in ea lege ascribier:

---

1) Hüffner de Pl. com. exemplis atticis p. 63 sq.

2) Vgl. Aul. 747 *si istuc ius est.* Rud. 978. Eur. Or. 566 εἰ γὰρ γυναῖκες εἰς
τόδ' ἤξουσιν θράσους — 935 εἰ γὰρ ἀρσένων φόνος ἔσται γυναιξὶν ὅσιος —
Alc. 683.

3) Und, um das vorwegzunehmen, Antiphanes frg. 190, 14 K. τί οὖν ὄφελος τῶν
νησιαρχῶν ἐστι; δεῖ (oder ἔδει) νόμῳ κατακλεῖσαι τοῦτο, παραπομπὴν ποεῖν τῶν
ἰχθύων (überliefert δή für δεῖ [Athen. VIII 343a], doch ἔστι δὴ νόμῳ κατακλεῖσαι
trifft den Gedanken nicht) und besonders Alexis frg. 276, dessen Anfang (Athen.
I 28c) ἡδύς ⟨γ'⟩ὁ Βρόμιος · τὴν ἀτέλειαν Λεσβίου ποιῶν τὸν οἶνον εἰσάγουσιν
ἐνθάδε von Kaibel nach Casaubonus schön emendirt ist: χρῆν ἀτέλειαν Λεσβίοις
ποιεῖν, im folgenden aber: ὃς ἄν εἰς ἑτέραν ληφθῇ δ' ἀποστέλλων πόλιν κᾶν
κναθον, ἱερὰν ἐγγράφων τὴν οὐσίαν ist richtig im Parisinus ἐγγράφω überliefert:
der Redner fühlt sich gleich als Antragsteller.

4) Ind. lect. Gott. 1893/94 p. 13 sq. *Persae Chrysopolin cepere urbem in
Arabia* kann in der That nichts anderes bedeuten als βασιλεὺς καθεῖλε Χρυσό-
πολιν τῆς Ἀραβίας.

> ubi quadrupulator quempiam iniexit manum,
> tantidem illc illi rursus iniciat manum,
> ut aequa parti prodeant ad tris viros,

mit der stehenden Form des Nachworts:

> si id fiat, ne isti faxim nusquam appareant,
> qui hic albo rete aliena oppugnant bona.

Man könnte gegen die Beweiskraft dieser Verse einwenden, dafs sie augenscheinlich römische Rechtsverhältnisse betreffen und nur mit Vorbehalt dem Original zugeschrieben werden können. Auf diese Einwendung in einem Falle einzugehen scheint mir nothwendig; und dieser Fall ist geeignet, auch auf andere Licht zu werfen. Welchen Rechtsvorgang stellt sich denn Plautus vor? Zunächst eine Popularklage[1]), die in Form der legis actio per manus iniectionem stattfindet. Die Möglichkeit einer solchen Klage zu leugnen wäre nicht statthaft; und sie ist jetzt bezeugt durch die Haininschrift von Luceria *sei quis arvorsu hac faxit, [ceiv]ium[2]) quis volet pro ioudicatod n. (L) manum iniect[i]o estod*, wenn auch nur für eine latinische Colonie, so doch sicher nach römischem Recht.[3]) Dafs die manus iniectio, die von dem Beklagten soll erwidert werden können[4]), ordnungsmäfsig (Gaius IV 29) in iure stattfinden soll, kann nach dem Wortlaut so verstanden werden; aber den so eingeleiteten Procefs sollen die tres viri entscheiden, es ist also ein Criminalprocefs. Dieselbe manus iniectio zum Zweck crimineller Bestrafung findet sich Truc. 761 *iam hercle apud — magistratus faxo erit nomen tuom, post id ego te manum iniciam quadrupuli, venefica, suppostrix puerorum*, aber ohne Nennung der tres viri.[5]) Die criminelle manus iniectio[6]) oder der vom Prätor instruirte Criminalprocefs[7]) machen den Juristen gleich grofse Schwierigkeiten.

---

1) Das beweisen v. 65 sq.; Ps. Asconius p. 110 und 208 (*delatores criminum publicorum*) würde für Plautus nichts beweisen. Die Festusglosse (Paul. 259 *quadriplatores dicebantur qui eo quaestu se tuebantur, ut eas res persequerentur quarum ex legibus quadrupli erat actio*) ist ein Scholion zum Persa, wie *eo quaestu se tuebantur* zeigt.

2) So Mommsen C. I. L. IX, 782.

3) Bruns Z. f. Rechtsgesch. XII, 127 sq.

4) Wie unrichtig es ist, wenn Karlowa Legisactionen p. 193 meint die empfohlene manus iniectio contraria wird keine reine Erfindung des Plautus, sondern irgend einem wirklichen Gesetz entlehnt sein', geht aus meiner Erörterung hervor.

5) Doch vgl. Asin. 131 *ibo ego ad tres viros vostraque ibi nomina faxo erunt.* Aul. 416.

6) So Demelius Z. f. Rechtsgesch. I, 365.

7) Bruns Z. f. Rechtsgesch. XII, 139. Mommsen R. St. II, 599.

Dazu kommt, dafs auf Grund der Plautusstelle für die tres viri eine
sonst unbekannte Competenz construirt werden mufs.[1]) Es kommt ferner
dazu, dafs ein solches öffentliches Denuntiantenwesen, wie der Parasit es
voraussetzt, für das Rom des 6. Jahrhunderts unbezeugt und ganz unwahrscheinlich ist; die Quadruplatoren kommen überhaupt nicht vor
Cicero wieder vor. Das alles erfordert eine Erklärung. Stellen wir uns
vor, welchen Inhalt die Verse in einer attischen Komödie haben konnten.
Da springt gleich ins Auge, dafs die ἀπαγωγή durchaus der öffentlichen
Klage und dem Criminalprocefs angehört, dafs sie in Fällen stattfindet,
die das Staatsinteresse berühren, z. B. wenn ein ἄτιμος Handlungen
verrichtet die nur einem ἐπίτιμος zukommen, dafs der κακοῦργος direct
ins Gefängnifs abgeführt und in vielen Fällen summarisch von den ἕνδεκα
abgeurtheilt wird. Die ἕνδεκα aber, die das Gefängnifs beaufsichtigen
und die Todesurtheile vollstrecken, sind die den Dreimännern parallele
Behörde. Ferner leuchtet es ein, dafs diese quadruplatores nichts sind
als die attischen συκοφάνται (vgl. Ussing); wenn wir diese an die Stelle
von jenen setzen, so weht uns gleich die Luft der attischen Komödie an
und wir wissen aus welchen Verhältnissen des öffentlichen Lebens heraus
die Erfindung gemacht ist, die Plautus mit römischen Namen umkleidet
hat; der Sykophant und Parasit aber sind gerade in der Komödie Charaktere derselben Sphäre[2]), oft in einer Person vereinigt, wie vor allen
Phormio zeigt; Saturio sagt also: ich mag es nicht treiben wie andere
meines Gewerbes. Wenn Plautus etwa gelesen hat: χρῆν δ᾽, ἢν κακοῦρ-
γον συκοφάντης ἀπαγάγῃ, καὶ τὸν ἀπαγόμενον τὸν ἀπάγοντ᾽ ἀπάγειν ἐᾶν, ὅπως ἐπ᾽ ἴσοις παρίωσι πρὸς τοὺς ἕνδεκα[3]), so war die
Übersetzung, die er gegeben hat, wie sie attisch-römisch schillert, seinem
Stil gemäfs[4]); er hat ἀπαγωγή mit manus iniectio parallelisirt, die ἕνδεκα
mit den tres viri wie die Sykophanten mit den quadruplatores: nun ist
alles Einzelne römisch und das Ganze doch kein römisches Bild, dem Zu-
hörer halb fremd halb vertraut. Es ist ein Zug von echter Naivetät in
dieser Art der Übertragung; vor der Reflexion eines verfeinerten Ge-
schmacks mufste dieser Stil verschwinden. Andererseits fühlt sich Plautus
in einem solchen Falle, wenn er sich auf das Gebiet des öffentlichen

---

1) Mommsen R. St. II, 599 A. 1.

2) Menander 223, 16 πράττει δ᾽ ὁ κόλαξ ἄριστα πάντων, δεύτερα ὁ συκοφάντης.

3) Alexis frg. 78, 6 ὃν ἄν δ᾽ ἴδῃ πρῶτον πένητα καὶ νέον παρὰ Μικίωνος
ἐγχέλεις ὠνούμενον, ἀπάγειν λαβόμενον εἰς τὸ δεσμωτήριον.

4) Truc. 761 sq. (s. p. 111) stehen, wie es scheint, ἔνδειξις und ἀπαγωγή bei
einander (Aristot. πολ. 49. 52, 1), diese vielleicht, wie venefica noch andeuten
mag, mit scherzhafter Übertreibung φαρμακείας.

Lebens wagt, nicht ganz sicher; sehr bezeichnend sind die Worte, mit denen er den Parasiten diesen Gegenstand abbrechen läfst: *sed sumne ego stultus, qui rem curo publicam, ubi sint magistratus, quos curare oporteat?* (vgl. 65 sq.). Das ist in der That rein römisch und gibt uns einen Fingerzeig dafür, dafs dergleichen Diatriben, die öffentliche Schäden besprachen und auf Abhülfe drangen, öfter in der attischen Komödie vorgekommen sein mögen als Plautus gerathen fand in römischer Parallele dem Publicum vorzuführen.[1])

An einer anderen Stelle scheint Plautus ausdrücklich anzudeuten, dafs er die Bestimmung selbst erfindet: Capt. 492 *nunc barbarica lege certumst ius meum omne persequi: qui consilium iniere, quo nos victu et vita prohibeant, is diem dicam, inrogabo multam, ut mihi cenas decem meo arbitratu dent, cum cara annona sit.* Aber auch hier spricht dafür, dafs im Original Entsprechendes stand, der Umstand dafs wieder ein Parasit es ist der mit Gesetzen hantirt; und abermals der Parasit entwirft Men. 451 sq. den Plan zu einer neuen Einrichtung der Volksversammlung: nur die weder laden noch geladen werden sollen in die contio gehen. Sehr ähnlich angelegt ist die Diatribe des Lysidamus in der Casina v. 563 sq. (Diphilus) über die Mühewaltung als advocatus.[2])

In ein anderes Gebiet gehört es, wenn euripideische Personen Vorschriften der Lebensweisheit geben, sei es aus der Meinung des Dichters oder mit der Färbung, die aus Charakter und Situation hervorgeht; wie Andr. 1279 sq. (nicht um Geld heirathen) Hipp. 252 sq. ($\chi\varrho\tilde{\eta}\nu$ $\gamma\grave{\alpha}\varrho$ $\mu\epsilon\tau\varrho\acute{\iota}\alpha\varsigma$ $\epsilon\grave{\iota}\varsigma$ $\grave{\alpha}\lambda\lambda\acute{\eta}\lambda o\upsilon\varsigma$ $\varphi\iota\lambda\acute{\iota}\alpha\varsigma$ $\vartheta\nu\eta\tauo\grave{\upsilon}\varsigma$ $\grave{\alpha}\nu\alpha\varkappa\acute{\iota}\varrho\nu\alpha\sigma\vartheta\alpha\iota$).[3]) Die euripideische Weise, den $\beta\acute{\iota}o\varsigma$ zu betrachten und zu zergliedern, in Lehren und Anspielungen auf jede Art von Lebensverhältnissen und die Wechselwirkung von Leben und menschlichem Gemüth einzugehen, kehrt mit geringerer Vertiefung, aber breiter und ausgeführter in der plautinischen Komödie wieder. Das ist natürlich nicht Plautus und römische Denkweise; es ist die neue Komödie, die einmal selbst im neuattischen Leben

---

1) Vgl. Herm. XXIV, 67.

2) Ein Reflex dieser komischen Gesetzgebung findet sich auch in der Elegie: Properz III 14 über den $\nu\acute{o}\mu o\varsigma$ $\varDelta\alpha\varkappa\omega\nu\iota\varkappa\acute{o}\varsigma$, v. 21 *lex igitur Spartana vetat secedere amantes et licet in triviis ad latus esse suae — at nostra ingenti vadit circumdata turba — quod si iura fores pugnasque imitata Laconum, carior hoc esses tu mihi, Roma, bono,* auch mit der für Tragödie und Komödie typischen Form des Abschlusses. Der Weg ist derselbe, den die erotischen Motive aus der Komödie in die Elegie genommen haben (s. u.). Properz erinnert an Kritias (eleg. 2), aber da liegt nicht seine Wurzel.

3) Über die Auffassung der Rede v. Wilamowitz p. 199.

mit dem geschärften Sinn für die Eigenheiten von Welt und Menschen
steht, zum andern als Gattung unter der Einwirkung der euripideischen
Tragödie steht, zum dritten in ihren Vertretern von der modernen
Ethik beeinflufst ist, die eine Fortsetzung desselben Stromes ist der die
Lebensanschauung des Euripides befruchtet hat.[1]) Daher finden sich
natürlich directe Übereinstimmungen mit Euripides sowohl wie mit der
Moralphilosophie. Hermione sagt Andr. 938 τί γάρ μ᾽ ἐχρῆν πόσιν
φυλάσσειν, ἤ παρῆν ὅσων μ᾽ ἔδει; sie wiederholt in ihrer Angst was
die Männer, die aufserhalb des Hauses Unterhaltung suchen, ihren eifer-
süchtigen Frauen zu sagen pflegen; es ist genau die Litanei des Menaechmus v. 120 *quando ego tibi ancillas, penum, lanam, aurum, vestem,
purpuram bene praebeo nec quicquam eges, malo cavebis si sapis, virum
observare desines*, die nachher der Vater seiner Tochter wiederholt 787
*quotiens monstravi tibi, viro ut morem geras, quid ille faciat ne id ob-
serves, quo eat, quid rerum gerat*, 801 *quando te auratam et vestitam bene
habet, ancillas, penum recte praebet, melius sanam est, mulier, mentem
sumere.* Um zu belegen, wie sich die verschiedenen Ströme der Einwirkung noch bei Plautus erkennen und sondern lassen, weise ich auf
die Rolle hin, die bei ihm die Freundschaft unter Altersgenossen, die
ἑταιρικὴ φιλία des Aristoteles spielt. Sie ist der alten Komödie noch
fremd, wenigstens Aristophanes hat sie noch nicht aus dem Leben in
die Kunst übertragen; dafür sind Peithetairos und Euelpides sehr bezeichnend; Vorbildungen späterer Komödienpaare, aber eigentlich ohne
φιλία, sind Lysistrate und Kallonike und in höherem Grade Chremylos
und Blepsidemos. Als Motiv der Handlung hat die jüngere Tragödie
die Freundschaft verwendet und ausgebildet, zumal Euripides. Bei ihm
gilt κοινὰ τὰ τῶν φίλων wie in der neuen Komödie[2]), zu deren be-
wegenden Elementen es gehört, dafs der Freund vom Freunde jede
Hülfe, Geld und Thaten, erwartet. Als Beispiel von Übereinstimmung im
einzelnen führe ich an Bacch. 385: *ita esse arbitror, homini amico qui
est amicus ita uti nomen possidet, nisi deos ei nil praestare*, wie Eur. Or.
1155 οὐκ ἔστιν οὐδὲν κρεῖσσον ἤ φίλος σαφής, οὐ πλοῦτος, οὐ τυ-
ραννίς, 806 μυρίων κρείσσων ὁμαίμων, mit dem euripideischen ὀρθῶς
φίλος.[3]) Während der Blüthe der mittleren Komödie stand der plato-

1) ἐπεὶ καὶ λελάληκε περὶ τοῦ πάθους φιλοσοφώτερον (ὁ Μένανδρος)
Plutarch π. ἔρωτος bei Stob. floril. 63, 34.

2) Parodirt Curc. 333 sq.

3) 'Der Freund ist, nicht nur den Namen trägt', vgl. Trin. 620 *nimium
difficilest reperire amicum, ita ut nomen cluet* (vgl. 496), Cas. 615 *nunc tu mi
amicus es in germanum modum*, cf. Pompon. v. 145 R. *ut si quis est amicus*

nische ἔρως im Mittelpunkt des philosophischen Denkens, in ihrer letzten Zeit entwickelte Aristoteles die Theorie der φιλία (eth. Nicom. VIII. IX) und Menander und Philemon lasen Theophrasts Schrift wie sie erschien.[1]) Wenn es im Truculentus v. 173 heifst *certe hercle quam veterrimus, tam homini optimust amicus,* so entspricht genau Cicero de amic. 67 *amicitia veterrima quaeque, ut ea vina quae vetustatem ferunt, esse debet suavissima.*[2]) Auf einen aus der Ethik bekannten Satz spielt Calidorus an Pseud. 390 *pauci ex multis sunt amici, homini qui certi sient:* Aristoteles gestattet nur wenig Freunde.[3]) Desgleichen Dordalus im Persa v. 614 *tibi ibidem das ubi tu tuom amicum adiuvas,* Megaronides Trin. 23 *amicum castigare ob meritam noxiam — utilest et conducibile,* die Diatribe über die falschen Freunde Bacch. 540 sq. und vieles derart. Die Hauptsache aber zu der Bedeutung, die die Jugendfreundschaft für die neue Komödie besitzt, that das Leben, und zwar in diesem Falle das öffentliche Leben. Bald nach der Schlacht bei Chaeronea führte der Staat die Ephebenordnung ein[4]), nun sind es die gleichen Jahrgänge, die in zweijährigem gemeinsamen Soldatenleben sich aneinander schliefsen, die συνέφηβοι die im Leben wie in der Komödie zueinander halten. Von Philemon kennen wir einen Συνέφηβος (wenn in dem einzigen Citat der Singular richtig überliefert ist), von Menander und mehreren anderen Συνέφηβοι.[5]) Wie energisch

---

amici, gaudet si quid ei boni evenit, qui quidem amicus est germanitus (über die Stelle s. u., vgl. Ter. Ad. 957 *germanus pariter animo et corpore*), Merc. 744 und Trin. 241 *qui amat quod amat;* vgl. v. Wilamowitz zu Herakl. 56. Andr. 376 φίλων γὰρ οὐδὲν ἴδιον οἵτινες φίλοι ὀρθῶς πεφύκασ᾽, ἀλλὰ κοινὰ χρήματα. Menand. frg. 367 K. τοῦθ᾽ ἑταῖρός ἐστιν ὄντως. Antiph. frg. 212, 6 ὄντως ἑταίρα. Philem. 22 κἂν δοῦλος ᾖ τις, οὐδὲν ἧττον, δέσποτα, ἄνθρωπος οὗτός ἐστιν, ἂν ἄνθρωπος ᾖ, Menand. 761 ὡς χαρίεν (σπάνιον citirt Galen falsch) ἔστ᾽ ἄνθρωπος, ὅταν ἄνθρωπος ᾖ. So *mulier quae mulier* Varro bei Nonius p. 67, 16 und Petron 42, vgl. Bücheler Rhein. Mus. XLVIII p. 631.

1) Heylbut de Theophr. libris περὶ φιλίας reconstruirt vornehmlich aus Cicero und Plutarch.

2) Es folgt *multos modios salis simul edendos esse* gleich Aristot. eth. Nicom. 1156ᵇ 27, also aus Theophrast; und auf dasselbe Sprichwort geht Cas. 538 (Diphilus). — Antiphanes frg. 333 αἱ νέαι φιλίαι ἀναγκαῖαι μέν, αἱ δὲ παλαιαὶ ἀναγκαιότεραι.

3) p. 1171ᵃ 14 οὐ γίνονται φίλοι πολλοὶ κατὰ τὴν ἑταιρικὴν φιλίαν — — ἀγαπητὸν δὲ καὶ ὀλίγους εὑρεῖν τοιούτους. Die Stoiker empfehlen πολυφιλία. Vgl. Heylbut p. 7. — Eur. Suppl. 867 φίλος τ᾽ ἀληθὴς ἦν φίλοις παροῦσί τε καὶ μὴ παροῦσιν· ὧν ἀριθμὸς οὐ πολύς.

4) v. Wilamowitz Aristot. u. Athen I p. 189 sq.

5) Lukian. dial. meretr. 4, 1 πίνουσι παρὰ τῷ συνεφήβῳ Παμμένει αὐτός τε καὶ Σιμίχη, 5 τῶν συνεφήβων ἐπιτιμησάντων αὐτῷ. 7, 1; 12, 1.

sich die Komödie des gegenwärtigen Lebens bemächtigt, zeigt Philemon
am deutlichsten: in den drei Stücken, die Plautus von ihm übernommen
hat[1]), treten solche Freundespaare auf, in zweien sind sie ausdrücklich
als συνέφηβοι bezeichnet: Merc. 612 *aequalem et sodalem*, Trin. 326 *amico
atque aequali*[2]); desgleichen in den Bacchides (Menander, vgl.Terenz in A. 2)
und im Epidicus (102 *cum Chaeribulo incedit aequali suo*); die Freunde im
Pseudolus sind nicht Synepheben, Charinus ist Karystier.[3]) Hiernach
wird kein Zweifel sein, dafs es ins Original gehört, wenn bei Plautus
von Freundschaft geredet wird.

Die plautinischen Personen philosophiren viel und in verschiedener
Weise. *philosophari* heifst bei ihm entweder in scharfer Dialektik oder in
moralischen Sprüchen reden. Capt. 284 *salva res est, philosophatur quoque iam, non mendax modost*, Pseud. 974 *salvos sum, iam philosophatur*:
die Stellen sind einander ganz ähnlich, Philocrates hat auf die Frage, ob
der Vater noch lebt, geantwortet das könne man nicht wissen, er habe
gelebt als sie von Hause gingen; Simia sagt dem Kuppler, der auf die
Frage ob er jemanden hier kenne geantwortet hat, er kenne sich selbst:
nur die wenigsten Leute kennen sich selbst; beides argutiae, die darin
beruhen dafs ein Begriff geprefst wird, und zwar mit Anspielung auf
bekannte Weisheitslehren: *omnem crede diem tibi diluxisse supremum*,
γνῶθι σαυτόν (cf. Stich. 124). In demselben Sinne wird *sapienter* angewendet Pers. 639.[4]) Pseudolus schliefst v. 687 eine längere Betrachtung
mit den Worten *sed iam satis est philosophatum*; er hat, angeregt dadurch
dafs das zufällige Erscheinen des Harpax ihn, da er schon des Weges
sicher zu sein glaubte, erst auf die richtige Bahn gebracht habe, erörtert
wie der Welt nur klug scheint wer Glück hat und wie die Menschen
auf falschen Wegen nach ihren Zielen streben, beginnend mit dem sprichwörtlichen *centum doctum hominum consilia sola haec devincit dea, Fortuna*[5]), dann: *atque hoc verumst: proinde ut quisque fortuna utitur, ita
praecellet atque exinde sapere eum omnes dicimus; bene ubi quoi scimus*

---

1) Für die Mostellaria habe ich dies Hermes XVIII, 560 wahrscheinlich gemacht oder vielmehr den so gut wie vorhandenen Indicienbeweis vervollständigt,
indem ich den Namen des Dichters v. 1149 nachwies. Auch auf die auffallende
Ähnlichkeit von Mostellaria und Trinummus in der Führung der Handlung und
der Erfindung der Hauptfiguren habe ich dort hingewiesen.

2) Ter. Heaut. 417, vgl. Ad. 465, 494sq. Afran. v. 256. 367 (Nonius p. 235).

3) v. Wilamowitz Antig. p. 140.

4) Vgl. *omnes sapientes* Merc. 376. Rud. 1246.

5) Menander frg. 482. 483 K. Anderes Otto Sprichw. d. Römer p. 143. Vgl.
Epicur p. 74 Us.

consilium accidisse, hominem catum eum esse declaramus, stultum autem illum quoi vortit male, wie Euripides Heraclid. 746 οἰόμεσθα γὰρ τὸν εὐτυχοῦντα πάντ᾽ ἐπίστασθαι καλῶς, in ganz ähnlicher Wendung Cicero pro Rab. P. 1 *hoc plerumque facimus ut consilia eventis ponderemus et cui bene quid processerit multum illum providisse, cui secus nihil sensisse dicamus* und an Lentulus ep. I 7, 5, im Brief des Oppius und Balbus ad Att. IX, 7 A; Alkiphron III 44, 3 οὐδὲν γὰρ ἐν ἀνθρώποις γνώμη, πάντα δὲ τύχη, καὶ ταύτης ὁ τυχὼν ἡδύς ἐστι καὶ νομίζεται. Merc. 145 fragt Charinus: *dic mihi, an boni quid usquamst quod quisquam uti possiet sine malo omni, aut ne laborem capias cum illo uti voles?* (das tausendmal variirte τῆς ἀρετῆς ἱδρῶτα) und Acanthio antwortet: *nescio ego istaec, philosophari numquam didici neque scio.* So philosophirt der Jüngling Trin. 223 sq. ob *amori* oder *rei operam dare* besser sei *ad aetatem agundam,* Truc. 60 sq., dafs man Eltern und Verwandten seinen Lebenswandel nicht verheimlichen, der Alte Merc. 549 sq., dafs man sich in der Jugend plagen und im Alter pflegen solle, Rud. 1235 sq. dafs unrecht Gut gefährlich sei (und Gripus antwortet: *spectavi ego pridem comicos ad istunc modum sapienter dicta dicere* u. s. w.), das Mädchen Pers. 549 sq. von *vitia* und *virtutes* die die Stadt verderben oder schirmen[1]), so der Sclave in Captivi, Rudens, Trinummus. Auch hier steht Philemon voran. Im Trinummus gibt der alte reiche Philto, das rechte Gegenbild zu den Dikaeopolis und Strepsiades, die ein Jahrhundert früher auf der komischen Bühne auftreten, ein Typus wie er jetzt wohl in Athen vorkommen mochte, überfliefsend von philosophischer Bildung (v. 380 *multa possum docta dicta et quamvis facunde loqui, historiam veterem atque antiquam haec mea senectus sustinet*) seinem Sohn eine Fülle moralischer Lehren (301 sq., cf. 485 sq.). Die Klage über die Verschlechterung der öffentlichen Moral ist künstlich durch das ganze Stück verflochten; Megaronides beginnt damit, Philto hebt im Canticum 284 sq. neu davon an, und sehr hübsch ist es wie als Gegenstück gegen Ende der Komödie der Sclave dasselbe Lied singt, v. 1028 sq.[2])

Stoischen Anklang[3]) zeigen die Stellen Capt. 271 *proxumum quod sit bono quodque a malo longissume, id volo* (cf. Stich. 120), Trin. 485 *semper tu hoc facito cogites, id optumum esse, tute uti sis optumus, si id nequeas, saltem ut optumis sis proxumus,* epikureischen z. B. Merc. 6

---

1) Vgl. Heracl. Crit. G. G. M. I p. 104.
2) Vgl. Merc. 838 sq., gleichfalls Philemon.
3) Vgl. Theognetos bei Athen. III 104 b τῶν γὰρ ἐκ τῆς ποικίλης στοᾶς λογαρίων ἀναπεπλησμένος νοσεῖς.

quos pol ego credo humanas querimonias non tanti facere[1]), cf. Cas. 348[2]);
sehr vieles derart wäre anzuführen, was ich nicht streifen mag, da mit
Einzelheiten hier nicht viel gethan ist und der Gegenstand eine besondere
Behandlung von einem in der abgeleiteten philosophischen Litteratur
Beleseneren sehr verdient.

Die Schilderungen des Lebens, bestimmter Gesellschaftskreise und
Lebensarten, typischer Charaktere und Seelenstimmungen entstammen
denselben Quellen: die Tragödie hat sie vorgebildet, die Ethik ausgebildet,
aus dem modernen Leben, wie es sich in Athen und keineswegs schon in
Rom gestaltet hat, strömt der Komödie reicher Stoff zu. Charakterisi-
rungen von Menschengattungen wie die synkritischen des *genus lenonium*
und der *trapezitae* Curc. 494 sq., der *puellae* und *pueri* Truc. 154 sq.[3]),
der *scurrae* in Trinummus Stichus Pseudulus Miles (994 sq.)[4]) sind auf
der Bühne von Euripides ausgegangen: Hec. 254 die δημηγόροι, Tro.
424, Or. 895, Heraclid. 292 die κήρυκες (τὸ γὰρ γένος τοιοῦτον), die
ἀϑληταί frg. 282 (οὐδὲν κάκιόν ἐστιν ἀϑλητῶν γένους); nach ihm
ergeht sich die mittlere Komödie darin: Antiph. frg. 159 (παιδαγωγοί —
μαῖαι — μητραγύρται — ἰχϑυοπῶλαι in Klimax), Anaxilas frg. 22 (die
Hetären), sehr oft werden die Fischhändler als γένος abgehandelt. Gewifs
stammt die Schilderung der falschen Freunde Bacch. 540—551, obwohl
sie im Ambrosianus fehlt, von Menander her; die notatio des Liebenden im
vielathetirten Prolog des Mercator (18 sq.) ist ganz attisch, ὁ γὰρ ἐρα-
στὴς τοιοῦτός τις ἐστὶν οἷος, vgl. Trin. 236 sq. Cist. 120 sq. Ter.
Eun. 59 sq. u. a. Die Schilderung des guten Gesellschafters und des
Junggesellenlebens im 3. Akt des Miles steht in erster Linie als Blüthe
attischer Ethopöie, deren Ursprünglichkeit durch die Übertragung nur
wenig alterirt ist. Ich weise hier absichtlich nur auf ein paar von modernen Kritikern verdächtigte Partien hin; im übrigen bedarf es keiner
Aufzählung.[5])   Aus reicher und philosophisch geschulter Beobachtung

---

1) Menand. frg. 174 οἴει τοσαύτην τοὺς ϑεοὺς ἄγειν σχολήν, ὥστε τὸ κακὸν
καὶ τἀγαϑὸν καϑ᾽ ἡμέραν νέμειν ἑκάστῳ;

2) Merc. 225 und Rud. 593 *miris modis di ludos faciunt hominibus mirisque
exemplis somnia in somnis danunt* vgl. Cic. de nat. deor. III 93 *sed quo modo
eidem (Stoici) dicitis non omnia deos persequi, eidem voltis a dis immortalibus
hominibus dispertiri ac dividi somnia? idcirco haec tecum quia vestra est de
somniorum veritate sententia.*

3) Vgl. Alkiphr. I 34, 3 sq.

4) Vgl. Ter. Hec. 469.

5) Die Schilderungen von Personen nach auffallenden körperlichen Eigenschaften (Asin. 400 *macilentis malis, rufulus aliquantum, ventriosus, truculentis
oculis, commoda statura, tristi fronte,* dann: *non potuit pictor rectius describere*

werden die typischen Charaktere durch die Handlung gezeichnet, der Jung-
gesell Periplectomenus, der Wittwer Antipho (Stich. 58 sq. 108.
543), der
alte Philosoph Philto, der verliebte und der solide Jüngling, der Stadt-
und Landsclave (Most., Cas., Rud. vgl. 1024), der philosophirende Sclave,
der direct von Euripides herstammt u. s. w. Dafs das Trinkgelage im
Stichus so wenig wie das im Persa von Plautus selbst herrührt lehrt die
Betrachtung der Sitte sofort; es genügt auf v. 693 *quibus divitiae domi
sunt — batiocis bibunt, at nos nostro Samiolo poterio* zu verweisen und auf
Tib. II 3, 47 *at tibi laeta trahant Samiae convivia testae.*

Unmittelbaren Zusammenhang des Originals mit der Tragödie erweisen die Stellen, die trotz der Übertragung tragische Diction erkennen
lassen; und es sind deren nicht wenige, ja Plautus hat eine bewufste
Meisterschaft in der Imitation des paratragödischen Stils erlangt und in
der Einleitung zum Donatcommentar, der unter dem Einflufs der peripatetischen strengen Stilscheidung steht, die durch die Alexandriner in
die römische Dichtererklärung gelangt ist, wird er darum getadelt.[1]) Das
παρατραγῳδεῖν der alten Komödie will wirklich parodiren, entweder
den tragischen Stil als solchen, in Ausdruck[2]) oder Versart, oder bestimmte Stellen einzelner Dichter; erst in seinen letzten Stücken läfst
Aristophanes seine Personen gelegentlich ohne parodistische Absicht im

eius formam, Capt. 647 Poen. 1112 Pseud. 1218 Merc. 639, dazu Rud. 313 Pseud.
659; Ter. Hec. 440 Heaut. 1061, nachahmend Novius v. 60) sind ganz im Stile
des individualisirenden Zeitalters der neuen Komödie. Interessant ist es, mit
diesen Skizzen die stehenden Angaben der Biographen zu vergleichen (z. B. Eu-
phorion bei Suidas ἐγένετο τὴν ἰδέαν μελίχρους, πολύσαρχος, κακοσκελής) und
die wirklichen Signalements der Zeugen in den Testamenten von Arsinoe (Ma-
haffy Fl. Petrie pap. I n. 11, 15 sq. und weiter).

1) Donat de com. p. 6, 16 R. *tum illud est admirandum (in Terentio) quod et
morem* (ist es glaublich, dafs Reifferscheid *amorem* einsetzt?) *retinuit, ut comoediam scriberet, et temperavit affectum, ne in tragoediam transiliret. quod
cum aliis rebus minime obtentum et a Plauto et ab Afranio et Appio(?) et
multis fere magnis comicis invenimus;* für Terenz wird das Lob oft in den
Scholien ausgesprochen, wie der umgekehrte Tadel gegen Aristophanes im
Gegensatz zu Menander erhoben wird von Plutarch (σύγκρ. p. 853) und gegen
Euripides oft in den Scholien bewahrt ist oder abgewehrt wird. Ich will hier
bemerken, dafs es mir einfacher und richtiger scheint, in der ὑπόθεσις zur
Alkestis p. 215 Schw. zu corrigiren τὸ δρᾶμά ἐστι σατυρικώτερον ὅτι εἰς χαρὰν
καὶ ἡδονὴν καταστρέφει παρὰ τὸ τραγικόν (τοῖς τραγικοῖς die Handschrift),
worauf eine ausführlichere Fassung folgt (nicht καί), als, wie Schwartz gethan
hat, eine vertheidigende Bemerkung aus schol. Or. 1691 zu ergänzen; zum Ausdruck z. B. schol. Andr. 107 (παρὰ τὴν ἱστορίαν) 330 (παρὰ τὰ καθεστῶτα)
362 (παρὰ τὸν καιρὸν καὶ τὰ πρόσωπα).

2) Ein schönes Beispiel Ar. Pac. 124—149.

Stil der Tragödie reden, dann in Fülle die *μέση*. Bei Plautus kommen
beide Arten vor, die parodirende selten und natürlich nicht immer kenntlich[1]), die blofse Erhebung des Stils zum tragischen Ausdruck oft und
deutlich. In der Casina 621 und im Amphitruo 1053 stürzt beidemal
eine Magd in verzweifelter Aufregung über das innen Gesehene und
Erlebte aus dem Hause; Bromia im Amphitruo ernsthaft erschreckt und
geängstigt, Pardalisca in der Casina aber in Spiel und Verstellung.[2])
Ähnliche Situationen sind in den erhaltenen Tragödien gar nicht selten
(z. B. Her. 909), und der Amphitruo hat ein tragisches Vorbild gehabt, das
uns verloren ist; aber die Scene der Casina scheint mir mit deutlichem
Hinblick auf den Phryx im Orestes gedichtet zu sein. Ein Athener zur
Zeit des Diphilus mufste an jenes Bravourstück erinnert werden, wenn
eine Sclavin aus dem Hause stürzte, um Schutz zu suchen vor der Rasen-
den, die drinnen mit dem Schwerte tobt: *gladium habet, insectatur omnes*
domi per aedes (662). Man lese nur:

> nulla sum, nulla sum, tota tota occidi,
> cor metu mortuomst, membra miserae tremunt,
> nescio unde auxili, praesidi, perfugi
> mi aut opis copiam comparem aut expetam:
> tanta factu modo mira miris modis
> intus vidi, novam atque integram audaciam u. s. w.

Ἀργεῖον ξίφος ἐκ θανάτου πέφευγα — αἰαῖ, πᾶ φύγω, ξέναι; —
αἰαῖ φονίων παθέων ἀνόμων τε κακῶν ἅπερ ἔδρακον ἔδρακον ἐν
δόμοις τυράννων; Ähnliche Reden in anderer Situation führen die schiffbrüchigen Mädchen Rud. 204 sq. 220 sq., auch in tragischem Ton (aus
derselben Scene die oben S. 102 besprochene Stelle), vgl. Ennius trag. 75 sq.
Natürlich wurden dergleichen Scenen, wie auch die Freudenausbrüche
und anderes derart, typisch und man mufs sich hüten zu identificiren;
für Scenen wie Capt. IV 2 und Stich. II 2 ist Odyss. ψ das erste Vorbild,
doch ohne dafs die Dichter sich dessen noch bewufst sein mufsten; aber
an ähnliche Scenen der Tragödie erinnern stark z. B. die Wahnsinns-
scenen in Menächmen und Mercator (Herakles, Alkmeon)[3]), der Abschied
von der Heimath im Mercator 830 (Teukros); Sosias parodirt Amph. 216 sq.
die Schlachtbeschreibungen der Boten in der Tragödie (vgl. Eur. Heraclid.
830 sq.). Dagegen darf man dem tragischen Stil nicht zurechnen was
nur in höherem Ausdruck vorkommen kann, wie die Dankgebete an die

---

1) Einzelnes vgl. Ribbeck trag. fragm. p. 269 sq. Cist. 639 sq.
2) Wie die matrona Men. 828 sq. wirklich den Wahnsinn zu sehen glaubt,
Tyndarus Capt. III 4 es heuchelt.
3) *Μαινόμενος* des Diodoros, Diphilos, vgl. Bergk Rhein. Mus. XXXIV p. 328.

Götter, die Begrüfsung der Götter bei der Heimkehr, die Begrüfsung der
Heimath; dergleichen ist so gut βίος wenn es in der Komödie wie
wenn es in der Tragödie steht, z. B. die Begrüfsung der Heimath
Bacch. 170 Stich. 649 (beides Menander) und Menand. 13. 349, Eurip.
Her. 523 Or. 356 frg. 817. Um sich dem tragischen Stil zu nähern
mufs der Ton absichtlich erhoben werden, wie im Schwur der Alkmene
831; eine Schwurscene wie Rud. 1338 sq. ist nicht Parodie von ähnlichen
wie der Choephoren, Iph. Taur. 743 sq., auch das Opfergebet Menand.
292 nicht, so wenig wie das der Acharner; eine Parodie des Gebets
wie Thesm. 331 sq. ist nicht im Stile der νέα. Dafs die feierliche An-
rede des Pseudolus v. 703 io io, te te, turanne, te te ego, qui imperitas
Pseudolo, quaero etc. parodistisch gemeint ist wird ausdrücklich gesagt
v. 707 ut paratragoedat carnufex; sie erinnert an Anreden wie σέ τὸν
σοφιστὴν, τὸν πικρῶς ὑπέρπικρον — τὸν πυρὸς κλέπτην λέγω (Prom.
943) oder σέ τὴν σκυθρωπὸν καὶ πόσει θυμουμένην (Med. 271; vgl.
Suppl. 110 Hel. 546 Bacch. 912).[1]) Einzelne Wendungen sind vielleicht
nur zufällig grade aus der Tragödie zu belegen[2]), wie Mil. 268 ibo
odorans quasi canis venaticus mit Soph. Ai. 6 κυνὸς Λακαίνης ὥς τις
εὔρινος βάσις oder Asin. 147 mater tu, eadem era es mit Soph. El. 597
καὶ σ᾽ ἔγωγε δεσπότιν ἢ μητέρ᾽ οὐκ ἔλασσον εἰς ἡμᾶς νέμω oder
Bacch. 426 hoc etiam ad malum accersebatur malum mit Eur. Alc. 557
καὶ πρὸς κακοῖσιν ἄλλο τοῦτ᾽ ἂν ἦν κακόν (in ähnlichem Zusammenhang, da es sich auch hier um üble Nachrede handelt; die Wendung
selbst ist häufig), dann et discipulus et magister perhibebantur improbi
mit Phoen. 94 zusammentrifft, wo auch der Pädagog befürchtet μὴ —
ἐμοὶ μὲν ἔλθῃ φαῦλος ὡς δούλῳ ψόγος, σοὶ δ᾽ ὡς ἀνάσσῃ.[3])
    Dafs sich die Rede, ohne parodistische Absicht, dem Charakter oder
der Handlung folgend, zu dem Ton erhob der in der Tragödie Unter-
haltungston ist, war für die mittlere Komödie charakteristisch; erst allmählich konnte sich der Stil der neuen Gattung ausgleichen und voll-
enden, wie es in Menander geschehen ist; in comoedia turpe tragicum

---

1) Die tria gaudia (Pseud. 704) hat Accius in einem Stück der jungen
Tragödie (Pelopiden) v. 513 et te ut triplici laetarem bono. Mit der gehäuften
Betonung der Dreizahl sucht eine ähnliche Wirkung Lucr. V, 93 sq.
    2) Cas. 510 nostro omine it dies, iam victi vicimus als Abschlufs, nach 509
nostra omnis lis est. So Seneca Agam. 869 vicimus victi Phryges, aber auch
sonst im rhetorischen Stil (Livius).
    3) Mit dem versteckten Geständnifs der Kreusa im Ion (330 sq.) hat eine
nicht zufällige Ähnlichkeit der Anlage die Erzählung der Halisca in der Cistellaria
(IV, 2) und der ἀπόλογος des Antipho im Stichus (IV, 1).

(Cic. de opt. gen. or. 1) — *interdum tamen et vocem comoedia tollit.*[1]) Bei Plautus findet sich dieser gehobene Ton oft genug. Auf die virgo im Persa hat Wilamowitz hingewiesen (ind. lect. 1893/94 p. 25).[2]) Im Amphitruo spricht Alcmena durchaus in tragischem Ton (II 2. III 2. 3)[3]), Amphitruo und die Götter nicht, und keineswegs die Matronen der anderen Stücke; den Unterschied mag man nicht sowohl an den zänkischen dotatae als an Figuren Menanders wie Eunomia in der Aulularia und den Frauen im Stichus oder an Philippa im Epidicus ermessen.[4]) In den Captivi verfallen Hegio und Tyndarus vielfach in tragischen Stil, der Handlung entsprechend, deren singuläre Art der Prolog hervorhebt und sie zugleich dagegen verwahrt, Tragödie zu sein; das ist wohl die Absicht von v. 62. Tragisch redet Philto im Trinummus[5]) besonders II 2; v. 291 *lacrumas haec mihi quom video eliciunt, quia ego ad hoc genus hominum duravi. quin prius me ad plures penetravi?* Die Verse zeigen durch die Worte *hoc genus hominum*, dafs sie nicht einen zufälligen Anklang an Hesiod enthalten: μηκέτ' ἔπειτ' ὤφελλον ἐγὼ πέμπτοισι μετεῖναι ἀνδράσιν, ἀλλ' ἢ πρόσθε θανεῖν ἢ ἔπειτα γενέσθαι.[6]) Auch Lysiteles steigert sich zu tragischer Rede in der Scene III 2, wie Charinus im Mercator. Dem Stil des Philemon war überhaupt wie es scheint solche Steigerung eigen;

---

1) Wie leicht der scheinbare Stil von Fragmenten in die Irre führt, will ich an einem Beispiel zeigen. ὃν οἱ θεοὶ φιλοῦσιν ἀποθνῄσκει νέος klingt ganz tragisch; der Zusammenhang war: *quem di diligunt adulescens moritur, dum valet sentit sapit; hunc si ullus deus amaret, plus annis decem, plus iam viginti mortuom esse oportuit: terrai odium ambulat, iam nil sapit nec sentit, tantist quantist fungus putidus.* Das ist so komisch wie möglich.

2) Pers. 646 fragt Dordalus *quis fuit* (der Vater)? *dic nomen*, das Mädchen antwortet *quid illum miserum memorem qui fuit? nunc et illum miserum et me miseram aequomst nominarier.* So Iph. Taur. 499 σοὶ δ' ὄνομα ποῖον ἔθεθ' ὁ γεννήσας πατήρ; Orest: τὸ μὲν δίκαιον δυστυχεῖς καλοίμεθ' ἄν.

3) Und zwar mit dem vollen Ethos des ernsten Spiels. Eine Stelle von wahrerem Gefühl und reinerer Wirkung als v. 935, trotz der komischen Rolle Juppiters, wird auch in der Tragödie nicht oft zu finden sein.

4) Ernstlich Verliebte, wie Selenium im Anfang der Cistellaria, sprechen auch bei Menander wohl im höheren erotischen Ton, wie er der Elegie eigen ist. Cist. 115 *sine trahi, cum egomet trahor.*

5) Philtos ernsthafte Ermahnung v. 485 sq. erinnert in Ton und Inhalt an Menander frg. 538, zuletzt κοινὸν τὸν Ἅιδην ἔσχον οἱ πάντες βροτοί wie *aequo mendicus atque ille opulentissimus censetur censu ad Acheruntem mortuos.*

6) Ter. Ad. 444 *ubi etiam huius generis reliquias restare video, vivere etiam nunc libet.* Ad. v. 302 *hocine saeclum, o scelera, o genera sacrilega* (dann *o hominem impium*) ist *genera* für *genus*, wenn es richtig ist, nur durch die Attraction des Plurals zu erklären.

ein Beispiel will ich noch anführen. Stasimus, der zwar nicht sehr ehrliche aber treue Sclave, bricht Trin. 617 in die Worte aus:

> o ere Charmides, quam absenti hic tua res distrahitur tibi!
> utinam te rediisse salvom videam, ut inimicos tuos
> ulciscare, ut mihi, ut erga te fui et sum, referas gratiam.

Sind nicht Klage und Wunsch von der Art, dafs sie wörtlich von Eumaios gesprochen werden könnten? Es ist unverkennbar dafs der attische Dichter die Beziehung wollte. Genau dasselbe trifft auf eine Stelle der Mostellaria zu; Grumio, der vilicus, eine Figur von der Gattung des Eumaios, spricht nach dem Zanke mit dem ungetreuen Tranio, der des abwesenden Herrn Gut vergeudet, v. 77

> pro di immortales, obsecro vostram fidem,
> facite, huc ut redeat noster quam primum senex,
> triennium qui iam hinc abest, prius quam omnia
> periere, et aedes et ager; qui nisi huc redit,
> paucorum mensum sunt relictae reliquiae.

ὡς δ' αὔτως Εὔμαιος ἐπεύξατο πᾶσι θεοῖσι νοστῆσαι Ὀδυσῆα πολύφρονα ὅνδε δόμονδε. Auch das ist Philemon; und es ist wohl möglich, dafs der Anschlufs an die Odyssee eben aus dem Bestreben hervorgeht, den Ton zu steigern ohne tragisch zu werden; denn die Odyssee steht ja nach der peripatetischen Theorie der Komödie gleich. Die leidenschaftliche Freude bei Wiedererkennungsscenen wird dadurch z. B. auch der tragischen Sphäre entzogen.

Hier lassen sich am besten ein paar Bemerkungen über die Anklänge an Stücke der alten Komödie anknüpfen. Ich bin zwar der Meinung, dafs Plautus selbst die ἀρχαία kannte, aber es ist die einfache und natürliche Auffassung, Übereinstimmung in Composition und Charakteren sowie in einzelnen Wendungen auf die Originale zurückzuführen. Stich. 630 *nunc ego nolo ex Gelasimo mihi fieri te Catagelasimum* ist dasselbe Wortspiel wie Acharn. 606 κἂν Γέλα κἂν Καταγέλᾳ.[1]) Poen. 994 sq. erinnert unverkennbar an den Pseudartabas der Acharner (998 *doni volt tibi dare hic nescio quid*, Ach. 102 πέμψειν βασιλέα φησὶν ὑμῖν χρυσίον). Stich. 503 *certumst amicos convocare, ut consulam qua lege nunc med esurire oporteat* und Poen. 794 *nunc ibo, amicos consulam,*

---

3) Und von Plutarch in der σύγκρισις angeführt (p. 853ᶜ) ὑπὸ τοῦ γέλωτος εἰς Γέλαν ἀφίξομαι, angeführt als Beleg für niedrigen Wortwitz, der bei Aristophanes so häufig wie bei Menander selten sei — und wie bei Plautus häufig, können wir hinzufügen, auch dies zum Beweise dafs ihm die ἀρχαία vertraut war.

quo me modo suspendere aequom censeant potissimum ist in ähnlicher
Sache dasselbe ἀπροσδόκητον angewendet wie Acharn. 755 ἄνδρες πρό-
βουλοι τοῦτ' ἔπραττον τᾷ πόλι, ὅπως τάχιστα καὶ κάκιστ' ἀπολοί-
μεθα. Aul. 465 hat Euclio auf den Haushahn Verdacht, dafs er den
Schatz aus der Erde kratzen wollte: *credo edepol ego illi mercedem gallo
pollicitos coquos, si id palam fecisset;* mit ähnlichem Argwohn verfolgt
Philokleon seinen Haushahn Vesp. 100 τὸν ἀλεκτρυόνα δ' ὡς ᾗδ' ἀφ'
ἑσπέρας ἔφη ὄψ' ἐξεγείρειν αὐτὸν ἀναπεπεισμένον, παρὰ τῶν ὑπευ-
θύνων ἔχοντα χρήματα. Alle oder fast alle angeführten Stellen sind
aus Stücken Menanders, und so mag es gleich gesagt werden, dafs der
Sklave, der seiner Herrin gute Nachricht bringt, ein in der Komödie im
Plutos 641 sq. (in der Tragödie Euripides Heraclid. 784 sq.) ausgebildetes
Motiv ist und die Scene Stichus II 2 ein Abkömmling dieser Erfindung;
desgleichen Capt. IV 2, und hier ist eine genauere Übereinstimmung in
einer Einzelheit: Kario fordert die Herrin ehe er erzählt auf Wein zu
bringen (644): ταχέως ταχέως φέρ' οἶνον ὦ δέσποιν, ἵνα καὐτὴ
πίῃς· — ὡς ἀγαθὰ συλλήβδην ἅπαντά σοι φέρω, so bestellt Ergasilus Capt. 843 sq. vorher ein Mahl in breiter Ausführung, dann 869
tantum ego nunc porto a portu tibi boni (Stich. 339 *(boni) multo tanto
plus quam speras*). Einige weitere Einzelheiten: der Eingang des Poenulus hat in Situation und Worten Ähnlichkeit mit Ran. 579 sq. (Poen.
145 *si tibi lubidost aut voluptati, sino: suspende vinci verbera, auctor
sum, sino,* Ran. 584 οἶδ' οἶδ' ὅτι θυμοῖ, καὶ δικαίως αὐτὸ δρᾷς,
κἂν εἴ με τύπτοις, οὐκ ἂν ἀντείποιμί σοι), die Scene Pers. I 3 mit
Av. 1579 sq., wo Peithetairos den Herakles durch die Vorbereitungen
zur Mahlzeit lüstern und gefügig macht wie Toxilus den Saturio (auch
der Grufs mit geheuchelter Überraschung Av. 1586 wie Pers. 101). Wie
Saturio sich der Vorfahren rühmt, deren Hantirung er treibe (Pers. 53
*veterem atque antiquom quaestum maiorum meum servo atque obtineo et
magna cum cura colo, nam numquam quisquam meorum maiorum fuit,
quin parasitando paverint ventres suos, pater avos proavos abavos atavos
tritavos* etc.), so der Sykophant in den Vögeln v. 1452 παππῷος ὁ
βίος συκοφαντεῖν ἐστί μοι. Nur äufserlich ähnlich ist es, zeigt aber
doch nicht zufällig dieselbe Form, wenn der Thürhüter in den Fröschen
die Sklaven ruft (608) ὁ Διτύλας χὠ Σκεβλύας χὠ Παρδόκας, χωρεῖτε
δευρὶ καὶ μάχεσθε τουτῳί und Daemones im Rudens (657) *Turbalio,
Sparax, ubi estis?* — *sequimini hac* — *proripite hominem pedibus huc* —
Hegio Capt. 657 *Colaphe, Cordalio, Corax, ite istinc, ecferte lora;* den
historischen Zusammenhang dieser Stellen zeigt die absichtliche Wahl
fremd und schrecklich klingender Namen hier wie dort. Plautus gibt

uns das Mittel direct zu erkennen, was für die Geschichte der Komödie
von nicht geringer Wichtigkeit ist, dafs die Continuität zwischen *ἀρχαία*
und *νέα* nicht unterbrochen worden ist.[1]) Zumal die Motive des Plutos
kehren in vielfacher Anwendung in der plautinischen Komödie wieder,
wie die Wirkung des Kokalos auf die *νέα* im *βίος* des Aristophanes
bezeugt ist; auch das Verhältnifs, in dem der Plutos zur *νέα* steht, ist
den Grammatikern bekanntlich nicht entgangen (*βίος, περὶ κωμ.* V: *νεω-*
τερίζει κατὰ τὸ πλάσμα). Die Exposition wird durch das Gespräch
zwischen Herrn und Diener wie im Plutos so in Pseudolus Poenulus
Asinaria, auch Curculio gegeben[2]); die beiden alten Freunde und Bieder-
männer, von denen der eine den andern wegen einer vermeintlichen
Verschuldung zur Rede stellt, ist von Philemon im Trinummus genau
der Scene des Plutos 335 sq. nachgebildet, wie die beiden Alten, die
sich gegenseitig in Dummheit überbieten (besonders im Epidicus; vgl.
Menander frg. 17) in den Ecclesiazusen vorgebildet sind. Gleichfalls im
Trinummus sind die Charaktere des Lysiteles und Lesbonicus Wiederholungen der Aristophanischen Erfindung des *σώφρων* und *καταπύγων*;
hier sind wir im Stande zu sagen, dafs wahrscheinlich zwischen *Δαι-*
ταλῆς und *Θησαυρός* diese Gegenüberstellung wiederholt worden ist von
Alexis (*Κουρίς*, frg. 108); von Menander im Hypobolimaeus (dazu frg.
615), vgl. Caecilius Asotus (v. 14 *tun iam callebis, ille festus desidet?*),
Pomponius Sarcularia (v. 162 *alter amat potat prodigit, patrem suppilat*
semper). Schon bei der geringen Kenntnifs, die wir von der Dichtung
des Aristophanes haben, ist es sehr lehrreich, die Verschiedenheit der
Zeit und Kunst an Philemon's neuer Behandlung des schönen Motivs zu
beobachten.[3]) Im Mercator erinnern einzelne Stellen an Aristophanes.
wie v. 589 *si domi sum, foris est animus, sin foris sum, animus domist*
an Acharn. 398 *ὁ νοῦς μὲν ἔξω — αὐτὸς δ' ἔνδον*[4]), die Absage des
Charinus an sein attisches Vaterland 836 sq., freilich in ganz anderem

---

1) Andere Stellen führt Frantz de com. att. prologis p. 41 an.
2) S. Kap. IV.
3) Später erscheint es in der Rhetorenschule: Sen. contr. II 4, Calpurn.
Flacc. decl. 30.
4) Im Miles fragt der Herr v. 964 *nuptan est an vidua?* Palaestrio antwortet *et nupta et vidua*, jener fragt *quo pacto potis nupta et vidua esse eadem?*
Das ist doch genau *ἔνδον ἔστ' Εὐριπίδης; οὐκ ἔνδον ἔνδον ἐστίν, εἰ γνώμην*
ἔχεις. πῶς ἔνδον εἶτ' οὐκ ἔνδον; Palaestrio verwendet die aristophanisch-euri-
pideische (z. B. Alc. 142. 521) Figur wieder 1014 *et celas et non celas,* 1019 *vel*
adest vel non. — Pseud. 653 liegt der Witz in dem Spiel mit dem Namen Harpax
und dem Adjectiv *ἅρπαξ.* So Vesp. 83 *οὐ φιλόξενος, ἐπεὶ καταπύγων ἐστὶν ὅ γε*
Φιλόξενος. — Men. 303 sq. und Pseud. 349 vgl. Vesp. 165 sq.

Stil, an die Auswanderer Peithetairos und Euelpides (Av. 33 sq.). Es
scheint mir nicht dem Zufall zugeschrieben werden zu können, dafs
einige der Stücke, die auf Menander und Philemon zurückgehen, mit
den Resten der alten Komödie mehr Berührungspunkte als andere
zeigen.

4

Die neue Komödie hat in immer steigendem Mafse ihre Erfindungen
aus dem Verkehr der attischen Jugend mit den Hetären geschöpft, die in
das neue Athen aus allen Theilen der hellenischen Welt zusammen-
strömten wie zur Zeit der ἀρχαία die Sophisten. Diese Entwicklung
der Komödie, durch die der erotische Stoffkreis für sie der wichtigste
geworden ist, hat Menander vollendet: *fabula iucundi nullast sine amore
Menandri* (Ovid. trist. II 369).[1]) Wie wenig diese Verhältnisse auf das
Rom des hannibalischen und philippischen Krieges passen ist ohne weiteres klar; hier, in der Schilderung des βίος der Hetären und Epheben,
hatte der römische Überarbeiter am wenigsten Gelegenheit und Möglichkeit, den Stoff durch Angleichung an das vom Publicum täglich Erlebte
umzugestalten und gleichsam zweisprachig zu machen, wie etwa das
Leben und Treiben der komischen Sklaven. So sind die plautinischen
Hetären am unzweideutigsten attisch geblieben. Von den 21 plautinischen
Stücken sind nur 6 oder 7[2]) ohne Hetären, die handelnd auftreten, von
den 6 terenzischen nur eines (Phormio), ohne Liebesgeschichten nur
die eine, in deren Prolog und Nachwort ausdrücklich darauf hingewiesen
wird (Captivi, v. 54 sq. 1029 sq.): *neque in hac subigitationes sunt neque
ulla amatio — huius modi paucas poetae reperiunt comoedias;* dieser Hinweis rührt ohne Zweifel vom Dichter selbst her und ist eine merkwürdige
Spur von Reaction gegen die erotische Komödie, sei nun das Original
noch aus dem 4. Jahrhundert[3]) oder, wofür mir auch dies zu sprechen
scheint, beträchtlich später.[4])

---

1) Plutarch π. ἔρωτος bei Stob. floril. 63, 34 τῶν Μενάνδρου δραμάτων
οὐχ ἁπλῶς (so Wilamowitz, οὐ κακῶς die Haudschriften) ἓν συνεκτικόν ἐστιν ὁ
ἔρως οἷον πνεῦμα κοινὸν διαπεφυκώς; Ebenso die Epigramme der Turiner Herme
I.G.I. 1183 [οὐ φθόνος ἦ]ν στῆσαι σὺν Ἔρωτι φίλῳ σε, Μένανδ[ρε, οὐ ζώων γ᾽]
ἐτέλεις ὄργια τερπνὰ θεοῦ · [δῆλος δ᾽ εἰ] φορέων αἰεὶ θεόν, und das zweite:
[φαῖδρον ἑ]ταῖρον Ἔρωτος ὁρᾷς — [φησὶν δ᾽ · ἀ]νθρώπους ἱλαρὸν βίον ἐξεδί-
δαξα, [ἐμπλήσας] σκηνὴν δράμασι πᾶσι γάμων.
    2) Amphitruo Aulularia Captivi Casina Stichus Trinummus; Vidularia
würde man ohne weiteres hinzurechnen, wenn nicht frg. 16 wäre.
    3) Hüffner de Plauti com. exemplis att. p. 42.
    4) Vgl. v. Wilamowitz ind. schol. Gotting. 1893/94 p. 13, Dieterich Nekyia

Die Liebes- und Liebschaftsgeschichten der Komödie erscheinen
wieder in der erotischen Litteratur der archaisirenden Atticisten und
der späteren Sophistik; in sehr verschiedener Weise. Lukian in den
Hetärengesprächen gestaltet frei die Motive und Charaktere, die ihm aus
der Komödie vertraut sind; einzelne Gespräche, wie das 3. und 7., sind
angelegt wie bekannte Komödienscenen, das 9. macht fast den Eindruck
einer dialogisirten ὑπόθεσις, das 13. verwendet das Motiv von Menanders Μισούμενος (Ribbeck Alazon 36); aber die Absicht des Schrift-
stellers war es gewifs nicht, vorhandene Scenen zu reproduciren oder
gar Stellen vorhandener Stücke zu paraphrasiren.[1]) Es ist falsche Methode, in diesen Schriften nach Versen und versificirbaren Sätzen zu
suchen und wo dergleichen leicht herausspringt anzunehmen, dafs Stellen
der Komödie zu Grunde liegen. Im Gegentheil, im Text versprengte
Scheinverse (Citate lassen sich doch von solchen unterscheiden) können
als Beweis gelten, dafs da wenigstens keine Komödie verborgen ist; denn
Verse einfliefsen zu lassen ist den griechischen und römischen Rhetoren
späterer Zeit unverwehrt; aber wenn sie paraphrasiren wollten, so wufsten
sie das metrische Gefüge zu lösen und nicht nur durch die Stellung,
sondern auch durch die Wahl der Wörter unkenntlich zu machen.[2])

---

p. 138. — Zeichen einer ähnlichen Reaction oder bewufsten Abweichung von den
ausgebildeten Typen zeigt aufser den Captivi die Hecyra Apollodors: der in seine
Frau verliebte Jüngling, der neugierige Sklave, der statt als Vertrauter eingreifen zu dürfen, immer fortgeschickt wird und nichts erfährt, die Hetäre
die ihrem treulosen Liebhaber zur Frau verhilft, das ist alles neu und, soweit
unsere Kenntnifs reicht, antimenandrisch. Bacchis hebt beständig ihre Abweichung vom Hetärentypus hervor; Menanders Ἐπιτρέποντες, eine *fabula similis argumenti* (Apoll. Sid. ep. IV, 12, 1), hatte gewifs andere Charaktere. Der
von Nencini p. 50 sq. wiederholte Versuch, die Hecyra dem Menander zuzuspre-
chen, mufste mifsglücken.

1) Noch weniger als in den Hetärengesprächen in einer der andern Schriften
mit Komödienmaterial, die P. Schulze quae ratio intercedat inter Lucianum et
comicos Graecorum poetas (Berlin 1883) p. 15 sq. und Bolderman stud. Lucian.
(Leiden 1893) p. 69 sq. besprechen, ohne Gesichtspunkte für die Vergleichung
mit der neuen Komödie zu gewinnen. Z. B. die Rede des Simon im Ἀλεκτρυών
(29) ist gewifs im Gedanken an den menandrischen Typus des Geizhalses geschrieben, aber anzunehmen dafs die Situation einer bestimmten Komödie entnommen sei berechtigt nichts. Wie Lukian die Komödie verwendet, kann man
an der Ruderscene im Κατάπλους sehen (19 sq.); sie soll gewifs an die Frösche
erinnern, hier sind es nicht die Personen, sondern die Situation, die nachgeahmt ist; aber was könnte man danach reconstruiren?

2) Schriften wie die Excerpte des Photios aus Helladios oder die Orthographie Capers stehen natürlich auf einem andern Brett. Auf die massenhaften
Verse im Donatcommentar habe ich Rhein. Mus. XXXVIII, 323 hingewiesen.

Aus der Farbe des Ausdrucks, aus Figuren und Situationen ist nichts
weiter zu schliefsen als dafs der Schriftsteller die Komödie kennt[1]); auf
bestimmte Scenen und Stellen bestimmter Stücke ist überhaupt auf keine
andere Art ein Schlufs möglich als aus der Vergleichung mit der wirklichen Komödie, mit Fragmenten der attischen oder mit Plautus und
Terenz. Das Material ist beschränkt und mit negativen Schlüssen mufs
man vorsichtig sein; aber das Material reicht aus, um bei Schriften von
einigem Umfang das allgemeine Verhältnifs des Autors zur Komödie zu
bestimmen; denn die Stücke der νέα κωμῳδία sind typisch nach Stoff
und Form, wer 27 recte norit, der kennt eine Menge andere, die an
jenen hängen, an denen jene hängen. Klar tritt das Verhältnifs hervor
in den Hauptvertretern der erotischen Epistolographie. Alkiphron hat
eine wahre Fülle von Wendungen und Motiven, die direct mit Plautus
und Terenz zusammentreffen[2]); er war ohne Zweifel selbst in der Komödie belesen. Dafs es dieselben Stücke sind, die der römische Dichter
bearbeitet hat, folgt aus der Übereinstimmung nicht ohne weiteres; wohl
aber zweierlei: dafs bei Alkiphron entnommenes Komödienmaterial vorliegt und dafs bei Plautus einfache Übersetzung vorliegt. Dagegen
Aristaenetos kennt die Komödie gar nicht[3]), wohl aber die Elegie; in
den paar Briefen, die Komödienmotive haben (besonders in der zweiten
Hälfte des 2. Buches) sind die Motive aus dritter Hand, der Ausdruck ist
nirgend der Komödie nachgeahmt und nirgend spüren wir den vertrauten Hauch des attischen Spieles.[4]) Dasselbe gilt von den Briefen des
Philostratos. Wo einmal ein Bild oder Wort thatsächlich der Komödie
entstammt, da ist es diesem Sophisten aus einer anderen Quelle zuge-
flossen, die sich auch angeben läfst. Es ist die Elegie.[5])

---

1) Es mufs freilich Komödie sein und nicht wie etwa Alkiphr. I 39. Dies
miserable Zeug konnte ein Kenner der Komödie für κωμικόν und überhaupt für
attisch halten.

2) Einiges hat richtig verglichen W.Volkmann studia Alciphronea p. 23 sq.,
besonders (p. 24) Alc. I 36 mit Pseud. 274 sq.; das meiste aber trifft nicht zu,
da er den Fehler macht Worte zu vergleichen, nicht den für die Situation
charakteristischen Inhalt der Worte.

3) Die von Kock Rhein. Mus. XLIII, 35 sq. angeführten Stellen sind so
falsch beurtheilt wie die Hermes XXI, 360 sq. und in der Fragmentsammlung
hergestellten 'adespota'.   •

4) Das Citat aus dem Anfang der Wolken II 12 beweist ja wohl nicht
dagegen.

5) Aristaenetus schreibt den Alkiphron und Alkiphron den Lukian aus,
vgl. zuletzt Reich de Alciphronis Longique aetate, Königsberg 1894 (nicht er-
schöpfend über Lukian und Alkiphron Bolderman a. a. O. p. 36 sq.); es bedarf

Die Liebesgeschichten sind von den Komikern dem Leben entnommen und als Stoff und Triebräder der Handlung verwendet worden; die Typen der Hetäre und des Liebhabers wurden in hundert Formen dramatisch gestaltet, ihre Erlebnisse und Beziehungen in tausend Motiven geformt und umgeformt. Typen und Motive sind dann in die hellenistische Poesie, vor allem in die Elegie hinübergeströmt und haben dort in neuen Kunstformen eine neue Periode reicher und frischer Entwicklung gefunden; jeder Dichter der ein Dichter war hat sie aus seinem Geist und dem Leben, das ihn umgab, erneuert; wie sie aus dem Leben stammten, hat die Dichtung sie lebendig bewahrt. Dafs dieses Band die neue Komödie mit der hellenistischen Elegie verknüpft, das erfahren wir aus der römischen Elegie. In ihr finden sich so zahlreiche Anklänge an die römische Komödie, dafs der Zusammenhang nicht geleugnet werden kann; man kann nur fragen, wie der Zusammenhang zu erklären sei. Es ist aber kein Zweifel, dafs Tibull Properz Ovid jede andre Lectüre eher als die der plautinischen Komödien getrieben haben, kein Zweifel dafs die Übereinstimmung der erotischen Poesie mit Plautus nur auf die gemeinsame Quelle zurückgehen kann und damit sogleich für Plautus den Ursprung solcher Stellen aus dem Original beweist. Dagegen kannten Properz und Ovid und ohne Zweifel auch Tibull die attische Komödie, und in keinem einzelnen Falle ist die Möglichkeit in Abrede zu stellen, dafs der römische Elegiker den attischen Komiker selbst gelesen hat. Nur wenn man die Verzweigung derselben Motive durch die erotische Litteratur der Griechen und Römer ins Auge fafst und sie an dem engen Zusammenhang zwischen griechischer und römischer Elegie mifst, den uns die erotischen Epigramme deutlich machen, wird man es als die einzig natürliche und in der Sache begründete Erklärung erkennen, dafs die römischen Elegiker die mit der römischen Komödie zusammentreffenden Motive von den griechischen Elegikern und diese sie aus der attischen Komödie entnommen haben.

Auf die Anklänge, von denen ich rede, ist meines Wissens nur in Commentaren gelegentlich aufmerksam gemacht worden. Huschke zu Tib. I 3, 83—88 hat an die grofse und sicher nicht zufällige Ähnlichkeit dieser Verse mit Ter. Heaut. 285 sq. erinnert[1]); ein paar Verse des

keines besonderen Beweises, dafs beide von Reminiscenzen aus den Dichtungen selbst voll sind.

1) Ähnlich wiederholt sich das Motiv in der Heroepistel v. 37 *tortaque versato ducentes stamina fuso feminea tardas fallimus arte moras* (Hero und die Amme); so Properzens Arethusa IV, 3, 41 und selbst Cynthia III, 6, 15. Die römische pudica unter ihren Mägden, Lucretia bei Livius I 57 und Ovid. fast. II

Originals sind in den Bembinusscholien erhalten (frg. 142).[1]) — Zu
Tib. I 5, 43 *(facie tenerisque lacertis devovet et flavis nostra puella comis,*
vgl. 8, 24 sq.) hat schon Scaliger die Verse des Afranius angeführt (380 R.)
aetas et corpus tenerum et morigeratio, haec sunt venena formosarum mu-
lierum, und es ist mir danach sehr wahrscheinlich, dafs es bei Menander
oder einem andern Attiker eine gleichfalls den sinnlichen Zauber her-
vorhebende Stelle gab, nicht den sittlichen wie die von Ribbeck angeführte, die im übrigen übereinstimmt (frg. 646 K.) ἕν ἐστ᾽ ἀληθὲς
φίλτρον, εὐγνώμων τρόπος· τούτῳ κατακρατεῖν ἀνδρὸς εἴωθεν γυνή,
vgl. Ovid medic. 43 (εὐγνώμων τρόπος ist nicht *morigeratio,* vgl. vielmehr
Poen. 300 sq., doch scheinen die Verse eher von der Ehefrau zu reden, vgl.
Eur. Andr. 207). — Das Motiv von Tib. I 8 *(non ego celari possum quid*
nutus amantis quidve ferant miti lenia verba sono), das von Catull c. 6 und
von Properz I 9 (vgl. III 8, 18), von allen sehr individuell behandelt ist,
kennen wir aus Antiphanes bei Athen. II 38[b] (frg. 235 K.) κρύψαι, Φειδία,
ἅπαντα τἄλλα τις δύναιτ᾽ ἂν πλὴν δυοῖν, οἶνόν τε πίνων εἰς ἔρωτά
τ᾽ ἐμπεσών. ἀμφότερα μηνύει γὰρ ἀπὸ τῶν βλεμμάτων καὶ τῶν
λόγων ταῦθ᾽, ὥστε τοὺς ἀρνουμένους μάλιστα τούτους ⟨ταῦτα⟩ κατα-
φανεῖς ποιεῖ.[2]) — Catulls *otio exultas* sagt der alte Menedemus dem ver-
liebten Sohn (Heaut. 109) *nulla adeo ex re istuc fit nisi ex nimio otio;*
Prop. II 23, 17 *nec poscet garrula quod te astrictus ploret saepe dedisse*
pater stellt genau das Verhältnifs des Mercatorprologs (46 sq.) dar, vgl.
Heaut. 99 sq. — Prop. I 2 *nudus amor* vgl. Most. 289. — Der Wunsch Tib. IV,
5. 13 *vel serviat aeque vinctus uterque tibi vel mea vincla leva* kehrt mit
derselben Alternative wieder Ter. Eun. 91 *utinam esset mihi pars aequa*
amoris tecum ac pariter fieret, ut aut hoc tibi doleret itidem ut mihi
dolet aut ego istuc abs te factum nihili penderem, d. h. bei Menander; die

---

741 sq., hier mit den Zügen der Elegie v. 771 *sic sedit, sic culta fuit, sic sta-*
mina nevit, neglectae collo sic iacuere comae. Menaechm. 797 *inter ancillas*
sedere iubeas, lanam carere.

1) Sie zu athetiren ist gar kein Grund, am wenigsten der von Nencini de
Ter. eiusque fontibus p. 72 angeführte, dafs die Schilderung des Terenz specifisch römisch sei. Darauf dafs der Ausdruck ἐξ ἱσταρίου ἐκρέματο (die Herrin)
dem Tibulls *gravibus pensis affixa* (die Dienerin) näher kommt als Terenz' Übersetzung, will ich kein Gewicht legen.

2) Asklepiades A. P. XII, 135, Kallimachos epigr. 43, Rufinus A. P. V, 86.
Lukian de dea Syria 17 ἔρωτος δὲ ἀφανέος πολλὰ σημήια, ὀφθαλμοί τε ἀσθε-
νεῖς καὶ φωνὴ καὶ χροιὴ καὶ δάκρυα. Danach das der Elegie geläufige Bild des
Liebenden, der sich betäuben will, unter den Zechern : Meleager A. P. XII, 49
ζωροπότει δυσέρως, Alkiphr. I 35, Tib. I 2, Prop. III 17; 25, 1, Hor. epod. 11 (denn
dies Gedicht ist eine Elegie in Epodenform).

Stelle war berühmt und klingt in der Elegie vielfach nach (Catull. 76, 23, Tib. I 2, 63, Ovid. met. XIV, 24, Rufinus A. P. V, 88)[1]), auch bei Aristaenetus.[2])

Wie in der erotischen Poesie die in der attischen Komödie angeschlagenen Töne fortklingen und gelegentlich zu einer Symphonie anschwellen, will ich an einem auch sonst interessanten Beispiel zeigen.

Ovid hat nach einigen Versuchen im hellenistischen Stil den trockenen Ton des Lehrgedichts verabschiedet und den Römern in der Liebeskunst eine neue Spielart der Gattung gegeben, die sich zum alten Stil verhält wie die Komödie zur Tragödie, wie die Metamorphosen zum Epos, ein Gedicht das die ausgesungene neoterische Lehrdichtung in der Elegie neu hat aufleben lassen; wenn es nur schlüpfrig gewesen wäre, hätte Augustus es nicht mit seinem Hasse verfolgt. Dafs Ovid keinen Vorgänger hatte, ergibt sich aus der Aufzählung erotischer Schriften (v. 413 sq.) und poetischer artes (v. 471 sq.), die Ovid im zweiten Buche der Tristien gibt; hätte er einen andern Verfasser einer ars amatoria nennen können, so wäre es sein Haupttrumpf gewesen; der Schlufs ex silentio ist sicher.[3]) Dagegen beruft er sich darauf dafs Tibull (I 6) auch Liebeslehren ertheilt habe (v. 447 sq.) und ebenso Properz (v. 465). Wenn man diesem Fingerzeige nachgeht, so sieht man leicht, dafs Ovid in der ars amandi Motive verarbeitet, die in der Elegie vorgebildet und zum Theil schon sehr ausgebildet waren[4]); die inventio des Werkes stammt fast ganz aus dieser Quelle. Ovid selbst hat früher in seinen Elegien Abschnitte der Liebeskunst behandelt: am. I 4, II 5. 19, und vieles angerührt was er später in der Liebeskunst wiederholt.[5]) Von Tibull lag ihm nicht nur I 6 und 8, 55 sq., sondern ein wirklicher Abrifs der Liebeskunst in I 4 vor[6]), den er in den Tristien nicht er-

---

1) Vgl. Phil. Unters. II 36, wo ich auch Ovid. met. XIV, 24 verbessert habe.

2) I 16 ὡς ταύτην, Ἔρως, βέβληκας τὴν ψυχήν, οὕτως ἴσῃ βολῇ τὴν ἐμὴν κατατόξευσον ἐρωμένην.

3) Die pornographische Litteratur, die Athenaeus V p. 220 ᶠ anführt (Philaenis vgl. VIII p. 335), darf man nicht unter das rechnen was für Ovid in Betracht kam, trotz der Stellen verwandten Geistes in der ars amandi.

4) Vgl. Ribbeck Gesch. d. röm. Dichtung II, 263, der auch die Komödie erwähnt.

5) Vgl. am. I 5 und art. II 619 sq. III 807; am. I 9 und art. II 233 sq.; am. I 11 II 7. 8 und art. I 351 sq. 375 sq.; am. III 2 und art. I 143 sq. u. s. w. Aber ep. Sapph. 45 sq. ist Nachbildung der ars.

6) Vgl. Tib. I 4, 59 sq. und Ov. art. II 273 sq. Der Alles duldende Liebhaber Tib. I 2, 29 sq. 4, 49 sq., Prop. I 1 und Ov. art. II 187 sq., vorgebildet von Platon (symp. 183ᵃ); ähnlich doch in andrer Situation Pl. Merc. 860 sq.

wähnt, da er Knabenliebe betrifft, der aber die elegische Behandlung
des Stoffes am deutlichsten aufzeigt[1]); von Properz die Gedichte I 10
(Cynthia me docuit semper quaecumque petenda quaeque cavenda forent)
und die Lehren der Kupplerin IV, 5[2]), vgl. Tib. I 5, 59 *sagae praecepta
rapacis*, Ov. am. I 8. Schon diese Übereinstimmung der tibullischen und
properzischen Motive beweist den Ursprung aus der griechischen Elegie;
directe Beziehungen zwischen der Liebeskunst und Philodems Epigrammen
hat Kaibel nachgewiesen ind. schol. Gryph. 1885 p. 10. 13; direct der
Elegie entstammen bei Aristaenetus die Liebeslehren des erfahrenen
Jünglings an den Unerfahrenen[3]), der älteren Hetäre an die jüngere
Schwester[4]), vgl. die Lehren des Philetas bei Longus II 7.[5]) Aber an
die ältere Quelle führen die Anweisungen der Mutter an die beginnende Hetäre in Lukians Gesprächen VI, 3 sq. und VII; es ist dasselbe
Motiv, das die Elegie so oft verwendet, auch die erhaltenen Komödien
zeigen ausdrücklich woher es stammt. Most. I 3 (Philemon) belehrt
die alte Scapha ihre Philematium, Poen. I 2 (wahrscheinlich Menander)
die Hetäre ihre jüngere oder minder kluge Schwester, Asin. I 3 (Demophilus, ein Nachahmer Menanders) die Kupplerin den Liebhaber, und
oft wird, wie im Truculentus, von feststehenden Lehren der Liebes-
theorie, die man als Liebhaber kennen und wissen müsse, in ähnlichen Gesprächen gehandelt, auch ohne dafs sie ausdrücklich unter
den Gesichtspunkt der Belehrung geschoben werden. Die Liebeslehre
als solche aber ist in der Komödie ein ausgebildeter Begriff. Der
Truculentus beginnt: *non omnis aetas ad perdiscendum sat est amanti,
dum id perdiscat, quot pereat modis*; Most. 170 *sapit scelesta multum;
ut lepide omnes mores tenet sententiasque amantum*, vgl. 279; Asin.
226 *haecin te esse oblitum, in ludo qui fuisti tam diu?* Merc. 577 *scio
pol te amare, quom istaec praemonstras mihi.* Die alte Hetäre in der

---

1) v. 75 *vos me celebrate magistrum*, 79 *me Veneris praecepta ferentem*,
84 *cum mea ridebunt vana magisteria*. Vgl. Lydia 56 *mea culpa magistra
prima foret*.

2) Dazu vgl. III 8, 25. 26 und Lachmann Prop. p. 262.

3) Aristaen. I 4 ext. σὺ δὲ τούτων ἄπειρος ἔτι, ἀλλ' ἕπου καὶ μάνθανε
καὶ συναπόλαυσον ἐρωτικῷ διδασκάλῳ· τοῦτο γὰρ τὸ μάθημα παρ' ὁντινοῦν
ποιοῦμαι δεινότατος εἶναι, wie Ovid und Tibull.

4) I 14 ἀλλ' ἔγωγε παλαιᾷ συνοῦσα πορνοδιδασκάλῳ τῇ ἀδελφῇ καὶ τοῖς
ἐκείνης ἐρασταῖς κατὰ πρόφασιν ὁμιλοῦσα οὐδὲν ἔδοξα δυσμαθής u. s. w. Der
ganze Brief wie Prop. IV, 5 (53 sq.) u. a.; II 1 aus Alkiphr. II 1, 6, nachher
καὶ ἑτέρως δὲ μάνθανε· οὐ γάρ σε καὶ διαφόρως ἐπεκδιδάσκειν ὀκνήσω (der
προαγωγός an die Hetäre; vgl. Philostr. ep. 22).

5) οὐκ ἀδίδακτος ἐρώτων Diodorus A. P. V, 121, 5.

Mostellaria, der von ihrem früheren Glanze (v. 199 sq.) nichts geblieben ist als der Schatz von Erfahrungen, mit denen sie nun die Sentimentalität der Herrin ins Praktische zu kehren sucht (vgl. Cist. I 1 Ter. Hec. I 1), die Mutter die von dem Erwerb ihrer Tochter lebt (Asinaria, Cistellaria, Lukian), das sind offenbar ursprünglich die Trägerinnen und Lehrerinnen dieser Lebensweisheit und es ist wohl möglich, dafs Philemon diesen Typus ausgebildet hat.[1]) In der Elegie lebt er fort, wie wir sahen, aber meist tritt hier natürlich der Dichter an die Stelle der Komödiencharaktere und in dieser Form hat Ovid den Gegenstand zusammengefafst und poetisch vollendet. Der Typus der Hetäre, die in der Kunst Meisterin ist, ist bei Ovid (rem. 385) und Properz (IV, 5, 43) Menanders Thais; diesen Typus, für den uns Phronesium das Muster ist, hat ohne Zweifel Menander vollendet, aber er bedeutet die Praxis, nicht die Theorie.[2])

Ich habe bei dieser Erörterung die plautinischen Scenen und Verse bereits als attisch behandelt; den Beweis will ich nachliefern, indem ich einige Stellen aus diesem Gebiet, theils aus der Elegie theils aus der späteren erotischen Litteratur, als dem Original gehörig nachweise.

An kein Stück sind bei Lukian und Alkiphron die Anklänge häufiger als an den Truculentus[3]); kein Wunder, da der Typus der herz-

---

1) Lysiteles im Trinummus (Philemon) entwickelt seine Theorie v. 666 sq., der Sittsame der die Eigenschaften des ἔρως an den Fingern herzählen kann. Der Liebhaber über den ἔρως Cist. II 1.

2) In dieselbe Richtung gehört die Parasitenkunst, für die Menander das Muster gedichtet hat: Eun. 261 sq. Lukians Dialog ὅτι τέχνη ἡ παρασιτική setzt das voraus. Danach hat man zu beurtheilen die Horazische Kunst des Erbschleichers (sat. II 5), des scurra (ep. I, 18). Wie geläufig der Begriff geworden ist, zeigt Ter. Hec. 203 in eodemque omnes mihi videntur ludo doctae ad malitiam; ei ludo, si ullus est, magistram hanc esse satis certo scio. An Alexis' Ἀσωτοδιδάσκαλος erinnert mich Wilamowitz. — Auch das Motiv der remedia amoris, das der Elegie so sehr geläufig ist (Tib. II 3, 13, Prop. I 1, 25; 5, 28, II 1, 57, IV 7, 69 u. s., vgl. Verg. ecl. 10, 60, Ov. her. 5, 143, met. I 523, Longus II 7, 7 ἔρωτος γὰρ οὐδὲν φάρμακον etc.), erscheint schon in der Komödie: Cist. 76 confidam fore, si medicus veniat qui huic morbo facere medicinam potest. — Die Motive, die Ovid in der ars verwendet, im einzelnen nachzuweisen und durch Analyse des Gedichts seine 'Quellen' zu erschliefsen, wäre eine Arbeit, die für Elegie und Komödie etwas ergeben würde.

3) Im Liede der Astaphium v. 95—112 scheint es mir deutlich dafs Plautus den Gedanken des Originals ins Barbarische vergröbert hat. Die jungen Leute stehlen den Hetären ihren Hausrath und vertilgen ihre Vorräthe, zum Entgelt plündern die Hetären ihre Liebhaber. Das kann schwerlich in einer attischen Komödie gestanden haben; in das Rom des antiochischen Krieges pafst es hinein: *fit pol hoc et pars spectatorum scitis pol haec vos me haud mentiri*

losen und beutegierigen Hetäre in keinem Stück vollkommener durchgeführt ist; daneben steht die Asinaria, in deren Original die Scenen 1
2. 3 in offenbarer Abhängigkeit vom Original des Truculentus gedichtet
sind. Lukian dial. meretr. 14, 1 kann man aus Plautus glossiren: *νῦν
με ἀποκλείεις, ὦ Μυρτάλη, νῦν ὅτε πένης ἐγενόμην διὰ σέ* (Truc.
139 u. a.), *ὅτε δέ σοι τὰ τοσαῦτα ἐκόμιζον, ἐρώμενος, ἀνήρ, δεσ-
πότης, πάντ᾽ ἦν ἐγώ* (Truc. 162 u. a. Asin. 204 sq.). *ἐπεὶ δ᾽ ἐγὼ
μὲν αὖος ἤδη ἀκριβῶς, σὺ δὲ τὸν Βιθυνὸν ἔμπορον εὔρηκας ἐρασ-
τήν* (Truc. 81), *ἀποκλείομαι μὲν ἐγὼ καὶ πρὸ τῶν θυρῶν ἔστηκα
δακρύων* (Truc. I 2. II 3. IV 2)[1]), *ὁ δὲ τῶν νυκτῶν φιλεῖται — καὶ
κυεῖν φῇς ἀπ᾽ αὐτοῦ* (Truc. 86 etc.). Im übrigen ist die Situation des
Gesprächs nicht die des Truculentus; dagegen 7, 3 entspricht die Scene
Truc. 645 sq., 12, 2 in der Hauptssache Truc. 248; die Geschichte des
Deinias im Toxaris 13 sq. erinnert im ganzen wie in vielen einzelnen
Zügen an den Truculentus: 15 *συνοικίαι καὶ ἀγροί* (Truc. 174 *sunt
mi etiam fundi et aedes*, vgl. 186. 214)[2]), 16 *καὶ αὖθις ἡ ἄβρα καὶ
γραμμάτια καὶ μέμψις ὅτι μὴ πολλοῦ χρόνου ἀφίκετο* (Truc. 175 sq.
352 sq.), 13 *ἄχρι ἂν λάθωσιν ἐς τὰ δίκτυα ἐμπεσόντες* (Truc. 37
si inierit rete piscis, vgl. Asin. 215 sq.), 15 (Alkiphr. III 50, 2) die *ante
parta* Truc. 62. Die unermüdlich fordernde Hetäre (vgl. Ov. art. I 421 sq.)
und der so lange das Vermögen reicht unermüdlich schenkende Liebhaber[3]) spielen eine grofse Rolle in Alkiphrons Briefen, vgl. noch I 6.
36 II 25. Den Brief I 36 hat Volkmann qu. Alciphr. 24 richtig mit
Pseudolus I 3 verglichen[4]), die Fiction des Briefes aber ist die des Truculentus (I 2, V 5, cf. § 1 und v. 902 sq.) und der Asinaria (v. 196 sq.).[5])

(v. 108). Der Gedanke des Originals, den Plautus umgebogen hat, wird derselbe
sein, den die alte Syra im Anfang der Hecyra ausführt: *nemo illorum quisquam,
scito, ad te venit, quin ita paret sese, abs te ut blanditiis suis quam minimo
pretio suam voluptatem expleat . hiscin tu, amabo, non contra insidiabere?*

1) Ov. art. III 587 *et duro dicat tibi ianitor ore:* '*non potes*'. *exclusam te
quoque tanget amor*. Truc. 752 sagt Astaphium *non potest*, 758 Diniarchus
abiit intro, exclusit.

2) Ausgeschrieben von Alkiphron III 50 (der ganze Brief nach Lukian),
vgl. Reich p. 12 sq., anders doch nicht überzeugend Bolderman p. 39 sq. Dafs
eine Komödie benutzt ist (Kock Rhein. Mus. XLIII p. 36) folgt erst aus
Plautus.

3) *deinde, ubi consumpto restabit munere pauper, dic alias iterum naviget
Illyrias* Prop. II 16, 9.

4) v. 274. 286. 306. 312; auch § 2 *καὶ αὐχμηρὰν ἔχω τὴν κεφαλήν* mag
man bei so viel Übereinstimmung mit v. 220 vergleichen.

5) Mit Asin. 198 sq. (200 *quom a pistore panem petimus, vinum ex oeno-
polio, si aes habent dant mercem* etc.) vgl. Lukian meretr. dial. 7, 2 ἐὰν ὁ σκυτο-

I 6 κωμάζουσι γὰρ πρὸς αὐτὴν ἢ πρὸς θάλατταν νεολαία καὶ ἄλλος
ἄλλο δῶρον ἀποφέρει, ἢ δὲ εἰσδέχεται καὶ ἀναλοῖ Χαρύβδεως δίκην.
Die Hetäre als Charybdis kennen wir aus dem grofsen Fragment der
Neottis des Anaxilas (frg. 22, 18 K.) ἡ δὲ Φρύνη τὴν Χάρυβδιν οὐχὶ
πόρρω που ποιεῖ τόν τε ναύκληρον λαβοῦσα καταπέπωκ᾽ αὐτῷ
σκάφει, das Bild kehrt wieder Truc. 350 sed aestuosas sentio aperiri
fores, quae obsorbent quidquid venit intra pessulos und (Menander)
Baccl. 471 (meretricem) acerrume aestuosam: obsorbet ubi quemque attigit,
ebenso das Bild ohne Namen Alkiphr. III 33, 2 ἡ ἱππόπορνος —
ὅλον σε αὐτοῖς ἀγροῖς καταπιοῦσα.[1]) — Wie Phronesium so ist die
Zofe Astaphium der vollkommene Typus ihrer Gattung; Truc. 114 sq.
und IV, 2 spiegelt wieder Alkiphr. I 35, 1 — τὸ πολλάκις ἡμᾶς ἐπὶ
τὰς θύρας φοιτᾶν καὶ τοῖς πεμπομένοις πρὸς τοὺς εὐτυχεστέρους
ἡμῶν θεραπαινιδίοις ἀποθύρεσθαι[2]), vgl. Tib. II 6, 45 sq. Diniarchus sagt v. 94 cum ea quoque etiam mihi fuit negotium: ein von Ovid
vielbehandeltes Motiv: am. II 7. S art. I 375 sq., vgl. Aristaen. ep. II
7 u. a.[3])

Wie in der sophistischen Erotik die Hetäre, so tritt naturgemäfs in

τόμος αἰτῇ τὸ δίδραχμον, ἐροῦμεν πρὸς αὐτόν· ἀργύριον μὲν οὐκ ἔχομεν,
σὺ δὲ τῶν ἐλπίδων ὀλίγας παρ᾽ ἡμῶν λαβέ; Asin. 528 an te id expectare
oportet, si quis promittat tibi te facturum, divitem, si moriatur mater sua? und
Lukian ib. περίμεινον, φήσομεν, ἔστ᾽ ἂν Λάχης ὁ Κολυττεὺς ἀποθάνῃ.
1) Aus der Komödie auch Horaz quanta laborabas Charybdi; etwas anders
Philostr. ep. 50 ἕλκεις με ἀπὸ τῶν ὀμμάτων καὶ σύρεις μὴ θέλοντα, ὥσπερ
τοὺς πλέοντας ἡ Χάρυβδις ἀνερρόφει. Vgl. Cic. de or. III 163 Charybdin bo-
norum, Sidon. Apoll. ep. IX, 6, 2 sumptuositas domesticae Charybdis. Die ver-
breitete Vorstellung hat zur rationalistischen Erklärung der Charybdis als fe-
mina voracissima (Serv. Aen. III, 420) geführt, vgl. Reifferscheid quaest. Suet.
p. 467, der dies nicht richtig auf Suetons Hetärenbuch zurückführt. Skylla
die Hetäre bei Alkiphr. I 18, 3 wie bei Anaxilas v. 15. Vergleichungen andrer
Kategorien Gefräfsiger mit Charybdis führt Kock zu Ar. Eq. 248 auf; die hier
von Aristophanes zuerst angewendete von habgierigen und verschwenderischen
Politikern ist durch Cicero wieder berühmt geworden: de har. resp. 59, Philipp. II 67.
2) Der Brief trifft im Folgenden auffallend mit Tib. I 2 und dem dasselbe
Motiv behandelnden horazischen Petti nihil me zusammen, s. o. S. 130 A. 2.
3) Einiges Andere aus dem Hetärenleben: die frühere Dürftigkeit Asin.
141 sq. und Lukian dial. 6, 2; die Kopfschmerz heuchelnde Truc. 632, Ov. am.
II 19, 11, vgl. Tib. I 6, 36. Über Most. 274—281 und Hor. epod. 12 vgl. Hermes
XVIII, 562; das Motiv vom getödteten Gastfreund, auf dessen gleichartige Verwendung durch Philemon und Horaz ich dort aufmerksam gemacht habe, ist in
Euripides Hecabe vorgebildet (709 sq). Mit Horaz mag man aufserdem vergleichen
Epid. 107 (Hor. c. II 4), Pers. 229 (Hor. c. IV 10).

der Elegie der Liebhaber in den Vordergrund. Dafs der Mercatorprolog
gut attisch ist zeigen gleich die ersten Worte: *non ego item facio ut
alios in comoediis vi vidi Amoris facere, qui aut nocti aut die aut soli
aut lunae miserias narrant suas*[1]); das Motiv, von Euripides bevorzugt
(Med. 57, Ion 870, El. 59, Andr. 91, Iph. T. 42), von der Komödie aufgenommen[2]), ist in der Anwendung auf den Liebhaber aus Properz
haec certe deserta loca und Vergils Alexis sattsam bekannt, vgl. Alkiphr.
1 8, 1 *τὰ πολλὰ ταῖς αὔραις διαλαλήσας* und Aristaen. 1 16.

Auch der Eingang des Persa trägt das Zeichen seines Ursprungs:
*qui amans egens ingressus est princeps in Amoris vias superavit aerumnis
suis aerumnas Herculi,* weniger in dem mythologischen Vergleich, als in
der Bezeichnung des ersten armen Liebhabers[3]) als *εὑρετής* einer besonderen Liebesspecies. Die Litteratur der *εὑρήματα* ist neuerdings
vielfach, zuletzt von Wendling de peplo Aristotelico p. 1 sq. 61 sq. im
Zusammenhang behandelt worden; wir übersehen ziemlich deutlich, wie
seit Ephoros einerseits und Aristoteles andrerseits das Material in der
peripatetischen und grammatischen Litteratur weitergegeben und vornehmlich von epikureischen[4]) und stoischen[5]) Philosophen im Sinne
ihrer Theorien von der menschlichen Lebensentwicklung verwendet
worden ist. Daneben geht ein Bach der Überlieferung, der dünner
fliefst aber bis an die Quelle, die sophistische Speculation, zu verfolgen
ist, und selbst darüber hinaus; er durchzieht die poetische Litteratur
und nimmt den Weg, den wir nun schon öfter haben verfolgen können,
von der Tragödie in die Komödie, von da in die Elegie, wobei die
Wechselwirkung mit der wissenschaftlichen Litteratur immer wieder erneuert wird. Schon Aischylos hat aus der Prometheussage den Erfinder
Prometheus (v. 461 sq.) entwickelt, ihm folgt Euripides (Suppl. 201 sq.)
und in engem Anschlufs an die Sophisten Kritias in dem Fragment von

---

1) Dann eine Wendung aus der Götterlehre, vgl. S. 117. Dann die *μωρο-
λογία* der Liebenden (cf. Pers. 50 *Amoris vitio, non meo, nunc tibi morologus
fio,* Poen. 435 sq. Cist. 283 sq. 512 sq.), Menand. frg. 85 K. und besonders Meleager
A. P. V, 181.

2) Theognetos 1, 9 p. 364 K., vgl. Frantz de prol. com. Att. p. 46 sq.

3) Auch der pauper amator der Elegie stammt aus der Komödie.

4) Norden Fleckeisens Suppl. XIX, 414 sq.

5) Über Posidonius Wendling Hermes XXVIII, 341. Für die in diesem
Aufsatz besprochene *μίμησις* in der römischen Cultur ist ein hervorragendes
Beispiel die von Bösch behandelte und mit Wahrscheinlichkeit dem Posidonius
zugewiesene Rückführung des römischen Landrechts auf die solonische Gesetzgebung.

der Erfindung der Gesetze und Götter.[1]) Mit der Voraussetzung, dafs
jede Gewohnheit oder im Leben häufig auftretende Erscheinung ihren
Urheber haben müsse, der den Dank oder Fluch der Menschheit ver-
diene, spielt schon Euripides Hipp. 407 (s. u.); dann lebt sie in der
Komödie: das παρασιτεῖν hat Ζεὺς ὁ φίλιος erfunden (Diodor frg. 2)
oder doch Tantalos Διὸς πεφυκώς (Nicolaos frg. 1), und ὁ πρῶτος
εὑρὼν τἀλλότρια δειπνεῖν ἀνὴρ δημοτικὸς ἦν τις (Eubulos 72), wie
der δημοτικός Solon nach Philemon die Bordelle erfunden hat (danach
ist es Geschichte: Athen. XIII, 569[d]). Grofses Unglück hat auf die Welt
gebracht ὅστις τέχνην πρῶτος κατέδειξε τῶν θεῶν (Antiph. 123),
Dank verdient ὁ πρῶτος εὑρὼν μετὰ λυχνούχου περιπατεῖν (Alexis
148)[2]); ὁ πρῶτος εὑρὼν κομψὸς ἦν τραγήματα (Alexis 185; vgl. 27.
267). Das Braten hat ἄνθρωπός τις οὐκ ἀβέλτερος erfunden (Athenio
frg. 1); ὁ πρῶτος εὑρὼν διατροφὴν πτωχῷ τέχνην πολλοὺς ἐπόησεν
ἀθλίους (Menand. 14). Die ματτύη haben die Macedonier erfunden
oder πάντες οἱ θεοί (Machon 1). Die Erfinder nützlicher Kenntnisse
treten selbst auf, rühmen sich oder werden gerühmt in Anaxandrides'
Nereus, Euphrons Ἀδελφοί (Athen. IX, 379), im Eunuchus (v. 247 hoc
novomst aucupium, ego adeo hanc primus inveni viam), vgl. Baton frg. 4.
Dann geht auch diese Denk- und Redeform in die Elegie über: Eubulos
(ἢ Ἀραρώς) frg. 41 τίς ἦν ὁ γράψας πρῶτος ἀνθρώπων ἄρα ἢ
κηροπλαστήσας Ἔρωθ' ὑπόπτερον; dasselbe Motiv mit derselben
Pointe (Eros sitzt fest und fliegt nicht), doch sicher nicht mit Eubulos
als nächstem Vorbild, hat Properz II 12.[3]) Dafs in der hellenistischen
und römischen Poesie die Chalyber als die ersten Erfinder der Eisenwaffe
gelten statt der Cyklopen oder Daktylen[4]) oder auch der χαλκείη γενεή,
die πρῶτοι κακόεργον ἐχαλκεύσαντο μάχαιραν (Arat. 131), verdanken
sie der Elegie des Kallimachos (Χαλίβων ὡς ἀπόλοιτο γένος, γειόθεν
ἀντέλλοντα κακὸν φυτὸν οἵ μιν ἔφηναν: Catull. 66, 48), der auch in

---

1) v. 41 οὕτω δὲ πρῶτον οἴομαι πεῖσαί τινα θνητοὺς νομίζειν δαιμόνων
εἶναι γένος. Vgl. Norden a. a. O. 415.

2) Diese Stelle hat dadurch eine nahe Ähnlichkeit mit dem Eingang des
Persa, dafs sie auch den Prolog beginnt, s. Frantz de prol. com. Att. p. 36.
So tritt der Liebhaber in der Cistellaria mit der Behauptung auf, dafs Amor
die Henkerkunst erfunden habe (v. 203), fügt aber hinzu: hanc ego de me
coniecturam domi facio, ne foris quaeram.

3) Die Pointe als Epigramm A. P. V, 212 (Meleager) 268 (Paulus Sil.), also
sicher vorproperzische Elegie. Vgl. Aristophon frg. 11 K. — Paus. IX, 35, 6 ὅστις
δὲ ἦν ἀνθρώπων ὁ γυμνὰς πρῶτος Χάριτας ἤτοι πλάσας ἢ γραφῇ μιμησά-
μενος, οὐχ οἷόν τε ἐγένετο πυθέσθαι με.

4) Vgl. Plin. VII, 197.

den *Αἴτια* vieles aus diesem Gebiet zu poetischem Gemeingut gemacht hat; Parthenius[1]) (*ὄλοιτο*) *ὅστις ἐπ' ἀνθρώπους ἔξυσεν αἰγανέην*, Tibull I 10 *ferreus ille fuit primus qui protulit enses*, Prop. IV, 3, 19 *occidat immerita qui carpsit ab arbore vallum et struxit querulas rauca per ossa tubas.* Anderes bei Properz II 6, 27 *(quae manus obscenas depinxit prima tabellas* etc. *a gemat, in terris ista qui protulit arte iurgia),* Tibull I 1, 39; 7, 29; 10, 45; II 1, 39. 51 und zumal in Liebessachen I 4, 59 *at tua, qui Venerem docuisti vendere primus, quisquis es, infelix urgeat ossa lapis.* So fragt der Liebende in der Lydia v. 53 *ausus egon primus castos violare pudores?* und fährt fort: *istius atque utinam facti mea culpa magistra prima foret — Veneris furatus gaudia primus dicerer atque ex me dulcis foret orta voluptas.* Hierdurch werden wir zum Persa zurückgeführt: *qui amans egens ingressus est princeps in Amoris vias,* eine genaue Parallele zu den beiden zuletzt angeführten Stellen. Das Original des Persa ist aus der demosthenischen Zeit, in der auch Eubulos dichtet. Später finden wir in den Menächmen eine ähnliche Wendung, v. 451 *qui illum di omnes perduint qui primus commentust — contionem habere*[2]), und in derselben Form der Verwünschung in zwei Fragmenten der römischen Komödie: Naevius v. 18 R. *ut illum di perdant qui primus holitor cepam protulit*[3]) und in der Boeotia (p. 33 R.) *ut illum di perdant, primus qui horas repperit quique adeo primus statuit hic solarium.*[4]) Diese drei Stellen haben dieselbe Form der Verfluchung wie die angeführten Stellen der Elegie[5]), dieselbe hat Eubulos (72, 3 *ὅστις δὲ — συμβολὰς ἐπράξατο — φυγὰς γένοιτο*), in sehr witziger Parodie Menander selbst (154 *ἐξώλης ἀπό-*

---

1) Meineke An. Al. 263.

2) Es folgt der Vorschlag zur besseren Constituirung der Volksversammlungen, s. o. S. 113.

3) *primum* ist überliefert, emendirt von Bothe, Müller Pl. Pros. 591 und Bergk op. I 386; Tibull I 1, 39 *fictilia antiquus primum sibi fecit agrestis pocula,* II 1, 51 u. dgl. trifft nicht zu, da die Person nicht betont wird. Vgl. z. B. Verg. buc. 8, 24 *Panaque qui primus calamos non passus inertes: primum* im Mediceus.

4) Dafs Ritschl im Unrecht war, als er die von Gellius angeführte Stelle der Boeotia einer späteren Zeit zuwies (parerg. 208) und dafs die Sonnenuhren aus dem Original stammen hat Ostermayer p. 57 sq. bemerkt. Zu beweisen ist es aus Alkiphr. III 4, wo der Parasit sich in gleicher Weise beschwert, dafs er hungern müsse weil das *ὡρολόγιον* noch nicht die sechste Stunde zeige.

5) Dazu Prop. II 18, 27 *illi sub terris fiant mala multa puellae, quae mentita suas vertit inepta comas.* 33, 27 *a pereat quicumque meracas repperit uvas corrupitque bonas nectare primus aquas.* I 17, 13 *a pereat quicumque rates et vela paravit primus.*

λοιϑ᾽ ὅστις ποτε ὁ πρῶτος ἦν γήμας, ἔπειϑ᾽ ὁ δεύτερος, εἶϑ᾽ ὁ τρίτος etc.) und vor ihnen bereits Aristophanes (Lys. 946 κάκιστ᾽ ἀπόλοιϑ᾽ ὁ πρῶτος ἐψήσας μύρον); und der Kreis schliefst sich uns nach Form und Materie, wenn wir wahrnehmen, dafs diese Verfluchung eines gedachten Erfinders von Euripides ausgeht: Hipp. 407 ὡς ὄλοιτο παγκάκως ἥτις πρὸς ἄνδρας ἤρξατ᾽ αἰσχύνειν λέχη πρώτη ϑυραίοις.[1]) Auch die Amoris viae kehren wieder Trin. 667 atque ipse Amoris teneo omnis vias, und so sagt Properz I 1, 17 nec meminit notas ut prius ire vias, der Sohn des Πόρος, selbst πόριμος, ἀεί τινας πλέκων μηχανάς.[2]) Wenn so der erste (und zweite) Vers des Persa sicher dem Original gehören, so ist hier wieder recht deutlich zu sehen, wie Plautus in freier Bewegung den Gedanken der Vorlage stofflich ausführt; denn die gleich folgende Aufzählung der Heraklesthaten ist sein Zusatz: er läfst Herakles den aper Aetolicus bezwingen, natürlich aus eigner Reminiscenz, die ihn täuscht.

Noch einige Einzelheiten, die durch die Übereinstimmung plautinischer Wendungen mit späterer Erotik das plautinische Gut den Originalen zuweisen. Der halbverführte Ephebe will den Ort fliehen, ubi ego capiam — pro galea scaphium — pro hasta talos — ubi mi pro equo lectus detur, scortum pro scuto accubet (Bacch. 69 sq.): so von Achilles Ovid her. 3, 117 tutius est iacuisse toro, tenuisse puellam — quam manibus clupeos et acutae cuspidis hastam et galeam pressa sustinuisse coma. In der folgenden Scene sagt der Pädagog v. 111 Lycurgus mihi quidem videtur posse hic ad nequitiam adducier, ebenso in einer der Menanderepisteln Alkiphrons, I 29, 3: καὶ Βακχίδος οὐδ᾽ ἂν τῶν σκυϑρωποτάτων τις ἀπόσχοιτο.[3]) — Die Dirne im Truculentus kündigt mit folgenden Worten an, dafs sie den Widerstrebenden bezwingen werde,

---

1) Von anderer Art bei ähnlichem Ausdruck Soph. Ai. 1193.

2) Plat. symp. 203. — Den clavus Cupidinis Asin. 156 kann ich nicht nachweisen, doch vgl. Hegesippos bei Athen. VII, 290 v. 24 πρὸς τὴν ϑύραν ἑστήξετ᾽ ἀχανής, προσπεπατταλευμένος. Trin. 667 sq. und II 1, Cist. II 1 (o. S. 133) περὶ ἔρωτος, vgl. Athen. XIII c. 13 sq. Stob. floril. 64 u. a. Die catenae Menaechm. 79 (cf. Hor. sat. II 7, 30) kehren als Liebesketten wieder Ov. her. 20, 87 sq. Ein anderes menandrisches Motiv erotisch gewendet Ov. am. II 12, 9: Bacch. 930 (sine classe sineque exercitu); vgl. Bacch. 1000 und Lukian 10, 3 (οὐδὲ τὸ χαίρειν προσέγραψε). Die lex amatoria (Asin. IV, 1) Tib. I 6, 69.

3) Am Schlufs desselben Briefes: κἄν μοι κνισμός τις πρὸς αὐτὸν ἢ διαφορὰ γένηται, δεήσει με ἐπὶ τῆς σκηνῆς ὑπὸ Χρέμητός τινος ἢ Ψειδήλου πικρῶς λοιδορεῖσϑαι, vgl. Most. 1149 sq. und die dazu Hermes XVIII, 560 angeführte Stelle Machons, der ich Ar. Pac. 146 und Cic. ad fam. VII, 11, 2 hätte hinzufügen können.

v. 317: *verum ego illum, quamquam violentust, spero immutari pote
blandimentis, oramentis, ceteris meretriciis: vidi equom ex indomito do-
mitum fieri atque alias beluas.* Wer an *equom* (für *equidem*) zweifelt,
mufs den Stier oder Löwen oder aliam beluam dafür einsetzen; das
Gleichnifs ist der Elegie ganz geläufig: *tempore lenta pati frena do-
centur equi* (Ov. art. I 472), *indomitis gregibus (equarum) Venus adflat
amores* (Tib. II 4, 57).[1]) — Die Komödie zeigt uns was die attischen
Jünglinge sich auf offener Strafse erlauben durften; römischen Polizei-
verhältnissen entsprechen die Verse des Persa 568 sq. *venient ad te co-
missatum — noctu occentabunt ostium, exurent fores*[2]) so wenig wie das
tibullische *dum frangere postes non pudet* (I 1, 73); das ϑυροκοπῆσαι
ist aus der attischen Komödie sehr bekannt (Ar. Vesp. 1254, Antiph.
frg. 195, 6; 239, 3, Aristophon 4, 5, Diphilos 128, Ter. Ad. 88 sq.);
exurent fores (vgl. Turpil. v. 200) erklärt uns jetzt Herondas 2, 63 ἡ
ϑύρη κατήρακται τῆς οἰκίης μευ, τῆς τελέω τρίτην μισϑόν, τὰ ὑπέρ-
ϑυρ᾿ ὀπτά. Für die comissatio und das παρακλαυσίϑυρον, die keiner
sonstigen Belege bedürfen[3]), gibt der Anfang des Curculio das schönste
Beispiel. Dem bei Tibull unmittelbar vorhergehenden (I 1, 71) *neque
amare decebit dicere nec cano blanditias capite* entspricht Merc. 305 *tun
capite cano amas, senex nequissume?*[4]) der πάλιν μειρακιευόμενος πρεσ-
βύτης (Alkiphr. II 2, 1). Er ist aus der Elegie und Horaz (epod. 5, 57)

---

1) Tib. II 1, 67 *Cupido (inter) indomitas equas,* Ov. am. I 2, 15 *asper equus
duris contunditur ora lupatis.* Ovid pflegt den Stier daneben zu nennen (vgl.
auch trist. IV, 6, 1 sq.), so Properz II 34, 47 sq., II 3, 47 *ac veluti primo taurus
detrectat aratra, post venit adsueto mollis ad arva iugo, sic primo iuvenes tre-
pidant in amore feroces, dehinc domiti posthac aequa et iniqua ferunt* — nach
Kallimachos (epigr. 45, 3), vgl. Rufinus A. P. V, 21. Longus II 7, 4 ἔγνων δὲ
ἐγὼ καὶ ταῦρον ἐρασϑέντα. Tigerinnen und Löwinnen Lygd. 6, 13.
    2) Vgl. Prop. II 6, 1 sq.
    3) So wenig wie Ἄκρητος καὶ Ἔρως μ᾿ ἠνάγκασαν, wodurch das Gespräch
Aul. 737 sq. bestimmt ist; über den Ursprung des Motivs aus der Tragödie s. u.
und Meineke com. IV p. 694 sq.
    4) Mcnand. 509 u. a., Laber. 137 *incipio adulescenturire et nescio quid
nugarum facere.* Andere Anklänge derart: Curc. 192 *tun meam Venerem vitu-
peras?* und Pl. frg. inc. 46 G. *Venus venturast nostra,* vgl. Verg. ecl. 3, 68 *parta meae
Veneri sunt munera,* Lucr. 4, 1185 *nec Veneres nostras hoc fallit.* — Epid. 137
quia amor mutavit locum vgl. Prop. I 1, 36 *neque adsueto mutet amore locum,*
vgl. IV, 8, 28; dazu Ter. Eun. 972 *neque agri nec urbis odium me umquam
percipit: ubi satias coepit fieri, commuto locum.* — Cas. 617 *aut quid ego umquam erga Venerem inique fecerim, cui sic tot amanti mi obviam eveniant
morae* das tibullische Motiv I 2, 79 *num Veneris magnae violavi numina verbo*
etc. — Men. 354 *munditia inlecebra animost amantium* vgl. Ov. art. III 133 *mun-
ditiis capimur.*

genügend bekannt, der in Bacchides (Menander) Mercator (Philemon) Casina (Diphilus) Cistellaria (Menander) Asinaria [1]) ausgebildete Typus; man vergleiche nur Cas. II 3 mit Tib. I 2 89 sq. Die Matrone, die den Wegen ihres Eheherrn nicht traut, sagt Merc. 669 *reveni ut illum persequar qui me fugit*. Es ist zwar nicht die ursprüngliche Wendung (*νήπιος ὃς φιλέοντα φυγὼν φεύγοντα διώκει* Hesiod. frg. 245 Rz.), die aus Kallimachos (epigr. 31 *χούμὸς ἔρως τοιόσδε· τὰ γὰρ φεύγοντα διώκειν οἶδε*), Theokrit (6, 17; 11, 75), Catull *(nec quae fugit sectare)* bekannt ist [2]), aber ihre komische Anwendung. Apollo flieht und Daphne setzt ihm nach.

Auf die anderen stehenden Rollen dieses Kreises, besonders den Parasiten und miles gloriosus, will ich hier nicht eingehen, um ein Ende zu finden, zumal Ribbeck (Alazon, Kolax) auf das in Betracht kommende Material zur Genüge aufmerksam gemacht hat. [3])

5

Ich will nun an einigen Beispielen zeigen wie auch die Form der plautinischen Komödie in der Continuität des attischen Dramas steht. Es handelt sich hierbei in der Regel nicht um die Treue der Übertragung im Einzelnen; und in den meisten Fällen wird überhaupt nicht leicht jemand bezweifeln, dafs Plautus das dramatische Motiv der Vorlage beibehalten hat, so selten es möglich ist, indirect zu beweisen dafs er es gethan hat. Die innere Wahrscheinlichkeit überhebt uns des Beweises. Eine Erfindung zum Beispiel, wie im Rudens die schiffbrüchigen Mädchen I 2, denen Mitleid und Zuneigung der Hörer zufliegen, und dann

---

1) Verwandt der gegen die Liebschaften der Söhne nachsichtige Vater: Asin. 64 (vgl. Bacch., Epid., Pseud.), von Menander ausgebildet (Ter. Ad.), von Euripides vorgebildet: frg. 951.

2) Ter. Hec. 343 *nam qui amat cui odio ipsust, eum bis facere stulte duco: laborem inanem ipsus capit et illi molestiam adfert.*

3) Über den Parasiten vgl. aus Alkiphron I 21, 2 mit Men. 456; III 6, 2 mit Curc. 396 (ähnliches III 45, 2 u. oft, wie Capt. 88 u. a.); III 49, 1 mit Capt. 80 sq. und Men. 104 sq.; III 62, 3 und 63 (der Adressat heifst *Πιναχοσπόγγισος*, das ist zwar eine greuliche Form aber der Bedeutung nach *Peniculus*, Men. 78); III 7, 5 mit Capt. 90 (Plautus hat die porta Trigemina eingesetzt; richtig beurtheilt von Lobeck Aglaoph. p. 1033). Dagegen ist in der *μελέτη* des Libanios IV p. 216—227 (*παράσιτος τοῦ τρέφοντος αὐτὸν φιλοσοφήσαντος ἑαυτὸν προσαγγέλλει*) kein Anklang an die Komödie, so sehr man dergleichen in der Beschreibung des *βίος παρασιτικός* p. 219, 17—222, 1 erwarten sollte. Auch die andere Parasitenrede (IV p. 150 sq.) zeigt wie frei Libanios in der Erfindung und Ausführung sich von den Mustern hält aus deren Sphäre er seine Stoffe nimmt. Auch Lukians *Παράσιτος* hat von der Komödie nur den Typus.

die Parallelscene II 6, in der die schiffbrüchigen Bösewichter die entgegengesetzten Gefühle erregen, oder wie im Trinummus, wo die ersten
Scenen angefüllt sind mit den Klagen der würdigen Bürger über die
Verschlechterung der Sitten und gegen Ende der Sclave dasselbe Thema
scurril behandelt (S. 117), solche Erfindungen können nur innerhalb
einer auf der Höhe stehenden Kunstübung gedacht werden, nicht in der
zweiten Generation einer importirten Dichtung; dafs Plautus die Con-
ceptionen des Diphilus und Philemon so empfunden hat wie er sie
wiedergibt ist Ruhm genug.

Um Fälle zu finden, in denen sich der attische Ursprung eines
Motivs beweisen läfst, müssen wir uns in der Regel an die Tragödie
halten. Die alte Komödie verwendet überhaupt noch keine künstlichen
Mittel des dramatischen Aufbaues; und ob die mittlere es gethan hat
können wir nicht beurtheilen. Mit der euripideischen Tragödie aber
und auch der jüngeren sophokleischen steht die Ökonomie der plautinischen und terenzischen Komödie im engsten Zusammenhang; es gilt
hier wieder, dafs euripideische Motive bei Plautus ohne weiteres den
Dichter der attischen Komödie darthun.

Die ἀναγνώρισις ist aus der Odyssee, wo sie das herrschende
Motiv ist, in die Tragödie übergegangen (Aristot. poet. c. 16); aus äufse-
rem Zeichen wie dort geschieht sie in den Choephoren, obwohl Aristoteles diese Erfindung höher classificirt. Geschwister erkennen sich
wieder in den drei Elektren, in der taurischen Iphigenie, im Chryses,
Ehegatten in der Helena; Mütter ihre Kinder, mit sehr verschiedenem
Pathos, in Sophokles' Oedipus, Mysern, Tyro. Diese Erfindung, die
auf die Wiedererkennung des frühverlorenen Sohnes durch die Mutter
hinausläuft, hat Euripides in vielen Beispielen durchgebildet, im Kres-
phontes, der gefangenen Melanippe, im Ion, in Antiope und Hypsipyle;
Eltern finden den Sohn im Alexandros, der Vater den Sohn in der
Auge (v. Wilamowitz anal. Eurip. 189), im Aigeus und der falschen Erkennungsscene des Ion; nicht in dieser sondern in dem Suchen und
Finden der Mutter und des Sohnes klingen die herrlichsten Töne des
natürlichen Gefühls, es ist eins der Motive, an deren Gestaltung Euripides' innerste Seelenstimmung betheiligt war. Auch hier hat Euripides
nicht nur der jüngeren Tragödie (wie allein die Angaben des Aristoteles
zeigen und die Stücke des Pacuvius, besonders Atalanta und Medus, und
des Accius (Pelopidae, Phinidae) bestätigen), sondern auch der Komödie
seinen Stempel aufgedrückt. [1]) Die Conflicte der terenzischen Stücke aufser

---

1) Aristophanes: vit. p. XXVIII, 69 D. ἔγραψε Κώκαλον, ἐν ᾧ εἰσάγει φθορὰν

Phormio lösen sich sämmtlich durch ἀναγνώρισις, unter den 21 plautinischen werden neun (denn die Casina mufs zugerechnet werden) durch
dies Motiv bestimmt; in zweien erkennen sich Geschwister wieder (Men.[1])
Curc., auch Epid.), im Epidicus ein altes Liebespaar (vgl. Helena), in
den übrigen finden Eltern ihre Kinder, aber freilich, dem Charakter der
Komödie entsprechend, fast immer der Vater (im Poenulus der Oheim);
nur in der Cistellaria hören wir den Nachklang des euripideischen
mütterlichen Pathos.[2]) Durch die zögernde Aufnahme der stürmischen
Begrüfsung in Poenulus und Curculio werden wir lebhaft an die beiden
Scenen des Ion 508 sq. und 1337 sq. erinnert.[3]) Mit dieser, der eigentlichen Erkennungsscene des Ion hat die des Rudens insofern auffallende
Ähnlichkeit, als hier 1129 sq. wie dort der eine Theil den Inhalt des
Behälters mit den Wahrzeichen einzeln angeben mufs um Glauben zu
finden, freilich hier das verlorene Kind, dort die erkennende Mutter.
Es ist sicher kein Zufall, dafs die drei Stücke des Philemon keine ἀναγνώρισις haben, dagegen alle drei des Diphilus und von den wahrscheinlich menandrischen Poenulus und Cistellaria, wie alle vier von Terenz aus-
gewählten. Gewifs war es Menander, der der ἀναγνώρισις die bevorzugte Stellung in der Komödie gegeben hat (S. 142 A. 1).

Eng mit der ἀναγνώρισις hängt wenigstens in der Tragödie das in
der Bethörung des fröhlichen Festes begangene stuprum zusammen, so in
der Auge und im Ion, auch im Acolos (Antiphanes 18). In der Aulularia ist die That Cereris vigiliis (v. 795), in der Cistellaria an den Dionysien (v. 156) im Rausch begangen, im Truculentus vini vitio (828),
vgl. Ter. Ad. 470 und eine Reihe von Stellen der Komödie, die Meineke
IV p. 694 anführt, vgl. pall. inc. frg. 47 R. (= adesp. 1274 K.), in der
Auge am festum Minervae (Meineke com. V p. 57), im Ion gleichfalls am
Dionysosfest (v. 550 sq.). Wie der Jüngling in der Aulularia entschuldigt
sich Herakles frg. 265 νῦν δ' οἶνος ἐξέστησέ μ' · ὁμολογῶ δέ σε
ἀδικεῖν, τὸ δ' ἀδίκημ' ἐγένετ' οὐχ ἑκούσιον: ego me iniuriam fecisse
filiae fateor tuae, Cereris vigiliis, per vinum atque impulsu adulescentiae

---

καὶ ἀναγνωρισμὸν καὶ τἄλλα πάντα ἃ ἐζήλωσε Μένανδρος. Vgl. schol. Aristid.
p. 458, 21 D.

1) Die Erkennung der Zwillinge ist in der Atalanta vorgebildet (Pacuv.
v. 61 sq.), wenn wir auch nicht wissen auf welche Weise.

2) Rud. 1202 quid conspicor? uxor complexa collo retinet filiam. nimis
paene inepta atque odiosa eius amatiost. aliquando osculando meliust, uxor,
pausam fieri.

3) Aus der gleichfalls sich verzögernden, ja mifsglückenden ἀναγνώρισις in
Goethes Iphigenie hätte sich niemals eine komödienhafte Gestaltung des Motivs
entwickeln können. Das möge man vergleichen und beherzigen.

(794, cf. 738 sq.), so Xuthos im Ion, 545 μωρίᾳ γε τοῦ νέου (553 κάτοινον ὄντα).

Das Motiv der Schutzflehenden ist seit Aischylos oft nicht nur als Hauptmotiv, so dafs sich um den Altar der Bühne von Anfang bis zum Ende die Handlung concentrirt, sondern auch als wichtiges Nebenmotiv verwendet worden, wie von Euripides in Andromacha Ion Helena Orestes. So hat Diphilus die mittlere Parthie des Rudens (III. Akt) durch die sehr bewegte und figurenreiche Handlung ausgefüllt, dafs die beiden Mädchen auf den Altar der Hera flüchten, der Kuppler sie herunterreifsen will. Daemones auf Trachalios Bitten sie schützt, bis der Liebhaber kommt und den Kuppler abführt, alles mit Charmides als schadenfrohem Zuschauer. Labrax der Kuppler will die Mädchen mit Gewalt entführen (760. 783. 796) wie der Herold in den Herakliden (67. 267) und Aischylos Hiketiden (876 K.), Kreon im Ödipus auf Kolonos (818)[1], er will Feuer an den Altar legen (761 sq.) wie Lykos Her. 244, Hermione Andr. 257[2]), Daemones stellt Posten vor den Altar und hält den Bösewicht mit Gewalt zurück; die allgemeine Ähnlichkeit mit der oft wiederkehrenden Tragödiensituation liegt vor Augen. Aber es besteht aufserdem eine auffallende Übereinstimmung mit der Mittelscene des Ödipus auf Kolonos, v. 720—1043. Auch Kreon bemächtigt sich zweier Mädchen; wenn er auch nicht beide vom Altar reifst, werden doch beide aus seinen Händen befreit; Labrax wird weder an die Mädchen heran noch von der Stelle gelassen (815 sq.), auch Kreon soll wider seinen Willen zurückgehalten werden (909). An Parodie wird man freilich nicht denken dürfen, so leicht es Diphilus gewesen sein mufs, durch ein paar bezeichnende Wendungen an Sophokles anzuklingen[3]); es ist das Fortwirken des Motivs in der Ausbildung, die es in einem berühmten Stück erhalten hat, um so bemerkenswerther, als solche Wirkung in der Regel von euripideischen, selten von sophokleischen Stücken ausgeht.

Der Rudens hat eine zwar innerlich einheitliche, aber äufserlich zweigetheilte Handlung. Der erste Theil gruppirt sich um die Schiff-

---

1) In der jungen Tragödie Periboea: Pacuv. v. 295 *tu, mulier, tege te et tuta templo Liberi* (vgl. Rud. 707. 454), v. 304 *quamquam aetas senet, satis habeam virium ut te ara arceam.* Auch Daemones ist senex.

2) Die Scholien bemerken dazu ὅτι ἔθος ἦν πῦρ προσφέρειν τοῖς εἰς βωμὸν καταφεύγουσιν. Vgl. Ar. Thesm. 726 sq.

3) Z. B. sagt Labrax v. 788 *ego recessero; verum, senex, si te umquam in urbe offendero, numquam hercle quisquam me lenonem dixerit, si te non ludos pessumos dimisero* und Kreon v. 1036 οὐδὲν σὺ μεμπτὸν ἐνθάδ' ὧν ἐρεῖς ἐμοί, οἴκοι δὲ χἠμεῖς εἰσόμεσθ' ἃ χρὴ ποεῖν.

brüchigen, die Mädchen und den Kuppler mit seinem Kumpan, der zweite Theil um Gripus und seinen Fischzug; die Einheit der Handlung liegt darin dafs das Ganze auf die Lösung von Palästras Schicksal, die Wiedergewinnung der verlorenen Tochter des alten Daemones hinausläuft. Diphilus hat nun die beiden Theile nicht einfach nebeneinandergestellt, wie wir es im Miles und Poenulus sehen und tadeln, sondern ihre Verbindung künstlich motivirt. Plesidippus hatte einige Freunde aus der Stadt mitgebracht, die ihm helfen sollten den Kuppler dingfest zu machen; mit diesen war er an den Strand gegangen (157) und dann, von Trachalio geholt, allein auf den Schauplatz am Venustempel zurückgekehrt. Jetzt, im Begriff den Kuppler abzuführen, erinnert er sich der advocati und sagt zu Trachalio v. 855 *abi sane ad litus curriculo, Trachalio, iube illos in urbem ire obviam ad portum mihi —; post huc redito*. Bei der Ausführung dieses Befehls beobachtet Trachalio den Gripus, wie er den ans Land gespülten Koffer findet (1019 *at ego inspectavi e litore)*, und hindert ihn die Beute zu entführen. In der Tragödie ist die Zerlegung einer $\pi\varrho\tilde\alpha\xi\iota\varsigma$ $\sigma\pi o v\delta\alpha\iota\alpha$ $\varkappa\alpha\iota$ $\tau\varepsilon\lambda\varepsilon\iota\alpha$ in zwei durch die innere Einheit zusammengehaltene Abschnitte eine echt euripideische Form, berühmte Beispiele sind Herakles, Andromache, Hekabe. Am Rudens läfst es sich recht deutlich demonstriren wie die Erfindung der plautinischen Komödie von Euripides beeinflufst ist. Die zwei Abschnitte der Hekabe[1]) sind durch folgendes Motiv äufserlich in Verbindung gesetzt. Hekabe befiehlt, nachdem sie den Bericht über Polyxenas Opferung gehört hat, einer Dienerin an den Strand zu gehen und Wasser zur Leichenwaschung zu holen (609): $\sigma\grave\upsilon$ δ' $\alpha\tilde\upsilon$ $\lambda\alpha\beta o \tilde\upsilon\sigma\alpha$ $\tau\varepsilon\tilde\upsilon\chi o\varsigma$, $\alpha\varrho\chi\alpha\iota\alpha$ $\lambda\alpha\tau\varrho\iota$, $\beta\alpha\psi\alpha\sigma$' $\varepsilon\nu\varepsilon\gamma\varkappa\varepsilon$ $\delta\varepsilon\tilde\upsilon\varrho o$ $\pi o\nu\tau\iota\alpha\varsigma$ $\alpha\lambda o\varsigma$, $\omega\varsigma$ $\pi\alpha\tilde\iota\delta\alpha$ $\lambda o\upsilon$-$\tau\varrho o\tilde\iota\varsigma$ $\tau o\tilde\iota\varsigma$ $\pi\alpha\nu\upsilon\sigma\tau\alpha\tau o\iota\varsigma$ $\varepsilon\mu\grave\eta\nu$ $\lambda o\upsilon\sigma\omega$. Dort findet die Dienerin die ans Land gespülte Leiche des Polydoros (698 $\varepsilon\pi$' $\alpha\varkappa\tau\alpha\tilde\iota\varsigma$ $\nu\iota\nu$ $\varkappa\upsilon\varrho\tilde\omega$ $\vartheta\alpha\lambda\alpha\sigma\sigma\iota\alpha\iota\varsigma$), sie bringt sie der Herrin; so ist der Übergang zum zweiten Theil des Stückes vollzogen. Die Identität der Motivirung springt ins Auge, es kann nicht anders sein als dafs Diphilus sich mit Bewufstsein an die euripideische Erfindung angelehnt hat.[2])

Die Mittelhandlung des Rudens wird eingeleitet durch ein Motiv das

---

1) Schol. 80 $\gamma\iota\gamma\nu\varepsilon\tau\alpha\iota$ $\delta\iota\pi\lambda o\tilde\upsilon\nu$ $\tau\grave o$ $\pi\alpha\vartheta o\varsigma$ $\tau\tilde\eta\varsigma$ $\tau\varrho\alpha\gamma\omega\delta\iota\alpha\varsigma$ $\pi\tilde\eta$ $\mu\grave\varepsilon\nu$ $\Pi o\lambda\upsilon\xi\varepsilon\nu\eta\nu$ $\grave o\delta\upsilon\varrho o\mu\varepsilon\nu\eta\varsigma$, $\pi\tilde\eta$ $\delta\grave\varepsilon$ $\Pi o\lambda\upsilon\delta\omega\varrho o\nu$.

2) Von anderer Art ist die Zweitheilung der alten Komödie, die wie Plutarch es ausdrückt (Lucull. 39) $\tau\grave\alpha$ $\mu\grave\varepsilon\nu$ $\pi\varrho\tilde\omega\tau\alpha$ $\pi o\lambda\iota\tau\varepsilon\iota\alpha\varsigma$ $\varkappa\alpha\iota$ $\sigma\tau\varrho\alpha\tau\eta\gamma\iota\alpha\varsigma$, $\tau\grave\alpha$ δ' $\upsilon\sigma\tau\varepsilon\varrho\alpha$ $\pi\delta\tau o\upsilon\varsigma$ $\varkappa\alpha\iota$ $\delta\varepsilon\tilde\iota\pi\nu\alpha$ $\varkappa\alpha\iota$ $\mu o\nu o\nu o\upsilon\chi\iota$ $\varkappa\tilde\omega\mu o\upsilon\varsigma$ $\varkappa\alpha\iota$ $\lambda\alpha\mu\pi\alpha\delta\alpha\varsigma$ $\varkappa\alpha\iota$ $\pi\alpha\iota\delta\iota\alpha\nu$ $\alpha\pi\alpha\sigma\alpha\nu$ enthält. Diese Form haben Persa und Stichus, vgl. v. Wilamowitz ind. schol. Gott. 1893/94 p. 22.

wie die ἀναγνώρισις aus Homer stammt, von Stesichoros in der Orestie,
von Aischylos in Persern und Choephoren (und danach von Sophokles in
der Elektra[1]), von Euripides in der Hekabe und taurischen Iphigenie
angewendet worden ist[2]), durch die Erzählung eines nächtlichen Traumes,
dessen Inhalt sich dann in den Ereignissen der Handlung erfüllt. Daemones erzählt in einem Monolog [seinen Traum der letzten Nacht, wie
er ein paar Schwalben in ihrem Nest gegen die Angriffe eines Affen
vertheidigt habe.   Er beginnt v. 593:

> miris modis di ludos faciunt hominibus:
> ne dormientis quidem sinunt quiescere;
> velut ego hac nocte quae praecessit proxuma
> mirum atque inscitum somniavi somnium,

und schliefst:

> nunc quam ad rem dicam hoc attinere somnium,
> numquam hodie quivi ad coniecturam evadere.

Daran schliefst sich sofort die Lösung des Räthsels durch die Ereig-
nisse, wie an den Traum der Atossa das Unglück des Xerxes, wie der
Traum der Hekabe die beiden in der Tragödie vor Augen tretenden
Schicksalsschläge vordeutet.   Das ist also ganz im Stil der Tragödie,
eins der Motive, die für die Komödie besonders geeignet waren, weil
die Situation so recht aus dem griechischen Leben gegriffen ist.[3]) Das
Motiv wiederholt sich im Mercator, mit einer auffallenden Übereinstimmung.   Auch hier erzählt ein senex, der alte Demipho, seinen Traum,
auch in ihm spielt ein Affe eine Rolle, er beginnt und schliefst mit fast
denselben Worten (v. 225):

> miris modis di ludos faciunt hominibus
> mirisque exemplis somnia in somnis danunt.

---

1) Robert Bild und Lied 169 sq. Wilamowitz Hermes XVIII, 216.

2) Der Handlung des Alexandros liegt der Traum der Hekabe voraus, er
kam im Prolog vor; vgl. Cic. de div. I 42 (Ribbeck frg. trag. p. 235), und 44 der
Traum des Tarquinius in Accius' Brutus (p. 253 R.), auch eine dramatische Erfindung, während der von Alexandros episch ist wie die herodotischen der
Mandane und Agariste.

3) Schon Aristophanes im Eingang der Wespen hat das Motiv angewendet;
Alexis frg. 272, vgl. Laberius v. 69. In anderer Weise der Traum des Kupplers
im Curculio, den er bei Asklepios geträumt hat; der steht auf einer Stufe mit
dem bösen Opfer des Kupplers im Poenulus. Sonst vgl. Alkiphr. III 59, Amph.
739 sq. Luscius Lanuvinus *insanum scripsit adulescentulum cervam videre fugere
et sectari canes et eam plorare, orare ut subveniat sibi* (Ter. Phorm. prol.): das
gehört wahrscheinlich in eine Traumerzählung derselben Art wie in Rudens und
Mercator.

velut ego hac nocte quae praeteriit proxuma
in somnis egi satis et fui homo exercitus,
und nach der Erzählung:
hoc quam ad rem credam pertinere somnium
nequeo invenire; nisi capram illam suspicor
iam me invenisse quae sit aut quid voluerit.

Hier, wo es sich um ein ohne Zweifel der attischen Komödie eignes
Motiv handelt, ist es methodisch wichtig, die Übereinstimmung zu erklären. Der einzige der meines Wissens die Frage aufgeworfen hat,
Marx im Greifswalder Programm von 1892/93 p. IX, beantwortet sie
dahin, dafs Plautus den Traum im Mercator auf eigne Hand und zwar
mit wenig Glück dem Muster des Rudens, also des Diphilus, nachgedichtet habe. Hieran ist vollkommen richtig, dafs die Erzählung im
Mercator die schlechtere von beiden ist, die im Rudens kurz, treffend
und witzig, die andere breit und unübersichtlich, die Anspielungen er-
zwungen und ohne Anmuth. Diese Erzählung als mangelhafte Nachahmung anzusehen und auf Plautus' Rechnung zu setzen hätte an sich
nichts bedenkliches. Aber man mufs zugeben, dafs die Erzählung mit
dem Traummotiv selbst steht und fällt: entweder fand Plautus in beiden
Originalen den Traum vor, dann fand er auch beide Erzählungen vor;
oder er hat eine von beiden Erzählungen selbst erfunden, dann hat er
da auch das Motiv erfunden. Die übrigbleibende Möglichkeit, dafs er in
einem Falle die im Original vorhandene Traumerzählung durch eine
andere ersetzt habe, erledigt sich durch ihre Unnatürlichkeit, denn man
müfste annehmen dafs er die vorhandene bessere durch eine schlechtere
ersetzt hätte. Nun ist ja die Möglichkeit nicht einfach abzuweisen, dafs
Plautus, wie Accius im Brutus, in dem einen von beiden Stücken das
Motiv selbst angebracht haben könnte. Aber die Sache liegt so, dafs
dieses Stück der Rudens sein müfste. In den beiden Traumscenen steht
die Güte des Motivs im umgekehrten Verhältnifs zur Güte der Erzählung:
so passend der Traum im Mercator angebracht ist, so unorganisch im
Rudens. Zum ersten: das Motiv gehört an den Anfang des Stückes;
bei Tagesanbruch kommt Atossa, Hekabe, Iphigenie, kommen die Sclaven
in den Wespen von ihrem Lager und erzählen das eben Geträumte; oder
die Bewegung, die durch den merkwürdigen Traum und seine Sühnung
im Hause entsteht, wird alsbald bemerkbar, wie durch die Choephoren
(die Erzählung selbst erst 523 sq.) und die Meldung der Chrysothemis;
oder die Person, die geträumt hat, theilt doch bei ihrem ersten Auftreten
den nächtlichen Eindruck mit, wie Klytämnestra. So erscheint nach
der in der Sache begründeten Regel vollkommen richtig Demipho im

Mercator gleich nach der Anfangsscene und gibt einen breiten sym-
bolischen Rahmen für die gesammte Handlung des Stücks. Dagegen im
Rudens haben wir Daemones schon einen Akt hindurch auf der Bühne
gesehen und es ist ein wunderlicher Eindruck, wie er nun, ganz beschäftigt mit der Vision der Nacht, von neuem auftritt. Das führt auf
die zweite Unzuträglichkeit: die letzte Nacht im Hause des Daemones
war keine Traumnacht: *pro di immortales, tempestatem quoius modi
Neptunus nobis nocte hac misit proxima! detexit ventus villam*, so fängt
das Stück an. Man denke sich die Traumerzählung am Anfang des
Stückes, wohin sie eigentlich gehörte, und wird empfinden wie unnatür-
lich sie da wäre. Hieraus folgt: für den Mercator ist die Scene erfunden, im Rudens ist sie nachgemacht; die Erzählung ist feiner geworden, das Motiv ist übel angebracht: der Zweck des Nachahmers war
eben, die Erzählung zu verfeinern; dafs das Motiv die Erfindung eines
ganzen Stückes bestimmen mufs und ohne das nicht an seiner Stelle
ist, hatte der Dichter nicht bedacht. Diese Nachahmung nun dem
Plautus zuzuschreiben sehe ich gar keinen Grund; das Original bedurfte eines Auftretens des Daemones zur Vorbereitung der folgenden
Scene; wenn Plautus die Unzulänglichkeit der Erzählung im Mercator
empfand, so hätte er sie ja anders gestalten können. Das Original des
Mercator war von Philemon, das des Rudens von Diphilus; erfunden
hat das Motiv, in Nachfolge der Tragödie, für seinen Ἔμπορος Philemon, aufgenommen hat es und dafür eine bessere Geschichte erfunden
und gestaltet Diphilus; die Verbesserung ist ihm gelungen wie sie es
mufste, aber dem Schicksal des Nachahmers, der durch die vorliegende
Erfindung des Vorgängers beengt ist, ist er doch verfallen.[1]) Der gleiche

---

1) Im Mercator leistet Lysimachus dem Demipho denselben Dienst wie in
der Casina Alcesimus dem Lysidamus: hier Diphilus, dort Philemon. In beiden
Stücken zwei Ehepaare, die Variation der Handlung gestatten. Man vergleiche
nur Cas. II 3 mit Merc. IV, 2. 3. In den Κληρούμενοι trat der jugendliche
Liebhaber auf, den Plautus weggelassen hat, während er den des Ἔμπορος
beibehielt; die Ähnlichkeit war also in den Originalen ohne Zweifel erheblich
gröfser, denn hier wie dort will der Vater dem Sohn die Geliebte vorenthalten
und hier wie dort steht in der Mitte des Stückes der Alte am Ziel seiner
Wünsche. Der Eingang der Casina hat grofse Ähnlichkeit mit dem der
Mostellaria (gleichfalls Philemon). Überhaupt verdient genaue Behandlung das
Verhältnifs der plautinischen Stücke zueinander in der Anlage und wichtigen
Motiven; wie die Übereinstimmung von Curculio und Poenulus, von Pseud. II 4
und Epid. I 2, wie in der Asinaria nicht nur der Truculentus (oben S. 134,
doch vgl. zu v. 127), auch (II 3. 4.) Pseudolus und (815. 851 sq. 885) Menaechmi
nachgeahmt sind. Dergleichen geht ohne Zweifel stets auf die Originale zurück. Heaut. 99 sq. (besonders 110 sq.) ist mit Merc. 46 sq. so augenscheinlich

Wortlaut gehört also auch den Originalen an; dafs Plautus seine frühere Übersetzung verwendete ist natürlich.[1]) Wie die Komödiendichter unbedenklich ihren Vorgängern Gedanken und Verse entnahmen, ist genugsam bekannt; für die römische Übertragung genügt es auf Trin. 791 sq., Mil. 250 sq. und Phorm. 704 sq. zu verweisen, wo wieder Philemon voransteht.[2])

Noch auf eine Einwirkung will ich hinweisen, die das in der Erfindung reichste und modernste, in der Ausführung glänzendste Stück aus Euripides' letzter Zeit, die Helena, auf die Komödie geübt hat. Sie enthält neben grofsen Motiven und starkem Pathos komödienhafte Elemente, wie die grade durch die Farbe des niederen Lebens stark wirkende Scene zwischen Menelaos und der alten Dienerin, eine im späteren Sinne komödienhaft verschlungene Handlung und in der Überlistung des Theoklymenos ein sorgfältig durchgeführtes Intriguenspiel, wie es der neuen Komödie eigen ist. Wer die Brücke sucht, die von Euripides zur νέα führt, kann getrost von der Helena aus seinen Weg nehmen; wobei es natürlich nur ein glücklicher Zufall ist, wenn in einer bestimmten Komödie sich der Reflex der einzelnen Tragödie spiegelt. Die Scene kurz vor dem Schlufs, v. 1390—1450, in der Helena, geführt von Menelaos, begleitet von den Dienern die ihr die Opfergaben des Theoklymenos vorantragen, vom König, mit der Absicht ihn zu verrathen und dem verkleideten Gatten zu folgen, scheidet und nun in vielen Worten mit der Gefahr spielt und in dem Zuschauer das schauerlich wollüstige Gefühl verschärft, dafs die Entscheidung auf der Schneide schwebt, diese Scene hat auffallende Ähnlichkeit in der Anlage mit der im Miles gleichfalls dem Schlufs unmittelbar voraufgehenden Abschiedsscene IV, 8. Philocomasium wird von dem verkleideten Liebhaber, auch einem ναύκληρος, zum Schiffe gebracht und von den Gaben begleitet, die der übertölpelte Herr ihr mitgibt; das Schlufsgespräch führt nicht

verwandt, dafs nur die Wahl ist, Terenz von Plautus oder Menander von Philemon abhängig zu denken; wie zu wählen ist, ist mir nicht zweifelhaft.

1) Hat doch selbst Aristophanes, als er den Frieden dichtete, die Acharner wo er konnte benutzt, vgl. Pac. 293 (Ach. 269) 529 (Ach. 189 sq.) 557 (Ach. 266) 582 (Ach. 685 sq.) 633 (Ach. 374) 1174 (Ach. 112); und wie sollte er nicht das ältere Stück wieder vornehmen, wenn er ein neues mit so ähnlicher Tendenz und Hauptfigur dichtete?

2) Diphilus fand in der Hekabe, nach deren Muster der Rudens aufgebaut ist, auch den Traum vor; und man würde die Einführung des Motivs hieraus vielleicht erklären dürfen (doch ist der Zusammenhang des Traumes mit der Handlung in Hekabe und Rudens von sehr verschiedener Art), wenn der Mercator nicht wäre.

das Mädchen, sondern Palaestrio. Mit derselben Zweideutigkeit wie
Helena 1420 ἥδ ἡμέρα σοι τὴν ἐμὴν δείξει χάριν sagt Palaestrio
v. 1366 *hodie maxume scies, immo hodie me tuom factum faxo post dices
magis;* wie Theoklymenos v. 1427 auf einmal den Vorschlag macht, der
alles zu zerstören droht: βούλει ξυνεργῶν αὐτὸς ἐκπέμψω στόλον;
und Helena abwehrt: ἥκιστα, μὴ δούλευε σοῖς δούλοις, ἄναξ, worauf
er sich fügt, so Pyrgopolynices v. 1368 *vix reprimor quin te manere
iubeam,* worauf Palaestrio alle Mühe hat ihn davon abzubringen: *cave
istuc feceris, dicent te mendacem* etc.; das komische Motiv ist beidemal
dasselbe, dafs Helena wie Palaestrio in zweideutiger Ergebenheitsbezeu-
gung zuviel gethan haben. Dann kommt durch einen der Diener, die
die Gaben getragen haben, in beiden Stücken die Meldung von der
vollendeten Überlistung und die Klagen des Betrogenen (Hel. 1512 sq.
Mil. 1428 sq.). Die Ähnlichkeit der beiden Scenen liegt sowohl in der
Anlage als besonders in der listig zweideutigen Führung des Gesprächs
von seiten des Betrügenden, dem tölpelhaft gutmüthigen Eingehen von
seiten des betrogenen Machthabers. Der Betrug in der taurischen Iphigenie, deren Handlung ähnliche Elemente enthält, ist durch die heroische
Charakterisirung der Personen und die Behandlung des Dialogs über
das der Komödie zugängliche Niveau erhoben; das Motiv des Betruges
und damit die Elemente der Situationskomik ganz aus dem herrlichen
Stoff herauszuschneiden und den Conflict der Handlung unter den dem
Griechen und Barbaren gemeinsamen Bedingungen der einfachen Mensch-
lichkeit zu lösen hat erst Goethe vermocht.

In den Zusammenhang, von dem ich hier handle, gehören auch die
Prologe. An diese knüpfen sich aber so viele Fragen, die ausführliche
Behandlung erfordern, dafs ich es vorziehe was ich über die Prologe zu
sagen habe in einem eigenen Kapitel vorzubringen.

6

Wir haben bisher Plautus in seiner reproducirenden Thätigkeit beobachtet. Wie er mit dem übernommenen Gut der attischen Komödie
frei geschaltet hat, das im Einzelnen zu ermitteln ist Sache der dem
Dichter Schritt für Schritt nachgehenden Interpretation. Specifisch Römisches und individuell Plautinisches leuchtet fast in jeder Scene aus
der griechischen Umgebung heraus. Die breite Ausspinnung des einem
Canticum zu Grunde liegenden Gedankens, der etwa in einem kurzen
Monolog des Originals einfach ausgesprochen worden war, die derb
witzige Weiterführung eines fein und attisch beginnenden Dialogs, dergleichen ist leichte Beute in jedem plautinischen Stück. Aber Plautus

hat sich nicht auf die freie Wiedergabe des zubereiteten Stoffes in der fertigen Form beschränkt, er hat fortgelassen[1]) und zugesetzt, zusammengestrichen und erweitert, er hat auch, wie Horaz ihm vorwirft, nicht nur die Charakterzeichnung verstümmelt oder übertrieben, sondern auch mancher attischen Komödie den sicheren und aufrechten Gang gelähmt. Es ist bare Willkür, die vorliegende Gestalt von Casina und Stichus nicht für die plautinische zu halten, so sicher sie nicht in der originalen Gestalt vorliegen; sie sind das Gegenbild zu Miles und Poenulus. Kein Zweifel dafs die plautinischen Komödien die besten sind, deren Form Plautus gelassen hat wie sie dem Geiste des Meisters entstiegen war und denen er nur in der Ausführung von Spiel und Rede die bunten Züge seines zwischen griechisch und römisch schillernden Stiles aufgeprägt hat, Komödien wie Bacchides Aulularia Mostellaria Amphitruo; kein Zweifel dafs wir an Casina und Stichus nur die Scherben von Diphilus und Menander haben, eine Farce und ein unorganisches Conglomerat sentimentaler und lustiger Scenen an Stelle von Werken des geschlossensten Stils; kein Zweifel auch dafs Poenulus und Miles den Forderungen des attischen Urtheils an die Composition einer Komödie ins Gesicht schlagen. Aber wer will uns sagen, dafs die Überfüllung plautinisch sei, die Verdünnung und Verzerrung nicht, da wir doch vom Nachlasse des Dichters nur einen Theil besitzen und schon aus diesem sehen, wie er den Geschmack seines Publicums von allen Seiten versuchte und Stücke so ganz verschiedenen Geistes wie Amphitruo und Asinaria, Captivi und Persa unterschiedslos umdichtete.

Für die Casina ist es in Prolog und Epilog direct bezeugt, dafs Plautus selbst aus der Komödie eine Posse gemacht hat: v. 65 *Plautus noluit.* Ob er im Stück des Diphilus alle Elemente dazu gefunden hat wage ich freilich nicht zu bejahen; es scheint mir sehr möglich, dafs er nur die Losung von Diphilus und die Verkleidung anders woher genommen hat; erst bei dieser Annahme kann man sich, wie ich meine, eine genügende Entwicklung der Liebesgeschichte des Euthynicus und der ἀναγνώρισις vorstellen. Im Stichus ist mit der Rückkehr der Brüder, d. h. mit dem zweiten Akt, die Handlung zu Ende und das Stück enthält aufser der Versöhnung mit dem Schwiegervater und der Verhöhnung des Parasiten, also aufser Accedentien der Heimkehr nur noch die Vorbereitungen zum Festmahl und das Fest der Sclaven, das den Schlufsakt füllt. Die Scenen des dritten und vierten Aktes sind im Sinne der Conception Menanders, da sie den veränderten Charakter der

---

1) Ter. Ad. 9 *cum Plautus locum reliquit integrum,* 13 *locum reprensum qui praeteritus neglegentiast;* in einer Komödie des Diphilus.

beiden Brüder vorführen; wie die Handlung weiterging sind wir nicht im
Stande zu sehen; aber dafs Menanders Komödie nicht diesen Schlufs
gehabt hat, würde auch ohne die unorganische Verbindung mit dem
Ganzen, die es genugsam beweist, der Stil des Schlufsaktes beweisen,
dessen Art direct den fröhlich festlichen ἔξοδοι der alten Komödie entstammt und der Art Menanders, die wir doch einigermafsen kennen,
fremd ist. Wie ein Stück der jüngeren Komödie aussah, dem ein solches
Schlufsgelage organisch zugehörte, zeigt uns der Persa[1]), und die Vergleichung der beiden ähnlichen Schlüsse mufs jeden der sehen kann
belehren, dafs der des Persa ursprünglich, der des Stichus zugesetzt ist.
Aber nicht aus eigenen Mitteln des Plautus, er ist so attisch wie möglich.
Jedes dem Persa im Charakter verwandte Stück, das eine Heimkehr von
der Reise enthielt, konnte einen solchen Schlufs liefern; Plautus hatte
nur die Verbindungsfäden zu durchschneiden, neue Fäden, ihn mit Menanders Ἀδελφοί zu verbinden, hat er diesem Schlufsakte nicht ein-
geknüpft. Wohl aber geht eine Scene vorher, die das Gelage der Sclaven
mit der übrigen Handlung in äufserlichen Zusammenhang bringt. Es ist
das Gespräch des Stichus mit seinem Herrn v. 419—453, in dem Stichus
sich Urlaub für den übrigen Tag erbittet, das Fäfschen Wein zum Ge-
schenk erhält und die cena ankündigt, die er mit Sangarinus und Ste-
phanium gemeinsam veranstalten will; dann geht er auf den Markt und
erscheint erst zur cena wieder. Das Gespräch schliefst mit einem Monolog des Stichus (436—453), während dessen Epignomus auf der Bühne
bleibt, wie man v. 458 wahrnimmt, mit Befremden, denn man mufste
denken dafs er v. 435 ins Haus ginge; dies ist ein äufseres Kennzeichen
der Eindichtung. Plautus hat das Gespräch eingefügt, um den letzten
Akt, den er anfügen wollte, vorzubereiten; v. 446 sq. gibt er denselben
Hinweis auf die Fremdartigkeit der attischen Sitte wie im Prolog der
Casina 67 sq. Bei Menander konnte v. 454 unmittelbar an 418 anschliefsen. Eine andere Eindichtung ist in der Scene des Parasiten I 3
kenntlich. Gelasimus leitet sie mit den Worten ein v. 193 *haec verba*
subigunt me uti mores barbaros discam atque ut faciam praeconis com-
pendium itaque auctionem praedicem, ipse ut vendilem. Diese Einleitung
kann nicht anders verstanden werden als dafs die nun folgende Auction
römische Erfindung ist, nicht nur Umkleidung griechischer Verse mit
römischer Farbe. Dafs im Original etwas anderes stand was Plautus
auf diese Weise ersetzte ist ja möglich, aber keineswegs mit Sicherheit
anzunehmen; Crocotium konnte gleich nach v. 192 an Gelasimus heran-

---

1) Vgl. v. Wilamowitz ind. schol. 1893/94 p. 22.

treten. Ja, das Motiv der Einlage ist schon dagewesen: v. 171 *nunc si
ridiculum hominem quaerat quispiam, venalis ego sum cum ornamentis
omnibus.* Diese Verse haben Plautus die Anregung gegeben, v. 193—235
einzudichten; wir sehen deutlich wie er gearbeitet hat.[1])

Aus dieser Komödie Menanders also hat Plautus durch Schneiden
und Flicken ein Stück hergestellt, das mit zu wenig Körper auf zu
dünnen Füfsen steht. In andern Fällen ist er nur darauf ausgegangen,
den Stoff seiner Vorlage durch andern Stoff zu erweitern und eine so
grofse Fülle von Handlung zu vereinigen wie es der Rahmen des Schau-
spiels gestatten wollte. Im einen wie im andern Falle hat er das gethan
was eine Partei unter den Litteraten der folgenden Generation dem jungen
Terenz nicht mehr gestatten wollte und mit dem Schmähwort *conta-
minare* bezeichnete. Terenz hat uns über sein Verfahren in Eunuchus
und Adelphi aufgeklärt, so dafs wir seiner Arbeit folgen können ohne
erst durch Analyse die Vorfragen lösen zu müssen. Er hat die Vereinigung der fremden Bestandtheile mit seiner eigentlichen Vorlage so
vollkommen vollzogen, dafs wir die Fugen ohne seine Angaben nicht
würden erkennen können und auf die Analyse verzichten müfsten. Dies
gelang ihm, weil er erstens die widersprechenden Elemente aussonderte
und zweitens die Theile mit überlegter und ausgebildeter Kunst anein-
anderpafste. Plautus hat auch etwas wie die organische Vereinigung
der Bestandtheile versucht, aber mit kunstlosen Mitteln; und da er einander widersprechende Motive sowohl als Charaktere beibehalten hat,
konnte die Vereinigung nicht gelingen. Die Entwicklung, die hier von
Plautus zu Terenz vorliegt, ist so wichtig für die Geschichte des römischen Dramas, dafs es gut ist, an den sicheren Beispielen der Art
des Plautus näher nachzugehen. Die sicheren Beispiele liefern Poenulus
und Miles gloriosus.[2])

Ich betrachte es als ein völlig gesichertes Resultat der zahlreichen
Untersuchungen, die in neuerer Zeit über den Poenulus geführt worden
sind, dafs das Stück aus zwei griechischen Komödien zusammengearbeitet
ist[3]); genauer ausgedrückt, Plautus hat in den *Καρχηδόνιος* (denn den
Titel des Stückes, das den Grundstock bildet, bezeugt der Prolog) hinein-
gearbeitet Scenen eines andern Stückes, das auf einer ähnlichen Erfindung
aufgebaut war.

---

1) Vgl. zu Captivi 152—166, Asinaria 127 u. a.

2) Weitere Untersuchung wird auch andere Stücke, z. B. den Pseudolus,
den sicher 'contaminirten' einreihen.

3) Überzeugend nachgewiesen ist es erst von Langen Plautinische Studien
p. 181 sq.

Die ὑπόϑεσις des Καρχηδόνιος (a) war folgende. Ein junger Mann liebt ein Mädchen, das mit seiner Schwester bei einem Kuppler dient. Die Mädchen sind noch rein, aber der Tag ist gekommen, an dem sie Hetären werden sollen, der Tag der Ἀφροδίσια. Dies zu vereiteln denkt der Liebhaber mit seinem Sclaven auf einen Plan. Dem Sclaven verräth ein Sclave des Kupplers, dafs die Mädchen freie Karthagerinnen sind, mit ihrer Amme räuberisch entführt und vom Kuppler gekauft. Der Sclave des Liebhabers weifs, dafs sein Herr als Knabe aus derselben Stadt entführt ist; aber die Mädchen als frei in Anspruch zu nehmen fehlt es an Zeugen. Da erscheint ein karthagischer Reisender, der sich als Oheim des Jünglings ausweist. Der Sclave schlägt vor, der Karthager solle den Vater der Mädchen spielen und sie so befreien; das führt zur ἀναγνώρισις, der Karthager ist in der That der Vater der Beiden, die nun dem Kuppler entrissen werden.

Das Stück, das Plautus hinzunahm (b), hatte ungefähr folgenden Inhalt. Ein junger Mann liebt eine Hetäre, die mit ihrer Schwester bei einem Kuppler dient. An Geld fehlt es ihm nicht (wie in Curculio und Pseudolus), aber der Kuppler hält ihn hin um gröfsere Summen von ihm zu erpressen (prol. 98 sq.). Daher zettelt der Sclave des Liebhabers einen der complicirten Überlistungspläne an, durch die auch in andern Stücken Kuppler zu Falle gebracht werden. Ein Landsclave. der zufällig in der Stadt ist, dem erst kürzlich zugezogenen (v. 94) Kuppler unbekannt, wird als Soldat ausstaffirt und läfst sich, mit einer Summe Geldes versehen, vom Kuppler aufnehmen, der sich dadurch eines furtum schuldig macht. Die Ausführung dieser List füllte das übrige Stück aus, den Abschlufs mögen wir uns ähnlich dem des Persa denken.

Der Poenulus verläuft folgendermafsen. Der Schauplatz ist Caly-don.[1]) Agorastocles klagt dem Milphio seine Liebe (a oder b), dieser entwickelt seinen Plan (b). Die beiden Hetären erscheinen in ihrem Putz, bereit zum Opfer zu gehen und dort Liebhaber zu locken (b). Agorastocles wird mit seinen Annäherungsversuchen zurückgewiesen; sein Verlangen nach Ausführung des Planes steigert sich, er wird auf den Markt geschickt Zeugen zu holen, während Milphio ins Haus geht

----

1) Nach v. 372 soll Adelphasium *civis Attica* werden; die Scene gehört in *b*. Aber v. 621 (auch *b*) sind die advocati *Aetoli cives*. Venus ist v. 1181 *Calydonia*, dies ist aus *a*. Im Prolog ist Calydon der Schauplatz (72. 94). Es ist wahrscheinlich, dafs Plautus den Schauplatz des Καρχηδόνιος für seinen Poenulus angenommen, aber v. 372 auszugleichen vergessen hat, dafs also *b* in Athen spielte; so Langen S. 185.

den Collybiscus zu instruiren (b). Lycus kehrt vom Opfer zurück und
führt den miles, den er zum Frühstück geladen, den Liebhaber der
Anterastilis, in sein Haus (a oder b). Agorastocles erscheint mit Zeugen,
der Plan wird durchgeführt bis zum Ruin des Kupplers, der sich aus
dem Staube macht, um Beistand zu suchen (b). Syncerastus, der Sclave
des Lycus, bringt die Opfergeräthe aus dem Tempel zurück und verräth
Milphio das Geheimnifs der Schwestern (a). Hanno erscheint, erkennt
zuerst den Neffen, dann, in Folge von Milphios neuem Plan, die Amme
der Töchter und erfährt, dafs sie heute Hetären werden sollen; die
Töchter erscheinen und sprechen in diesem Sinne. Nach der ἀναγνώρισις (a) tritt der miles aus dem Hause des Lycus, erzürnt dafs
dieser sich nicht sehen läfst (s. o.). Er wird über den Sachverhalt aufgeklärt und betheiligt sich an dem Schlufs, dem Gericht über den
zurückgekehrten Kuppler (a b).

Wer sich gegenüber dieser Composition über die Vermischung der
Motive sollte hinwegsetzen wollen, würde doch die zu Anfang und Ende
des Stückes gänzlich verschiedene Beschaffenheit und Lebenslage der
Schwestern[1]) aus keiner Absicht des Dichters erklären können. Sie
kann auch auf keine Weise einer späteren Einlage oder Umdichtung
zugeschrieben werden und ist nur erklärbar aus der Unbekümmertheit
dessen, der die Composition gemacht hat, um durchgeführte Handlung
und Charakterzeichnung, äufserlich erklärlich nur durch die Verbindung
ähnlicher aber verschieden gedachter Erfindungen.

Ich habe durch die Buchstaben angedeutet wie sich die Elemente
der beiden Stücke auf den Poenulus vertheilen; im ganzen bildet das
zweite Stück die erste, das erste die zweite Hälfte des Poenulus, der
Eingang könnte beiden gehören und der Schlufs ist auf die Verbindung
beider zugeschnitten; aufser dem Anfang kann man nur das erste Auftreten des Kupplers und die Figur des miles zunächst nicht mit Bestimmtheit dem einen der beiden Originale zutheilen.

Es ist aber nicht nur der Schlufs, der, wie es unvermeidlich war
wenn der Kuppler noch einmal auftreten sollte, die beiden Hälften verbindet, sondern Plautus hat noch einigemal in der zweiten Hälfte die
auseinander fallenden Theile der Handlung wenn auch nicht zu verschmelzen so doch zu verknüpfen versucht. Dahin gehören v. 909 (ita
paratumst) und v. 919 (satine prius quam unumst iniectum telum, iam
instat alterum?[2]), aber sie machen übel ärger; beide beruhen auf der

---

1) Langen S. 183 f. 187.
2) Auch v. 879 sq. passen in die Situation b besser als in a.

Fiction, dafs Milphio von dem glücklichen Erfolge des gegen Lycus aus-
geführten Streichs noch nichts erfahren habe, er der Erfinder und ar-
chitectus doli, der mit seinem Herrn auf der Lauer liegt und im natürlichen Verfolg der Scene III 2 Alles zuerst erfahren müfste. Aber eben
weil er das neue Motiv einführen wollte, hat der Dichter ihn nicht mit
Agorastocles (v. 711) wieder heraustreten, ihn auch nicht von dem
wieder ins Haus eingetretenen Herrn (v. 808) belehren lassen; sondern
Milphio erscheint zu Beginn des neuen Aktes mit den Worten (817)
exspecto quo pacto meae techinae processurae sient und klärt dann in
einer für diesen Stand der Handlung mindestens unerwarteten Weise
nochmals die Zuschauer über die Beweggründe seines Angriffs gegen
den Kuppler auf: *studeo hunc lenonem perdere, qui meum erum miserum*
macerat, is me autem porro verberat. Dann kommt Syncerastus und er
belauscht ihn. Dafs die Fiction gar nicht gut erfunden ist liegt auf
der Hand; sie war aber das nächstliegende Mittel, die Theile zu verbinden; und wenigstens dafs Plautus sie in dieser und den folgenden
Scenen eingehalten hat[1]) soll man ihm nicht zum Vorwurf machen. Von
v. 961 an ist das *leno addicetur tibi cum tota familia* völlig vergessen,
während doch 1280 sq. wieder auf sein Verschwinden zurückgegriffen
werden mufs.

Hier sehen wir deutlich wie Plautus verfahren ist: IV, 1—V, 4 gehören dem Καρχηδόνιος und sind nur schlecht und recht mit dem
ersten Theil verknüpft. Wir würden es danach gar nicht unglaublich
finden, dafs Plautus einfach, wie Langens Ansicht ist[2]), den Ausgang
der einen *(b)* und den Anfang der andern *(a)* Komödie gestrichen und
817—822 zur Verbindung der Theile eingeschoben, 1280 sq. die Rolle
des miles hinzugefügt hätte. Aber die Möglichkeit liegt vor und mufs
ins Auge gefafst werden, dafs auch der erste Theil nicht rein und un-
vermischt aus der andern Komödie übernommen ist, dafs Motive des
Καρχηδόνιος in ihn hinübergreifen.

Hier mufs die Untersuchung an der Scene ansetzen, die nicht mit
Sicherheit zu *b* gerechnet werden kann; es ist der 2. Akt, das erste
Auftreten des Lycus und die Unterhaltung mit Antamonides. Man darf
natürlich nicht von den Übereinstimmungen ausgehen, sondern nur er-
warten durch Unzuträglichkeiten etwas zu lernen; so gehört es in die
Umgebung des ersten Theiles, dafs der Kuppler nur zwei Hetären be-

---

1) Wie sie auch in der Parallelfassung v. 923—929 eingehalten, ja mit
ausdrücklicheren Worten weiter durchgeführt ist.
2) S. 186.

sitzt (v. 49S, Langen S. 185), aber das könnte Plautus ausgeglichen haben. Im *Καρχηδόνιος* wie in dem hinzugenommenen Stück wurden *Ἀφροδίσια* gefeiert; sich darüber zu wundern sehe ich gar keine Veranlassung. In Menanders Kolax wurde auch ἡ τῆς Πανδήμου *Ἀφροδίτης ἑορτή* gefeiert; er hat auch *Ἀφροδίσια* gedichtet[1]), *Ἀδωνιάζουσαι*[2]), *Διονυσιάζουσαι*, *Παννυχίς* sind Titel der neuen Komödie, die Hetärenfeste werden in der abgeleiteten Litteratur sehr häufig erwähnt[3]), ein Hetärenpaar oder Hetäre mit Dienerin, mit dem Schmuck beschäftigt oder von der Toilette kommend, wird in diesen Stücken in der Regel aufgetreten sein. Plautus hat vermuthlich aus mehreren Stücken der Art, die ihm vorlagen, eins auswählen können, dessen Stoff zu den *Ἀφροδισιάζουσαι* im *Καρχηδόνιος* am besten pafste. Der vom Opfer zurückkehrende Kuppler kann daher in dem einen Stück so gut wie in dem andern seine Stelle gehabt haben, wie auch der in die jüngere Hetäre verliebte Offizier, ob er nun das Mädchen erst eben im Tempel gesehen hatte (wie man aus 467 sq. 497 sq. den Eindruck gewinnt) oder sie schon länger kannte (wie 12S8 sq. 1305. 1322 vorausgesetzt ist).

Aber es liegen verschiedene Indicien vor, die die Scene 449 sq. bestimmt nach der einen von beiden Seiten weisen. Der mit den beim Opfer gebrauchten Gefäfsen (847. 863) aus dem Tempel zurückkehrende Syncerastus gehört nothwendig in den *Καρχηδόνιος* und zieht das hübsche Motiv, dafs der Herr im Ärger über die Bosheit der haruspices vom Opfer weggeht und sich die exta nach Hause bringen läfst, nach sich in dasselbe Stück. Dafs der Sclave im Original die exta, nicht

---

1) Das Fragment 85 ἀλλ' ὅταν ἐρῶντα νοῦν ἔχειν τις ἀξιοῖ, παρὰ τίνι τἀνόητον οὗτος ὄψεται; würde sogar sehr gut in den ersten Theil des Poenulus passen (v. 140. 153. 19S. 204 u. sonst, z. B. 435 sq.); aber der Gedanke ist freilich zu allgemein, um einen Schlufs zu gestatten.

2) Diphilus frg. 43, 3S οἳ δὲ νῦν σ' ἄγω, πορνεῖόν ἐστι, πολυτελῶς Ἀδώνια ἄγουσ' ἑταίρα μεθ' ἑτέρων πορνῶν, Ἀδωνιάζουσαι waren die Mädchen im Theseus (Athen. X p. 451ᵇ).

3) Vgl. Machon bei Athen. XIII p. 579ᶜ πρὸς τὴν Γνάθαιναν Δίφιλος κληθείς ποτε ἐπὶ δεῖπνον, ὡς λέγουσι, τοῖς Ἀφροδισίοις etc. Philostr. epist. 47 μηδ' Ἀττικῇ (τις εἶναι δοκεῖς), τὰς γὰρ παννυχίδας καὶ τὰς ἑορτὰς καὶ τὰ Μενάνδρου δράματα οὐκ ἄν ποτε ἠγνόησας (vgl. Meineke Menandri et Phil. rel. p. 59). Lukian dial. mer. 14, 3 hat der Liebhaber an den Ἀφροδίσια der Göttin eine Drachme geopfert; Alkiphr. II 1, 3 τὰ Ἀφροδίσια πονῶ τὰ κατ' ἔτος. vgl. § 8. Die Ἀλῷα I 33, 2 Ἀλῷα δ' ἦν κἀπὶ τὴν παννυχίδα πᾶσαι, ὥσπερ ἦν εἰκός, παρῆμεν, vgl. II 3, 4, Lukian 1, 1; 7, 4; Διονύσια Alk. I 39, 1; Lukian 11, 2 hat der Jüngling die Hetäre an den Dionysien zuerst gesehen, wie in der Cistellaria (Menander, Meineke Men. et Phil. frg. p. 209). Vgl. Athenaeus XIII p. 574. Eubulos Ὀρθάνης (frg. 75 K.). Turpilius v. 1S5 sq.

die vasa allein nach Hause zu bringen hatte (v. 491. 617) ist nicht
unwahrscheinlich, vielleicht hat Plautus das geändert, da er inzwischen
den Scherz angebracht hatte, dafs Collybiscus v. 803 von der Mahlzeit
nascht, die v. 617 noch nicht im Hause war (803 *dum lenonis familia
dormitat, extis sum satur factus probe)*. Ich meine auch, dafs das sehr
gut motivirte Auftreten des Syncerastus besser wirken würde, wenn
nicht zwischen II und IV, 2 die gedehnte Handlung des 3. Aktes stünde,
und dafs nach der Ökonomie des Originals die Scenen II und IV, 2
aufeinander pafsten; doch darüber läfst sich streiten (Langen S. 189).
Dafs aber die beiden Scenen in dieselbe Erfindung gehören, das beweisen die Stellen über die verschiedenen Vorzeichen, die sich dem
Kuppler und den beiden Mädchen aus ihren Opfern ergeben haben.
Dafs der Haruspex den beiden Schwestern verkündet hat, sie würden in
wenigen Tagen die Freiheit erlangen (1205 sq.) ist offenbar für die
Scene der *ἀναγνώρισις* erfunden *(id ego nisi quid di aut parentes
faxint, qui sperem haud scio)*; und so bringt Syncerastus es vor, als
Gegensatz gegen den üblen Erfolg seines Herrn (847 *hostiis erus ne-
quivit propitiare Venerem suo festo die* und *meretrices nostrae primis
hostiis Venerem placavere extemplo)*; dieser aber berichtet ausführlich
über die Sache 449 sq. So gehört diese Scene unweigerlich mit der
zweiten Hälfte des Stückes von Ursprung zusammen; wahrscheinlich
wird es dadurch, wenn auch nicht gewifs, dafs der miles eine Figur
des *Καρχηδόνιος* war.[1]) Er scheint dort ein ähnliches Verhältnifs zu
Anterastilis gehabt zu haben wie Agorastocles zu Adelphasium. Die Vermuthung Franckens[2]), dafs im Original auch jene ein Paar wurden, gewinnt dadurch an Wahrscheinlichkeit; und die Analyse der überlieferten
Schlüsse läfst dieser Möglichkeit auch für Plautus Raum.[3])

---

1) S. im folgenden Kapitel über den Prolog.
2) Mnemos. IV p. 170 sq.
3) Man kommt mit einem doppelten Ausgang, wie ihn zuletzt Langen
Plaut. Stud. 344 construirt, dessen Erörterung viel richtiges enthält, nicht aus.
Wir haben es zunächst mit zwei Nachdichtungen zu thun, einmal den Versen
1355—1371, die das Stück abschliefsen sollen; ihr Verfasser hat auch die
Verse 1328—30; 1349. 50; 1353 für seine Zwecke interpolirt. Sodann die
Verse 1372—1397 sind gedichtet, um 1315—1354 zu ersetzen, also vorn an
1314, hinten an 1398 anzuschliefsen. Der sich daraus ergebende relativ ur-
sprünglichste Schlufs (wie ihn Langen a. a. O. abdruckt) schliefst an 1354 die
Verse 1398—1422 an; aber auch diese enthalten Unzutreffendes und sind
schwerlich wie sie vorliegen von Plautus gedichtet. Der ächte Schlufs vermuthlich ging verloren; was bei dem In- und Übereinanderschieben verschiedener Versuche, wie die Überlieferung es aufweist, nicht verwunderlich ist.

In dem Aufbau des ersten Aktes zeigen sich Sonderbarkeiten, die vielleicht auch auf die Verbindung der beiden Stücke zurückzuführen sind. Agorastocles klagt dem Milphio seinen Liebesschmerz; die ganze Exposition aber, die uns zur Einführung in die der Handlung zu Grunde liegenden Zustände gegeben wird, besteht aus den Versen 154—158: *at ego hanc vicinam dico Adelphasium meam, lenonis huius meretricem maiusculam,* und dazu: *differor cupidine eius, sed lenone istoc Lyco, illius domino, non lutumst lutulentius.* Darauf nach ein paar Scherzen gleich Milphios Überlistungsplan. Wir verlangen aber im Verlauf des Stückes gar sehr zu wissen, welchen besonderen Anlafs die heftige Feindschaft des Agorastocles gegen Lycus hat; wir hören nur v. 548 *me amantem ludificatur tam diu,* 1097 *hunc leno ludificatur,* vgl. 818, sonst nur (772. 879, vgl. 752), dafs er der *inimicus capitalis* des Lycus ist, *propter amorem.* Überhaupt bleibt es unklar, wie wir das Verhältniss des Agorastocles zu Adelphasium auffassen sollen; er hat Geld in Fülle, hat ihr oft die Freiheit versprochen, hält aber sein Versprechen nicht, wie sie ihm vorwirft und Milphio zugibt (v. 359 sq. 374). Wir erfahren nun freilich aus dem Prolog v. 98 sq., dafs Lycus das Geld des Agorastocles nicht nehmen will, um ihn zu schrauben. Aber es war durchaus nöthig, dafs das in der Exposition zur Sprache kam; man kann sich das an dem sehr ähnlich erfundenen Curculio besonders deutlich machen (v. 61 sq.). Auch für die Charakterisirung der Adelphasium als Hetäre ist es sehr wichtig, dafs sie den Liebhaber schlecht behandelt, eben um ihn den Absichten des Kupplers geneigter zu machen. So aber versteht man das nicht. Wie sie spröde thut, scheinbar in ernstlicher Verstimmung (335 sq.), winkt er ihr mit einigen Goldstücken; man gewinnt den Eindruck, dafs der Liebhaber zu den geizigen gehört und auf Mittel sinnt, wie er die Geliebte sich aneignen kann, ohne das Geld für sie auszugeben. Plautus hat die Motivirung, die im Original vorhanden war, fortgelassen, ohne Zweifel aus einer äufseren Veranlassung. Die Stelle, an der man sie erwarten mufs, ist nach v. 158.[1]) Statt dessen setzt hier unmittelbar der Überlistungsplan des Milphio ein, der den dritten Akt, d. h. die aus *b* in den Καρχηδόνιος eingelegte Handlung vorbereitet. Dafs der Plan hier nicht an seiner ursprünglichen Stelle steht, wird sich uns aus der Betrachtung der Prologe mit Sicherheit ergeben.[2]) Somit ist es nicht Vermuthung, sondern Gewifsheit, dafs Plautus in die Exposition des

---

1) Vgl. Langen p. 192.
2) Diese Erörterung im nächsten Kapitel mufs ich den Leser bitten hier mit in Betracht zu ziehen.

Καρχηδόνιος die des anderen Stückes eingearbeitet hat; die Fuge ist um v. 155; der eingelegte Abschnitt reicht zunächst bis v. 189.

Die weitere Entwicklung des ersten Aktes bestätigt dieses Resultat. Nachdem Milphio seinen Plan entwickelt hat, erklärt Agorastocles (v. 190). er wolle in den Venustempel gehn und die Hetären sehen; Milphio hindert ihn daran, v. 193: *hoc primum agamus quod consilium cepimus, abeamus intro, ut Collybiscum vilicum hanc perdoceamus ut ferat fallaciam.* Agorastocles gehorcht und geht hinein. Milphio aber bleibt, obwohl er im Plural gesprochen hat, ohne Motivirung draufsen und spricht ein paar Verse als Monolog, die der Handlung oder Charakterisirung nicht das mindeste hinzuthun; da treten die beiden Mädchen auf, und wie es an sich ganz in der Ordnung ist, ruft Milphio seinen Herrn wieder aus dem Hause. Dieser hat, wie wir v. 415 hören, in der Zwischenzeit dem Collybiscus die 300 Goldstücke gegeben; in Folge dessen kann er nun aufs Forum gehn und Zeugen holen. Milphio kündigt v. 424 noch einmal an, dafs er thun wolle was er v. 194 sq. vorgehabt hatte und geht nun ins Haus. Dies ist eine Anordnung, die der natürlichen Entwicklung der Dinge, wie wir sie in der plautinischen wie terenzischen, d. h. in der neuen Komödie gewohnt sind, widerspricht. Agorastocles mufste nach v. 189 auf der Bühne bleiben und nach v. 409 das Geld holen und aufs Forum gehen. Den Schlufs der ersten Scene mufs Plautus aus einem äufserlichen Anlafs so wunderlich unzweckmäfsig gestaltet haben; dieser Anlafs mufs derselbe gewesen sein, der auf den ersten Theil der Scene gewirkt hat, die Verbindung der Exposition von *b* mit der des *Καρχηδόνιος*. Aus dem Original stammt im Ausgang der Scene, wie ich vermuthe, das Herausrufen des Agorastocles; das ist ein hübsches und wirksames Motiv, das beizubehalten Plautus beabsichtigt haben mag als er die Umgebung gestaltete wie wir es sehen. Wenn wir diesem Fingerzeig nachgehen, so finden wir dafs der erste Akt des Plautus folgendermafsen entstanden ist. Im Anfang des *Καρχηδόνιος* klagte der Jüngling dem Sclaven seine Liebe wie im Curculio und Pseudolus. Das zweite Stück fing mit einem Monolog des Sclaven an, einer Einleitungsrede die im Inhalt der sehr ähnlich gewesen sein mag, die wir jetzt IV, 1 lesen; dann erschienen die Mädchen und der Sclave rief seinen Herrn vor die Thür. Wenn Plautus diese beiden Anfänge verbinden wollte, so mufste er den Herrn vor dem Auftreten der Mädchen ins Haus treten lassen; das hat ihn vielleicht darauf geführt, den Überlistungsplan so früh anzubringen, der in keinem der beiden Stücke so im ersten Anfang gestanden haben kann, und im Stücke *b*, zu dem er gehört, sicherlich erst um v. 415 vorgebracht wurde. Plautus hat also die Verbindung zwischen dem Anfang des *Καρχηδόνιος* und dem Auftreten der Hetären aus *b* in zwei Stücken selbst hergestellt; das eine, etwa v. 155—189. haben wir oben ausgesondert; das zweite reicht von v. 190—202. Ich bitte die Scene darauf hin nachzulesen. Auf die berechtigte Frage, warum Plautus, die Richtigkeit dieser Annahmen vorausgesetzt, nicht einfach den Anfang von *b* beibehalten habe, ist zu antworten, dafs er den Poenulus mit dem Anfang des *Καρχηδόνιος* beginnen wollte; ferner dafs er den dialogischen Anfang der Prologrede vorzog. Diese hat er dann für den Monolog IV, 1 verwendet.

Plautus hat, wie wir sehen, an Anfang, Mitte und Ende seines Poenulus versucht, die beiden Handlungen, die er aneinanderfügte, zu einer Einheit zu machen. Da aber die Mittel die er anwendete, nur in adiectio, detractio und permutatio bestanden, da er den Stoff nicht umschmolz und die Fugen nicht verkleidete, konnten freilich die Theile nicht zum Ganzen zusammenwachsen.[1]

Den Miles hat Plautus einem griechischen *Ἀλαζών* nachgedichtet, aber er hat aus einem andern Stücke das Motiv der durchbrochnen Wand und der Übertölpelung des Sceledrus aufgenommen; dafs dieses zweite Stück eine Handlung für sich ausmachte, dafs die Falle in die der miles im *Ἀλαζών* gelockt wird jenem fremd war, wie ungefähr dort die Handlung zu Ende ging, erfahren wir aus den Spiegelungen die das unbekannte attische Original in die orientalische Novellenlitteratur geworfen hat.[2]

Wie der Stoff der beiden Stücke auseinandergeht, dafs dem *Ἀλαζών* die Akte I IV V angehören, dem andern Stücke II, ist mit Sicherheit zu erkennen.[3] Aber wie Plautus gearbeitet, wie er die Theile zu verbinden gesucht hat, mufs erst die weitere Analyse ergeben; die Schwierigkeiten die hier vorliegen sind ungelöst und am wenigsten gelöst durch die Negirung des Objects, d. h. die Athetese des wunderschönen dritten Aktes.

Das Vorspiel (I) hängt organisch mit IV V zusammen, äufserlich und innerlich: äufserlich, denn der miles kehrt v. 947 nach Erledigung

---

1) Wie dann die erste Überlieferungsperiode dem Stücke mitgespielt hat, zeigt aufser den Schlüssen (oben S. 155) am deutlichsten die Scene III 1, in der sich die kürzere und jüngere Fassung, unter die ältere vertheilt, reinlich ausscheidet: v. 543—546; 567—575.

2) Zarncke Rhein. Mus. XXXIX, 1 sq , vgl. Lohmeyer Guil. Bles. Alda p. 23.

3) Lorenz Einleitung 31 sq., F. Schmidt Fleckeisens Jahrb. Suppl. IX, 323 sq., Ribbeck Alazon 72 sq., Langen Plaut. Stud. 313 sq. — Ussing p. 222 stellt die Thatsache einfach in Abrede; er scheint aber die Argumente nicht genügend gewürdigt zu haben.

seiner Geschäfte vom Forum zurück, vordem ist öfter an seinen Aufenthalt dort erinnert worden, der Parasit ist πρόσωπον προτατικόν, aber sein Verschwinden wird motivirt v. 948 und an seine Stelle tritt nun Palaestrio; innerlich, denn das Vorspiel gibt die Charakterisirung des Helden, und zwar nicht nur als eines eitlen Prahlers sondern auch als thörichten Weiberjägers (58 sq.) und damit die Vorbereitung auf das Hauptmotiv des Ἀλαζών (775 sq.). Der Prolog Palaestrios gibt die Situation an, die der ganzen Composition zu Grunde liegt, leitet aber dann nur die Handlung des folgenden Aktes ein; das ist unverfänglich. Er folgt auf die Anfangsscene, das ist gut attisch[1]); da der Ἀλαζών mit einem Vorspiel begann, so hatte in ihm der Prolog diese Stelle, die Vorbereitung auf die dem Ἀλαζών fremde Handlung (138 sq.) gehört also dem Plautus. Er hat wie im Poenulus sein Stück mit dem Anfang des Titelstückes eröffnet.

Im 4. Akte wird das Grundmotiv des zweiten, der geheime Gang durch die durchbrochene Wand, völlig fallen gelassen. Erreicht war im zweiten Akte die Entfernung des custos, die Freiheit des Verkehrs, aber noch nicht die Befreiung. Freilich bedurfte es keiner neuen List: nach der Überlistung des Sceledrus, bei der Abwesenheit des Herrn konnte Philocomasium einfach mit ihrem Liebhaber entfliehen. Aber dem Herrn mufste dieselbe Überzeugung beigebracht werden wie dem Diener, erst dann war die komische Wirkung vollständig; dies durchzuführen ohne durch Wiederholung der gleichen Situation lästig zu werden wird der attische Dichter schon Wege gefunden haben. Der Herr mufste selbst dem Mädchen zur Flucht verhelfen, wie in den Bacchides der Alte selbst dem Chrysalus das Geld bringt, um das er betrogen wird. Dafs das Original einen solchen Abschlufs fand, wird durch eine ihm entstammende arabische Novelle wahrscheinlich.[2]) Danach hatte jener Schlufs grofse Ähnlichkeit mit dem Schlufs unsres vierten Aktes. Da nun im 4. und 5. Akt Alles organisch ineinandergreift, so findet wahrscheinlich hier dasselbe Verhältnifs wie im Poenulus statt: die beiden attischen Komödien, die dem Miles zu Grunde liegen, hatten übereinstimmende Motive auch der Handlung und Plautus wählte grade deshalb das eine zur Ergänzung des andern. Dafs der Ἀλαζών von einem Nachahmer Menanders gedichtet ist habe ich oben nachgewiesen (S. 103 A. 4).

Die Erfindung des 4. Aktes sieht nicht nur von dem des 2. völlig ab, sie hat auch nur dann Sinn, wenn die Befreiung auf anderm Wege

1) S. folgendes Kapitel.
2) Zarncke p. 23 sq.

als unter der Zustimmung des Herrn nicht möglich war; also sie steht in Widerspruch mit der Existenz des geheimen Durchgangs. Plautus hat das zweimal nicht bedacht, v. 869, wo die neue Aktion noch nicht begonnen hat, und v. 1090, wo er zur Belustigung des Publicums das hübsche Motiv einführt, dafs Philocomasium mit Acroteleutium in der Thür des Nebenhauses steht und zuhört. Auch die Zwillingsschwester kommt vor (974. 1102), aber ganz ohne für die Handlung etwas zu bedeuten. Aber die eigentlichen Schwierigkeiten liegen im dritten Akt, der die Verbindung zwischen beiden Handlungen bildet und ebenso zweifellos echt attisch ist und einem der beiden von Plautus zu Grunde gelegten Stücke angehört wie er voraussichtlich, als Mittelstück, Veränderungen erfahren hat, die von der einen Handlung zur andern überleiten sollten.

Nach der Entfernung des Sceledrus kehrt der Alte 'in die Senatsverhandlung zurück' (v. 592), die nach v. 480 begonnen hat und v. 485 unterbrochen worden ist; die Verhandlung findet natürlich, da das Publicum sie anhören soll, vor dem Hause statt, und Palaestrio tritt heraus um zu sehen ob die Luft rein ist (596 sq.). Dann wird aber nicht verhandelt, sondern nur constatirt, dafs die drinnen gepflogene Berathung gelten soll (v. 612—615); und dafs das ernst gemeint und die Sache damit abgethan war geht aus v. 738. 749 hervor, wo der Alte Anstalten macht auf den Markt zu gehn. Dann aber beginnt Palaestrio v. 765 mit den Worten *igitur id quod agitur primum praevorti decet* seinen neuen Plan zu entwickeln oder vielmehr die Anstalten zu der Falle zu treffen, die er dem miles legen will, Bestimmungen die nicht vorher berathen waren und deren Zweck den Andern unbekannt ist, die Palaestrio gibt als imperator, der Gehorsam zu verlangen hat. Das streitet nicht mit 596 sq., denn das lange Zwischengespräch (616—764) konnte dazu führen, den Tagesbefehl an Stelle der Berathung zu setzen; aber 612 sq. streitet sowohl mit 596 sq. als mit 765 sq.[1]), ohne dafs doch irgendwo eine Eindichtung oder Parallelfassung ausgesondert werden könnte.[2]) Ja, die auf 612 sq. unmittelbar folgenden Verse (618 Pleusicles zu Periplectomenus: *me tibi istuc aetatis homini facinora puerilia obicere* u. s. w.) passen sehr gut zu der Vorstellung, dafs die Berathung zu Ende und dem Altem seine Rolle bereits zugetheilt ist[3]); so dafs man während der ganzen Unterhaltung unter diesem Eindruck steht,

---

1) F. Schmidt p. 338 sq.
2) Vgl. Ribbeck zu v. 611.
3) Wie F. Schmidt p. 340 sq. richtig bemerkt.

sich v. 738 über die Absicht des Alten sich zu entfernen nicht wundert, eher v. 765 über das Zurückgreifen auf 596 sq. Es wird hierdurch klar, dafs die ganze Partie 612—754 innerlich einheitlich und aus einem Gusse ist, also den Zusammenhang hat, den der attische Dichter ihr gegeben hat.[1]) Schmidt, Ussing, Langen hatten ganz recht, wenn sie dergleichen für eine Lösung des Räthsels hielten, gleich den ganzen Abschnitt hinauszuwerfen. Aber soll man gegen eine solche Athetese noch Gründe anführen?[2]) Der eine reicht aus, dafs das Stück Dittographien hat, also zum alten Bestande gehört.

Da nun v. 596 sq. und 765 sq. den 4. Akt vorbereiten, also sicher von Plautus herrühren, so erhebt sich die Frage, ob man eine solche Composition der Scene, wie sie vorliegt, Plautus zutrauen darf? Mir scheint es nicht unglaublich, dafs er so gearbeitet hat. Er konnte die Berathung fallen lassen, um sie nachher wieder aufzunehmen. Aber freilich ist es nur glaublich unter der Voraussetzung, dafs die ἀριστεία des alten Ephesiers nicht in ursprünglichem Zusammenhang mit dem Gegenstande des 4. Aktes steht, das heifst dafs sie nicht zum ᾿Αλαζών gehört. Dann mufs Plautus die Scene für sich übersetzt und die Verbindungen mit dem ᾿Αλαζών an- und eingefügt haben; dabei konnte ihm der Widerspruch unterschlüpfen.

Einen wie mich dünkt sicheren Beweis, dafs wir hiermit auf dem rechten Wege sind, gibt uns der Schlufs der Scene, v. 805 sq. Es ist allerdings, wie von Vielen ausgeführt worden ist, ganz aufser Zusammenhang mit der folgenden Handlung, wenn Palaestrio den Pleusicles auffordert, die Philocomasium nach der Rückkehr des miles vom Forum ja nicht bei ihrem Namen zu nennen, sondern Dicea, als die fingirte Zwillingsschwester. Durch die folgende Anweisung, er solle nur jetzt erst den Alten drin seine Rolle spielen lassen, dann werde er an die Reihe kommen, die der Folge der kommenden Handlung entspricht, wird Pleusicles und der Zuschauer über die Frage weggehoben, was das zu bedeuten habe. Aber wir fragen doch wieder: was hat es zu bedeuten? Die Situation, die hier vorausgesetzt ist, kann nur eine sein: wenn der miles nach Hause kommt, so wird er Pleusicles und Philoco-

---

1) Ich mufs den Leser bitten, die Verse wiederzulesen. Ähnliches gibt es bei Plautus, z. B. die Diatriben des Philto im ersten, des Stasimus im zweiten Theil des Trinummus, des Megadorus in der Aulularia; aber ein solches Stück neuattischen Lebens wie dort wird uns doch weder bei ihm noch bei Andern zum zweitenmal geboten.

2) Von Langens sprachlichen Bedenken p. 323 sq. ist keines durchschlagend.

masium im Hause des Periplectomenus beieinander sehen; dann soll
Pleusicles sich hüten, sie Philocomasium zu nennen. Der miles soll also
von der Wahrheit der Lüge in derselben Weise überzeugt werden wie
Sceledrus v. 520 sq. So gewifs eine solche Situation durch die Handlung des 4. Aktes ausgeschlossen wird, so genau pafst sie auf den Verlauf des Stückes, dem der 2. Akt entnommen ist. Alle Variationen der
Geschichte gipfeln darin, dafs der Geprellte selbst sich von der Existenz
der Doppelgängerin überzeugt.

Diese Verse stammen also aus dem Original des zweiten Stückes; sie
können auf keine Weise später eingedichtet sein; sie sind durch v. 810. 811
schlecht und recht mit der Umgebung verbunden; die Umgebung ist eben
so gewifs ein Theil der ursprünglichen plautinischen Composition. Dieser
Sachverhalt gestattet nur eine Erklärung: die Scene III 1 stammt als
Ganzes aus dem zweiten Stück; aus diesem hat Plautus sie übersetzt
und dann die Verbindung mit IV durch die Verse 596—611; 765—804;
810. 811 hergestellt. In jenem Stück wurde an die drinnen gehaltene
Berathung das grofse Gespräch angeschlossen, wie wir es 612—764 vor
uns sehen, und nachdem die Redseligkeit des Alten erschöpft war, von
Palaestrio noch einige wichtige Verhaltungsregeln gegeben; zu diesen
gehörte die Stelle, die Plautus hat stehen lassen, am Schlusse wie die
andre (612) am Anfang.

Dafs Plautus so gearbeitet hat ist nicht erfreulich aber wichtig zu
wissen. Es gilt zunächst nur für den Miles, der notorisch früher verfafst ist als die übrigen datirbaren Stücke. Im Miles gibt es aber, und
zwar in der Umgebung von III 1, in derselben kritischen Partie die
die Fugen der plautinischen Eindichtung aufweist, noch eine gleichfalls
von Vielen bemerkte Unebenheit, die auch den gangbaren Erklärungs-
versuchen widerstrebt. [1])

Der völlig besiegte Sceledrus erklärt v. 576—584, er wolle sich der
drohenden Strafe entziehen: *nam iam aliquo fugiam* (natürlich nicht
nach Hause) *et me occultabo aliquot dies, dum haec consilescunt turbae
atque irae leniunt*. Periplectomenus beobachtet seinen Abgang und sagt:
wir können jetzt ruhig berathen, Palaestrio ist bei mir, *Sceledrus nunc
autemst foris* (d. h. Philocomasium kann bei der Berathung zugegen sein,
vgl. 591). Damit steht es in directem Widerspruch, dafs Palaestrio nach
der Berathung v. 816 den Sceledrus aus dem Hause rufen will und dafs
Sceledrus auch wirklich zu Hause ist. Er hat sich im Keller betrunken,
er ist sogar Kellermeister, und sein Gehülfe Lucrio verhandelt mit Pa-

---

1) Die Schwierigkeiten sind richtig hervorgehoben von F. Schmidt 379 sq.

laestrio. Lucrio fürchtet sich dann auch vor der Strafe und läuft auch davon: *fugiam hercle aliquo atque hoc in diem extollam malum* (861); Palaestrio findet es sehr verständig, dafs Philocomasium, da der Wächter 'schlafe', auch den subcustos durch einen Auftrag entfernt habe.

Es ist ganz richtig[1]), dafs der subcustos eine in die Handlung des Miles, wie sie bis dahin vorliegt, überflüssigerweise hineingebrachte Hinderlichkeit ist. Aber es mag gelten, dafs nach Sceledrus auch noch ein anderer Wächter unschädlich gemacht werden mufste. Nicht wegzudeuteln ist der Widerspruch der Situation. Was soll es denn heifsen, dafs Sceledrus 'nach einigem Herumtreiben sich eben besonnen hat, das Angenehme mit dem Sicheren zu verbinden und sich durch irgendeine Hinterthür zu den Weinkrügen begeben hat'? Solche Argumentation (ich führe sie an weil sie typisch ist) würde zutreffen, wenn uns Herr Sceledrus seine unglaubhafte Geschichte erzählte; aber wenn ein Dichter eine Situation motivirt, so motivirt er sie, und wenn er das Gegentheil meint, so sagt er es. Wenn der Dichter den Sceledrus weglaufen läfst, so ist er nicht zu Hause; und wenn Sceledrus weggelaufen ist, so klopft nicht Palaestrio, der das als Hauptsache wissen mufs, an die Thür um ihn herauszurufen. Wenn Plautus so etwas gethan hat, so soll man es nicht beschönigen; der Dichter des Originals hat es sicher nicht gethan.

Ebenso übel ist die Wiederholung des Motivs. Am Schlufs der einen Scene läuft Sceledrus aus Furcht vor Strafe fort, am Schlufs der andern Lucrio, beide fast mit denselben Worten, ohne dafs in dieser Parallele doch die mindeste komische Wirkung liegt. Das eine wie das andere führt auf denselben Punkt: die beiden Erfindungen schliefsen sich aus. Die Alternative ist diese: entweder bleibt Sceledrus zu Haus, dann ergibt sich nachher die Lucrioscene; oder Sceledrus läuft davon, dann gibt es auch keine Lucrioscene.

Nun ist ja der nächstliegende Gedanke, dafs Widerspruch und Parallelmotiv durch Retractation des plautinischen Stückes entstanden seien. Für eine Aufführung sollte die Lucrioscene gestrichen werden, was ohne weiteres geht; man konnte v. 812 direct an 870 anschliefsen lassen. Am Schlufs des 2. Aktes hatte Plautus den Sceledrus nach Hause gehn lassen; hier mufste durchgreifend geändert werden, denn Sceledrus mufste unschädlich gemacht sein: v. 581—584 und 593 würden vom Regisseur herrühren, der sich nach v. 859 sq. gerichtet hätte; der Herausgeber oder Redactor hätte die ursprüngliche Fassung von 576 sq. nicht

---

1) F. Schmidt p. 350.

mehr zur Verfügung gehabt, also die secundäre aufgenommen, dagegen
die gestrichene Scene stehen lassen. An sich wäre dieser Hergang nicht
unmöglich; zweierlei spricht dagegen. Erstens ist der Ausgang des
2. Aktes in sich geschlossen und gut, man müsste also in gesundes
Fleisch schneiden; zweitens ist sein Zusammenhang zwar an einer Stelle
gestört, aber diese beweist den entgegengesetzten Vorgang. Nach v. 584.
nachdem Sceledrus seinen Entschlufs zu fliehen ausgesprochen hat, fügt
er hinzu: *verum tamen, de me quidquid est, ibo hinc domum.* Dies ist,
wie Ribbeck erkannt hat, ein aus der Umgebung fallender Vers; er ist
augenscheinlich zur Ausgleichung mit der Lucrioscene, in der Sceledrus
daheim erscheint, zugefügt. Dies ist wahrscheinlich zum Zweck der Aufführung geschehen; sicher ist diesem Verse gegenüber die Umgebung
das Ursprüngliche; dafs sie nicht plautinisch sei ist damit sehr unwahrscheinlich.

Aber man kann direct und positiv beweisen. Nach III 1 schläft
Sceledrus in der Trunkenheit und Lucrio wird zur Flucht veranlafst;
damit ist der Wächter des Mädchens und sein Gehülfe aus dem Wege
geräumt. Vor III 1 wird Sceledrus zur Flucht gebracht, damit ist der
Wächter unschädlich gemacht. Es sind zwei parallele Erfindungen, die
jede ihren Zweck erfüllen. Die Überlistung des Sceledrus, die den
2. Akt ausfüllt, gipfelt natürlich und glücklich in seiner Flucht. Hier
wird die Handlung des von Plautus hinzugenommenen Stückes verlassen, am Schlufs von III 1 wird in die neue Handlung eingelenkt.
Die parallele Scene gehört dem Ἀλαζών an: dort war der Kellermeister
dem Mädchen als Wächter gesetzt, er betrank sich (was der Dichter
motivirt haben wird) und sein Gehülfe wurde zur Flucht gebracht. So
klärt sich das Verhältnifs auf, in dem die beiden Scenen zu einander
und zu den beiden Originalen stehen. Damit aber ist es bewiesen, dafs
beide Scenen von dem herrühren, der die beiden Originale in eine
Fassung zu vereinigen suchte, das heifst von Plautus. Zur Verbindung
brauchte er dem Original in der ersten Scene nichts hinzuzuthun, in
der zweiten wahrscheinlich die Verse 867—869. Aber das Unvereinbare
in beiden Fassungen liefs er unverändert neben einander.

Dies sind die kunstlosen Anfänge des Verfahrens, das wir bei Terenz
in hohem Mafse verfeinert wiederfinden, das auch in der Verfeinerung
keine hohen Anforderungen an das poetische Genie dessen stellte, der
aus zwei vorhandnen Stücken ein neues machen wollte, aber doch einen
ausgebildeten Kunstverstand verlangte. Plautus hat, neben einer so hoch
gesteigerten Kunst des stilmäfsigen Ausdrucks, die eigentlich dramatische
Fähigkeit, die aus dem Leben oder aus überlieferten Motiven heraus ein

Kunstwerk bildet, nicht entwickeln können; er hat nicht einmal die
Schwierigkeiten der 'Contamination' überwunden. Ob Naevius das besser
machte können wir nicht wissen; dafs er mehr wollte wissen wir wohl
(oben S. 83). Aber es war nicht anders und konnte nicht anders sein,
als dafs die römischen Poeten, wenigstens die ersten Generationen hindurch, zur dramatischen Kunstform nur ein äufserliches Verhältnifs ge-
wannen. Sie hatten das complicirteste Gebilde, wie es aus vielen
Phasen tiefwurzelnder Entwicklung hervorgegangen war, ganz und fertig
übernommen, nicht als ein schwer zu Fassendes, dem man sich, da es
nun einmal nicht aus dem eignen Leben entsprossen war, erst allmählich theoretisch oder durch Versuchen einfacherer Formen zu nähern
gehabt hätte, sondern als ein Gegebenes, dessen sich für das eigne
Volk zu bemächtigen es nur der Überwindung der Sprache bedurfte.
Es ist undenkbar, dafs sie mit solchen Vorbedingungen der fremden
Kunst mit innerer Freiheit hätten gegenüberstehen können, mit so
grofser Freiheit sie auch das Material des Werkes und selbst seine Form
behandelten; es mufste zum Schaden des Werkes geschehen, wo sie an
seiner Kunstform rüttelten; sie anders als übertragend nachzubilden
durften sie nicht wagen, ehe nicht durch die kunstmäfsige Durchbildung
der 'Contamination', wie sie bei Terenz erscheint, wenigstens eine Vorstufe überwunden war. Nun hat sich der Sinn für die griechische
Form so fein entwickelt wie wir es bei Terenz finden, und wie nun
die togata einsetzt, ist sie im Stande, neuen Stoff in die alte Form zu
giefsen.

Horaz spricht über Plautus mit der Einseitigkeit des Vorkämpfers
einer neuen Zeit; aber wenn man es auf die Stücke beschränkt die es
angeht, so mufs man ihm Recht geben: *non astricto percurrit pulpita
socco, securus cadat an recto stet fabula talo*. Dagegen steht Varros Urtheil, das man uneingeschränkt gelten lassen kann: *Plautus in sermonibus poscit palmam*. Beide müssen sich im Urtheil einer fernerstehen-
den Zeit zusammenfinden. Alles was in Plautus' Komödien der dramatischen Schöpferkraft entsprungen ist, ist nicht sein eigen; die Schritte,
die er als Dramatiker versuchte waren Fehlschritte. Aber seine Gröfse
liegt nicht nur in der Behandlung des Dialogs. Er ist ein Sprach-
gewaltiger und dadurch auch ein Kunstgewaltiger. Er hat einen eignen,
von seiner Persönlichkeit untrennbaren Stil ausgebildet, der immer frisch
und ganz, immer er selbst, immer Geist und Leben ist, den man als
einen Vertrauten begrüfst, wo man sich in seinen Kreis begibt. Die
Komödien, die wir von ihm haben, sind eine bunte Reihe, des verschiedensten Wesens, wie sie unmöglich einem Kopf entspringen konnten;

ernste und lustige, stille und bewegte, moralische und frivole, Dichter
so verschieden wie Diphilus und Demophilus, Menander und der Dichter
der Captivi. Jede Komödie hat, wenn auch nicht jede rein, den Charakter ihres Ursprungs bewahrt; aber über alle ist die Beleuchtung eines
Geistes ausgegossen und nimmt uns gefangen auch wo der Reiz des
dramatischen Motivs versagt oder die künstliche Fügung gelöst, das
ganze Holz des attischen Baues gespalten und geleimt ist. Diese Wirkung liegt nicht nur in der Sprachbehandlung, sie liegt vor allem in
der genialen Freiheit und thatsächlich ursprünglichen und in Rom selbst
gewachsenen Kunst, mit der die römischen Lichter der griechischen
Färbung aufgetragen, die widerstrebenden griechischen und römischen
Elemente unter einen bunten und schillernden aber einheitlichen Stil
zusammengefafst sind. Man vergleiche nur, um diese dramatische Litteratur zu würdigen, eine andere gleichfalls auf fremder Kunst auf-
gebaute, etwa unsere eigene vor Lessing. Plautus, und vor ihm Naevius,
ist der Gefahr entgangen das römische Leben zu gräcisiren; er hat das
Spiegelbild des attischen Lebens wahrhaft romanisirt. So wird seine
Kunst auch dann noch dauern, wenn einmal die freundliche Erde uns
seine Originale wiederschenken wird und wir, um deren Eigenschaften
zu erkennen, nicht mehr die verschlungenen Wege werden zu gehen
brauchen, die ich den Leser habe führen müssen. Zu der Bedeutung
eines blofsen Sprachdenkmals werden die plautinischen Komödien niemals sinken.

IV

Die Prologe

1

Die bisherigen Untersuchungen über die plautinischen Prologe haben nur die 'prologi', die Anfangsreden, ins Auge gefafst; es ist, besonders von Ritschl und Dziatzko, nachgewiesen worden, dafs eine Reihe dieser Reden Eindichtungen und Veränderungen zum Zwecke späterer Aufführungen erlitten hat, es ist vielfach für die den Stücken nur äufserlich vorgesetzten Reden die Frage aufgeworfen worden, ob sie überhaupt in einer ursprünglicheren Fassung von Plautus selbst herrühren. Die allgemeine Ansicht wird wohl heute dahin gehen dafs, wie es von Dziatzko[1]) ausgesprochen worden ist, die mit den Stücken organisch zusammenhängenden prologi von Plautus aus dem Original übertragen sind, während an der Echtheit der übrigen jeder Zweifel für erlaubt gehalten wird; auch dies nicht ohne Grund, wie der Prolog zur Casina ohne weiteres lehrt. Einige auffallende Eigenheiten jener ersten Gruppe von Prologen, die eine Person des Stücks oder ein übermenschliches Wesen spricht, besonders das Widerspiel zwischen Vorredner und Person, hat Trautwein[2]) richtig erörtert. Besonders aber hat W. Frantz[3]) für eine ganze Reihe der Prologe, und zwar aller Gattungen, den directen Zusammenhang mit den Formen des attischen Dramas nachgewiesen und die Geschichte des Prologs in der Komödie auf festen Boden gestellt. Die bestimmten Gesetze, die Euripides in der Prologbildung befolgt hat, hat v. Arnim[4]) erschlossen und damit den sichersten Anhalt für die

---

1) Über die plautinischen Prologe. Allgemeine Gesichtspunkte. Beilage zum Jahresbericht der Luzerner Kantonsschule 1866/67.
2) De prologorum Plautinorum indole atque natura, Berlin 1890.
3) De comoediae atticae prologis, Strafsburg 1891.
4) De prologorum Euripideorum arte, Greifswald 1882.

historische Erklärung der folgenden Entwicklung gegeben.[1]) So ist wohl der Versuch berechtigt, über Ursprung und Bildung der plautinischen Prologe selbst ein zusammenhängendes historisches Urtheil zu gewinnen.

Wir haben uns gewöhnt, wenn wir von der römischen Komödie sprechen, das Wort Prolog im terenzischen Sinne zu brauchen. Nun haben von den 15 plautinischen 'Prologen' 7 oder 8 (der zur Vidularia gehört wahrscheinlich dazu) das mit den terenzischen gemein, dafs sie völlig vom Stücke selbst gelöst sind; nur von zweien ist mit Sicherheit zu sagen, dafs sie wie die terenzischen den Inhalt des Stücks nicht erzählen (Asin. Trin.); polemische Ansätze zeigen zwei, in deren einem die Polemik sicher nachplautinisch ist (Cas. Men.). Kein einziger der plautinischen Prologe trifft mit den positiven Merkmalen der terenzischen zusammen; dagegen sind alle Spielarten des Prologs, die das Drama entwickelt hat, in den 21 plautinischen Stücken vereinigt, nur eine Spielart, eben die der 'prologi', ist nach oben hin nicht anzuknüpfen. Oder haben die Stücke, die keine Einleitungsrede haben, keinen Prolog?

Das Wort Prolog[2]) hat eine doppelte Geschichte, eine in der Sprache des Lebens und Verkehrs, eine in der der theoretischen Wissenschaft; die Sache hat eine vielfache. Wo aber die Geschichte des Worts anfängt, deckt es natürlich die Sache in ihrem damaligen Stande. Als Thespis dem tragischen Chor den Sprecher hinzuthat, da konnte der Sprecher nach dem Belieben des Dichters entweder ὑποκρίνεσθαι, das heifst dem Chor folgen, wie in Aischylos' Persern, Hiketiden, Prometheus λυόμενος, oder προλογίζειν, dann begann das Stück mit einer Rede. wie wir es von den Phönissen des Phrynichos wissen und an Aischylos' Sieben, den drei Stücken der Orestie, den Karern sehen. Diese Bedeutung, nur nicht 'Rede vor dem Chor', sondern Anfangsrede, hat das Wort im Leben behalten, wie Aristophanes Ran. 1119 sq. zeigt; unter den πρόλογοι, dem πρῶτον τῆς τραγῳδίας μέρος, werden dort nur die Anfangsreden verstanden (τὰ προοίμια δηλονότι schol. R.), trotz der verschiedenen für den gesprochenen Anfang des Dramas längst ausgebildeten Formen; dieselbe Bedeutung hat das Wort in den ὑποθέσεις der Tragö-

---

1) Ein Gesammtbild der Geschichte des Prologs, von dem ich mich freilich in vielen Stücken entfernen werde, entwirft mit guter Einsicht Ph. Fabia les prologues de Térence (1888) p. 60 sq.

2) Das Wort selbst gibt keine bestimmte Auskunft über seine Bedeutung, es kann sowohl das dem λόγος Vorhergehende (vgl. Rohde Rhein. Mus. XXXVIII p. 263) wie den vorhergehenden λόγος bezeichnen.

dien, in denen nicht nur προλογίζει ἡ Ἀνδρομάχη, sondern auch προλογίζει ὁ παιδαγωγὸς Ὀρέστου, ἡ Ἀντιγόνη, selbst im Rhesos ὁ χορός.
In dieser Bedeutung des prooemium finden wir das Wort bei den Römern
wieder, aber erst bei Terenz: *in prologis scribundis operam abutitur*,
im Gegensatz zur *fabula*, nicht mehr als Anfangsrede, sondern als 'Vorrede' des Stücks; und daneben in persönlicher Ausprägung: *orator ad
vos venio ornatu prologi*. Dafs nicht Terenz zuerst das Wort so anwendet[1]), zeigt die Angleichung der griechischen Präposition an die
lateinische Quantität: es ist ein älteres Lehnwort. Den Prologredner,
der sich umkleiden mufs um seine Rolle im Stück zu spielen, finden
wir auch Poen. 123. 126, in zwei Fassungen der Stelle, die vielleicht
beide jüngeren Ursprungs sind. Ob er aus der griechischen Bühnenpraxis stammt ist nicht nachzuweisen, da jeder die Rolle spielen konnte
und er also im Technitenpersonal als eigne Figur keine Stelle hat, wie
der in einigen Prologen (Asin. Poen.) mit ihm verbundene κῆρυξ, der
wie auf der alten Bühne (Acharn. 11) so in den ϑίασοι den Anfang des
Spiels verkündet.

Dagegen nach Aristoteles' Definition ist der Prolog μέρος ὅλον
τραγῳδίας τὸ πρὸ χοροῦ παρόδου[2]), das heifst für die euripideische
Tragödie[3]) und, mit Exceptionen die nicht schwer wiegen, auch für
die sophokleische ist der Prolog die Exposition. Aristoteles hat also
dem in der jüngeren Tragödie durchgeführten Kunstgesetz durch seine
Sonderung und Definition theoretischen Ausdruck gegeben. Mit der
jüngeren Tragödie hängt aber die neue Komödie in ihrer Entwicklung
mindestens so eng zusammen wie mit der alten Komödie; ja weit enger
in allem was die Handlung angeht. Man sollte also doch wohl, wenn
man die Prologe der römischen Komödie untersuchen will, den Begriff
des πρόλογος zunächst einmal nicht im vulgären sondern im aristotelischen Sinne fassen.

Euripides hat es als festes Gesetz befolgt, dafs die Tragödie mit
einer Rede, meist einem Monolog, beginnt[4]), dafs (mit Ausnahme von

---

1) Menaechm. 13 *antelogium*.

2) Rhet. III 14 könnte man zweifelhaft sein, ob bei der Vergleichung von
προοίμιον mit πρόλογος und προαύλιον das Wort πρόλογος im vulgären oder
theoretischen Sinne angewendet ist (vgl. c. 12, 1413ᵇ 27); aber die Worte 1415ᵃ
19 κἂν μὴ εὐθὺς ὥσπερ Εὐριπίδης, ἀλλ᾽ ἐν τῷ προλόγῳ γέ που (obwohl ἐμοὶ
πατὴρ ἦν Πόλυβος offenbar irrthümlich citirt wird) zeigen den Gegensatz des
aristotelischen πρόλογος gegen die euripideischen Proömien.

3) v. Arnim p. 84 sq.

4) Von der aulischen Iphigenie mufs man absehen, da wir die Intention

Bakchen und Hiketiden, wo der Grund der Abweichung auf der Hand
liegt) in einem folgenden Dialog die Vorgeschichte und gegenwärtige
Situation zu Ende geschildert oder, wenn das im Monolog bereits geschehen, der Zuschauer in die Stimmung eingeführt wird die im Kreise
der Tragödie herrscht, endlich dafs die Handlung nie vor dem Einzuge
des Chors beginnt. Sophokles folgt in Trachinierinnen und Philoktet
wenigstens soweit der euripideischen Art, dafs er mit einer orientirenden Rede, aber nicht dialogisch, beginnt[1]); den Ödipus auf Kolonos aber
exponirt er wieder, wie die drei älteren Stücke und Elektra, durch
Wechselgespräch. Die Erfindung dieser Form mufs man dem Aischylos
zuschreiben, in dessen Prometheus sie erscheint, von den verlorenen Tragödien in den Phrygern (vit. Aesch.); denn sie hängt innerlich zusammen mit der Hinzufügung des zweiten Schauspielers. Die
Handlung beginnt auch bei Sophokles in der Regel nicht vor dem Eintreten des Chors.[2]) Bei Aristophanes dagegen ist in den Stücken der
älteren Zeit die Handlung in vollem Zuge[3]), wenn der Chor auftritt;
in den jüngeren, von den Vögeln an, ist die oft bunte und bewegte
Scenenfolge vor der πάροδος nur die Vorbereitung der Handlung oder
doch der Haupthandlung, wie Thesmophoriazusen und Frösche besonders
deutlich zeigen. Dem entspricht die verschiedene Anlage der Exposition[4]);
zwei der älteren Stücke (Acharner, Wolken) beginnen mit Monologen,
die mit scharfem und anschaulichem Witz in die Situation versetzen,
wahren Prologen, denn ihnen folgt gleich die Handlung; die drei anderen
mit Dialogen der typischen beiden Sclaven, deren einer nach einigen
Wechselreden das Gespräch unterbricht, um den Zuschauern zu erzählen
worum es sich handelt: φέρε νυν κατείπω τοῖς θεαταῖς τὸν λόγον[5]):

des Dichters nicht kennen. Die Anapäste widersprechen seiner Technik, aber
die Rede, die das Stück eröffnen konnte, ist vorhanden.
  1) Wie es scheint, auch im Aigeus (frg. 19).
  2) Im Aias beginnt sie mit dem Erwachen des Helden, von dem Tekmessa
berichtet, im Philoktet mit dem Auftreten des Helden, im Ödipus auf Kolonos
mit dem Auftreten des Chors; Antigone tritt zwar mit dem fertigen Ent-
schlusse auf und beginnt damit die Handlung sofort, aber Kreons Rede nach
der Parodos greift gleichsam vor diesen Anfang zurück. In Elektra und Trachinierinnen überdauert die Exposition das erste Lied, aber das ist bei Euripides mehrfach der Fall. Im Ödipus Tyr. beginnt die Handlung mit Kreons
Ankunft.
  3) In den Acharnern so gut wie zu Ende, vgl. Frantz p. 5.
  4) Frantz p. 6 sq.
  5) Hierhin ist wohl auch frg. adesp. 613 K. zu ziehen: ἤδη δὲ λέξω τὸν
λόγον τοῦ δράματος.

neben einer kunstmäfsigen Form eine ursprünglich autoschediastische
und die Illusion keck zerstörende. Ähnlich sind noch die Vögel exponirt, nur dafs hier gleich die Träger der Handlung auftreten, wie in
den folgenden Komödien, die sämmtlich durch das Gespräch der Haupt-
personen selbst in die Handlung einführen, nur dafs die Ekklesiazusen
zu Anfang die euripideische Prologrede parodiren. Die Entwicklung, die
Aristophanes durchgemacht hat, liegt vor Augen; er hat einerseits, in
offenbarer und bewufster Opposition gegen Euripides, die Eingangsreden
gemieden und die in der Tragödie kunstmäfsig durchgebildete, in der
Komödie nur rudimentär vorhandene Form der dialogischen Exposition
aufgenommen, anderseits hat er von der jüngeren Tragödie und auch
von Euripides gelernt, die Exposition der eigentlichen Handlung gegenüber selbständiger zu gestalten.

So können wir die Prologformen der Tragödie bis 406 v. Chr., die
der Komödie bis 388 verfolgen; nach 200 Jahren können wir dann mit
Plautus wieder einsetzen. Dafs in der Zwischenzeit, in der μέση und
νέα, die Wege des Euripides und auch des Aristophanes verfolgt worden
sind, zeigen die Fragmente; sowohl monologische als dialogische Anfänge in grofser Zahl haben Dziatzko und Frantz nachgewiesen, dieser
besonders auch von Euripides hergeleitete Motivirungen, nicht nur Par-
odien. Das Fortleben der euripideischen Proömien in der neuen Komödie würde der Witz der Gnathaina bei Machon (Athen. XIII, 580ᵃ) zu beweisen ausreichen: τῶν σῶν δραμάτων γὰρ ἐπιμελῶς εἰς αὐτὸν αἰεὶ
τοὺς προλόγους ἐμβάλλομεν (nämlich εἰς τὸν λάκκον, ὥστε ψυχρὸν
γίγνεσθαι), wo πρόλογος gebraucht ist wie von Aristophanes in den
Fröschen. Dafs wir aber damit die ganze Entwicklung übersehen, dürfen
wir nicht annehmen, und was bei Plautus als griechisch nicht zu belegen ist braucht darum noch nicht römischen Ursprungs zu sein.

Der Mannigfaltigkeit der plautinischen steht die Einförmigkeit der
terenzischen Prologe gegenüber, das Product einer neuen Entwicklung,
die 25 Jahre nach Plautus' Tode vollendet ist. Ihre Anfänge finden
wir in den plautinischen Prologen, deren Echtheit vorausgesetzt; die
Fortsetzung der Entwicklung, die zwischen Plautus und Terenz liegt,
fällt von selbst dem Caecilius zu; wir dürfen nach dem Prolog zur
Hecyra sagen, dafs Ambivius Turpio Theil an ihr hatte. Die Entwicklung stellt sich kurz gesagt darin dar, dafs die Stücke zwar dialogisch
exponirt sind, aber doch Prologe haben; das heifst man verwarf die
vorausgeschickten Inhaltsangaben, behielt aber die im Bühnengebrauch
eingelebte, dem Publicum vertraute, für die Einführung des Stückes und
litterarische Zwecke dienliche Figur des prologus bei. Die feste Form

des euripideischen Prologs beginnt durchaus mit der vorbereitenden Erzählung; die feste Form der terenzischen perhorrescirt diese Erzählung:
im Prolog der Adelphi lehnt Terenz es ab (v. 22 sq.), das *argumentum
fabulae* anzugeben und verweist auf die Anfangsscenen, d. h. auf die
Exposition selbst. Dasselbe geschieht im Prolog zum Trinummus und
in der Hauptsache in dem zur Asinaria; das Bezeichnende für Terenz
ist die Consequenz mit der das Princip durchgeführt ist, denn von
einem solchen kann man hier wie bei Euripides reden; dafs die Prolog-
erzählungen zu seiner Zeit noch nicht überhaupt abgekommen waren
zeigt Andr. prol. 6 *non qui argumentum narret.* Terenz hat sogar fast
ausschliefslich solche Stücke zur Bearbeitung gewählt, die rein dialogische Exposition haben; die euripideische Form hatte Menanders
Ἀνδρία, aber Terenz hat statt ihrer Exposition die dialogische der
Περινθία gewählt, mit Umgestaltung der einen Dialogperson (Don. z.
prol. 13, s. u.); bewahrt hat er die euripideische Form nur in seinem
letzten Stück, den Adelphi, in deren prooemium er besonders darauf
hinweist, dafs die Exposition weder in der Anfangsrede allein enthalten ist noch blofs durch Erzählung gegeben wird: *senes qui primi
venient, ei partem aperient, in agendo partem ostendent.* Der 'prologus'
des Terenz ist in der That nur *velut praefatio quaedam fabulae* (de com.
p. 7, 22 R.), eine den Inhalt des Stücks nicht berührende Vorrede mit
blofs äufseren Angaben und Polemik gegen litterarische Gegner, in Form
und Inhalt vom Stück gelöst, wie sie von Euripides bis Plautus immer
entschiedener der Form nach sich gelöst hatte und doch inhaltlich mit
dem Stück verbunden geblieben war[1]); daneben die entschiedene Durchführung des Grundsatzes, dafs durch die Handlung selbst exponirt werden mufs. So ist die Prologform des Terenz das Gegentheil von dem
was sie scheint, der Ausdruck seiner künstlerischen Überzeugung, dafs
die exponirende Prologrede verwerflich ist.[2]) Wir sehen eine bestimmte
künstlerische Richtung, wie sie auch in einer Übersetzungslitteratur ein-
geschlagen werden konnte, der plautinischen Willkür oder Sorglosigkeit
in Zulassung der verschiedensten Formen entgegentreten; eine Richtung,
deren Vollender Terenz ist, wenn auch nicht ihr Urheber: *in argumentis
Caecilius poscit palmam.*

---

1) Dem Terenz folgt Afranius im Prolog der Compitalia (doch vgl. v. 277.
298) und wie es scheint Pomponius (v. 182), Laberius (v. 55).

2) Don. Andr. I 1, 1 *in hac scaena haec virtus est, ut argumenti narratio
esse actio scaenica videatur.* Phorm. *id enim est artis poeticae ut cum nar-
rationi argumenti detur opera, iam tamen res agi et comoedia spectari videatur.*

2

Das Entscheidende für die Prologform des einzelnen Dramas ist also nicht, ob ein 'prologus' auftritt, sondern ob das argumentum in einer besonderen Rede vorausgeschickt oder der Zuschauer durch den Dialog der handelnden Personen in die Handlung eingeführt wird. Nach diesem Gesichtspunkt zerfallen die plautinischen Stücke in zwei grofse Abtheilungen, deren eine aufser den 'prologlosen' Curculio Epidicus Mostellaria Persa Stichus (der Anfang der Bacchides fehlt) auch Asinaria Trinummus (Vidularia Pseudolus) enthält, die andere alle übrigen mit 'Prologen' verschiedener Art und Stellung. Um für die Beurtheilung dieser den Mafsstab zu gewinnen, müssen wir die erste Kategorie untersuchen; denn hier ist zunächst kein Zweifel dafs die plautinische Exposition der des Originals entspricht.

Epidicus, Mostellaria und Persa haben (wie nach dem 'Prolog' die Casina) in der Eingangsscene die beiden Sclaven, die uns aus der alten Komödie so wohl bekannt sind; in Epidicus und Mostellaria ist der eine von beiden πρόσωπον προτατικόν, wie im Phormio, also nur der vorbereitenden Scene wegen erfunden. Der Persa beginnt mit zwei kurzen Monologen, denen die Begrüfsung folgt, Epidicus gleich mit der Begrüfsung, Mostellaria in heftigem Gespräch. Um mit der Mostellaria zu beginnen, so gibt die erste Scene Alles was für das Verständnifs der Handlung nöthig ist; wir erfahren, dafs durch Tranios Schuld verführt der junge Sohn des Hauses in Abwesenheit des Vaters Geld und Gut verthut; Tranio ist auch bereits, durch sein Auftreten und den Gegensatz, vollkommen charakterisirt. Dennoch beginnt nach dieser Scene die eigentliche Handlung noch nicht. Tranio geht zum Hafen, um einzukaufen; es folgt ein Monolog des Philolaches, der nur dazu dient, den wohlerzogenen, jetzt zu aller Thorheit verführten Jüngling zu charakterisiren, der doch gegen die Anwandlungen der Reue noch nicht verhärtet ist; wir sehen dann (I 3), wie ihn der Anblick der Hetäre wieder vollständig bethört, und erleben nach der Ankunft eines zweiten Liebespaares (I 4) den Anfang eines Gelages am hellen Morgen; denn Grumio war vor Tag in die Stadt gekommen, Philematium macht Morgentoilette, Callidamates kommt κωμάζων, mit der Absicht freilich, den Tag durchzuzechen (313). Da erscheint Tranio und sofort beginnt die Handlung, die sich nun unaufhaltsam abwickelt. Die Scenen bis II 1 (347 Verse) sind nichts als eine breitangelegte Exposition, die uns zunächst die Vorgeschichte, dann die Charaktere der beiden Hauptfiguren, endlich den Zustand kennen lehrt, dem der Vater durch seine

Rückkehr ein Ende macht, eine vollkommen durchdachte Einführung. eine trefflich wirkende Folie für die Handlung selbst. Es ist eine Exposition, die von den jüngeren aristophanischen, besonders Thesmophoriazusen und Fröschen, sowohl die Form als die Breite der Anlage hat; von Euripides zwar nicht die Form, aber das künstlerische Princip: die Toilettenscene und das Gelage haben denselben Zweck wie die Teichoskopie der Phönissen, Teukros in der Helena, das Lied des Ion. Irgend ein Moment, das nicht die Handlung ungezwungen aus sich selbst entwickelte, hat das Stück nicht; es bedurfte also keines besonderen Proömiums. Gleich die Mostellaria aber kann uns lehren, dafs die neue Komödie, trotzdem der Chor fortgefallen war, sich vom aristotelischen Begriff des πρόλογος nicht entfernt hatte.

Bei äufserer Ähnlichkeit zeigt der Persa in einem Hauptpunkt verschiedene Anlage. Auch hier gibt das Sclavengespräch der ersten Scene die vollständige Einführung in die Handlung; aber die Handlung selbst beginnt unmittelbar danach. Der Monolog des Parasiten steht zwar noch dazwischen, doch er ist nur eine typische Einführung der Person. mit der dann gleich Toxilus die Intrigue bespricht; die Stelle, an der Saturio, wie der Parasit in Captivi und Menaechmi, der Erzählung oder Schilderung wesentliches hinzuthun könnte, ist (v. 77) abgethan mit *nunc huc intro ibo, visam hesternas reliquias.* Die Darstellung des wüsten Treibens der Gesellschaft ist in diesem Stück Schlufs und Krone der Handlung; eine Voraussetzung, die aufserhalb der Handlung mitgetheilt werden müfste, enthält das Stück nicht.

Der Stichus exponirt breit und charakterisirend, durch das Gespräch zuerst der beiden Schwestern, dann der Schwestern mit dem Vater. Dann folgt Gelasimus und seine Selbstauction, eine Scene die nur der Belustigung dient. Man gewinnt am Schlufs von I 2 (v. 150) den Eindruck, dafs durch die Herbeirufung des Gelasimus die Handlung eingeleitet werden solle; aber diese Herbeirufung ist gar nicht motivirt (vgl. 266) und bei dem Charakter der Panegyris und ihrer Gesinnung gegen den Parasiten (vgl. 397) sehr auffallend. Die eigentliche Handlung beginnt mit dem Auftreten des Pinacium (II 1), aber freilich um für dieses Stück so gut wie zu Ende zu sein. So viel lehrt uns die Exposition deutlich, dafs sie die Handlung kunstgemäfs einleitete und alles enthält was für das Verständnifs der Handlung nöthig war.

In der Eingangsscene des Curculio treten Herr und Diener auf, eine Zusammenstellung, die in der Tragödie vorgebildet ist (Sophokles Elektra und Trachinierinnen, Euripides Andromache, aulische Iphigenie), die aber durch Aristophanes' Plutos in höherem Grade für die Komödie

typisch geworden ist als die beiden Sclaven, vgl. Asinaria Poenulus
Pseudolus Rudens Aulularia (Andria) Eunuchus.[1]) Durch das Gespräch
im Anfang des Curculio erfahren wir die Vorbedingungen der Handlung
in der Weise, dafs der Herr dem Diener erzählt, dafs das Haus, sein
Nachbarhaus, einem Kuppler gehöre[2]), dafs er mit einem der Mädchen
des Kupplers einen Liebeshandel habe, dafs der Kuppler ihn mit seinen
Forderungen beständig hinhalte, dafs er den Parasiten fortgeschickt habe
um Geld zu besorgen: alles Dinge, die Palinurus längst wissen mufs
(vgl. v. 14); wie denn auch v. 230 sq. der Kuppler und Palinurus in
freundnachbarlichem Verhältnifs stehn. Dies ist ein Motiv, das lediglich
dem Zwecke der Exposition dient, ein Nothbehelf, dessen Unwahrschein-
lichkeit der dramatische Dichter hinnimmt eben um den erzählenden
prologus zu vermeiden, an dessen Stelle als anderer Nothbehelf die
πρόσωπα προτατικά treten (s. u.). Sophokles läfst so den Orestes dem
Pädagogen das Orakel erzählen, das diesem nicht unbekannt sein kann;
im Philoktet entgeht er sehr geschickt der Gefahr, den Odysseus Dinge
reden zu lassen, für die während der Fahrt Zeit vollauf war: mit dem
Plan, der ihm im Sinne liegt, darf er dem Neoptolemos erst kommen
da die That drängt und für langes Besinnen kein Raum bleibt; ähnlich
in der Antigone. Aber im Eingang von Aristophanes' Plutos ist es so
unwahrscheinlich wie in Elektra, Andria und Curculio, dafs der Vertraute von dem was ihm der Herr erzählt nichts gewufst haben sollte.[3])
Die beiden folgenden Scenen dienen zur Ausmalung der Situation und
führen Planesium ein, deren Schicksal den Hauptinhalt der Handlung
ausmacht. Auch die folgende Scene, das Auftreten des Kupplers und
seine Gespräche mit Palinurus und dem Koch, dient noch der Exposition
und führt nur durch den vordeutenden Traum der Handlung näher;
sonst ist sie, wie im Stichus, eine retardirende Belustigungsscene, auf
die unmittelbar mit dem Erscheinen des Curculio, wie dort des Pinacium,
die Handlung selbst einsetzt. Die Handlung nun gipfelt in einem Moment, zu dessen Vorbereitung in der Exposition nichts gethan ist, in

---

1) Als Motiv in der Erzählung Parmenos Hec. 144 sq. Vgl. Pomponius (Novius) v. 142 sq.

2) Vgl. de Pl. Vidul. p. 4 sq., Frantz p. 21; pall. inc. frg. 58 R. *villa est
patrui, hic ager est ubi stas, pone versum illac mare est.*

3) In der ersten Scene des Poenulus ist das Motiv verdunkelt (oben
S. 159); in den Menaechmi (II 1) ist das Bedenkliche so geschickt umgangen
wie im Philoktet, durch die Charakterisirung des Messenio wie dort durch
die des Neoptolemus. Für den Curculio ist zu beachten, dafs Palinurus nach
dem Auftreten Curculios verschwindet und nicht eigentlich eine Vertrauten-
rolle spielt.

dem ἀναγνωρισμός des Geschwisterpaars, Planesium und Therapontigonus (V, 2); wenigstens Planesium hätte bei ihrem ersten Auftreten
(I 3) von ihrer Herkunft berichten können, über die sie wohl unterrichtet ist, aber es fällt kein Wort darüber vor v. 528 (der Kuppler).
Euripides[1]) hat die Tragödien mit ἀναγνώρισις entweder so exponirt,
dafs zuerst die eine der lange getrennten Personen ihre Schicksale mittheilt, dann die andere (taur. Iphigenie, Elektra, vgl. Helena) oder dafs
ein Gott die Vorgeschichte erzählt (Ion).[2]) Sämmtliche plautinischen
Komödien mit ἀναγνώρισις werden durch die Prologrede einer von der
Handlung gelösten Person eingeleitet, sei es der prologus (Capt. Cas.
Men. Poen., vgl. Vid.), sei es eine dämonische Figur (Rud. Cist.); die
einzigen Ausnahmen bilden Curculio und Epidicus, den ich deshalb ans
Ende dieser Reihe gestellt habe. Dasselbe was für diese beiden gilt
aber für fast sämmtliche terenzischen Stücke; Terenz hat, mit einer
Ausnahme, lauter Stücke mit ἀναγνώρισις zur Bearbeitung gewählt,
wieder mit offenbarer Absicht, um auch durch Überraschung zu wirken;
dafs er mit guter Überlegung keine Inhaltsangaben vorausschickt wird
dadurch um so deutlicher. Seine Stücke entwickeln sich in ruhigem
oder (wie es in den donatischen praefationes heifst) turbulentem Fort-
schreiten bis zur Wiedererkennung, wie der Curculio. Ob Plautus dieselbe Absicht zuzuschreiben ist, die bei Terenz deutlich vorliegt, ist
eine andere Frage, die ich unten beantworten werde; wir vermissen,
an Terenz und das moderne Lustspiel gewöhnt, bei der Lectüre des
Curculio nicht die fehlende Vorbereitung; anders beim Epidicus.

Der Epidicus hat eine kunstgerechte Exposition in zwei Scenen:
in der ersten berichtet der mit dem jungen Herrn zurückkehrende Sclave
dem Epidicus die Reiseerlebnisse, die diesen sehr nah berühren; in der
zweiten thut Epidicus hinzu was er während der Zeit zu Hause ausge-
richtet hat[3]): damit weifs der Zuschauer welcher Knoten sich geschürzt
hat. In der folgenden Scene nimmt Epidicus es auf sich, dem Stratippocles aus der Verlegenheit zu helfen, damit beginnt die Handlung. Die
Handlung ist ziemlich verwickelt, aber dem aufmerksamen Leser knüpfen

---

1) v. Arnim p. 85.
2) Vgl. Antiphanes Νεοττίς (frg. 168).
3) In den 3 Versen 46—48 sagt Epidicus schon worum es sich handelt, dem
Publicum, nicht dem Thesprio, dem er es verschweigen will (59); die Verse
darum zu streichen ist bedenklich, denn sie sind deutlicher gefafst als 87 sq.,
die wie mir scheint die Kenntnifs des Umstandes, dafs Stratippocles unmittelbar
vor dem Feldzuge den Epidicus beauftragt hatte, das Mädchen vom Kuppler
freizukaufen, schon voraussetzen wollen.

sich die Fäden allmählich wohl zusammen.[1]) Epidicus hat dem Stratippocles während dessen Abwesenheit ein Mädchen vom Kuppler dadurch
freigekauft, dafs er den Alten überredet hat, es sei die Tochter, die er
in seiner Jugend erzeugt und mit der Mutter verlassen hat. Stratippocles
kehrt zurück mit einer Kriegsgefangenen, die er gekauft hat ohne sie
bezahlen zu können, Epidicus erschwindelt das Geld durch einen neuen
Betrug und erkennt schliefslich in der so Zurückgekauften die verlorne
Tochter des Alten gerade in dem Moment da durch verschiedene Umstände, zuletzt durch das Erscheinen der einst verlassenen Mutter des
Mädchens, alle seine Listen ans Licht gekommen sind und er sich selbst
verloren gibt. Diese Handlung aber ist in der Weise entwickelt, dafs
man über den wichtigsten Punkt der Vorgeschichte, nämlich wie Periphanes sich von Epidicus hat dahin bringen lassen, die Dirne für seine
Tochter zu halten, bis gegen Ende im Unklaren bleibt; um so auffallender als es derselbe Umstand ist, der dem Epidicus die Wiedererkennung möglich macht. Epidicus sagt v. 87 *ego miser perpuli meis
dolis senem, ut censeret suam sese emere filiam,* das ist alles und für den
an den Stil des alten Dramas gewöhnten Leser verwunderlich genug.
Weiteres erfahren wir 169 sq.: Apoecides fragt den Periphanes, warum
er sich schäme, *genere natam bono pauperem domum ducere uxorem,
praesertim eam qua ex tibi commemores hanc, quae domist, filiam pro-
gnatam;* auch hier wundern wir uns mit Recht, von der bevorstehenden
Verbindung mit einer Frau zu hören, über deren unvermuthetes Wieder-
erscheinen nach langen Jahren der Trennung Periphanes im Laufe des
Stückes (IV, 1) aufs höchste überrascht wird. Auch sonst spricht Periphanes (III 3) nur von der *filia,* Epidicus nur von der fidicina, *pater
suam natam quam esse credit* (353), *ea iam domist pro filia* (357). Nach
der Wiedererkennung mit Philippa sagt Periphanes auf die Frage *quare
filiam credidisti nostram?* nur (598) *servos Epidicus dixit mihi* und fügt
hinzu, er selbst habe sie ja nach der Geburt nicht wieder gesehen. Nun
ist ja Periphanes als ein dummer alter Bramarbas charakterisirt und wir
müfsten uns wohl damit zufrieden geben, dafs er dem Epidicus einfach
auf sein ehrliches Gesicht hin geglaubt hätte; obwohl gerade das Plautus
gewifs hervorgehoben hätte. Aber die Sache liegt ganz anders. Wie
Epidicus (634 sq.) die Telestis wiedererkennt, fragt er: 'kennst du mich
nicht? *non meministi me auream ad te adferre natali die lunulam atque*

---

1) Die viel behandelten Anstöfse betreffen Einzelheiten und Schäden der
Überlieferung, kein einziger berührt das innere Gefüge der Handlung. S. Langen
Plaut. Stud. p. 137—149.

anellum aureolum in digitum? Epidicus ist also in Periphanes' Auftrage
bei Philippa und ihrer Tochter in Theben gewesen und hat dem Mädchen,
wir wissen nicht ob offen in ihres Vaters Namen, einen Schmuck gebracht. Also war Epidicus der einzige, der die beiden Frauen von
Angesicht kannte (v. 600); also war es natürlich, dafs der Alte ihm
glaubte, als er ihm die falsche Tochter brachte; also brauchte auch
Periphanes, wenn er sich entschlossen hatte die Philippa zu heirathen,
da er ihren Aufenthalt wufste, sie nur kommen zu lassen. Es genügt
aber nicht, dafs wir das nachträglich erfahren; es wird v. 598 und 169
vorausgesetzt und mufste also bekannt sein [1]), auch abgesehen davon,
dafs es ganz gegen die Art, sei es des Plautus sei es der neuen Komödie, ist, an Epidicus diese geschickte Benutzung seines Vortheils nicht
hervorzuheben. Ich schliefse daraus mit Sicherheit, dafs das Stück einen
'Prolog' gehabt hat, in dem die Reise des Epidicus nach Theben und
seine darauf gegründete List erzählt war. Diese Erzählung konnte Epidicus selbst, es konnte sie der 'prologus' geben. Der Monolog I 2 hätte
zu einer solchen Rede gestaltet werden können; Epidicus hätte vor dem
Gespräch mit Thesprio eine solche Rede halten können: beide Möglichkeiten schliefst die vorhandene Gestalt des Stückes aus. Also bleibt nur
die dritte, dafs der prologus vor dem Stücke auftrat und die Vorgeschichte erzählte. Denn dafs im Original der Monolog I 2 eine genauere
Erzählung enthalten und Plautus diese in seinem canticum fortgelassen
hätte ist ganz unwahrscheinlich. Der Verlust eines 'Prologs' aber hat
nichts unwahrscheinliches: die zwei übrig gebliebenen Verse des Pseu-
dolusprologs zeigen es augenfällig.

Die Asinaria wird vollkommen exponirt durch die dem Anfang der
Thesmophoriazusen sehr ähnliche Scene zwischen Herrn und Diener
und den darauf folgenden Monolog des Demaenetus. Mit I 2 beginnt
die Handlung, die sich ganz aus ihren eigenen Voraussetzungen entwickelt. Das Stück bedurfte keines 'Prologs'; darum sagt der prologus:
quod ad argumentum attinet, sane brevest [2]) und spricht kein Wort vom
Inhalt. Das Stück bedurfte keines Prologs zur Inhaltsangabe: warum
denn tritt ein prologus auf? *nunc quid processerim huc et quid mihi
voluerim dicam: ut sciretis nomen huius fabulae.* Die dann folgende Ablehnung das argumentum zu geben ist wichtig und wohl ungewohnt;

---

1) Man könnte daran denken, dafs in den Lücken nach v. 355 die nöthigen
Angaben einst gestanden hätten; aber genaue Betrachtung der Stelle zeigt, dafs
dort dafür kein Raum ist.

2) Ascon. zur Pisoniana p. 2 *argumentum orationis huius breve admodum est.*

sie wird mit Nachdruck vorgetragen und erfordert eine Pause; darum
hebt der prologus neu an: *nunc quod me dixi velle vobis dicere dicam:
huic nomen graece Onagost fabulae.* Das ist das Geschäft des prologus,
auch wenn den Inhalt zu erzählen unnütz ist. Er beginnt mit gutem
Omen, kündigt das Stück an und empfiehlt es kurz. Der Prolog trägt
alle Zeichen der Echtheit und Ursprünglichkeit; der Name *Maccus* v. 11
reicht allein aus ihn gegen den Verdacht nichtplautinischen Ursprungs
zu schützen[1]); der einzige Vers der fehlen dürfte wäre v. 5. Aber das,
worauf er sich zuspitzt und wozu er da ist, konnte im Original nicht
stehen, er gehört also nur der römischen Bearbeitung an. Es ist die
Vorstufe und Vorbildung der terenzischen Prologe: die Empfehlung
v. 13 *inest lepos ludusque in hac comoedia, ridicula res est* zeigt, aus
welchen Anfängen die litterarischen Erörterungen der terenzischen Prologe erwachsen sind.

   Der Trinummus beginnt mit einem Monolog des Megaronides, nicht
eigentlich euripideisch, da er nichts erzählt, sondern nur mit v. 25. 26
auf die folgende Scene vorbereitet; es ist ein Anfang wie der der Ekklesiazusen (trotz der euripideischen Parodie) und des Plutos, während
der Anfang der Adelphi den euripideischen ähnlicher ist. Das folgende
Gespräch der beiden Alten gibt die vollständige Exposition, indem es
uns sowohl über die Situation als über das Geheimnifs des Stückes, das
einem Theil der Handelnden verborgen bleibt, aufklärt. Ein zweiter
Monolog des Megaronides schliefst diese Scene ab; der folgende des
Lysiteles dient allein der Charakterisirung, wie in der Mostellaria, und
im wesentlichen auch das folgende Gespräch des Lysiteles mit seinem
Vater. Hier aber wird die Handlung selbst eingeleitet, da aus der Werbung des Lysiteles die Verwicklung entsteht. Die Handlung hat keine
Voraussetzungen, die nicht durch die Exposition bekannt geworden
wären; sie bedarf also keines 'Prologs'. Aber auch dieses Stück hat
ein prologisches Vorspiel, und auch in diesem wie zur Asinaria wird
die Erzählung des Inhalts abgelehnt: *sed de argumento ne expectetis
fabulae: senes qui huc venient, ei rem vobis aperient,* mit demselben Ausdruck, den wir bei Terenz finden, nur dafs dieser hinzufügt *in agendo
partem ostendent.* Auch zum Trinummus folgt unmittelbar die Angabe
des Originals, des Dichters, des Übersetzers, des Titels, auch hier wie
vor der Asinaria mit dem *si per vos licet.* Aber die Mittheilungen werden nicht wie dort vom prologus gegeben, sondern eine dämonische

---

1) Oben S. 72; irrig beurtheilt von Havet Études rom. déd. à G. Paris
p. 310.

Figur, Luxuria, spricht völlig im Stil des prologus, nachdem sie in einem
kurzen Zwiegespräch mit ihrer Tochter Inopia wie diese ihre Rolle ge-
wahrt hat. Sie lehnt nicht lediglich die Erzählung des Inhalts ab, sondern erklärt vorher, dafs in dem Hause dort, in das sie ihre Tochter
hineingeschickt, ein Jüngling wohne, der sein väterliches Gut verthan
habe und nun statt mit Luxuria mit Inopia wohnen müsse; vor allem
aber berichtet sie, dafs Plautus ihr den Namen Luxuria gegeben und
Inopia ihr zur Tochter bestimmt habe. Was diese Worte bedeuten: *mihi
Plautus nomen Luxuriae indidit* und *hanc mihi gnatam esse voluit Inopiam,*
darf nicht bezweifelt werden; sie bedeuten nicht, dafs Plautus die Figuren
und also die Scene erfunden habe, sondern (wie der erste Vers zeigt,
nach dem der Sinn des zweiten sich richtet) dafs er die Namen gebildet habe, d. h. er hat für Τρυφή und Ἀπορία die lateinischen Namen
gegeben. Schon daraus folgt, dafs das Vorspiel aus dem Original stammt
und zugleich zeigt sich deutlich, dafs dieser Stelle erst Plautus die dem
Stil des prologus entsprechende, die Illusion negirende Form gegeben hat,
wie die zweite Stelle gleicher Art[1]), in der die Notizen über das Original
der Komödie und die beiden Dichter mitgetheilt werden (18 sq.), sich als
Einlage ohne weiteres kund thut — freilich nicht als eine nachplautinische.
Wie jene Verse im Original gefafst waren, das mag uns das Muster jenes
Vorspiels zeigen, das Zwischenspiel des Herakles: ϑαρσεῖτε Νυκτὸς τήνδ᾽
ὁρῶντες ἔκγονον Λύσσαν, γέροντες, κἀμὲ τὴν ϑεῶν λάτριν Ἶριν.
Denn an dieses Muster ist mit mehr Recht zu denken als an das Zwiegespräch der Götter vor Alkestis und Troades.[2]) Ein anderes Beispiel
aber zeigt uns, wie die Form jenes Zwischenspiels auch für den Prolog
der Tragödie verwendet worden ist. Wie Iris die Lyssa ins Haus des
Herakles treibt, Luxuria die Inopia in das des Lesbonicus, so im Eingang von Senecas Thyestes die Furie den Schatten des Tantalus ins
Haus des Atreus; über Euripides' Thyestes lernen wir daraus leider
nichts, denn Seneca bildet seine Prologe absichtlich anders als die Vorgänger, wohl aber für das Fortwirken des Motivs in der Tragödie. Im
Original stand also das Vorspiel; aber dafs auch dort der Inhalt nicht
vorher erzählt wurde, verbürgt uns die Exposition und Anlage des
Stückes selbst. Welchen Zweck hatte also das Vorspiel? keinen andern
als im Herakles das Zwischenspiel: den Zweck Stimmung zu machen,
den Sinn der Zuschauer gespannt auf das Schicksal des Helden zu richten,
ihnen zu sagen von welcher Art das Schicksal ist und sie erwarten zu

---

1) Vgl. Trautwein p. 23 sq.
2) Frantz p. 57.

lassen in welchen Thaten und Ereignissen es sich vollziehen wird. Ins Komische übersetzt würde das Vorspiel von Τρυφή und Ἀπορία genau denselben Zweck erfüllen. Die plautinische Luxuria hebt sich und ihre Wirkung freilich selber auf; ich werde unten zeigen, dafs sie das bis zu einem gewissen Grade im Original auch gethan haben kann, aber sicher nicht so grob wie in der plautinischen Bearbeitung, die gerade hierdurch zeigt, dafs sie nicht vom Urheber der Erfindung herrührt.[1]) Es scheint mir ausgeschlossen, dafs der Prolog Form und Inhalt, wie sie vorliegen, durch nachträgliche Überarbeitung erhalten hätte; allein die Arbeit des Übersetzers macht beide verständlich, v. 18 sq. können nicht gesondert von v. 8 sq. beurtheilt werden; der Anlafs aber, warum Plautus das Vorspiel des Originals veränderte, liegt in v. 18 sq. vor: es sind dieselben Notizen fürs Publicum, die den ganzen Inhalt des Asinariaprologs ausmachen.

In welche Reihe die 'Prologe' zu Pseudolus und Vidularia gehören, kann ich erst nachweisen nachdem ich die übrigen besprochen habe; zunächst schliefsen sich die gleichfalls von der Handlung gelösten Vorreden an; es sind die zu Captivi Casina Menaechmi Poenulus Truculentus.

Die Erfindung dieser 5 Stücke stimmt in einem Punkt überein, wenn sie auch von Plautus sehr verschieden behandelt sind. Alle fünf spitzen sich in der Handlung auf ein Moment zu, auf das der Zuschauer durch die Exposition der handelnden Personen nicht oder nicht ungezwungen vorbereitet werden konnte. Sonst sind sie nicht in gleicher Weise aufgebaut; die Prologe (im aristotelischen Sinne) beginnen, nach Ablösung des vom Stücke sich selbst lösenden 'prologus', in dreien mit Monologen euripideischer Art, in Casina und Poenulus dialogisch. Auch hier kann ich es nicht vermeiden, mit wenigen Worten auf die Analyse der einzelnen einzugehn.

Captivi, Menaechmi und Truculentus sind (von den 'Prologen' noch abgesehen) ohne Zweifel im wesentlichen Reproduktionen der Originale. Die Captivi beginnen mit dem Monolog des Parasiten, der in der typischen Weise sich und sein Handwerk charakterisirt; ihm droht Gefahr

---

1) Inopia wird einfach ins Haus geschickt: *illae sunt aedes, i intro nunciam.* Aber durch die Hausthür kann sie unmöglich eintreten, denn da wohnt jetzt Callicles und ist der erste, der heraustritt. Sie geht natürlich ins Hinterhaus, durch eine Seitenthür, und ich zweifle nicht dafs es auf der Bühne noch nachträglich von bedeutender Wirkung sein mufs, wenn v. 194 auf die Frage *ubi nunc adulescens habet?* Callicles auf die Seitenthür zeigt und sagt *posticulum hoc recepit.*

durch die Gefangenschaft seines $\tau\varrho\acute{o}\varphi\iota\mu o\varsigma$: dies gibt den Anlafs, kurz
die Situation zu erklären, v. 92—101. Die Gefangenen stehen während
dessen auf der Bühne, wie Orest in Eumeniden und Orestes, Hekabe in
den Troades. Durch die zweite Scene, das Gespräch des Hegio mit
Ergasilus, erfahren wir nur den einen Umstand hinzu, dafs der gefangene
Sohn Hegios sein einziger ist (v. 147), ohne das Ethos empfinden zu
können, das in dem Worte liegt. Sonst dient die Scene nur zur Einführung Hegios und zur Schilderung der Stimmung in den beiden
Gegenbildern des Vaters und des Parasiten mit ihrer belustigend gegen-
sätzlichen Auffassung des Unglücks. Der Handlung werden wir keinen
Schritt näher geführt, denn der Gang zum Bruder (v. 126), der nachher
wichtig wird, unterbleibt vorläufig (194): die vorher ausgesprochene Absicht ist nur eine schwächliche Motivirung für Hegios Auftreten; wenn
nicht der Dichter die innere Unruhe des Alten auch durch dieses Mittel
ausmalen wollte und für die Wirkung des Motivs auf die Kunst des
Schauspielers rechnete. Mit der folgenden Scene, der Unterhaltung der
Gefangenen, beginnt die Handlung. Die Exposition (I 1. 2) ist also vollkommen nach der Art der euripideischen Prologe durchgeführt. Nun
liegt aber der Angelpunkt der Handlung in der Doppelnatur des Tyndarus, von der wir nichts ahnen bevor v. 759 Hegio sagt *perdidi unum*
filium, puerum quadrimum quem mihi servus surpuit. Die Absicht des
Dichters aber geht so offenbar darauf, gerade während der Handlung
bis v. 750 den Zuschauer dies empfinden zu lassen, dafs der Sohn des
Hegio seinen Herrn befreit und seinem Vater das Herzeleid anthut, für
seinen Herrn durch seinen Vater leidet, dafs der Vater das Ziel seiner
Sehnsucht mit Händen greift während er in Zorn und Schmerz vergeht,
so offenbar ist diese Absicht des Dichters, dafs kein Zweifel sein kann,
er hat den Zuschauer sowohl über den Verlust des Kindes wie über
dessen Anwesenheit im Hause des Vaters aufgeklärt. Im Stück handelt
aber keine Person, die das hätte thun können. Tyndarus kennt seine
Herkunft nicht (vgl. 1023) und der Dichter hat sehr wohl gethan, ihn
völlig im Ungewissen zu lassen; Hegio könnte nur über den Raub, nicht
über die Rückkehr des Sohnes Auskunft geben. Der Natur des Stoffes
und der festen Technik des Dramas folgend mufste der Dichter die Vorgeschichte durch eine der Handlung fernstehende Figur erzählen lassen;
Euripides würde zu diesem Zweck einen Gott eingeführt haben, wie im
Prolog des Ion; der Komödiendichter hätte einen $\text{"}E\lambda\epsilon\gamma\chi o\varsigma$ oder $A\acute{\eta}\varrho,$
Arcturus oder Auxilium verwenden können; bei Plautus finden wir den
prologus. Dieser zeigt zuerst dem Publicum die beiden Gefangenen,
wie Poseidon Tro. 36 $\tau\grave{\eta}\nu\ \delta'\ \mathring{a}\vartheta\lambda\iota a\nu\ \tau\acute{\eta}\nu\delta'\ e\mathring{i}\ \tau\iota\varsigma\ e\mathring{i}\sigma o\varrho\tilde{a}\nu\ \vartheta\acute{e}\lambda e\iota,$

πάρεστιν Ἐκάβη κειμένη πυλῶν πάρος, dann bringt er gleich die
Hauptsache vor: *Hegio est huius pater;* und wie der zum Sclaven seines
Vaters geworden, das will er erzählen. Die Erzählung bis v.
23 *(rationem*
habetis, quo modo unum amiserit) enthält den in der Exposition nicht
gegebenen aber zu wissen nöthigen Theil der Vorgeschichte; im folgenden (24—51) wird einerseits dasselbe erzählt was Ergasilus dann
kürzer berichtet und ausführlicher berichten konnte (23—34), aber es
wird so erzählt, dafs es in dem Verhältnifs des Tyndarus zu Hegio
gipfelt, wie wenn durch die Erzählung nur dieser Umstand recht hervorgehoben werden sollte (vgl. zu v. 46 sq.); dann wird die Handlung,
die sich im Stück entwickeln soll, vorausgesetzt, in der Weise der euripideischen Eingangsreden, die von übermenschlichen Wesen gesprochen
werden.[1]) Dann die Empfehlung des Stückes.[2]) Hier ist, wie deutlich
zu sehen, nichts was nicht dem Original gehört oder gehören kann.

Auch die Menaechmi werden durch den typischen Monolog des
Parasiten eingeleitet. Für die Handlung erfahren wir durch ihn nur,
dafs der epidamnische Menaechmus ein reicher und wohllebender, durch
die folgende Scene (1 2), in der Menaechmus hinzutritt, dafs er ein Mann
von lockeren Sitten ist; wie er zu seinem Reichthum gekommen, erfahren wir durch das Stück überhaupt nicht, nur dafs er eine dotata zur
Frau hat. Die Scene 1 2 wie die folgende mit Erotium dienen, gleich
den entsprechenden der Mostellaria, sonst nur der breiten Ausmalung, nur
dafs sie durch den Manteldiebstahl und die Vorbereitung des prandium einzelne Fäden der folgenden Verwicklung anknüpfen. Dann (II 1) erscheint
der andere Menaechmus, der dem vorwitzig fragenden Messenio kurz, um
den Frager abzuweisen, die oft gehörte Antwort gibt, dafs er seinen
verlorenen Zwillingsbruder suche; mehr erfahren wir nicht, die näheren
Umstände erst in der Erkennungsscene am Schlufs. Jene Scene (II 1)
gehört noch zur Exposition, der Suchende tritt auf nach dem Gesuchten,
wie in der taurischen Iphigenie, Elektra, Ion; die Handlung beginnt
mit der ersten Verwechselung, II 2. Nun hätte der Dichter wohl auch
dem ersten Menaechmus, der sich seiner Entführung erinnert, d. h. nach
dem Plan der Erkennungsscene erinnern mufs (v. 1112), bei seinem
ersten Auftreten Worte in den Mund legen können, die mit denen des
andern zusammen einen modernen Leser genügend vorbereitet hätten ;
aber der Stoff ist entschieden von der Art, die nach der Technik des
Euripides und der Komödie eine Einleitungsrede verlangt und diese nur

---

1) v. Arnim p. 57.
2) Oben S. 152.

von einer aufserhalb der Handlung stehenden Figur erhalten kann. Die bestätigende Analogie, in Ähnlichkeit und Verschiedenheit, gibt der Amphitruo, das mythologische Gegenstück der Menaechmi, der Stoff an dem Hermippos und Platon die Verwechselungskomödie der *Δίδυμοι* vorgebildet haben. Dort führen Götter die Handlung und können freilich ihre Vorbedingungen angeben; aber auch dort geschah es nicht allmählich im Verlaufe des Stücks, sondern in einer Einleitungsrede, auf deren auffallende Ähnlichkeit mit dem prologus Mercurs im (nachalexandrischen) Amphitruo Frantz p. 40 aufmerksam gemacht hat; so dafs wir auch die prologartigen Zwischenreden des Amphitruo älterer Erfindung zuschreiben dürfen. Das Original der Menaechmi hatte also sicher einen 'Prolog' und eben so sicher einen, den entweder ein überirdisches Wesen oder der prologus sprach; dafs den erhaltenen der prologus spricht, ist also innerlich und äufserlich motivirt. Er ist weitschweifig und witzelnd, aber erzählt gerade die Dinge ausführlich die vor der Handlung zu erfahren noth thut; auf die Handlung geht er nur, und zwar auf ihre Einleitung, mit ein paar Worten ein (69 sq.).

Die Handlung des Truculentus besteht in der Überlistung der drei Liebhaber; sie beginnt erst mit dem Auftreten der Phronesium v. 352 (II 4), aber ihre Anfänge, besonders wie Diniarchus von Astaphium wieder angelockt wird (I 2), greifen stärker als in einem der übrigen Stücke in die Exposition hinüber. Diese beginnt mit dem Monolog des Diniarchus, der vom Liebhaber handelt und die Person durch den Typus illustrirt, wie die Parasitenprologe vom Parasiten. Wir hören über ihn und Phronesium, den miles und das untergeschobene Kind (77 sq.), dann durch Astaphium und ihr Gespräch mit dem Truculentus über Strabax und das Ereignifs der letzten Nacht (v. 246) genug, um den Verlauf des ganzen Stückes zu verstehen; die Exposition wird von der Figur der Astaphium beherrscht, die in einer Reihe zierlicher Scenen auf ihr Vorbild, das Urbild der vollkommenen Hetäre, hindeutet. Aber die Entwicklung, die gegen Ende des Stücks (770 sq.) die Geschichte des Diniarchus nimmt, ist gar nicht vorbereitet; die Ausführung ist von der Art, dafs man sich wohl zum Schlufs die Sache nothdürftig zusammenreimt, sie aber während der Handlung nicht versteht; offenbar ist die Kenntnifs der Vorgeschichte vorausgesetzt. Besonders über die beiden Verlobungen der Tochter des Callicles erhält man nur dunkle Andeutungen (771. 825. 848). Es handelt sich um ein geheim gebliebenes stuprum von der oben S. 143 besprochenen Art; es ist ganz klar, dafs das Original eine Vorrede gehabt hat. Auch hier ist die Erfindung von der Art, dafs keine Person der Stückes volle Auskunft geben konnte,

nur über die eine Hälfte, das Verhältnifs zu seiner früheren Braut, Diniarchus, über die andere, die Unterschiebung des Kindes, Phronesium
und ihre Helferinnen; so dafs auch hier im Original die Einleitung nur
von einer dämonischen Person oder dem prologus gesprochen werden
konnte. Die erhaltene Rede des prologus ist im Anfang von Plautus
selbst frei gestaltet; der vermifste Theil der Vorgeschichte fehlt durch
Schaden der Überlieferung, er stand in der Lücke nach v. 17.

Casina und Poenulus haben beide dialogische Exposition; beide
Stücke haben auch das gemein, dafs sie nicht ein griechisches Original
einfach reproduciren, sondern nachweislich von Plautus umgeändert
sind, Casina durch Weglassen einer Hauptperson und eines Hauptmotivs
der Handlung, Poenulus durch Verbindung mit Theilen eines andern
Stückes. Die Möglichkeit ist also für beide Stücke in Betracht zu ziehen,
dafs durch die Änderungen auch ihre Anfangsscenen betroffen worden
sind. Von der Casina läfst sich indessen ohne weiteres sagen, dafs die
Exposition die des Originals ist. Die erste Scene mit dem Redegefecht
des Stadt- und Landsclaven hat bei aller Verschiedenheit des Stoffes
eine so starke Ähnlichkeit mit der Eingangsscene der Mostellaria, in
der Gegenüberstellung der beiden Charaktere und in Einzelheiten[1]), dafs
die Nachahmung des einen attischen Dichters durch den andern, also
doch wohl des Philemon durch Diphilus, unzweifelhaft scheint; die erste
Scene der Casina war also die erste der Κληρούμενοι. Über den bevorstehenden Kampf um das Mädchen unterrichtet das Gespräch zur
Genüge (v. 96. 106 sq.), der folgende Monolog der Cleostrata über die
Verliebtheit des Alten (150 sq.), das Gespräch mit Myrrhina über die
Person der Casina (193 sq.); dann wird der alte Liebhaber durch seinen
Monolog charakterisirt, gleich danach beginnt die Handlung, für deren
Verständnifs der Zuschauer wahrlich keiner andern Vorbereitung als der
im Stück gegebenen bedurfte. Über Casina mehr zu wissen, als dafs sie
eine hübsche Dirne ist, war für diese Handlung ganz überflüssig. Unklar bleibt, warum der Sohn so entschieden sie dem Chalinus zu geben
wünscht; freilich tritt der Sohn nicht auf, da Plautus seine Rolle gestrichen hat, aber es wäre leicht gewesen, einer der andern Personen
die Aufklärung über die Absichten des jungen Mannes in den Mund zu
legen. Daraus dafs Plautus das nicht gethan hat folgt, dafs er eine Inhaltsangabe vorausgeschickt hat, d. h. dafs der erhaltene 'Prolog' in der
Hauptsache von Plautus herrührt[2]). Er hat also den prologus bemüht,

---

1) Vgl. v. 103 und Most. 8; v. 120 sq. und Most. 18 sq.
2) In der That kann, von der Überarbeitung des Einzelnen abgesehen,

obwohl sein Stück keinen Prolog brauchte; das ist der erste Fall derart, der uns begegnet und, um das vorwegzunehmen, der einzige Fall derart. Die Lösung dieser Schwierigkeit gibt uns nun grade der Prolog, zusammen mit der Nachrede des Stückes (1012 sq.), an die Hand. Wir erfahren, dafs Casina ein von der Mutter ausgesetztes Kind ist, das ein Sclave des Lysidamus der Mutter abgenommen und seiner Herrin gebracht hat; wir erfahren weiter, dafs der Nachbar, Alcesimus, der Vater des Kindes ist und dafs Euthynicus, der Sohn des Lysidamus, der sie liebt, sie auch heimführt. In welcher Weise der ἀναγνωρισμός stattfand, welche Rolle Euthynicus dabei spielte, wissen wir nicht; aber sicher griff der Sclave, der das Kind ins Haus gebracht hatte, hier in die Handlung ein; denn wie Euthynicus' Abwesenheit durch einen Witz motivirt wird (64 sq.), so die des Sclaven v. 37: *in morbo cubat*; er trat also im Original auf so gut wie Euthynicus. Aber weder er noch Cleostrata noch Alcesimus oder Myrrhina konnte die Vorbedingungen der ἀναγνώρισις genügend aufklären, d. h. die Handlung, die wir durch Prolog und Epilog kennen lernen, bedurfte einer Erzählung der Vorgeschichte, die wiederum nur eine aufserhalb der Handlung stehende Figur geben konnte. Das Stück des Diphilus brauchte einen 'Prolog', also hatte es einen; das Stück des Plautus brauchte keinen, aber es hat einen, und zwar einen der dem Stück des Diphilus gilt; also ist der erhaltene Prolog dem des Originals nachgebildet.

Die Composition des Poenulus habe ich oben S. 154 ff. analysirt und mufste dort bereits die Sonderbarkeiten der Exposition berühren. Die erste Scene zeigt uns das typische Gespräch zwischen dem Herrn und dem Diener, dem jener seinen Liebesschmerz erzählt (152 sq.) Wie ungenügend diese Erzählung ist und wie wenig sie das Verhältnifs des Agorastocles zum Kuppler aufklärt, kann man sich, wie S. 159 bemerkt, an der Eingangsscene des Curculio recht deutlich machen. Unmittelbar an diese Verse schliefst sich der Plan an, den Milphio ohne Nachdenken und Vorbereitung fertig vorträgt (v. 163—189); dann beginnt Agora-

wenn man v. 5—20 als Einlage aussondert, der ganze Prolog plautinisch sein. Besonders kommt es auf die Beurtheilung der didaskalischen Verse 31—34 an; da scheint es mir aber einleuchtend, dafs die witzige oder witzelnde Einführung des Namens *Plautus* v. 34 (*cum latrante nomine*) nach v. 11 sq. (*studiose expetere vos Plautinas fabulas*) ganz ihren Sinn verliert, sie ist nur verständlich als komische Verbeugung des Dichters oder seines Schauspielers bei der ersten Ankündigung. Daraus folgt, dafs Plautus dem Stück den Namen *Sortientes* gegeben hat und *Casina* der jüngere Titel ist; nicht umgekehrt, wie Ritschl eben aus dem Prolog folgerte. — Dafür dafs v. 67 sq. von Plautus herrühren, genügt es auf Stich. 446 sq. zu verweisen.

stocles sofort mit der Ausführung (193 sq.), Milphio spricht einen kurzen
Monolog ohne Inhalt, dann erscheinen die Mädchen. Die folgende Scene
ist eine die Situation breit ausmalende Scene wie die entsprechenden
der Mostellaria und andrer Stücke; danach (I 3) fahren Herr und Diener
in der Ausführung des Planes fort; der Kuppler erscheint in einer
gleichfalls dem Curculio ähnlichen Scene, der miles wird eingeführt,
dann folgt die Überlistung. Wir können jetzt sagen, dafs und in welchem
Punkt sich diese Exposition von sämmtlichen anderen unterscheidet.
Unter den Stücken des Plautus sind 11 Intriguenstücke: Asinaria Bacchides Captivi Curculio Epidicus Miles Mostellaria Persa Poenulus Pseudolus Trinummus, mit wenigen Ausnahmen (Capt. Curc. Trin.) ist der
erfinderische Sclave der Träger der List. Die List wird angezettelt
Asin. II 2, Bacch. II 3, Capt. II 1, Curc. II 3, Epid. II 2, Mil. II 2, Most.
II 2, Pers. I 3, Pseud. I 5, Trin. III 3. In den meisten dieser Stücke
beginnt die Handlung grade mit der Erfindung des Überlistungsplanes,
in Asin. Bacch. (Curc.) hat sie kurz vorher begonnen, im Trinummus
wird die List erst nach dem ersten Theil der Handlung erforderlich,
in Epid. Most. Pseud. macht sich der Sclave schon in der vorherge-
gangenen Scene anheischig, den rettenden Gedanken zu finden; aber
auch wo er gleich fertig vorgetragen wird, wie in Captivi und Persa,
beginnt nicht das Stück damit.[1]) Das ist, wie wir nun wissen, nicht
etwa zufällig oder willkürlich, es ist in der Natur der Sache begründet.
Die Intrigue ist das Gerüst der Handlung; bevor aber die Handlung aufgebaut wird, mufs der Zuschauer mit ihren Vorbedingungen bekannt
sein; mindestens eine Scene, die bis zum Auftreten einer neuen Person
reicht, sei es Dialog oder Monolog, soll dieser Vorbereitung dienen und
von den Elementen der Handlung selbst völlig rein gehalten werden.
Dieses Gesetz der Komödie haben wir bisher in allen Fällen befolgt gefunden und wir werden kein Stück finden in dem es verletzt ist, aufser
dem Poenulus; dadurch wird die oben als Vermuthung vorgetragene
Ansicht zur Gewifsheit: nicht Menander oder wer sonst der Verfasser
des Καρχηδόνιος war hat das Gesetz verletzt, sondern Plautus, als er
die Handlung eines andern Stückes mit der Exposition des Καρχηδόνιος
zu verbinden suchte.[2])

---

1) In der jüngeren Tragödie finden wir das komische Motiv, die durch
den Zwang der Umstände plötzlich gebotene Erfindung eines rettenden An-
schlags, in Pacuvius' Periboea (v. 284 sq.).

2) Von einem verlornen Stück des Plautus, den Commorientes, wissen wir
dafs er eine Anfangsscene fortgelassen hat: im ersten Theil der Συναποθνή-
σκοντες des Diphilus stand die Scene Ter. Ad. II 1, die hat Plautus gestrichen;

Die ἀναγνώρισις auch dieses Stückes ist von der Art, dafs weder
Syncerastus oder die Mädchen noch Hanno oder Agorastocles ihre Vorbedingungen vollständig mittheilen konnte; so erfahren wir denn v.
900 das erste über die karthagische Abstammung des Agorastocles; das Auftreten Hannos ohne Vorerzählung würde die beabsichtigte Wirkung völlig
verfehlen. Also auch der Καρχηδόνιος hatte eine von der Handlung
gelöste Vorrede. Der erhaltne Prolog hat zum Schlufs doppelte Fassung
und auch an andern Stellen, in der ersten wie in der zweiten Hälfte,
sind geänderte und eingedichtete Partien mit Sicherheit nachgewiesen;
dafs aber das *argumentum* nicht von Plautus herrühren sollte ist auf
keine Weise wahrscheinlich zu machen. Unmittelbar vorauf geht ihm
die didaskalische Notiz (53. 54), die zwar verstümmelt aber ganz gewifs
ursprünglich ist. Die Erzählung der Vorgeschichte ist sehr richtig dis-
ponirt: die Geschichte des Agorastocles v. 59—78, aus der wir auch den
Ursprung seines Reichthums erfahren; die Geschichte der Mädchen v. 84—
103, die auch den Kuppler und miles einführt; die Nachforschungen
Hannos und seine Ankündigung v. 104 sq. Die Erzählung enthält über
den Kuppler zwei Bemerkungen, die die Handlung ergänzen (94. 98),
und eine wichtige Ergänzung der Charakterisirung des Hanno selbst,
v. 106—111, über seine Methode beim Suchen der Mädchen, sehr hübsch
und stilgerecht und schwerlich spätere Erfindung, schwerlich auch eigne
Erfindung des Plautus, vermuthlich ein Motiv das er hat unter den Tisch
fallen lassen, als er das Stück zustutzte. Die Erzählung bezieht sich nur
auf den Καρχηδόνιος und die ihm nachweislich gehörigen Personen
und Motive, nicht auf die des hinzugenommenen Stückes; darauf lege
ich kein Gewicht, da nicht von der Überlistung des Kupplers zu reden
nöthig war, sondern von den Bedingungen der ἀναγνώρισις. Aber es
ist ohnedies deutlich, dafs wir die plautinische Bearbeitung der Vorrede
des Καρχηδόνιος vor uns haben.

An dem plautinischen Ursprung der übrigen 'Prologe' (Amph. Aul.
Cist. Merc. Mil. Rud.) besteht kein berechtigter Zweifel; dafs sie aus
dem Original stammen ist mit wenigen Worten nachzuweisen.¹) Aulularia
und Rudens haben gemein, dafs ihre Einleitungsreden von göttlichen
Wesen gesprochen werden, die der Dichter durch gefällige Erfindung
äufserlich an die Handlung angeknüpft hat; sie stehen der besprochenen

---

Terenz sagt, die Scene sei *in prima fabula* gewesen; es ist aber nicht glaublich
dafs sie zur Exposition gehörte, die Handlung wird mit ihr begonnen haben
wie bei Terenz.

1) Über den Mercatorprolog S. 136. 117. Auch das Verhältnifs des
Heautontimorumenos zu ihm beweist die Echtheit (S. 148 A. 1).

Reihe am nächsten oder vielmehr gleich. Die Handlung der Aulularia beginnt II 1 mit der Werbung des Megadorus, in deren Verfolg das stuprum ans Licht kommen mufs; die vier Scenen der Exposition (zwei Dialoge zwischen Euclio und Staphyla und je ein Monolog) deuten die Vorgeschichte nur an, vor allem charakterisiren sie den Geizhals; sowohl die Vorgeschichte des Schatzes als das stuprum (erst IV, 7 tritt Lyconides auf) mufsten berichtet werden, von einem Gott oder 'prologus'.[1]) Die Handlung des Rudens beginnt nach schöner Exposition I 3 mit dem Auftreten der Schiffbrüchigen; die ἀναγνώρισις wird v. 106 schon angekündigt, aber sie verlangt die Erzählung der Vorgeschichte wie in allen ähnlichen Fällen. Die Rede des Arcturus enthält Momente, die im Stücke selbst hätten angebracht werden können, aber offenbar nach der Intention des Dichters im Prolog stehn, Momente die theils für die Charakterisirung wichtig sind (Daemones ist kein politischer Flüchtling, Charmides ein Landesverräther), theils Nebenzüge ganz ursprünglicher Art (43 *eam vidit ire e ludo fidicinio domum, amare occepit*, vgl. Phorm. 80 sq.): so gewifs der erste Theil attisch ist[2]), so gewifs das argumentum. Die directe Abkunft dieser allegorischen Prologfiguren, des Ἔλεγχος, Ἀήρ, Φόβος in der νέα[3]), denen die Καλλιγένεια in den zweiten Thesmophoriazusen, Δορπία im Herakles des Philyllios[4]) voraufgehen[5]), von den euripideischen Prologgöttern ist oft besprochen.[6]) In dieselbe Reihe tritt die Rede des Auxilium in der Cistellaria[7]); nur

---

1) Vgl. Schuster quomodo Pl. att. exempl. transt. 26. Antiph. frg. 206, 3 und Aul. 386. Lar familiaris im Original der ἥρως der Familie, der vor dem Hause steht? Callim. epigr. 24 und Kaibel 841 (a. 149 p. Chr.), Herodot VI, 69, vgl. Petersen Ath. Mitth. 1886 p. 294.

2) Marx Greifsw. Progr. 1892/93.

3) Meineke Men. et Phil. p. 284. Rutilius Lupus II 6 p. 15 H.

4) Frantz p. 14.

5) Und wahrscheinlich Νύξ, nach Chorikios (adesp. 819 K.) εἰ κωμῳδίαν ἐπηγγελλόμην, εἰσῆγον ἄν ἐν εἴδει γυναικὸς ἑκατέραν (Tag und Nacht), ὥσπερ τὴν Νύκτα τῶν κωμικῶν τις. — *Remeligo* bei Afranius, richtig erklärt von Ph. Fabia rev. de phil. 1894 p. 139 sq.

6) Zuerst in richtigen Zusammenhang gebracht und mit allen verfügbaren Beispielen der neuen Komödie belegt von Dziatzko Luz. Progr. p. 9 sq.

7) Wir haben eine deutliche Spur, dafs die römischen Dichter solche Prologe gelegentlich vor ihren Übertragungen attischer Tragödien auftreten liefsen. Dafs Amph. 41 *ut alios in tragoediis vidi, Neptunum Virtutem Victoriam Martem Bellonam, commemorare quae bona vobis fecissent* (Mercurius spricht als prologus) nicht anders zu deuten ist, hat Ladewig in Fleckeisens Jahrbüchern 1869 p. 473 sq. richtig bemerkt, vgl. Schuster in der A. 1 angeführten Abh. p. 53; nur sind die praetextatae vor 570 zu dünn gesät als dafs man

die Anlage der Exposition ist verschieden. Das Stück hat ein Vorspiel, in dem ein Bild des Hetärenlebens vorgeführt aber auch die Handlung exponirt wird. Die zurückbleibende Kupplerin erzählt dann, nicht ohne Motivirung (v. 120—122), aber in euripideischer Weise aus der Illusion fallend[1]), was ihr von der Vorgeschichte des ἀναγνωρισμός, der die Verwicklung des Stückes lösen soll, bekannt ist; sie hat das Kind gefunden und weitergegeben; aber woher es gekommen, ist ihr nicht bekannt. Das fügt, nach ihrem Abgang, Auxilium als prologus hinzu; und da er einmal in dieser Rolle steht, erzählt er dazu auch gleich die Geschichte des Liebespaares (188 *nunc quod relicuom restat volo persolvere*). Danach beginnt die Handlung. Diese Folge zweier προλογίζοντες ist ein singulärer Fall; die Monologe zu Anfang des Stücks, denen ein Prolog voraufgeht, sind von andrer Art, da hier auch die Kupplerin aus der Rolle fällt. Aber es ist doch im Grunde nur die Vertheilung der διήγησις zwischen zwei Personen, wie in den euripideischen Tragödien mit ἀναγνώρισις zuerst der eine, dann der andere Theil auftritt und das Seinige berichtet. Die Vorgeschichte ist verwickelt, es bedurfte der Erzählung nach dem für solche Art der Erfindung feststehenden Gebrauch, obwohl in einer folgenden Scene (II 3) der Zuschauer in den Zusammenhang nochmals ausführlich eingeweiht wird; ja wir sehen aus v. 125—132 (126—129, die im Ambrosianus fehlen, gehören nicht in den Zusammenhang), dafs bei einer Aufführung die Person des Auxilium gestrichen worden ist. Aber darum der ursprünglichen Composition oder dem Plautus die Scene abzusprechen dreht das Verhältnifs um; man darf sagen, dafs eine solche aus der Analogie fallende Erfindung nur in der lebendigen Bewegung und Entwicklung der Kunstform entstehen konnte. Es ist etwas anderes, dafs Plautus im Poenulus die vorhandene Form zerstört hat. Dagegen, dafs er oder gar ein Nachfolger die Figur des Auxilium erfunden haben sollte spricht auch, dafs dieser 'Gott' (v. 150) kaum eingeführt und seine Erfindung garnicht motivirt wird: *nam mihist Auxilio nomen*, das ist alles, während doch ein Gott Auxilium wie etwa Βοήϑεια gar sehr der Erklärung bedurfte und der Gedanke, dafs die Dinge allzu verwickelt lägen und ohne göttliches Eingreifen sich nicht glücklich lösen könnten, sich leicht und gefällig ausführen liefs. Eine solche Ausführung, wie Menander sie seinem Ἔλεγχος in den Mund gelegt hat, fehlt vermuthlich weil Plautus sie weggelassen hat, der Erfinder des Motivs hat die Motivirung gewifs nicht weggelassen.

die Anspielung auf sie beschränken dürfte. Die Stelle dem Plautus abzusprechen liegt aber kein Grund vor.

1) Frantz p. 58.

Auch der Miles hat eine singuläre Form, die mit der Cistellaria
gemein hat dafs der 'Prolog' nach dem Vorspiel gesprochen wird und
nach dem Prolog gleich die Handlung anfängt; die Verschiedenheit liegt
darin, dafs das Vorspiel des Miles zwar die Handlung vorbereitet, aber
nur durch die Charakterisirung der Hauptfigur[1]), der ein $\pi\varrho\acuteo\sigma\omega\pi o\nu$
$\pi\varrho o\tau a\tau i\varkappa\acuteo\nu$ beigegeben ist; dafs nicht eine Doppelerzählung, sondern
eine, und zwar von einer Person des Stückes gegeben wird, die die
ganze Vorgeschichte zu erzählen im Stande ist, anders als die Iena in
der Cistellaria. Palaestrio ist völlig prologus, um gleich danach führend
in die Handlung einzutreten; wenn seine Rede am Anfang des Stückes
stünde, so unterschiede sich die Exposition von den euripideischen nur
dadurch, dafs sich unmittelbar an den Monolog die Handlung anschliefst.
Wie sie nach dem Anfang eintritt, ist dieser Prolog wie der der Cistellaria mit Recht auf die Form der aristophanischen zurückgeführt
worden, die in Rittern Wespen Frieden Vögeln erscheint; die Erzählung
des $\lambda\acuteo\gamma o\varsigma$ mit Unterbrechung der Illusion nach einem dramatisch begonnenen Dialog findet sich hier wie dort, verschiedene Technik zeigt
sich darin dafs in der neuen Komödie die erste Scene zu Ende geführt
und die Erzählung völlig von ihr gelöst wird, so völlig wie die euripideischen 'Prologe , nur dafs diese am Anfang stehen. Dafs der prologus
nach dem Anfang häufiger war als wir es sonst wissen, bezeugt die do-
natische praefatio zum Phormio (p. 14, 24 R.) *nam officium prologi ante
actionem* (überliefert *narrationem) rei quidem semper est, verum tamen et
post principium fabulae inducitur, ut apud Plautum in Milite glorioso et
apud ceteros magnae auctoritatis veteres poetas,* d. h. auch bei andern
Dichtern als Plautus. Ein Beispiel besitzen wir noch an der Octavia, in
der die Amme nach dem ersten Liede der Heldin einen richtigen prologus spricht; dieser Dichter ahmt hierin wahrscheinlich Senecas Phaedra
nach, deren Prolog auch auf das erste Lied des Hippolytos folgt, das
noch nichts exponirt, sondern nur in dem morgendlichen Auszuge zur
Jagd die Gestalt des Helden vorführt. So mag im Original jener Notiz
auch an Rhesos und aulische Iphigenie und vielleicht andere Tragödien
späterer Zeit gedacht worden sein.

Der Miles unterscheidet sich von allen bisher besprochnen Stücken
mit voraufgeschickter Erzählung in einem Punkt: er bedarf zwar einer
solchen Orientirung des Zuschauers vor der Handlung und keine Person
ist geeigneter sie zu geben als Palaestrio; aber Palaestrio kann sie vollkommen geben, sei es im Monolog sei es im Gespräch mit einem

---

1) Oben S. 161.

Anderen: dafs er aus der Rolle fällt und zum 'prologus wird ist in dem Verhältnifs der Vorgeschichte zur Handlung nicht begründet, wie wir es in allen übrigen Stücken mit erzählendem prologus hierin begründet fanden. Es ist also nicht das *argumentum*, sondern die Ankündigung des Stückes, die bei Plautus in der didaskalischen Angabe gipfelt, die zu dieser Gestaltung der Figur geführt hat. Dazu kommt freilich, dafs der prologus nun auch die Zuschauer, wie der Gott im Amphitruo, vor dem Irrthum zu warnen hat, den die scheinbare Doppelnatur der Philocomasium in der gleich folgenden Handlung erregen könnte, von der doch Palaestrio als Person noch nichts weifs; aber diese Erweiterung des Prologs rührt von Plautus selbst her (oben S. 162). Im Mercator dagegen ist es lediglich die Ankündigung des Stücks, die den Dichter bewogen hat, den Charinus nicht einfach in der von Euripides ausgebildeten Form mit der ihm nachgebildeten Motivirung als handelnde Person seine Vorgeschichte erzählen zu lassen: *et argumentum et meos amores eloquar* und dann *graece haec vocatur* etc. Wie also der prologus der Asinaria nur den Zweck hat, das Stück anzukündigen, so sind diese beiden Prologe um der Ankündigung willen zu prologi geworden. Es wird aber gleich hier deutlich und zeigt sich in vielen Fragmenten der Komödie, dafs das Princip dieser freien Behandlung der Prologperson nicht von Plautus herrührt, sondern dem Stil der Komödie eigen ist: das *non ego item facio ut alios in comoediis vi vidi Amoris facere* (vgl. Amph. 41) ist die monologische Umbildung der Fragen des Xanthias: εἴπω τι τῶν εἰωϑότων, ὦ δέσποτα; Dies bestätigt der Prolog des Mercurius, der als handelnde Person, aber gänzlich im Stil des prologus auftritt, ohne Titel und Autor anzugeben, wohl aber mit einer Erörterung über das Stück, die nur aus dem Original stammen kann; über das Vorspiel des Trinummus s. o.[1])

---

1) Eine merkwürdige Fortsetzung des Prologstils durch eine mitten im Stück die Illusion zerstörende Erzählung (nicht zur Selbsteinführung der Person, wie des Menelaos in der Helena, der Iris und Lyssa im Herakles, der Parasiten im Stichus und Persa), die wie etwas selbstverständliches einsetzt, finden wir in der Hecyra (Apollodors) v. 361 sq. (III 3): Pamphilus kommt aus dem Hause und fängt an zu erzählen, allein auf der Bühne: *nequeo mearum rerum initium ullum invenire idoneum, unde exordiar narrare quae necopinanti accidunt*, er erzählt nicht γῇ τε κοὐρανῷ, obwohl er eine Einleitung derart macht, sondern den Zuschauern. Über das Original bemerkt hier Donat nichts als dafs er zu v. 350 den griechischen Text anführt. Aber v. 816 sq. wiederholt sich in einem Monolog der Bacchis genau dieselbe Form der Erzählung, hier ohne jede Einleitung; und hier bemerkt Donat (zu V, 4, 10, v. 825) *in graeca haec aguntur, non narrantur* (zu v. 1 *reliqua pars argumenti*

13*

Der Mercator steht darin allein, dafs seine Handlung gleich nach
der Prologrede beginnt, obwohl Acanthio προτατικός ist; man kann
seine Nachricht, dafs Demipho das Mädchen gesehen hat, nicht anders
denn als Beginn der eigentlichen Handlung beurtheilen; so finden wir
hier zum ersten mal, dafs prologus und Prolog im aristotelischen Sinne
sich decken. Die Handlung des Amphitruo beginnt nicht mit dem Auftreten des Sosias, sondern nach dessen Monolog und den Zwischenreden
Mercurs mit der Begegnung der Beiden v. 292.[1])

Pseudolus und Vidularia haben wir zurückstellen müssen, da die
prologi beider Stücke nur verstümmelt erhalten sind, von dem des
Pseudolus nur 2 Verse. Dieses Stück hat eine reiche Exposition, die
durch das Gespräch zwischen Herrn und Diener eingeleitet und nachher
von beiden mit Ballio zusammen fortgesetzt wird; dazwischen die grofse
Ballioscene, die wie so viele zweite Scenen nur der Ausmalung dient.
Der folgende Monolog des Pseudolus (I 4) zeigt uns den Träger der
Handlung noch ganz unsicher über das was geschehen soll: mit dem
Auftreten der beiden Alten (I 5) beginnt die Handlung, die durchaus
keine anderen Voraussetzungen hat als die bisher gegebenen und dann
vor unsern Augen sich entwickelnden. Das Stück bedarf eines Prologs,
einer aufserhalb der dramatischen Exposition stehenden Inhaltsangabe
so wenig wie Mostellaria Persa Stichus, wie Asinaria und Trinummus.
Doch hat es einen prologus gehabt: *exporgi meliust lumbos atque ex-
surgier: Plautina longa fabula in scaenam venit*, das ist der Rest; der

per μονῳδίαν *narratur*). Terenz scheint die Scene 816 sq. nach dem Muster
von III 3 zum Monolog gestaltet zu haben. Über die Zwischenreden im Amphitruo s. u.

1) Die Entwicklungsphase, die man construiren würde auch wenn sie nicht
überliefert wäre, nämlich dafs Prolog und Exposition sich decken, liegt in
Senecas Tragödien vollendet vor. Jedes Stück beginnt mit einer Rede auf die
unmittelbar das erste Chorlied folgt, und zwar einer Rede der Hauptperson in
Troades Medea Oedipus Hercules Oet., nicht der Hauptperson aus leicht er-
sichtlichem für beide gemeinsamem Grunde in Hercules und Agamemnon (da
mufste der Dichter seine Figuren erfinden, Juno und den Schatten des Thyestes).
Nur der Thyestes beginnt mit einem Gespräch dämonischer Figuren (S. 183),
dem der Chor folgt, und Phaedra mit einem Liede des Hippolytos, dem das
Gespräch Phaedras mit der Amme folgt. Beide Scenen der Phönissen würden,
als Anfänge von Tragödien gedacht, gegen Senecas Stil sein. Über die Octavia
S. 193, über die 5 Akte Senecas S. 209. — Im Mercator hat Charinus bei seinem
zweiten Auftreten (III 1) ein canticum, in dem einiges von der dem Prolog gehörigen Erzählung vorkommt (341 sq., 357 sq.), ähnlich wie Epidicus im canticum v. 87 sq. einen Theil der Vorgeschichte mittheilt (S. 181); dort so wenig
wie hier können diese Andeutungen die Prologrede ersetzen.

Prolog aus dem er stammt war nicht von Plautus, das zeigt der Ausdruck *Plautina fabula* (Cas. 12); es wurde Ruhe geboten und das Stück angekündigt, ob mit oder ohne Inhaltsangabe ist nicht zu sagen. Wenn aber Plautus selbst einen Prolog zum Pseudolus geschrieben hatte, so war er von der Art des zur Asinaria, eine Ankündigung des Stücks ohne Inhaltsangabe, da das Stück sich selbst exponirte.

Der Prolog zur Vidularia scheint einer der merkwürdigsten zu sein; aber man kann ihm leider nicht beikommen. Die Vidularia hatte doppelte ἀναγνώρισις und bedurfte nothwendig der orientirenden Erzählung von Seiten eines Gottes, wie im verwandten Rudens, oder des von der Handlung gelösten prologus, der in der That auftritt. Auch was wir von der Exposition erkennen zeigt, dafs sie die Vorerzählung voraussetzte. Nun beginnt der Prolog, allerdings nach einem unkenntlichen Anfang, der auch sonst zu Zweifeln Anlafs gibt, mit offenbar polemischen Worten und einer Danksagung für ertheiltes Lob; dies ist die einzige Stelle eines plautinischen Prologs, die an den stehenden Inhalt der terenzischen erinnert. Dann folgt die didascalische Ankündigung, mit der auch singulären Bezeichnung des Plautus als *poeta noster, ὁ διδάσκαλος ἡμῶν*, die aber doch deutlich zeigt, dafs der Prolog von Plautus selbst geschrieben ist; wie denn in den beiden folgenden Versen auch über den Dichter gewitzelt zu werden scheint. Dann zu unserer Überraschung: *credo argumentum velle vos cognoscere: intellegetis potius quid agant quando agent,* wie zu Asinaria und Trinummus, besonders aber Adelphoe. Es folgen noch 5 Verse, die nun doch schwerlich, abgesehen davon dafs das Erhaltne nur schwer so zu deuten wäre, nachträglich noch die Vorgeschichte geben; man müfste denn *quid agant* so erklären, dafs sich die Ablehnung nur auf das bezöge was im Stück vorkommt, nicht auf das was die Personen früher erlebt haben, den ähnlichen Stellen gegenüber ganz ohne Probabilität. Es ist, wie man sieht, so gut wie sicher, dafs Plautus diesem einen Stück, das eine Vorerzählung verlangte, zwar einen prologus voraufgeschickt, aber in terenzischer Weise trotzdem das argumentum nicht erzählt hat. So tritt dieser Prolog in mehr als einer Hinsicht als ein Vorläufer der terenzischen auf und es ist zu bedauern dafs wir die Entstehungszeit des Stückes nicht kennen.

3

Die Analyse der Expositionen der plautinischen Stücke hat uns gelehrt, dafs das in der neueren Tragödie entwickelte Kunstgesetz, nach dem die Exposition bis zum ersten Auftreten des Chors reicht, von der neuen Komödie nach dem Wegfall des Chors nicht fallen gelassen, son-

dern reiner durchgebildet worden ist. Es ist nun keine äufsere Scheide
zwischen Exposition und Handlung mehr, um so deutlicher müssen in
der Ausführung selbst die vorbereitenden Scenen von den eigentlichen
Vorgängen gesondert werden. Zu den Mitteln der Vorbereitung aber
gehörten nicht nur Monologe der handelnden Personen, sondern auch
von der Handlung getrennte 'Prologe im engeren Sinne.

Die Analyse der einzelnen plautinischen Prologe hat uns durchweg
gelehrt, dafs wir die Einleitungen in die Materie des Stückes, wo sie
sich bei Plautus finden, auch für das Original anzunehmen haben und
zwar durchweg in derselben Form wie bei Plautus, in die Handlung
eingeordnet oder, wo eine handelnde Person die Vorgeschichte nicht
ausreichend geben kann, von ihr gelöst. Dies hat sich bei den sicher
überarbeiteten Vorreden gezeigt wie bei denen, deren ursprüngliche
Fassung höchstens in Einzelheiten alterirt ist.

Ich habe bei dieser Untersuchung nur das Verhältnifs der Prologe
zur Handlung ins Auge gefafst, da ich mich für die einzelnen charakteristischen Eigenschaften der Prologe und ihre Übereinstimmung mit
den griechischen zumeist auf die einzelnen Nachweisungen von Frantz
berufen kann. Ich will aber nun ein wichtiges Argument nachholen,
das im allgemeinen beweist, dafs die von der Handlung gelösten Prologe
so wenig wie die übrigen römische Erfindung sind.

Die Komödie spielt in Athen[1]); sie bedarf daher keiner Bezeichnung
des Ortes, die im Anfang des Stückes zu geben für die Tragödie natür-
liches, von Euripides[2]) in bestimmte Form gebrachtes Gesetz ist. Wo
eine specielle Ortsangabe, wie ἡ πνὶξ αὑτηί, nöthig ist, da gibt auch
Aristophanes sie zu Anfang; wo das Local phantastisch ist (Vögel,
Frösche), überläfst er der Phantasie es zu bezeichnen; der Anfang des
Plutos ist gar nicht zu localisiren: die Wandernden sind kaum von
Apollon gekommen (vgl. 44. 357), noch in einsamer Felsgegend (69)
und nun zu Hause (228). Solche Anforderungen der alten Komödie
an die Illusionsfähigkeit der Zuschauer sind der strafferen Form der
νέα fremd; aber sie sagt so wenig wie Aristophanes 'hier ist Athen'[3]).
Wenn aber die Handlung nicht in Athen ist, so ist die Ortsangabe
nöthig und erfolgt gleich zu Anfang mit derselben Nothwendigkeit wie
bei Euripides, in den mythologischen Stücken der μέση (z. B. Antiphanes' Ganymedes, frg. 73) wie bei Menander, dessen Δύσκολος in

---

1) Auch die des Machon (frg. 1 τοῖς Ἀττικοῖς ἡμῖν).
2) Klinkenberg de Eur. prol. arte p. 100.
3) Dagegen natürlich gelegentlich ἐνταῦθ' ἐν Ἀθήναις (Philem. 91) u. dgl.

Φυλή spielt (frg. 127).[1]) Diese Sätze sind so einleuchtend, dafs es kaum der Bemerkung bedarf, dafs sie sich an den plautinischen Stücken ohne erzählende Vorrede bewähren. Diese spielen (mit Ausnahme des Curculio, auf den ich nachher komme) sämmtlich in Athen; in allen wird Athen oder Attisches gelegentlich erwähnt, aber nur in Epidicus (26) und Mostellaria (66) zu Anfang: Persa 151, Stichus 448, Pseudolus 202 Asinaria 793, Trinummus 1103.[2]) Ebenso haben die Stücke mit erzählenden 'Prologen', die in Athen spielen, in den Prologen keine Ortsangabe; den athenischen Schauplatz auch dieser Stücke erfahren wir nur gelegentlich: Casina 652 (vgl. 82), Mercator 945, Aulularia 810; nur der prologus zum Truculentus, als Beweis der Regel, beginnt: *perparvam partem postulat Plautus loci de vostris magnis atque amoenis moenibus, Athenas quo sine architectis conferat* (vgl. v. 90).

Sämmtliche Stücke dagegen, die nicht in Athen spielen, haben 'Prologe [3]), und sämmtliche Prologe geben den Ort an: Amphitruo *(haec urbs est Thebae)* Miles *(hoc oppidum Ephesust)* Rudens *(huic esse nomen urbi Diphilus Cyrenas voluit)*, diese zu Anfang des *argumentum*; in den Menaechmen wird die Angabe durch einen Witz von dieser ihrer Stelle in die Erzählung selbst verschoben: *omnes res gestas esse Athenis autumant, ego nusquam dicam nisi ubi factum dicitur*, dann 72 *haec urbs Epidamnus est*; ebenso in der Erzählung ohne besondere Motivirung in Captivi Poenulus Cistellaria. Allein von der Vidularia ist es wahrscheinlich dafs die Angabe fehlte.

Dies ist der Thatbestand. Wenn wir ihn auf die Originale übertragen, so finden wir, es ist der zu erwartende und sachgemäfse. Nicht minder, wenn Menander in Rhodus oder Alexandria gespielt wurde, so wufste es keiner anders als dafs er Athen zu sehen bekam und erwartete Aufklärung nur wenn er an einen andern Ort geführt werden

---

1) Vgl. Heniochos' *Πόλεις* (II p. 433 K.). In Korinth spielt Diphilos' *Ἔμπορος*, in Rhodos frg. adesp. 336 K., nicht in Athen der *Πολυπράγμων* des Diphilos, der *Δήλιος* des Philostephanos (Kock III p. 393), wie es scheint die *Μισουμένη* des Phoenikides, vgl. Posidipp. frg. 29. Wie der *Δύσκολος* Menanders so spielte der *Ἑαυτὸν τιμωρούμενος* in einem Demos: in welchem, wissen wir jetzt durch das von Reitzenstein entdeckte Fragment (oben S. 89): *καὶ τῶν Ἄλῃσι χωρίων κεκτημένος κάλλιστον εἶ*. Diese Angabe hat Terenz, wie oben bemerkt, fortgelassen.

2) Bacchides 563.

3) Dies kommt für die meisten nach Hüffners richtiger Bemerkung (de Pl. com. exempl. att. p. 24) daher, dafs es sich um geraubte Kinder handelt, die nicht nach Athen gebracht werden sollten; solche Stücke bedurften aber der *ἀναγνώρισις* wegen des prologus.

sollte. Es ist wunderbar genug, dafs in diesen Prologen Rom wie eine
hellenistische Stadt behandelt wird und sein Publicum wie eines dem
die Heimath dieser Stücke und der geistige Primat Athens geläufig sein
mufs. Ist es denn denkbar dafs Plautus so verfahren wäre, wenn er
diese Prologe selbst erfunden hätte? bestand denn für die Anschauung
seines Publicums ein Gattungsunterschied zwischen Athen und den übrigen
Griechenstädten wie für die Anschauung der hellenistischen Welt? war
denn dem Römer der plautinischen Zeit Athen vertrauter als Ephesus
oder Epidamnus?[1]) Das einzige mal wo Plautus in einem Prolog die Ortsangabe in Worten behandelt, die dem Original fremd sein müssen, handelt
es sich gerade um Athen (Truculentus: *Athenas quo sine architectis conferat)*, nicht um Epidaurus oder Theben. Es ist einleuchtend, dafs nicht
er und überhaupt kein römischer Dichter die Sitte, dafs der Schauplatz
bezeichnet werden mufs nur wenn er nicht in Athen ist, auf die römische Bühne eingeführt hat. Wir haben hier den sicheren Beweis,
dafs wenigstens die in den prologi mitgetheilten *argumenta* aus den
Originalen stammen.

Hiernach können wir die obige Erörterung über die dialogisch und
ohne prologus exponirenden Stücke in einem wichtigen Punkt ergänzen.
Ich habe nachgewiesen, dafs der Epidicus ursprünglich einen Prolog
gehabt hat; für den Curculio, der sich durch die ἀναγνώρισις gleichfalls von den übrigen Stücken, deren Voraussetzungen in der Handlung
selbst gegeben sind, unterscheidet, mufste ich die Frage offen lassen,
da die Entwicklung des Stückes an sich keinen Anstofs bietet und
durch die terenzischen geschützt scheinen kann. Jetzt ist die Frage entschieden. Der Curculio spielt in Epidaurus[2]), das erfahren wir zuerst,

---

1) Dafs Athen für den Römer der plautinischen Zeit eine Stadt wie andere
war, würde durch die bei Plautus übliche Bezeichnung *Athenae Atticae* gut illustrirt werden, wenn man wirklich annehmen dürfte, dafs dadurch Athen von
Städten gleichen Namens hätte unterschieden werden sollen. Aber von den
4 ὁμώνυμοι des Oros, den 5 des Philon, den 8 des Stephanus Byz. (s. v.) könnten
nur die Διάδες als zu Plautus' Zeit existirender Ort in Frage kommen; und
vor der Verwechselung mit diesem bedurfte es wohl keines Schutzes. Auch
ehrendes Beiwort kann *Atticae* nicht sein; wie es aufzufassen ist wüfste ich
nicht zu sagen.

2) Nicht weit liegt die Stadt Caria, das ist das eine Räthsel; dazu kommt
das andere, dafs das Asklepiosheiligthum in der Stadt liegt, eine Unmöglichkeit
für ein attisches Stück. Wilamowitz vermuthet, dafs der Schauplatz des Originals die Ansiedlung um das ἱερόν war und dafs der Parasit nach Epidauros
geschickt wurde, um das Geld zu holen; dafs Plautus dies für sein Publicum
verwirrende Verhältnifs umgeändert und die Stadt Caria hinzu erfunden hat.
Dies scheint mir eine einfache Lösung des doppelten Räthsels zu sein.

ganz gelegentlich, v. 341; dies ist für das Original undenkbar und nach aller Analogie auch für Plautus; der Curculio hat also einen prologus gehabt, höchst wahrscheinlich auch in der plautinischen Bearbeitung, er ist verloren gegangen wie der des Epidicus.

Nur bemerken will ich, dafs die Namen der Personen in derselben Weise genannt oder verschwiegen werden wie in der alten Komödie, ganz anders als in der Tragödie. Die Namen Dikaiopolis und Chremylos, Trygaios und Euelpides hören wir nur gelegentlich mitten im Stück, Pheidippides und Philokleon, Namen von komischer Bedeutung, werden zu Anfang mitgetheilt, auch erklärt. So wird Pyrgopolynices im Vorspiel genannt, Tyndarus und Philocrates, die Menaechmi wegen der Verwechselung in den Prologen, aber andere Prologe nennen keine Namen (Cas. Mil. Poen. Trin.), wie auch oft die Exposition und mehr vorübergeht ohne dafs wir die Namen wichtiger Personen erfahren. Nur zu Aulularia, Rudens, Truculentus wird der Besitzer des Haupthauses der Bühne im Prolog genannt, gewifs nach attischem Vorgang (Frantz p. 21).

Das wichtigste Bedenken, das man, abgesehen von einzelnen sachlichen Anstöfsen aus denen Ritschl die Thatsache der Überarbeitung mehrerer Prologe erschlossen hat, wieder und wieder erhebt, ist der stilistische Charakter dieser Reden; und es soll nicht bestritten werden, dafs die Schauspieler, so oft ein Stück nach Plautus' Tode wieder auf die Bühne gebracht wurde, Anlafs hatten, dem Prolog durch Verbreiterung der Diction und Erfindung banaler Witze neuen Reiz zu geben. Aber eine eigne Kategorie von Prologschreibern erfinden, denen man die des Plautus unwürdige Redeweise der Prologe zutrauen dürfe, ist vergebene Mühe. Im einzelnen Falle dürfte es schwer sein zu ermitteln, ob Plautus die leichte Waare seinem Publicum nicht bieten mochte. Im ganzen steht es fest und ist auch von Frantz (p. 14. 60) richtig hervorgehoben, dafs gerade die Inhaltserzählungen der alten Komödie die Weitschweifigkeit und Witzelei der plautinischen Prologe zeigen. Der aristophanische Sclave, der τοῖς ϑεαταῖς τὸν λόγον berichtet, verfällt sofort in den autoschediastischen Charakter der direct ans Publicum gerichteten Reden. Pac. 50 ἐγὼ δὲ τὸν λόγον γε τοῖσι παιδίοις καὶ τοῖσιν ἀνδρίοισι καὶ τοῖς ἀνδράσιν καὶ τοῖς ὑπερτάτοισιν ἀνδράσιν φράσω καὶ τοῖς ὑπερηνορέουσιν ἔτι τούτοις μάλα: das ist nicht bündiger oder witziger als die viel beanstandeten plautinischen Stellen. Für die μέση und νέα kam die Redseligkeit der euripideischen Muster hinzu. Der Prolog des Heniochos (frg. 5) zeigt ganz die Breite der plautinischen Demonstrationen: ἐγὼ δ᾽ ὄνομα τὸ μὲν καϑ᾽ ἑκάστην

αὐτίκα λέξω, συνάπασαι δ᾽ εἰσὶ παντοδαπαὶ πόλεις, αἳ νῦν ἀνοι-
ταίνουσι πολὺν ἤδη χρόνον. τάχ ἄν τις ὑποκρούσειεν ὅ τι ποτ᾽
ἐνθάδε νῦν εἰσὶ κἀνέροιτο· παρ᾽ ἐμοῦ πεύσεται.¹) Für die gröbste
Form des Witzes παρὰ προσδοκίαν, die mit dem ἀνακόλουθον verbunden ist (οὐδὲν γὰρ ἀκόλουθον αὐτῷ λέγει), citirt Demetrius π.
ἑρμ. 153 Menanders πρόλογος τῆς Μεσσηνίας. Plautus hat diesen
Stil ohne Zweifel vergröbert, aber nicht erfunden. Einen andern Beweis
gibt uns der Amphitruo, dessen Prolog zwar überarbeitet, aber in den
sicher ursprünglichen Partien mit derselben Breite wie die übrigen
gleichen Stils angelegt ist. Dieses Stück ist bekanntlich von Zwischenreden der beiden Götter durchsetzt, die immer auf die bevorstehende
Entwicklung aufmerksam machen. Diese Zwischenreden sind nichts als
Fortsetzungen des Prologs, sie sondern sich durch ihren Stil deutlich
von der Umgebung, und dieser Stil ist der des Prologs und aller ähnlichen Prologreden. Dafs die Zwischenreden zur ursprünglichen Anlage
des Stücks gehören, dafs sie also dem Original gehören, dafs auch ihre
Stileigenheit zur ursprünglichen Conception gehört, all dies sind nothwendige Folgerungen; und damit ist dieser Prologstil für das attische
Original so sicher bezeugt wie wenn die Fragmente vorlägen. Eine
andere Stileigenheit der Prologe bezeugt Theon progymn. p. 91 Sp.:
ἐπιφωνεῖν δὲ διηγήσει ἐστὶ τὸ καθ᾽ ἕκαστον μέρος τῆς διηγήσεως
γνώμην ἐπιλέγειν· τὸ δὲ τοιοῦτον οὔθ ἱστορίᾳ πρέπον ἐστὶν οὔτε
πολιτικῷ λόγῳ, θεάτρῳ δὲ καὶ σκηνῇ μᾶλλον ἐπιτήδειον. διὸ καὶ
παρὰ τοῖς τοιούτοις ποιηταῖς ἐπιπλεῖστόν ἐστιν, ὡς παρὰ Μενάνδρῳ
πολλαχοῦ μὲν ἀλλαχόθι καὶ ἐν ἀρχῇ δὲ τοῦ τε Δαρδανίου καὶ τοῦ
Ξενολόγου·

　　　　ἀνδρὸς πένητος υἱὸς ἐκτεθραμμένος
　　　　οὐκ ἐξ ὑπαρχόντων ὁρῶν ᾐσχύνετο
　　　　τὸν πατέρα μίκρ᾽ ἔχοντα· παιδευθεὶς γὰρ εὖ
　　　　τὸν καρπὸν εὐθὺς ἀπεδίδου καλόν.¹)

ὁ γὰρ τελευταῖος στίχος ἐκ περιττοῦ πρόσκειται θηρώμενος μόνον
τὸν παρὰ τῶν θεατῶν ἔπαινον. Es ist nicht zufällig, dafs Theon
Stellen citirt, die ἐν ἀρχῇ τοῦ δράματος stehen, denn das ist der Ort
für Erzählung in der Komödie. Die plautinischen Prologe nun kennen
solche sentenziöse ἐπιφωνήματα so gut wie die menandrischen: Cist.

---

1) Antiph. frg. 268 οὐκ ἔστιν οὐδὲν λεγόμενον μακρῶς, ὅτε ὁ λέγων ὑπο-
τάττει τοῖς λόγοις τὰ πράγματα könnte aus solchem Zusammenhang sein.
2) Frg. 354. χάριτος mit Camerarius einzufügen reicht nicht aus, da nach
Theons Worten eine wirkliche γνώμη zu erwarten ist; eine solche auszudrücken
ist auch das Imperfect nicht geeignet.

191 *is amore proiecticiam illam deperit, quae dudum flens hinc abiit ad matrem suam, et illa hunc contra, qui est amor suavissimus* (dann anhebend: *ut sunt humana, nihil est perpetuom datum)*, Mil. 100 *is amabat meretricem — et illa illum contra, qui est amor cultu optumus*; Amph. 493; auch in den von der Handlung gelösten prologi: Capt. 21 *hic nunc domi servit suo patri nec scit pater; enim vero di nos quasi pilas homines habent.* 43 *reducemque faciet liberum in patriam ad patrem, imprudens: itidem ut saepe iam in multis locis plus insciens quis fecit quam prudens boni.* Truc. 15 *sed relicuom dat operam ne sit relicuom, poscendo atque auferendo, ut mos est mulierum; nam omnes id faciunt, cum se amari intellegunt.* Auch hier also haben wir es mit einer Eigenheit der attischen Prologerzählung zu thun.

4

Wir sind jetzt so weit, dafs wir die Frage ernstlich aufwerfen müssen, ob das attische Drama Prologe in der Art der plautinischen zu Captivi und Poenulus gekannt hat. Die Untersuchung hat uns gelehrt, dafs diese Prologe nur eine Weiterbildung der euripideischen, in der *νέα* und bei Plautus fortgepflanzten Götterprologe sind, diese wie jene bestimmt das mitzutheilen was zu wissen oder zu combiniren der Gesichtskreis der in der Handlung stehenden Menschen nicht gestattet. An sich betrachtet ist es keineswegs kühner, diese Weiterbildung auf griechischen Boden zu verlegen als sie der römischen Bühne zuzutrauen. Es scheint aber ein Zeugnifs zu geben, das diese Frage von vornherein zu Gunsten der Römer entscheidet.[1]

In Euanthius' Tractat de comoedia folgt auf die Ursprungs- und Entwicklungsgeschichte ein Abschnitt (p. 5, 22 — 7, 6 R.), in dem mit Bezug auf Terenz und sein Verhältnifs zu Menander und den übrigen römischen Komödiendichtern, besonders Plautus, wichtige Einzelheiten der Ökonomie und des Stiles behandelt werden. Eine dreifache Bemerkung bezieht sich auf den Anfang der Stücke (6, 4): *tum etiam Graeci prologos non habent more nostrorum, quos Latini habent. deinde ϑεοὺς ἀπὸ μηχανῆς, id est deos argumentis narrandis machinatos, ceteri Latini ad instar Graecorum habent, Terentius non habet. ad hoc προτατικὰ πρόσωπα, i. e. personas extra argumentum accersitas, non facile ceteri habent, quibus Terentius saepe utitur, ut per harum inductiones facile pateat argumentum.* Dafs der Grammatiker von dem Seinigen hinzuthut, zeigt die letzte Bemerkung, deren Unrichtigkeit, was den

---

1) Vgl. Dziatzko Luzerner Progr. p. 14.

negativen Theil angeht, auf der Hand liegt. Die zweite ist richtig, aber es fehlt ihr die eine Hälfte, dafs Terenz auch keine erzählenden Prologe hat.[1]) Der erste Satz hat durch die Überlieferung gelitten. Dafs Reifferscheid mit Unrecht *quos Latini habent* gestrichen hat, bedarf für den der die ganze Stelle betrachtet keines Beweises; aber es ist richtig dafs in *nostrorum quos Latini habent* der Relativsatz das Pronomen aufhebt oder umgekehrt. Keinesfalls ist es gestattet, aus diesen Worten zu schliefsen, der Grammatiker habe bezeugt, dafs es bei den Griechen keine von der Handlung und ihren Personen gelöste prologi gegeben habe oder gar dafs er den personificirten prologus habe bezeichnen wollen[2]), in welchem Falle es überdies *prologum* heifsen müfste. Welchen Inhalt der Satz gehabt hat kann nicht wohl bezweifelt werden. Die terenzische Prologform ist ja nicht ausschliefslich terenzisch, das beweist der Prolog der Asinaria; dafs sie von Caecilius angewendet wurde ist sehr wahrscheinlich; dafs diese Form wenigstens in den uns vorliegenden Fällen nicht die des Originals ist, haben wir gesehen: der Ὄναγός bedurfte keines Prologs und hatte wahrscheinlich keinen, die Originale des Terenz bedurften fast alle erzählender Prologe. Der Grammatiker hat die Prologe bezeichnet, die nur die Ankündigung des Stückes und Persönliches enthalten, d. h. die Terenzische Form, die auch bei Anderen, aber nur bei Lateinern vorkam. Möglich dafs er *nostrorum* gleich *Terentianorum* setzte, aber auch dann mufs ergänzt werden *quos ⟨etiam alii⟩ Latini habent*.

Es gibt, soviel ich sehe, keine Überlieferung aus der hervorginge, dafs in der peripatetischen Theorie die aristotelische Lehre von der Eintheilung des Dramas mit Bezug auf die νέα κομῳδία weitergebildet worden wäre. Die aristotelische Eintheilung setzt den Chor voraus, sie pafst also nicht für die neue Komödie. In dem von Bernays zu Ehren gebrachten Coislinianischen Tractat sind die Theile der Komödie die-

---

1) Richtig ist es ausgedrückt Don. z. Hec. I 1, 1 *novo genere hic utraque* προτατικὰ πρόσωπα *inducuntur. nam et Philotis et Syra non pertinent ad argumentum fabulae. hoc autem maluit Terentius quam aut per prologum narraret argumentum aut ϑεὸν ἀπὸ μηχανῆς induceret loqui.* Vgl. zu Andr. I 1, 1 *haec scaena pro argumenti narratione proponitur, in qua fundamenta fabulae iaciuntur, ut virtute poetae sine officio prologi vel ϑεῶν ἀπὸ μηχανῆς et periocham comoediae populus teneat et res agi magis quam narrari videatur.*

2) Dziatzko a. a. O. Fabia p. 85. Fabias Meinung, dafs hier nur von der Person, erst später (7, 22) vom Inhalt des Prologs die Rede sei, beruht auf einem Mifsverständnifs. Hier wird von den Verschiedenheiten der römischen von der griechischen und der terenzischen Komödie von andern römischen gehandelt, dort von den Theilen der Komödie.

selben wie im 12. Kapitel der Poetik die der Tragödie: πρόλογος χορικόν ἐπεισόδιον ἔξοδος, auch die Definitionen stimmen im allgemeinen ;
von den Abweichungen[1]) ist die eine (ἔξοδος τὸ ἐπὶ τέλει λεγόμενον
τοῦ χοροῦ) sicher nicht, die andere (χορικόν das μέλος, ὅταν ἔχῃ
μέγεθος ἱκανόν) schwerlich aristotelisch; dafs Aristoteles in dem Abschnitt über die Komödie die Eintheilung mit den Definitionen wiederholt hätte, ist an sich unwahrscheinlich und der Abschnitt vermuthlich
entstanden wie es Bernays für den von den Bestandtheilen der Komödie
handelnden nachweist.[2]) Aber mit Bestimmtheit darf man schliefsen,
dafs es eine aristotelische Eintheilung, die auf die nacharistophanische
Komödie gepafst hätte, nicht gab. Genau dieselbe Eintheilung findet
sich in den verschiedenen Fassungen der Komödienprolegomena des
Tzetzes (dazu Dübner IXᵃ Philol. XLVI § 29) und im Tractat des Venetus Dübner p. XXVIII unten (Westermann biogr. p. 159), in jenen
dem Dionysios Krates Eukleides zugeschrieben, d. h. von Tzetzes aus
dem von einem spätern Eukleides compilirten Tractat entnommen, in
dem Dionysios, vielleicht der Euripidesscholiast, und Krates, vielleicht
der Mallote (Wachsmuth p. 59 sq.), für die Eintheilung der Komödie
citirt waren.[3]) Wir finden also in bester und in später Zeit nur die
Bestimmung der Theile der Komödie, die aus denen der Tragödie entwickelt ist und für das chorlose Schauspiel nicht pafst. Aristoteles
hat offenbar keine Eintheilung für die Komödie seiner Zeit gegeben;
von Theophrast aber sollte man es erwarten. Doch könnte eine theo-
phrastische Eintheilung nimmermehr die Einleitungsrede als besonderen
Theil der Komödie bezeichnen, sie könnte nur eine vom χορικόν un-
abhängige Definition der Exposition und der übrigen Hauptabschnitte
des chorlosen Dramas geben. Sicher nicht aus peripatetischer Lehre ist
also die Definition von πρόλογος, ῥῆσις und διάλογος in den Scholien
des Brit. Mus. zu Dionysius Thrax hervorgegangen.[4])

Es gibt aber eine Theorie von den Theilen des Dramas, die den
Chor nicht in Betracht zieht; es ist die Lehre von den 5 Akten. Wo
sie im Zusammenhang vorgetragen wird, bei Euanthius de com. p. 5.

---

1) Vgl. Consbruch in der gleich anzuführenden Abhandlung p. 223. 231 sq.
2) Aristot. Theorie des Dramas p. 153 sq.
3) Consbruch in den Commentationes in honorem Studemundi p. 213 sq.,
besonders 223 sq.
4) Cramer Anecd. Oxon. IV p. 314 πρόλογός ἐστι προαναφωνητικὸς τῶν
διὰ τοῦ δράματος εἰσάγεσθαι μελλόντων. ῥῆσις λόγος διεξοδικός, ὑπό τινος
τῶν ὑποκριτῶν προσώπων λεγόμενος πρὸς τὸν ὄχλον. ἀμοιβὴ δὲ τῶν εἰσ-
αγομένων προσώπων διάλογος.

22 sq., wird davon ausgegangen, dafs die Komödie sich aus blofsem Chorgesang allmählich zu einer fünftheiligen Handlung entwickelt habe: *co-*
moedia vetus ab initio chorus fuit paulatimque personarum numero[1]) *in*
quinque actus processit; dann sinkt die Bedeutung des Chors und in der
neuen Komödie wird er zuerst nicht mehr eingeführt, dann sogar keine
Stelle mehr für ihn gelassen. Zunächst haben die Dichter, weil das
Publicum das Interesse an den Chorliedern verloren hatte, die Chöre
zwar entfernt aber *locum eis relinquentes:* das hat Menander gethan;
postremo ne locum quidem reliquerunt, quod Latini fecerunt comici, unde
apud illos dirimere actus quinquepartitos difficile est. Dieser wunderlich
vulgarisirten Überlieferung[2]) steht parallel die des βίος Ἀριστοφάνους
p. XXVIII D. πάλιν δὲ ἐκλελοιπότος καὶ τοῦ χορηγεῖν τὸν Πλοῦτον
γράψας εἰς τὸ ἀναπαύεσθαι τὰ σκηνικὰ πρόσωπα καὶ μετεσκευ-
άσθαι[3]) ἐπιγράφει ῾χοροῦ᾿, φθεγγόμενος ἐν ἐκείνοις(?) ἃ καὶ ὁρῶ-
μεν τοὺς νέους οὕτως ἐπιγράφοντας ζήλῳ Ἀριστοφάνους. Wie nach
Eccles. 729 und 876 χοροῦ im Ravennas steht, nach Plut. 770 κομ-
μάτιον χοροῦ in Rav. und Ven., so wird hier berichtet, dafs auch die
Menanderhandschriften solche Notate hatten, durch welche die alten ἐπεισόδια abgegrenzt wurden; wahrscheinlich ist das nur eine ungenaue Bezeichnung des Gebrauchs der κορωνίς.[4]) Dies ist eine Äufserlichkeit;
das wesentliche ist, dafs die Eintheilung in Akte auf der aristotelischen

---

1) Das Mifsverständnifs, die Fünfzahl der Akte auf die Fünfzahl der Schauspieler zurückzuführen, findet sich auch p. 4, 20 in der sonst auf peripatetischer
Grundlage ruhenden Entwicklungsgeschichte: *et ad ultimum qui primarum par-*
tium, qui secundarum partium tertiarumque, qui quarti loci atque quinti actores
essent distributum et divisa quinquepartito actu est tota fabula. Ähnlich, wohl
nach demselben Tractat, Ps.-Ascon. in Caecil. 48 p. 119. Vgl. Bergk Gr. Litt.-
gesch. III 86. Das Zeugnifs für die regelmäfsige Anwendung einer gröfseren
Schauspielerzahl, während die Dreizahl officiell und in litterarischer Anwendung
bleibt, ist darum nicht schlechter. Diomedes p. 490 sq. enthält kein Zeugnifs,
er folgert nur aus Horaz. Dafs in der neuen Komödie fünf und sechs Schauspieler verwendet wurden (wie in den Fröschen vier) liegt klar vor Augen. Wer
es leugnen will, mufs nicht nur ein Stück wie den Rudens in Anlage und Ausführung dem Plautus, sondern auch Heautontimorumenos und Phormio dem
Terenz zuschreiben.
2) Ebenso praef. Ad. p. 7, 1 sq.
3) Euanth. 6, 2 *hac de causa, non ut alii existimant alia.*
4) Hephaest. π. ποιήμ. p. XXX Consbr. (τῇ κορωνίδι χρώμεθα) ὅταν τῶν
ὑποκριτῶν εἰπόντων τινὰ καὶ ἀπαλλαγέντων καταλείπηται ὁ χορός. Vgl. Don.
praef. Andr. p. 5, 8 *est igitur attente animadvertendum ubi et quando scaena*
vacua sit ab omnibus personis, ita ut in eis chorus vel (et P) tibicen obaudiri
possint; quod cum viderimus, ibi actum esse finitum debemus agnoscere. Vgl.
praef. Ad. p. 9, 14; praef. Andr. p. 6, 9 R.

Eintheilung beruht: es sind πρόλογος, ἔξοδος und die ἐπεισόδια, die
Abschnitte sind die Stellen an denen das χορικόν einzutreten hätte.
Die Ökonomie eines Stückes der neuen Komödie mufs sich nach dieser
Auffassung nach denselben Principien gliedern wie die Tragödie; und
in dieser Theorie findet der erzählende prologus als eigner Theil des
Stückes keinen Raum, auch in ihr ist der πρόλογος, der erste Akt, die
Exposition, nicht das prooemium. Wir kennen die Theorie zunächst in
der Anwendung auf Terenz in den donatischen Präfationen, dessen Prologe einfach abgesondert werden, da sie mit der Materie des Stückes
gar nichts zu thun haben; zu dieser Anwendung hat Varro den Grund
gelegt, wie der Schlufs der praefatio zur Hecyra zeigt (p. 13, 24 R.).[1])
Varro sagt selbst dafs die Akteintheilung so gut griechisch wie römisch
ist; damit gelangen wir für diese Theorie ohne weiteres in die beste Zeit
griechischer Gelehrsamkeit. In dieselbe führt uns die Lehre des Horaz.
Varro bezeichnet in den Büchern vom Landbau häufig die Theile der Materie
mit Anspielung auf das Dramatische als actus[2]); Cicero ist das Bild geläufig.[3]) Es ist offenbar die herrschende Theorie.[4]) Der griechische terminus für actus ist μέρος[5]): Marc. πρ. ἑαυτόν XII, 36 — οἷον εἰ κω-

---

1) *Docet autem Varro, neque in hac fabula neque in aliis esse mirandum,
quod actus impares scaenarum paginarumque sint numero, cum haec distributio
in rerum discriptione, non in numero versuum constituta sit, non apud Latinos
modo, verum etiam apud Graecos ipsos.*

2) Z. B. II 5, 2 *narra isti, inquit, eadem, qui sermones sint habiti et quid
reliqui sit, ut ad partes paratus veniat; nos interea secundum actum de
maioribus attexamus, in quo quidem, inquit Vaccius, meae partes (partes*
Rolle, vgl. Mil. 811 *ut nunc etiam hic agat ac tu tum partes defendas tuas).*

3) Philipp. II, 34 *non solum unum actum sed totam fabulam confecissem.*
ad Q. fr. I 1 ext. *tamquam poetae boni et actores industrii solent, sic tu in
extrema parte et conclusione muneris ac negotii tui diligentissimus sis, ut hic
tertius annus imperii tui tamquam tertius (actus) perfectissimus atque ornatissi-
mus fuisse videatur.* pro Marc. 27 *haec igitur tibi reliqua pars est, hic restat
actus (pars μέρος,* s. o.). Andere Stellen Ussing Plaut. proleg. p. 166.

4) Mar. Vict. p. 78 K. *prologos et primarum scaenarum actus trimetris
comprehenderunt. — haec per medios actus varie; rursus in exitu fabularum
quadratos locarunt.*

5) Die Nachweise für μέρος verdanke ich Wilamowitz, der hierher auch
zieht Plut. Pericl. 5 ἀλλ' Ἴωνα μὲν ὥσπερ τραγικὴν διδασκαλίαν ἀξιοῦντα τὴν
ἀρετὴν ἔχειν τι πάντως καὶ σατυρικὸν μέρος ἐῶμεν. *pars* neben *actus* s. in
A. 3. Kiefslings Herleitung von *actus* aus der Terminologie der Agrimensoren (zu
Hor. A. P. 189) kann nicht gelten, der terminus ist von *actus* πρᾶξις nicht zu
trennen; s. o. Marc. XI, 1 ἡ ὅλη πρᾶξις — ἐπὶ παντὸς μέρους. Welchen Weg
das Abstractum zur concreten Bedeutung nahm zeigt Ter. Hec. 39 *primo actu
placeo* 'im Anfang der Aufführung'. Quint. V, 10, 9 *fabulae ad actum scaenarum
compositae.* Suet. Ner. 24 *in tragico quodam actu.*

μιμηδὸν ἀπολύει τῆς σκηνῆς ὁ παραλαβὼν στρατηγός (χορηγός Nauck).
ἀλλ᾽ οὐκ εἶπον τὰ πέντε μέρη, ἀλλὰ τὰ τρία. καλῶς εἶπας· ἐν
μέντοι τῷ βίῳ τὰ τρία ὅλον τὸ δρᾶμά ἐστι.¹) XI, 1 οὐχ ὥσπερ
ἐπὶ ὀρχήσεως καὶ ὑποκρίσεως καὶ τῶν τοιούτων ἀτελὴς γίνεται ἡ
ὅλη πρᾶξις, ἐάν τι ἐγκόψῃ· ἀλλ᾽ ἐπὶ παντὸς μέρους πλῆρες καὶ
ἀπροσδεὲς ἑαυτῇ τὸ προτεθὲν ποιεῖ. Arrian Epict. 1 24, 16 οἱ δὲ (ἐν
τραγῳδίαις) βασιλεῖς ἄρχονται μὲν ἀπ᾽ ἀγαθῶν· στέψατε δώματα·
εἶτα περὶ τρίτον ἢ τέταρτον μέρος· ἰὼ Κιθαιρών, τί μ᾽ ἐδέχου;
Heron (s. u.) II 9, 2 — ἵνα μηδὲν τῶν προειρημένων — μέρος τοῦ
πίνακος φαίνηται. Wir finden den Ausdruck angewendet auf Komödie
und Tragödie, Pantomimos und Marionettenspiel. Es ist klar, dafs die
Beziehung speciell auf die Komödie bei Euanthius täuschend und nur
durch den ganzen Zuschnitt dieses Tractats auf die Komödie veranlafst ist.

Horaz verlangt die 5 Akte für die Tragödie; damit ist erwiesen,
dafs die Theorie für die Tragödie bestimmt und wahrscheinlich dafs sie
von ihr ausgegangen ist, obwohl sie den Chor höchstens als Symbol des
Zwischenakts beachtet. Einen grofsen Schritt in die alexandrinische
Philologie hinein führt uns die ὑπόθεσις zur Andromache, in der nach
dem πρόλογος und dem θρῆνος der Andromache gelobt wird die ῥῆσις
der Hermione ἐν τῷ δευτέρῳ μέρει (v. 147 gleich nach der Parodos):
damit ist der terminus μέρος für Aristophanes von Byzanz bezeugt, wenn
auch nicht die Fünfzahl als Postulat. Zeitlich noch höher hinauf, aber
aus der litterarischen Gelehrsamkeit in die Praxis des Bühnenlebens,
führt die Schilderung des Puppenspiels Nauplios, die Heron von Alexandria im 2. Buche der Αὐτοματοποιητικά aus Philon von Byzanz (s.
besonders c. 1, 4) entnimmt.²) Das Spiel hatte 5 Akte³) (1. Vorbereitung
der Fahrt. 2. Aufbruch. 3. Fahrt und Sturm. 4. Nauplios' Feuerzeichen.
5. Schiffbruch, Tod des Aias) und es ist mehr als wahrscheinlich, dafs
sich hierin nicht nur die Theorie, sondern auch die Praxis der hellenistischen Tragödie spiegelt.⁴) Damit ist die Möglichkeit gegeben, dafs

---

1) Wie hier der dritte Akt die Blüthe des Lebens, so bezeichnet er bei
Cicero (S. 207 A. 3) den rühmlichsten Theil der Amtsführung; vgl. Varro rer. rust. III
16, 2. Es gehört wohl zur Theorie von den 5 Akten, dafs der dritte die Höhe
des Stückes bildet und die 4 andern sich zu gleichen Theilen um ihn her
gruppiren.

2) V. Prou les théâtres d'automates en Grèce, in Mémoires présentés par
divers savants à l'académie (1881) 1884, IX, 1 p. 117 sq.

3) V. Prou p. 152. 215.

4) Weil Journ. des Sav. 1882 p. 418. Ussing Plaut. proleg. p. 165.

die 5 Akte in der That eine Entwicklungsphase des Dramas selbst bedeuten, in der es sich auf 3 ἐπεισόδια als Regel beschränkt und eine symmetrische Gliederung mit parallelen Abschnitten gegeben hätte. Denn mit einer aus der Beobachtung des klassischen Dramas entnommenen Lehre haben wir es nicht zu thun, da Sophokles und Euripides nach Abzug der χορικά oft 6, auch 7 Auftritte haben; und es ist nicht zu verwundern, dafs sich in den Scholien zu Tragödie und Komödie nirgend eine Spur der Lehre oder ihrer Terminologie findet, obwohl sie so viel älter ist als Didymos. Bei Seneca aber finden wir durchweg, mit einziger Ausnahme des Oedipus (der 6 Akte hat), die Eintheilung in 5 Akte, wobei die Prologrede als Akt gilt, auch im Oetaeischen Hercules.[1]) Ebenso hält es, im Anschlufs an Seneca, der Dichter der Octavia.

Von den letzten Stücken der alten Komödie haben die Ekklesiazusen 6, der Plutos 7 Akte. Ob die neue Komödie unter dem Kunstgesetz der 5 Akte stand, das direct zu entscheiden haben wir kein Material; es könnte nur aus der Beschaffenheit der lateinischen Bearbeitungen gefolgert werden, keinesfalls aus Varros Ansetzung der Fünfzahl für Terenz. Die terenzischen Stücke hat Varro, und nach ihm die Commentatoren, in je 5 Abtheilungen zerlegt[2]); für die plautinischen ist es seit den Herausgebern der Renaissancezeit vielfach versucht worden. Einige lassen sich ungezwungen in 5 Akte theilen, andere aber mindestens eben so ungezwungen in 6 oder 7 Akte. Dazu kommt, dafs wir nicht berechtigt sind, die plautinischen 'Prologe, wie es Varro mit den anders gearteten terenzischen gehalten hat, einfach abzuziehen; die einzigen sicher fünfaktigen Dramen des Alterthums, Senecas Tragödien, zählen die Prologrede als Akt. All dies mag davor warnen, eine Regel zu überspannen, die zwar Varro auf Terenz angewendet hat, für deren Anwendbarkeit auf Plautus es aber weder Gewähr noch Zeugnifs gibt.

Diese Erörterung ist zu einer Digression von der Frage geworden, die uns hier beschäftigt; für diese Frage kommt nur in Betracht, dafs auch die Lehre von den 5 Akten, die den Chor ignorirt, den Prolog nicht als Rede, sondern im aristotelischen Sinne als Exposition fafst, also für den 'Prolog', den wir auf griechischem Boden suchen, kein Zeugnifs gibt. Mit dieser Lehre verbunden erscheint in sämmtlichen donatischen Vorreden sowie in beiden Tractaten de comoedia eine andere, nicht eine blofse Anwendung der aristotelischen Eintheilung, sondern eine neue Termino-

---

1) Dies würde sich allerdings durch den Anschlufs an die Horazische Lehre ausreichend erklären.
2) Die Schwierigkeit der Theilung wird zum Eunuchus hervorgehoben, praef. p. 10, 6 sq. R.

logie auf Grund neuer Auffassung: de com. 7, 21 und 10, 8 R. *comoedia per quattuor partes dividitur, prologum protasin epitasin catastrophen;* dann werden in beiden Fassungen die Ausdrücke erklärt; in jeder einzelnen Vorrede werden die Theile nach demselben Schema charakterisirt. Zunächst ist zu sagen, dafs die beiden Auffassungen von den Theilen der Komödie, die 5 Akte und die 4 Theile, sich gegenseitig ausschliefsen, was keiner weiteren Erörterung bedarf; es ist blofser Unverstand der Terenzcommentatoren, dafs sie beide mit einander verbunden haben. Was uns hier vor allem interessirt, ist dafs der $\pi\varrho\delta\lambda o\gamma o\varsigma$ die Reihe eröffnet, ohne dafs er doch im aristotelischen Sinne gemeint sein könnte; und dafs die Eintheilung griechischen Ursprungs ist zeigt die Terminologie. Aber dieser $\pi\varrho\delta\lambda o\gamma o\varsigma$ vor der $\pi\varrho\delta\tau a\sigma\iota\varsigma$ ist ein Gaukelbild; nach den Definitionen der Tractate und den Erklärungen der Vorreden beginnt das Stück mit der $\pi\varrho\delta\tau a\sigma\iota\varsigma$. Einerseits würde jeder das argumentum erzählende Prolog zur $\pi\varrho\delta\tau a\sigma\iota\varsigma$ gehören, andrerseits würde eine Gliederung wie jene viertheilige auf kein Stück ohne Prologrede passen, also, um es kurz zu sagen, die Gliederung pafst nur auf Komödien, die sämmtlich prologi und zwar von der Materie des Stückes gänzlich gelöste prologi haben, das heifst ausnahmslos nur auf Komödien mit Prologen in der terenzischen Form. Daraus ergibt sich mit Sicherheit, dafs der $\pi\varrho\delta\lambda o\gamma o\varsigma$ lediglich zum Zweck der Terenzerklärung der $\pi\varrho\delta\tau a\sigma\iota\varsigma$ vorgesetzt worden ist. Es folgt schon hieraus, dafs die Theilung der Komödie in $\pi\varrho\delta\tau a\sigma\iota\varsigma$ $\dot\epsilon\pi\dot\iota\tau a\sigma\iota\varsigma$ $\varkappa a\tau a\sigma\tau\varrho o\varphi\dot\eta$ vorhanden war ehe sie in die Terenzerklärung eingeführt wurde; aber mit den varronischen Bestandtheilen der Tractate hat sie nichts zu thun, sie auf Varros Vermittlung zurückzuführen hindert schon der sichere Zusammenhang der Eintheilung nach 5 Akten mit Varro; vielmehr gibt die Lehre einen zuverlässigen Anhalt, Nichtvarronisches vom varronischen Gut zu sondern. Das mit diesem System zusammenhängende $\pi\varrho\delta\sigma\omega\pi o\nu$ $\pi\varrho o\tau a\tau\iota\varkappa\delta\nu$, d. h. das zur $\pi\varrho\delta\tau a\sigma\iota\varsigma$ gehörige, das in die moderne Terminologie übergegangen und uns dadurch geläufiger ist, kommt auch nur bei Donat und Euanthius vor. Wir haben sonach kein Mittel das Alter der Theorie zu beurtheilen als die *termini*. Geläufig ist nur $\varkappa a\tau a-$ $\sigma\tau\varrho o\varphi\dot\eta$: Sophokles $\beta\dot\iota o\upsilon$ $\delta\delta\tau\epsilon$ $\pi\dot\epsilon\varrho a\sigma\iota\nu$ $\ddot\eta\delta\eta$ $\varkappa a\dot\iota$ $\varkappa a\tau a\sigma\tau\varrho o\varphi\dot\eta\nu$ $\tau\iota\nu a$, Polybius $\varkappa a\tau a\sigma\tau\varrho o\varphi\dot\eta\nu$ $\tau\ddot\eta\varsigma$ $\ddot o\lambda\eta\varsigma$ $\varkappa a\tau a\sigma\varkappa\epsilon\upsilon\ddot\eta\varsigma$ $\varkappa a\dot\iota$ $\tau\ddot\eta\varsigma$ $\delta\epsilon\upsilon\tau\dot\epsilon\varrho a\varsigma$ $\beta\dot\iota\beta\lambda o\upsilon$, von der Komödie Antiphanes $\dot a\lambda\lambda\dot a$ $\pi\dot a\nu\tau a$ $\delta\epsilon\ddot\iota$ $\epsilon\dot\iota\varrho\epsilon\ddot\iota\nu$ — $\tau\dot\eta\nu$ $\varkappa a\tau a\sigma\tau\varrho o-$ $\varphi\dot\eta\nu$, $\tau\dot\eta\nu$ $\epsilon\dot\iota\sigma\beta o\lambda\dot\eta\nu$[1]), vom Marionettenspiel Heron $\varkappa a\dot\iota$ $o\ddot\upsilon\tau\omega$ $\varkappa\lambda\epsilon\iota\sigma\vartheta\dot\epsilon\nu-$ $\tau o\varsigma$ $(\tau o\ddot\upsilon$ $\pi\dot\iota\nu a\varkappa o\varsigma)$ $\varkappa a\tau a\sigma\tau\varrho o\varphi\dot\eta\nu$ $\epsilon\ddot\iota\chi\epsilon\nu$ $\dot o$ $\mu\ddot\upsilon\vartheta o\varsigma$, und in der alexandri-

---

1) $\epsilon\dot\iota\sigma\beta o\lambda\dot\eta$ vgl. $\pi\epsilon\varrho\dot\iota$ $\ddot\upsilon\psi o\upsilon\varsigma$ c. 38, 2, schol. Heph. p. 223 W.

nischen Terminologie τὸ δρᾶμα κωμικωτέραν ἔχει τὴν καταστροφήν.
Aber dafs das Wort peripatetisch ist finde ich nicht. Weniger deutlich
sind πρότασις und ἐπίτασις. Die Erklärungen des Euanthius und
Donat sind freie Paraphrasen einer griechischen Definition:

p. 8.	p. 10.
πρότασις primus actus[1]) initium-que est dramatis	πρότασις est primus actus[1]) fabulae, quo pars argumenti explicatur, pars reticetur ad populi expectationem tenendam
ἐπίτασις incrementum processus-que turbarum ac totius ut ita dixerim nodus erroris[2])	ἐπίτασις involutio argumenti, cuius (l. qua eius) elegantia conectitur (? vgl. nodus erroris)
καταστροφή conversio rerum est ad iucundos exitus, patefacta cunctis cognitione gestorum.	καταστροφή explicatio fabulae, per quam eventus eius approbatur.

ἐπίτασις (Steigerung) und καταστροφή sind p. 8 richtiger übersetzt als
p. 10, dafür gibt Euanthius von πρότασις nur eine materielle Um-
schreibung; Donats pars reticetur etc. bedeutet dafs πρότασις gefafst
ist als der Anfang des Stückes, in dem der Dichter προτείνει τὴν
ὑπόθεσιν καθάπερ αἴνιγμα ἢ πρόβλημα. Und das ist in der That
die einzige der vielen Bedeutungen des Wortes[3]), die anwendbar ist. So

---

1) primus actus ist der prima dictio (Don.), praefatio fabulae (Euanth.),
dem Prolog, entgegengesetzt (s. u.); schwerlich wie prol. Hec. 39 primo actu
placeo.

2) Vgl. praef. Andr. p. 4, 17 R. periculumque Charini et Pamphili et totus
error in fabulis (l. error inextricabilis) usque ad eum finem est, dum Athenas
veniens Andrius quidam Crito rem aperiat et nodum fabulae solvat. So nach
dem Parisinus, vgl. p. 3, 9 protasis subtilis, epitasis tumultuosa (protasis tur-
bulenta Ad. und Hec.), catastrophe paene tragica, et tamen repente ex his tur-
bis in tranquillum pervenitur. Vgl. Scheidemantel quaest. Euanth. 30 sq.

3) In der Rhetorik bedeutet es, ausgehend von der aristotelischen πρότασις, die mit der logischen identisch ist (rhet. 1359ª 8), allmählich jeden Satz,
vgl. Rufus I p. 469 Sp., schol. Hermog. VII p. 713 sq. W. Eine rhetorische Anwendung
gibt es, die man leicht verführt werden kann hierbeziehen. Lollianus (Walz
VII p. 33) theilt das προοίμιον dreifach: πρότασις κατασκευή βάσις, danach
Hermogenes π. εὑρ. I 5 vierfach: πρότασις κατασκευή ἀπόδοσις βάσις (vgl.
schol. VII p. 21. 69 πρότασίς ἐστι τὸ ἐν ἀρχῇ προτεινόμενον τοῦ λόγου), und
ebenso die Widerlegung: πρότασις ὑποφορά ἀντιπρότασις λύσις (p. 207 Sp.).
Die πρότασις als erster Satz des προοίμιον ist also der wirkliche Anfang der
Rede, und die hadrianische Epoche wäre ein probabler Zeitansatz; aber eine
kleine Überlegung zeigt, dafs dieser terminus für die Exposition der Komödie
eine Albernheit wäre.

passend nun auch πρότασις wie ἐπίτασις, jedes einzeln, die Sache
bezeichnen mag, so ungehörig ist ihre Zusammenstellung; ἐπίτασις
ist in andrer Übertragung gebraucht als πρότασις, die Wörter bilden
keinen Gegensatz oder vielmehr einen scheinbaren, wie πρόλογος und
ἐπίλογος einen wirklichen; das ist ein Wortspiel, wie es in einer
ernsthaften Terminologie guter Zeit nicht vorkommt. Alt ist diese
Dreitheilung schwerlich; dafs sie nicht peripatetisch ist zeigt schon
die terminologische Anwendung des Wortes πρότασις in andrer Bedeutung als der in der aristotelischen Logik und Rhetorik ihm zu-
kommenden.

Die Tractate geben aber auch Definitionen des ersten ihrer vier
Komödientheile, des πρόλογος: Euanthius kurz, p. 7, 22 *est prologus velut
praefatio quaedam fabulae, in quo solo licet praeter argumentum aliquid
ad populum vel ex poetae vel ex ipsius fabulae vel ex actoris commodo
loqui*[1]), Definition und Zusatz speciell auf Terenz zugeschnitten; Donat
ausführlicher und mit einer gleichfalls sonst unbekannten Eintheilung und
Terminologie (p. 10, 9): *prologus est prima dictio, a Graecis dicta* πρῶτος λόγος, *id est antecedens veram fabulae compositionem elocutio.*[2]) *eius
species sunt quattuor:* συστατικός (συντατικός P), *commendaticius, quo
poeta vel fabula commendatur,* ἐπιτιμητικός (ἐπιτινητικός P) *relativus
(relatus P), quo aut adversario maledictum aut populo gratiae referuntur,*
δραματικός *argumentativus, exponens fabulae argumentum,* μικτός *mix-
tus, omnia haec in se continens.* Hier haben wir eine Theorie des Prologs von griechischem Ursprung, die ihn durchaus als Einleitungsrede
auffafst. Die Definition sondert ihn sogar von der *vera fabulae compo-
sitio*; aber da in diesen Tractaten Alles mit Rücksicht auf Terenz zugestutzt ist, ist diese Definition mit Mifstrauen zu betrachten; die Um-
schreibung πρῶτος λόγος aber besagt, dafs die dialogische Exposition
nicht unter den Begriff bezogen wird.[3]) Dafs uns hier nicht die ganze
Erörterung der Vorlage mitgetheilt wird, zeigt die Vorrede des Phormio
p. 14, 23; dort wird mit richtigerer Worterklärung eine zum Theil abweichende Ansicht vorgetragen, die augenscheinlich aus dem Zusammenhang des im Tractat Mitgetheilten stammt: *prologus correpte* ἀπὸ τοῦ

---

1) p. 7, 3 *et item (mirabile in Terentio) quod nihil ad populum facit actorem
velut extra comoediam loqui, quod vitium Plauti frequentissimum.*

2) *id est* — *elocutio* fehlt im Parisinus, man darf es aber darum nicht
verdächtigen. p. 5, 22 und 9, 27 sind ähnliche Lücken, freilich durch homoeo-
teleuton verursacht.

3) Nur scheinbar ist die Verwandtschaft mit der aristotelischen Definition
der πάροδος (πρώτη λέξις ὅλου χοροῦ).

πϱολέγειν dicitur, non producte ἀπὸ τοῦ πϱωτολογεῖν. nam officium prologi ante narrationem rei quidem semper est, verumtamen et post principium fabulae inducitur, ut apud Plautum in Milite glorioso et apud ceteros magnae auctoritatis veteres poetas. Die Grundanschauung ist dieselbe, nur die Einleitungsrede ist πϱόλογος, aber da die Sache auf Terenz keinen Bezug hat, ist sie im Tractat fortgelassen. Es wird dadurch bestätigt, dafs diese Prologtheorie mit πϱότασις ἐπίτασις καταστϱοφή nichts zu thun hat; sie ist vom Verfasser der Vorlage beider Tractate aus einem andern Lehrbuch hinzugenommen, nachdem er jene Dreitheilung durch den πϱόλογος ergänzt hatte.[1]) Nach welchem Princip sind nun die 4 Arten des πϱόλογος zusammengestellt? συστατικός, ἐπιτιμητικός, δϱαματικός, μικτός. Hierin ist gar kein Princip. Wenn συστατικός und ἐπιτιμητικός zusammentreten, so bezeichnen sie den Inhalt nach speciellen Beschaffenheiten; daneben ist δϱαματικός sinnlos, wohl aber könnten noch eine Reihe andrer den Inhalt bezeichnender Kategorien wie Dankprolog, Ankündigungsprolog[2]) danebentreten. Freilich wird δϱαματικός so erklärt wie wenn es den Inhalt bezeichnete, es wird mit argumentativus übersetzt und exponens fabulae argumentum erklärt. Das ist aber unsinnig, es würde griechisch zwar nicht ὑποθετικός (wie man die in der editio princeps gelassene Lücke früher ergänzt hat) aber ἐξηγητικός oder διηγηματικός heifsen; δϱαματικός kann zwar auch ein erzählender Prolog heifsen, aber nur mit Rücksicht darauf, dafs die Erzählung von einer handelnden, vom Dichter oder seinem Repräsentanten verschiedenen, zum Drama gehörigen Person gegeben wird: δϱαματικὸς (χαϱακτὴϱ) ὁ κεχωϱισμένος τοῦ ποιητικοῦ πϱοσώπου, ὑπὸ δὲ τῶν παϱεισαγομένων πϱοσώπων λεγόμενος (schol. Dion. Thr. in Cramers anecd. Oxon. IV p. 313). Die Kategorie πϱόλογος δϱαματικός widerspricht also nicht der Gesammtdefinition, d. h. sie braucht nicht dialogischen Prolog zu bezeichnen, aber sie sondert die von Personen des Stückes gesprochnen Prologe wie die euripideischen und eine Reihe der plautinischen von den nicht von einer handelnden Person gesprochenen. Welche Kategorie enthält nun diesen Gegensatz? offenbar der συστατικός, quo poeta vel fabula commendatur,

---

1) Vgl. Cramer anecd. IV p. 314 (oben S. 205).

2) Eugraphius zum Anfang der Andria hat eine Dreitheilung in der der Ruhe gebietende Prolog vorkommt, mit demselben Rechte: omnis prologus triplici inducitur causa, vel ut argumentum fabulae possit exhibere vel poetam populo commendare vel ut a populo audientiam postulet; aber Terenz dichte seine Prologe aus keiner dieser 3 Ursachen, sed propter hunc (adversarium) prologum semper inducit, ut eius maledictis respondeat.

der Prolog dessen Aufgabe es ist das Stück zu empfehlen, womit natürlich die Erzählung des Inhalts verbunden sein kann; wie wenig das dem Begriff widerspricht mag der Prolog der Captivi lehren (v. 53 sq., vgl. Asin. 13). Nun gibt es aber auch Prologe, die zwar von einer handelnden Person gesprochen werden, aber doch, wie wenn die Sprecher aufserhalb des Stückes stünden, sich mit empfehlenden Worten ans Publicum wenden, wie z. B. in den Wespen und mehreren plautinischen: das sind die μικτοί. Hiermit sind in der That alle bekannten Prologreden untergebracht; nur die terenzischen sind zwar sämmtlich auch συστατικοί und sämmtlich nicht δραματικοί, aber da ihr Hauptinhalt durch jene Benennung nicht bezeichnet ist, so mufste dem Terenzerklärer eine Kategorie, für ihn die wichtigste fehlen. Deshalb erfand er den ἐπιτιμητικός: dieses Wort bezeichnet den Inhalt aller terenzischen Prologe.[1] Dafs diese species zugesetzt ist geht auch daraus hervor, dafs das specielle ἐπιτιμητικός nicht wie das allgemeine συστατικός einen Gegensatz zu δραματικός bildet. So ist aus einer dreifachen Reihe auch hier eine vierfache geworden. Entscheidend für die Richtigkeit dieser Beweisführung ist die Kategorie μικτός. Es ist beispiellos und der Schärfe antiker Systematisirung zuwider, dafs das μικτόν eine Mischung aus dreien, d. h. eine nach ihren Theilen undeutliche Mischung (omnia haec in se continens) bezeichnet; so häufig die Kategorie ist, stets ist sie die dritte in der Reihe wie das μέσον. Um ein paar hier naheliegende Beispiele anzuführen: schol. Dion. Thr. (Cramer Anecd. Oxon. IV p. 313) ποιήσεως χαρακτῆρες τρεῖς· διηγηματικός δραματικός μικτός[2]) (bei Diomedes p. 482 das dritte γένος κοινόν vel μικτόν);

---

1) Die Übersetzung relativus, die durch referuntur gestützt zu werden scheint ist auffallend, da sie weder den Begriff deckt noch überhaupt ohne den Beisatz verständlich ist. quo aut adversario maledictum aut populo gratiae referuntur ist richtig und nicht mit Reifferscheid maledicitur zu schreiben, denn Terenz betont immer dafs er nur durch den Widersacher gereizt erwidert. Aber die Danksagung mufs doch im Namen mit enthalten sein und Reifferscheid hat wohl Recht, wenn er ἐπιτιμητικὸς ἢ εὐχαριστητικός oder dergleichen voraussetzt. Es wird aber dadurch nur um so deutlicher wie schlecht die Kategorie erfunden ist, denn 'tadelnd oder lobend' kann wohl eine species heifsen, aber nicht 'tadelnd oder dankend', dann doch besser 'empfehlend oder dankeud' (quo poeta commendatur aut populo gratiae referuntur). Vielleicht war dies die ursprüngliche, vom Urheber des Tractats erweiterte Form, denn in den terenzischen Prologen wird nie gedankt, wie in dem zur Vidularia.

2) Fortunatianus p. 126 H. ποιότητος (characterum elocutionis) quot sunt genera? tria: δραματικόν, διηγηματικόν, μικτόν (vgl. p. 86. 87 sq. u. a.). Nur scheinbar weichen die Definitionen bei Hephaestion περὶ ποιήματος hiervon ab.

Euanth. p. 7 *comoediae motoriae sunt aut statariae aut mixtae.*[1]) In keiner der zahlreichen Viertheilungen, die Usener zusammengestellt hat[2]), findet sich das μικτόν, es würde ebenso deplacirt sein wie das μέσον in den χαρακτῆρες des Diomedes (p. 483) μακρός, βραχύς, μέσος, ἀν- θηρός (Usener p. 607); alle diese Systeme bestehen, wie es die Natur der Sache mit sich bringt, aus vier gesonderten Kategorien. Wie häufig aber die Neigung zu Viertheilungen durch Erweiterung eines dreitheiligen Systems befriedigt wurde ist bekannt (vgl. S. 209 A. 3).

Wir haben hieraus die Thatsache gewonnen, dafs in einer griechischen Gliederung der Prologe solche Prologe figuriren, die nicht von einer handelnden Person gesprochen werden, also in Person oder Namen des Dichters auftreten. Man könnte noch die Frage aufwerfen, ob die Dämonenprologe in diese Klasse gehören können; es ist aber klar, dafs diese unter die δραματικοί gehören, denn es sind πρόσωπα, die der Dichter erfindet und einführt. Nur Prologe in der Art des Prologs der Captivi und ihre Weiterbildungen können zu den δραματικοί einen Gegensatz bilden. Prologe solcher Art hat es also in der griechischen dramatischen Litteratur, d. h. in der neuen Komödie, gegeben.[3])

In der That ist es ohne Zwang nicht anders aufzufassen, wenn von Demetrius π. ἑρμ. 153 parallel neben einander ὁ παρὰ Σώφρονι ῥητορεύων Βουλίας und παρὰ Μενάνδρῳ ὁ πρόλογος τῆς Μεσσηνίας angeführt werden; wer würde (ich meine welcher antike Schriftsteller), wenn er die Person, nicht den Inhalt bezeichnen wollte, vom πρόλογος des Ion oder der Acharner sprechen? Persönlich wendet das Wort auch Lukian an: τῶν Μενάνδρου προλόγων εἷς ὁ Ἔλεγχος, ὦ προλόγων καὶ δαιμόνων ἄριστε Ἔλεγχε, was doch nur möglich ist, wenn πρόλογος auch ohne von einer benannten Person getragen zu sein persönliche Bedeutung hat.[4])

---

1) Vgl. prol. Heaut. 36; dennoch ist die Wahrscheinlichkeit für Übertragung aus dem Griechischen.

2) Sitzungsber. d. Bayer. Akad. 1892, 602 sq.; über die Stellen die uns hier beschäftigen p. 621 sq.

3) Denn sie nach Chorikios rcv. de phil. I p. 213 ἦν οὗτοι (οἱ μῖμοι) συνήθη ποιοῦνται πρὸς τὰ θέατρα δέησιν, ἱλαρῶς ἀκοῦσαι τοῦ λόγου nur auf die Mimen zu beziehen würde den Zusammenhang der Überlieferung, die diese Prologe an Terenz anschliefst, aufheben.

4) Dagegen Aristot. rhct. III 1413ᵇ 27 ἐν τῷ προλόγῳ τῶν Εὐσεβῶν bedeutet natürlich den Theil des Stücks und auch Quintil. XI, 3, 91 bezeichnet nur die Rede als solche: — *cum mihi comoedi quoque pessime facere videantur, quod, etiamsi iuvenem agant, cum tamen in expositione aut senis sermo, ut in Hydriae prologo* (wie Charinus im Mercatorprolog v. 46 sq. den Vater, 71 den

An Menanders Ἔλεγχος, den Lukian citirt um den Prolog seiner
Schrift περὶ τῆς ἀποφράδος zu sprechen, haben wir ein gutes Beispiel
des μικτὸν γένος. Die Grundzüge des menandrischen Prologs lassen
sich erkennen.[1]) Ἔλεγχος erklärt seine Existenz und Eigenschaft; er
ist der Alles wissende und auch Alles erzählende Gott (4), er klärt die
Zuschauer über die Vorgeschichte des Stückes auf, dann entfernt er sich:
ὅρα ὅπως σαφῶς προδιδάξῃς τοὺς ἀκούοντας — ταῦτα μόνα εἰπὼν
καὶ σαφῶς προδιηγησάμενος ἵλεως ἄπιθι ἐκποδών, τὲ δὲ ἄλλα
ἡμῖν κατάλιπε. In der Erzählung spricht er vom ποιητὴς οὗτος ὁ
ἐμός (7, wie die Parabasen, der Prolog der Vidularia und die terenzischen), ὁ ἐμὲ προεισπέμψας ὑμῖν (9, ὁ τὸν λόγον τόνδε συγγρά-
ψας 7), er rühmt den Dichter entweder oder erklärt dafs das Lob un-
nöthig sei (4 μήτε δ' ἐμὲ πρὸς αὐτοὺς ἐπαινέσῃς, ὦ φίλτατε Ἔλεγχε,
μήτε τὰ ἐκείνῳ προσόντα προεκχέῃς αὔτως, dies zweite nur auf
Lukians Schrift bezüglich, aber durch das erste veranlafst); er ist also
einerseits vom Dichter erfundene dramatische Figur, andrerseits nicht
minder συστατικός als es der in der Person des διδάσκαλος redende
Chor der Parabase ist.

Unter den Fragmenten der μέση und νέα sind eine ganze Reihe,
die nicht nur augenscheinlich einer Prologrede, sondern auch zum mindesten dem μικτὸν γένος angehören; so die Stellen aus dem Prolog
von Heniochos Πόλεις, Anaxandrides Νηρεύς, Menanders Δύσκολος[2]).
Nicht anders wüfste ich unterzubringen Philem. 143 K. χαλεπόν γ'
ἀκροατὴς ἀσύνετος καθήμενος· ὑπὸ γὰρ ἀνοίας οὐχ ἑαυτὸν μέμφε-
ται, Worte die den bekannten Stellen der plautinischen Prologe, solchen
die gerade späteren Bearbeitern zugeschrieben zu werden pflegen, genau
entsprechen. Durchaus nur συστατικός, aber vom Dichter selbst oder
in seinem Namen gesprochen, ist, wie längst gesehen[3]), der Prolog der

Grofsvater agirt, auch dies zum Beweise der Echtheit), aut mulieris, ut in
Georgo, incidit, tremula vel effeminata voce pronuntiant. Vgl. Fabia les prol.
de Tér. 137 sq.

1) Vgl. Dziatzko p. 9 sq. Fabia les prol. de Tér. p. 81.
2) Nicht hierher gehört das berühmte Fragment aus Antiphanes Ποίησις,
das aus der Handlung selbst stammt; auch nicht das aus der Ἄλκηστις (29 K):
hier spricht nicht die Muse zum Dichter, sondern eine Person des Stücks
zum Intriganten, wie Mil. 195 sq., Bacch. 693 und oft. Sehr wahrscheinlich ist
die Vermuthung von Frantz (p. 66), dafs Athenaeus' Bemerkung über die
Sclavenköche des Poseidippos (Athen. XIV, 658 f), aus der man die Zeit der
Menaechmi hat bestimmen wollen, aus dem Prolog der Ἀποκλειομένη stammt,
die er p. 659 c citirt.
3) Dziatzko p. 9. Die Auffassung von Fabia p. 78 wird durch den Wortlaut
des Fragments widerlegt. Frantz p. 68 spricht die einleuchtende Vermuthung

Θαίς, aus dem Plutarch (de aud. poet. 19ᵃ) die Verse anführt, die beginnen: ἐμοὶ μὲν οὖν ἄειδε τοιαύτην, θεά. In der That bedurfte der
Dichter der chorlosen Komödie irgend eines Ersatzes für die Parabase.
Es ist nicht glaublich, dafs die Unpersönlichkeit der tragischen Kunstform, die sich Spiel und Stil der neuen Komödie unterworfen hat, das
der Komödie an sich anhaftende persönliche Element, die unmittelbare
Einwirkung des Dichters auf das Publikum, bis auf den letzten Rest auf-
gesogen hätte.[1]) Viele einzelne plautinische Stellen[2]) und attische Fragmente, die schwerlich alle aus Prologen stammen, zeigen, dafs der Verkehr
des Dichters mit den Zuschauern gelegentlich die Illusion durchbrach;
er mufste aber eine Stelle im Aufbau seines Stückes haben, die ihm
gewohnheitsmäfsig gestattete, Gunst und Beifall zu erbitten und durch
persönliche Äufserungen das Interesse seiner Athener an seiner Kunst
und Entwicklung wach zu halten. Für diesen Zweck bildete sich die
Anfangsrede der Komödie aus; nothwendig war ihr der persönliche Inhalt so wenig wie der Parabase, ja die Rede selbst war nicht nothwen-
diger Bestandtheil, aber sie stand stets bereit dem Dichter zur Hand
und konnte von ihm mit beliebiger Form umkleidet werden. Diese
Freiheit des Dichters spiegeln uns die plautinischen Prologe wieder und
es ist wohl zu beachten, dafs die ins Einzelne gehende litterarische
Polemik, wie sie sich in den Parabasen der Wespen und des Friedens
findet, im jungen Athen die Form der Vorrede annehmen mufste.

Dazu kommt die Schlufsrede, deren Anfänge uns einerseits Ion und
Phönissen (und Oedipus Tyr.) zeigen, andrerseits in den aus Publicum
gerichteten Schlufsworten Wespen, Friede, Lysistrata.[3]) Bei Plautus hat

aus, dafs aus diesem Prolog die Anecdote bei Athen. 594ᵈ hervorgegangen sei,
Menander habe auf das Lob einer Hetäre in einem Stück des Philemon ἀντ-
έγραψεν ὡς οὐδεμιᾶς οὔσης χρηστῆς.

1) Auch der Chor ist aus der neuen Komödie keineswegs spurlos verschwunden, auch wenn man nicht seine Spuren in den advocati des Poenulus,
den piscatores des Rudens, den lorarii der Captivi und Menaechmi sucht.
Nicht nur die Kunstform hat er auch über sein Grab hinaus bestimmt. Seine
Theilnahme am Gespräch der Handelnden, die sich in Zustimmung und Widerspruch, in der Betrachtung über das Gesprochene, im Suchen des Gedankens,
in der Anwendung der Lebensregel auf das Leben äufsert, hat ihren Niederschlag gefunden in den Zwischenreden, die eine stehende Erscheinung solcher
Scenen der neuen Komödie geworden sind, die den Stoff zu allgemeineren Be-
trachtungen enthalten. Chorartig sind z. B. die Zwischenreden des Palaestrio
Mil. III 1, des Charmides Trin. IV, 3, des Palinurus Curc. 175 sq. 187 sq., des
Euclio Aul. III 5.

2) Euanth. de com. p. 7, 3 R.

3) Lys. κρότον δ' ἐμὰ ποίη χορωφελήταν (vgl. Asin. Capt. Merc.), Pac. ω̄

das persönliche, oft eine Betrachtung an die Handlung knüpfende, stets
zum Beifallklatschen auffordernde Schlufswort der Schauspieler oder der
cantor (wie stets bei Terenz *plaudite* oder *valete et plaudite*), in Captivi
und Cistellaria ist es der *caterva*, in der Asinaria der *grex* zugeschrieben,
ohne Bezeichnung, aber in pluralischer Rede Bacchides und Casina; die
Schlufsverse des Epidicus aber (*hic is homost qui libertatem malitia in-
venit sua. plaudite et valete. lumbos porgite atque exsurgite*) spricht nach
dem Vetus der *poeta*, freilich Verse ganz ohne individuelle Färbung.
Dafs aber auch diese Schlufsrede, die auch persönlichen Inhalt gestattete,
nicht römische Erfindung ist, zeigt nicht nur Menand. frg. 887 K. ἐξά-
ραντες ἐπικροτήσατε, sondern besonders das Schlufswort des Augustus:
εἰ δὲ πᾶν ἔχει καλῶς, τῷ παιγνίῳ¹) δότε κρότον καὶ πάντες ὑμεῖς
μετὰ χαρᾶς κτυπήσατε (frg. adesp. 771 K.), was natürlich nur der
μέση oder νέα angehören kann.²)

Zur Bestätigung meiner Beweisführung aus den Stücken selbst
werden diese directen Zeugnisse, so viele ihrer vorhanden sind, genügen; sie zeigen uns in der theoretischen Tradition und in den
Resten der Dichtung sichere Spuren des Prologs der nur Prolog ist und
erweisen, wie die Analyse, auch solche plautinische Prologe als Nachbildung. Römisch bleibt also nur die letzte Entwicklung, die Terenz
oder, wie wir vermuthen müssen, Caecilius dem Prolog gegeben hat,
deren Anfänge wir in den Prologen zu Asinaria und Vidularia vor
uns sehen.

5

Ich habe bisher vermieden, die Prologe den Dichtern der Originale
zuzuschreiben, wie es ja auch kein Zweifel ist, dafs die unpersönlichen
Prologe bereits von Plautus gemäfs ihrer Bestimmung für sein Publicum
und römische Bühnenverhältnisse frei wiedergegeben wurden und dann zu
Überarbeitung und Nachdichtung geradezu einluden. Jetzt aber, da wir
an der Ursprünglichkeit der Prologformen selbst nicht mehr zu zweifeln
haben, wird auch die Frage erlaubt sein, ob wir für die Entwicklung
der attischen Komödie und ihrer Dichter etwas aus den Prologen lernen.

χαίρετε, χαίρετ᾽ ἄνδρες, κἂν ξυνέπησθέ μοι, πλακοῦντας ἔδεσθε, wie die Ein-
ladungen und Aufforderungen am Schlufs von Pseud. Rud. Stich.
  1) παίγνιον, *quae lusimus*. vgl. Euphron 1,35 ἐκεῖνο δρᾶμα, τοῦτο δ᾽ ἐστὶ
παίγνιον.
  2) Auf den Schlufs bezieht Meineke IV p. 282 das Fragment Menanders
(616) ἡ δ᾽ εὐπάτεια φιλόγελώς τε παρθένος Νίκη μεθ᾽ ἡμῶν εὐμενὴς ἔποιτ᾽
ἀεί (wie das euripideische ὦ μέγα σεμνὴ Νίκη), minder wahrscheinlich auf den
Prolog V p. CCLXXXI.

Die drei Stücke des Philemon zeigen drei Spielarten des Prologs: die dialogische Exposition, und zwar mit einer nur der Exposition dienenden Figur (πρόσωπον προτατικόν), in der Mostellaria; eine Einleitungsrede der Hauptfigur von der direct aus Euripides stammenden Art und gleich in der folgenden Scene mit Acanthio (der nachher nicht wieder erscheint) der Beginn der Handlung im Mercator; ein gleichfalls aus euripideischer Anregung erwachsenes allegorisches Vorspiel im Trinummus, der einer Einleitung nicht bedarf, ein Vorspiel um des Vorspiels, nicht um der Belehrung willen. Wir finden also bei Philemon zwei an Euripides angelehnte Formen, daneben die sophokleisch-aristophanische, die auch im Persa erscheint, dessen Original älter ist als die übrigen datirbaren; wir finden in der Mostellaria die nur für die Exposition erfundene Person, ihr steht die Erfindung des nur die Botschaft bringenden Acanthio nahe. Die beiden Stücke des Diphilus (die Vidularia lasse ich hier wegen der problematischen Natur des Prologs beiseite) haben Prologreden, Rudens den göttlichen πρόλογος, der sonst für Diphilus nicht bezeugt ist, in der Erfindung ganz entsprechend dem Ἀήρ Philemons und dem Ἔλεγχος Menanders, nicht der Καλλιγένεια und Δορπία oder dem Φόβος. Von dem Prolog der Casina, der mit der bestimmten Absicht des Schauspieldirectors, das Publicum anzureden, umgearbeitet worden ist, läfst sich am wenigsten sagen ob er die ursprüngliche Form bewahrt hat; aber dafs die Κληρούμενοι einen Prolog gehabt haben, der mit antiker Terminologie zu reden entweder συστατικός oder μικτός war, ist sicher. Die beiden plautinischen Stücke des Diphilus bestätigen also trefflich die ψυχρότης seiner Prologe, über die sich Gnathaina aufhält (S. 174). Von den beiden sicher menandrischen Stücken fehlt den Bacchides der Anfang, der Stichus aber hat dialogische Exposition, wie sie für Menander auch aus Fragmenten nachzuweisen ist. Der Καρχηδόνιος ist für Menander nicht mehr mit Sicherheit anzuführen, seit wir von einem gleichnamigen Stück des Alexis wissen (frg. 100 K.); mit mehr Zuversicht die Cistellaria und damit die merkwürdige Exposition dieses Stückes, die aus Vorspiel und Doppelprolog besteht; für Menander spricht, freilich beides nicht durchschlagend, sowohl die Erfindung des Auxilium als dafs der Ἀλαζών, der gleichfalls ein Vorspiel vor der Prologrede hat, von einem Nachahmer Menanders herrührt. Die Aulularia hat den göttlichen Prolog, der uns am besten aus dem menandrischen Ἔλεγχος bekannt ist. Die anderen Stücke, in denen man unsichere Indicien menandrischen Ursprungs gefunden hat (Curculio Pseudolus) will ich nicht hierherziehen; sie würden sich, wie man sieht, der bekannten Reihe wohl einfügen und das Bild der Mannigfaltigkeit, das die menandrischen Pro-

loge geben, heller nicht weiter machen. Gerade Captivi Menaechmi
Poenulus Truculentus, die wir der unpersönlichen Prologe wegen gern
ihren Dichtern zuweisen würden, sind unbestimmbar; Captivi und Menaechmi gehören zu den jüngeren Stücken, aber der Poenulus ist
vielleicht von Menander (s. o.), der Truculentus, wie man sagen darf,
entweder von Menander oder einem Nachahmer. Wesentlich können
wir unsere Kenntnifs von Menanders Technik der Exposition aus Terenz
ergänzen; nicht was die Prologreden angeht, denn die hat, wo sie vorhanden waren, Terenz durch seine Prologe, wie wir sahen, ersetzt.
Aber während die beiden Apollodorischen Stücke πρόσωπα προτατικά haben, hat ein solches von den menandrischen des Terenz nur die
Andria; und hier erfahren wir durch Donat (prol. 13)[1]), dafs in Menanders Andria der Alte einen Monolog zu Anfang hatte, der in euripideischer Weise die Exposition gab, während in der Perinthia die
Exposition zwar dialogisch war, aber der Dialog zwischen Mann und
Frau; ob die Frau in der Perinthia nur hier vorkam, können wir nicht
wissen; es ist aber sehr wahrscheinlich, dafs sie auch sonst eine Rolle
spielte, sowohl nach Analogie der übrigen Komödienmütter als auch
weil Terenz, der die ganze Rolle aus der Perinthia nicht übernahm und
die Mutter allein zum Zweck der Exposition einzuführen nicht für angemessen hielt, sie mit dem libertus vertauscht hat. Wir können also
für Menander kein einziges πρόσωπον προτατικόν nachweisen, d. h.
eine nur zum Zweck der Exposition, sei es um zu erzählen (Epidicus,
vgl. Mercator) oder sich erzählen zu lassen (Phormio Hecyra Andria),
also nur um die monologische Erzählung an die Zuschauer zu drama-
tisiren, oder, die vollkommenere Form, um durch das Gespräch die
Situation oder den Hauptcharakter hervortreten zu lassen (Mostellaria,
Miles) erfundene Figur. Andere Beispiele finden sich auch bei Plautus
nicht; Leaena im Curculio gehört so wenig dahin wie Scapha in der
Mostellaria, Agathon in den Thesmophoriazusen und Herakles in den
Fröschen. Die Mutter der Gymnasium in der Cistellaria gehörte wesentlich zur Handlung. Palinurus im Curculio verschwindet zwar nach dem
Eingreifen des Parasiten in die Handlung, aber nicht anders als Saturio
im Persa, sein Theil an der Handlung ist beträchtlich gröfser als der
des Acanthio im Mercator oder des Parasiten im Miles, an dessen Stelle
Palaestrio tritt. Auch das πρόσωπον προτατικόν, so vielfach es auch
in der Tragödie (Prometheus, Antigone Elektra, Alkestis Troades) und
selbst in der alten Komödie, wie in den Sclavendialogen des Aristo-

---

1) Vgl. Nencini de Terentio eiusque fontibus p. 24—31.

phanes, vorgebildet ist, ist doch in der neuen Komödienform, deren
Charakteristisches in der Herbeiholung einer der Handlung fremden
Person zum Zweck der Exposition besteht[1]), erst eine Erfindung der
letzten Periode des Euripides: wir sehen sie vor uns im Teukros der
Helena; und der geheimnifsvolle Zauber, der das Auftauchen und Verschwinden des umhergetriebenen und nun dem Ziele nahen Recken
umgibt, konnte wohl über die Willkür der Einführung (die doch auch
an der Io des Prometheus ein grofses Beispiel hatte) täuschen. Philemon
hat das euripideische Mittel angewendet und andere, wie Apollodoros,
nach ihm; Menander scheint es vermieden und, wo er nicht Personen
des Stückes selbst im Dialog einführte, die monologische Einleitungsrede
vorgezogen zu haben.

Der nur als prologus erscheinende, den Dichter oder seinen Vertreter darstellende Prolog, der lediglich die Komödie vorführt und in
die Komödie einführt, ist, wie wir gesehen haben, eine Frucht des in
der Komödie liegenden persönlichen autoschediastischen Elements; aber
er bedurfte, dem kunstmäfsig stilisirenden Charakter der neuen Komödie
gemäfs, einer Anlehnung an vorhandene Kunstform: diese bot der Euripideische Götterprolog, von dem schon Aristophanes in den zweiten
Thesmophoriazusen die Brücke zu den Dämonenprologen Philemons und
Menanders geschlagen hat. Der Gott, der wissend und aufklärend das
Stück begleitet, steht im gleichen Verhältnifs zum Gedicht wie der
Dichter. Andrerseits hat das unmittelbare Verhältnifs des Trygöden zum
Publicum, das nie ganz unterbrochen worden, seine Wirkung auf alle
Prologe erstreckt; auch wenn eine handelnde Person in den Stoff ein-
führte, konnte sie während der Erzählung jederzeit aus ihrer Rolle fallen,
bei Menander wie bei Aristophanes; der Dichter auch der im strengen
Stil geschlossenen Komödie überschritt unbedenklich die Schwelle, vor
der Euripides Halt gemacht hatte. Das lehrt uns nicht nur Plautus
sondern auch die Fragmente. Aus Plautus sehen wir, dafs auch diese,
die zur Handlung gehörenden Prologpersonen, wie die dämonischen,
voraussagten was zunächst im Stücke selbst geschehen würde (nur in
Cistellaria Trinummus Mercator wird nichts vorausgesagt, im Miles ist

---

1) Die Definition bei Euanthius de com. 6, 7 (*personae extra argumentum
accersitae*) wird in den Präfationen und zum Anfang von Phormio und Hecyra
in verschiedenen Wendungen wiederholt, zum Theil mit Hinzufügung der fehlenden Bestimmung (Hec. I, 1, 1 *ut sit per quam argumenti obscuritatem spectator
effugiat*, vgl. praef. 14, 19); dasselbe ist gemeint aber falsch ausgedrückt praef.
4, 4 (*quae semel inducta in principio fabulae in nullis deinceps fabulae partibus
adhibetur*, vgl. zu Andr. I 1, 1).

die Stelle 138 sq. ein Product der 'Contamination'); nur in dem Bericht
über die Vorgeschichte wird die poetische Wahrscheinlichkeit streng eingehalten: da sagt der an der Handlung Betheiligte nur was er erlebt
hat und wissen kann, das Verborgene berichtet nur der Gott oder der
prologus. Der prologus aber berichtet wie wenn er die Menschen
kennte, um die sichs handelt, und mit ihnen lebte, nicht rein erzählend,
sondern mit dem Rest dramatischen Lebens, der dieser doch dem Drama
gehörenden Form anhaften konnte. Auch dies ist ein Zeichen conti-
nuirlich entwickelter Kunstform.

In einem Punkt aber weichen die römischen Prologe ohne Zweifel
von denen der Originale ab, nämlich in der Mittheilung dessen was
Plautus *nomen comoediae* nennt. Etwas ähnliches kann es in Prologen
des griechischen Dramas nie gegeben haben. Das Publicum kümmerte
sich um die Ankündigung, die im προάγων und gewifs auch sonst
stattfand, und vor der Aufführung rief der Herold nur εἴσαγ᾽ ὦ Θέογνι
τὸν χορόν. Verkündigung des Titels unmittelbar vor der Aufführung ist
vom 2. Jahrhundert n. Chr. an bezeugt.[1]) Auf der römischen Bühne
fand eine solche Verkündigung nicht statt; der praeco der plautinischen
Prologe gibt nur das Signal des Anfangs *(face nunciam tu, praeco, omnem
auritum poplum)*[2]), weder vor- noch nachher ist Raum für andere Mittheilung als die etwa im Prolog gegeben wird. Dasselbe folgt aus dem
Prolog des Heautontimorumenos v. 7 *nunc qui scripserit et quoia graeca
sit ni partem maxumam existumarem scire vostrum, id dicerem.*[3]) Zugleich lehrt diese Stelle unwidersprechlich, dafs überhaupt eine Ankündigung stattfand, aber in einer Weise, dafs nur die es erfuhren die
sich darum kümmerten; Terenz, der überhaupt ein litterarisches Interesse voraussetzt, das man einem modernen Publicum nicht zumuthen
dürfte, kümmert sich wieder nur um diese. Vor diesem Zeugnifs fällt
alles was der Tractat Donats und die Präfationen über die *pronuntiatio
tituli*, eben aus der Bühnensitte späterer Zeit, zu berichten wissen.
Ferner aber lehrt uns dieses Zeugnifs die Unbeständigkeit verstehen,
die uns an jenen Mittheilungen bei Plautus wie bei Terenz befremdet.
In einigen Prologen ist von dem Titel und Ursprung des Stücks überhaupt gar nicht die Rede, sondern nur von seinem Inhalt (Aulularia
Captivi Cistellaria), in andern wird nichts darüber mitgetheilt, wohl aber
die Kenntnifs ausdrücklich vorausgesetzt (Amphitruo Menaechmi Rudens

---

1) Rohde Rhein. Mus. XXXVIII, 264 sq.
2) In den Techniteninschriften erscheinen σαλπιγκτής und κῆρυξ, vgl.
Pollux IV, 87 sq. 91.
3) Ritschl Parerga 302.

Trinummus, Andria Eunuchus Adelphi); in andern wird *nomen* und *argumentum* verkündigt (Casina Mercator Miles Poenulus), in andern endlich nur das *nomen* (Asinaria Trinummus Vidularia, Phormio Heautontimorumenos Hecyra); das *nomen* entweder vollständig (1. griechischer Titel und 2. Dichter, 3. Übersetzer, 4. lateinischer Titel, in dieser Reihenfolge Asin. Trin., 1.3.4.2 Cas., 1.2.4.3 Merc.) oder unvollständig (1.3.4 wie es scheint Vidul., 1.4 Mil. Phorm., nur 1 Heaut. Hec.; Poen. ist an dieser Stelle verstümmelt). Der Asinariaprolog dient, nebst einer kurzen Empfehlung, lediglich dem Zweck dieser Mittheilung, die in Anlehnung an das Anfangssignal, natürlich mit Begrüfsung und Abschied, gegeben wird. Es konnte also wünschenswerth scheinen, das Publicum in dieser Weise zu unterrichten und zu diesem Zweck den prologus auftreten zu lassen, wünschenswerth offenbar in älterer Zeit, in der noch keine litterarisch angeregten Kreise das Interesse für diese Aufführungen verbreiteten, eher als in der des Terenz, der überhaupt kein einzigesmal die Mittheilung vollständig macht. Schon dies spricht gegen die Athetese jener Stellen der plautinischen Prologe, für die aber auch sonst, nachdem wir die Ursprünglichkeit der Prologe selbst erkannt haben, nicht der Schatten eines Grundes mehr beigebracht werden kann. Die Stellen sind freilich sämmtlich erst eingefügt, aber nicht von Überarbeitern, sondern von Plautus, bei der Übersetzung, in den Text des Originals; sie gehen sämmtlich entweder dem argumentum unmittelbar voraus[1]) oder sie stehen mit der Erklärung, das argumentum nicht erzählen zu wollen, unmittelbar zusammen. Das argumentum aber ist jedesmal dem Original nachgebildet; daher ist die äufserliche Einfügung der äufserlichen Notizen kenntlich geblieben. Viel glaublicher wäre es, dafs auch in andern Prologen die Notizen von Plautus angebracht aber, unverbunden wie sie waren, bei späteren Aufführungen und darum in unserer Überlieferung weggelassen wurden. Es reicht aber aus zu wissen, dafs es völlig im Belieben des römischen Dichters stand, ob und wie viel er über die Titel und Autoren seiner Komödie selbst berichten wollte.

---

1) Die Verbindung wie in den aristophanischen ὑποθέσεις. Leider läfst sich mit keiner Sicherheit behaupten dafs Plautus die Komödien schon in den aristophanischen Ausgaben oder ähnlich eingerichteten gelesen habe.

V

Auslautendes *s* und *m*

1

Das Lateinische hat in der Zeit, in der es uns zuerst lebendig entgegentritt, wie das Umbrische die Neigung besessen, Endconsonanten abzustofsen. Die Neigung ist offenbar auch in früherer Zeit nie so weit gegangen wie im Umbrischen, das durch sie allmählich einer wahren Verworrenheit des Formenbestandes verfallen ist, oder wie in der späteren lateinischen Volkssprache, die den romanischen Sprachen kaum einen Endconsananten heil übermittelt hat; vielmehr handelt es sich, so weit wir sehen, in der bezeichneten Epoche um einen kleinen Kreis von Consonanten, der aber weite Gebiete des lateinischen Auslauts umspannt, um *d* nach langem, *s* nach kurzem, *m* nach kurzem und langem Vocal.[1]) Andere Erscheinungen, wie *dedro* in Pisaurum[2]), *Mino* in Präneste, sind vereinzelt.[3]) Falls auch andere Auslaute den Keim der Zerstörung in sich trugen, so hat die neue Litteratur dem Procefs Einhalt gethan. Es ist aber nicht wahrscheinlich, dafs die gute römische Umgangssprache die Wege des Umbrischen ging, und die Inschriften der Colonien können es nicht beweisen. Die Starrheit wie die Unbeständigkeit der plautinischen Sprache ist nur erklärbar, wenn sie den Sprachzustand des Lebens spiegelt, nicht das Latein der Freigelassenen und peregrini, aber das der gebildeten Stadtrömer.[4])

---

1) Ritschls Ansicht von der weitgreifenden Consonantenverwitterung im Lateinischen ist erledigt seit das Kürzungsgesetz der jambischen Wörter bekannt ist.

2) *dedron* in der stadtrömischen Inschrift Not. d. scavi 1890 p. 33, Bull. comun. 1892 p. 76: *M. C. Pomplio* (ein räthselhafter nom. plur.) *No. f. dedron Hercole* mit rechtwinkligem *P* und spitzwinkligem *L*.

3) Über das pluralische *s* s. u. Faliskisch *mate, uxo, cupa*.

4) In dem Lobe der *pura oratio* des Terenz zeigt sich schon der Bil-

Auslautendes *d* nach langem Vocal ist wo die Litteratur beginnt zum Abfall reif; danach lauten die Ablative und Imperative wie die Accusative des Personalpronomens auf den Vocal aus. Bereits vorher ist das *d* des Perfects und Conjunctivs zu *t* geworden, es ist der erste Beleg für die bald durchgreifende Abneigung der Sprache gegen *d* im Auslaut nach langem Vocal.[1]) Hier hatte die Sprache die Wahl, *feced* und *sied* zu *fece* oder *fecet*, *sie* oder *siet* werden zu lassen; in Pisaurum schreibt man *dat* (Indicativ) und *dede*, in Praeneste *dedi* (CIL XIV 2863, neben *nationu cratia* und *Diovo fileia*), aber in der Dvenosinschrift steht *mitat* neben *sied*, auf der Ficoronischen Cista *dedit* neben *fecid*; dann vollzieht sich der Process, der die stimmhafte auslautende Dentalis zur stimmlosen werden lässt. Ähnlich steht es mit *haud*. Zwar geht dieses Wort seiner Natur nach proklitische Tonanschlüsse ein, bei denen Lautverlust stattfinden konnte, während die Verbalformen grade dem Satzauslaut angehören und zu engen Wortverbindungen nicht geeignet sind; zur Erklärung von *hauscio*, *haudubium* u. dgl. braucht man kein isolirtes *hau* vorauszusetzen. Aber in der Überlieferung geht die Verwendung von *hau* weit über das Gebiet des Tonanschlusses hinaus (*ubi tu hau somnum capias*, *hau verbum faciam* u. dgl.) und der Abfall des *d* nach Diphthong bleibt für *hau* der einfache Erklärungsgrund. *haud* wurde neben *hau* bewahrt[2]), denn das *d* tönte weiter vor Vocalen, zumal im Wortanschluss wie *haudaliter*, *haudequidem* (Mar. Vict. p. 15, vgl. Caper de orth. p. 96); ja *hau* wurde so weit wieder aufgegeben, dass seine Spur nach Plautus in den Handschriften selten wird. In den Terenzhandschriften scheint es sich nicht zu finden, oder nur vereinzelt (vgl. Andr. 460 *PC*[1]), obwohl in der Inschrift der Claudia nicht lange nach Terenz zu lesen ist *sepulcrum hau pulcrum pulcrai feminae*; gleichfalls nur vereinzelt bei Vergil[3]), öfter im Mediceus der Annalen des Tacitus.[4]) So stimmt es mit unserer Überlieferung nicht, dafs nach

---

dungsstolz einer neuen Zeit und engerer Kreise, deren Ansprüchen er zu genügen strebte; darum war natürlich die Sprache des Naevius und Plautus nicht minder das reine Latein der Zeit.

1) Nachdem in früherer Zeit ursprüngliches *t* im Auslaut zu *d* geworden war, vgl. J. Schmidt Pluralbild. der indog. Neutra p. 178.

2) Ob *hau* eine Zeit lang vor Consonanten ausschliefslich gesetzt wurde ist natürlich aus den Handschriften, deren Zeugnisse für Plautus Habich observationes de negationum aliquot usu Plautino (Halle 1893) p. 15 sq. zusammenstellt, nicht auszumachen.

3) Ribbeck proleg. p. 425.

4) Ritschl op. II p. 592. — Bücheler 686 v. 4 *hau parvis*, vom Jahre 427.

Marius Victorinus[1]) und Caper (s. o.) *hau* vor Consonanten stehen soll
wie *haud* vor Vocalen; aber die Inschrift wie die Zeugnisse der Grammatiker beweisen die Existenz der Form für weit auseinander liegende
Zeiten. Neben *haud* aber ist *haut* getreten, das die ganze handschriftliche Überlieferung der Litteratur durchzieht. Man wird den Vorgang
so bezeichnen dürfen, dafs *haud*, wenn es allein gesprochen wurde,
haut gesprochen wurde und nun, wie *siet* überhaupt für *sied* eingetreten ist, so für *haud* eintrat, wenn nicht bei enger Wortverbindung
das *d* vor Vocal erhalten blieb, wie in *prodire, seditio*, oder vor Consonant abgestofsen wurde. Andere Wörter mit auslautendem *d* nach
langem Vocal gibt es nicht. Der Procefs hat sich aber weiter auf die
Wörter erstreckt, die mit kurzem Vocal und *d* auslauten, und somit auf
alle auslautenden *d*, die in der Zeit der Litteratur noch vorhanden waren;
sie werden sämmtlich in der Aussprache zu *t* und es ist nur ortho-
graphische Gewöhnung, wenn das *d* weiter geschrieben wird. *aput* erscheint zuerst in der lex Iulia municipalis, schon im Monumentum An-
cyranum die umgekehrten Schreibungen *adque* und *aliquod: d* ist mit *t*
identisch geworden, beide bezeichnen denselben stimmlosen Auslaut. Das
d ist (nicht in der Schrift, sondern in der Sprache) erhalten geblieben
nur im nicht eigentlichen Auslaut, in Verbindungen wie *adomnes, sedenim:* für diese bezeugt es Velius Longus p. 70.[2]) Sonst lehren die
Inschriften und die Vorschriften der Grammatiker selbst, dafs man ohne
die differenzirende Schule stets *at quit quot* geschrieben hätte, wie man
es sprach.

Von diesen Wörtern zeigt eines eine Schwäche des auslautenden
Consonanten, die nahe an Verwitterung grenzt. *apud* macht bei Plautus
nur in dem einen Falle Position, dafs es mit dem (einsilbigen) Personal-
pronomen zusammentritt: *apúdme, apúdvos.* Die Ausnahmen sind Rud. 532
qui apud carbones assident, semper calent und Epid. 422 *res magna amici
apud forum agitur*, wo als überliefert anzusehen sind die Hiate *qui
ápud* und *amici ápud*, endlich Curc. 395 *apúd Sicyonem. nam quid
id refert mea*, keine Ausnahme wenn man das *d* als abgestofsen ansieht.
Die scheinbar zweifelhaften Fälle erledigen sich leicht: Curc. 471 *qui
mendacem et gloriosum, ápud Cloacinae sacrum*, 684 *pessume metui ne*

---

1) Dort ist *haud* — *haut* überliefert, aber Ritschls Emendation der Stelle
ist zwingend.

2) *sed coniunctio, quamvis lex grammaticorum per t litteram dicat, quoniam d littera nulla coniunctio terminatur* (wie *nulla praepositio t littera*), *nescio
quo modo tamen obrepsit auribus nostris et d litteram sonat, cum dicimus'pro-
geniem sed enim Troiano a sanguine duci audierat'.*

mi hodie ápud praetorem solveret, Epid. 358 *dedit mi ad hanc rem Apoe-*
cidem, is ápud forum manet me, Truc. 281 *séd quid ápud nostras negoti,*
mulier, est aedis tibi? So darf Mil. 135, wo überliefert ist *apud suúm*
paternum hóspitem, lepidum senem, sicher nicht die Umstellung *paternum*
suum als Emendation angesehen werden. Dafs Plautus in der That *apu*
kannte wird wahrscheinlich durch den Vers Stich. 612 *íbisne ad cenam*
foras? *apud frátrem ceno in proxumo,* da die Kürzung des iambischen
Worts in der Diärese des trochäischen Septenars unwahrscheinlich ist;
ferner durch Amph. 947 *ápud legionem* und Bacch. 306 *ápud Theotimum,*
da in dem durch Hebung und Senkung gebildeten proceleusmaticus die
Jambenkürzung unstatthaft ist (s. u.).

Diese Beschränkung auf *aputme aputvos* gilt auch für Terenz.
Heaut. 575 *apud quem expromere omnia mea occulta, Clitipho, audeam* hat
Dziatzko richtig als trochäischen Septenar gemessen, desgleichen And. 254
mi ápud forum: uxor tibi ducendast, Pamphile, hodie, inquit, para, vgl.
Ad. 154. 512 *si ápud forumst,* 404 *adortus iurgiost fratrem ápud forum,*
517 *apud villamst,* 573 *ápud macellum,* Heaut. 377 *ápud patrem.* Überhaupt ist in der Komödie die einzige Ausnahme Pompon. 168 R. *quidam*
apud forum praesente testibus mihi vendidit, wo aber *quidem* überliefert
ist, Bücheler *is quidem* geschrieben hat und *quidam* dem Inhalt des
Verses nicht angemessen scheint. Es gibt aber auch sonst in älteren
lateinischen Versen[1]) kein Beispiel, dafs *apud* durch Position iambisch
wird; noch bei Lucrez ist, wenn ich recht beobachtet habe, kein einziger
Fall. Dagegen kennen wir durch Apuleius (apol. 39) einen Vers aus
den Hedyphagetica des Ennius, der zwar wie das ganze Fragment nicht
ohne Corruptel ist, aber in den letzten unverdächtigen Worten *aput*
= *apu* bietet: ⟨*sed*⟩ *Surrenti elopem fac emas* ⟨*et*⟩ *glaucum aput Cumas.*[2])
Und der Vers des Lucilius 1134 ist bei Charisius p. 111 überliefert: *sic*
apud se longe aliud esse neque eadem valet ad te; der Anfang kann richtig
sein und der Vers gelautet haben *sic apud se longe est aliud neque idem*
valet ad se; dann v. 1135 *tenet int⟨us apud se⟩* nach Janus Dousa.
Die Glosse Corp. gloss. lat. II 21, 40 *ape παρά* hat Bergk (s. A. 2)
verglichen.

Freilich gibt *apu* für den Abfall des auslautenden *d* nach kurzem
Vocal keinen ausreichenden Beweis, da es Tonanschlufs eingeht. Dasselbe gilt für *idquod* = *iquod,* wie *ecquis* = *equis,* Amph. 793 *id quod*

---

1) Auf dem Monument des M. Caecilius, um die Mitte des 7. Jahrhunderts,
der Saturnier *hospés, gratum est quom apúd meas réstitistei secdes.*
2) Vgl. **Bergk** op. I p. 293.

15 *

verúmst, Rud. 1335 *id quod domist,* Epid. 507 (nach *A*) *id quod audívi,* dasselbe für *quidquod* — *quiquod* Trin. 413 *quid quod égo defrudavi,* für *quidquid* = *quiquid* Mil. 311 *hércle quidquid est mússitabo,* Truc. 253 *quidquid ést futurum.*[1])

Für auslautendes *d* ist also folgende Entwicklung kenntlich. Noch gegen Ende des 5. Jahrhunderts galten *sīed fecīd licetōd bovīd prōd sēd haud* mit wirklichem *d,* wie *īd ād apūd illūd.* Das *d* nach langem Vocal wurde abgestofsen oder verhärtet, die Verhärtung war bald nach dem Anfang, die Abstofsung bald nach der Mitte des 6. Jahrhunderts vollzogen; nur enge Wortverbindung wie *prodire* rettete das *d,* nur *haud* erhielt es im Satzanschlufs vor Vocal, aber sicherlich stimmlos aufser im Tonanschlufs, d. h. es trat *haut* für *haud* ein. Die Nachbarschaft des stimmlosen Lautes hat die tönende dentalis nach kurzem Vocal gerettet. Wenn auch erst im Anfang des 8. Jahrhunderts *t* im Auslaut statt *d* inschriftlich bezeugt ist, so bestand es doch ohne Zweifel im Leben längst; und mit dem Ende der Republik gab es, wie wir sagen dürfen, kein wahrhaft auslautendes *d* mehr.[2])

2

Die Zeit, in der die Abstofsung des ablativischen und imperativischen *d* erfolgte, ist die Zeit in der die Litteratur einsetzte und die ersten Dichter eine Schriftsprache vorbereiteten. Sie fanden das *d* wenigstens des Ablativs noch wirksam, ähnlich wie die jüngeren griechischen Epiker das Digamma, wie die jüngeren Dramatiker anlautendes σμ in σμικρός, ξ in ξύν. Ob sie das *d* schrieben ist gleichgiltig; sie konnten es vor Vocalen wirken lassen oder in der Synalöphe ignoriren, indem sie sich den schwankenden Lautzustand einer Übergangszeit für den Vers zu nutze machten.

Für *s* und *m,* die beiden anderen Consonanten, die im Auslaut ihres Lebens nicht sicher sind, reichen die Belege der Inschriften durch alle Zeit, aber allezeit reichlich für *m,* spärlich für *s.* Die pränestinische

---

1) Für *quidquid* besteht die Möglichkeit, es in zwei Wörter zu zerlegen. *quisquis* vgl. Stich. 686 Amph. 309. S. u. S. 236.

2) Ein interessantes Beispiel des Abwurfs gibt der am Rande einer Copie der Inschrift des Titusbogens (*Senatus populusque Romanus divo Tito Vespasianus*) von gleicher Hand geschriebene graffito (C. I. L. VI, 29849ᵃ, Hülsen Röm. Mitth. 1894 p. 92) *Roma capus mundi.* Hülsen bemerkt dazu, *capus* zeige den Übergang von *caput* zu ital. *capo* (vgl. Körting s. *capum*). Es ist vielmehr *capu(d)* mit *s* für *d,* weil der eine wie der andere Auslaut nicht gesprochen wird; wie derselbe Knabe *Vespasianus* geschrieben und *Vespasiano* gehört hat.

Inschrift C. I. L. XIV, 2863 (Dessau Hermes XIX, 453 sq.) gibt *nationu* (wie I 696 *Caesaru*) und *Diovo*, die römische Bleitafel I 818 *Dite pater*; die ganze Unsicherheit des auslautenden *s* in plautinischer Zeit zeigt *M. Fourio C. f. tribunos militare de praidad Maurte* (oder *Fortune*) *dedet* in Tusculum. Die beiden ältesten Scipionenelogien schreiben *us (os) is*, aber in der Inschrift der Vorderseite *Cornelio* nach der besonders aus Tusculum und Präneste wohlbekannten Schreibart der Gentilnamen; dagegen schreiben sie *m* im Auslaut überhaupt nicht, weder vor Vocal noch vor Consonant, aufser *Loucanam* und *Luciom*.[1]) Das Verhältnifs ist also umgekehrt, wir sehen dafs zu Anfang des 6. Jahrhunderts *m* nicht gesprochen wurde, *s* in der Regel gesprochen wurde. Die etwas jüngere Haininschrift von Spoleto gibt *s* (nur *quis* und *eius*) und *m* beständig, ihrem offiziellen Stil entsprechend; aber in viel älterer Zeit zeigen die Fibula von Präneste (*Manios*) und die Dvenosinschrift (*Dvenos, cosmis; manom, einom*), Inschriften zufälliger Entstehung und privaten Charakters, dafs die Unbeständigkeit des Auslauts in den Scipionenelogien einen schwerlich vor der Mitte des 5. Jahrhunderts (dem auch die Münzen mit *Romano* u. a. und vermuthlich die Becher mit *pocolo* angehören) eingetretenen Zustand bezeichnet.

Dann setzt die Litteratur ein, von deren Versen wir thatsächliche und zusammenhängende Belehrung erwarten dürfen. Die Verse zeigen gleichfalls gegensätzliche Erscheinungen. Man kann die geltende Ansicht darüber in folgenden drei Sätzen formuliren. *s* ist unbeständig nur nach kurzem Vocal, *m* nach jedem Vocal, in *duom* wie *bonum; s* ist unbeständig nur vor anlautendem Consonanten, *m* nur vor anlautendem Vocal, während es vor Consonanten fest ist wie *s* vor Vocalen; *s* kann auch vor Consonanten bleiben, *m* kann vor Vocalen nicht bleiben.

Die Richtigkeit dieser Sätze vorausgesetzt ist es aussichtslos, diese Gegensätze in der Ähnlichkeit lautlich erklären zu wollen; feine phonetische Unterschiede, um die es sich handeln mufs, zu construiren geht nicht an[2]); um so weniger als es sich um Spracherscheinungen handelt, die notorisch nicht endgiltig und vermuthlich nicht ursprünglich sind. Das Verhalten des *s* erfährt in der Folge eine vollkommene Änderung; von dem des *m* aber würden wir aus den ältesten Denkmälern, wie gezeigt, einen ganz anderen Eindruck gewinnen: dort kommt, wo es vorhanden und wo es fast verloren ist, der folgende Anlaut nirgend in

---

1) *omne Loucanam* und *Luciom Scipione* wie *Gnaivod patre*.

2) Über das Verstummen des *m*, nicht des *s*, handelt Gröber in den Commentationes Woelfflinianae p. 173 sq.

Betracht. Man mufs eingestehen, dafs das Bild, das uns von diesen
Dingen in der daktylischen Poesie vor Catull und in den Zeugnissen
entgegentritt, keineswegs den Eindruck macht, den ursprünglichen Zustand wiederzugeben.

Die Grammatiker von Verrius Flaccus (gr. lat. VII, 80 K.) bis Velius
Longus lehren, dafs *m* vor Vocalen geschrieben aber nicht gehört, vor
Consonanten auch gehört werde; Quintilian (IX, 4, 39) führt aus Cato
die Schreibung ohne *m* an, aber als Antiquität.[1]) Das *s*, wie er erzählt
(§ 38), schrieb Servius Sulpicius[2]) nicht *quotiens ultima esset aliaque consonante susciperetur*; nur über die Schreibung wurde gestritten. Durch
Cicero aber (Orat. 161) erfahren wir grade über diese Zeit, dafs in seinem
Alter *subrusticum* war, was für *politius* galt als er den Arat übersetzte:
postremam litteram detrahebant, nisi vocalis insequebatur. Das vermieden
die *poetae novi*[3]), und so erscheint es zuletzt in dem Jugendgedicht Catulls,
das er als das älteste an den Schlufs seiner Sammlung setzte, da er es
nicht unterdrücken wollte. Cicero führt als Beispiel *optimus* an; ob
§ 153 den Schlufs gestattet dafs er auch an *s* nach langem Vocal dachte,
wird später noch zur Sprache kommen.

Wir kennen also die Zeit genau, in der *s* wieder fest geworden
ist, und es ist kein Zweifel, dafs eine lange Zeit vorher es nur vor consonantischem Anlaut lose war. Ebenso sicher steht, dafs das Verschwim-
men des *m* vor vokalischem Anlaut in der Sprache des Lebens wie im
Verse herrschte und dafs *m* niemals die Beständigkeit wiedergewonnen
hat, die *s* in der ciceronischen Zeit wenigstens im grofsstädtischen Umgangston erreichte. Aber wir sind durch diese Zeugnisse keineswegs
berechtigt, den Zustand, der in Ciceros Jugend bestand, als den ursprünglichen anzusehen und was für das siebente Jahrhundert gilt ohne weiteres auf das sechste zu übertragen. Und doch wird es als selbstverständlich angesehen, dafs die Zeit von Andronicus bis Ennius sich zur
Aussprache des *s* und *m* und ihrer Verwendung im Verse genau so verhielt wie die folgende daktylische Poesie. Die Möglichkeit zum mindesten

---

1) Dafs Herausgeber *diem* setzten, auch wenn Cato *die* geschrieben hatte,
war ihr gutes Recht. Quintilian geräth darüber in folgende papierne Ent-
rüstung: *quae in veteribus libris reperta mutare imperiti solent et dum librariorum insectari volunt inscitiam suam confitentur.*

2) *Quae fuit causa et Servio ut dixi* (*dixit* Lachmann; *Servio Sulpicio?*)
*subtrahendae s litterae quotiens ultima esset aliaque consonante susciperetur,
quod reprehendit Luranius(?), Messalla defendit* (I 7, 23 *Messalla in libro de
s littera*).

3) Für Lucrez sind besonders bezeichnend Verbindungen wie VI, 195 *pen-
dentibus structa*, 943 *manantibus stillent.*

sind wir verpflichtet ins Auge zu fassen, dafs uns auch in dem den
Grammatikern und Cicero allein bekannten Zustande eine Entwickelungs-
stufe vorliegt, der eine andere in der Litteratur kenntliche voraufgeht.
Zwischen dieser vorausgesetzten und der bekannten würde Ennius als
der Urheber einer neuen Ordnung stehen oder als der Befestiger ins
Schwanken gerathener Erscheinungen.

Eine Frage wie diese, die sonst zu müfsiger Speculation führen
müfste, aufzuwerfen ist nur unter der Voraussetzung erlaubt, dafs die
Überlieferung auf die Frage hinführt. In unserm Falle besteht die
Voraussetzung in beträchtlichem Mafse. Die Überlieferung hat fast gegen
jeden der oben aufgeführten Sätze Einwendungen zu machen. Ganz
bekannt ist es für *m*, das unzähligemal vor anlautendem Vocal nach der
Überlieferung fest ist. Für *s* habe ich im Rostocker Programm von
1887 darauf hingewiesen dafs es auch vor anlautendem Vocal nach der
Überlieferung lose sein kann; ich will nun daran gehen die Frage zu
erörtern (denn von einer Thatsache zu sprechen liegt mir hier sehr
fern) und zunächst den Bestand der Überlieferung vorlegen.

Es bedarf aber einer Vorbemerkung, die die Methode betrifft, und
zwar nicht dieser allein sondern aller ähnlichen Untersuchungen. Wer,
wie es in der Regel geschieht, jeder Stelle oder Gruppe von Stellen
gegenüber nur fragt: hat Plautus so geschrieben? und je nach dem ja
oder nein stehen läfst oder emendirt, der läfst einen wesentlichen Factor
aufser Acht, die philologischen Anschauungen der Männer, aus deren
Händen unsere Texte in der überlieferten Gestalt stammen. Es ist ein
grofser Unterschied, ob Plautus etwas geschrieben oder ob die Terentius
Scaurus und Sisenna es für plautinisch gehalten haben; und doch führt
in vielen Fällen nur die Brücke dieser Frage zu der Möglichkeit, jene
aufzuwerfen. Dafs nun in unserem Falle die Zeit, aus der unser Text
stammt, es für möglich hielt dafs Plautus auch vor anlautendem Vocal
ein *s* nach kurzem Vocal im Auslaut fallen liefs, ist mit Sicherheit zu
erweisen. Ob wir dieser Ansicht zu folgen haben ist eine Frage, die
unabhängig von jener beantwortet werden mufs.

Zunächst ein Zeugnifs, das für die allgemeine grammatische Anschauung wichtig ist. Verg. Aen. III 229 ist überliefert *rursum in secessu longo sub rupe cavata*. Bei Marius Plotius p. 448 heifst es nach
der bekannten Regel, dafs auslautendes *s* vor anlautendem Consonanten
elidirt wird: *cum vocali vero praecedente et iuncta* (wie *m non sola perit
in metro, sed etiam vocalis quae eam antecedit) perit s, si in eam finiatur
pars orationis et sequens pars orationis incipiat a vocali, ut Vergilius:
rursus in secessu longo sub rupe cavata*. Es ist ein Zusatz zu der be-

kannten Regel, hervorgegangen aus der Schreibung *rursus* für *rursum*, die der Grammatiker in seiner Aeneis fand; das wesentliche ist für uns, dafs er die Verschmelzung *rursus in* für möglich hielt.[1]) Hierzu kommen eine Reihe von Zeugnissen, die ich gegen Ende des Kapitels anführen werde, die, da sie das Weitergehende, die Synalöphe von langem Vocal $+ s$ betreffen, auch hierfür giltig sind.

Ebenso hielt der Verfasser der Inschrift Bücheler 77, 5 die Geltung von *conditus in* als Daktylus für möglich und schrieb demgemäfs *conditu in* dem Pentameter *natus sum Canonis, conditu in Illurico*. So schlecht auch seine Verse sind, das Zeugnifs ist vollgiltig.[2])

Es gibt aber auch für den Plautustext ein Zeugnifs, das meines Erachtens ganz unzweideutig ist, aber nicht zur Geltung hat gelangen können, da Ritschl es falsch bezogen hat. Rufinus (gr. lat. VI, 560) excerpirt eine Anzahl trivialer Bemerkungen über die Prosodie einzelner plautinischer Wörter aus den Commentaren des Sisenna und Scaurus; er citirt die Stücke, aber zu welcher Stelle die Bemerkung gehörte ist nicht immer deutlich. Keine Schwierigkeit macht *nunciam* (3 silbig), *fuit* (spondeisch); *malai* (3 silbig) kommt im Pseudolus nicht vor (vgl. Merc. 692), vielleicht gehört die Anmerkung zu v. 98; auch *latronem (producit metri causa)* gestattet keine sichere Beziehung, es ist aber lehrreich, dafs hier ein metrischer Fehler der Überlieferung wegen vertheidigt wird. Dagegen die Notiz *(Sisenna) in Captivis sic: hic ornatu s litteram metri causa amisit* mufs auf eine der beiden Stellen bezogen werden, an denen *ornatus* in den Captivi vorkommt, v. 447

> ét tua et tua huc ornatus revenio ex sententia

und 997

> séd eccum incedit huc ornatus haud ex suis virtutibus.

Ritschl (Parerga p. 384) entschied sich, obwohl er die Bemerkung für beide Verse gleich unpassend fand, für den ersten, indem er annahm, Sisenna habe in seinem Exemplar die Schreibung *ornatu* gefunden und erklärt. Aber es handelt sich nicht um die Orthographie, sondern um eine prosodische Erscheinung, die er erklären will und die der zweite Vers zeigt, wenn man *suis* nicht durch Synizesis einsilbig, wie es Plautus gewollt hat, sondern als unbefangener Leser jambisch liest.

---

1) Priscian II p. 422 hält *hospitio publicitus accipiar* (Amph. 162) für einen *dimeter hypercatalectus;* das ist nicht anders zu verstehen, als dafs er zwischen *publicitus* und *accipiar* Synalöphe hat eintreten lassen.

2) Bücheler 253, 7 — *ianus a militiis de suplice voto* (8 Verse ohne metrische Abweichung), vom J. 246.

Dann sind für *ornatus haud* nur 3 Silben übrig, und so hat Sisenna gemessen.[1])

Mit dieser Thatsache ist die Möglichkeit gegeben, dafs in unserer Überlieferung Verse mit abgestofsenem *s* vor anlautendem Vocal vorkommen, die nachweislich im 2. Jahrh. n. Chr. so gelesen wurden und darum doch keine Gewähr geben, dafs Plautus sie so geschrieben hat. Vielmehr mufs der Beweis für plautinischen Ursprung auf anderem Wege als aus der blofsen Überlieferung erbracht werden. Aber zuerst gilt es natürlich die überlieferten Fälle zu finden.

Wenn wir also zunächst der Auffassung Sisennas folgen und nach ähnlichen Erscheinungen suchen, die vermuthlich er oder andere Commentatoren eben so erklärt und die Gebildeten der Zeit eben so gelesen haben, so finden wir dasselbe *ornatu*, ohne dafs die Möglichkeit vorläge den Vers anders zu lesen, an zwei Stellen wieder, Mil. 897

veníre salvom gaudeo. lepide hercle ornat*us* incedis[2])

und Poen. 577

básilice exornat*us* incedit et fabre ad fallaciam.

Hier hält freilich Studemund es für wahrscheinlicher dafs *cedit* als dafs *incedit* in *A* stand, und damit scheidet die Stelle aus der Zahl der beweiskräftigen aus. Aber genau von gleicher Art sind[3])

---

1) So G. Hermann bei Ritschl a. a. O. ('denn obwohl Plautus gewifs nicht das *s* vor einem Vocal weggeworfen hat, scheint doch Sisenna das geglaubt zu haben. Und hieraus läfst sich erklären, warum er diese sonst so gewöhnliche Wegwerfung gerade hier erwähnt hat. Freilich beweist das keine besondere Kenntnifs der Metrik und Prosodie' u. s. w.). Beide hielten Sisenna für den Historiker.

2) *incedis* statt *incedit* verlangt der Zusammenhang; aber im übrigen wird die Stelle nicht richtig behandelt. Die Umstellung von v. 897 nach 899 ist scheinbar, weil dann *ornata incedit* (oder wie man sonst schreiben mag) auf *et quo ornatu* zu antworten scheint. Aber erstens hat Palaestrio schon v. 872 (*quam digne ornata incedit*) seine Befriedigung darüber ausgedrückt, dafs seine Vorschrift von v. 791 ausgeführt worden; dort war auch der Singular am Platze, hier aber nach *quas me iussisti adducere et quo ornatu* wäre er es nicht; darum hat Haupt geschrieben *lepide hercle ornatae incedunt*, das ist aber wieder unprobabel. Ferner gehört *venire salvom gaudeo* zur Begrüfsung (Epid. 395), *salve* u. dgl. kann natürlich vorhergehen (Most. 448), aber nicht *eu noster esto*: darauf kann nur ein weiteres Lob folgen. Damit ist die Ordnung des Dialogs in der überlieferten Folge gesichert, und damit auch *ornatus*. Das Wort bezieht sich nicht auf die Toilette, sondern, viel gewählter und zierlicher, übertragen auf die Erscheinung des alten Herrn mit den beiden hübschen Mädchen. Genau so Capt. 447 *et tua et tua huc ornatus reveniam ex sententia*, nämlich von Philopolemus begleitet; übertragen auch Aul. 721.

3) Vgl. Studemund Verh. d. Karlsr. Phil.-Vers. p. 57.

Asin. 405 siquidem hércle Aeacidinis minis animisque explet*us*
incedit.
Bacch. 1069 mi evénit ut ovans praeda onust*us* incederem.
Merc. 600 trist*is* incedit. pectus ardet, haereo. quassat caput.
und der anapästische Vers Cas. 726
lepide éxcurat*us* incéssisti,
in dem aber die Bildung des Anapästs so gut ist wie in den 5 anderen
schlecht.¹) Dieser steht also auf gleicher Stufe mit Mil. 872 *(quam digne
ornata incedit)* Truc. 463 *(vosmet iam videtis me ut ornata incedo)* und
besonders Aul. 47 *ut incédit;* vgl. Curc. 291. Wenn man jene 5 Verse
einerseits mit diesen zuletzt angeführten und andererseits mit Pseud. 308
inanis cedis (AP), 955 *ut transvorsus non provorsus cedit,* Aul. 517 *iam
hosce absolutos censeas, cedunt petunt treceni,* 526 *ibi ad postremum cedit miles,
aes petit,* Cas. 446 *at candidatus cedit* vergleicht, so sieht man freilich,
dafs die Überlieferung jener Verse für Plautus selbst geringe Beweiskraft hat. Plautus hat *cedere* und *incedere* in gleicher Bedeutung; die
Möglichkeit aber, dafs im einzelnen Falle die übliche Form für die anti-
quirte gesetzt worden, ist nicht abzustreiten. Dafs es indessen, falls es
geschehen, so oft gleichmäfsig geschehen wäre, würde immerhin auf
einen Rückhalt deuten, sei es in der Sprache des Lebens sei es in der
Theorie.

Auf festeren Boden führt uns der Vers Merc. 385
éo ego, ut quae mandata amic*us* amicis tradam. immo mane.
amicum B (s. u.). Ritschl hat op. II p. 399 sq. den Vers für corrupt erklärt
erstens wegen des schlechten Daktylus; zweitens weil es heifsen müfste
quae mandata sunt: das bedarf keiner Widerlegung mehr; drittens weil
mandata tradere ein unrichtiger Ausdruck sei: er ergibt sich aber als
richtig unmittelbar aus dem übertragenen Gebrauch des Verbums Capt. 265
und Curc. 385; endlich weil die Ausführung der Aufträge nichts mit
der Freundschaft zu thun habe: das beweisen die angeführten Verse
sicherlich nicht, zum Gegenbeweis möchte ich aber z. B. auf Ciceros
Briefe an Atticus oder pro Roscio Am. 111 hinweisen.²) Es bleibt nur
der metrische Anstofs. Dafs aber der Vers gerade an der anstöfsigen
Stelle richtig überliefert ist, beweist die Verbindung *amicus amicis:* sie
gehört in die Reihe der Bezeichnungen naher Freundschaft, die ich oben
S. 114, A. 3 besprochen habe; die Form des Ausdrucks, die überall Ana-

---

1) S. u. über Merc. 773, Bacch. 401.
2) Ritschl conjicirt *ut quae mandatá mihi sunt administrem.* Aber ad-
ministrare heifst bei Plautus aufwarten.

logien hat[1]), erfordert dafs die wiederholten Wörter bei einander stehen. Und zwar steht bei Plautus durchaus das Subject voran: Curc. 332 *ut decet velle hominem amicum amico* und, mit derselben anstöfsigen Bildung wie im Mercator, Mil. 660

lépidiorem ad omnis res nec qui amic*us* amico sit magis,

wo kein Herumzupfen an der Überlieferung *(nec magis quid amicus amico sint magis,* doch *qui* und *sit B*[2]) zu einer anderen Lösung führen kann als der mitgetheilten der Renaissancehandschriften.[2]) Ebenso Pomponius v. 145 R.

ut si quis est
amic*us* amici, gaudet quid*q*uid ei boni
evenit, si qui amicus est germanitus.[3])

Dafs Plautus und Pomponius sich des Ausdrucks in der volksthümlichen Form bedienen, lehrt Petron, dessen Phileros so redet (c. 43): *frater eius fortis fuit, amicus amico, manu plena, uncta mensa,* und Ganymedes (c. 44): *sed rectus, sed certus, amicus amico,* lehrt die stadtrömische Inschrift Bücheler 999 *hic est ille situs, qui qualis amicus amico quaque fide fuerit, mors fuit indicio* (ähnlich 1000). So mag es uns einen wichtigen Aufschlufs in der Richtung geben, die wir suchen, dafs sowohl Terenz Phorm. 562 schreibt *sólus est homo amico amicus*[4]), als auch Accius v. 132 R. *qui neque amico amicus umquam gravis neque hosti hostis fuit.* Beide wagen nicht mehr was Plautus im Verse zuliefs und später noch Pomponius dem volksthümlicheren Stil seiner Gattung gemäfs sich erlaubte.

Es steht also fest, dafs Plautus an beiden Stellen *amicus amicis, amicus amico* geschrieben hat. Nun stellt sich das Dilemma so: entweder er hat in dieser Wortverbindung das auslautende *s* nach kurzem

---

1) Vgl. Kiefsling Rhein. Mus. XXIII p. 411 sq., Kellerhoff in Studemunds Studien II p. 58. Lorenz zu Mil. 659.

2) Merc. 887 hiefs wohl ursprünglich *sta ilico,* ⟨*nam*⟩ *amicus* ⟨*amico*⟩ *advenio multum benevolens,* aber man kann den Vers nach der Überlieferung nicht für plautinisch halten. Merc. 499 *amice amico operam dedi,* Pers. 255 *meo amico amiciter hanc commoditatis copiam danunt* (Pacuv. v. 131 *amico amiciter fecisti*), Pseud. 673 *hic amica amanti erili filio,* 1263 *cantharum dulciferum propinat amicissima amico,* Stich. 765 *savium dare amicum amicae.* Naevius com. v. 90 *nimquam quisquam amico amanti amica nimis fiet fidelis.* Bücheler 689 *innoces mansuetus mites letus, cum amicis amicus.*

3) Überliefert ist (Nonius) *gaudet sicut qui boni evenit cui amicus.* Wenigstens die Satzform, die ich gegeben habe, scheint mir nothwendig.

4) *amicus amico L*' (was nichts sagen will) und Donat im Lemma nach der ed. princeps.

Vocal fallen lassen oder er hat die Senkung so gebildet, dafs die Schlufssilbe eines mehrsilbigen Wortes die erste der beiden Kürzen ausmacht.
Der zweite Fall wäre dadurch besonders verschärft, dafs, wie auch Ritschl
bemerkt, in dem Verse *éo ego ut quae mandata amicus amicis tradam. immo
mane* die so gebildete Senkung die wäre in der regelmäfsig die Diärese
stattfindet.

  Die Zweifel an der Richtigkeit des von Hermann (Elem. 78) und
Lachmann für daktylische, von Ritschl für trochäische Wortformen auf-
gestellten Gesetzes, demzufolge im jambischen und trochäischen Verse
die aus zwei Kürzen bestehende Senkung nicht so gebildet sein darf,
dafs eine oder beide Kürzen den Schlufs eines mehrsilbigen Wortes
bilden, sind wahrscheinlich noch sehr verbreitet. Gegen Lachmann hat
u. a. Brix zu Capt. 321 im krit. Anhang, gegen Ritschl Müller Pros.
Nachtr. p. 12 sq. Beispiele gesammelt. Die Vertheidigung hat Klotz
Grundz. p. 307 sq. ganz ungenügend geführt. Zunächst steht es fest,
dafs der Eingang des trochäischen Septenars die Bildung *omnibus nóbis
ut res dant se* oder *adde gradum appropera* gestattet. Ferner hat Luchs
nachgewiesen dafs *ille quidem* und anderes derart als ein Wort anzusehen
ist; wie denn an der Zulässigkeit von *propter amorem* u. dgl. nie gezweifelt wurde. Dafs anderes in die gleiche Kategorie gehört wird die
weitere Untersuchung der Accentanlehnung ergeben; wie es z. B. sehr
wahrscheinlich ist, dafs *servos homo* (Stich. 58) und *illic homo* auf einer
Stufe stehen (s. Müller S. 13), desgleichen *ire licebit* (Pseud. 1182) und
ilicet. Ferner hat Skutsch für eine Reihe von Wörtern, die auf kurzes *e*
ausgehen, theils nachgewiesen teils sehr wahrscheinlich gemacht, dafs
sie der Senkung keine Silbe zuthun; dahin gehört Trin. 935 *atque
cunila*[1]), Stich. 67 *inde vocatote*. Ferner müssen die Fälle mit *quisquis,
quidquid* schon deshalb aus diesem Zusammenhang ausgeschieden werden,
weil dieses compositum in seine Bestandtheile zerfallen konnte, wie inschriftliche Zeugnisse[2]) und noch für neronische Zeit der Vers Senecas
Oed. 263 beweist. Von den übrig bleibenden Fällen[3]) sind folgende
auch aus anderem Grunde anstöfsig: der Senar Trin. 792 *illum quem
hábuit perdidit, alium post fecit novom* hat unmöglichen Anfang und
reicht für den Zusammenhang nicht aus. Bedenklich wäre auch ohne

---

  1) Vgl. Lindsay Journ. of philol. XXI p. 205.
  2) leg. Rubr. I 36 *q. q.* Compendium für *quic quid* (so I 26), leg.Vipasc. v. 48
quo quo modo. Handschriftlich oft, vgl. Curc. 694 Rud. 58. 357.
  3) Die nach der Überlieferung erledigten lasse ich natürlich beiseite, be-
diene mich aber auch nicht des thörichten Arguments, dafs eine Überlieferung
leicht abzuändern sei.

die Bildung der Senkung die daktylische Messung von *perdidit*; denn dafs die letzte Silbe für Plautus kurz sein konnte mufs man bezweifeln. Ein Perfect oder vocalisches Präsens in den Vers gestellt wie (Sen.) Herc. Oet. 981 *et quidquid aliud restitit. ab illis tamen* (nach *A*) kommt, so häufig auch diese Versbildung ist (zahlreiche Belege bei Klotz Grundz. p. 257 s(.), nicht vor.[1]) Dasselbe Bedenken gilt gegen Bacch. 411 *perdidit assentatio*[2]) und Truc. 810 *mágis pol haec malitia pertinet ad viros quam ad mulieres.* Trin. 308.9 ist *perpulit* Corruptel einmal in *P*, dann nur in *D*; ebenso sicher ist verdorben Truc. 19 *auferat*, Cist. 531 *persequar.* Ein zweites metrisches Bedenken enthält auch Men. 405 *idm amabo désine ludos facere*, Rud. 763 *idm herclé tibi messis in ore fiet mergis pugneis (AP)*, Pers. 319 *enim metuo ut possim in bubile reicere ne vagentur* (s. u.); sehr bedenklich ist in solchem Falle die Unwirksamkeit der Position wie Pers. 190 *séd ita volo te cúrrere ut dómi sis*, Rud. 149 *hominúm secundum litus. ut meast opinio*, vgl. Truc. 19 *auferat cum pulvisculo.*[3]) Poen. 344 *quó die Orcus ab Acherunte* fehlt *ab* in *A* (s. u. Rud. 223); Pseud. 848 hat *A* richtig *esse me*; Rud. 1093 *viden seclestus ut aucupatur* ist *ut* nicht überliefert. Bacch. 101 ist *béne med accipis advenientem* (vgl. Asin. 469) durch den Sinn der Stelle nicht indicirt. Cist. 777 *tibi mea opera liberorum esse amplius. etenim non placet* ist richtig *enim* für das unplautinische *etenim* eingesetzt. Aul. 157 ist *his légibus quam dare vis cedo* unmöglich, bei Hypotaxis wäre *si quam* für den Gedanken unerläfslich.

Die Fälle die hiernach übrig bleiben sind auch nicht alle unanfechtbar, wie ich zu den einzelnen bemerken werde; ich setze alle her, nach Versarten (Senar, jambische und trochäische Langverse). Versstellen und Wortformen (daktylischen, trochäischen) geordnet.

Senar: 2. Senkung[4]):

Bacch. 142 praesentib*us* illis paedagogus una ut siet.

Men. 268 tu magn*us* amator mulierum es, Messenio.

---

1) Aus anapästischen Versen wäre der Beweis nur durch Formen wie *praestitit*, nicht wie *perdidit* zu erbringen.

2) Ter. And. 607 *tibi illic est scelus qui me perdidit. perii. atque hoc confiteor iure* die Handschriften (der Bembinus fehlt).

3) Vgl. Stich. 701 und 718 und die Lösungen von Skutsch Plaut. und Rom. p. 151 und 46; beide sind unsicher, aber sicher dafs beide Verse nicht hierher zu rechnen sind. Verse wie Merc. 600. 773 Bacch. 401 habe ich aus demselben Grunde hier nicht mit aufgeführt.

4) Vgl. Pompon. *amicus amici* (s. o.). Mil. 507 s. u.

3. Senkung:

Truc. 447 quam mihimet, omnia qui mihi facio mala.

Es geht vorher *multo illi potius bene erit quae bene volt mihi*: Müller Pros. Nachtr. p. 146 bemerkt richtig, dafs *mihi* den Gegensatz zu *illi* bildet und *mihimet* in den Relativsatz gehört *(quam mihi, qui mihimet omnia facio mala)*.

4. Senkung:

Amph. 55 comoedia ut sit omnib*us* isdem versibus.

Aul. 297 pumex non aeque est arid*us* atque hic est senex.

Die Aussprache *ardus* (Seyffert stud. Pl. p. 6) ist wohl bezeugt.

Merc. 282 i et hoc memento dicere. numquid amplius?

Most. 40 germana inluvies, rustic*us*, hircus, hara suis.

rusticus ist in der Umgebung zu schwach; aber dasselbe gilt gegen *rullus*.

Pseud. 805 nemo illum quaerit qui optum*us* et carissumust.

Die vulgata ist jetzt *optumus carissumust* mit falschem asyndeton; zwei Superlative werden durch *et* oder *atque* verbunden: *optumum atque aequissumum* (Capt. 333 Epid. 725 Pseud. 389 Stich. 728; Cas. 375 Rud. 1029, Turpil. 56), *optuma et scitissuma* (Stich. 184), *optumum et verissumum* (Boeot. v. 5), *pessumi et fraudulentissumi* (Capt. 235), *maxumam et gravissumam* (Stich. 164), *miserum et pessumum* (Rud. 1321).

Man würde den Verstofs gegen das Gesetz in der 2. und 4. Senkung am leichtesten durch das griechische Gegenbild vertheidigen mögen, da die Versanfänge ἀλλ᾽ ἔμπορος εἶναι, τοῖς πέντε ταλάντοις und Schlüsse ἐννέα παίδων μητέρα, δεῦρο πάλιν βαδιστέον legitim sind; aber die Fälle unterscheiden sich von den andern durch Häufigkeit zu wenig, als dafs man eine beabsichtigte Exception annehmen könnte.

5. Senkung:

Capt. 94 nam Aetolia haec est, illic est capt*us* in Alide

sehr zweifelhaft wegen v. 330 *filius meus illic apud vos servit captus Alide*, 573 *hodie hinc abiit Alidem*. Vgl. Rud. 763 *messis in ore* (s. o.), Pers. 24 *A*, Poen. 344 *A*, Trin. 658 *P*. Dazu kommt in der 2. Senkung des versus Reizianus[1])

Aul. 429 quia venimus coctum ad nuptias. quid tu, malum, curas.

---

1) Cas. 749 *gladium Casinam intus habere ait, qui me atque te interimat* wahrscheinlich versus Reizianus. Unsicher das katalektische Kolon Pers. 854 *satis sumpsimus supplici iam*.

Jambischer Langvers: 2. Senkung[1]):

Asin. 469 nemo accipit . aufer te domum . abscede hinc, mo-
lestus ne sis.

Stich. 769 qui Ionic*us* aut cinaedicust qui hoc tale facere possiet?

4. Senkung:

Rud. 304 nisi quid concharum capsim*us*, incenati sumus profecto.

Es bedarf keiner besonderen Versicherung, dafs eine solche Bildung der
Diärese mit zerrissenem Anapäst ganz undenkbar ist. — Zur 6. Senkung
s. o. Pers. 319.

7. Senkung:

Asin. 430 dormitis interea domi, atque erus in hara haud
aedib*us* habitat.

Von dieser Versstelle gilt zwar nicht genau aber fast dasselbe von vornherein. *aedibus* s. u. Trin. 1127 Vidul. 58.[2])

Trochäischer Langvers: 2. Senkung:

Rud. 1130 estne hic vidul*us* ubi cistellam tuam inesse aiebas?
is est.

Synkopirtes *vidulus*[3]) ist an sich denkbar, aber bei folgender Sachlage
doch sehr unwahrscheinlich: das Wort kommt 54 mal bei Plautus vor,
davon 32 mal in Versschlufs oder jambischer Diärese; das Verhältnis ist
aber nicht wie bei *periculum* oder *possiet,* sondern innerhalb des Verses
ist es sicher 16 mal dreisilbig, auch in den beiden lückenhaften Versen
Rud. 1066. 1337. Das sind 48 Verse, die nur die dreisilbige Messung gestatten; von den übrigen 6 ist Rud. 936 anapästisch und gestattet die
dreisilbige Messung, v. 999 ist corrupt und die Emendation beweist die
Dreisilbigkeit. v. 1127 *cedo modó mihi istum vid(u)lum, Gripe. concedam
tibi* ist ein möglicher, aber lahmer Vers. v. 1106 ist die Überlieferung
*quid ita (ista CD) ad vidulum pertinet (pertinent CD) servae sint istae
an liberae?* keineswegs sicher emendirt durch *quid id ad vid(u)lum pertinet.* Plautus sagt in solcher Frage entweder *quid istuc ad vos attinet?*
oder *quid istuc ad vos?*[4]) Die Verschiedenheit der Bedeutung erläutert

---

1) Dazu, wie mir scheint sicher emendirt, Capt. 508 *eo prótinus ad fratrem,
mei ubi sunt alii captivi:* Pylades *mei* für *inde abii mei;* die Anapäste (Skutsch
Plaut. und Rom. p. 79) halte ich für trügerisch. Vgl. Mil. 1193, Ter. Phorm. 190.

2) Falsch Poen. 239 *negotium.*

3) Vgl. Spengel T. Macc. Pl. p. 92, Müller Pros. p. 476, Sonnenschein zu
Rud. 936. 999.

4) Men. 722 *quid id ad me, tu te nuptam possis perpeti an sis abitura a
tuo viro?* Poen. 1022. Bezeichnend Pers. 497 *hae quid ad me?* T. *immo ad te
attinent.*

die eine Stelle, an der *pertinere* bei Plautus sicher steht[1]), Merc. 252 *hoc quam ad rem dicam pertinere somnium:* εἰς τοῦτο ῥέπει (Ar. Plut. 51), jenes τί μοι προσήκει; wie Rud. 1106 *pertinet* ist Pers. 284 *attinet* der Frage *quid id ad te?* zugesetzt und hier die nachträgliche Anfügung noch deutlich durch die verschiedene Stellung: *quid id a(d) te attinet A, quid id attinet ad te P.* Ich meine Rud. 1106 auch die Schärfe des Ausdrucks herzustellen: *quid id ad vidulum, servae sint istae an ⟨fuerint⟩ liberae?* Denn frei sind die Mädchen weder in Athen noch Rom ehe sie rechtlich vindicirt sind, Tranio sagt auch nur *esse oportet liberas* (1104). Endlich v. 1142 hat Camerarius *quid sit* statt *quidquid sit* geschrieben, mit Recht, denn *sólve vidulum ergo, ut, quidquid sit, verum quam primum sciam* (denn so wäre zu interpungiren) würde besagen, dafs Daemones für sich etwas grofses erwartet und auf alles gefafst ist; darum handelt es sich aber noch nicht, sondern nur darum dafs er als Schiedsrichter die Wahrheit constatiren will, also *quid sit verum.* So bleibt vereinzelt der Vers, um den es sich handelt, und somit für diesen nur ein Dilemma, kein tertium. — S. o. Poen. 344, Rud. 1039.[2])

3. Senkung:

Capt. 321 né patri, tam etsi únicus sum, decére videatur magis. Die Cäsur, möge man sie nach der 4. Hebung oder nach der 5. Senkung ansetzen, ist falsch gebildet, auch wenn man *unicus sum* als ein Wort fafst; sie ist richtig (nach dem 5. Trochäus), wenn man mit Müller umstellt: *né patri, tam etsi sum únicus, decere.* Pers. 190 und Men. 405 s. o.[3])

Poen. 922 ero uni potius intus ero odio quam hic sim vobis
omnibus.

So *AP*, nur *A* mit dem solöken *intro,* das doch sehr nach einer metrischen Erleichterung der Stelle aussieht. Der Anfang des Verses ist corrupt (*ero úni* hat ja jetzt wieder Liebhaber), aber die Streichung des ersten *ero* sehr wahrscheinlich. — S. o. Pseud. 1182. Rud. 763.

5. Senkung:

Mil. 721 censerem emori cecidissetve ebrius aut de equo uspiam *AP.*

---

1) Denn Truc. 810 *magis pol haec malitia pertinet ad viros quam ad mulieres* ist selbst zweifelhaft (s. o.), weicht übrigens auch in der Bedeutung von *attinet* ab.
2) Ter. Phorm. 528 *sic hunc decipis? immo enim vero, Antipho, hic me decipit* (Lachmann zu Lucr. p. 116) ist anders zu beurtheilen, s. u.
3) Cas. 242 *écquid te pudet? ómnia quae tu vis. ubi in lustra iacuisti?* im Canticum; doch vielleicht Anapäste.

Pers. 14 similis est Sagaristionis. Toxilus his quidem meus
amicust.

Trin. 1127 nam exaedificavisset me ex his aedibus, absque te
foret.

Vid. 58 hicine vos habitatis? hisce in aedibus, huc adducito.
vgl. *aedibus* Asin. 430.

Bacch. 411 ei mihi, ei mihi, istaec illum perdidit assentatio.
Wie bedenklich die Prosodie von *perdidit* ist habe ich oben erörtert.
Ferner s. o. Cist. 610.

Stich. 58 qui manet ut moneatur semper servos homo officium
suom.

Pers. 663 nimiumst. octoginta. nimiumst. nummus abesse hinc
non potest.

nummus abesse hatte auch *A.*

Epid. 573 quis istaec est quam tu osculum mihi ferre iubes?
tua filia *(AP).*
vgl. Cist. 292.

Mil. 1370 dicant servorum praeter me ésse fidelem neminem.
Es fehlt wenn auch nicht grammatisch, so doch für die wirksame Deutlichkeit des Ausdrucks *tibi* oder ein Ersatz dafür.

Mil. 660 lepidiorem ad omnis res nec qui amicus amico sit magis;
der eine der Verse von denen wir ausgingen. Über Pseud. 848 s. o.
Der Vers Pers. 565 *di immortales, nullus leno te alter erit opulentior*
gehört so wenig hierher wie Stich. 119 *virginemne an viduam habere.*
quanta mea sapientiast: der proceleusmaticus in der 6. Hebung ist häufig
(Capt. 358 Curc. 547 Merc. 895 Amph. 442). Poen. 1045 *quaeris ád-*
optaticium, Mil. 192 *facta, dómi fallacias* u. dgl.

Für die 6. Senkung gibt es kein Beispiel und nur eines für die
vierte[1]), das ich ans Ende wie an den Anfang stelle:

Merc. 385 eo ego ut quae mandata amicus amicis tradam. immo
mane,

ein Vers in dem den Daktylus als Daktylus aufzufassen metrisch so unmöglich ist wie methodisch fehlerhaft ihn zu ändern.[2])

Das Resultat dieser Aufzählung brauche ich dem geneigten Leser
nicht erst mitzutheilen. Es sind 28 Fälle des zerrissenen Anapästs,
von denen noch 8 (aufser den vorher ausgeschiedenen) anderen Anlafs

---

1) Pompon. v. 92 überliefert *évannetur et mea ocius opera ut fiat fecero.*
Falsch Amph. 1048 *in aedibus.*
2) Naevius bell. Poen. 16, 1 Z. *inclutus Arquitenens.*

zu Zweifeln geben; von den 28 fallen 20 fort, wenn wir annehmen
dafs *s* nach kurzem Vocal vor anlautendem Vocal von Plautus abgestofsen
werden konnte; von den 20 Fällen sind 4 unsicher, von den gegen-
stehenden 8 Fällen mit anderen Auslautsconsonanten gleichfalls 4, so
dafs nur 4 bleiben gegen 16 mit *s*.

Unter jenen 28 Fällen befinden sich 10, die den falschen Wort-
schlufs in der 5. Senkung des trochäischen Verses haben. Es ist mehrfach die Ansicht geäufsert worden, dafs die 5. Senkung in diesem Punkt
mit derselben Freiheit wie die erste gebildet worden sei.[1]) Man kann
dafür anführen, dafs auch der Dimeter

Epid. 3 respice vero Thesprio

dieselbe Bildung zeigt (vgl. Stich. 331); aber trochäische und jambische
Dimeter, die überhaupt nur in gesungenen Partien vorkommen, zeigen
auch in anderen Punkten Freiheiten, die den zweiten Kola der Langverse fremd sind. Dasselbe gilt vom trochäischen System,

Aul. 728 óppido ego interii, palamst res.

Vgl. Curc. 138. Wahrscheinlich ist jene Annahme deshalb nicht, weil
der Anfang des trochäischen Septenars, wie bekannt, nicht nur in der
Zulassung des daktylischen und trochäischen, sondern auch des spondeischen und anapästischen Wortschlusses von der Bildung des übrigen
Verses abweicht; Anfänge wie *de magnis, effugias,* im ersten Kolon legitim, sind im zweiten nicht weniger Ausnahme als an der entsprechenden Stelle des Senars. Dafs nun von jenen 10 Daktylen und Trochäen,
die das zweite Kolon eröffnen, 7 auf *s* ausgehen und (was ja in diesem
Falle nicht erforderlich wäre, um die Kürze der Silbe zu bewahren) vor
anlautendem Vocal stehen, dafs diese 7 im übrigen unbedenklich, von
den anderen 3 zwei bedenklich sind, wäre ein wunderbarer Zufall; aber
freilich kann es Zufall sein. Wir sind nun in der Lage, eine Art von
Probe auf den Zufall zu machen, indem wir die zerrissenen Anapäste
nach der ersten Hebung der trochäischen Verse mit denen nach der
fünften vergleichen. Es sind folgende Verse, die ich doch der Ergänzung wegen anführen müfste:

Mil. 799 auri*bus* utor (nur der Anfang erhalten).

Stich. 114 omni*bus* os obturent, ne quis merito maledicat sibi.
Vgl. zu Merc. 920.

Aul. 781 noscere. filiam ex te tu habes. immo eccillam domi.

---

[1]) Vgl. Dziatzko zu Ter. Ad. 971, Seyffert Berl. phil. Wochenschr. 1891
p. 926, Skutsch ebenda 1892 p. 1615.

ex te filiam habe ich nicht wegen des Daktylus, sondern wegen des Hiatus vermuthet.

Bacch. 981 optumus sum orator, ad lacrimas coegi hóminem
castigando.

Men. 386 accipe dum hoc. iam scibo utrum haec me mage
amet an marsuppium.

oder *accipedum* (Klotz Grundz. p. 311).

Merc. 995 Eutyche, ted oro, sodalis eius es, serva ac subveni.

te steht in den Handschriften, aber darum ist *Eutyché tĕ oro* (Klotz p. 132) nicht weniger schlecht, desgleichen Amph. 438 *Sosiá tĕ interrogo*; diesen Vers dürfte man mit *Sosia, ted interrogo* daneben stellen. Anders Curc. 599 und Pers. 666.

Truc. 262 comprime sis eiram. eam quidem hercle tu quae
solita es comprime.

Most. 842 latius demum est operae pretium ivisse. recte edepol
mones,

wahrscheinlich auch *A.*[1])

Mil. 1148 omnia dat dono, a se ut abeat, ita ego consilium dedi.

Poen. 834 omnia genera recipiuntur, itaque in totis aedibus.

905 omnia memoras. quo id facilius fiat, manu eas ad-
serat *(AP)*.

Stich. 336 omnia membra lassitudo mihi tenet. linguam quidem.

97 quem aequiust nos potiorem habere quam te? posti-
dea pater *(AP)*.

331 respice ad me et relinque egentem parasitum, Panegyris.

526 ómnium me exilem atque inanem fecit aegritudinum.

Trin. 933 omnium primum in Pontum advecti ad Arabiam
terram sumus.

1156 filiam meam tibi desponsatam esse audio. nisi tu
nevis.

Die fünf letzten Verse mit vernachlässigter Position in der zweiten Kürze; für diese Versstelle wage ich die Möglichkeit nicht zu leugnen.[2]) v. 331 fehlt *ad* in *P*, mit Unrecht (Capt. 835 Curc. 114 Cas. 631 Poen. 857 Pseud. 244 Trin. 1068 Truc. 257).

Stich. 684 ómnibus modis temptare certumst nostrum hodie
convivium (s. u.).

1) Zweifelhaft Most. 131.

2) Capt. 558 *Hégio, fit quod tibi ego dixi* ist nicht zu vertheidigen, schwerlich auch Cist. 62 *indidem unde oritur facito ut facias stultitiam sepelibilem*. Mit Synalöphe Mil. 220 *árripe opem auxiliumque ad hanc rem*.

Pers. 563 verba quidem haud indocte fecit. ex tuo inquam
usust. eme hanc *(AP)*.

Epid. 593 numquid ego ibi, pater, peccavi? si hercle te umquam audivero.

vgl. 677. 688.

Poen. 512 sicine oportet ire amicos homini amanti operam dare?

Stich. 135 vosne latrones et mendicos homines magni penditis?
in *vosne* kann das *e* verstummen.

Trin. 880 multa simul rogitas, nescio quid expediam potissimum.
1010 adde gradum, adpropera, iam dudum factumst quom
abiisti domo.

Trin. 301 ist möglich *semper égo usque ad hanc aetatem,* 655 *omnia égo
istaec,* 1070 hat *A ipsus homo optimus, P ipse.*[1]) Stich. 110 *quam illa
fuit* gestattet auch andere Messung.[2]) Curc. 161 *eapse mérum,* Epid. 144
unde lúbet u. dgl.

Von diesen 24 oder (um die unsicheren abzuziehen) 21 Versen
zeigen nur 2 die Erscheinung, die in der 5. Senkung 7 von 10, an
den übrigen Stellen 13 von 18 Beispielen zeigen. Wir dürfen danach
mit einiger Sicherheit den Schlufs ziehen, dafs es sich in jenen 20 Versen
nicht um eine metrische, sondern um eine grammatische Erscheinung
handelt; und das kann nur die eine sein, die Schwäche des auslautenden *s* nach kurzem Vocal auch vor Vocal. Während uns nun durch
amicus amicis nur eine besonders charakterisirte, stilistisch zusammen-
geschlossene, formelhafte Wortgruppe bezeugt wäre, die auf andere Wortverbindungen keinen Schlufs gestatten würde, ist in den übrigen metrisch
gleichen Fällen nichts der Art zu bemerken. Auch die Verse mit *onustus
incederem* u. dgl. geben zwar einen typischen Fall, aber keine Wortverbindung, die unter besonderen grammatischen Bedingungen stünde.
Von diesen Versen haben wir gesehen, dafs in der Zeit, aus der unser
Text stammt, Abfall des *s* angenommen wurde, ohne dafs wir bei der
leichten Vertauschung von *cedere* und *incedere* für Plautus selbst ohne
weiteres dasselbe annehmen konnten; von der zuletzt besprochenen
Gruppe ist es wahrscheinlich, dafs man den Anapäst gelten liefs, während Plautus ihn sicher nicht beabsichtigt hatte. So spricht die

---

1) Pseud. 973 *qui ipsus sese noverit,* dafür *ipsu sese P, ipsus se A,* das
heifst doch wohl beide dasselbe.

2) Terenz: Hec. (281. 287). 380. Ad. 971 (zweimal *omnibus); s*onst noch
Accius 501 *horrida honestitudo* und Lucilius 651 *Hymnis ego animum sic
induco.*

Gruppe der 20 Verse auch für die richtige Überlieferung der Verse mit *incedere.*

Noch in einem anderen Falle concurrirt eine metrische Möglichkeit mit der grammatischen, der wir nachgehen; es ist der Fall, in dem die auf *s* ausgehende Silbe vollgerechnet einen mit der Hebung beginnenden proceleusmaticus hervorbringt. Unmöglich ist der proceleusmaticus Epid. 364

devéniam ad lenonem domum egomet so*lus*, éum ego docebo,

beispiellos an vorletzter Stelle des jambischen Septenars und den Vers zerstörend. Dafs *ego* nach (363) *nunc ego hanc astutiam institui* und *deveniam egomet* nothwendig sei, wird niemand behaupten; aber die Stellung *eum ego*, so selten nach Anfang, ist regulär im Anfang des Satzes[1]), und dergleichen pflegt ein Fingerzeig für richtige Überlieferung zu sein. Dagegen Most. 933 *hic quidem neque convivarum sónitus itidem ut antehac fuit (AP)* ist die Betonung *itidem ut,* die entstehen mufs ob man *us* als Silbe beläfst oder verschmelzen läfst, nicht erträglich, und *item* gewifs richtig emendirt; das Fehlen von *est* ist zu erklären wie v. 159 *eventus rebus omnibus, velut horno messis magna fuit*, es wird aus *fuit* gleichsam anticipirt. Asin. 59 *bene hércle facitis et a me initis gratiam* steht es frei, *et a* als pyrrhichius zusammen zu nehmen.[2]) Von anderer Art sind folgende Verse:

Poen. 1198 ingénium pat*ris* habet quod sapit *AP* (Dimeter).

Aul. 603 núnc erus me*us* amat filiam huius Euclionis pauperis.

Cist. 22 quía me coli*tis* et magni facitis. decet pol, mea Selenium.

516 Júno filia et Saturnus patru*us* et summus Juppiter *AP*.[3])

Bacch. 1211 spéctatores, vos valere volum*us* et clare applaudere.

Diese 5 proceleusmatici müssen ihre vierte Silbe erst kürzen, zwei indem sie jambische Wörter, die noch dazu in Position stehen, pyrrhichisch behandeln, drei indem sie die Position von *et* nicht gelten lassen. Ob solche proceleusmatici statthaft sind, ist sehr die Frage. Ein Theil der in Betracht kommenden Verse erledigt sich ohne weiteres. Cist. 509 steht *sátin istuc tibi* (nicht *tibi istuc*) in *A* wie *P*. Epid. 70 spricht gegen einen Anfang *quia patrem prius se* die Überlieferung der zweiten

---

1) Kämpf de pron. pers. usu et colloc. p. 22.

2) Pacuv. v. 391 *si Priamus adesset, et ipse eius commiseresceret* ist (bei Servius) falsch überliefert. Acc. 155 *béne facis, sed nunc quid subiti mihi febris excivit (escivit* Nonius) *mali* ist metrisch nicht unrichtig.

3) *summus pater* (Bentley und viele nach ihm) verschlechtert den Ausdruck und bat an der Fassung von v. 514 in *A* keine Stütze, denn diese verschlechtert den Dialog.

Hälfte des Verses; 202 ist *égo quidem* auch der Betonung wegen verdächtig (Luchs comm. pros. I p. 16). Trin. 338 *quia sine ómni malitiast*, nicht (Klotz Grundz. p. 350) *quia sine omni*; eben so wenig Bacch. 51 *périi, harundo álas verberat.*[1]) Epid. 585 *támen ero mátris filia* ist die Form *tamen* für Plautus nicht beweisend, fast so wenig wie in anderen Fällen *mihi*, z. B. Stich. 609. Einige trochäische Septenare haben einen proceleusmaticus dieser Art zu Anfang; von diesen ist Men. 827 *(tibi aut adeo isti)* corrupt oder doch durch die Lücke sehr zweifelhaft; Curc. 311 *víden ut expálluit* und Epid. 152 *áliqua ope exsólvar* aber sind allenfalls durch das Privilegium des Versanfangs erklärt.[2]) Von den übrig bleibenden Versen sind Mil. 1118 *dicas uxorem tibi necessum ésse ducere*, Cist. 577 *ubi elocutast, ego continuo anum intérrogo*, Trin. 724 *et capturum spólia ibi illúm qui meo ero advorsus venerit* (wo das erste Kolon mit *illúm* schliefsen mufs) offenbar überladen, der letzte in ähnlicher Weise wie Epid. 126 *péregre erum súom Stratippoclem*. Dieser und die letzten übrig bleibenden Cas. 262 *qui malum homini scutigerulo dáre lubet? quia enim filio* und Rud. 639 *qui lubet male dicere? equidem tibi bona exóptavi omnia* sind die einzigen, die allenfalls auf Vertheidiger rechnen dürften[3]); um so sicherer darf ich sagen, dafs in der Gruppe der 5 oben aufgezählten Verse die proceleusmatici nicht zu vertheidigen sind. Dagegen haben drei von ihnen *et* nach dem Worte in *s*, und es gilt ja als ein leichtes Mittel, die unbequeme Copula einfach zu streichen; ich habe das früher selbst gethan ohne den wirklichen Stand des asyndeton bei Plautus zu untersuchen. Hier trifft es sich nun so, dafs Bacch. 1211 und Cist. 516 die Copula zu entfernen syntaktisch unmöglich, Cist. 22 keineswegs unbedenklich[4]) ist. Das Resultat ist auch für

---

1) Klotz Grundz. p. 353. Ein Vers ist eben nicht damit interpretirt dafs man ihn meint scandiren zu können.

2) Nicht Epid. 714 *ábi modo intro. ei, non illuc temerest.* Über die Verse mit *suo, eos* u. dgl. s. Kap. VI.

3) Alle drei haben den proceleusmaticus zu Anfang des 2. Kolons (s. o.).

4) Zwei Verba, die von einer Conjunction oder einem Relativ abhängen, werden nur dann asyndetisch nebeneinander gestellt, wenn das zweite Verbum entweder einen Fortschritt des Gedankens, der Handlung bezeichnet oder zu dem ersten in Gegensatz tritt. Von einer Conjunction abhängig: Poen. 1100 *ut te allegemus, filias dicas tuas — esse*, Rud. 774 *ut illas serves, vim defendas*, Capt. 436 *(ne) tu te pro libero esse ducas, pignus deseras*, Most. 663 *nisi ut — percitem, eas emisse aedis — dicam*, Stich. 366 *dum percontor portitores, negant venisse*, Curc. 329 *postquam tuo iussu profectus sum, perveni in Cariam*, Amph. 1061 *ubi parturit, deos sibi invocat*, Capt. 80 *quasi — cocleae in occulto latent, suo sibi suco vivont*, vgl. Truc. 924 *vin te amplectar, savium dem?* adversativ:

diese 5 Verse, dafs ein metrischer Ausweg nicht gegeben ist und die Erscheinung eine grammatische Erklärung verlangt; und diese kann nur eine sein.[1])

3

Da es nun für etwa 30 Verse wahrscheinlich gemacht ist, dafs die verschiedenen auffallenden Erscheinungen in dem Verhalten des *s* ihre einheitliche Erklärung finden, so werde ich jetzt die Verse aufzählen, deren Überlieferung, wenn sie richtig ist, keine andere Erklärung zuläfst als das Schwinden des *s* vor anlautendem Vocal; die Verse mit *ornatus incedit* gehören ja auch bereits unter diesen Gesichtspunkt. Die Ordnung dieser Reihe mufs grammatisch, nicht metrisch sein. Wo Vers oder Satz zu Zweifeln berechtigt, werde ich es erwähnen und Verse die eben so gut anders zu erledigen sind gar nicht anführen.

us der *o*-stämme:

Asin. 586 atque Argyrippus una. opprime os, is est, subauscultemus.

Bacch. 142 praesentibus illis paedagogus una ut siet.

beide vor *una.* S. u. Capt. 479 *imus una.*

Aul. 377 abeo iratus illinc, quoniam nihil est qui emam.

Bacch. 35 *ut tu taceas, ego loquar* (Mil. 926 u. a.), Poen. 729 *si pultem, non recludet,* Most. 59 *quia numquam merui, tu meruisti et nunc meres;* von einem Relativ abhängig: Mil. 690 *quae me somno suscitet, dicat,* Curc. 3 *quo Venus Cupidoque imperat, suadet Amor* (suadetque vulgo), Truc. 513 *quae me hic reliquit, eapse abiit* (so emendirt, wie auch in einer Anzahl der übrigen Beispiele das asyndeton früher nicht erkannt war), adversativ Men. 807 *quod ad hanc detulerat, nunc — refert.* Dieses asyndeton abhängiger Sätze ist italisch, genau so t. Ig. VI^b 56 *ape ambrefurent, termnome benurent.* Für sich ergänzende synonyma, die im unabhängigen Satz so oft asyndetisch gestellt werden, wüfste ich in einer abhängigen Verbindung wie *quia me colitis, magni facitis* nur Stich. 206 *qui multum miseri sint, laborent* anzuführen, einen sehr zweifelhaften Beleg. Vgl. S. 238 zu Pseud. 805, S. 251 zu Curc. 351.

1) Für die zweite Kürze des aus Hebung und Senkung bestehenden procceleusmaticus gilt gleichfalls, dafs die Silbe nicht erst durch Jambenkürzung oder sonstige Accentwirkung gekürzt sein darf. Nicht in Betracht kommen natürlich *magis* (Mil. 1437), *satis* (Amph. 889, vgl. Most. 967), *nimis* (Amph. 442), *quibus* (Poen. 282), *minus* (Truc. 560), *prius* (Merc. 1016), eben so wenig *apud* (Amph. 947, Bacch. 306, s. o. S. 227), *enim* (Trin. 806, s. u.) und vermuthlich *tamen* (Stich. 695, übrigens im Verseingang). Auffallend ist nur Amph. 90 *Iovem facere histrioniam* (vgl. Rud. 23); im canticum Rud. 230 *pertimui. quis hic loquitur prope?* Pseud. 197 *iure málo male quaérunt rem;* anders Trin. 880 *multa simúl rogitas,* corrupt Men. 461 *quoi tam credo dátum voluisse.* In Anapästen gibt es keine Beschränkung dieser Art.

Durch eine Emendation beide Vershälften zu glätten ist der Cäsur wegen
unmöglich.

Bacch. 90 ille quidem hanc abducet, tu null*us* adfueris, si non
lubet.

Gegenüber der persönlichen Construction *is nullus venit* Asin. 408 Rud.
143. 323, *nullus creduas* Trin. 606, *quod nulla habet* Mil. 786, *neque huc
quidem ullus venit* Rud. 340, *nulla crepitant* Men. 926, *nullus parcuit*
Naev. com. 69, *nullus dixeris* Ter. Hec. 79, *tametsi nullus moneas*
Eun. 216 (vgl. Donat), *nulla erat* Eun. 345 erscheint die adverbiale in *nullum
ostenderis* Rud. 1135, *nullum esurit* Cas. 795; bei *adfueris* ist doch
nach lateinischem Sprachgesetz die überlieferte persönliche Construction
entschieden wahrscheinlicher als die adverbiale, die man unter dem Zwang
des Metrums einsetzt. Und sollte es Zufall sein, dafs vor Consonanten
stets *nullus, nulla,* in 2 Fällen vor Vocalen *nullum* überliefert ist?

Bacch. 724 eúax, nimis bell*us* atque ut esse maxume optabam
locus.

vor *atque* s. u. Men. 152 *habeamus atque,* auch Aul. 297.

Der Vers Bacch. 331 *sed divesne est istic Theotimus? etiam rogas?*
würde bei Verschleifung von *Theotimus etiam* cäsurlos sein. v. 625
consólandus hic mist, ibo ad eum bedarf bei anapästischer Messung der
Verschleifung nicht.

Bacch. 950 dolis ego prensus sum, ille mendicans paene invent*us*
interiit

so *A, deprensus P;* die Emendation des Anfangs mufs zweifelhaft bleiben,
da der Vers in der Umgebung jambisch wie trochäisch sein kann; mir
scheint ⟨*in*⟩ *dolis* unumgänglich; aber der Schlufs ist davon unabhängig.
Durch *interit* für *interiit* bringt man entweder ein formal falsches Perfect oder ein syntaktisch falsches Präsens hinein. Unter den zerrissenen
Anapästen habe ich solche Verse absichtlich nicht angeführt; sie würden
nur die Wage zu Gunsten der fraglichen Erscheinung sinken lassen.

Capt. 417 nóx diem adimat. nam quasi servos me*us* esses, nihilo setius

vgl. Aul. 603 *erus meus amat.*

Mil. 629 nam équidem haud sum nat*us* annos praeter quinqua-
ginta et quattuor.

Rud. 1382 quinque et viginti nat*us* annos. habe cum hoc.
aliost opus.

letztere Stelle citirt Priscian mit der Stellung *annos natus,* vgl. Men. 446
plus triginta annis natús sum, wo es wieder nahe lag *natus annis* um-
zustellen.

Pers. 24 hat *A ergo édepol palles. saucius sum factus in Veneris proelio*, aber *P* gut *factus sum*; s. o. Poen. 344 und Rud. 763, unten Trin. 658. Rud. 223 *omnibus in latebris P* (Anap.), *in* fehlt in *A*. Einen anderen Vers, in dem *sum factus* Schwierigkeiten macht, Pseud. 802 *hominum avaritia ego sum factus improbior coquos* (mit der Verschleifung wäre es ein sehr schlechter Vers) habe ich emendirt: der Gegensatz zum folgenden *non meopte ingenio* erfordert einen allgemeinen Begriff (*hominum vitio*).

Rud. 1006 élleborosus sum. at ego cerritus. hunc non amittam tamen.

in *A* hat der Vers gleichfalls mit *ell* begonnen und *hunc non emittam tamen* geschlossen. vgl. Truc. 91.

Rud. 1044 étsist ignotus, notus; si non, notus ignotissumust. eine Verbindung zusammengehöriger Begriffe wie *amicus amico*.

Trin. 658 ita vi Veneris vinctus, otio captus in fraudem incidi. *A* hat *aptus*. Selbst wenn man die für Plautus kaum glaubliche Kühnheit der Übertragung, für die weder in den von Nonius p. 234 angeführten Versen noch sonst ein Beispiel vorliegt, in einer Rede gesteigerten Tones hinnehmen will, fehlt dem Worte doch grade der Begriff, den der Gedanke verlangt und den *captus* enthält: Grund genug bei *captus* zu bleiben, wie denn auch Ritschl selbst und Brix es zu halten wünschten, obwohl sie *aptus* in den Text nahmen. Freilich wäre mit *captu'* die Cäsur von einer sehr seltenen Bildung (vgl. Meyer Abh. der bayr. Akad. 1884 p. 78), genau entsprechend Curc. 537, fast genau, mit nicht geringerer Härte, Capt. 1007 Rud. 660 (nicht 1119) Curc. 554: das spricht nicht für die Richtigkeit der Überlieferung; *captus otio* G. Hermann.

Truc. 91 legátus hinc quo cum publico imperio fui.[1])
quo hinc Bothe; *hinc huc* ist regelmäfsige Stellung (Bach p. 203), *hinc quo* oder *quo hinc* finde ich sonst nicht. Für den nomin. singul. der *u*-Declination gibt es kein sicheres Beispiel; über Most. 933 s. o., Amph. 1062 s. u.

Pers. 555 pérfidia et pecúlatus ex urbe et avaritia si exulant *(AP)* *peculatus* würde so seine richtige Quantität erhalten, wenigstens eine bessere Möglichkeit als die neuerdings beliebte Messung, die *peculatus* mit pyrrhichischem *pecu* beginnen läfst, wie wenn nicht grade der eigne

---

1) Asin. 599 ist emendirt. Pseud. 666 *iúbe sis te operiri, beátus éris, si consudaveris.* Capt. 562 *ét quidem Alcúmeus atque Orestes.* Falsch Mil. 271 *conservos atque P (qui A).*

Accent der jambischen Wörter die pyrrhichische Messung erst herbei-
führte. *depecŭlatui* Epid. 520 in einer Gruppe eingeschobener Verse
deutet aber doch darauf, dafs die Herausgeber der uns überlieferten
Texte *ŭ* annahmen, wie C. I. L. VI, 8012 (Bücheler 134) *pecŭlio pauper*,
animo divitissimus gemessen ist; bei Plautus stets *pecŭlium*. Cist. 72 *pér-
fidiosus est Amor. ergo in me peculatum facit* gibt keine Entscheidung.
Auch für das *us* der consonantischen neutra ist sehr wenig anzuführen:

Capt. 278 quód gen*us* illic est unum pollens atque honora-
tissimum

gibt wie alle Fälle mit *illic* keine Sicherheit; dies hat den Ton auf
der zweiten, *illi* auf der ersten Silbe, und Lindsay (Class. Rev. 1891
p. 373 sq.) beobachtet, dafs die Betonung oft im Verse erscheint, aber
doch keineswegs regelmäfsig; dieser Forderung würde auch *illi est* entsprechen; auch

Rud. 149 hominúm secundum lit*us*. ut mea est opinio
hat wenig Beweiskraft. Ähnlich steht es mit dem -*us* des Comparativs:

Merc. 898 qui illam habet, nequest quoi magis me velle meli*us*
aequom siet.

Rud. 836 ist *non áccedam potius. illic astato ilico* unrichtig und *non*
zu streichen; Pseud. 758 *séd properate. prius illic erimus quam tu.
abite ergo ocius* spricht die Betonung für *illi*. Rud. 1232 *tantó melius,
illi obtigit qui perdidit* ist so, wie es überliefert ist, auf keine Weise zu
halten. Cist. 777 s. o.[1])

Für Dat. abl. *bus* bleibt nach den besprochenen Fällen mit *aedibus*
u. s. w. nur

Epid. 353 manib*us* his dinumeravi, pater suam natam quam
esse credit,

vgl. den anapästischen Vers Pers. 768 *date aquám manibús, apponite
mensám*, eine immerhin mögliche Messung.

is der *i* stämme.

Merc. 600 *tristis incedit* s. o.; Bacch. 797 *bene návis agitatur, pulcre
haec confertur ratis* wird durch Men. 344 *nunc in istoc portu stat navis
praedatoria* (wahrscheinlich auch *A*), wo *navis* einsilbig ist[2]), unsicher.
Capt. 536 *mihi rés omnis in incerto sitast, quid rebus confidam meis?*
scheint *mihi*, das am Schlufs von 535 überliefert ist, nöthig. Epid. 602
civis eam emit Atticus hat keine Beweiskraft.

---

1) Rud. 788 *própius accedent CD*, aber *accedent propius AB.* — Pompon.
92 s. o.

2) Nicht widerlegt von Solmsen Stud. zur lat. Lautgesch. 182.

gen. sing. der consonantischen Stämme.

Asin. 505 án ita tu es animata, ut qui matris expers im-
    perio sies?

509 hócinest pietatem colere, matris imperium minuere?
s. o. patris Poen. 1198.

Stich. 432 tui frátris ancillulam. eo condixi in symbolam.

ancillam P; die Verschreibung in ancillulam ist nicht grade wahrscheinlich; Rud. 74 ancillula B, ancilla CD.

Asin. 729 ego pés fui. quin nec caput nec pes sermonis
    apparet.

sermoni wahrscheinlich richtig emendirt. Men. 437 tú facito ante solis
occasum ut venias advorsum mihi ist sicher solem das richtige (auch
Epid. 144 unrichtig solis E, Men. 1022 B).

Pers. 353 neque ego inimicitias omnis pluris existimo.

neque für non sicher hergestellt; für pluris verweist Seyffert (bei Schöll)
auf plure bei Charisius p. 211, darüber s. u.[1])

    us der 1. pers. plur.

Merc. 773 cur hic astamus? quin abimus? incommodi (AP)
es folgt si quid tibi evenit, id non est culpa mea (wo A eine Variante
hat, die vielleicht auf Correctur von 773 zurückgeht).

Bacch. 230 mille ét ducentos Philippos attulimus aureos.

Capt. 479 sálvete, inquam. quo imus una, inquam, ad pran-
    dium? atque illi tacent.

vgl. (una) Asin. 586, Bacch. 142 (S. 247).

Curc. 351 quid si abeamus ac decumbamus? inquit. consilium
    placet.

Man pflegt ac zu streichen, vgl. zum asyndeton ('minime probandum'
Ussing) Cas. 422 eamus nos quoque intro, hortemur ut properet, aber im
selbständigen Satz; copulirt im gleichen hypothetischen Fragesatz Cas.
357 quid si propius attollamus signa eamusque obviam?

Men. 152 clam uxoremst ubi pulchre habeamus atque hunc
    comburamus diem.

Die erste Hälfte ist verdorben überliefert.[2])

---

1) Cas. 218 leporis hodie, im wahrscheinlich anapästischen Verse, hat
nichts zwingendes. Curc. 664 ist überliefert quid dótis? egone? ut sempér dum
vivat méd alat, nicht empfehlenswerth (me s).

2) Poen. 518 néc tibi nos obnóxii sumus istic quid tu ámes aut oderis ist
kein empfehlenswerther Vers, Bacch. 886 et égo te et ille mactamus infor-
tunio gehört nicht hierher. Ennius schrieb nomus ambo Vlixem statt novimus
(trag. v. 137).

Men. 175 inde usque ad diurnam stellam crastinam potabim*us*. eu,
eu findet am Anfang des folgenden Verses vor *expedite* Platz, doch steht
eu auch v. 174 im Versschlusse. In *A* ist nach Löwes und Schölls
Zeugnifs *potabimus* verdorben in *poterimus*.

is der 2. pers. sing. und plur.

Amph. 773 si haéc habet pateram illam. an etiam cred*is* id,
quae in hac cistellula

Die Streichung von *pateram* ist sehr wahrscheinlich. Epid. 656 *cetera
haec posterius faxo scibis, ubi erit otium P, fuerit A*, vgl. Cas. 214.

Pers. 833 ágite sult*is* hunc ludificemus. nisi si dignust, non
opust.[1])

An überlieferten und sonst nicht zu beanstandenden Fällen treten
aus dieser Übersicht 24—26 zu den früher ermittelten 28—30 hinzu.
Von jenen 10, von diesen 17 haben das *us* der *o*-Declination, 1 : 5 -*bus*,
4 : 2 *is*, 6 : 2 *us* des Plurals, 1 : 1 *is* der zweiten Personen, vereinzelt
die anderen. Also einigermafsen häufig ist nur *us* der *o*-stämme bezeugt. Im Ganzen ist es wenig, ohne Zweifel viel zu wenig, um den
empirischen Schlufs zu ziehen, dafs Synalöphe trotz schliefsenden *s* unter
allen Umständen dem Plautus freigestanden habe. Einen solchen Schlufs
aus der blofsen Überlieferung zu ziehen würde allemal bedenklich sein;
allgemeine sprachgeschichtliche Erwägungen, wie die zuvor angestellten,
können überwiegende Erscheinungen der Überlieferung beleuchten, aber
nicht vereinzelte aufklären. Wir müssen halt machen und uns nach
rein sprachlichen, von der Überlieferung unabhängigen Erscheinungen
umsehen, die nur durch den Abfall des auslautenden *s* vor Vocal grammatisch erklärbar sind.

4

Wie ist die Zweisilbigkeit von *malus est, malus es, malum est, malum
es* aufzufassen? Eine einheitliche Erklärung darf man bei der Verschie-

---

1) Poen. 1233 *quid in iis vocas nos? quid tibi debemus?* dicet illi hat *A*
de (oder *i*) . . *e* (oder *i*) *fis illi*, Studemund ergänzt *deicetis;* Sinn gäbe, was da
gestanden haben kann, *discetis illi.* — Rud. 1296 *ad Gripum ut veniat. non
feretis istum ut postulatis* hat keine Diärese (vgl. zu Epid. 556, Meyer Abh.
bayr. Akad. 1884 p. 69); ich will nur die Möglichkeit von *feretis istunc* ins
Auge fassen. — Amph. 9 *me adficere voltis, ea adferam, ea uti nuntiem* ist *ea*
aufzufassen wie Pers. 559 und Truc. 158. — Capt. 636 *quin quiescis? ⟨i⟩ dierectum, cor meum, ac suspende te* ist die Einfügung von *i* unerläfslich, dreisilbige Messung von *dierectum* sehr bedenklich, die Stellung von *cor meum*
durch dessen Versetzung man *quiescis* dreisilbig erhalten kann, untadelig.

denheit des Auslautes nicht postuliren. Für die Aussprache -umst gibt
es weder, soviel mir bekannt, inschriftliche, noch Grammatikerzeugnisse [1]),
dagegen eine Fülle handschriftlicher, die gut genug sind um jüngeren
inschriftlichen gleich zu gelten. Es hat also sicher eine Zeit gegeben
in der das *m* blieb und das *e* verschwand; oder vielmehr, das *m* kann
in dieser unerhörten Auslautsgruppe nicht stärker gehört worden sein
als Verrius Flaccus und Quintilian es für die Stellung zwischen zwei
Vocalen bezeugen, und der Aussprache entspricht die Schreibung -ust
(etwa 20 mal in *A*) eher als -umst.[2]) In der That handelt es sich also
um Synalöphe, die durch die Enclisis zur Krasis oder Ekthlipsis wurde.
Die Schreibung *necessu* (s. A. 2), *honestu est (BD, -ust E)* für *necessum*,
honestum est findet sich auch (Cas. 344, Capt. 323).[3]) Nirgend erscheint
malums für *malum es*, obwohl es nicht unter anderen lautlichen Bedingungen steht als *malum est*; denn langes *e* darf man für *es* nicht
ansetzen [4]); es liegt aber in der Natur der Sache, dafs das Neutrum mit
der zweiten Person nicht häufig verbunden wird.

Dagegen die Schreibung -ust für -us est bezeugen Inschriften republikanischer Zeit: *vocitatust* in der sententia Minuciorum, *situst* in der Inschrift
des Protogenes, *satiust* in einer pränestinischen sors [5]); die Vorschrift des
Marius Victorinus p. 22 *cum fuerit scriptum 'audiendus est' et 'scribendus
est' et 'mutandus est' et similia generis masculini, primam vocem integram*

---

1) Vel. Long. p. 80 ext. *est etiam ubi vocales subducebantur, si id aut
decor compositionis aut metri necessitas exigebat, ut 'adeo in teneris consues-
cere multum est'* betrifft nicht das *e* sondern das *u*.

2) Palatini z. B. Curc. 263. 411 und oft; Bembinus Ter. Eun. 612. 959 Hec. 457.
Bücheler 848 (Bormann Arch.-epigr. Mitth. XVII, 227) aus guter Zeit *quod scriptust
legas.* Bücheler 118 (zwischen Interamna und Minturnae am Liris) *hospes resiste
et nisi molestust perlege. noli stomacare. suadeo caldum bibas. moriun[d]ust.
vale,* vgl. Bücheler 120 (aus dem ager Capenas) *v. 2 redeudus tibi.* 241 (Marser-
gebiet) *moriendust.* So auch die Gegenschreibung —*umst* gleich —*ust* z. B.
Merc. 936, in *A* Pseud. 309 Stich. 290 (*aequiumst*). Erleichterung der Aussprache
ist —*unst* für —*umst*, 18 mal in *A*, in *P* z. B. Trin. 271. Wichtig wird die
Schreibung —*ust* gleich —*umst* für *necessum, necessus;* letztere Form ist für
Plautus nicht nachweisbar. Mil. 1118 *necessus CD, necessum B;* Cas. 344 *necessu est B, necessum est VE;* Stich. 219 *necessust A, necessum est P;* und so
ist Cist. 626 *necessust* gleich *necessumst.*

3) Bücheler 647, 2 *natos habere bonu est, si non sint invida fata.*

4) Über *es, ess* vgl. Skutsch Forschungen p. 60 sq. (dort auch die neuere
Litteratur), Bezzenbergers Beitr. XXI p. 36. *ess* in *A* Merc. 489; Bücheler
1038, 5 *in cineres versa ess tumuloque inclusa.*

5) *natust* Bücheler 98, 12 (Parma) spät, *Theorost* Bücheler 925 (Rom) aus
früher Kaiserzeit.

relinquetis, ex novissima autem e et s detrahetis; eine Fülle von handschriftlicher Überlieferung. Aber es ist klar und tritt auch in der ungram-
matischen Erklärung des Grammatikers deutlich hervor, dafs dies eine
secundäre Form ist. Welche Zwischenstufe zwischen *-us est* und *-ust* anzusetzen sei, ist in der Zeit, aus der unsere Überlieferung stammt, zweifelhaft gewesen. Wir finden Poen. 959 *monstratu est* in *A*, *monstratusst* in
P¹), dagegen Pseud. 717 *allatusst* in *A (-ust* in *P)*; *-u est* in *P* (ohne *A*):
Men. 451 *commentu est,* Poen. 513 *succretu est C²*), vgl. Trin. 264 *igno-
randum est B*, Truc. 487 *laudandum est*, Most. 751 *liquidum est*, Mil. 88
Epesum est; während das ausgeschriebene *-us est*, wo *-ust* metrisch
nöthig ist (in *P* sehr häufig³), über *A* s. Index des apogr.), beide Auffassungen zuläfst. *-us* für *-us es* ist bekanntlich die gebräuchliche Schreibung, wie *-ust* für *us est*; dafür wüfste ich *-u es* nicht nachzuweisen⁴)
und nur einmal *uss*: Mil. 825 *cui tu suppromus seho B*, vor Vocal, mit
derselben Berechtigung, mit der *hocc erat* verlangt und geschrieben wie
gesprochen wird.

Mit dieser Alternative, dafs die Vorstufe von *-ust -us* entweder *-usst*
-uss oder *-u est -u es* ist, kommen wir an den Kern unserer Frage.
Wo ist ein Mittel zur Entscheidung? Die allgemeine, von Ritschl Lachmann Corssen getheilte Ansicht spricht zu gunsten von *-us st*. Die
Möglichkeit, dafs das *e* in der Enclisis verstummte, ist nicht zu leugnen⁵);
die Länge in *suppromus eho* erklärt sich auf beide Weisen; für die
Quantität des Vocals in *-ust* gibt es kein sicheres Kriterium.⁶) Dagegen
liefert die Beschaffenheit der in *s* auslautenden und mit *est, es* zusammen-
wachsenden Silben den sicheren Beweis, dafs *-ust* und *-us* aus *-u est*
und *-u es* entstanden sind.

In der That ergibt sich dieser Schlufs unmittelbar aus der Thatsache, dafs die Zusammenziehung nur stattfinden kann wenn der Vocal
vor *s* kurz ist. Ritschl, der Aphäresis des *e* annahm, hatte ganz recht
(Proleg. p. 109) Trin. 537 *ut ad incitast redactus* nach *A (incitas redactus*

---

1) Pers. 540, Stich. 59 *-usst CD*, Most. 988 *B¹CD*.

2) Varr. de r. r. 304, 2 *solitu es (A)*, Tac. ann. XI, 9 *datu est.* Pompon.
v. 133 *profectu est* (Nonius).

3) Pseud. 309 *mortuus est CD*, *mortus est B*, *mortuumst A*; C. I. L. VI, 8827
de quó nil umquam dóluit nisi quod mórtuus est, 20153 *mortus est* (Bücheler 162).

4) Truc 619 *odiose es.*

5) Aber natürlich nur bei Enclisis, so dafs die Erklärung, *s* sei nach der
Aphäresis vor anlautendem Consonanten gefallen, unmöglich ist.

6) Wenn man nicht, wie ich es thue, Stich. 97 *quem aéquiust nos potiorem
habere quam te* als entscheidend für die Kürze des *u* ansieht. Stich. 30 würde
tertiust zweisilbig sein können.

P, redactus est Nonius) gelten zu lassen, desgleichen *virtust* und *rest,* und die Seltenheit dieser Erscheinung auffallend zu finden. *incitast* ist nun verschwunden, aber *virtust* spukt noch und *rest* halten wohl viele für erlaubt. *virtus est* ist einmal so überliefert (Pers. 268 *AP*), dafs *virtust* dem Verse genügen würde.[1]) Überliefert ist ferner Amph. 101 *nam cùm Telobois est bellum Thebano poplo,* Asin. 932 *istoscine patrem aequom mores est liberis largirier?*[2]) und Bacch. 1164 sogar *quid opus verbist* in *B (opus verbis CD).*[3]) Das ist alles und erledigt sich von selbst.[4]) Es bleibt nur *rest* für *res est,* das ein einzigesmal in *B* geschrieben ist[5]), Merc. 857 *certa rest (res est CD)*; aber Stich. 473 *certa res A (res est P),* Mil. 267 *hominem capere certa res (caperest A)*[6]), Capt. 488 *una res,* Rud. 172 *salva res*[7]), Ter. Eun. 361 *alia res (res est* Calliopius). Für diese Ausdrücke sind wir wieder so weit wie Bentley, der wufste dafs *salva res* richtig ist; und danach ist es Cas. 895 *manifesta res est,* 578 *iamne ornata res est? (AP),* Pers. 223 *abi iam quando ita certa res est*[8]) viel probabler *est* zu streichen als *rest* zu schreiben.[9]) Es gibt also keine Auslautssilben mit langem Vocal, die mit *est, es* zusammenwüchsen.

Die Grenze ist aber noch enger zu ziehen. Es gibt nicht nur

---

1) Auf Conjecturen wie die zu Truc. 110 (*virtust*), Mil. 1319 (*impietast*), Naev. praet. 6 (*salust*) brauche ich ja wohl nicht einzugeben; aber man mag daraus sehen, wie wenig die natürlich nicht unbekannte Thatsache bekannt ist. '*virtust*, de quo sine causa dubitat Buecheler Lat. Decl. p. 5'. Ussing zu Pers. 267; er schreibt denn auch Amph. 101 *Teleboist,* vgl. zu Asin. 923. *dies est* Pseud. 165 (vgl. Usener Greifsw. Progr. 1866 p. 13) erledigt sich durch die anapästische Messung.

2) Vgl. Vahlen Herm. XVII p. 618.

3) Ter. Heaut. 973 *quae istast pravitast* Bembinus (*pravitas* Calliopius). Phorm. 454 *suus cuique mos:* Bembinus *mos est,* doch corrigirt.

4) Lucr. II 275 ist überliefert *perspicuum nobisst invitis ire rapique,* das *est,* das vor *nobis* gehört, verstellt wie öfter.

5) Curc. 143 *non ita res est, nam cònfido parasitum hodie adventurum (rest est B).* Vgl. *miserst B¹CD²* Merc. 884.

6) Amph. 705 *certa res | hanc est obiurgare (obiurigarest* Ritschl). Epid. 661 *magnast res B (magnas I),* [*res ma*]*gna A; Trin. 271 *certa est res A, certunst P.*

7) *salva res est* Rud. 1037, Ter. Eun. 268; *salva res est, saltat senex* Serv. Aen. VIII, 110 (*salva res — senex* Festus 326 mit gröfserer Lücke), wo Zander p. 6 auch *rest* schreibt (wie viele an vielen anderen Stellen). Vgl. Olsen quaest Pl. de verbo subst. p. 91.

8) Ter. Ad. 884 *quod res est* der Bembinus falsch statt *quoi rei est.*

9) Men. 887 *aut ád populum aut in iure aut ád iudicém res est P aut ápud aedilem rés est A.* — Lucil. 887 *rest = re est,* Lachmann Lucr. p. 150.

kein *pietast* oder *pariest*, sondern auch kein *equest* oder *lapist*. Ebenso
wie der lange Vocal hindert der ursprünglich doppelconsonantische Auslaut die Verschmelzung. *penest* Amph. 653 beweist nur dafs *penes* weder
in die eine noch in die andere Kategorie gehört; Asin. 330 *tum igitur
tu dives es factus* darf keinesfalls nach Analogie von *divu's* aufgefafst
werden. Andere Beispiele giebt es nicht. Ich finde die Thatsache nirgend verzeichnet; nur Bücheler Declin p. 12 W. wendet gegen *virtust*
ein, dafs da das *s* mit dem Stammesauslaut schwinden würde.[1]) Auf
die gröfsere Festigkeit des *s* von Dentalstämmen macht Havet p. 320
aufmerksam.[2])

Nun ist es widersinnig anzunehmen, dafs nach einem unbeständigen
s das *e* von *est* sollte verstummen können, nach einem festen nicht;
und es bleibt nur die Lösung, dafs der Procefs des Zusammenschlusses
sich nicht durch das Verstummen des *e*, sondern durch das Verschwinden des *s* vollzieht.

Demnach haben wir an zweisilbigem *malus est*, *malus es* nicht
nur einen sicheren Fall der in der lebendigen Sprache nach dem
Belieben des Sprechenden erfolgten Abstofsung des auslautenden *s* vor
Vocal, sondern auch ein Kriterium für die Arten einer Anzahl von
Auslautssilben, deren *s* abgestofsen werden kann. Es sind die Formen
natus[3]), *opus*[4]), *usus*[5]), *testis* (darüber gleich), *melius*[6]), *aedibus*[7]), *eius*[8]),

---

1) Müller Pros. 366 'Ich glaube nicht, dafs in dieser Frage der Stammesauslaut irgend etwas zur Sache thut'.

2) Ich hatte aus diesem Grunde im Rostocker Progr. 1887 p. 7 die Verschleifung *Bacchis immo* zurückgewiesen. Spondeisches *miles* ist Aul. 528 überliefert,
cuppes Trin. 240, zweifelhaft *miles* Curc. 728, *dives* Asin. 330 (*divĕs* Amph. 170),
impos Cas. 629, *sospes* Cas. 816; die Seltenheit der Fälle beweist stärker gegen
die Anwendung der etymologisch möglichen Silbenlänge im Verse als die Überlieferung für. Bücheler 263 *somnio praemonitus miles hanc ponere iussit:* neben
milēs auch *somnio.* Ennius hat ann. 277 M. *miles amatur* wie *ausus es hoc*
(v. 580), Lucilius 361. 433 *miles Hibera* wie *ĭs* 1002. 1181 e. Titin. v. 9 R. (*velēs*)
hat wohl Quicherat mit Recht beseitigt.

3) Oben S. 253; bei Plautus ungezählt. Ennius ann. 134 M. *datust*, 238
paratust, vgl. hedyph. v. 4; Accius 418 *nullust*, vielleicht Porcius Licinus (vit.
Ter.) *mortuost.*

4) *onust* Amph. 175, *tempust* Trin. 432, *opust* sehr oft, Terenz Phorm.
1003, *tempust* Hec. 597 im Bembinus.

5) Häufig nur *usust*, sonst nur *domust* Amph. 362, *quaestust* Asin. 511 B
(*quaestus mihi est CD*), *arbitratust* Rud. 1355 (*arbitratus tungua = arbitratust
lingua*). *fructust* Cas. 839 ist sehr zweifelhaft, *ornatust* Men. 146 durch Umstellung
hervorgebracht (vgl. Ter. Eun. 546), *voltust* Epid. 560 nicht zu rathen. Terenz
Ad. 480 *ut captust servolorum* Calliopius (*servorum* Bembinus). Das lucrezische

secus.[1]) Für *es* ist natürlich der Kreis viel beschränkter und schliefst keine neutralen und *u*-stämme ein.[2]) Ein vollkommen sicheres Kriterium gibt aufserdem der Vers- und Kolenschlufs der männlich ausgehenden jambischen und trochäischen Verse, der vor der Schlufshebung reine Senkung erfordert. Es finden sich die Schlüsse *nullus sum* oft, *qualis sit, Amphitruonis sum* (Amph. 411), *huius sunt* (Mil. 1278), *rebus iam* (Epid. 39), *melius iam* (Truc. 189)[3]), *eamus tu* (Stich. 622, vgl. Capt. 206), *dicis tu, occidistis me* (beides öfter), *mentiris nunc,* dagegen *tempus fert* nur bei Terenz (Ad. 839)[4]) und *usus sit* nicht. Da es sich um zufälliges Auftreten handelt, ergänzen sich die Erscheinungen gegenseitig; aber auch hier ist kein Fall wie *hospe' sit.* Hinzuzunehmen sind ohne weiteres die bei den Daktylikern vorkommenden Wörter mit abgestofsenem *s;* es sind, da im Hexameter viel häufiger der Fall der nothwendigen Kürze eintritt, sämmtliche Kategorien des kurzen Vocals zu belegen: aus Ennius' Annalen *fatus, occasus, genus, omnibus, gravis, legionis, artubus, funditus, prius, magis, caedimus, dabis, sultis,* aus Lucilius auch (ich führe die bei Plautus und Terenz selteneren Fälle an) *munus* (31. 34), *amplius* (9), *legibus* (17), *fuissemus* (6), *primitus* (169), aus Lucrez z. B. *aliquoius* (II 1079), *retinemus* (III 257). Ferner treten die plautinischen Anapäste hinzu, die sichere Kürzen wie *servo(s) facit, hósti(s) venis, hoc dédecu(s) quó modo celem, rébu(s) scio, superávimu(s) nuptiis nostris, onerábis scio, redditi(s) nobis* u. dgl. reichlich liefern.[5]) Aber nirgend ist ein Fall wie *hospe' sit* zu verzeichnen. So ist denn auch Most. 501 *decéptus sum, hospes hic me necavit isque me* so wenig

---

necessust ist in seiner Vereinzelung recht bedenklich (V, 376 *necessumst* s. S. 253).

6) Plautus oft; Terenz Hec. 568 *leviust,* Ad. 920 *rectiust;* Pomponius 3 *miseriust.*

7) Bacch. 581; Pseud. 418 (*omnibust A, est omnibus P*).

8) *eiust* Rud. 1091; *illiust* (vgl. Aul. 35, Curc. 716, Mil. 987) Accius 268.

1) *altrinsecust* Rud. 1158, *intust* öfter, vgl. Rud. 1174.

2) Vgl. Curc. 407 *cuiatis* = *cuiatis es;* Pseud. 1169 *illiu's A?*, Men. 1007 *quisqui's?* Terenz Eun. 273 *tristis es* zweisilbig (And. 702 nicht *forti's*). Novius 62 *simile es,* s. u.

3) Vgl. *minu* Truc. 578.

4) Vgl. Varro de l. l. X, 84 *opufuit F.*

5) Ebenso die Anapäste der Tragiker: *quid nócti(s) videtur* Ennius, *amplificáti(s) dolorem* Pacuvius, *igni(s) cluet, sensimu(s) sonere* Accius u. s. w. Havet hat (p. 315) eine irrthümliche Meinung von der Unsicherheit der plautinischen Anapäste; sie zeigen aber in dieser Sache keine von den übrigen metra abweichende Erscheinungen.

durch Verschmelzung von *hospes hic* zu erklären wie Bacch. 211 *tanto hércle melior Bacchis. immo. immo hercle abiero* zu halten ist.[1]) Andere Fälle derart gibt es nicht.

Den Reihen *natus est, natu est, natust* und *natus es, natu es, natus* gegenüber erhebt sich nun freilich die Frage, welcher Lautvorgang eigentlich zu der Aussprache *natust, natus* geführt hat. Wenn Contraction vorliegt, so müssen die Vocale lang sein wie es die Silben sind; und ich wüfste wie gesagt keine für jedermann entscheidende Instanz gegen *natūst* anzuführen; denn dafs Marius Victorinus, wie seine Vorschrift zeigt, den Vocal kurz sprach, entscheidet nicht. Aber bedenklich gegen eine solche Erklärung macht sowohl dies als die Schreibung in *s st;* widerlegt wird sie ferner durch die Schreibungen *indiciost vocitatast dedicatast positast* (C. I. L. I 1012. 1479; X, 3682. 4427, vgl. II suppl. p. 1186) und die entsprechenden in der Verbindung mit *es*: Truc. 262 *solitas AP*, Cas. 1007 *iratas A*, Pers. 206 *dignas*, Rud. 467 *accepturas* (-*a B*), vgl. Trin. 454 *tus sanus = tu es P (tu sanus = tu sanu's A)*.[2]) Andrerseits ist 'Aphäresis' für das Lateinische kein grammatischer Begriff. Die richtige Definition der Erscheinung ist, dafs Synalöphe mit Enclisis verbunden einen Lautverlust herbeigeführt hat. Analog vollzieht sich der Anschlufs des italischen *en* an vocalisch auslautende Flexionsformen: oskisch *hortin = hortei en, fiisnim = fiisnai em*, umbrisch *toteme (= totem) Iovine = tote em Iovine*, lateinisch *illim* und die übrigen Locative mit Postposition[3]), wohin ich *sublimen* zu ziehen geneigt bin.[4])

Ich habe hierbei nur die o-Declination berücksichtigt; eine einfache Bestätigung geben die Adjective in *is. simile* neben *similis* ist nichts als verschiedene Aussprache desselben Wortes[5]), indem nach Abstofsung des *s* das kurze auslautende *i* zu *e* geworden ist, ein Vorgang über den ich unten ausführlicher sprechen werde. Diese Form in *e* erscheint in der Verbindung mit *est*. Diese Verbindung wird also nach Abstofsung des *s* eingegangen. Zunächst bezeugt eine Reihe solcher Fälle Nonius: p. 224 *simile est pro similis est* mit 3 Citaten (Naevius Novius Titinius); p. 198 *culest pro qualis est* (Ampli. 537 *quale est BD*, *qualis est E*, 538

---

1) Miles 249 *miles in uno A*, richtig *P in uno miles.* — Ter. Eun. 626 *miles intendere* Bembinus von erster Hand, richtig *tendere.*

2) Vgl. *tutes = tute es* Mil. 1155. — Men. 614 *miseres B¹CD* für *misera es,* Pseud. 188 *amices B (-is CD)* für *amica es (A)* sind nur vulgäre Schreibungen.

3) Rh. M. 38 p. 19, Degering Beitr. zur hist. Synt. p. 13.

4) Vgl. Bücheler 241 *cogitato te hominesse.*

5) Richtig Lachmann Lucr. p. 29, vgl. Bücheler Grundr. p. 18 sq. W., Rhein. Mus. XXIX p. 196; falsch Ritschl op. II 616 sq.

qualest); p. 227 *tale pro talis* (Titin. v. 106, im Verse steht *nulla est
tali Setiae*, aber L. Müller hat mit Recht *talest* angesetzt); p. 218 *pingue
est pro pinguis est* (Novius).[1]) Diese Anführungen machen noch, da sie
einzelne Stellen betreffen, den Eindruck, als ob wir es mit vereinzelten
Schreibungen zu thun hätten; in der That steht die Sache so, dafs die
plautinische Überlieferung, und das wird in diesem Falle Plautus bedeuten, gar keine andere Endung des mit *est* verwachsenen Adjectivs
kennt als *-e*; es ist kein einziges mal *-ist* überliefert[2]), wie *-ust* so oft,
sondern entweder (wie auch *-us est* in den meisten Fällen) *-is est* oder
-e est oder *-est*, mit den geläufigen Corruptelen. Aul. 324, wo die
Handschriften *nundinalis est* haben, gibt Festus *nundinale est*; Truc. 170
similis est CD, *similest B*; Merc. 451 *communis est CD*, *communest B*;
Men. 1063 *consimilis est B*[2] in Rasur, *consiliaest CD*, in A ist *-les* oder
-le zu lesen. Übereinstimmend ist überliefert *simile est* Ampl. 442. 443.
601 Bacch. 6 Truc. 505. 507, *facile est* Trin. 679, *exorabile est* Stich.
74 (*-ist* oder *-est*, d. h. *-est* in A). Rud. 977 bedeutet *commune est* der
Handschriften *communis est*. Rein überliefert ist *-est* Ampl. 538 (s. o.),
verdunkelt ist es Merc. 1005 *utibile si*, Trin. 828 *nobiles* (*is B*), Stich.
765 *prostibiles*.[3]) Mil. 1062 kann *vilest* und Asin. 8 *brevest* die geschlech-
tige Form bedeuten. Es ist nicht gestattet, Capt. 518 *sperabilist* (*-is est*
die Handschriften) oder Bacch. 440 *septuennist* zu schreiben. Ich wieder-
hole dafs wir die Thatsache vor uns haben, dafs erst nach Abwerfung
des *s* die Adjectiva des *i*-stammes die Verbindung mit *est* eingegangen sind.

Dafs uns in dieser Erscheinung bei Plautus eine Eigenheit der
älteren Sprache entgegentritt, bestätigt das Verhalten der folgenden Dichter.
Für Titinius und Novius, Hauptvertreter der ursprünglichen Latinitas,
bezeugt Nonius denselben Gebrauch[4]); der Vers des Caecilius 85 ist bei
Festus geschrieben *nam ista quidem noxa muliebrem et magis quam viri*,
das bedeutet *muliebre est*.[5]) Aber Terenz vermeidet die Contraction
eines Adjectivs in *-is* mit *est*, er hat weder *facilist* noch *facilest* oder
facile est; ja er verbindet sehr selten ein solches Adjectiv mit *est*: Heaut.

---

1) Capt. 439 *fac fidelis sis fideli*, dazu Nonius p. 512 *fidele pro fideliter:
Pl. Capt. fac fidele*; auch *pingue est* führt er als neutrum pro masculino an.
2) Asin. 329 *satis est DE* richtig, *satis st B*.
3) Wölfflins Archiv IX p. 166.
4) Pompon. 98 *nunc roges quid fiat. restis vilis est, velet gulam* (Nonius)
haben die Handschriften *biles est* (*bile est* Bernensis *B*, *bilest est* Harleianus[1]):
das deutet auf *vilest*, vielleicht *vilest, ea*, mit deutlicherer Paronomasie.
5) Caecil. 33 *ita celeris est* (31 *itane est immemoris?*).

45 *si lenis est, ad alium defertur gregem,* 620 *nescio quid tristis est,* 1020
in einem zweifelhaften Verse *similis est,* im Versschlufs Phorm. 558
vilis est, Ad. 276 *mitis est* und einige mal *potis est*; viel mehr Fälle
werden nicht zu finden sein. Dagegen setzt er *est* vor das Adjectiv:
est similis Ad. 411 Heaut. 393 (1019) Phorm. 501; Eun. 304 *quid tu
es tristis quidve es alacris?* Mir scheint diese Enthaltung sehr bezeichnend für das Bestreben des Terenz, sich der reinen und unanfechtbaren
Sprachform zu bedienen. Als allgemeinen Gebrauch ansehen was bei
ihm bewufste Feinheit ist darf man, auch wenn man Titinius und die
Atellana ausnehmen wollte, nicht ohne weiteres; ein Vers des Turpilius
(79) gibt *Rhodiensis est* im Werthe von 4 Silben, ohne dafs man sagen
könnte wie er die Contraction gesprochen und graphisch ausgedrückt
hat. Doch zeigt Terenz den Weg der folgenden Entwicklung. Die Verbindung der Adjectiva in -*is* mit *est* wird in der daktylischen Poesie
lange Zeit hindurch vermieden. Dafs sich bei Lucilius aufser *satis est,
potis est* nichts findet, kann Zufall sein. Aber Lucrez hat zwar *satis
est* (VI, 704), *potis est,* aber auf kein lebendiges Adjectiv in *is* folgt bei
ihm *est,* weder *levis est* verwendet er noch *facilest* oder *facilist.* Im
Leben hat man sicherlich noch *facilest* = *facilis est* gesprochen und
es war zwischen Umgangssprache und Schriftsprache der Ausgleich in
diesem Punkte noch nicht vollzogen worden.

Anders als die Adjectiva verhalten sich nach der Überlieferung die
Substantiva in *is* wenn *est* an sie herantritt. Zwar ist, wie andere Wortformen in *ĭs,* über die ich unten sprechen werde, der Genetiv *mercedis*
Aul. 448 *mercede* geschrieben, zwar nicht vor *est* überliefert *(plus iam
medico mercede opus est),* doch war vor *est* seine ursprüngliche Stelle
(mercedest opus). Aber Rud. 761 steht in *A Venerist (Veneris est P)*[1]),
Merc. 672 in *B onerist (oneris est CD),* Mil. 240 *lacti est* = zweisilbigem *lactis est* (doch mit Verstümmelung des Wortlauts); und von den
beiden einzigen Nominativen der Art, die in Contraction mit *est* vorkommen, ist *mercis est* Pseud. 954 *mercist* geschrieben; Aul. 421 *testis
est.* Terenz hat auch diese Verbindungen vermieden. Heaut. 82 dreisilbiges *laboris est* (Bembinus und Calliopius) bedeutet den Dativ wie
Ad. 929 dreisilbiges *uxoris est* der Handschriften (Bembinus fehlt).

---

1) Vidul. frg. 4 *Veneris est* unsicher ob 3 oder 4 Silben. Truc. 259 *sat
mihi tuae salutis,* nicht *salutist A (satis mihi est tuae salutis P).* Most. 478
erklärt sich die Überlieferung vielleicht besser aus *scelerist* als *est sceleris.*

similis ist über *simili* zu *simile* geworden. *ĭ* im lateinischen Auslaut klingt nach *e* und wird zu *e*[1]), da das lateinische Alphabet kein Ͱ
hat, das ihm so nöthig gewesen wäre wie dem oskischen: *mare, ovile,
ante*. Sobald das auslautende *i* jambischer Wörter kurz wird, so dafs
die Länge nur durch das Belieben des Dichters erhalten bleibt, tritt *e*
für *i* ein, häufig geschrieben und wohl stets gesprochen: *herĕ quase
nise sibe tibe ube mihe*; so die Ablative *bove (bovid) ove mare*. Nur
griechisch empfunden wurden *cummi* und *Minoidi*. Die inschriftlichen
Beispiele sind natürlich nicht zahlreich, aber sie fehlen weder in alter
noch in junger Zeit. *tribunos militare* (C. I. L. I 63. 64) und *Dite
pater* (818) habe ich oben angeführt; sicher ist *suavei* = *suave* (wie
sonst *sibei ubei* = *sibe ube*) in *Protogenes suavei heicei situst mimus*, obwohl über die Synalöphe leider nicht sicher zu urtheilen ist. *quisque*
steht für *quisquis* im Senar in zwei afrikanischen Inschriften Bücheler
133 *quisque praeteriens titulum scribtum legeris*, als *quisquis* empfunden;
aber *quisque* hat sich in gleicher Bedeutung, vielleicht schon früh[2]), isolirt,
vgl. z. B. Apoll. Sidon. ind. p. 475 und viele Inschriften wie C. I. L. VI, 29 945
quisque huic tutulo manus intulerit, sale et aqua desideret neben ähnlichen
mit *quisquis*, oft wie *quisque legis titulum, moenia quisque dolet*, Bücheler 723. 890. 913, 3. 983, 1 (673 *quisque vides tumulum: quisquis* im
Petropolitanus, der die Inschrift erhalten hat).[3]) Derselbe Lautvorgang
hat zur Entwicklung von *sequere*, über *sequeri*, aus *sequeris* geführt. Die
herrschende Ansicht, dafs *sequere* = ἕπεσο die ursprüngliche Form und
sequeris eine secundäre lateinische, durch Anlehnung an die 2. pers.
act. zu erklärende Neubildung sei, ist meines Wissens zuerst mit allem
Zweifel und Vorbehalt von Speijer mém. de la soc. de ling. 1884 p. 189
aufgestellt worden; jetzt wird sie in den Handbüchern als Thatsache
mitgetheilt.[4]) Eine solche Umdrehung des Sachverhalts ist nur erklärlich durch die mangelnde Einsicht in das Verhalten des *s* im lateini-

---

1) Wo es verstummt verstummt es als *e*, nicht als *i*.

2) *quisque* = *quisquis* bei Plautus ist wie ich glaube hiernach zu beurtheilen: Asin. 404 *quisque obviam huic occesserit;* sonst öfter *quemque*, aber
stets vor Vocalen. *quique* s. zu Men. 549.

3) Bücheler 977, 1 *aetate hic parva iaceo, lacrimabile semper;* 1043, 3 *te,
Tellus, sanctosque precor pro coniugis* (= *coniuge*) *Manes, vos ite* (= *sitis?*)
placidi, tu levis ossa tegas. Anderes S. 273.

4) Brugmann Grundrifs II p. 1378, Stolz Hist. Gramm. I p. 346, Neue-
Wagener Formenl. III p. 201.

schen Auslaut; die Einsicht ist einzig und allein aus den Texten zu
gewinnen. Dafs das Überwiegen von *loquere* gegen *loqueris* bei Plautus
und Terenz[1]) beweise, -*re* überwiege 'noch' in der älteren Sprache, ist
ein Irrthum. Wir haben in der älteren Litteratursprache lediglich eine
Entwicklungsphase der Formen in -*ris* vor Augen, in der -*ris* im Begriffe war zu verschwinden und dem -*re* völlig hätte weichen müssen,
wäre nicht die Kunstsprache und die stadtrömische Welt- und Gesell-
schaftssprache für seine Erhaltung eingetreten. Wenn wir nicht die
Fibula von Präneste und die Dvenosinschrift hätten, so wären *Fourio
Cornelio Aprufclano* die 'historisch' ältesten Schreibungen. Wer sich
der lateinischen Sprache gegenüber, die auf einer so späten Stufe ihrer
Entwicklung überhaupt bekannt wird, nicht bewufst bleibt dafs das
relativ älteste meist etwas junges ist, der wird von dem Begriff des
Historischen keinen guten Gebrauch machen.

Die Formen *sequeris sequere, sequaris sequare* sind in der That nur
je eine Form, deren Verwendung in einer von beiden Erscheinungsformen
Plautus frei steht.[2]) In seiner Zeit war das *s* dieser Formen so gut wie
verwittert, die Aussprache ohne *s* bereits so weit durchgedrungen, dafs
man auch *e* schrieb; für ihn ist die Form mit vollem Auslaut eine Seltenheit, er setzt die Formen in *s* nicht anders als die Ablativformen in *d*.
Es war wie bei den Ablativen in diesem Falle irrelevant, ob das *s* geschrieben wurde, Plautus konnte Merc. 581 schreiben (überliefert *atque*
statt *et*)

nunc tú sapienter loquere ét amatorie

und *loqueris* meinen, oder *loqueris* schreiben (denn dem Gedanken entsprechen nur die überlieferten Worte), oder Bacch. 720

quid tu loqueris? hoc út futuri sumus. ubist biclinium?

wie er im Auslaut des trochäischen Verses schreiben konnte *mentiris*

---

1) Übrigens ist bei Terenz der Zustand noch 'älter', s. u.

2) Es ist auch überliefert *mirarĭ* Pseud. 442 (*P*), *fateri* 488, *osculari* Epid.
583 (*B*, vgl. *fungari* Asin. 813 *D*), wie Mil. 450 *ibi* = *ibis*, Men. 822 und 823
exmigrasti, Most. 528 *invocabi* (richtig *invoca*), Cist. 3 *aperuisti*, Curc. 367 *ventri*
(*ventris* Nonius), Mil. 386 *Palaestrioni somnium*, wie in späteren Inschriften sich
oft bei Verlust des *s* das *i* hält, z. B. C. I. L. XII, 2037 (Vienna) *murus com-
muni*, IX, 2600, 5 (Terventum, ein *flamen D. Traiani*) *aedili*, 2111 *Iunoni*, VI
30112, 9 (Bücheler 543) *membra — corpori*. Ennius trag. 40 *virginali modestia*
möchte man den falschen Daktylus aus der engen Wortverbindung erklären,
wenn nicht auch der ersten Hälfte des Wortes etwas fehlte; *sati, nimi, poti* s. u.
Marius Vict. p. 9, 12 bezeugt den Genetiv *nemini* und sieht auch *frugi* als Genetiv an (Bergk Beitr. 78. 98). Was hiervon alt ist mufs eben als nach -*e* schwan-
kendes -*i* angesehen werden.

nunc (Amph. 344) gleich *mentire.*[1]) Das Bewufstsein von der Existenz
des *s* war also in Plautus' Sprachperiode so lebendig wie das von seiner
Schwäche. So finden wir denn bei ihm ein halbes Hundert Verse[2])
wie *quid tüte tecum loquere? abscede ab ianua,* aber daneben Amph. 369
dt mentiris etiam, certo pedibus, non tunicis venis, Mil. 1171 *quásique
eius opuléntitatem reverearis, et simul,* Pers. 744 *te quóque etiam ipsum
ut lamenteris. occidi,* Poen. 1088 *profécto uteris ut voles operam meam,*
Trin. 789 *nonne árbitraris eum adulescentem anuli* (dazu Merc. 581, vgl.
Amph. 702) und mit betonter Position machender Silbe Trin. 1 *sequere
hác me, gnata, ut munus fungaris tuom,* Capt. 963 *eia, credo ego imperito
plagas minitaris mihi,* Asin. 611 *cur érgo minitaris mihi te vitam esse
amissurum,* vgl. Pseud. 237, Cas. 203.[3]) Er setzte also das *s* nach Belieben, er stiefs es ab vor Consonanten und es hinderte nicht die Synalöphe, wenn ein vocalischer Anlaut folgte. Diese Schwäche des *s* der
2. pers. sing. pass. bestätigt die zunächst folgende Entwicklung. Terenz
hat nach der Aufzählung von Engelbrecht (p. 81) 17 mal Synalöphe und
kein einziges *s*, dessen Erhaltung der Vers erfordert. Die handschriftlichen Schreibungen sind natürlich diesem Sachverhalt gegenüber gleichgiltig. Am Ende des Jahrhunderts war also das *s* dieser Formen so
vollkommen geschwunden wie das *s* des nom. plur. und das *d* des Ablativs. Auch Lucilius hat zwar *quo facetior videare et scire plus quam
ceteri* (841) u. a., aber ein sicherer Fall des erhaltenen *s* liegt nicht
vor. Wir können nur sagen, dafs hier eine Zeit lang die Entwicklung
vollzogen gewesen ist, die dem nach kurzem Vocal auslautenden *s* überhaupt drohte. Gerettet wird auch dieses *s* Ennius haben; es erscheint
wieder bei Pacuvius (379 *machinam ordiris novam*), Lucrez, nur einmal
(nach der Aufzählung bei Neue-Wagener III p. 206) vor Vocal: I 974
alterutrum fatearis enim sumasque necessest (neben *confiteare alia ex
aliis constare elementis*), aber dreimal (II, 36; III, 1051; VI, 649) wie
ut reminiscaris summam rerum esse profundam; Catull hat *cum roga-
beris nulla, cui videberis bella,* öfter wie *non bene uteris in ioco atque*

---

1) Curc. 41 *obloquere* sagt Phaedromus, *fiat maxume* antwortet Palinurus:
der Herr hatte *obloqueris* gemeint, er thut so als ob er den Imperativ verstehe.
S. u. zu Cist. 573. Ich brauche nicht besonders zu sagen, dafs 2. pers. *loquere*
und imper. *loquere* (-εσο) verschiedene Bildungen sind. — Truc. 299 *videare P,
videaris A,* Trin. 480 *fabulare P, fabularis A,* Rud. 792 *minitare A, minitaris B,
minitares CD.*

2) Aufzählung bei Engelbrecht stud. Ter. p. 85, vgl. Nencini Stud. Ital.
di filol. class. III p. 113 sq.

3) Aul. 211 *düm quidem néquid perconteris quod mihi non lubeat proloqui*
häufen sich die prosodischen Härten, *mihi* ist gewifs mit Recht gestrichen.

vino, eine Singularität ist bei ihm nun wieder *irascere iterum meis iambis*; dann mit oder ohne *s* Vergil Horaz Properz.[1])

Unter den gleichen Gesichtspunkt fallen *magis satis potis nimis*; sowohl dies als dafs der Gesichtspunkt der richtige ist läfst sich für diese Adverbien mit noch gröfserer Deutlichkeit als für die zweiten Personen des Passivs erweisen. Auch hier zeigt sich die übliche schiefe Auffassung der ganzen Erscheinung darin dafs *magis* und *mage*, *potis* und *pote* als verschiedene Formen geführt werden.[2]) Sie sind es so wenig wie *fabularis* und *fabulare*, nur die Aussprache und danach die Schreibung ist verschieden. Lachmann sagt zu Lucr. VI, 1262: *mage ultima vocali elisa non dicitur in versu hexametro, cum e contrario in Plauti ac Terenti fabulis non inveniatur nisi ante vocales scriptum.* Und danach ist oft wiederholt worden, dafs *mage* bei Plautus nie anders als vor Vocalen steht.[3]) Während also in Ennius' Hexametern geschrieben wird *sed magis ferro*, bei Lucrez *et mage pollens*, schreibt man (d. h. die Handschriften und darum mit Recht auch die Herausgeber, aber man soll wissen was es bedeutet) bei Plautus *antehác est habitus párcus et magis cóntinens*, dagegen in 10 Versen, die ich hersetze obwohl sie auch sonst zu finden sind:

Asin. 394 nihiló *mage* intus est. ubist?

Poen. 276 quíd habetis qui *máge* immortales vos credam esse quam ego siem?

461 conténtiores *mage* erunt atque avidi minus.

Trin. 1053 si *mage* exigere occupias, duarum rerum exoritur optio.

Truc. 177 *máge amat* corde atque animo suo, si quidem habes fundum atque aedis.

662 argéntum ad hanc quam *mage amo* quam matrem meam.

887 quém ego ecastor *mage amo* quam me

918 quém ego ecastor *mage amo* quam te

Men. 386 áccipedum hoc, iam scibo utrum haec me *mage amet* an marsuppium.

Asin. 66 quippe qui *mage amico* utantur gnato et benevolo.

---

1) Prop. II 8 hintereinander *moriere aetate*, *moriaris oportet*, *moriere tamen*.

2) Brugmann Grundrifs II p. 905 erklärt *pote* als Adverb, acc. sing. neutr. aus *poti* oder loc. auf ursprünglich *-e*, verwendet in *pote sum* wie *bene sum*. Stolz a. a. O. '*mage* dürfte sich nach dem Verhältnifs von *pote : potis* zu *magis* gesellt haben'. Vgl. Solmsen Studien zur lat. Lautgesch. p. 57.

3) Vgl. Müller Pl. Pros. p. 343.

Was heifst denn das anders als das *s* braucht weder vor Consonanten
Position zu machen noch hindert es vor Vocalen die Synalöphe? d. h.
es kann in beiden Fällen abgestofsen werden.[1]) Dafs es grade in der
Verbindung *mage amo* (mit *mage amico*) 6 mal abgestofsen wird, zeigt
wieder wie sich eine formelhafte Verbindung leicht in besonderer Aussprache festsetzt; aber die 4 anderen Fälle zeigen, dafs die lautliche
Möglichkeit nicht an bestimmte Wortverbindungen gebunden ist. Ja
die Erhaltung des *s* vor Vocal (wie Asin. 162 *mágis istuc percipimus
lingua dici quam factis fore*) ist sehr selten, aber nicht, wie das angeführte Beispiel zeigt, auf enclitische Verbindung *(magis est)* beschränkt;
noch seltener die Erhaltung vor Consonant, die ich aber für die ganze
Wortgruppe gemeinsam besprechen will. In der Überlieferung erscheint
gelegentlich auch *magis* vor Vocal im Werthe von *mage*:

Curc. 463 hálapantam an sycophantam magis esse dicam nescio
(die Handschriften gegen Nonius geben noch *hunc* vor *magis*, das nach
esse fälschlich als *hoc* wiederholt ist),

Epid. 453 pol égo mag*is* unum quaero qui hoc dicat mihi

Capt. 466 néque ieiuniosiorem néque magis ecfertum fame,

obwohl die letzten beiden (zu Capt. 466 vgl. Spengel Philol. XXXVII
p. 436) auch andere Lösungen zulassen; wobei zu beachten ist, dafs
von den 10 Versen, zu denen Curc. 463 hinzukommt, nur einer (Asin.
394) *mag(e)* als einfache Senkung hat, alle übrigen als erste Kürze der
aus 2 Kürzen gebildeten Hebung (S) oder Senkung (2). Die weitere
Entwicklung hat hier den umgekehrten Weg genommen wie bei der
eben besprochenen Verbalform. Während Terenz nur *fateare* kennt,
hat er *mage* nicht mehr vor Vocalen[2]), aber oft (*magis* geschrieben) vor
Consonanten. Es ist die von den übrigen Dramatikern befolgte, von
Ennius gegebene Regel: einmal findet sich in Ennius' Fragmenten, mit
dem encliticum, *magisque* amphibrachisch (Ann. 288), 7 mal *magis* mit
abgestofsenem *s* vor Consonanten. Bei dieser Regel bleibt es, wie Lachmann gesehen hat, in der Folge. Für Lucrez hat dies noch Sinn, für
die folgenden, die das *s* überhaupt bewahren, nicht mehr. So erscheint
denn, sobald das *s* im Auslaut allgemein fest geworden, *mage* im Verse
nur noch vereinzelt (Neue-Wagener II p. 595), d. h. es ist nicht oder
nur von Einzelnen als selbstberechtigte, für sich stehende Form, wie

---

1) Die ausgeschriebenen Stellen genügen, um die Unrichtigkeit von Gröbers
Ansicht (Wölfflins Archiv III p. 521) zu erweisen.

2) Hec. 249 *quo tu si idem faceres, magis in rem et vostram et nostram id
esset* ist schwerlich richtig überliefert (Fleckeisen streicht *id*).

sat, angesehen worden; bei Properz 3 mal vor Consonanten; Ovid trist. II
479 darf man nicht anführen; bei Vergil das eine mal X, 481 *aspice
num mage sit nostrum penetrabile telum*, wo nicht nur der Romanus,
sondern auch Charisius 278, 22, Diomedes 441, 32 (trotz der Handschriften) und Consentius 388, 22, alle aus einem Zeugnifs, die Schreibung *magi*[1]) bekunden: einer der wenigen Fälle, in denen das *emendaturus erat* auch auf Erscheinungen der Wort- und Versform zu beziehen ist.

Neben *satis* steht *sat*, das *sati*[2]), *sate* voraussetzt. Die zweisilbige
Form ohne *s* ist nicht nachzuweisen[3]); einigemal ist in den Plautushandschriften *satis* geschrieben, wo nach der uns geläufigen Schreibung
sat dafür eingesetzt wird: Pers. 839 *néc satis liber sibi videtur nec
satis frugi nec satis honestus B (sat honestus CD)*, Capt. 928 *sátis iam
dolui ex animo, et cura me satis et lacrumis maceravi*, wo *A* ergibt:
satis iam dolui ex animo et cura, satis me lacrumis maceravi, was entschieden zurücksteht[4]), Aul. 187 *pól si est animus aequos tibi, satis habes
qui bene vitam colas*, wo der Proceleusmaticus vor der Diärese unstatthaft
ist (vgl. zu Amph. 513), Curc. 111 *pol ut praédicas, vindemia huic ánni
non satis est sóli*, wo *satis est* nur 2 Silben füllen darf.[5]) Desgleichen ist
Ter. Phorm. 724 *satis est = sat est* und damit der Vers in Ordnung.[6]) Ob
Plautus einsilbiges *sat* wirklich gekannt hat, das zu beweisen gibt es wohl
keine für seine eigne Zeit und Schrift giltige Instanz, man kann überall
auch die zweisilbige Form einsetzen.[7]) Durchgehend ist dreisilbig *satis est*,
zweisilbig *sat est* überliefert, nicht *satist*, so wenig wie *potist*; also *satis
est* und *satest* wie *potis est* und *potest*, *satero saterat* wie *potero poterat*,
in genauer Analogie. In diesem *satest* aus *sate est* liegt auch, wie ich
annehme, der Ursprung von *sat*, das sich isolirt hat, während *pot* auf

---

1) Bücheler 495, 4 *set magi lascivos suabes Bacchoque madere* (schlecht
geschriebne und versificirte Inschrift); dagegen 556, 3 *quae magis debuerat fessos
sepelire parentes*.

2) C. I. L. V, 4488 (*Brixia*, constantinische Zeit) *sati* nach *ampliu*.

3) Lindsay Class. rev. 1894 p. 159 sucht *sate* in der Überlieferung von
Stich. 620 (vgl. Most. 888), oben S. 11. — Mil. 750 *sata est*, 755 *sata erant*
(richtig *erat*).

4) Obwohl sich für *ex animo et cura* Analogien anführen lassen, Ausdrücke wie Epid. 149, Cist. 76.

5) Truc. 259 *satis P*, *sat A*, bei verschiedener Fassung des Verses.

6) *sat* der jüngere Calliopiustext. Phorm. 768 *satis erat* Bembinus gleich
sat erat. Ad. 621 *satis adhuc* Calliopius gleich *sat*; Bücheler 204, 3 als Senarschlufs *satis est = sat est*, freilich sehr mangelhafte Verse.

7) Auch z. B. Trin. 636 *sátis sapio* im Anfang des Septenars.

den Tonanschlufs beschränkt blieb: erklärlich, da nicht einmal *potis* ein dauerndes Einzelleben geführt hat. *pote* aber steht nicht nur im Anschlufs *potest*, *potesse*, *potui*, sondern allein; daneben *potisset* Mil. 884, was *poti* voraussetzen würde[1]), aber die Schreibung kann so wenig beweisen wie Lucil. 182 *potisset (potis esse potisset* ungefähr die Handschriften) und gar 184 *potisse*, da *potissit* daneben existirt.[2]) Die blofs enclitischen Formen, *potissum* u. s. w., bleiben eine Zeit lang neben den contrahirten bestehen.

Neben *potest* und *satest* steht *magis est*, nicht *magest*, und *nimis est*, nicht *nimist*, wie man Amph. 828 schreibt. Dafs *nimis* überhaupt in die Reihe von *magis mage*, *potis pote*, *satis sat* gehört, mufs freilich erst bewiesen werden. Ein Fall von *nime* = *nimis*[3]) liegt in der Überlieferung vor: Pseud. 1274 *nime ex disciplina*.[4]) Aber der Beweis liegt in einer Beobachtung, welche die ganze Wortgruppe betrifft.

Um den Grad der Festigkeit eines Auslauts zu ermitteln, ist es nicht genug, die Fälle ins Auge zu fassen, in denen der Auslaut thatsächlich unwirksam erscheint; wir müssen auch die Frage aufwerfen, in welchen Fällen er thatsächlich wirksam erscheint. Dieser Fall tritt bei auslautendem Consonanten nach kurzem Vocal entweder ein wenn der Consonant vor vocalischem Anlaut die Synalöphe hindert oder wenn er mit folgendem consonantischen Anlaut Position macht. Bei Wortverbindung, sei es wirklicher Anschlufs oder nur Zusammenwirken im Satze, halten sich auch verschwindende Consonanten; dafs ein auslautender Consonant nach kurzem Vocal noch lebenskräftig ist (wohlverstanden in der Zeit, um die es sich handelt), kann man erst behaupten wenn die Positionslänge zweifellos vorliegt.

Bei Horaz, Phaedrus, Seneca findet man ohne viel Suchen Verbindungen wie *magis relictis*, *satis profecto*, *nimis saeva impero*. Bei Plautus finden sich *magis satis nimis* überaus selten so im Verse verwendet.

Um mit *nimis* anzufangen, so gibt es in den Versen vor Plautus und bei Plautus selbst keinen einzigen sicheren Fall von *nimis* vor Consonanten. Men. 753—759 sind baccheische Tetrameter, von 762 an

― ――

1) Nicht *potis'sset*, so wenig wie *situs'st* (Brugmann Grundr. II 905). — Überliefert *poti est* dreisilbig Poen. 846, *potis est* zweisilbig Truc. 170.

2) *potesset* ist freilich auch nicht vorhanden. Mil. 884 wird *potissit* das richtige sein. Lachmann Lucr. p. 316 reicht nicht aus.

3) Pers. 822 *nimi B.*

4) Vgl. zum Ausdruck Cas. 917 *nimis immerito meo*.

sind Baccheen mit jambischen Kola verbunden; 760 ist überliefert *quas*
si autumem omnis, nimis longus sermost: den Hiatus zu Anfang zu heben
ist leichte Mühe, aber der Steg, der sicher über die zweite Hälfte des
Verses zu führen scheint, ist morsch; *nimis* als Jambus kommt nur hier
vor, wenn man es hier ansetzt. Wahrscheinlich ist es, dafs, wie so oft,
der Vers aus 2 cola Reiziana besteht. Capt. 102 mufs so emendirt
werden (es fehlt ein Wort), dafs *nimis quam cupio* bleibt. Epid. 404
kann *num nimis potest* aus metrischem Grunde nicht der richtige Vers-
ausgang sein. Auch *nimisque* kommt nicht vor, weder Pseud. 1019
noch Rud. 920 ist es anzusetzen.[1]) Es gibt aber auch bei Terenz nicht
einen Vers, der *nimis* in Position hat, so wenig wie bei den anderen
Scenikern oder sonst in älterer Poesie. Caecil. 131 ist *credó, nimis*
tándem hoc fit verniliter richtig überliefert und weder *tamen* besser[2])
noch *hoce* gut; vor *fit* mag *abs te* oder dergleichen ausgefallen sein.
Noch bei Lucrez gibt es kein Beispiel von *nimis*; die Enthaltung dauert
also so lange das *s* im Auslaut überhaupt sich schwach zeigt. Catull
ist der erste, der *nimis* vor Consonanten als Jambus verwendet: *res est*
ridicula et nimis iocosa, a nimis fero corde, mea libere nimis qui fugere
imperia nequit; im Hexameter erscheint es meines Wissens zuerst in den
von Cicero a. 709 und 710 übersetzten Iliasversen (de div. II und Tusc. III):
tarda et sera nimis, sed fama ac laude perenni. namque nimis multos
atque omnis luce cadentis cernimus, dann bei Vergil (Aen. IX, 472 *nota*
nimis miseris).

Für *satis* ergibt sich ein ähnliches, doch nicht so reinliches Resultat. Im Saturnier Naevius v. 36 Z. ist die Messung gegeben *néc*
sátis sardare. Bei Plautus ist Asin. 437 nicht *iam pro eis satis* sondern
iam pró eis sátis fecit Sticho zu messen, v. 446 *heús iam sátis tu*, Pseud.
1273 nicht *satis facete*. Trin. 259 und 321, beide corrupt, gestatten
sátis quod und *sátis placet* (vgl. Ter. Ad. 239). Amph. 648 endlich ist
satis mi ésse ducam metrisch so möglich wie *satis mi esse ducam*, dieses,
wie sich gleich herausstellen wird, auch prosodisch nicht zu verwerfen.
Es bleiben 5 Stellen bei Plautus, die durch Position jambisches *satis*
zeigen:

---

1) Aul. 61 *nimisque ego hanc metuo male*, Mil. 1003 *nimisque nitida fe-*
mina, 1141 *nimisque facunde malast*, Truc. 247 *nimisque probus dator*, 469
nimisque paucae, Capt. 913 *nimisque hércle ego illum male formidabam*, vgl.
Ter. Heaut. 1046, Caecil. v. 250; sonst *nimi(s)* zweimal (Pseud. 249) oder dreimal (Pseud. 1243, einmal *nimis illic*) im Verse.

2) Men. 696 *nimis iracunde herc!e tandem*, Pers. 168 *nimis tándem me*
quidem pro barda et pro rustica reor habitam esse abs te.

Poen. 215 neque eis ulla ornandi satis satietas est.[1])
227 popló quoilubet plus satis dare potissunt.
Trin. 227 sed hóc non liquet nec satis cogitatumst.

Dies sind 3 baccheische Tetrameter, alle drei ihrer Umgebung nach ein Reizianum als zweites Kolon nicht zulassend, in allen dreien an gleicher Stelle, nach der Diärese, das sonst vermiedene *satis*; als viertes zweifelhaftes Beispiel ähnlicher Art kann man Amph. 648 hinzuthun. Offenbar handelt es sich um eine besondere Freiheit oder Feinheit in dem von Plautus mit besonderer Subtilität behandelten baccheischen Verse. Der vierte jener 5 Verse ist gleichfalls von gewähltem und ungewöhnlichem Metrum, Amph. 168, aus dem jonischen canticum des Sosia:

nóctesque diesque assiduo satis superquest.

Es bleibt noch ein Vers, der einzige Trimeter: Mil. 584

nam uní satis populo impio merui mali.

Dafs so zu lesen ist habe ich in Wölfflins Archiv IX p. 165 gezeigt[2]); aber es ist nicht zu scandiren *nam uni satis*, sondern *nam uní satis pópulo*: die Überlieferung hat einen Hiatus wie unzählige Verse, wie genau derselben Art z. B. Poen. 694 *quam regi Antiocho oculi curari solent (AP)* oder 1090 *inimico possum, amico insipientiast*. Es ist leicht ihn durch Umstellung zu heben.

Bei Terenz steht es ähnlich. Phorm. 196 wird mit Recht trochäisch, nicht jambisch gemessen *(sátis pro imperio)*; Ad. 309 (vorher *non intellego*) gibt der Bembinus *satis* (verschrieben *satius*) *quae loquitur*, Calliopius *satis quaé loquatur*: für letzteres spricht And. 737 *ego quid agas nihil intellego.*[3]) Eun. 1010 *non póssum satis narrare* ist *non pótest satis narrari (B? DE)* Verschlechterung der Lesart des Calliopius *non sátis potest (CFP)*. Ad. 313 *satis mi id habeam supplici, dum illos ulciscar modo* ist interpolirt (Guyet, Dziatzko) oder doch verstümmelt. Auch Phorm. 915 ist *satis superbe inluditis me* nicht gesichert, Calliopius hat *satin*, sicher nicht schlechter.[4]) Es bleiben 2 Verse mit jambischem *satis*: Eun. 577

comméndat virginém. A. Cui? tibine? C. Míhi. A. Satís tuto
tamen

---

1) Der vorhergehende Vers *neque umquam satis hac duae res ornantur* ist interpolirt.
2) Ebenso Palmer Hermath. XX (1894) p. 64.
3) Epid. 239 *nec satis exaudibam — quae loquerentur*, Merc. 707 *sed quae loquatur exaudire hinc non queo*, vgl. Becker in Studemunds Studien I p. 221. Die trochäische Messung von Ad. 309 ist wenig wahrscheinlich.
4) Bentley 'lego *satis pol superbe* ut Heaut. (723) *satis pol proterve*'.

und Heaut. 197

nil magis
vereór quam nequid in illum iratus plús satis faxit, pater.

In beiden Versen würden *sátis tuto tamen* und *sátis faxit pater* bessere
Ausgänge sein als die überlieferten. Von Terenz bis Lucrez wird *satis*
wie *nimis* behandelt. Afran. 227 hat Ribbeck richtig jambisch gemessen:
satis fórtiter. Das einzige jambische *satis* hat Lucilius 1137 *satissit*,
eben nicht jambisch, wie *potissit*. Lucrez hat nirgend *satis*. Aber
wiederum Catull *satis superque*, *satis diu*, *sed non est tamen hoc satis
putandum*, *multa satis lusi*.[1])

Jambisches *magis* ist fälschlich überliefert Curc. 305 *haúd magis
cupis quam ego te cupio*, wo *me* oder *tu me* fehlt; es ist nicht anzunehmen Stich. 7 (*neque id mágis facimus*), Pers. 66, Bacch. 678, Cist. 4,
Most. 903. Auch Truc. 457 darf man messen *súm eo mágis*, doch stellt
sich der bacchische Tetrameter

matér dicta quod sum eo magis studeo vitae

mit Recht zu den unter *satis* ausgesonderten Versen gleichen Metrums;
denn *magis* hat Plautus wie *satis* in baccheischen Versen:

Bacch. 619 malós quam bonos par magis me iuvare.[2])
Truc. 720 moléstusne sum? nunc magis quam fuisti.
Poen. 212 nam nullae magís res duae plus negoti,

dieser letzte Vers unmittelbar vor 215 mit *satis*; die 3 anderen haben
magis am Anfang des zweiten Kolons wie die mit *satis*. Dazu die kretischen Verse

Men. 576 rés magis quaeritur quam clientum fides.
Most. 702 quóm magis cógito cúm meo animo.

Aufserdem hat Plautus noch 5 Verse mit *magis*; Asin. 573

ubi amico quam amicae tuae fueris magis fidelis,

ein Vers, den ich nicht aus diesem Grunde für interpolirt halte; Mil. 539

magís facete vidi et mágis miris modis,

wo man geneigt sein mag, als Veranlassung der seltenen Messung das
Streben nach verschiedener Betonung des doppelten *magis* anzusehen[3]);
ähnlich Pseud. 1214

---

1) *sátis* 2mal im Verse Truc. 240. 243 (*sat — satis* Trin. 636), Ter. And.
820, Heaut. 439; Lucil. 182. Acc. 87 *si sátis recle aut ⟨satis⟩ vera ratione
augurem?*
2) Möglich *magis mé iuvare*.
3) *magis — magis* mit gleicher Betonung Most. 831 Pers. 564 Bacch. 678,
Ter. Eun. 1077 Heaut. 889, Acc. 136 sq., trag. inc. 160, mit ungleicher Bacch.
1091 Mil. 635 Poen. 348, Ter. Eun. 227. 935 Heaut. 425.

édepol ne istuc magis magisque metuo, quóm verba audio.[1])

Es bleiben zwei Stellen, die unter den gleichen Gesichtspunkt fallen:
Men. 594 néc magis manufestum ego hominem úmquam ullum teneri vidi.
Mil. 615 quis homo sit magis meus quam tu es?

in beiden Fällen bildet -*gis* mit den beiden folgenden Silben einen Daktylus oder, wenn man das s nicht wirksam denkt, einen Tribrachys; verwerflich scheint mir die letztere Annahme nicht[2]); sie würde zugleich einen anderen Erklärungsgrund für *satis* Mil. 584 geben.

Während also Plautus *magis* häufiger als *satis* zuläfst, wenn auch selten genug[3]), behandelt Terenz *magis* nicht anders als *satis*. Er hat einmal (Eun. 507) *mágis magisque cogito*, wie Pseud. 1214, und Ad. 179

qui tíbi magis licét meam habere, pro qua ego argentum dedi,

einen ohnedies nicht guten Vers, der etwa mit der Wortstellung *meam m'gis licet* besser klingen würde.

Wie Terenz *magis magisque* so hat Ennius (ann. 288) *postque magisque*, so Pacuvius v. 44 und Afranius 352 *magis magisque*. Dies sind vor Lucrez die einzigen Fälle von *magis*. Nun aber tritt die überraschende Thatsache ein, dafs Lucrez, der *satis* und *nimis* vermeidet, einige 30 mal *magis* hat.[4]) Warum er *magis* auf anderem Fufse behandelt als *satis* und *nimis*, dafür wird man einen Grund schwerlich ausfindig machen; dafs *mage* für ihn überliefert ist erklärt nichts, da auch *sat* neben *satis* steht. Nur das wird man sagen dürfen, dafs ums Jahr 700 das s von *magis* fester war als das von *nimis* und *satis*.

---

1) Bacch. 1078 Rud. 1181 *magis* — *mágisque*, aber Aul. 18 *mínus minúsque;* Ter. Eun. 507 *mágis magísque*, Heaut. 594 *minus minúsque.* — *magísque eándem* Mil. 530, *magísque ádeo* Truc. 216, *mágisque* Poen. 305 Trin. 1038; *minus* — *minúsque id* Bacch. 1103, *minus* — *minúsque* Epid. 428, *minúsque áddunt* Poen. 1204.

2) Dafs die plautinische Versbildung sie nicht ausschliefst, zeigen die Anapäste: Epid. 541 *primú(s) pudicitiam*, Truc. 108 *scitú(s) pol*, auch Accius 243 *sanctú(s) Cithaeron*, 534 *dictú(s) Prometheus.*

3) Ich habe nicht gezählt wie oft *nimis satis magis* bei Plautus vorkommen; nach dem Index von Operarius (Naudet), der bekanntlich sehr unzuverlässig aber für die annähernde Schätzung des Verhältnisses ausreichend ist, *nimis* 108, *satis* 196, *magis* 214mal. Von diesen über 500 Stellen haben reichlich gerechnet ein Dutzend die jambische Messung.

4) Vgl. III 201 *at contra quaecumque magis cum pondere magno asperaque inveniuntur, eo stabilita magis sunt*, sonst zweimal hintereinander VI, 100 sq. 460, II 827; vgl. Catull 38, 3; 64, 274.

potis ist jambisch nach den Handschriften Mil. 781 und 788. Dagegen Capt. 89 liegt kein Grund vor, *potes* zu *potis* statt *potest* zu machen.
Sonst bleibt in der Folge *potissunt* (Ennius, Lucilius), nicht *potis*, aber
pote.[1])
Diese Beobachtung ist viel weiter auszudehnen. Über jambisches
prius vgl. Schrader *ne anne nonne* p. 33. Hinzuzufügen ist aus dem
Prolog des Poenulus 66 *sexennio priús quidem quam moritur pater* (vgl.
93), Men. 276 *prius iam convivae ambulant ante ostium*, wo auch *prius
iám* sicher und der Hiatus zu constatiren ist.[2]) Amph. 324 gibt Nonius
fälschlich *priús domes* für *primum*; Amph. 240 *ánimam omittunt prius
quam loco demigrent* mit syllaba anceps in der Diärese des kretischen
Tetrameters. Im Saturnier Liv. 28 Z. steht frei *út prius fuerunt*. Terenz
hat Eun. 50 *nil priús nec fortius*, vgl. Andr. 258, Ennius *priúsquam*
trag. 239, vgl. ann. 592; Lucil. 613 richtiger L. Müller (26, 12) als Lachmann. Lucrez hat öfter *priús.* — *minús* nur Aul. 18 *minus minúsque*,
ebenso Terenz Heaut. 594 (s. o.), *plus minúsve* Phorm. 554; Pseud.
937 *minús nihilo sit* im Canticum (nicht Rud. 197. 218 Stich. 61);
dann erst Lucrez (I 697 und sonst). — *quibús* Plautus nur Rud. 278
(Baccheen), vgl. Trin. 284; *tribús* Bacch. 956 *tribussunt.* — *sumús* Capt.
86, gewifs nicht richtig; auch Terenz nirgend, Phorm. 633 A unrichtig.
— Der Nominativ *erus* kommt bei Plautus (nach Rassow) 104 mal vor;
davon ist nur Most. 894 *novit erus me* jambische Messung einigermafsen
sicher, in 7 anderen Fällen (Amph. 242. 405 Bacch. 663 Pers. 514
Poen. 1123 Pseud. 1150. 1269) möglich. *coquos* 12 mal, nur einmal
jambisch (Merc. 695). Im allgemeinen zeigt sich, dafs pyrrhichische
Wörter zur Abstofsung des *s* besonders geeignet sind, wie denn auch
noch der eine catullische Vers gibt *tu dabi(s) supplicium.*

Die ganze Beobachtung lehrt uns mehr als eine Eigenschaft der
einzelnen Wörter, sie sichert das Verständnifs der ganzen Erscheinung
und gibt uns eine Probe darauf, dafs wir es bei dem Verschwinden des
s im Verse mit einer wirklichen grammatischen Thatsache zu thun haben.
Viele Sprachforscher, besonders Romanisten, sind geneigt die Abstofsung
des *s* überhaupt als ein conventionelles Mittel zur Erleichterung des

---

1) In die Reihe *satis nimis magis potis* gehört auch *fortassis.* Es ist bei
Plautus zweimal überliefert, Asin. 493 und Bacch. 671, vor Consonanten, ohne
ersichtlichen Grund (vgl. Asin. 499 und 502), *fortasse* oft in Synalöphe. *fortassis et istinc* hat Horaz sat. I 4, 131, sonst verschwindet die Form aus der
Poesie. Ob *necesse* hierher zu rechnen ist (Bücheler Decl. p. 18 W.) mufs zweifelhaft bleiben.
2) S. Kap. VI.

potis, priús u. a.; -is -e 273

Versemachens anzusehen, das die Dichter erfunden und sich gegenseitig concedirt hätten. Jede solche Meinung mufs verstummen, wenn man sieht wie die Dichter den Consonanten nicht nur abwerfen, sondern sich auch in gewissen Wörtern scheuen ihn beizubehalten. Das ist nur denkbar unter der Voraussetzung, dafs der Auslaut in der lebendigen Sprache unkräftig geworden war; in gewissen Wörtern und Wortkategorien mehr als in anderen, und diese zeigen den vollen Auslaut nur in Ausnahmefällen.

6

mage pote nime sat fortasse geben uns mit *bonu est* und *loquare* eine Reihe sicherer Fälle von Abstofsung des *s* vor Vocal, mit und ohne Enclisis, zum Zwecke der Synalöphe. Sie sind in der Bewegung der Sprache entstanden und vergangen, dauernd isolirt haben sich nur wenige Formen; es ist dieselbe Bewegung, durch die *ollus* zu *olle*, vielleicht *necessus* zu *necesse* geworden ist. Zu jenen 3 Kategorien von Wortformen, den Verbindungen mit verbum substantivum, den zweiten Personen sing. des Passivs, den Adverbien in -*is*, tritt nun eine Anzahl vereinzelter Fälle, die wir nach dem Ermittelten mit gröfserer Sicherheit unter diesen Gesichtspunkt zu stellen wagen dürfen.

Zunächst -*e* für -*is*. Wie der gleiche Klang vorausgesetzt ist, auch wo die Schreibung nicht erscheint, zeigt Cist. 573 *servate di med obsecro* beantwortet durch *at me perditis: servate* wird als *servatis* gefafst wie Curc. 41 *loquere* als *loqueris*. Bücheler zu carm. epigr. 90. 76. 77 hat so die Verse erklärt, in denen *lege et moraris* u. dgl. geschrieben ist, wie Venantius die Endungen beliebig gebraucht: V, 6 carm. 33 *rumpite lora iugis et sumitis arma diei* (vgl. ind. p. 403).[1]) Nicht anders stellt sich Asin. 254 dar:

quin tu abs te socordiam omnem reice et segnitiam amove (amoves?)
atque ad ingenium vetus vorsutum te recipis tuom.

Die Stellen in denen die Frage voraufgeht (s. zur Asin.) sind eben dadurch innerlich verschieden. In den Handschriften steht Most. 468 *atigate* statt *attigatis* (Diomedes citirt *attigat*), Pseud. 151 *vincite P (vincitis A)*, Most. 885 *respice B (respicis D, respices C)*, umgekehrt Truc. 674 *noli metueris*; Pseud. 1183 *redde argentum A, reddis P.*[2]) Und so darf man denn auch Poen. 4 sq.

---

1) Bücheler 366 *parcitis heredi et — dedite* in fehlerhaften Versen, aber *parcitis* nur graphisch verschieden von *parcite*. 833 *discitis crescentes pietate redere vostris;* oben S. 261.

2) Ter. Phorm. 515 *optundis. haud longumst id quod orat, Dorio, exoret*

audire iubet vos imperator histricus,
bonoque ut animo sedeate in subselliis,
et qui esurientes et qui saturi venerint:
qui edistis[1]) multo fecistis sapientius,
qui non edistis saturi fite fabulis

als überliefert nur *sedeate* = *sedeatis* ansehen, der in der ganzen Rede
herrschenden zweiten Person entsprechend; ob *venerint* beweist, dafs
sedeant richtig emendirt ist, ist mir zweifelhaft, vgl. Curc. 467 *common-
strabo quo in quemque hominem facile inveniatis loco, ne nimio opere
sumat operam si quem conventum velit (si quis* Fleckeisen).

Cist. 517 bricht Alcesimarchus seine verwirrten Schwüre mit den
an Melaenis gerichteten Worten ab: *tu me delenis, propter te haec pecco,*
darauf die Alte mit ruhigem Spott: *perge dicere.* So passend dies ist, so
unpassend wiederholt sie auf die nun folgende Frage des Jünglings:
anne etiam quid consultura sis sciam? die Aufforderung: *perge eloqui,*
um so unpassender als sie nach dieser zum Sprechen auffordernden,
d. h. ihre eigene Rede abbrechenden Wendung doch die Antwort gibt:
non remittam, definitumst.[2]) Der Fehler liegt aber nicht in *perge eloqui,*
sondern im ersten Theil des Septenars, wo die Überlieferung schwankt:

anne etiam quid consultura es perge eloqui *A*
anne ut etiam quid consultura sis sciam MEL. perge eloqui *P*

in *A* ist *es* für *sis* geschrieben und *sciam* fortgelassen; dadurch gewinnt
ut, das in *P* allein steht, schon äufserliche Gewähr; es führt aber auch
auf den unerläfslichen Gedanken: 'du forderst mich auf weiterzusprechen;
soll ich denn aber auch endlich von dir hören was du beschliefsen
willst?' d. h. *ut — sciam* mufs abhängig sein von der Aufforderung
ihrerseits zu sprechen, die Alcesimarchus mit Wiederholung des Wortes,
das sie gebraucht hat, an sie richtet. *anne etiam* gehört zusammen;
unter der Voraussetzung, dafs *perge* = *pergis* ist, bedarf das in *P* Überlieferte nur leiser Nachhülfe:

anne etiam, ut quid consultura sis sciam, perge eloqui?

---

sine, so der Bembinus unter Septenaren, Calliopius *obtunde,* was ich hiernach
(gegen Dziatzko erkl. Ausg. p. 133) als nur graphische Variante glaube ansehen
zu dürfen, wie denn *optundis* ohne Zweifel besser ist als *optundes;* doch weifs
ich die Corruptel nicht zu heben (*tundendo* Hec. 123). — Acc. v. 433 *creditis me
amici morte imbuturum manus?* ist *credite* geschrieben (*crediti* Leidensis von
1. Hand), von L. Müller richtig aufgefafst (Nonius p. 521, 8).

1) *edisti B.*

2) Vgl. Langen Beiträge p. 190, der die Anstöfse der Überlieferung richtig
hervorhebt.

Darauf Melaenis: *non remittam, definitumst.*
Rud. 1401 ist überliefert:
vápulabis, verbum si adde istúc unum. vel hercle énica.
Der Schlufs ist durch Vergleichung mit Aul. 832 gesichert. *adde* ist als
addis anzusehen, nicht in *addes,* das weitere Änderungen nöthig macht,
umzuändern. Das Futurum im Nachsatz bei Präsens im hypothetischen
Vordersatz ist bekanntlich bei Plautus häufig[1]), von den zahlreichen
Fällen mit vorausgeschicktem Futurum führe ich zur Vergleichung an
Merc. 168 *hercle vero vapulabis, nisi iam loquere aut hinc abis,* Curc. 718
tu autem in nervo iam iacebis, nisi mi argentum redditur, Most. 614
quin feram si quid datur, Bacch. 1034 *sescenta tanta reddam, si vivo,
tibi;* vgl. Bacch. 382 *nunc prius quam malum istoc addis, certumst iam
dicam patri.*

Zu diesen Verbalformen kommen einige Formen von Substantiven
und Adjectiven in *-is* hinzu. Wie *mercede* für *mercedis* Aul. 448 geschrieben ist (s. o.), so *Hercule (CD)* für *Herculis (B)* Rud. 161. Es ist
eine sehr wahrscheinliche Vermuthung von Seyffert, dafs *plure* bei Charisius p. 109 und 211 (Caecus frg. 4, Lucil. 1131) mit *pluris existumo*
Pers. 353 zusammenzunehmen sei.[2]) Rud. 107 ist überliefert
virile sexus numquam ullum habui. at di dabunt,
was Priscian I p. 162 buchstäblich bezeugt mit der Einführung: *Plautus
etiam hoc sexus neutro genere protulit in Rudente.* Da man an neutrales
sexus neben *secus* mit Recht nicht glaubte, setzte man *secus* bei Plautus
ein; wie Nonius p. 222 *sexus* als masculinum erklärt und dann für das
neutrum Stellen mit *secus* beibringt.[3]) Bei Plautus kommt sonst weder
sexus noch *secus* vor; *secus* erscheint bei den Historikern von Sisenna
an, *sexus* ist für Afranius und Pacuvius bezeugt, bei so guter Überlieferung möchte ich es bei Plautus nicht antasten. Es folgt nicht, dafs
sexus generis neutri sei, sondern dafs Priscian schon *virile sexus* gelesen
hat: es ist nur graphische Variante von *virilis sexus.*[4])

---

1) Vgl. Rodenbusch de temporum usu Plautino p. 49 sq.; von Marx in der
Rhetorik ad Herenium hergestellt, s. p. 177.
2) Vgl. Wölfflin Archiv IX p. 107, Lindsay Journ. of phil. XXI p. 199, die
aber beide den Ablativ anerkennen. — *pluris* Rud. 966.
3) Festus 334 hat Scaliger mit Unrecht beigezogen (*secus* Adverbium, dann
sexu Ablativ). — Arnob. p. 40, 25 R. steht in der Handschrift *sexum virile de-
signet* (in der ed. princ. corrigirt), s. u. *penum erile* (S. 277).
4) Lehrreich ist für solche Schreibungen die Überlieferung des Lucrez;
dessen Handschriften bieten II 18 *mente* = *mentis* (*mensque* ist eine Änderung,
mentis nicht; vgl. III 240), 623 *numine* = *numinis,* V, 949 *umore* = *umoris,* 1410
dulcedine = *dulcedinis,* I 591 ist *inmutabilis materiae* geschrieben *inmutabiles;*

18*

Von ähnlicher Art ist die Glosse Nonius p. 192 *aetas feminini est generis — masculini*: Plautus *Trinummo* (1090)

próptcr eosdem quorum causa fui hoc aetate exercitus.

Ritschl bemerkt dazu (Proleg. p. 84): *quam ego scripturam e comparata 'hoc aetatis' constructione ortam puto.* Bergk Beitr. p. 149 erklärt *hoc aetate* für identisch mit *hoc aetatis, hac aetate* sei aus jenem corrigirt; er nimmt Synalöphe mit *exercitus* an und stützt sie durch *mage amo.* Es kann, wie mir scheint, kein Zweifel sein, dafs für die Überlieferung, der Nonius den Vers entnommen hat, Bergk das richtige erkannt hat, dafs also *aetate* = *aetatis* als eine im 2.—3. Jahrhundert in einer Plautusausgabe vorhandene Schreibung erwiesen ist.[1]) Die Frage, ob Plautus so geschrieben hat, ist nicht so leicht zu erledigen. Man kann zunächst sagen: Plautus sagt *illa* (Bacch. 1079) und *istac aetate* (Bacch. 30. 1163 Merc. 972. 982, vgl. 983ª, Most. 1148), aber *hoc aetatis*, niemals *hac aetate*, und damit würde ja die Schale des Nonius sinken. Die Regel würde dann heifsen: wer zu einem andern spricht, sagt *istac aetate*, wer von sich selbst spricht, *hoc aetatis.* Solche Regel hat keinen Sinn, der grammatische Unterschied gibt einen Unterschied der Bedeutung wieder; *hoc aetatis* und *istac aetate* stehen zu einander wie *hoc noctis (qui hoc noctis solus ambulem)* zu *hac nocte (credo ego hac noctu Nocturnum obdormivisse ebrium)*, nur kommt dazu dafs *aetas* in *hoc aetatis* allgemeine Bedeutung hat ('auf dieser Stufe der Lebenszeit'), in *istac aetate* specielle ('in diesem Lebensalter', sei es Alter oder Jugend). *hoc* ist Accusativ generis neutri, wie *id aetatis* u. a. zeigt[2]), dieses neutrum tritt entweder zum Nomen und Pronomen (Bacch. 343 *hoc aetatis senex*, 1090 *hocine me aetatis*, 1100 *me hoc aetatis*, Trin. 787 *hoc me aetatis*, vgl. Asin. 71 *eum id aetatis*, Mil. 618 *tibi istuc aetatis homini*, Ter. Heaut. 110 *ego istuc aetatis*) oder zum persönlichen Verbum: Mil. 659 *illuc aetatis qui sit*, Pers. 276 *scio ego quid sim aetatis*, Merc. 290 *quid tibi ego aetatis videor?* Keinem dieser Beispiele ist Trin. 1090 ähnlich: *hoc aetatis* würde hier erfordern entweder *hoc ego aetatis* oder *qui hoc aetatis sum fui exercitus*; dagegen ist *fui hac aetate exer-*

---

vgl. Lachmann zu V, 1436; VI, 958. 971. Dafs es nicht gerathen ist, *numini'* u. dgl. zu drucken mögen auch diese Schreibungen lehren. — Bücheler 766, 2 *pietate honore decorus* = *pietatis honore.*

1) Lucil. 434 *meret ter sex actatis quasi annos* (so Lachmann) haben die Noniushandschriften *aetate.* carm. lat. epigr. 473, 2 *cum frui debueram aetate florida luce* verbindet Bücheler wohl richtig *frui luce* und *aetate florida.*

2) Vgl. Bach in Studemunds Studien II p. 177. Seneca de clem. I 9, 1 *cum hoc aetatis esset quod tu nunc es.*

citus gesagt wie Bacch. 30 *ne istac aetate me sectere gratiis,* 1163 *tun amator istac fieri aetate audes?* Merc. 982 *temperare istac aetate istis decebat artibus*[1]), Most. 1148 *sapere istac aetate oportet*, Caecil. v. 29 R. *sentire ea aetate eumpse esse odiosum alteri:* in allen Fällen ist *istac aetate* adverbiell wie dort *hac aetate.* Niemand darf behaupten dafs Plautus *istac aetate* sagen durfte, *hac aetate* nicht durfte; er hat auch einmal *istuc aetatis* gegen fünfmal *istac aetate.* Somit geben unsere Handschriften die plautinische Form des Verses, die Variante des Nonius eine zwar alterthümliche aber dem Geist der alten Sprache nicht entsprechende Fassung.

Pseud. 228 steht in *A* und *P:*

nisi hodie mi ex fundis tuorum amicorum omne huc penus adfertur,

vorher ging v. 178 *nam nisi mihi penus annuos hodie convenit* (wo *penus annuus* oder *annuus penus* aufser *AP* die grammatische Überlieferung bezeugt). Charisius bemerkt dazu p. 74: *penus quo modo debeat declinari incertum est. nam Plautus in Pseudulo eodem fere loco et masculino genere dicit hic penus et neutro hoc penus.* Die Überlieferung ist also alt, aber die Sache sehr unwahrscheinlich. Plautus hat den Nominativ nur an diesen beiden Stellen, aber den Accusativ *penum* 4 mal, den Ablativ *penu* Capt. 472, den Genetiv *peni* Trin. 254 und gleichfalls Pseud. 608. Zweifelhaft ist nur Capt. 920, wo in *P* zu lesen ist *dicam ut sibi penum aliud ornet, siquidem sese uti volet;* das wäre *hoc penum*, wie es Priscian I p. 171 für Afranius bezeugt, gleichfalls unglaublich und aus der Schreibung *erile = erilem* entstanden.[2]) Priscian (170, 20) fügt in die p. 260 sq. wiederkehrende aus Caper (260, 18 citirt) stammende Gruppe von Beispielen für die 3 genera von *penus* den Vers in der Form *dicam seni curet sibi aliud penus* ein, aus dem Gedächtnifs, mit

---

1) Im Parallelvers *vácuom esse istac ted aetate his decebat noxiis* hätte Plautus *istuc aetatis* gesetzt, was zu Abrahams (stud. Plaut. p. 194) Argumenten hinzukommt. v. 972 *nam te istac aetate haud aequom filio fuerat tuo — amicam eripere* ist *istac aetate* zu *cripere* construirt; *istuc aetatis* wäre besser. Bacch. 1079 *fui ego illa aetate et feci illa omnia* gehört *illa aetate* nicht zu *fui* sondern zu *fui et feci.* Ter. Hec. 747 *nám neque ille hoc animo erit aetatem neque pol tu eadem istac* (*ista A*) *aetate* ist zu verstehen *eadem istac aetate aetatem eris: οὔτ' ἐκεῖνος τοιοῦτος διὰ βίου ἔσται οὔτε σὺ τηλικαύτη.*

2) v. 329 R. *vos quibus cordist intrá tunicam manus laéva, ⟨at⟩ dextra in penum erilem*, die von Ribbeck erkannten Anapäste auch ohne Umstellung. Ter. Eun. 310 *cum in cellulam ad te patris penum omnem congerebam clanculum* Bembinus und *CP* mit Priscian, die ältere Calliopiusrecension *omne*, eine Variante die Donat bezeugt. Umgekehrt Most. 1110 *cerebrum omnem* die Handschriften.

der aus Horaz und den Archaisten geläufigen Form in s. Wir müfsten
das wohl hinnehmen, wenn nicht der Ambrosianus richtigeres lehrte;
da steht *dicam ut sibi penum ali..adorn*[*et*], was Studemund wegen
des folgenden *hic* zu *alibi* ergänzt hat. Sicher verträgt dieser Vers
nicht *aliud*, zeigt aber wie aus dem richtigen *alium adornet* das *aliud
ornet* entstanden ist. Aus dieser Corruptel stammt Priscians Zeugnifs,
das er wie gesagt der aus Caper stammenden Gruppe von Belegen hinzugefügt hat. So verliert *omne penus* seine Stütze; es scheint mir bewiesen dafs dies *omne* von *omnis* nur graphisch verschieden ist. Die
Überlieferung ist alt, denn wenn auch das Zeugnifs des Charisius nicht
aus Caper stammt, scheint es doch nicht aus eigener Lectüre hinzu-
gethan zu sein.

Zu Curc. 366 sq.

átque aliquid prius obtrudamus, pernam sumen glandium,

haec sunt ventris stabilimenta, pane et assa bubula,

poculum grande, aula magna, ut satis consilia suppetant,

wo die Handschriften *panem* geben, bezeugen Nonius p. 218 (*panis con-
suetudine masculino genere appellatur, neutro Plautus in Curculione*) und
Charisius p. 90 (*panis masculino genere dicitur, nam etsi neutro genere
Plautus dixit, tamen vitiose*) ausdrücklich das Neutrum *pane.*[1]) Einen
andern Beleg dafür gibt es an keiner Stelle, Plautus hat 5 mal den
Accusativ *panem* und Pers. 471 *binos panes:* ist jenes *pane* glaublich?
Aber es ist alte Schreibung und wurde von dem Sammler der dubia
genera, von dem Nonius und Charisius abhängen, für wohl bezeugt gehalten.[2]) Darin liegt die Wichtigkeit dieser Schreibungen; denn wie in
mehreren *A* und *P* übereinstimmen, so bedeuten die Zeugnisse der
Grammatiker, wenn nicht ein Autoschediasma eines einzelnen vorliegt,

---

1) Aus derselben Quelle hat es Arnobius I 59: *nonne alias haec utria,
alias dicitis hos utres, caelus et caelum, non item pileus et pileum, non item
crocus et crocum, non item fretus et fretum? non item apud vos est positum
hoc pane et hic panis, hic sanguis et hoc sanguen, candelabrum et iugulum
ratione eadem iugulus et candelaber?* Er redet nicht von der lebendigen Sprache,
sondern von der grofsen heidnischen Litteratur, wie der ganze Zusammenhang
lehrt und die Worte mit denen er die angeführten einleitet: *stribiligines et vos
istas libris illis in maximis atque admirabilibus non habetis?* Die Beispiele
kehren aufser dem seit neronischer Zeit üblichen *iugulus* sämmtlich bei Nonius,
Charisius, Priscian, mehrere bei zweien von ihnen wieder, die meisten aus der
archaischen Litteratur bezeugt, sie sind einem Lehrbuch gleicher Art entnommen. Jenes *pane* ist also kein Beleg für weitere Existenz als an der einen
Plautusstelle.

2) Vorher hat Nonius *ventris*, die Handschriften *ventri;* das ist minder alt.

nichts geringeres als dafs diese Lesarten die des Probus waren; und so
dürfen wir die Schreibungen selbst als authentisch ansehen und als
Zeugnisse für das Schwinden des *s* in Aussprache und Schrift nicht
nur vor Consonanten.[1])
     In dieselbe Reihe gehört Mil. 685
          nam bona uxor suave ductust, si sit usquam gentium
(sua deductust P). Die Construction mufs persönlich sein, wie Mil. 101
qui est amor cultu optumus, Stich. 59 *servos is habitu hau probust.*
Trin. 679 *facile est inventu, datur ignis* bedeutet *facilis est;* Poen. 238
modus omnibus rebus, soror, optimum est habitu ist der Vers durch *opti-*
mus hergestellt, ein Reizianus zwischen dem baccheischen und jambischen
Tetrameter.[2]) *suavei* in der Inschrift des Protogenes.[3])
     Merc. 880 sind in corrupter, aber im wesentlichen hergestellter
Umgebung die Worte
          caelum ut est splendore plenum
(splendore est CD) gegen jeden Verdacht gesichert. Nur der Ablativ ist
falsch: dieser eine Fall steht 26 plautinischen Versen gegenüber, in
denen zu *plenus* der Genetiv tritt. Loch de genetivi apud prisc. script.
Lat. usu p. 22: *non dubito quin illo quoque loco, quomodocumque*
versum emendes, genetivus restituendus sit; man braucht auch hier nicht
zu emendiren, sondern nur die überlieferte Schreibung richtig zu verstehen.
     Nicht ebenso leicht erledigt sich der Ablativ bei einem Verbum
gleicher Sphäre Merc. 795
          suspicione implevit me indignissime.
Plautus verbindet in einer Reihe von Fällen die Verba des Anfüllens
mit dem Ablativ[4]), aber es ist stets der wirkliche Instrumentalis und in

---

1) Bücheler 103, 10 *omne flos:* in dieser Zeit neutrum, vgl. Ihm Pelagon. ind.
2) Ad Herenn. III 22 *utile est ad firmitudinem sedata vox in principio*
geht das Neutrum dem nomen voraus wie in *triste lupus stabulis, dulce satis*
umor. Auf anderem Brett steht *carum rerum aliquid*, vgl. Marx Ad Herenn.
p. 170.
3) Stich. 736 *mea suavis amabilis.*
4) Vgl. Loch p. 30. Es sind die Verse Amph. 251 *vortentibus Telobois telis*
complebantur corpora, Cas. 123 *ego te implebo flagris*, Aul. 84 *ita inaniis sunt*
oppletae atque araneis, 675 *(lucus) crebro salicto oppletus*, Asin. 405 *Acacidinis*
minis animisque expletus, Rud. 905 *meas opplebit auris sua vaniloquentia*,
Curc. 409 *nam mihi istoc nomine — explevi totas ceras quattuor*, in einer in *A*
fehlenden interpolirten Versgruppe Cist. 127 *atque adeo me complevi flore*
Liberi; vgl. Pseud. 555 *participes — praeda onerabo atque opplebo.*

allen diesen Sätzen (vielleicht mit Ausnahme von Asin. 405) könnte zu dem absolut gesetzten Verbum der complementäre Begriff hinzugefügt werden: *nomine ceras explevi (litterarum), telis corpora complebantur (vulnerum)* u. s. w. Die Natur dieser Ablative erklären am deutlichsten folgende Verse, in denen neben dem Instrumental der Genetiv besonders ausgedrückt ist: Aul. 454 *temperi, postquam implevisti fusti fissorum caput*, Merc. 409 *impleantur elegeorum meae fores carbonibus*, Poen. 701 *ibi ego te replebo usque unguentum geumatis* (wo es unrichtig ist, *unguentum geumatis* zu verbinden: 'du wirst so viele γεύματα bekommen, dafs du von *unguenta* überfliefsen wirst'). Dagegen in dem Verse Merc. 795 ist *suspicione* nicht das Mittel, durch das die Fülle herbeigeführt worden ist, sondern der Gegenstand der Fülle, wie die Genetive Amph. 470 *erroris ambo ego illos et dementiae complebo*, 1016 *quem propter corpus suom stupri compleverit*. Nur noch in einem ganz entsprechenden Falle ist der Ablativ überliefert, Poen. 1290

ita replebo atritate, atrior multo ut siet:

hier ist *atritate* wie dort *suspicione* geschrieben für *atritatis* und *suspicionis* (*B* hat *suspitionibus*, Douza wollte *suspicionum* schreiben). Erst Ennius in den Annalen sagt in einem solchen Falle *complere cohum terroribus*.[1]) Der Ablativ eroberte sich rasch, auf jenen Instrumental-structuren fufsend, in der Construction der Verba des Anfüllens ein unbeschränktes Recht; *suspicione* und *atritate*, wie sie vielleicht früh entstanden sind, können sehr früh als wirkliche Ablative angesehen worden sein.

Hier kann ich anfügen Bacch. 401

iustus iniustus, malignus largus, com*is* incommodus,

wo *B* von erster Hand *comincomodus* schreibt, *CDB²* *commodus incommodus*. Für die Bedeutung von *comis* habe ich zur Stelle Belege angeführt.[2])

Der Übergang von -*is* zu -*e* geschieht nach Verlust des *s* durch eine Affection der Aussprache; dagegen wenn -*us* zu -*um* wird, so ist es nichts als eine Verwechselung der beiden Endsilben, die in gleicher Weise ihren Endconsonanten eingebüfst haben. So ist Most. 1124 der Versschlufs *ludificatus sit*, gesprochen *ludificatu*, geschrieben *ludificatum sit*; Merc. 385 ist *amicus amicis*, gesprochen *amicu*, in *B* geschrieben

---

1) Den Vers des Naevius com. 136 hat Fronto seinem Satze eingeordnet, ohne dafs wir Gewähr für die genaue Form hätten: *animum amore capitali compleverunt* hat Naevius schwerlich geschrieben. Ter. And. 339 *ut expleam animum gaudio*.

2) Vgl. Merc. 773.

amicum amicis.[1]) Der Erfolg aber ist derselbe, dafs ein Nomen, dessen *-us* zu *-um* wird, als Neutrum erscheint. So sind eine Menge Genus-verwechselungen in späten oder plebejischen Inschriften entstanden, *monimentus, collegius, hunc sepulcrum, theatrum, hoc tumulum, titulum* u. dgl., und ich meine dafs dieser Fingerzeig uns auch in der plautinischen Überlieferung auf ursprüngliche *-us*, die als *-u* zu lesen sind, führen wird, und zwar vor Vocal; denn wo *-um* vor Consonanten für *-us* steht ist es natürlich längst emendirt.

Wir haben oben gefunden, dafs die überlieferte Construction Bacch. 90 *tu nullus adfueris* durch ähnliche Stellen (*nullus venit, nullus creduas*) gestützt wird, während Cas. 795 Rud. 1135

qui amát tamen hercle, si esurit, nullum esurit.

núllum ostenderis. si falsa dicam, frustra dixero

geschrieben ist; an beiden Stellen haben ältere Kritiker *nullus* verlangt; ich glaube jetzt sagen zu können, dafs *nullum* für *nullu* für *nullus* geschrieben ist.

Men. 865 ist überliefert

iam ádstiti in currum, iam lora teneo, iam stimulum in manust.

stimulum steht ganz auf derselben Stufe wie *hoc tumulum, hoc titulum*[2]); da wir es aber nicht mit dem Fragment eines sonst Unbekannten zu thun haben (Asin. 418 *utinám nunc stimulus in manu mihi sit,* Cas. 360 *stimulus ego nunc sum tibi*), erledigt sich dies neutrum von selbst. Ritschl schrieb *stimulus iam in manust,* Brix *iam stimulum in manu,* Götz und Schöll (ed. min.) *iam lora teneo, iam stimulum: in manust:* alle drei Änderungen sind nur scheinbar leicht, in der That zerstören alle drei den Stil, die erste indem sie die Anaphora, die zweite indem sie den mit ihr verbundenen Parallelismus der Verba (*teneo — in manust*) aufhebt, die dritte, indem sie eine falsche Steigerung oder einen nicht vorhandenen Gegensatz in die Worte legt. Der Vers ist recht bezeichnend für den häufigen Fall, dafs nur die Überlieferung gut ist und man nur zuzusehen hat sie grammatisch aufzuklären.

Rud. 888

nam in columbari collum haud multo post erit.

Plautus kennt nur *collus;* Amph. 445 haben die Handschriften *collum,* aber Nonius bezeugt *collus.* Ebenso an unserer Stelle: Priscian I p. 150

---

1) Bücheler 613, 5 *set qui dolor abs te nobis, Harmonia Rufina, relictum est.*

2) *hoc pugnum* der Tractat de dubiis nominibus p. 557 zu Capt. 796 (*pugnus* die Handschriften und Nonius).

citirt den Vers mit *collus*. Mehr als das: Nonius p. 200 citirt *collus* für
eine Reihe von Dichtern von Naevius bis Varro (Men. frg. 500), aber
collum kommt vor Varro (der in den Menippeae beide Formen hat, frg.
372 *collum*) und Cicero (z. B. de nat. deor. II, 125 *colla*) überhaupt
nicht vor; von da an ist es die giltige Form (*nec collos mihi Calvus
persuaserit, quod nec ipse iam diceret* Quintil. I 6, 42), und Fronto glaubt
etwas zu thun wenn er *collos* schreibt (p. 38). Auch hier hat Meursius
collus als richtig erkannt und Fleckeisen wollte es durch die Umstellung
halten: *collus in columbari*. Aber das zerstört wieder den Witz des
Verses, der in der Paronomasie *in collumbari collus* liegt: Analogien
dazu habe ich zur Stelle angeführt. Es bleibt nichts übrig als *collus*
anzuerkennen, wie es in der Ausgabe stand, aus der das Citat Priscians
stammt.[1])

Mil. 506, wo sinnlos überliefert ist

> quodque inde inspectavisti meum apud me hospitem,
> amplexum amicam quom osculabatur suam,

hat Bothe *amplexam* geschrieben, Bugge *amplexum amica 'cum osculabatur sua*. Das Passiv wäre nicht besonders bedenklich[2]), aber es trifft
wieder zu, dafs die Conjectur den einfachen und natürlichen Ausdruck
steif und gezwungen macht; zu *osculabatur* mufs das Participium persönlich construirt sein. Schon Guyet verlangte *amplexus* und es scheint
mir das einzige dem Stil angemessene zu sein.

---

1) Dies hat Skutsch Forsch. p. 168 richtig gesehen. Ich habe es schon im
J. 1887 vorgetragen. Ich lege natürlich keinen Werth auf die Priorität und er-
wähne dies nur weil ich viele ähnliche Bemerkungen Anderer, die auf meine
Vindiciae gefolgt sind und nur das Thatsächliche enthalten, nicht erwähne.

2) Obwohl Plautus sonst nur die deponentialen Formen kennt (Langen
Beitr. p. 65). Poen. 1230 *amabo atque amplexabor A*, wo mit *P amplexabo*
zu schreiben falsche Anwendung eines richtigen Grundsatzes ist. *circumplecto*
(Asin. 696, Cato de re rust. p. 33, 17 K.) hat sich erst später nach Analogie
von *amplecti* zum Deponens ausgebildet. Rud. 816 *amplectitote crura fustibus*
wird erst richtig verstanden wenn man die Bedeutung ins Auge fafst, die das
Verbum hier hat; ich möchte sagen es gehört gar nicht zu *plecto πλέκω*, sondern
zu *plecto πλήσσω*; aber man wird der Absicht des Dichters wohl eher gerecht,
wenn man es als Wortspiel mit Anklang von *amplector* 'umflechte' an *plecto*
'schlage' auffafst (vgl. Capt. 652 *amplecti crura* von den Fesseln, Rud. 732 *item
ego vos virgis circumvinciam*). So bedeutet Pers. 737 *se inclinare* 'sich auf die
κλίνη legen', ohne dafs doch das Wort etymologisch zu κλίνη gehörte, so klingt
Mil. 34 *peraurienda* an *peraudienda* und *perhaurienda* an, so sagt Ennius
Priamo vi vitam evitari, so Turpilius (202) *quibus rebus vita amantum in-
vitari solet* u. s. w.

Epid. 213 (mit 214 setzt *A* ein):

> túm meretricum numerus tantus, quantum in urbe omni fuit,
> obviam ornatae occurrebant suis quaeque amatoribus.

Mir ist weder eine solche Construction bekannt noch dafs sie möglich
ist. *quantum est*[1]) wird ohne Beisatz (Bacch. 1170 *senex optume, quantumst in terra)* oder zum nom. plur. (Pseud. 37 *at te di deaeque quantumst*, Aul. 785, Poen. 433[2]), Ter. Heaut. 810, vgl. Pseud. 534 *in
omnes (dies) quantumst*, Pompon. v. 129) oder zum genet. partit. (Capt.
836 *quantumst hominum optumorum optume,* Merc. 663, Rud. 706,
Ter. Phorm. 853, Caecil. v. 253, vgl. Pseud. 169) immer mit gleicher
grammatischer Geltung gesetzt; so konnte Plautus sagen *meretrices* oder
meretricum quantum fuit, aber nicht *meretricum tantus numerus quantum
fuit;* die Correlation von *tantus quantus* ist immer genau[3]) und mufs
es sein, das zusammenfassende Neutrum *quantum est* würde auch ohne
die grammatische Ungehörigkeit durch *numerus tantus* nur abgeschwächt.
quantus, wie die Itali corrigirt haben und Merula edirt hat, ist allein
sprachgemäfs und plautinisch.

Merc. 271 steht in *A: sed conticiscam, nam eccum it vicinus foras;*
daran ist nichts auszusetzen. Aber die Fassung des Verses in *P* macht
nachdenklich:

> sed conticiscam. vicinum eccum exit foras.

Dies ist eine ganz plautinische Ausdrucksweise, aber sie erfordert den
Nominativ des Nomens[4]). *vicinus* steht in *D* von erster Hand, das ist
nicht Überlieferung, aber Plautus kann nichts anderes gewollt haben.
wenn diese Fassung von ihm herrührt, und unter den vorliegenden
Umständen ist wenigstens das Gegentheil nicht zu behaupten. Vgl. zu
Capt. 1005.

Während die Formen in -*e*, wie wir gesehen haben, vielfach durch
die auf Caper und Probus zurückgehenden Sammlungen der Grammatiker
bezeugt, also als alte und vielleicht in dieser Form auf Plautus selbst
zurückgehende Schreibungen erwiesen sind, ist -*um* für -*us* weder
plautinische Schreibung noch durch Grammatiker bezeugt, aber doch
in den letzten Jahrhunderten des Alterthums entstanden und alt genug,

---

1) Vgl. Ussing zu Aul. 778, Lorenz zu Pseud. 339.

2) *neque nubes omnes quantumst* nach *neque quantum aquaist in mari.*

3) *tantum quantum quis* Most. 527, Pseud. 1236, Epid. 309, *tantum —
quantum* Capt. 777, Aul. 119, *tanti — quanti* Merc. 490, Bacch. 821, *tanta quanta*
Cist. 493, *tanto — quanto* Amph. 548, Capt. 781.

4) Niemeyer de Pl. fab. rec. dupl. p. 6 sq., vgl. Bach p. 407.

um die Überlieferung der Palatini in einer Reihe von Stellen zu beherrschen; an der zuletzt besprochenen, wo *A* dazutritt, ist es denkbar, dafs die Variante in *A* dadurch entstanden ist, dafs der Herausgeber die Lesart von *P* vorfand und corrigiren wollte.[1]

7

Um die Mitte des 6. Jahrhunderts, diese Thatsache ist mit immer gröfserer Deutlichkeit hervorgetreten, war das *s* im Auslaut nach kurzem Vocal weit unbeständiger als man es anzunehmen gewohnt ist, und für Livius Naevius Plautus wird man sich entschliefsen müssen, die Grenzen des Gebrauchs über die Abstofsung vor Consonanten auszudehnen. Gleich nach Plautus aber ist die Regel festgesetzt worden, die bisher als die auch vordem giltige angesehen wurde; in den Versen des Ennius ist -*s* nur vor Consonanten unbeständig, er ist ohne Zweifel als der Schöpfer der neuen Regel anzusehen. Er verwendet die aus *famulu'* und *debile* entstandenen Kurzformen *famul debil*[2]), weil er *famulu' infimus* und *debile homo* nicht zulassen will.[3]) Von Caecilius kommt in Betracht v. 34, wo bei Festus überliefert ist (p. 134) *iam ne adeo manta iam hoc vide caecus animum*, dann nach der Lücke *adventus angit*. Jamben sind unverkennbar; *manta* scheint mir anzudeuten, dafs vorher nicht *ne* sondern das doch unconstruirbare *adeo* corrupt ist; der Gedanke ist

---

1) *rursus rursum, prorsus prorsum* und die ähnlichen Doppelformen aus Vermischung des Auslauts zu erklären geht wegen des Alters dieser Bildungen nicht an, es sind verschiedene casus, in keiner guten Zeit hat sich der Unterschied von auslautendem *m* und *s* verwischt. Ob *arvorsu* der Haininschrift von Luceria *arvorsus* oder *arvorsum* bedeuten soll, ist nicht auszumachen, da die Inschrift sonst den Auslaut sehr treu bewahrt. Die Verwechselungen von *prorsum* und *prorsus* u. dgl. in der Überlieferung sind dagegen durch die Unsicherheit des Auslauts hervorgerufen. Pers. 677 *prorsum in navem CD* und wahrscheinlich *A*, *prorsus B*; Capt. 656 *sursum vorsum os sublevere B*, *versus EV* (*susum versus* Varro de l. l. IX, 65, de re rust. p. 171, 1, *deosum versus* de l. l. IX, 86, wie er VII, 81 *transversum non proversus* citirt. Lucr. V, 447 sq. *sorsum — scorsus*); oft wo der Vocal nicht ins Spiel kommt; oder *rursum* zweisilbig vor Vocal: Aul. 649, vgl. Amph. 797. Men. 487 *adversum sit* aus corrigirtem *adversum it*. Cas. 344 *necessu est B* für *necessum est* (*V E*), s. S. 253 A. 2. Bei Terenz hat Hec. 534 der Bembinus *adversus*, Call. *advorsum*, Ad. 71 die ältere, Phorm. 538 die jüngere Calliopiusrecension *rursus = rursum*, Ad. 520 die ältere *prorsus = prorsum*, Phorm. 190 Bembinus und Calliopius *protinus* statt *protinam*; s. S. 239 A. 1.

2) Nonius p. 95, *debilo* (*debiles* Leid.[1]) die Handschriften.

3) So verhält sich *mugil* zu *mugilis* (Plinius bei Charisius p. 136, vgl. 107) wie *animal* zu *animale*.

nicht unklar, *caecus* kann den Anfang des Verses oder auch des Kolons
gebildet haben, etwa so:

A. Iamne ábeo? B. Manta. iam hoc vide,
caecús animum ⟨incertat metus. ten patris⟩ adventus angit?[1])

Bei Terenz schwankt hier und da die Überlieferung. Eun. 426 *lepus
túte es, pulpamentum quaeris* gibt Calliopius *et pulpamentum*, das *et* ist
auch sonst mehrfach bezeugt; Phorm. 73 *mi úsus venit* hat der Bembinus *evenit*, Hec. 264 *ut dícis animum induco*, der Bembinus *in animum*; Ad. 748 *sanúm te credis esse?* die jüngere Calliopiusrecension
sanumne, Ad. 342 *tácitost opus. ah mínime gentium* dieselbe *célato est
opus*; Eun. 811 *quin redeamus, haéc tibi iam aderit* die ältere *redeamus
haec iam tibi*. Keine dieser Stellen beweist für Terenz, höchstens die
eine oder andere für den Gebrauch oder die Ansicht später Zeit. Hec.
84 *dic mihi, Philotis, ubi te oblectasti tam diu?* erledigt sich von selbst
(s. S. 256); *dic mi, ubi, Philotis, te obl.* gibt Donat. Ad. 364 *omnem
rem modo seni quo pácto haberet enarramus ordine* erwarte ich zwar
enarravimus, aber wer die Form herstellen wollte, müfste umstellen
ordine enarravimus (doch vgl. 513). Ernstliche Zweifel erwecken könnten
nur die 3 Verse

Ad. 475 compréssu gravida factast, mens*is* hic decimus est.

Eun. 710 étiam nunc non cred*is* indignis nos esse inrisas modis?

Hec. 766 vérum hoc te moneo unum, qualis sim amic*us* aut
quid possiem.

Aber wenn man die ganz anders als bei Plautus geartete Überlieferungsgeschichte erwägt, so kann man nicht anders entscheiden als dafs diese
Verse durch ihre geringe Zahl sich selbst widerlegen. Ebenso mufs
man urtheilen über die 3 Verse, die in den übrigen Resten der scenischen Poesie dieselbe Unebenheit überliefert zeigen:

---

1) Auf Grund der vollständigen Handschriften (Laudensis) könnte jemand
geneigt sein, auch die von Cic. de or. II, 257 angeführten Verse Caecil. 245 sq.
hierherzuziehen: *st tacete, quid hoc clamoris? quibus nec mater nec pater
sit,* | *tanta confidentia estis? auferte istanc enim superbiam.* Im ersten Verse
haben die mutili *quibus nec pater nec mater* ohne *sit;* im zweiten lassen sie
nicht *estis* fort, das zu streichen kein Grund aufser dem metrischen vorliegt
und mir sprachlich gar nicht unbedenklich scheint, sondern sie geben statt
auferte istanc enim nur *aufert in.* Nun ist *enim* beim Imperativ schlecht, die
Entstehung aus *in* leicht erklärlich; *aufert in* bedeutet *aufertin* (wie Most. 445
aperit in überliefert ist). Danach lauten die Verse:

st tacete, quid hoc clamoris? quibus nec pater nec mater est,
tanta confidentia estis? aufertin superbiam?

Titin. 48 edepol homin*is* ignavi functu's officium.
Turpil. 210 benignitat*is* atque obsequelae.
Acc. 467 vis véritat*is* atque acritas.

Es ist nicht anders als bei Lucrez III 1042 *ipse Epicurus obiit*, wo man zwar den Sprachfehler *obit* nicht conserviren soll, aber auch an der Corruptel nicht zweifeln darf. Dafs Pomponius 146 *amicus amici* in der sprichwörtlichen Wortverbindung beibehalten hat habe ich oben S. 235 bemerkt, und wir sehen nun deutlicher warum Terenz und Accius von der gewöhnlichen Gruppirung dieser Worte abgewichen sind; anderes ist gelegentlich angeführt worden. Dafs Lucilius 1071 *improbus omitto*, nicht *mitto*, geschrieben habe ist natürlich gar nicht anzunehmen. Schwierigkeit macht der eine Vers (126)

esurienti leoni ex ore exculpere praedam,

denn wenn hier *esurienti leoni* Genetiv sein könnte, so wäre der verrufene Vers erledigt, aber doch nur durch eine Singularität anderer Art. So wage ich auch nicht, den Saturnier v. 6 des Elogiums des L. Cornelius Scipio vom Anfang des 7. Jahrhunderts

ne quairat*is* honore quei minus sit mandatus

durch die Aussprache *quairáte* zu erklären. Weitere Fälle gibt es meines Wissens in der Überlieferung nicht.

8

Dafs in einer Zeit, die der litterarischen Epoche weit vorausliegt, die zur Erleichterung der Formen sich durchbringende lateinische Flexion und Wortbildung eine Menge auslautender *s* endgiltig abgestofsen habe, ist eine allgemein angewendete Voraussetzung für etymologische Hypothesen, die zum Theil durch die Dialecte gestützt wird. Ich will hier nur solche Erscheinungen besprechen, die oder deren Nachwirkungen wir in den Denkmälern der Sprache verfolgen können, denn nur um solche handelt es sich hier, und diese nur soweit sie die vorliegende Frage betreffen.

In der Flexion des lateinischen Relativ- und Fragepronomens gehen die Formen des *o* und *i*-stammes neben- und durcheinander. Das ist eine Eigenheit des Lateinischen, denn während das *i*- demonstrativum in allen italischen Sprachen *eo* neben *i*- entwickelt, sind im Umbrischen das relativum *poi* und das interrogativum-indefinitum *pisi* scharf geschieden wie im Oskischen. Das Pronomen in *o* gehört danach im Italischen durchaus dem abhängigen Satze an, es hat im Lateinischen ursprünglich dieselbe secundäre Stellung gehabt wie in den Schwestersprachen stets.[1]) In unbestimmbar früher Zeit hat im Lateinischen einmal das selbständigere Fragepronomen den Versuch gemacht, das schwächere Relativ zu verdrängen. Es hat den acc. sing. masc., den dat. abl. plur. occupirt[2]), es ist auch ins neutrum eingedrungen wie das relativische *quia*[3]) zeigt. Wie beständig das Relativ sich wehrte lehrt der immer in Schlupfwinkeln weiter lebende Dativ-Ablativ *quis*.[4]) Dann ist das Relativ erstarkt und hat nun seinerseits in das Gebiet des indefinitum übergegriffen und es allmählich fast ganz in Besitz genommen; dieser Procefs vollzieht sich in der Zeit, die wir übersehen können. Wo er eingesetzt hat, ist schwerlich zu entscheiden; vermuthlich im Genetiv und Dativ, wo *quoius* und *quoiei* den verschwundenen Formen des *i*-stammes sehr ähnlich sind[5]) und in der einsilbigen Aussprache zusammenfliefsen; für *quorum* bezeugt nur noch Charisius

---

1) Dafs das Umbrisch - Oskische, im Besitz der beiden italischen Pronominalstämme, die beide (wie griechisch πο- und τι-) den Werth des Fragepronomens gehabt hätten, die Relativconstruction für sich entwickelt und dabei die beiden Stämme gesondert, das Lateinische in gleicher Lage und bei gleichem Anlafs sie vermischt hätte, ist sehr unwahrscheinlich; die Vermischung wäre unerklärlich, und die Übereinstimmung der drei Sprachen in den Formen, den Constructionen, vor allem in den relativischen Conjunctionen beweist überall, dafs der Relativsatz im Italischen lange vor der Trennung der Einzelsprachen entwickelt war, dafs also das Lateinische beim Eintritt in seine Sonderexistenz ein reines Relativpronomen in -*o* besessen hat.

2) Ich brauche nicht zu bemerken, dafs *quis volet, quid lubet* u. dgl. nicht Relativ ist.

3) Cist. 682 *nunc vestigia hic si quia sunt noscitabo B[1]V.*

4) In der älteren Litteratur fast verloren taucht der Dativ-Ablativ *quis* bei Varro, Sallust, in Ciceros Briefen und gleichzeitig bei Lucrez und Catull wieder auf, lebt dann in Horazens Satire und im Epos Vergils und der folgenden, während die feineren Stilarten ihn entweder perhorresciren, wie Horazens Lyrik, Vergils bucolica, oder vermeiden wie die Elegie. Es ist offenbar eine der Formen, die in der Sprache des Lebens immer geblieben sind; in der Zeit des Plautus und Terenz in niedriger Sprachsphäre, dann in den gebildeten Umgangston recipirt, dann in die Poesie, bald als ein Wort der Umgangssprache (Catull, Horaz), bald als ein Wort alterthümlichen Klanges, das sich in höheren Stil schickte (Epos). Endlich in der Poesie und Prosa der späteren Jahrhunderte ist die Form sehr häufig, sie ist nun ein Requisit der Kunstsprache, fliefst aber auch dem unbefangen Schreibenden in die Feder.

5) *quius (quiius) quii* wurden auf kürzerem Wege zu *cuius cui* als die Formen des *o* stammes. Es ist mir sehr fraglich ob man berechtigt ist, *quoius quoiei* im interrog.-indefin. bei Plautus ohne weiteres einzusetzen. Varro de l. l. VIII, 50 *quis quoius (cuius F), quis quoi (cui F).* Der Dativ *qui* konnte sich neben dem Nominativ des *o*-stammes nicht halten.

im Paradigma[1]) den zu *quia* gehörigen Genetiv *quium cuium*[2]); *ques* für
quos quas bezeugt auch Priscian II p. 9, vgl. Sergius G. L. IV p. 502,
15. Der Ablativ *qui aliqui quiquam* bleibt neben *quo*; das zum *o*-stamme
gehörige femininum beginnt erst in der plautinischen Sprache. Das
Neutrum *aliquod* ist Men. 765 verdächtig, unverdächtig, wenn ich
nicht irre, nur in dem Verse Truc. 53; dagegen findet sich adjecti-
visches *aliquid* Men. 847 *ni occupo aliquid mihi consilium* wie Vidul. 67
nisi quid ego mei simile aliquid contra consilium paro, Truc. 425 *non
audes aliquid (aliquod CD) mihi dare munusculum (munusciuilim B,
munus ciuilium CD)*.[3]) In die Frage, die uns hier beschäftigt, schlägt
der nominatiuus singularis ein; bei Plautus beginnt die Vermischung
von *quĭs* und *qui*.[4]) Hier haben wir es nicht mit blofsem Abfall des *s*,
sondern scheinbar mit der Ersetzung der einen Form durch die andere
zu thun, des indefinitum durch das relatiuum. Die Ersetzung ist durchgeführt in *quiuis quidam quilibet quicumque*, während *quisque*[5]) *quisquis
quisquam quispiam* bleiben, d. h. die Consonantenverbindungen *su sd st*
haben zum Lautwandel geführt, *sq sp* nicht. Nur *quicumque* klärt sich
auf diese Weise nicht auf, wohl aber wenn man bedenkt dafs *qui* und
cumque im Satze auseinandertreten dürfen; dafs es wahres indefinitum ist
bezeugt Charisius p. 91 (Cato *quescumque)*. Von *quidam, quilibet* u. s. w.,
deren Länge wie die von *idem* zu erklären ist, kann sich die Länge
auf *qui* für *quis* übertragen haben, gefördert durch die steigende Vermischung der *-i* und *-o* formen. Allmählich, als das *s* wieder fest
wurde, hat sich *quis* in der substantivischen, das schon durchgedrungene
qui in der adjectivischen Verwendung differenzirt. Für Plautus kann
man zwischen *quĭs'* (das mit dem hochtonig auslautenden *ĭ* nicht zu *que*
sinken durfte) und *quī* noch keine scharfe Grenze ziehen; das blofse
Abstofsen des *s* ist so möglich wie das Eindringen der relativischen
Form, und *qui* der Handschriften für *quis* in *quis illic est* u. dgl.[6]) ist
nur graphische, nicht Formverschiedenheit. Curc. 648 ist überliefert

---

1) p. 162 *infinita masculina singulariter: quis cuius cui quem qui a quo,
pluraliter: ques cuium quis ques quis a quis;* richtig p. 91 *quibus* zu *ques*.
Vgl. 162, 7.

2) Trin. 534 *quoium B, cuium A* im Relativsatz.

3) Studemund Verhandl. der Phil.-Vers. zu Karlsruhe p. 52. Öfter bei
Juristen: Neue-Wagener II p. 478.

4) Die Sammlung von Neue-Wagener II p. 430 hat Seyffert Berl. phil.
Wochenschr. 1893 p. 277 sq. ergänzt.

5) Cas. 524 geht *quique = quisque* aus der Überlieferung hervor, *queique*
tab. Bant.; Bücheler 245 *vive laetus quique vivis*.

6) Seyffert stud. Plaut. 27 A. 20.

ego pértimesco. tum ibi me nescioqu*is* arripit,

aber für *tum ibi* ist terenzisches *ibi tum* keine genügende Stütze[1]), und *tum* wird mit Recht gestrichen. Auch Mil. 427 ist Synalöphe von *quis ego* im Versanfang unglaublich. Dagegen *aliqui* für *aliquis* gibt es in altem Latein nicht aufser Stich. 67 *siquis me quaeret, inde vocatote áliqui*, *aut iam egomet hic ero*, und hier kann *aliqui* nur als Variante der Schreibung für *aliquis* aufgefafst werden[2]); das Gegenstück ist Truc. 102 (anapästisch)

> unús eorum aliqu*is* oscúlum amicae usque oggerit dum illi agant
>   ceteri cleptae,

wo *aliquis osculum* nothwendig verschmilzt.

In *quoimodi, quoivismodi, cuicuimodi* ist *quoius cuius* durch den Tonanschlufs zu *quoi cui* gesunken; ferner ist *quoi* für *quoius* überliefert Trin. 1126 und in *P* Most. 962 *(cuius A)*, *cui* in *B* Mil. 1081 *(cuius CD)*. Dafs das *s* von *quoius* zum Abfallen neigte beweist zum Überflufs Mil. 1278 *huius sunt* in der Diärese; aber ein einsilbiges *quois* vorausgesetzt ist es bedenklich, den Abfall des *s* nach dem Diphthong anzunehmen; und in der That gibt es für eine Form *quois* nicht mehr Beweis als für eine Form *naus*, d. h. Beweis gibt es nur für die Synizesis, nicht einmal für die Schreibung; jenes *quoi*, das nicht anders steht als einsilbig gesprochenes *quoius*, kann ich nur als eine unrichtige Übertragung von *quoimodi* aus betrachten.

Ich streife damit schon die Frage nach zweisilbigem *illius*. Luchs hat mit seiner Theorie (Studemunds Stud. I p. 319 sq.) allgemeine Zustimmung gefunden, sie ist in die Schulcommentare übergegangen und noch neuerdings von Skutsch (Plaut. und Rom. p. 102) als eine aufserhalb der Discussion stehende Thatsache behandelt worden. Wir wollen also zunächst einmal zugeben, dafs Luchs für Plautus (ich spreche zunächst nur von Plautus) die Existenz einer zweisilbigen Genetivform von *ille* u. s. w. bewiesen habe. Dies vorausgesetzt sind wir, wo *illius* nach dieser Theorie zweisilbige Messung verlangt, berechtigt, *illi* dafür einzusetzen. Sollte aber dieses *illi*, wie Luchs meint, aus *illius* durch *illis* hindurch geschwächt sein, so müfste dieser Vorgang der plautinischen Zeit voraufliegen; nebeneinander *illis* und *illi* in beliebigem Wechsel anzunehmen geht nicht an; es müfste denn die Unbeständigkeit des *s* nach langem Vocal für Plautus zuvor erwiesen werden, ein Punkt auf

---

1) Vgl. Abraham stud. Plaut. p. 210.
2) Men. 674 *áperite atque Erotium aliquis évocate ante ostium: aliqui B.* Adjectivisch Cato de re r. p. 102, 7 *aliqui morbus.*

den ich unten zurückkomme. Die Form *illi* aber reicht für die Verse,
in denen ein solches *illius* vor Vocal überliefert ist, nicht aus; daher
hat Luchs *illis* construirt. Die Verse um die es sich handelt sind folgende (Luchs p. 366):

Epid. 447 suas púgnas, de ill*ius* illae fiunt sordidae.
717 äin tu te ill*ius* invenisse filiam? inveni, et domist.
Merc. 48 laceräri valide suam rem, ill*ius* augerier.
(276 atque ill*ius* haec nunc simiae partes ferat.)

und mit der Möglichkeit anders zu messen Bacch. 494 *(illius animum)*
Capt. 39 *(illius hodie)* Merc. 236 *(illius opera).*[1]) In jenen Versen ist,
wie man sieht, *illīus* möglich, wenn das *s* abgestofsen wird. So fiele
der Anhalt, den die Überlieferung für eine Form *illis* zu bieten scheint.[2])
Wie steht es nun mit den Beweisen für plautinisches *illi?* Luchs meint
bewiesen zu haben, dafs Plautus nicht, wie Ritschl annahm, *illīus* u s. w.
gekannt habe. Freilich steht keine solche Form im Versschlufs, und
Trin. 163 (Versschlufs *illius sapientiam*) ist die Länge metrisch so gut
wie die Kürze. Aber im ganzen kommt bei Plautus *illius* kaum 50mal,
istius 12mal, *ipsius* nur Capt. 287, *nullius* unverständlich Pseud. 1196
und die übrigen *(solius unius* etc.) überhaupt gar nicht vor. Da soll
man sich wundern, dafs keine solche Form an einer der wenigen Versstellen steht, die kurze Senkung verlangen und keine Ausrede zulassen?
Es läfst sich aber vielleicht gerade für diese Thatsache eine sprachgeschichtliche Erklärung denken, die ich zur Erwägung stelle. *illius*
verkürzt sein *i* trotz des Accents, wie *Chius* und *fuit*, wegen des folgenden Vocals; danach mufste auch der Accent zurückweichen, aber
eine Zeit mufs es gegeben haben, in der *illīus* den Accent auf der
kurzen Mittelsilbe trug; die Analogie dazu ist *Mercūri Valĕri*; und dafs
Plautus nicht in den Versschlufs stellen mochte was er *illīus* hörte, entspricht sowohl seiner Behandlung des Wortaccents im Verse als seiner
Behandlung des Versschlusses. Andererseits wäre es höchst auffallend,
wenn die Kürzung des *i* vor *u* in *illius* in plautinischer Zeit noch nicht
begonnen haben sollte; sie für Terenz und Accius zu leugnen scheint
mir schon wegen Lucil. v. 145 *(usque adeo studio atque odio illius*
ecferor ira) und v. 319 *(hoc unius fiet)* unstatthaft; aber auch Ennius
hat *ipsīus* ann. 603 M. Die andere Voraussetzung, deren Luchs bedarf,

---

1) Bacch. 487 *ut opino illius inspectandi mi esset maior copia* ist zu
unsicher. Mil. 986. 987 *illiust.* Aul. 35 *is adulescentis illius est avonculus*
kommt nicht in Betracht, hier stört nicht dreisilbiges *illius*, sondern vier-
silbiges *avonculus*.
2) Für *istius* und die übrigen liegt kein Fall mit Luchsschem *istis* vor.

ist dafs die erste Silbe von *illius* nur als Länge gelten darf. Ich halte das nicht nur für unbewiesen, sondern meine dafs jeder aus der Darlegung von Skutsch, der für die in Betracht kommenden Adverbia das Verstummen des auslautenden *e* nachgewiesen hat und für *illud illic illa* etwas ähnliches, aber in der That ganz verschiedenes glaubt annehmen zu dürfen, sich den Beweis vom Gegentheil selbst entnehmen kann. *illius* hat Skutsch aufser Spiel gelassen, da er die zweisilbige Form voraussetzt. Gerade für *illius* liefse sich die Kürze aus dem Accent herleiten; aber natürlich verlangen alle Formen des Pronomens einheitliche Erklärung. Die Positionslänge ist in plautinischer Zeit keine vollgiltige Länge und der Kürzung unterworfen durch Einwirkungen, denen die Naturlänge widersteht; das beweist das Verhalten kretischer Wortformen im anapästischen Verse und die Kürzung langer Silben unter dem Einflufs des unmittelbar voraufgehenden oder nachfolgenden Accents.[1]) Dafs *ille*, ein Wort, das in der Sprache des Lebens beständig

1) Müller hat sehr wohl gethan, sowohl die Jambenkürzung (Prosodie II 1. 2) und die von ihm gleichfalls, fälschlich wie ich meine, angenommene Kretikerkürzung (II 6) zu sondern als die Kürzung naturlanger und positionslanger Silben (II 4—7) als verschiedene Kategorien zu behandeln. Die Schritte, die besonders von Havet, Klotz, Skutsch über Müllers Jambenkürzungsgesetz hinaus gethan worden sind, halte ich zumeist für Schritte vom Wege ab, die zurückgethan werden müssen. Es sind zu unterscheiden 1. die Kürzung der langen Silbe jambischer Wörter, die auf die Natur der Silbe, langen Vocal oder Position, keine Rücksicht nimmt; nur der auslautende Diphthong widersteht. Die Ursache der Kürzung ist der Accent, der auf die schwache Silbe des Wortes fällt und der starken, stärker als diese, ihr Übergewicht raubt, indem er ihr Gewicht vermindert. Das geschah nicht im Verse, sondern in der lebendigen Sprache, der Vers konnte sich der im Leben gekürzten oder zur Kürzung neigenden Wörter bemächtigen und sie in ihrem vollen oder verkürzten Werthe verwenden. Unter denselben Gesichtspunkt fallen nur die Gruppen zweier einsilbiger Wörter, die entweder die Sprache eng zusammengeschlossen hat (wie in *hac*) oder der Vers eng zusammenschliefst; denn hier tritt das metrische *ἐφ' ἕν* an Stelle des grammatischen, wenn die beiden einsilbigen Wörter (*ut haec, quis huc*) eine Hebung oder Senkung füllen. Derselbe Fall tritt ein, wenn ein zweisilbiges mit einem einsilbigen Worte verschmilzt (*tene has, tibi haud;* Klotz p. 70 sq.). 2. Von ganz anderer Art ist die Kürzung einer langen Silbe, die dadurch entsteht, dafs der Accent entweder die kurze Silbe vor oder die Silbe nach der langen Silbe trifft (*vŏluptatem, vŏluptábilem*), gleichviel ob es sich um ein einzelnes mehrsilbiges Wort oder um eine Wortverbindung (*séd optume, quidem actutum, sed uxórem, scio absúrde, et esse impedimento*) handelt. In diesen Fällen sind drei Arten des Accents zu scheiden: er gehört entweder dem Wort von Natur (*volŭptábilem*) oder er steht für eine Wortgruppe, so oft sie zusammentritt, in der Sprache des Lebens zu Gebote (*volŭptás mea*) oder er entsteht für den Vers durch die Stellung des Wortes oder der Wortgruppe im

die verschiedensten Tonanschlüsse einging, die Kürze der ersten Silbe so
weit entwickelte, dafs die Silbe anceps wurde und im Verse als Länge
oder Kürze verwendet werden konnte, diese alte Anschauung scheint

Verse (*völüptatem*); die letzte Art will Lindsay, mit dessen Abhandlungen im
Journ. of phil. XXI, 198 sq., XXII, 1 sq. ich in allem wesentlichen überein-
stimme, mit Unrecht nicht gelten lassen. Von diesen Kategorien ist nur die
erste mit der Jambenkürzung zu vergleichen, keineswegs zu identificiren, und
wenn die Belege nur mehr und besser wären als *pudīcitia* Amph. 930 Epid. 405,
amīcitia Merc. 846 Pseud. 1263, *verēbámini* Phorm. 902 (Bembinus und ältere
Calliopiusrecension, vgl. S. 249), so könnte man im Hinblick auf die spätere
Entwicklung (z. B. *commověrere perferěbatur contiōnator creātura sacrā-*
mentum u. dgl. bei Venantius) diese Kürzungen glaublich finden. Aber die
Wirkung der beiden andern Arten des Accents hat sich sicher nur auf po-
sitionslange, nicht auf naturlange Silben erstreckt. Die Hunderte solcher gekürzter Längen sind positionslang, die wenigen in der Überlieferung erscheinenden Verse mit gekürzter Naturlänge stehen fast alle unter anderem Verdacht
oder bieten andere Möglichkeit: Bacch. 592 (Stich. 256 *P*) Capt. 90 Mil. 645
Truc. 612; Bacch. 629 Epid. 135. 343 Merc. 774 Curc. 271 Poen. 1078 Trin.
1131; die übrig bleibenden, Bacch. 1195ᵃ (für *evenit evenisse eventurum* liegt
die Möglichkeit vor, *ecvenit* anzusetzen) Aul. 599 (*erǐle*) Poen. 922 (*ero uni*),
Capt. 340 (*ut aestumatum*), Curc. 594 (*neque audivi*) und etwa noch ein und
das andere Beispiel bei Müller p. 266 sq., Klotz p. 82. 88 sq., lohnt weder an-
zugreifen noch zu vertheidigen (vgl. Lindsay XXI p. 210), so wenig wie die
terenzischen, Phorm. 505 (*tibi ūsus*) 515 (*quód ǒrat*, doch auch der Anfang
fraglich, s. u.), vgl. Calliopius Phorm. 311 Ad. 250. Dieses Verhältnifs gibt
Aufklärung über die in Plautus' Zeit geltende Quantität von Positionssilben
wie *ǒrnatus* (Aul. 721 Trin. 841) *ǐgnorabitur* (Men. 468, vgl. Pseud. 592) *ǐn-*
fuscabat (Cist. 19, vgl. Pseud. 594) *amǎnti* (Pers. 776) *luběntissimo* (Pseud.
1321) *bibǐsti* (Stich. 723 Trin. 127. 129 Men. 508. 689). Nur 4 silbige mit
3 Kürzen beginnende Wörter, auf der ersten oder dritten Silbe betont, kürzen
ihre Schlufssilbe auch wenn sie langen Vocal hat: *séquiminǐ* Bacch. 1205, *mé-*
mineróǐs Pers. 494 Stich. 42. 47; *sequimíni* Cas. 163 Merc. 782, *satěllitěs* Trin.
833, *maritǔmǐs* Cist. 221, dazu *efféceris efféceró* Pseud. 946. 950 (die wohl eher
zu Aul. 442 *iusseró* gehören), alles in Anapästen aufser Merc. 782. Ich habe
bisher die Wörter kretischer Messung noch nicht berücksichtigt. Ein Wort
wie *perdidi* kann, da die dritte Silbe einen Nebenton hat, auf keine Weise
unter das Jambenkürzungsgesetz gebracht werden. Es trifft aber für die Fülle
dieser Wörter mit derselben Sicherheit wie für die oben besprochenen Kürzungen zu, dafs die erste Silbe positionslang, nicht naturlang ist. Wenn man
die Unzahl von Wörtern wie *autumo ianuae primulo* bedenkt, so kann man
das äufserst seltene Vorkommen solcher Wörter mit gekürzter Endsilbe nicht
dem Zufall zuschreiben, sondern mufs schliefsen, dafs Wörter wie *perdidi* im
anapästischen Verse (denn um diesen handelt sichs fast allein und die Klotz-
sche 'Einheit der Technik' ist eine Chimäre) nicht daktylisch sondern anapästisch gemessen werden. Dies hat, soweit es die Anapäste angeht, richtig
ausgeführt Sonnenburg in Exercitationis gramm. specim. (Bonn 1881) p. 16 sq.,

mir auch heute noch wohlbegründet.[1]) Es handelt sich für Plautus überhaupt nur um die Verse Curc. 413 *libertus illius, quem omnes Summanum vocant* (den man durch *libertu'* erklären könnte), Merc. 657 *adeo dum illius te cupiditas atque amor missum facit*, Mil. 1170 *ita volo adsimulare, prae illius forma quasi spernas tuam.*[2]) Aber *illi* ist bezeugt. Freilich, Priscian I p. 228, 3 *illi* pro *illius Cato in M. Caelium: ecquis illi modi esse vult?* Das ist das einzige Zeugnifs, und da ist nicht *illi*, sondern *illimodi* bezeugt, d. h. die Verbindung in der auch *quoimodi* auftritt. Und Priscian fährt fort: *idem de moribus Claudi Neronis isti* pro *istius: — isti modi uti tu es*, d. h.

der auch zum Vorigen zu vergleichen ist. Die scheinbaren Ausnahmen fallen zum gröfsten Theil unter den Gesichtspunkt der Synizesis (*gaudiis, audiens*), einige unter den der Syncope (*ceteris, liberas*); einige sind Composita, deren zweiter, jambischer, Bestandtheil aus der Composition gelöst und als jambisch behandelt oder vielmehr nach Analogie der freien jambischen Wörter unter deren Gesetz gestellt wird (*itico, sedulo; auferas, decido, enicas, compedes, contine*, diese auch im Anfang jambischer Verse oder Kola); ganz vereinzelt bleiben *dicitŏ* Mil. 1088, *machinās* Pers. 785, *unicĕ* Stich. 12; auch hier einige Fälle von unsicherer Quantität des in Position stehenden, von unsicherer Kürzungsfähigkeit des in der Auslautssilbe stehenden Vocals; wie denn eine ganze Reihe grammatischer und metrischer Einzelfragen, die in das Gebiet, das ich hier gestreift habe, hereinwachsen, eine neue umfassende Behandlung nöthig machen.

1) Damit gilt noch nicht *illŭm* vor Consonanten Men. 897 und Most. 1155 (Pseud. 1096 bietet auch einen Anstofs der Betonung); denn es ist nicht richtig (Skutsch p. 102 sq.), dafs aus der unter Umständen nicht wirkenden Position die Behandlung der spondeischen Formen als jambischer mit der Möglichkeit pyrrhichischer Messung folgt.

2) Pseud. 1169 ist nur *illīus* möglich. Bei Terenz sind es 6 Verse (Luchs p. 366 sq.), in denen *illius* mit zwei Kürzen anlauten müfste (doch s. u.); denn Ad. 572 ist der Daktylus *illius hominis* im Anfang des Septenars statthaft, ebenso Hec. 232, im Anfang des Senars *illius, de illius* u. s. w. Andr. 810, Heaut. 33. 129, vgl. 205, Hec. 589, Ad. 441 wie Acc. 201 *quo illius acerbum*, trag. inc. 59 R. *istius* (Ritschl op. II p. 683 sq.). Schwierigkeit macht nur Phorm. 648 *illius ineptias* im Senarschlufs genau wie Merc. 48 *illius augerier;* die Versbetonung auf der zweiten Silbe erklärt sich vielleicht durch die oben besprochene Wortbetonung. Acc. 579 ist in *sé venenis stérilem esse illius ópera et medicina autumans* die Conjectur *se venenis* für *sevenis* nicht wahrscheinlich, da sie Glosse und Erklärung (Nonius 20 *medicina i. e. venenum*) im Verse vereinigt. Pseud. 870 kann sie darum nicht stützen. Den Gedanken haben Ribbeck und Bücheler gewifs richtig ermittelt: Idäa klagt über Kleopatra (Phiniden); vielleicht mit kühnem doch sprachgemäfsem Ausdruck *se Veneris sterilem esse illius opera et medicina autumans*, vgl. Lucr. IV, 1235 *ut sterili Venere exigat aevum*.

istimodi. Wenn wir nun die plautinischen Beispiele ansehen, die Luchs
für *isti* in Anspruch nimmt (p. 371), so finden wir in sämmtlichen
istius modi (Epid. 119 Merc. 144 Most. 746 Rud. 321), desgleichen in
dem einen terenzischen (Heaut. 387)[1]) und Acc. 136 R. Neben *istius* (nur
½ dutzendmal) gibt es also bei Plautus *istimodi*, wie Ritschl erkannt
und ausgeführt hat op. II p. 691 sq. und in Folge von Luchsens Argumentation vergessen worden ist; *istimodi* steht in den Handschriften
Truc. 930. Es ist der Tonanschlufs, der *isti* aus *istius* hat entstehen
lassen, wie *quoi* aus *quoius* und *illi* aus *illius*: Cato schrieb was andere
sprachen, *illimodi* und *istimodi*.[2]) Ebenso sind die von Priscian bezeugten Fälle des Genetivs *alii* (Cato, C. Licinius, Caelius in I, C. Fannius)
sämmtlich in *alii modi*[3]), eines in *alii rei* (Caelius in I).

Nun gehören aber *istimodi illimodi alimodi* zu den Composita die,
wie *quomodo quicumque* und eine ganze Gattung lateinischer Composi-
tionen, sich in der Rede wieder lösen und ihre Bestandtheile unter selbständige Accente stellen können. Das ist der Weg auf dem *isti illi alii*
selbständig geworden sind. Und so erledigt sich Luchsens letztes Argument, das am meisten scheinbare, dafs nämlich *toti familiae, alii rei*,
aber erst später der Dativ *toto* erscheint: die Form in *i* ist zwar eine
andre Erscheinungsform der in *ius*, aber nicht in freier und beliebiger
Bewegung aus ihr und für sie entstanden. Gleichzeitig ergibt sich, dafs
eine Zwischenform *illis* neben *illi* nie gelebt hat. Den Vorgang der
Isolirung von *isti* würden wir mit Händen greifen, wenn Trin. 552
aequom videtur, qui quidem istius sit modi nicht *quiquidem* möglich wäre.
Da dieser Vers nicht beweist, so gibt es bei Plautus überhaupt keinen
sicheren Fall von alleinstehendem Genetiv *illi isti ipsi soli* u. s. w. Priscian und die Handschriften bezeugen *ulli* Truc. 293; der Genetiv von
ullus kommt sonst bei Plautus nicht vor. Dafs Plautus schreiben konnte
tuo potestatem coloris ullius capiundi mala darf ich nun wohl behaupten,
auch dafs die im 7. Jahrhundert übliche Form in *i* an Stelle der damals verpönten Synalöphe treten konnte. Pseud. 1196 gibt *nullius coloris* durchaus keinen Sinn; auch dieser Genetiv steht nur an dieser

---

1) Das andere Phorm. 969 s. u. Heaut. 339 *huius modi obsecro aliquid
reperi* hat der ältere Calliopiustext *istius*, sprachlich richtiger und metrisch
möglich. Über Heaut. 382 s. u.

2) Später erfolgte dann die Rückbildung: Priscian I p. 205 beweist dafs
illiusmodi, istiusmodi unter einem Accent stehen aus der Betonung des *us*.

3) Priscians Collectaneen sind in Unordnung gerathen, darum bezeugt er
für Caelius in V und Caesar in Anticatone (Luchs p. 328) das eine mal *alius*,
das andere mal *alii*. — Paulus p. 28 *alimodi pro alius modi*.

Stelle. Endlich zweimal *uni*[1]): Capt. 471 *nil morantur iam Lacones uni subselli viros* und Stich. 489 *scis tu me esse uni subselli virum AP.*[2]) An *uni subselli virum (viros)* herumzuändern ist dieser Überlieferung gegenüber ganz unstatthaft; *imi* hört auf eine leichte Änderung zu sein, da der Ambrosianus dazukommt. Aber *uni* ist dennoch dem Sinne nach unmöglich, es könnte nur besagen, dafs der Parasit nicht zwei subsellia für sich verlangt. Der Λάκων liegt ἐπὶ στιβάδος (nur das bedeutet *Lacones)*, so verlangt er auch nur einen schlechten und unbequemen Platz, keinen Platz auf der κλίνη, sondern ein σκιμπόδιον. ein μονοκοίτιον.[3]) Plautus hat *unisubsellium* gebildet, nicht nach der Analogie der lateinischen Adjectivbildungen mit *uni-*, sondern nach der von *biclinium triclinium*, und gut lateinisch, wie *privilegium, veriverbium* beweisen.

Es ist nun keine Form in *i* mehr übrig aufser *utrique*, das Luchs zweimal in scheinbaren Dativen nachgewiesen hat (p. 323 sq., Aul. 129 Capt. 398), während Truc. 794 (p. 372) *utriusque* überliefert ist. nur durch die Schreibung von jenem verschieden. Denn auch hier liegt eine Enklisis vor, die den Lautverlust herbeigeführt hat, zugleich eine Bestätigung für die vorgetragene Auffassung von *isti* und *illi*.

Für Plautus also müssen wir diese zweisilbigen Genetive ablehnen; aber theils die Grammatikerzeugnisse theils die Überlieferung beweisen den Gebrauch dieser Formen, wenn auch in seltnen Fällen, für Terenz *(illi* Heaut. 930[4]), *nulli* And. 608), und es ist kein Bedenken, die Form anzusetzen auch wo sie nicht überliefert ist. Ob bereits bei Ennius v. 86 *utri* genetivisch zu fassen, ist sehr zweifelhaft[5]); aber für die Dichter

---

1) Natürlich nicht Stich. 731 *uni animi.*

2) *hau postulo equidem med in lecto accumbere, scis tu me esse uni subselli virum:* es fehlt ein Wort und zwar im ersten Theil des Verses; *me* steht schon im vorigen. Gelasimus witzelt noch, mir scheint ganz dem Ethos zu entsprechen *scis tu Laconem esse.*

3) Hesych. σκιμπόδιον· εὐτελὲς κλινίδιον, μονοχοίτιον oder κλ. μονόχοιτον. Gell. XIX, 10, 1 *offendimus Frontonem cubantem in scimpodio Graeciensi.* μονόχλινον Philodem 12, 3 Kaibel p. XIV.

4) Heaut. 382 *isti formae ut mores consimiles forent* sucht wieder Engelbrecht stud. Ter. p. 37 sq. als Dativ zu erweisen, sehr bedenklich dem constanten Gebrauch gegenüber (gleich v. 393 *consimilis vostrum;* Eun. 468 ist *nostri* nicht zu verwerfen); freilich werde ich unten noch ein anderes Moment anführen, das für den Dativ in die Wagschale fällt. *isti* auf *mores* zu beziehen halte ich für ganz unstatthaft.

5) Luchs p. 324 nach Anderen, vgl. Vahlen Ber. der Berl. Akad. 1895 p. 1152.

von Terenz wie für die Prosaiker von Cato an steht der gelegentliche
Gebrauch der Formen in *i* fest.[1])

Wir haben somit in dieser Frage in der Hauptsache auf den Stand-
punkt Ritschls zurückzukehren. Wer in der Kürze der ersten Silbe
von *illius* mehr Bedenken findet als in der Annahme des Genetivs *illi*
bei Plautus, der mag an den 2—3 Stellen bei *illi* bleiben. Mir scheint
es gerathener, eine auffallende prosodische Thatsache anzuerkennen als
die Entwicklungsgeschichte einer Wortform den Thatsachen entgegen
gewaltsam zu verrücken.

Als eine Art von Analogie zu dem Luchsschen *illis* neben *illi* könnte
man den Nomin. plur. der *o*-stämme in *s* neben dem in *i* ansehen
wollen, wenn es nur fester stünde, dafs Plautus dieselbe Freiheit hatte
mit den Pluralformen in *s* und *i* zu wechseln, wie er das ablativische
d im einzelnen Falle trotz seiner Schwäche erhalten konnte, um den
Hiatus zu vermeiden, oder es trotz seiner noch gefühlten Existenz als
nicht vorhanden betrachten, um die Synalöphe zu ermöglichen. Selbst
dies zugegeben würde es sich doch hier um verschiedene Flexionsformen
handeln, die noch neben einander bestehen und im Begriffe sind die
eine sich vor der andern zu verlieren; andrerseits stehen die Pluralformen in *s* nicht nur etymologisch fest, sondern sind auch durch zahlreiche inschriftliche Zeugnisse beglaubigt. Aber dafs Plautus sie überhaupt anwendet aufser in *hisce illisce* ist, so entschieden man es erwarten
sollte, doch überaus unsicher. Mil. 44 steht sogar *A (Sardos)* gegen *P
(Sardis)*, und dafs der Satz mit dem Nominativ erträglich wäre mufs
ich bestreiten. Mil. 374 kann man der Überlieferung entnehmen *non
póssunt mihi minaciis tuis hisce oculis exfodiri*, das würde bedeuten dafs
das *s* geschrieben wäre ohne zu wirken[2]); aber es ist ganz unsicher.
Auf der andern Seite sind die Fälle von Hiatus, den der in *i* auslautende
Nominativ bildet, verhältnifsmäfsig sehr selten (Amph. 89 Curc. 450 Men.
85. 1158 Poen. 862. 988 Pseud. 151. 443. 1129 Rud. 1313[3]), 10 Fälle,
8 im Adjectiv und Participium, 2 im Substantiv); eine sprachgeschichtliche Wirklichkeit, wie für den Ablativ singul., ist durch sie nicht zu

1) Bücheler 609 *non clausa in tumulo requiescunt ossa sepulcro | istius
nunc iuenis nec corpus morte sacratum* —: da die Verse sonst tadellos sind,
mufs angenommen werden dafs *istius* zweisilbig sein soll.

2) Vielleicht ist Amph. 1062 *tonitrus* (nur hier) im Werth von *tonitru*
gesetzt (*tonitrus ut*). Poen. 1058 *hic me Antidamas hospes tuos AP* für *Anti-
dama*.

3) Mehrdeutig Rud. 22, andere Möglichkeiten Men. 19 Mil. 452, corrupt
Rud. 829. Livius sat. 29 *citi ad* s. u., Naev. com. 81 vgl. Ritschl N. pl.
Exc. 114.

begründen. Auch steht es ja mit der inschriftlichen Bezeugung hier ganz anders als dort; die Beispiele des Nomin. plur. in *s* gehören fast alle dem 7. Jahrhundert, die des Abl. sing. in *d* liegen ihm alle voraus. Man mufs annehmen dafs die in Rom erstorbene, im oskischen Gebiet lebendig erhaltene Form in der Gracchenzeit durch die peregrini in Rom wieder belebt worden ist. Wenn sie aber im 6. Jahrhundert im Mund der Leute war, so war eben den *lanies* und *violaries* gestattet was nicht nur Ennius sondern auch Plautus verwehrt war.

9

Dafs es im Lateinischen eine Zeit gegeben hat, in der *s* auch nach langem Vocal unsicher war, ist an sich wahrscheinlich, wenn auch weder die vorlitterarischen Inschriften dafür sprechen noch, so viel ich sehe, ganz sichere etymologische Combinationen dafür angeführt werden können. In litterarischer Zeit gibt es nichts derart; dafs man in Pisaurum *Pisaurese* schrieb, in Praeneste *Maio*, *Mino* (in vielen Beispielen aus der Grabstätte C. I. L. XIV, 3046 sq.) oder *pro sed sueque ede leigibus* (XIV, 2892) oder auf einer Münze in Ligatur *Lare'*), das will für Rom und seine Litteratur garnichts sagen. Derselbe Thatbestand folgt aus dem Versbau: neben *dici tu*, *nullu sum* in Versschlufs und Diärese gibt es kein einziges so gestelltes *dices* oder *nullos*; desgleichen aus der Wortverbindung: *bonust*, nicht *virtust*. Wenn wir mit dieser aus unbestreitbaren Thatsachen gewonnenen Anschauung an die Überlieferung des Plautus herangehen, so mufs es überraschen, eine Reihe von Versen dieser Art zu finden:

Men. 308 habitánt. di illos homines qui illic habitant perduint.

Pseud. 880 quin tu illos inimicos potius quam amicos vocas? (*AP*)

Trin. 920 dices. non monstrare possum istos homines quos tu

quaeritas.

Truc. 658 nunc égo istos mundulos urbanos amasios.[2])

Merc. 761 te odisse aeque atque angues. egone istuc dixi

tibi? (*AP*)

Cist. 526 ét equidem hercle nisi pedatu tertio omnis effluxero.

Asin. 807 tot nóctes reddat spurcas quot puras habuerit (mit

Nonius).

---

1) *de senatu sententia* in der Inschrift von Aletrium C. I. L. I 1166 (zwischen a. 620 und 664) ist von anderer Art, eine Form neben *senatuis* und *senati*.

2) Amph. arg. 2, 9 *omném rem noscunt, geminos Alcumena enititur*, vgl. zu arg. 1, 3. 5.

Capt. 532 nugás ineptias iucipisso. haereo.

Cas. 778 novi égo illas ambas estrices. corbitam cibi (AP)

Cure. 90 voltísne olivas aut pulpamentum aut capparim?

Capt. 408 númquam erit tam avarus quin te gratiís emittat manu.

691 quando égo te exemplis pessumis excruciavero.

Merc. 192 ármamentis complicandís et componendis studuimus.

Trin. 302 tuís servivi servitutem imperiís et praeceptis pater.

Cure. 316 fieri ventulum. quid igitur vís? esse, ut ventum
                              gaudeam.

Amph. 32 proptérea pace advenio et pacem ad vos affero.

Merc. 683 Doríppa, mea Dorippa. quid clamos obsecro.

und minder sicher überliefert

Asin. 552 die 2. Hälfte cicátrices indiderunt (die erste corrupt).

Aul. 784 répudium rebus paratís atque exornatis nuptiis (Nonius
                            ohne atque).

vgl. Poen. 419 (AP), 980 (AP), 1165 (AP), Bacch. 498 (P gegen A).

Spengel T. Maccius Plautus p. 98 bemerkt zu Trin. 601 (postquam
éxturbavit hic nos ex nostris aedibus): 'selbst der Gedanke an die Verbindung ex nostraedibus kann auftauchen' und Bergk in seinen hinterlassenen Bemerkungen zum Trinummus bespricht die Möglichkeit (p. 627),
dafs sich die Überlieferung Trin. 302 (s. o.) halten liefse, beide mit Berufung auf Cicero Orat. 153. Ich mufs die Stelle ausschreiben: sine
vocalibus saepe brevitatis causa contrahebant, ut ita dicerent: multimodis
et uas (uiuas Laudianus) argenti (argenteis Laud.) palmet (palma et Laud.)
crinibus tectifractis. Hierzu ist zunächst zu bemerken, dafs et vor uas
im Abrincensis richtig überliefert, das zweite et irrthümlich hinter palm
(palma) gestellt, das dritte vor tecti ausgefallen ist; so gleich nachher
e maxillis et taxillis et (om. Laud.) paxillo et vexillo et pauxillo, 158
amovit dicimus et abegit et abstulit; noti erant et navi et nari u. s. w.
Danach ist zu lesen multimodis et vasargenteis et palmicrinibus et tectifractis, nur dafs für vasis argenteis nach dem Abrincensis wenigstens
die Möglichkeit gegeben ist, vasis argentei zu lesen, und damit das einzige
Beispiel für Abfall von s nach langem Vocal vor Vocal unsicher wird.
Für die unmittelbar vorliegende Frage kann also die Stelle gar nicht in
Betracht kommen. Was bedeutet sie aber für das Verhalten des s nach
langem Vocal überhaupt? Der erste Beleg kann es zeigen, es ist der
einzige, der auch sonst und in Analogien bekannt ist. multimodis und
mirimodis bestehen bei Plautus[1]) und später neben multis, miris modis,

---

1) Vgl. Brix zu Trin. 931, Baier de recens. Ambr. et Pal. p. 54.

die Handschriften haben immer die volle Form und überlassen der Aussprache die Erleichterung. Diese findet genau aus demselben Motive statt wie bei *istimodi*, es ist nicht eine Schwäche des *-is* oder *-s*[1]), sondern der Tonanschlufs, der den Lautverlust herbeiführt.[2]) Dann ist *omnimodis* nach der Analogie gebildet, aber schwerlich schon von Plautus (vgl. Stich. 684)[3]), und *multigenerum* Stich. 383. Wir lernen nun durch Cicero, dafs die Verbindung solcher Wortgruppen unter einem Accent sich weiter erstreckte, dafs man auch *tectifractis* sprach, und vielleicht auch *vasargenteis*. *palmicrinibus* hat O. Jahn (vgl. Ribbeck trag. frg. p. 267) auf Eur. Hec. 836 bezogen: εἴ μοι γένοιτο φθόγγος ἐν βραχίοσι καὶ χερσὶ καὶ κόμαισι καὶ ποδῶν βάσει und dem Ennius beigelegt, sehr scheinbar, aber schwerlich richtig. Cicero spricht gar nicht von Dichtern und citirt keine bestimmten Stellen; *multis modis* und *vasis argenteis* sind keine Citate. Er hat vorher von der Vermeidung des Hiatus im Leben gesprochen und dabei erwähnt, dafs bei Dichtern Hiate vorkommen; dann: auch ohne dafs Vocale zusammenstiefsen zog man Wörter zusammen; dann: *quid vero licentius quam quod hominum etiam nomina contrahebant, quo essent aptiora?* (Duellius-Bellius). Er spricht also von der Sprache des Lebens, wie auch in der ferneren Erörterung. Es ist ja möglich, dafs er eine Reminiscenz aus der Tragödie, *palmis crinibus* wie es auf der Bühne *palmicrinibus* gesprochen wurde, hat mit unterlaufen lassen. Aber diese Verbindung zweier selbständiger Nomina unter einem Accent ist beispiellos und fällt aus der Reihe der übrigen. Es wird ein attributives Wort verlangt und Lambins *passicrinibus* ist durchaus wahrscheinlich.[4])

Ein Zeugnifs Ciceros ist also nicht anzuführen. Und es ist kein Zweifel, dafs Plautus keinen einzigen der angeführten Verse so geschrieben hat wie er in den Handschriften steht.[5]) Darüber ist meines Erachtens kein Wort zu verlieren. Aber eine so häufige und deutliche Überlieferung verlangt freilich eine Erklärung.

Der Abfall von *s* nach langem Vocal ist auf jüngeren Inschriften häufig, in Süditalien (z. B. C. I. L. IX, 1512 *mese* == *menses*, 1938 *filio meo(s)*, 2305 *anni* == *annis*, in Pompeji *prese* == *praesens* und selbst

---

1) Bücheler Grundrifs p. 123 W.
2) Ennius trag. 20 *multis sum modis circumventus*.
3) Ter. Hec. 702 *omnibus modis* wie 179 *miris modis*.
4) *treviri* vgl. Wölfflin Archiv IX p. 16. — Catos *vople* (Festus p. 379) vermeidet wie *ipse idem* die harte Consonantengruppe.
5) Wenn man nicht Truc. 638 und Curc. 316 die Synkope gelten läfst.

im Verbum[1]) *valea)*, in Spanien (II suppl. 6109 *parente)*, Afrika (vgl.
Sittl in Wölfflins Archiv II p. 566). Wir sehen daraus, dafs in späterer
Zeit wenigstens in den südlichen Ländern lateinischer Zunge das auslautende s auch nach langem Vocal wenigstens in der Nominalflexion
schwach geworden war und zum Abfallen neigte.[2]) Es ist nun natürlich, dafs auch in der Behandlung der archaischen Texte, in denen der
Abfall des s deutlich vorlag, gewisse Grammatiker dazu gelangten, allen
Auslautssilben in -s die gleiche Freiheit zuzutrauen.[3]) Die Belege dafür,
dafs spätestens vom 3. Jahrhundert an diese Ansicht in Grammatiker-
kreisen verbreitet war, liefert uns die spätere Vergilkritik. Eine Zeit-
angabe macht Servius zu Aen. XII, 709. Der Vers *inter se coiisse viros
et cernere ferro* ist in dieser Form nicht nur durch den Veronensis,
sondern auch durch Seneca ausdrücklich bezeugt (ep. 58, 3 *cernere —
quod nunc decernere dicimus)*; im Palatinus steht *cernere* von erster,
decernere von zweiter Hand, und in *decernere* stimmt die übrige Überlieferung zusammen. Dazu Servius: *cernere — vera et antiqua est lectio.
— posteritas coepit legere 'decernere', secundum quam lectionem synalipha
opus est, sed excluso s, ut sit 'viro et decernere ferro'*. Und dasselbe
Beispiel verwendet Priscian I p. 32 für seinen Satz: *s in metro apud ve-
tustissimos vim suam frequenter amittit*. Auf dasselbe bezieht sich Servius zu II, 508 *limina tectorum et medium in penetralibus hostem*, wo
die handschriftliche Variante *mediis* vorliegt, mit der Anmerkung *hypal-
lage est, i. e. in mediis aedibus; si autem 'mediis' legeris, non stat versus
nisi excluso s, ut 'inter se coiisse viros et decernere ferro* (XII, 709)'.
Er eignet sich selbst die Theorie nicht geradezu an, läfst aber die Möglichkeit der von anderen anerkannten gelten.[4])·
  Es ist hiernach nicht mehr zu bezweifeln, dafs die Urheber unsrer
beiden antiken Ausgaben auch bei langem Vocal + s die Synalöphe für

---

1) Vgl. Gröber in Wölfflins Archiv I p. 212.
  2) Oder nach voraufgegangener Kürzung des Vocals. Inschrift aus Nu-
midien VIII, 4635 (Bücheler 254) 17 Verse metrisch correct, aber *intonās* (sogar
vor Consonant), *ponerēs, claudās*.
  3) Wenigstens den auf einfaches *s* auslautenden; denn die Kategorie der
aus Dental + s entstandenen ursprünglichen Doppel-*s* sondert sich auch hier:
für den Abfall dieser *s* gibt es meines Wissens kein inschriftliches Beispiel und
in den Handschriften keinen Vers.
  4) Vgl. Lachmann zu Lucr. p. 100. — Consentius p. 403 führt den Vers
Aen. II 457 an in der Form *ad soceros atque* (*et* Vergil) *avo puerum Astyanacta
trahebat* und erklärt das metrisch durch Contraction von *soceros atque: scan-
dimus enim sic 'rostquea', ex quo apparet inter duas consonas a vocalem
periisse.*

möglich gehalten haben, daher sind jene Corruptelen uns übereinstimmend überliefert. Wenn sie, wie in *A* und *P*, so in den Ausgaben standen, die auf Probus' Autorität beruhten, so folgt daraus nicht, dafs Probus und die Seinigen sie für richtig hielten, sondern nur dafs sie sie nicht änderten; für die absolute Richtigkeit folgt gar nichts daraus. Wir würden auch an den Abfall des *s* nach kurzem Vocal vor Vocal nicht glauben, wenn nur eine Anzahl überlieferter Verse oder das Zeugnifs des Sisenna zur Beglaubigung diente. Es bedurfte anderer Argumente, um die Synalöphe dem Plautus selbst zuzuschreiben; für die Synalöphe bei langem Vocal gibt es nur Argumente, die für Plautus ihre Unmöglichkeit beweisen.

Wenn wir die erschlossenen Thatsachen in die Geschichte des auslautenden *s* einbeziehen, so gewinnen wir folgendes Bild. Als Plautus dichtete, war das *s* nach kurzem Vocal im Auslaut so unbeständig, dafs der Dichter es im Verse nach Belieben fallen lassen oder erhalten konnte. Aber es war dem Bewufstsein der lebendigen Sprache noch nicht in dem Mafse abhanden gekommen wie das *d* des Ablativs. Ennius beobachtete, dafs es vor vocalischem Anlaut zur Verhinderung des Hiatus hörbar war, während es vor consonantischem verklang; so erhielt er es auch im Verse vor Vocal und machte dies gesetzmäfsig, liefs aber die Erhaltung vor anlautendem Consonanten nach wie vor im Belieben des Dichters.[1]) In dieser Gestalt befestigte sich der Gebrauch im Leben und in der Kunst; es ist die Regel, die Terenz und alle Dramatiker des 7. Jahrhunderts befolgen. Cicero wufste es nicht anders. Die Regel ist fest während der beiden Menschenalter, in denen die Werke des Plautus nach seinem Tode auf der Bühne lebten. Es konnte nicht anders sein als dafs die Verse des Dichters sich der Regel anbequemten, dafs die Schauspieler die plautinischen Verse sprachen wie die terenzischen und dafs in vielen Fällen Änderungen die sich leicht ergaben in die Bühnentexte eingeführt wurden. Nur aus der Überlieferung der Bühnen aber stammt der Text der plautinischen Werke. Er enthielt nur noch Reste der plautinischen Art, *s* vor vocalischem Anlaut fallen zu lassen. Ob man in der Zeit des Accius und Varro dem Plautus

---

1) Havets Beobachtung p. 316 sq., dafs Ennius und die folgenden im Hexameter selten Auslautssilbe mit kurzem Vocal und *s* als Länge in die Thesis setzten, ist mit dieser Einschränkung richtig: denn dafs sie es nie thaten, widerlegt die Überlieferung. Auch Plautus scheut sich in Anapästen keineswegs davor, vgl. Aul. 717 *quid est? quid ridetis? novi omnes*, Stich. 22 *spes est cum melius facturum*, Trin. 829 *pauperibus te parcere solitum* u. dgl.

die Zerreifsung des Anapästs u. dgl. zutraute, können wir dahingestellt
sein lassen; sicher ist dafs Erscheinungen dieser Art, die ganze Gruppen
umfafsten, erhalten blieben, und andrerseits solche Fälle, die grammatisch verdunkelt waren, *malust* und *loquere*, *pane* und *collum*; darüber
hinaus nur ein geringer Rest. In der Archaistenzeit dagegen, als die
frühere Schwäche des auslautenden *s* in der gebildeten Sprache des
Umgangs mit ihrer beschränkenden Regel (wie sie in Ciceros Jugend
noch bestand) längst vergessen war und in der niederen Sprache des
Lebens zwar die Schwäche des Auslauts bestand, aber keine Rücksicht
weiter auf die Prosodie noch auf den folgenden Anlaut nahm, als ferner
die Continuität mit den in der Sprache der Gegenwart wurzelnden Anschauungen von der Sprache der plautinischen Zeit, wie sie in der varronischen lebten, so lange Jahre völlig unterbrochen gewesen war, da
machte man den Unterschied nicht mehr und nahm an, dafs Plautus
metri causa das *s* fallen liefs, nach kurzem oder langem Vocal, vor consonantischem oder vocalischem Anlaut. Ob Probus selbst dieser Ansicht
war ist müfsig zu fragen; genug dafs auf diese Weise die Reste des
vorennianischen Zustandes in der plautinischen Überlieferung über die
Zeit hinaus bewahrt worden sind, in der man sich sonst nicht scheute
Überliefertes zu ändern.

10

Die Erkenntnifs, dafs das Verhalten des *s* im Auslaut noch in litterarischer Zeit sich gewandelt hat, mufs uns die Frage aufdrängen, ob
m im Auslaut sich zu aller Zeit gleich geblieben ist. Das Bild, das es
uns in seinen verschiedenen Erscheinungsformen bietet, ist so wechselnd
und verworren, dafs es schwer hält an einen früh festgelegten bestän-
digen Gebrauch im Verse zu glauben. Es verklingt in den Scipionenelogien und ist fest in den noch älteren Inschriften. Es ist in der gesammten Poesie von Ennius an im Auslaut nicht vorhanden bei folgendem vocalischem Anlaut, dagegen ein Consonant wie andre bei
consonantischem, während es in der Sprache des Lebens ohne Rücksicht auf den Anlaut immer unbeständig ist und in der Poesie späterer
Zeit auch vor Consonanten verklingt; bezeichnend ist die stadtrömische
Inschrift Bücheler 422 vom Jahr 126 mit *pietate rependere matri*, *ferale
diem*, *moriente viderent*. Bei Plautus ist die Synalöphe über *m* hinaus
in der Überlieferung die Regel, aber die Bewahrung von *m* vor vocalischem Anlaut ungemein häufig überliefert. Dagegen macht *m* Position

und das einmal überlieferte *aequo sit (B¹* Mil. 515) im Versschlufs ist
beispiellos.¹)

Unsicherheit des auslautenden *m* in einzelnen Wörtern, die sich
der Wirkung der lebendigen Aussprache auch in der Poesie nicht haben
entziehen können, führen uns deutlich vor Augen wie bedenklich es
ist, Form und Gebrauch einer zufällig genau bekannten prosodischen
Phase auf die ganze Zeit vorher zu erstrecken. Ein solches Wort ist
noenum, seit Ennius *noenu*. Ein anderes *enim*, auf dessen Prosodie ich
etwas näher eingehen will. *einom enom enem inom inim enim* ist in
allen italischen Sprachen ursprünglich einfach copulativ, die Rede fort-
führend, so in der Dvenosinschrift; dann wird es bekräftigend, so bei
Plautus; endlich begründend, wie es bleibt, mit der Stellung nach dem
Anfangswort des Satzes. Das *m* gehört ihm von Natur, aber es ist nicht
nur im Umbrischen, wie natürlich, unsicher, sondern auch im Oskischen,
wenn auch nur in den jungen Inschriften Pompejis.²) In lateinischen
Inschriften republikanischer Zeit kommt *enim* nach der Dvenosinschrift
nicht vor, wir können nur an seiner Behandlung im Verse die Festigkeit des *m* beobachten. Bei Plautus³) steht das Wort (nach dem Index,
also nur annähernd richtig) 153 mal; während z. B. *quidem* oder *tamen*
(das *tame* und *tam* neben sich hat) oft Position machen, ist *enim* vor
Consonanten fast durchweg pyrrhichisch, nicht einmal die Stellen, an
denen ein Zweifel über die Messung entstehen kann, sind verhältnifsmäfsig zahlreich. Amph. 658 *cérte enim méd illi expectatum*, nicht *me*,
Asin. 614 sicher nicht zu corrigiren *certe enim tu vita es*, so wenig wie
Amph. 838 *enim verbis probas*; Mil. 429 *quid metuis?* *enim ne nosmet*
erfordert *ne ⟨nos⟩*; Most. 888 *qui parasitus sum?* *ego enim dicam*, nicht
Anapäste; Pers. 489 ist in *P quoiquam* ausgelassen, dadurch entsteht
númquam enim posthac (richtig *A*); Men. 94 citirt Nonius falsch *ea
enim fere lenta.* Wo *at enim* u. s. w. mit steigender Betonung steht,
ist die Betonung *at énim* (auch Merc. 159 *at énim placide volo*, Trin.
806 *at énim nimis longo sermone utimur*, Pseud. 538 Stich. 737)⁴), *sed
énim, quia énim* (auch Pseud. 804, Truc. 266), *ego énim* (auch Cas.
280, Merc. 251).⁵) *non enim* ist stets, wo es nicht mit folgendem

1) In Anapästen Aul. 146 *fáctum voló*, wo *facto* in *B* steht (*facta DE*).
cŭm machaéra Pseud. 593.
2) ειν Zvet. 143, *in* in der tab. Bantina.
3) Livius Od. 4 Z. fehlt wohl das erste Wort: ⌣ *neque énim te oblitus.*
4) Naev. com. 59 wohl nach Ribbeck *át enim tu nimis spisse ac tarde incedis*; Turpil. 65 *at énim.*
5) Oder gibt es einen Beweis für die Behauptung von Seyffert und Skutsch

Vocal verschmilzt, eine Länge mit 2 Kürzen: Poen. 286 nicht *nón enim pote* nach Charisius *(potest P)*, sondern *nón enim pótis est (A)*; Pseud. 1267 steht *dari dapsilés, non enim parce promi* zwischen einem baccheischen Tetrameter und einem dochmischen Doppelkolon, die Messung *dari dapsilés, non énim parce prómi* ist also garnicht unwahrscheinlich; dafs der Tetrameter wahrscheinlicher ist mufs man zugeben, und so finden wir auch hier, wie bei *magis* und *satis*, das erste Beispiel im baccheischen Verse. In 3 Versen endlich ist nicht *enim*, sondern Hiatus als überliefert anzusehen: vor Personenwechsel Bacch. 702 *núnc quid nos vis facere? énim nil nisi ut ametis impero*, im Ablativ Men. 251 *illóc enim vérbo esse me servom scio*, also beides keine wirklichen Hiate, und Capt. 608 *dum ístic itidem vinciatur. immo enim véro, Hegio*[1]), an einer Versstelle, die in der Überlieferung besonders häufig Hiatus hat. Übrig bleibt mit zweifellos überliefertem *enim* Cas. 372

   dicam enim, mea mulsa: de istac Casina huic nostro vilico
   gratiam facias.

Hier aber ist dieselbe Möglichkeit offen, die wir in Versen mit scheinbarem *magis* und *satis* gefunden haben: der Vers verlangt nicht das *m*, sondern besteht auch wenn *ení* die Auslautssilbe kurz bewahrt. Endlich Most. 551

   quid tu⟨te⟩ tecum? nil enim. sed dic mihi.

enim steht also nur ganz vereinzelt bei Plautus wie etwa in *certus enim promisit Apollo*; d. h. das *m* von *enim* war zu schwach um die Last der Positionssilbe mitzutragen.[2])

Terenz hat *enim* minder häufig als Plautus, aber auch durchweg ohne wirkendes *m*. Ad. 649 *neque énim diu huc migrarunt;* auch die von Plautus nicht angewendete Verbindung *et enim* ist noch getrennt zu fassen: Heaut. 548 *et énim quo pacto id fieri soleat calleo*, vgl. Afran. 369. Dafs Phorm. 528 *(sic hunc decipis? immo enim vero, Antipho, hic me decipit)* zu messen sei *immo enim vero*[3]) folgt auch nicht wenn man mit Lachmann *decipi* schreibt (vgl. Dziatzko z. St.); vielleicht *decipies*. Auch bei Terenz bleibt ein Vers übrig, Phorm. 555

(Plaut. und Rom. 154), dafs *at enim* für Plautus ein Wort darstelle, wie in späterer Zeit *etenim, sedenim* (Prisc. II p. 93, 12)?

1) S. gleich Phorm. 528.

2) *eni* ist einmal in *D* geschrieben, Aul. 594. — Unrichtige Hiate wie unzählige andere liegen vor Men. 846 *ámplius. enim haéreo* (oder *amplius* kretisch gemessen), Truc. 733 *plus énim es intromissus*, vielleicht auch Rud. 922, aus denen natürlich auf die Art des *m* kein Schlufs gestattet ist.

3) Vgl. Ad. 255 *verum énim vero*, Phorm. 338 *immo enim némo*.

quaéro. salvos est ut opinor. verum enim metuo malum.
enim ist hier, wie man sieht, genau beschaffen wie in Cas. 372, *eni* ergibt einen Vers ähnlich dem unmittelbar folgenden: *nóli metuere, una tecum bona malá tolerabimus.*

Wenn Ennius *enim* in seinen Hexametern nicht vermieden hat, so hat er es doch nicht gesucht; wir kennen es nur in dem berühmten Verse
non enim rumores ponebat ante salutem.
Hier *noenum* zu schreiben ist Willkür und neben *noenu decet mussare bonos, omnia noenu necesse* bedenklicher als *non ponebat enim* (Bergk) bei Ennius sein würde. Schon Andere (Bergk op. I p. 294, L. Müller, Baehrens) haben an *eni* gedacht; ich glaube bewiesen zu haben, dafs das überlieferte daktylische *non enim* vor Consonanten sich in die Geschichte des Wortes vollkommen einordnet.

Der erste der *enim* in Position stellt ist Lucilius: v. 1151 und vielleicht 739. Dagegen v. 937 ist *scito etenim bene longincum mortalibus morbum | in vino esse* sehr zweifelhaft, die Überlieferung *cito (cibo) bene enim longincum* deutet eher auf eine Fassung wie *cognovere eni longincum.* Dann Lucrez *neque enim mirum* u. dgl. in Fülle.

enim mit seinem in älterer Zeit fast verschwindenden *m* ist ein Beweis dafür, dafs *m* im Auslaut wenigstens in bestimmten Wörtern sein Verhalten mehrfach geändert hat: das Wort zeigt deutlich seine drei Entwicklungsphasen, das von Ursprung vorhandene *m*, dessen Verwitterung und Wiedererhaltung; als vierte, aus der Litteratur nicht ersichtliche Stufe kann man die Abstofsung in der letzten Zeit der Sprache hinzunehmen. Hier ist also von Plautus zur cäsarisch-augusteischen Zeit hin eine Entwicklung zur Festigkeit. Andererseits ist *noenum* (Aul. 67 *noenim mecastor*) seit Ennius *noenu* geworden. Sind wir berechtigt, das Gesetz, unter dem der Auslaut in *m* in der klassischen Poesie steht, wie unter einem anderen der in *s*, als ursprünglich und zu jeder Zeit gültig zu betrachten? In den Resten des Ennius selbst finden wir eine wichtige Spur, die uns bedenklich machen mufs die Frage rasch zu bejahen. Er hat die Synalöphe über *m* hinweg nicht consequent durchgeführt[1]): Priscian I p. 30 *vetustissimi tamen non semper eam subtrahebant: Ennius in X annalium — milia militum octo*, so *dum quidem unus homo* (Festus p. 302). Das sind keine griechischen Iliate, die langen Vokal oder Cäsur verlangen, sondern unter der Voraussetzung, dafs *m* nicht wirkt, wahre lateinische, also für Ennius unmögliche. Ennius bediente

---

1) Nicht mit Recht geleugnet von Marx Rhein. Mus. XLI p. 556.

sich also noch einer, wenn auch selten angewendeten Freiheit, das *m* vor Vocal zu erhalten.

Die Überlieferung des Terenz zeigt überaus selten erhaltenes *m* vor anlautendem Vocal; weitaus die meisten Fälle derart sind Corruptelen des Bembinus[1]), dessen Text bekanntlich sehr oft durch Ausfall einzelner Wörter beschädigt ist, wenige hat Calliopius allein.[2]) Wo Bembinus und Calliopius zusammengehen, liegt Personenwechsel vor Eun. 409, die Formen *horum, sursum, quorsum,* die nichts beweisen, Phorm. 290. 518 Ad. 574 And. 264, ein Gegenzeugnis des Nonius mit der richtigen Lesart Ad. 263. So bleibt nur And. 610 *(inultum id numquam),* Heaut. 540 *(iam huic),* Phorm. 191 *(quam hic)* 598 *(amicum ésse)* 958 *(peccatum tuom ésse)* Hec. 2 *(nová novum intervenit),* für einen Dichter, dessen ganze Production vorliegt, viel zu wenig im Verhältnis um glaublich zu sein. Von Cäcilius läfst sich ein Vers anführen, 40 *nam hic in tenebris,* ein Anfang wie Phorm. 191 Heaut. 540, wie er bei Plautus allerdings sehr häufig vorliegt. Dann folgt die Zeit der griechischen Hiate, in der Verse wie *a te principium, tibi desinam. accipe iussis* eine andere Erklärung finden und nur die Erhaltung des *m* einsilbiger Wörter, wie Lucil. 19 *inritata canes quam homo quod planius dicit,* noch prosodisch nicht metrisch erklärt werden mufs.

Dafs die plautinische Überlieferung an sich nicht für die Erhaltung des *m* im Auslaut vor Vocal beweist, ist klar und ich habe genug darüber gesprochen; sie würde sonst auch jeden anderen unzweifelhaften Hiatus rechtfertigen. Aber die sprachgeschichtliche Erwägung, die Analogie des *s,* stellt die Überlieferung für *m* auf eine andere Stufe als die für die auslautenden Vocale. Es sind bei Plautus, wenn ich nur die Fälle rechne, in denen unter der Voraussetzung, dafs *m* nicht wirkt, ein wirklicher Hiatus entsteht, die also weder durch Diärese oder Personenwechsel zu entschuldigen noch durch Einsetzung einer anderen Form im Verse, wie *uti, hocedie, homonis,* abl. *d* u. dgl., zu heben sind, es sind solcher Verse etwa 280 überliefert, von denen 30 von vornherein ausscheiden, da sie die Auslautssilbe als Länge behandeln (vgl. Asin. 85, Trin. 425), in Fällen die entweder sicher falsch sind oder (z. B. bei daktylischen Wörtern) einen für alle Fälle der gleichen Kategorie gültigen Erklärungsgrund verlangen. Von den übrig bleibenden kommen durchschnittlich 12—13 auf das Stück, die meisten Stücke entfernen sich

---

1) Eun. 743 Heaut. 81. 379. 705 Phorm. 545. 549. 615. 633. 980 Hec. 50. 156. 394. 593. 631. 813 Ad. 168. 755. 765.
2) Heaut. 314. 893. 997 Phorm. 284 Hec. 313, vgl. Ad. 330.

nicht sehr von der Durchschnittszahl; aus der Reihe treten[1]) Asinaria mit 20, Bacchides mit 26, Menaechmi mit 31 Belegen (die 21 des Poenulus entsprechen der Länge des Stückes), andrerseits Pseudolus mit 4, Epidicus mit 7. Dieses Verhältnis lehrt ohne Zweifel, dafs viele nicht ursprüngliche Fälle von erhaltenem *m* in die Überlieferung eingedrungen sind. Aber wie die vielen überlieferten Fälle von Ablativen vor Vocal mit erhaltenem Schlufsvocal der allgemeinen Erwägung zur Stütze dienen, so auch die 'Hiate' in *m*. Es sind unter ihnen einige 30 mit einsilbigen Wörtern (natürlich ohne Versaccent) wie *quam nam iam tum cum*[2]) *rem*, die nicht nur in der späteren Poesie öfter ihr *m* bewahren, sondern zum Theil auch in den romanischen Sprachen.[3]) Ferner etwa 20, die die Schlufssilbe eines mehrsilbigen Wortes in *m* mit einem metrischen Accent versehen, darunter die Gruppe[4]) des Schemas *gratiám habeo tibi* (Capt. 373 und Mil. 1425 übereinstimmend, hier *AP*). Die übrigen nach Kategorien zu ordnen ist zwecklos, es läfst sich dadurch nichts entscheiden; wer aber die Verse an sich vorübergehen läfst wird finden, dafs unter ihnen eine besonders grofse Zahl rundherum gut ist und durch alle Emendationsangriffe nur verloren hat und nur verlieren kann. Die Wahrscheinlichkeit ist in der That sehr grofs, dafs für das *m* wie für das *s* im Auslaut der allgemein bekannte und anerkannte Gebrauch nur eine Phase in seiner Geschichte bedeutet; dafs auch hier erst Ennius die Entwicklung für seine Zeit abgeschlossen und auch hier, wie so oft, von der überwundenen Periode noch Reste hat überleben lassen. Zwar Unterdrückung des Auslauts vor Consonanten, *in templu fert*, wie *nullu sum*, ist auch für Plautus durch die Überlieferung ausgeschlossen; aber durch die Überlieferung indicirt und aus allgemeinen Gründen wahrscheinlich ist es, dafs *m* vor auslautendem Vocal beizubehalten im Belieben des Plautus stand. Hierin tritt *m* in plautinischer Zeit in Analogie zu *s*, nur dafs dieses vor Vocal häufiger besteht als verschwindet, jenes häufiger verschwindet als besteht.

---

1) Die Zahlen gebe ich nach meiner Berechnung, die aber natürlich von Subjectivem nicht frei ist, also annähernd und ohne Gewähr.

2) *cum* erklärt sich durch Proclisis, s. zu Asin. 706.

3) Gröber in den Commentationes Woelfflinianae p. 173.

4) Klotz Grundzüge p. 133.

VI

Hiatus und Synalöphe bei auslautendem *ae*

1

Es ist kein Zweifel dafs, allgemein gesprochen, Plautus den Hiatus vermieden [1]) und die Synalöphe reichlicher zugelassen hat als es zu irgend einer Zeit der römischen Verskunst sonst geschehen ist; dafs man durch blofse Beobachtung der überlieferten Hiate die Ausnahmen von der Regel nicht findet, lehrt die Geschichte des Textes. [2]) Ein überlieferter Hiatus mufs durch andere Gründe als durch den Umstand, dafs er überliefert ist, gestützt sein, um dem Dichter selbst zugeschrieben zu werden. Vor allem ist es richtig zu fragen, ob ein wirklicher Hiatus vorliegt; diese Frage ist beantwortet für den ablativischen Auslaut, aufgeworfen für *m*, das ich nach dem vorigen Kapitel hier ganz aufser Spiel lasse. Kein Hiatus entsteht, wenn die Diärese der aus Kola bestehenden Verse von Vocalen umgeben ist (keine Cäsur kommt hierbei in Betracht); wie in diesem Falle so bei Personenwechsel ist es Sache des Schauspielers, den

---

1) Die allgemeinen Erwägungen, die dies erweisen, habe ich in der praefatio meiner Ausgabe der ersten 4 Stücke (1885) p. VII angeführt. Diese werden im ganzen durch die Fortschritte, die ich selbst gemacht habe, nicht alterirt.

2) Zuletzt hat Klotz Grundzüge altrömischer Metrik p. 102—183 über den Hiatus gehandelt. Das Kapitel leidet, wie das ganze Buch, unter dem Mangel an Kenntnifs des Textes und der Sprache, an Gefühl für das metrisch Erlaubte; viele gute Beobachtungen und richtige Einzelheiten werden dadurch beeinträchtigt. Was den Hiatus betrifft, so halte ich Klotzens Ansicht, dafs die plautinischen 'prosodischen' Hiate aus den griechischen hervorgegangen seien, für ganz irrthümlich. Die griechischen Hiate sind von Ennius im und für den Hexameter eingeführt worden; sie sind für den römischen Dialogvers so unmöglich wie οἴκοι ἔσαν für den griechischen Trimeter. Wer das bestreitet, der verrückt die termini der römischen Verskunst.

Iliatus nicht eintreten zu lassen. Wer aber dieses Räsonnement weiter
über die Satzpausen ausdehnen will, der zerstört den Vers und das
Princip seines Baues. Wenn zwei Wörter mit Bewahrung des aus- und
anlautenden Vocals unter einen Accent treten, z. B. wenn die vocalisch
auslautende Präposition mit dem vocalisch anlautenden Nomen sich zu-
sammenschließst, so entsteht kein Iliatus. Wie *qui amat* so ist *di amént,*
mi ánime gesichert, und man fragt mit Recht ob ein Iliatus entsteht,
wenn die einsilbige vocalisch auslautende Länge vor Vocal als Kürze
steht. Hier kommt die Freiheit, die Catull Lucrez Vergil sich nehmen
und die unter die griechischen Iliate einzuordnen bedenklich ist, zu
Hilfe und stützt die vielen Fälle derart, die die Überlieferung bietet.[1])
Eine andere Kategorie bilden die jambischen Wörter, die zwar sehr oft
mit folgendem Anlaut verschmelzen (z. B. im Amphitruo 60 mal), aber
auch sehr oft mit Hiatus überliefert sind.[2]) Das Verhalten der jambischen Wörter in der späteren Poesie kann wohl die Ansicht begründen, zu der Lachmann gelangt ist, dafs die Abneigung gegen
Synalöphe jambischer Wörter, die Bewahrung ihres Auslauts vor Vocal
schon in der plautinischen Verskunst beginnt.

Dagegen kann man, so viel ich sehe, so häufige Erscheinungen
wie den Iliatus vor schliefsendem creticus, vor schliefsendem ‿ _ ‿ _ [3]),
nach kretischem Wort[4]) nur registriren ohne sie für plautinisch halten
zu dürfen, so lange nicht ein Erklärungsgrund für Hiatus an be-

---

1) Z. B. *tu* Cas. 963 Epid. 76 Men. 379 (513) Mil. 1412 Most. 593 Poen.
955 (Rud. 337) Stich. 321 Trin. 552, *si* Men. 502. 575 Most. 870 Mil. 1356 Rud.
192 Asin. 359 Aul. 367 Cist. 33 Truc. 936; Bacch. 433 ist emendirt.

2) Spengel T. Macc. Pl. p. 204 sq., Klotz p. 126 sq. Z. B. im Amphitruo
141 *fero*, 321. 462 *ego* (sonst noch etwa 20 mal, beweisend z. B. Curc. 369),
622 *eri* (Pseud. 1103. 1202, sonst *viri domi mei tui*, diese in *mei, tui honoris,*
wie Seyffert bemerkt hat, in constanter Verbindung), 1106 *meae* (Men. 740 Poen.
873 *tuae*, Bacch. 51 *duae*, vgl. Rud. 752 und s. u.), 924 *mihi* (sonst noch *mihi*
tibi sibi ubi ibi einige 30 mal; Merc. 619 citirt auch Varro de l. l. VII, 60 *mihi*
hodie); cave iube habe (Curc. 461, Men. 517 Most. 377 Truc. 584, vgl. Men. 690),
nisi heri modo homo patri mari dari u. s. w.

3) Eine Bestätigung für diese Hiate ist vielleicht darin zu sehen, dafs
auch *siet, possiet, poculum* sich an dieser Stelle des Verses vereinzelt finden.

4) *aspere aflcicta* in der Inschrift der Vertuleii gibt es nicht mehr, vgl.
C. I. L. X, 5708. — Ähnlich die auslautende syllaba anceps daktylischer
Wörter, *omnibus, linquere* u. dgl., als creticus. Dafs hierin die Überlieferung
richtigen alten Gebrauch wiedergibt folgt aus der Technik des Saturniers:
omnia brevia im dritten Scipionenelogium; Livius *insece versutum, omnia diser-*
tim u. s. w., Naevius *Pythius Apollo, pectora possidit, capitibus opertis, Aenea*
quo pacto.

stimmten Versstellen aufser der Diärese oder nach gewissen Wortformen
aufser einsilbigen und jambischen gefunden ist. Für das Eindringen
der (nichtplautinischen) Cäsurhiate ist die richtige Erklärung längst gefunden und besonders von Klotz p. 165 sq. begründet. Wie überhaupt
der Hiatus sich im plautinischen Text festsetzen konnte habe ich oben
erörtert; doch bleibt es Pflicht weiter nachzuforschen, welche unter den
überlieferten Hiaten von Plautus selbst herrühren können, d. h. in
seinem Sinne nicht als Hiate zu gelten haben. Die bekannten Verse
noch einmal anzusehen, umzudrehen und zusammenzurücken führt nicht
zum Ziel; man mufs andere Wege finden, wenn man nicht immer wieder
da endigen will wo das Stroh gedroschen wird.

Lachmann schreibt an Haupt (S. 176) 'Über die Hiatus im Plautus
wird mir manches klar: ich gehe aber immer von der Elision aus;
welches sich eigentlich von selbst verstehn sollte'. Es ist die Zeit, in
der er am Lucrez arbeitet, die Methode die ihm zu den Entdeckungen
über die jambischen Wörter, über auslautenden Vocal nach langem Vocal
und zu vielen anderen verholfen hat. Ich sehe nicht, dafs Andere auf
diesem Wege nachgegangen sind; wenigstens zu einem Funde hat er
mich geführt, der der Mühe lohnt.

Wir wissen durch Lachmann, dafs die vocalisch auslautenden Wörter,
die sich vor der Synalöphe scheuen, gelegentlich vor anlautenden Vocal
gestellt werden ohne zu verschmelzen, also einen Hiatus hervorrufen,
der der Synalöphe vorgezogen wird; solche Fälle sind selten, gewöhnlich
wird es vermieden, Wörter dieser Art einem vocalisch anlautenden Wort
voraufgehen zu lassen. Wenn der Hiatus eintritt, so ist es ein Kunst-
mittel, der Leser empfindet dafs dem Worte die Synalöphe versagt und
deshalb der Hiatus erlaubt ist; beide Erscheinungen hängen zusammen,
die eine ist die Kehrseite der andern. Die Frage ist nun: gibt es
vocalisch auslautende Wörter, die in der plautinischen Verskunst nachweislich die Synalöphe vermeiden? Die einsilbigen oder jambischen oder
kretischen Wörter gehören nicht dazu, sie sind viel häufiger in Synalöphe als in Hiatus überliefert. Um Wortkörper von besonderer rhyth-
mischer Beschaffenheit kann es sich also nicht handeln, es kann sich
nur um die Beschaffenheit des auslautenden Vocals handeln; sicherlich
nicht um kurze Vocale, auch nicht um einfache lange, keiner von diesen
zeigt eine Beschränkung der Synalöphe. Für Plautus also kann man
auf diesem Wege nur etwas gewinnen, wenn man sich nach diphthongischen Auslauten umsieht.[1])

---

1) Kaibel Stil und Text der πολιτ. Ἀθην. des Aristoteles p. 12 hat be-

Man kann die diphthongisch auslautenden Interjectionen vorwegnehmen. *ei* steht nicht in Synalöphe, aber mit Hiatus *ei occidi* Aul. 150; *eu* oft in Hiatus: *eu hércle, eu édepol*, mit *ecastor* verschmilzt es, wenn nicht das *e*, was mir sehr wahrscheinlich ist, auch als Kürze gelten kann; *heu* steht nicht vor Vocalen, *eheu* in Hiatus Capt. 152, Trin. 503 und wahrscheinlich Pseud. 79, nicht in Synalöphe; *eugepae* mit Hiatus Capt. 823, *papae* nicht vor Vocalen, aber *vae* in Synalöphe: *vae aetati tuae (vae illi)*.

Die Untersuchung ist durch die Geschichte der lateinischen Diphthonge einerseits erleichtert, indem sehr wenige diphthongische Auslaute überhaupt vorhanden sind[1]) und der einzige meist erhaltene Diphthong, *au*, nicht in den Auslaut tritt[2]), andererseits erschwert, indem man bei jedem diphthongischen Auslaut erst fragen mufs, ob der Diphthong noch in litterarischer Zeit als solcher empfunden wurde, ob ein scheinbarer Diphthong nur graphische Variante eines einfachen Vocals ist.

Das einzige auslautende *oi* ist das von *quoi*; alle übrigen *ŏi* sind in plautinischer Zeit bereits zu *(ei) i*, alle *ōi* zu *o* geworden. *quoi* schrieb Plautus zwar, sprach aber sicherlich nicht *oi* sondern *ui*. Es steht in Synalöphe (vgl. Asin. 94 Aul. 75. 396. 420 Capt. 147. 157), ob auch in Hiatus ist nicht zu entscheiden, da die zweisilbige Form daneben besteht; dasselbe gilt für den Dativ *ei*.

Weder *si, ni* noch irgend eine der in *ei, i* ausgehenden Formen der Verbal- und Nominalflexion ist von der Synalöphe ausgeschlossen, während für alle auch Beispiele des Hiatus vorliegen. Hier das Material vorzulegen ist zwecklos, ich kann sagen dafs ein Beweis für den Hiatus aus der einst diphthongischen Natur dieser Auslaute nicht zu führen ist. Eines Wortes bedarf nur der Ausgang des gen. sing. der *io*-stämme in *i*. Er ist gewifs aus *ii* contrahirt (wie auch im Faliskischen, in paralleler Entwicklung, *Marci Acarcelini* gen. von *Marcio Acarcelinio* u. s. w.)[3]) und

---

obachtet, dafs Aristoteles in der πολιτεία auslautende Diphthonge leichter als einfache Vocale in Hiatus setzt.

1) *eu, heu* habe ich erwähnt, obwohl *eu* nur durch Synizesis einsilbig wird. Wenn Merc. 306 *si canum seu istuc rutilum sive atrumst, amo* man *seu istuc* verschmelzen läfst (möglich ist *seu istuc*), so ist es nicht anders als zweisilbiges *meum intro* u. dgl.

2) Über *hau* s. o., *au* macht bei Terenz Hiatus in *au obsecro*, steht sonst nicht vor Vocal.

3) Das spricht für sehr frühes Sinken des genetivischen *oi* zu *i* (*Keri Saeturni Volcani Aisclapi* auf den Bechern, vgl. Bücheler Declin. p. 70 W.), aber es braucht nicht früher geschehen zu sein als *qoi* zu *qui* wurde. Im Gegensatz zu *fili* gibt es bei Plautus *peri* aus *periei* so wenig wie *perit* und

die Ansicht sehr unwahrscheinlich, dafs *fili* aus vorhistorischer Zeit mitgebracht und -*ii* erst durch Herübernahme des *i* aus anderen Casus entsprungen sei (Brugmann Grundrifs II p. 585); aber Lachmann (zum Lucrez p. 328) warnt mit Recht davor, in diesem Auslaut etwas anderes als ein einfaches *i* zu sehen. Er hat auch beobachtet, dafs von jambischen Genetiven dieser Art in der scenischen Poesie nur *preti* und *viti* gebraucht werden; auch die übrigen sind nicht von vielen Wörtern gebildet worden, nur von 32 unter (nach Rassow) 153. Die Synalöphe ist überaus selten: *viti et* Truc. 612, *flagiti et* Men. 901, *consili in* Most. 688, *periuri atque* Mil. 90, *litigi inter* Cas. 561, *alli ulpicique* Poen. 1314, *infortuni intenta* Poen. 201, vgl. Rud. 883 *(praesidi apparas)*, Most 879, Rud. 725, Poen. 1306 *(P* falsch *negoti autem)*; nicht Synalöphe ist *commercist, negotist, consili es* (Epid. 152). Ein wirklicher Hiatus[1]) aber liegt nur einmal vor: Most. 1165 *supplici habeo satis*. Das reicht nicht aus, eine besondere Behandlung dieses Auslauts zu erweisen; die Hiate *senis Enni imaginis formam* und *remigi oblitae* sind griechische wie *Scipio invicte*. Ich kann mir daher ersparen, auf den Gebrauch der späteren Dichter einzugehen.[2])

2

Wir sind somit auf den einen Auslaut *ae* reducirt. Für diesen ist das Resultat folgendes. Während die Dative singularis und die Nominative pluralis, wie auch *prae*[3]) und beide *quae* (s. o. *vae*) häufig Synalöphe erleiden, ist für den Genetiv singularis in *ae* nur eine äufserst geringe Zahl von Synalöphen überliefert. Häufig sind Verse wie *incolae accolae advenae omnes* oder *primum mihi Plautus nomen Luxuriae indidit*, fast vereinzelt steht *Alcumenae usuram corporis*.

Als Beispiel mag der Rudens dienen. Er hat folgende Synalöphen im Dativ: 222 *vitae haud*, 412 *morae illi*, 455 *Palaestrae in*, 617 *inopiae*

---

perisse; die Urheber unseres Textes werden freilich Bacch. 51 *péri harundo alas verberat* haben lesen wollen, das dreisilbig überlieferte *perii* zweisilbig scandirt, wie C. I. L. VI, 29896 *sed iam fata subii partu iactata sinistro (subii* mit *i* brevis und longa).

1) Scheinbare Rud. 950, Men. 384, Mil. 1346, Most. 742.

2) Die Belege sind gesammelt von A. Petermann de genetivi substantivorum in *ius* et *ium* exeuntium forma, Progr. Grofsglogau 1863 (Terenz und die folgenden p. 4 sq., danach Terenz nur Eun. 25 *Naevi et*, Ad. 707 *negoti hoc*, Phorm. 578 *consili incertum*).

3) Wenigstens *prae illo, illa, illius, huius* (Epid. 522, Mil. 989. 1170, Men. 181), vgl. *praeut*.

atque, 935 *famae et*, 1421 *fabulae huic*, folgende im Nom. plur.: 153 *tegulae. hui*, 164 *miserae euge*, 207 *summae opes*, 221 *multae in, curae exanimales*, 267 *advectae huc*, 269 *vectae. admodum*, 272 *eiectae e, ambae obsecro*, 310 *conchitae atque*, 365 *salvae estis*, 366 *timidae ambae in*, 370 *iactatae exemplis*, 553 *mulierculae essent*, 616 *agricolae accolae*, 642 *duae innocentes*, 663 *ipsae huc, timidae e*, 699 *elautae ambae*, 719 *illae ancillae*, 745 *cuiae erant*, 1106 *istae an*, 1161 *meae. immo*, 1169 *maniculae et*, 1236 *transennae ubi* (von denen nur zwei, 1161 und 1236, allenfalls mit Hiatus gelesen werden können); im Genetiv nicht eine einzige.

Für die Synalöphe eines Genetivs in *ae* kommen im gesammten plautinischen Text folgende Stellen in Betracht. Amph. 1135

    primum omnium Alcumen*ae* usuram corporis

cepi,

ein Vers an dem nichts auszusetzen ist. Bacch. 1105

    hic quidém⟨st⟩ pater Mnesilochi. eúge socium aerúmn*ae* et mei

                             mali vídeo.

Der Vers ist der vierte von sieben Septenaren, an seiner metrischen Gestalt kann also nicht wohl ein Zweifel sein, aber er ist in der Diärese schlecht gebaut; ich habe ihn so stehen lassen, weil ich die Synalöphe nicht herauscorrigiren wollte, doch bezweifle ich dafs das zweite Kolon in Ordnung ist. Capt. 585[1])

    átque ut perspicio profecto iám aliquid pugn*ae* edidit,

darüber unten, ebenso über Epid. 563

    dómi me*ae* eccam salvam et sanam. nam postquam audivi ilico,

Bacch. 1083

    aequom ésse puto, sed nimis nolo desídi*ae* ēi dare ludum,

und Trin. 676[2])

---

1) Capt. 1036 *qui pudicitiae esse voltis praemium* ist *pudicitiae* Dativ, vgl. Poen. 1190 *invictae praemium ut esse sciam pietati.*

2) Trin. 628 *si in rem tuam, Lesbonice, esse videatur, gloriae aut famae, sinam:* hier sind *gloriae aut famae* Dative, nicht (wie Niemeyer behauptet, während Brix die Frage offen gelassen hatte) Genetive; richtig Ussing. Zum Wechsel der Structur, der ganz plautinisch und in vielen Formen zu belegen ist, vgl. Poen. 145 *si tibi lubidost aut voluptati, sino.* Zum Ausdruck Ter. And. 444 *cavit ne umquam infamiae ea res sibi esset.* Auch Trin. 365 *multa illi opera opust ficturae qui se fictorem probum vitae agundae esse expetit* (es ist die Antwort auf *nam sapiens quidem pol ipsus fingit fortunam sibi, eo non multa quae nevolt eveniunt, nisi fictor malust*) ist *vitae agundae* Dativ, abhängig von *probus*, wie v. 229 *utram actati agundae arbitrer firmiorem*, Pers. 428 *referundae ego habeo linguam natam gratiae* (vgl. Merc. 987 *adulescentes rei*

tum igitur tibi aqu*ae* erit cupido, genus qui restinguas tuom.
Poen. 802

paululum

praed*ae* intus feci.

Dafs der Vers möglicherweise zu einer Eindichtung gehört will ich nicht
ins Feld führen; wir werden sehen dafs das die Schwierigkeit nicht
heben würde. Mil. 645

cómmemini et me*ae* orationis iustam partem persequi.

Merc. 521 geht die Überlieferung auseinander:

> bon*ae* hércle te frugi arbitror *A*
> bonam hercle te et frugi arbitror *P*.

Dafs in *P* das richtige steht wufste ich ehe ich auf die Bedenklichkeit
der Synalöphe aufmerksam geworden war. *bonae frugi* ist der gewöhnliche Ausdruck; aber *bonam et frugi* ist mit bestimmter Absicht gesagt.
v. 510 hat Lysimachus gesagt *bona si esse vis, bene erit tibi* und darauf
das Mädchen eine Antwort gegeben, die ihn veranlafst zu fragen: *quasi
dicas nullam mulierem bonam esse*, was Pasicompsa mit einer witzigen
Wendung bekräftigt. Darauf[1]) fragt er sie ob sie fein spinnen könne,
und auf die Antwort, dafs sie darin den Vergleich mit keinem andern
jungen Mädchen scheue, fafst er sein Lob zusammen: *bonam hercle te et
frugi arbitror*, indem er *bonam* auf 510 sq., *frugi* auf 517 sq. bezieht.
frugi ist mit einem anderen Epitheton verbunden Most. 133 *nam ego
ad illud frugi usque et probus fui*, Cas. 283 *probum te et frugi esse
hominem iam pridem arbitror* (pro *bone frugi* codd.), Trin. 320 *quam
probus sit et frugi bonae — nec probus est nec frugi bonae*, vgl. Pers. 839
nec satis frugi nec sat honestus, besonders aber Capt. 956 *bonus vir
numquam (fui) neque frugi bonae. — Most. 173

virtúte form*ae* id evenit te ut deceat quidquid habeas.

Vollkommen gleicher Art ist Mil. 1211 *sáltem id volup est, quom ex virtute formae évenit tibi mea opera super hac vicina* (s. u.), wo freilich
kein Finalsatz folgt. — Pseud. 990 sagt Simia, nachdem Ballio zweimal
den Namen ausgesprochen hat:

---

agundae isti magis solent operam dare: in allen diesen Versen Synalöphe).
Denn einmal kann Plautus zwar sagen *fictor fortunae* oder *vitae*, aber nicht
fictor vitae agundae; zum andern ist *fictor vitae agundae* wesentlich verschieden
von *fictor fortunae*. 'Er mufs das Schmiedehandwerk ordentlich gelernt haben
um ein Schmied zu werden *probus vitae agundae*', auf dafs er sein Glück selbst
schmieden könne.

1) Nach dem Namen fragt er nur (516), um sie anreden zu können, fügt
aber doch eine Schmeichelei hinzu.

scio iam me recte tibi dedisse epistulam,
póstquam Polymachaeroplagidae elocutus nomen es.

Aber der Genetiv ist nicht überliefert. In *P* steht *polymacheroplacide*, was den Genetiv bedeuten könnte, aber dafs die Endung nicht als -*ae* sondern als -*ē* zu fassen ist lehrt *A*, der den Accusativ hat: *polymachaeroplacidem*; d. h. 'du hast den Namen P. ausgesprochen', nicht 'den Namen des P.' So heifst es Stich. 372 *Epignomum elocutu's*, Amph. 1120 *exclamat uxorem tuam* (Antonius bei Cicero Phil. 2, 30 *Ciceronem exclamavit*). Warum hier *nomen* dabeisteht, klärt der vorhergehende Ausruf Ballios auf:

oh, Polymachaeroplagides
purus putus est ipsus. novi. heus, Polymachaeroplagides
nomen est,

wo zwar in *A heus polymachaeroplacidi* (oder auch -*de*) geschrieben ist, aber *P* mit dem Nominativ recht hat (vgl. 653 und die von Becker in Studemunds Studien I p. 171 angeführten ähnlichen Stellen), wie nun wieder v. 991 zeigt. — Stich. 202

adeunt perquirunt quid siet causae ilico

(quicquid P); hier ist das im Senar nicht am Versschlufs stehende *siet* bekanntlich eine Seltenheit (noch Amph. 130, Poen. 148).[1]) Dazu kommen *causaest, copiaest, frugi bonaes*, keine Synalöphen.

Diesen höchstens 10, aber, wie wir sehen werden, auch zum Theil noch anfechtbaren Fällen von Synalöphe des genetivischen *ae* stehen folgende Verse mit Hiatus gegenüber:

Amph. 486 sed Alcumenae huius honoris gratia
frg. 5 né tu postules matulam unam tibi aquae infundi in
caput.
Aul. 405 fugiam intro, ne quid turbae hic itidem fuat.
Bacch. 307 qui illic sacerdos est Dianae Ephesiae.
Merc. 239 suae uxoris dotem ambedisse oppido.
Mil. 1211 sáltem id volup est, quom ex virtute formae evenit tibi.
Pers. 409 pecuniae accipiter avide atque invide.
Stich. 699 quid istuc est provinciae? utrum Fontine an Libero
Trin. 1108 nihil est morae, i i ambula, actutum redi (moracii *codd*).
Truc. 435 sed sociae unanimantis fidentis fuit.

---

1) Truc. 883 *nimquid vis? fac váleas. operae ubi mi erit, ad te venero* brauchen *operae ubi* nicht nothwendig zu verschmelzen, da *ubi mi erit* möglich ist. Aber ohnedies ist *operae* in *operae est* nicht Genetiv wie in *operae pretium est*, sondern Dativ wie *curae est* u. s. w. Richtig J. S. in Class. rev. 1894 p. 345 sq.

Dazu kommen einige unvollständige oder sonst verdorbene Verse, an
deren keinem die Nothwendigkeit vorliegt, die Synalöphe hineinzu-
corrigiren:

> Asin. 534 hic dies summust apud me inopiae excusatio.
> 758 aut quód illa amicae amatorem praedicet.
> Bacch. 820 terrae odium ambulat, iam nil sapit.
> Pers. 310 ecquid quod mandavi tibi estne in te speculae? adito.

Wenn wir nur die unzweideutig überlieferten Hiate in Betracht ziehen
und mit der Zahl der sicheren Synalöphen vergleichen, so ist es klar
dafs unter den letzteren die keine Gewähr beanspruchen können, deren
ae die Wahl hat mit dem folgenden vocalischen Anlaut zu verschmelzen
oder nicht; dafs also nach der Seite des Hiatus gezogen werden folgende Verse:

> Capt. 585 átque ut perspicio profecto iam áliquid pugn*ae* edidit.
> Bacch. 1083 aequom ésse puto, sed nimis nolo desídiae êi dare
> > ludum.
> Trin. 676 tum igitur tibi aqu*ae* érit cupido, genus qui restin-
> > guas tuom.

Wie sind nun diese, die Synalöphen fast um das doppelte überwiegen-
den, Hiate zu erklären? Eine Erklärung verlangen sie, die sie nicht beanspruchen könnten, wenn nur die Hiate überliefert wären und aufserdem
die Synalöphe unbedenklich zugelassen. Unter den Hiaten ist jede Versstelle und jede metrische Wortart vertreten; der Erklärungsgrund kann
also kein metrischer, sondern nur ein sprachlicher sein.

Plautus kennt den Genetiv in $\overline{ai}$. Überliefert ist er nur Poen. 51,
aber an andern Stellen deuten ihn Schreibungen an wie *familia* (Merc.
811) *simia* (*B* Merc. 241) *nebula* (*B* Poen. 274) *anima* (Priscian Aul. 305)
magna — *publicam* (Mil. 103) *aqua* (*aquast A, aqua est B, est aqua CD*
Poen. 432) *antidamati* (so *A*, *anthidamarchi P* Poen. 1045), *filiae in* (Aul.
295). Sonst ist stets *ae* geschrieben, doch lehren jene Schreibungen,
dafs nicht die Grammatiker von denen unsere Texte stammen *ae* zweisilbig gesprochen, sondern dafs sie wie bei Vergil *ai* geschrieben haben.
Bücheler hat diese Genetive in den Plautustext nur bedingt einlassen
wollen, da er der Meinung ist dafs sie für Plautus schon eine Antiquität
waren (Declin. p. 64 W.); so kommt es dafs Brix und Niemeyer, die
doch 25 Fälle von -*ai* anerkennen (zum Trin. 359; Corssen II p. 719
kennt etwa 20), in *magnai rei publicai gratia* eine Art von Parodie auf
den Curialstil (nach Bücheler) und in *meai fidei tuaique rei* beabsichtigte
Feierlichkeit sehen. Es gibt 33 plautinische Verse, die ohne jeden Wider-
stand die zweisilbige Genetivendung annehmen:

Amph. 359 quin me esse huius familiai familiarem praedico (s. u.
　　　　　Merc. 811. 834).
　367 ádvenisti, audaciai columen, consutis dolis.
　821 tú si me impudicitiai captas, capere non potes.
Aul. 121 meái fidei tuaique rei.
　293 senex óbsonari filiai nuptiis
ebenso *(filiai nuptiis)* v. 372. 540. 797.
　305 ne quid animai forte amittat dormiens (s. u. Trin. 492).
Bacch. 312 quin in capse aede Dianai conditumst.
Cas. 30 comoediai nomen dare vobis volo (s. u. Mil. 84 Poen. 51).
Cist. 40 ex pátribus conventiciis, neque ego hanc superbiai
Epid. 246 Périphanai filium. perii hercle, quid ego ex te audio?
　508 Stratippoclem aiunt Periphanai filium.
　635 vídeon ego Telestidem te, Periphanai filiam? (s. u.
　　　　　Poen. 1045 Trin. 359).
Merc. 241 uxoris simiai dotem ambederit.
　693 parumne ést malai rei quod amat Demipho?
　811 sua quídem salute ac familiai maxima.
　834 di penates meum parentum, familiai Lar pater.
Mil. 84 comoediai quam nos acturi sumus.
　103 magnai rei publicai gratia.
　236 néque habet plus sapientiai quam lapis. ego istuc scio.
　519 itast ista huius similis nostrai tua.
　552 aqua aquái sumi quam haec est atque ista hospita (s. u.
　　　　　Poen. 432).
　1154 ópust dolis, domi esse ad eam rem video silvai satis.
Poen. 51 comoediai, sin odiost, dicam tamen.
　274 quoius ego nebulai cyatho septem noctes non emam.
　432 neque quantum aquaist in mari. abiturun es?
　1045 siquidem Antidamai quaeris adoptaticium.
Pseud. 98 neque libellai spes sit usquam gentium.
Stich. 537 óptumest, iam istoc morai minus erit. iam ego apud
　　　　　te ero.
Trin. 359 Lésbonico huic adulescenti, Charmidai filio.
　492 satillum animai qui quom extemplo amisimus.[1]

Diese 33 Verse haben sämmtlich *ai* (in 25 übereinstimmend als
ae überliefert) vor konsonantischem Auslaut. Das kommt daher, dafs vor

---

vocalischem Auslaut man *ai* anzusetzen, aufser vereinzelten Versuchen,
nicht gewagt hat; und das wieder kommt daher dafs nach Naekes allgemeiner und für die daktylischen Dichter zutreffender Aufstellung (opusc. I
p. 181) Lachmann zu Lucr. III 374 behauptet hat, schon Plautus ver-
meide die Synalöphe eines langen vocalischen Auslauts, der auf langen
Vocal folge. Damit steht es nun so, dafs einmal solche Auslaute im
alten Latein sehr selten sind, da der Regel nach langer Vocal vor Vocal
verkürzt wird; zum andern sind die Genetive der *e*-Declination, die *ēi*
erhalten, gleichfalls selten und in dem häufigeren *rei* die Länge auch
nicht constant; endlich steht nicht nur *fio*, das Lachmann anführt (p. 160),
in zweien von vier Stellen in Synalöphe (Amph. 866 Truc. 764), sondern
auch zweisilbige *quoii* und *ēi* öfter, oder vielmehr bei diesen hat man
die Wahl, ob man Hiatus oder Zweisilbigkeit annehmen will, wie bei den
Genetiven in *ai*.[1]) Überhaupt aber hat Plautus die Beschränkungen der
Synalöphe, die Lachmann für die späteren Dichter, besonders die Dakty-
liker beobachtet hat, noch nicht gekannt, wie vor allem seine Behandlung der jambischen Wörter zeigt: er vermeidet die Synalöphe durchaus
garnicht, wohl aber, wie mit Grund anzunehmen ist, er läfst für sie den
Hiatus zu und zeigt nur darin, dafs sie ihm auf anderem Brette stehn als
andere Wortarten.

Es ist also ganz unbedenklich, für Plautus Synalöphe eines auslautenden *āi* mit folgendem Anlaut anzunehmen.[2]) Sobald dies anerkannt
ist, sind wir nicht mehr berechtigt, in jenen Versen, die -*ae* vor vokalischem Anlaut mit scheinbarem Hiatus bieten, wirkliche Hiate zu er-
blicken, wenn die Verse den zweisilbigen Auslaut *ai* mit langem *a* zulassen. Diese Voraussetzung trifft für alle dreizehn Verse mit Hiatus in
ae zu.[3]) Sie trifft z. B. nicht zu für den emendirten Vers Mil. 883
         postquam ádbibere aures meae tuae oram orationis,
dessen Hiatus aber durch das jambische Wort Erklärung finden könnte,
oder für Asin. 894, wie der Vers bei Nonius steht: *dic amabo an fetet
anima tūae uxoris?* für *uxoris tūae.*[4])

---

1) Vgl. Mil. 437 δικαία et.
2) Eine Bestätigung hierfür liegt darin, dafs nirgend in einem inhaltlich
tadellosen Verse -*āi* mit Hiatus vor vocalischem Anlaut steht; man könnte nur
den Vers Bacch. 820 anführen: *terrai ódium ambulat, iam nil sapit,* dessen
Metrum eben eine Silbe mehr verlangt.
3) Der Vers Stich. 699 erhält erst durch -*ai* den richtigen Einschnitt.
4) Ich halte es für wahrscheinlich, dafs Most. 173 *formae id* aus *formaei*
entstanden ist, dieses aus *formae* dem zur Correctur *i* übergeschrieben war;
so Aul. 295 *filiae in* statt *filiai.*

Die 46 Genetive in *ai*, die wir nunmehr im plautinischen Text anzuerkennen haben, lehren uns dafs der Genetiv in dieser Gestalt in der Zeit des Plautus noch völlig lebendig war. Daneben aber ist die einsilbige Genetivendung *ae* durchgebildet. Dies Nebeneinanderbestehen der ursprünglichen und der allmählich aus ihr entwickelten Form[1]) ist kaum zu denken ohne dafs eine Zwischenstufe der Aussprache vorhanden war, eine Unsicherheit der Geltung des Auslauts empfunden wurde. Hierfür möchte ich anführen, dafs der Genetiv der *a*-stämme überhaupt auffallend selten von Plautus angewendet wird. Z. B. hat der Rudens, den ich vorher schon anführte, neben 16 Dativen in *ae* 5 Genetive (402. 680. 758. 910. 947, Locativ 613); der Trinummus neben 24 Dativen 11 Genetive, der Truculentus neben 20 Dativen 8 Genetive, die Asinaria 22 Dative, 10 Genetive. Ich will daraus nur folgern, dafs der Dichter eine gewisse Scheu empfand, die unsicher lautende Form anzuwenden, wie ja ähnliches so oft in der römischen Poesie zu beobachten ist. Vielleicht ist es richtiger zu sagen, dafs in den 13 Versen mit Hiatus nach -*ae* nicht sowohl zweisilbiges *ai* einzusetzen, als ein Zwischen- und Übergangslaut von dem zweisilbigen zum einsilbigen Diphthong anzunehmen sei, eine Mittelstufe die den Hiatus nicht fühlbar macht und die Synalöphe zurückhält. Diese Ansicht zu bekräftigen dient eine Erscheinung, die sich im Nominativ plur. verglichen mit dem Dativ sing. zeigt.

Dafs der Dativ in *ae* sehr oft Synalöphe eingeht ist oben bemerkt (z. B. im Amphitruo v. 392. 811. 877. 1061, Stichus 19. 92. 275. 560, Trinummus 8. 365. 629. 651. 958, Truculentus 61. 102. 239. 800); daneben steht eine verschwindend kleine Zahl von Hiaten:

Amph. 134 meus Alcumenae. illa illum censet virum
872 ne id Alcumenae innocenti expetat,

wo der zweite Hiatus den ersten noch obendrein verdächtig macht, und zweie in jambischen Wörtern:

Amph. 1106 nón metuo quin meae uxori latae suppetiae sient.
Men. 740 domo suppilas tuae uxori et tuae[2])

---

1) Brugmann Grundrifs II p. 571 zweifelt 'ob *ae* aus *ai* rein lautlich entstanden oder Analogie des dat. loc. *ae* wirksam war'. Die Existenz des Dativs in *ae* mufste eher hindern die identische Form sich entwickeln zu lassen.

2) *pallam atque aurum meum domo suppilas tuae uxori et tuae degeris amicae*. Der Dativ *tuae uxori* nach *meum* ist schwerlich zu rechtfertigen (*uxori* ⟨*aufers*⟩ Vahlen), erst durch ⟨*mihi*⟩ *tuae* (wie Niemeyer vermuthet hat) wäre die Verbindung erklärt, aber Plautus würde *meum* und *mihi* wohl nicht getrennt haben. Dagegen würde der Genetiv *tuae uxoris* epexegetisch zum pron. poss. treten wie 871 *imperium tuum demutat atque edictum Apollinis*, wie Cic.

Die Vereinzelung dieser Hiate ist Beweis genug, dafs das dativische *ae*
nicht den Hiatus mildert oder aufhebt. Ich will gleich vorwegnehmen,
dafs auch unter den in der Poesie vor und nach Plautus überlieferten
Hiaten keiner das dativische *ae* trifft, aufser Ter. Hec. 1 *Hecyra est huic
nomen fabulae, haec cum datast.*[1])

Der Nominativ in *ae* macht, wie gleichfalls oben bemerkt, auch sehr
oft Synalöphe (z. B. Pseudolus 66. 174. 180. 183. 238. 672. 1068. 1223,
Stichus 65. 540. 594, Trinummus 409. 471. 541. 791. 1039. 1080, Truculentus 178. 275. 295. 469. 633. 776. 780); dem gegenüber aber steht
hier eine fast eben so grofse Zahl von Hiaten wie beim Gen. sing.:

Amph. 275 néc Iugulae neque Vesperugo neque Vergiliae occidunt
von Varro und Festus (Paulus) bezeugt.

Asin. 759 fores occlusae omnibus sint nisi tibi.

Bacch. 51 dúae unum expetitis palumbem.

Cist. 641 périimus miserae. utrum hac me feriam an ab laeva
                                                              latus?

Curc. 398 nam illaec catapultae ad me crebro commeant.

Men. 67 illi divitiae evenerunt maximae.

276 prius iám convivae ambulant ante ostium.[2])

Mil. 1040 sed erám meam quaé te demoritur. multae áliae ídem
                                              istuc cupiunt (oder multae).

Most. 709 vóstrae, haec sát scio quám me habeat male.

Poen. 43 nunc dum scriblitae aestuant, occurrite.

873 vólucres tibi erunt tuae hirquinae. i in malam rem.
                                              i tu atque erus.

1136 eho an huius sunt illaec filiae? ita ut praedicas
mit Personenwechsel, wie auch 873 nach *hirquinae* und Cist. 641;
Poen. 873 *tuae*, jambisches Wort, unrichtig *tuae istae sunt* Rud. 752.
Rud. 746 quid mea refert, haec Athenis natae an Thebis sient?
Trin. 539 nam fulguritae sunt alternae arbores.
dazu
Cist. 406 febriculosae miserae amicae osseae,
wo zwar *amicae* bedenklich, aber schwerlich eine Silbe verloren ist.
Cist. 122 gibt *A* unrichtig *largiloquae extemplo et plus loquimur quam sat*

Philipp. 2, 111 *tuum hominis simplicis pectus vidimus*, und damit dieser Vers
aus der Dativ- in die Genetivreihe.

1) Den zweiten Vers (*nova, novom intervenit vitium et calamitas*) trifft die
Corruptel mit; ich versuche eine einheitliche Heilung: *haec cum data novast,* |
novae novom.

2) S. o. S. 272.

est (sumus statt *et P)*, v. 145 *id duae nos scimus solae, ego quae illi dedi A, solae scimus P.*

Wenn wir die an den drei -*ae*[1]) beobachteten Erscheinungen zusammennehmen, so ergibt sich eine Stufenfolge ihres Verhaltens vom Gen. sing. zum Nom. plur. zum Dat. sing.: der Gen. sing. vermeidet die Synalöphe und gestattet den Hiatus, oder vielmehr hebt ihn durch die zweisilbige Form auf, die neben der einsilbigen besteht; der Nom. plur. geht Synalöphe ein und vermeidet den Hiatus nicht; der Dat. sing. steht in Synalöphe und flieht den Hiatus. Gelingt es, diese Thatsachen nicht nur zu constatiren, sondern auch zu erklären, so können wir sicher sein, dafs nicht ein Zufall der Überlieferung uns täuscht. Ich meine dafs die sprachgeschichtliche Erklärung (nur um eine solche kann es sich handeln) sich von selbst darbietet.

Von den drei casus der *a*-deklination in *ae* ist nur der Dativ eine ursprüngliche, gemeinitalische, ausschliefsliche Bildung. Für Genetiv sing. wie für Nominativ plur. ist das italische Zeichen *s*, die lateinischen Genetive und Nominative in *ae* sind lateinische Sonderbildungen. Den lateinischen Nominativ plur. in *as* können wir nicht mehr nachweisen, er ist vor der Zeit unsrer Denkmäler der neueren Bildung in *i* gewichen. Dagegen der Genetiv in *as* ist vorhanden, bezeugt für die Saturnier des Livius und Naevius, selbst für das Epos des Ennius, der die Antiquität als solche aufnahm, erhalten durch den Rechtsausdruck *pater familias*, doch dem Plautus, d. h. der Sprache des Lebens von 550 an, gänzlich fremd[2]), verdrängt durch die neue Bildung in *ai*.[3]) Übersehen wir diese That-

---

1) *quae* neutr. und femin. steht oft in Synalöphe (s. o.), mit Hiatus ist es überliefert Asin. 585, Aul. 433, Capt. 263, Mil. 1314 (*omniá quae isti dedi*, ebenso 1338, vgl. Pers. 186 *omniá memini et scio;* diese Fälle kann man auch als in kretischer Messung überlieferte daktylische Wörter fassen).

2) *Alcumenas* im acrostichischen Argument ist gewifs richtig überliefert, stammt aber nicht aus Plautus, sondern aus der Schule. — Sehr verfehlt ist der Versuch Gandinos (Riv. di filol. V p. 101 sq.), die lateinischen Genetive in *as* auf dialektische Einwirkung zurückzuführen.

3) Der Genetiv in *ai* ist eine räthselhafte Erscheinung, weit mehr als der Nom. plur., der die griechische Casusbildung neben sich hat; die Analogie der *o* - Declination, deren -*i* selbst secundär ist, kann *viai* nimmermehr erklären. Sollte es möglich sein, *ai* durch lautliche Entwicklung auf *as* zurückzuführen? Eine seltsame Parallele liegt in den romanischen Sprachen vor, das Italienische und Rumänische lassen in einsilbigen Wörtern *i* an Stelle des abgefallenen *s* treten: *noi voi crai poi;* manche Romanisten nehmen auch für tonlose Silben Eintritt von *i* nach Abfall des *s* an, vgl. Meyer-Lübke Rom. Gramm. I p. 248 (-*as* und -*es* zu -*i*) 464 II p. 40 und, worauf Stimming mich aufmerksam macht, Tobler in Gött. Gel. Anz. 1872 p. 1902 sq. (-*as* und -*os* zu

sachen, so finden wir, dafs von den Formen in *ai ae* der Dativ uralt,
der Nominativ plur. in vorhistorischer Zeit eingewurzelt und herrschend,
der Genetiv sing. in litterarischer Zeit noch nicht alleinherrschend ist.
Also der Dativ hat die längste, der Nominativ eine lange, der Genetiv
die kürzeste, wahrscheinlich eine für sprachliches Leben sehr kurze
Entwicklung durchgemacht, da die Litteratur einsetzt. Das ist dieselbe
Stufenfolge, die uns in den Versen selbst entgegentritt (denn die Inschriften lehren nichts über den Silbenwerth der *ai* die sie bieten): der
Dativ ist durchaus einlautig und zeigt keine Spur eines einst zweivocaligen
Auslauts; der Nominativ ist bereits einlautig, hat aber noch so viel Theil
an der Natur des eigentlichen Diphthongs, dafs er vor Vocal, wenn er
nicht verschmilzt, doch das Gefühl des Iliatus für Sprecher und Hörer
nicht aufkommen läfst; der Genetiv ist noch so weit zweilautig, dafs
zwei Silben der Endung rein in die Erscheinung treten können, die
beiden Vocale sind aber bereits so weit mit einander verwachsen, dafs
die einsilbige Form nicht nur häufiger ist, sondern vorherrscht; aber
dafs die Entwicklung noch nicht ihr Ende erreicht hat, erhellt einmal
daraus, dafs dieser Genetiv überhaupt nur mit einer Art von Scheu in
den Vers eingelassen wird, zum andern daraus, dafs er keine Synalöphe
eingeht.

So ist es zu verstehen, dafs der Dativ in *ae* vor vocalischem Anlaut nur Synalöphe, der Nominativ auch Iliatus, der Genetiv in *ae* nur
Iliatus zuläfst.

Die letzten Worte dieses Satzes bedürfen einer Einschränkung, denn
wir haben etwa ein halbes Dutzend Verse bei Plautus gefunden, in denen
Genetive in *ae* Synalöphe eingehen. Ob man Plautus einige Ausnahmen
von seiner in der Natur der Sprachform begründeten Regel zuschreiben
will oder nicht, trifft die Sache nicht; niemand wird behaupten, dafs
die Synalöphe unstatthaft war, da selbst durch Synizesis verschmolzene
Silben gelegentlich wieder mit einem Anlaut verschmelzen. Ich bin
meinerseits überzeugt, dafs Plautus geschrieben hat Amph. 1135 *primum
omnium usuram Alcumenae corporis*, Mil. 645 *commemini et meae iustam
partem orationis persequi* (Müller), Poen. 802 *paululum praedae feci intus*,
alles mit einfacher Wortumstellung corrigirt, habe aber diese subjective
Uberzeugung dem Leser nicht einmal in der adnotatio aufgedrängt.
Endlich Epid. 563 bin ich der Ansicht, dafs *dómi meae eccam* durch

einem zwischen *i* und *e* schwebenden Auslaut). Weder *amas* noch *amicas* noch
civitas mit erhaltenem *s* würde gegen Abwurf des *s* von *terras* sprechen. Es
wäre nicht der einzige Fall, dafs romanischer Lautwandel schon einmal in den
altitalischen Sprachen vorher erschienen wäre.

Synizesis einsilbiges *meae* mit Hiatus hat[1]), der aber kein Hiatus ist; dafs
also Synalöphe im genetivischen *ae* überhaupt nicht anzuerkennen ist.
In der Hauptsache völlig übereinstimmend verhalten sich die Genetive und Dative der *e*-Declination, die allein zur Vergleichung taugt.
Seyffert stud. Plaut. p. 25 sq. hat nachgewiesen, dafs dativisches -*ei* stets
einsilbig, genetivisches auch zweisilbig ist. Nur dafs in *rei*[2] auch eine

---

1) Müller hat diese Synizesis geleugnet ohne zu überzeugen, da seine
Methode zwar sehr geeignet ist positive Thatsachen zu erweisen, aber ganz
ungeeignet negative Behauptungen glaublich zu machen. Neuerdings hat Skutsch
(Berl. philol. Wochenschr. 1894 p. 265 sq.) aus allgemeinen Gründen die Zweisilbigkeit von *meo, suo* u. s. w., aufser bei Proclisis oder Enclisis, wieder für
allein statthaft erklärt; die Empirie streift er nur mit der Bemerkung, dafs
man das Gebiet der Synizesis gegen das der Jambenkürzung nicht abgrenzen
könne, wie schon Müller behauptet hatte: 'wo ist denn nach der Ansicht der
Vertheidiger der Synizese im einzelnen Fall die Messung *mẽo*, wo die *mẽṏ*
nöthig?' Um hierauf zu antworten, will ich zwei Argumente anführen, die für
mich die Synizesis dieser Formen in der plautinischen Metrik erweisen.
1. Plautus bildet, wie ich oben (245 sq.) nachgewiesen habe, 4 Kürzen, deren erste
allein den Verston trägt, nicht so dafs die 2. oder 4. oder gar beide erst durch
Jambenkürzung zur Kürze werden. Eine Gruppe scheinbarer Ausnahmen habe
ich dort anders erklärt, eine andere besteht aus folgenden Versen: Asin. 844
ea rés me male habet, at non eo quia tibi non cupiam quae velis, Cas. 553
suam úxorem hanc arcessituram esse, ea se eam negat morarier, Mil. 240 *tǎm
similem quam lacte lactist. apud ⟨te⟩ e o s hic devortier*, Poen. 296 *énim vero,
ere, m e o me lacessis ludo et delicias facis*, Capt. 740 *periclum vitae me ae tuo
stat periculo* (in welchem Verse sogar 2 jambische Wörter den Proceleusmaticus
ausmachen würden), dazu kommt Mil. 262 *nam ille non potuit quin sermone suo
aliquem familiarium*. 2. Plautus setzt in die 4. Stelle des trochäischen Septenars, wie überhaupt selten eine daktylische Wortverbindung, so äufserst selten
eine solche, deren Thesis aus einem zu kürzenden jambischen Wort besteht, wie
Trin. 316 *neu tibi aegritudinem, pater, parerem parsi sedulo* (wo die Allitteration
gesucht ist), 1016 *gurguliost exercitor, is hunc hominem, cursuram docet* (anders
Aul. 610 Men. 1028). Eine Gruppe scheinbarer Ausnahmen ist folgende: Curc.
331 *scires velle gratiam tu a m, noluit frustrarier*, Men. 151 *litigium tibist cum
uxore, e o mi abs te caveo cautius*, Pseud. 1176 *ubi suram aspicias, scias posse
e u m gerere crassas compedes*, Trin. 329 *de meó, nam quod tuómst m e u m s t
omne, méumst autem tuom*, Epid. 679 *dum sine me quaeras, quaeras m e a
causa vel medio in mari* (vgl. 140), Mil. 797 *quasique hunc anulum faveae s u a e
dederit, ea porro mihi;* die letzten Verse verlangen geradezu einsilbige Messung
von *mea* und *suae*, damit die Betonungen von *quaeras* und *faveae* nicht metrisch
unrichtig werden; endlich, ein Vers der an Epid. 563, von dem wir ausgingen,
beweisend anknüpft, Stich. 591 *ad me, sed mihi ipsi domi m e a c nihil est, atque
hoc scitis vos.*
      2) Die Länge ist aufser den sonst citirten Stellen auch anzunehmen
Merc. 692 (s. S. 317) und Most. 88 *hominém cuius rei quandó natus éssct*
(nicht *est*).

Kürzung des *e* stattfindet, zeigt eine Zwischenstufe, die für *ai* nicht nachzuweisen ist.[1]) Dagegen ganz wie die Formen der *a*-Declination steht der Dativ *rei* sehr oft in Synalöphe[2]), aber nicht in Hiatus (Poen. 479 *quoi rei?* *ad fundas viscus né adhaeresceret* mit Personenwechsel), der Genetiv nirgend in Synalöphe (*reïst* zweisilbig, *dieïst*). Hiatus könnte nur in zwei Versen gefunden werden: Aul. 68 *malaé rei evenisse quamve insaniam*, wo die zweisilbige Aussprache den Hiatus hebt und die (sonst nicht vorkommende) Synalöphe der zweiten Endungssilbe hervorbringt, und Stich. 379 *ádvexit. nimium bonae rei, hercle rem gestam bene*, wo *rei* vor der Diärese steht. Auch der zweisilbige Dativ *fidei* (*fide*) geht Synalöphe ein (Pers. 193 *fide hércle*, Trin. 117. 142 *fide ét*, 128 *fide ádulescentem*), der Genetiv nicht. Terenz[3]) dagegen hat nicht nur wie Plautus *ei rei hunc* (zwei Silben, Ad. 854) und *quid hoc reïst* (doch *reïst* einsilbig) Ad. 175, sondern auch, was Plautus noch fremd ist, Heaut. 830 *quid rei ésset dixti huic? dixi pleraque omnia*; aber Heaut. 1002 mit Bentley zu schreiben *eum mihi precatorem paro, seni nostro nil fidei habeo* ist um so bedenklicher, als die Überlieferung *seni nostro fidei (fide) nil habeo* tadellos ist.

Die zufällig erhaltenen Verse des Livius und Naevius bestätigen das für Plautus gewonnene Resultat. Für Livius ist nur in dem Verse *toppér citi ad aedis vénimus Circae* der Genetiv in *ae* überliefert, sonst *-as*, für Naevius nur com. 49 *animaé pauxillulum in me habet*; der Dativ mit Synalöphe Liv. trag. 23 *mátri ne quid tuae advorsus fuas* (Naev. Coroll. frg. 9 *dividiaest*), der Nominativ plur. mit Synalöphe Liv. trag. 11 *tertias natae occupant*, Naev. trag. 36 *ignótae iteris sumus*, wo man aber zweifeln kann, wie bell. Poen. 3, 3 Z. *flentés ámbae abeúntes*, mit Hiatus Liv. trag. 18 *cónflugae ubi* (wo aber im Lemma *confluges* überliefert ist), Odyss. 23, 3 *importunae úndae* (wo freilich auch Synalöphe möglich ist), Naev. bell. Poen. 11 *silvicolae homónes bellique inertes*, 34 *oneráriae onústae stabant in flustris*. Dativ und No-

<hr>

1) Aufser *fide* hat Plautus *fidēi* Aul. 121 und *fidĕï* Vidul. 41, wo ich es hergestellt habe (de Pl. Vid. 7); *fidĕï*, das danach, wie es scheint, erst bei Manilius sicher steht, ist neben *rĕi* ganz unbedenklich. *fide* ist nicht über *fidĕï* aus *fidĕï* geworden, sondern nebeneinander gehen die Reihen *fidēi fide* und *fidēi fidĕï*.

2) Amph. 674 *álium ego isti rei állegabo*, Pers. 333 *quoi rei ópera detur* (372. 393, Poen. 815, Trin. 119. 865, Bacch. 297), Poen. 49 *ei rei égo finitor factus sum* (Pseud. 783), Rud. 717 *nón hodie isti rei auspicavi*, Stich. 720 *nûlli rei erimus postea*, Trin. 522 *ei rei árgumenta dicam*, Truc. 231 *nisi qui rei inimicust suae*.

3) Vgl. Engelbrecht, stud. Ter. p. 15.

minativ in *ae*, die älteren Bildungen, stehen auf derselben Stufe, wie bei Plautus, der Genetiv auf einer älteren.

Nach Plautus geht die Entwicklung des Gebrauchs der *ae*-Formen ohne Sprünge einen gemessenen Schritt, ja in wichtigen Punkten hat sich der Gebrauch so wenig geändert, dafs man über die Einhaltung der einst gezogenen Schranken erstaunt. Von Caecilius liegt ein Genetiv nur v. 242 vor[1]), im Dativ Synalöphe v. 229 *nunc meae malitiae, Astutia, opus est succenturiare.* Terenz hat 75—80 Genetive und 70—75 Dative (unter beiden einige unsichere), die Nominative habe ich nicht gezählt, aber Synalöphe ist im Nominativ sehr häufig (z. B. Hecyra 101. 180. 203. 275. 289. 307. 367. 368. 426. 762. 790), im Dativ And. 571, Eun. 1027, Heaut. 646, Phorm. 1049, Hec. 32. 401, Ad. 308. 624, vgl. Hec. 1, Phorm. 597, s. u. Ad. 25, Heaut. 382. In Hiatus steht weder ein Dativ (Hec. 1 s. S. 320) noch ein Nominativ plur. Auch von den Genetiven steht keiner in Hiatus aufser Ad. 767 *exemplum disciplinae.* ╪ *ecce autem hic adest,* der bei der geringen Zahl der terenzischen Iliate bei Personenwechsel[2]) von Lachmann zu Lucr. p. 161 mit Recht verworfen worden ist. Danach würde man Synalöphe häufiger erwarten als sie auftritt; sie ist nur in folgenden Fällen vorhanden: And. 235 *oppériar ut sciam numquidnam haec túrba tristitiae adferat,* Heaut. 710 *qui vim tantam in me et potestatem habeam tantae astutiae,* Ad. 495 *militiae et domi.* Als zweifelhaft tritt hinzu Heaut. 382 *isti formae ut mores consimiles forent*; in der Frage, ob hier Genetiv oder Dativ anzusetzen sei, gibt die Synalöphe ein Gewicht für den Dativ (S. 295). Auch Ad. 25 *poetae ad scribendum augeat industriam* ist es keineswegs erforderlich, *poetae* als Genetiv zu fassen.[3]) Andere Fälle gibt es nicht.[4]) Von jenen

---

1) V. 66 hat Onions emendiert: *sine blanditie nihil agit in amore inermus.* v. 70 *mihi sex menses satis sunt vitae* hat doch wohl zwei Dative, wie Heaut. 930 *nam si illi pergo suppeditare sumptibus*, Capt. 520 *nec subdolis mendaciis mihi usquam mantellum est meis,* Cas. 337 *quis mihi subveniet tergo aut capiti aut cruribus?* Rud. 426 *tum tibi operam ludo et deliciae dabo,* Trin. 313 *istaec ego mi semper habui aetati integumentum meae,* Stich. 524 *si tibi nullast aegritudo animo obviam,* Merc. 652 *quis modus tibi exilio tandem eveniet?,* wie Homer πῶς τίς τοι πρόφρων ἔπεσιν πείθηται Ἀχαιῶν; Eur. Hel. 82 σύγγνωθι δ᾽ ἡμῖν τοῖς λελεγμένοις, γύναι, eine Form des καθ᾽ ὅλον καὶ μέρος, vgl. zu Capt. 232.

2) Phorm. 146. 542, im Bembinus Eun. 433, vgl. Phorm. 963, oben S. 3.

3) Vgl. Eun. 434 *purgon ego me de istac Thaidi?* — *immo auge magis suspicionem* (scil. *ei*).

4) Heaut. 189 *animum amicae se erga* läfst der Bembinus irrthümlich *se* fort, Ad. 747 *meretrix et mater familias una in domo* haben die Calliopius-

drei Versen hat der eine den Locativ *militiae*, keinen wirklichen Genetiv, überdies in einer formelhaft geschlossenen Wendung. So bleiben im Grunde nur zwei Stellen, von denen ich wie von den plautinischen bezweifle, dafs sie so vom Dichter herrühren, der And. 235 *ferat* statt *adferat* schreiben konnte und Heaut. 710 vielleicht besser *tantam* als *tantae* schrieb. Terenz also hat den Hiatus des Nom. plur. und des Gen. sing. (gleichviel ob bei diesem Hiatus oder mit zweisilbig gesprochener Endung Synalöphe des *i* entsteht) aufgegeben, aber die Synalöphe des Genetivs in *-ae* nicht oder nur in wenigen Ausnahmefällen zugelassen. Der Nom. plur. steht also für ihn schon ganz auf der Stufe des Dativs, der Genetiv aber noch nicht, und man mufs daher annehmen, dafs in der gebildeten Umgangssprache noch ein Unterschied zwischen dem *ae* des Genetivs und dem des Dativs und Nominativs empfunden wurde. Um dieser Thatsache sicher zu sein bedarf es nicht der andern, dafs Terenz die zweisilbige Endung des Genetivs anwendet; das war Sache des Gebrauchs und er konnte das *āi* als seinem Stil zuwider vermeiden, auch wenn das *i* in der lebendigen Sprache noch als solches empfunden wurde. Bentley hat bekanntlich *āi* bei Terenz unbedenklich hergestellt und dabei keinen Unterschied zwischen Genetiv und Dativ gemacht.[1]) Sehr scheinbar ist And. 439 *hospitai consuetudinem*, doch ist der Anfang *proptér huiusce* hart; hinzuzunehmen Phorm. 880 *ait uterque tibi potestatem eius habendae dari*, wo *adhibendae* des Bembinus, wenn ich nicht irre, gegen den Sinn verstöfst und *habendai* den Vers herstellen würde. Aber andere auch nur scheinbare Stellen gibt es nicht aufser der einen, die allein ernstliche Zweifel zu erregen geeignet ist, Heaut. 515

        ille Cliniae servos tardiusculust.

Wie man sich hier auf das Brixsche *adulescentis* für *Cliniae* einlassen und es gar evident finden konnte, verstehe ich nicht. *adulescens* verhält sich zum Namen wie das pronomen zum nomen: wenn sich zwei unterhalten und wissen, wen sie meinen, so brauchen sie nur *adulescens* zu sagen oder *ille*; hier, im Selbstgespräch, ist *Cliniae* entschieden lebendiger und besser. Wer die 2—3 Synalöphen anerkennt, kann auch die 1—3 *āi*, zumal den Eigennamen *Cliniāi* anerkennen; die Frage wird dadurch nicht wesentlich berührt, da auch für Terenz und seine Zeit es feststeht, dafs das *ae* des Genetivs noch nicht völlig consolidirt und der Analogie unterworfen ist.

    Auf die Reste der übrigen Sceniker wollen wir vor Ennius einen Blick

---

handschriften fälschlich *familias erit una*; der Vers Heaut. 515 ist durch *Cliniae ille* nicht verbessert (s. u.).

    1) Vgl. Engelbrecht stud. Ter. p. 14 sq., der aber auch einige Dative unter die Genetive mischt.

weifen. In der palliata ist kein Beispiel der Synalöphe[1]) des Genetivs, aber
eines des Iliatus: Turpil. 211 *hoc te óro, ut illius commiserescas miserae
orbitudinis* (gewifs nicht *miserulae*). Sonst in der Komödie Synalöphe
nur Titin. 1 *inauratae atque inlautae mulieris*; doch bedeutet das möglicherweise *mulieres*.[2]) In der Tragödie findet sich Acc. v. 124 *ut mea
ope opes Troiae integrem*, wo *Troiae* wohl nur als Genetiv gefafst werden
kann (154 *fortunaest*). Dagegen sind im Dativ (Turpil. 186, Titin. 52,
vgl. 69, Acc. 10. 429. 469, vgl. 686; *terraest* 112) und Nominativ plur.
(Titin. 59. 174, Atta 4, Pompon. 160, Acc. 214. 234. 237. 257. 677.
trag. inc. 76 sq. 126. 260, vgl. Turpil. 98, Acc. 236. 587) Synalöphen,
ein Iliatus im Nom. plur. Afran. 163 *Septembris heri Kalendae, hodie
ater dies*, vgl. Pomp. 141, wo sicher der Nominativ *laetitias insperates*
verwerflich ist.

Ennius hat den Genetiv in *āi* nicht wiederbelebt, sondern zu häufiger Verwendung beibehalten; in den erhaltenen Annalenversen hat er
7 mal *āi* und etwa gleich oft *ae*, in der Tragödie *Medeai* v. 217 und
10—12 mal *ae*. Hiatus hat er weder im Genetiv noch im Nominativ
plur. noch Dativ (zufällig, denn er konnte alle drei Casus für den griechischen Iliatus verwenden), Synalöphe im Nominativ trag. 28. 78. 172.
203. 219, vgl. 206. Wie, vielleicht zufällig, für den Dativ, so ist auch
für den Genetiv, und wie wir doch wohl sagen dürfen nicht zufällig,
kein Beispiel der Synalöphe erhalten, wenn nicht im Anfang der Medea, wie es meist geschieht, zu lesen ist (v. 207)

neve inde navis incohandae exordium
coepisset.

So steht in der in diesem Falle schlechteren (wie wir erst durch
Marx wissen) Überlieferung der Rhetorik ad Herennium, aus der, wie
gleichfalls Marx mit Wahrscheinlichkeit annimmt, Priscian den Vers in
derselben Gestalt entnommen hat; sonst ist in den mutili *inchoandas, in-
choanda* und ähnlich, aber im Bambergensis *inchoandi* geschrieben, dann
coepisset oder *cepisset*. Marx hat, wie zuerst Manutius, *inchoandi exordium
cepisset* geschrieben, mit intransitiver Bedeutung von *incohandi*. Mir
scheint *coepisset*, mit dreifachem Ausdruck des Beginnens, sehr im Stile

---

1) inc. v. 85 (Sen. de benef. II 5, 2) *quid? tu non intellegis tantum te gratiae
demere quantum morae adicis?* ist doch wohl mit *morae* der Vers (*demere tantum
te gratiae quantum morae* Gertz) zu Ende und *beneficiis*, das Ribbeck einfügt,
aus dem Zusammenhang zu entnehmen gewesen; vielleicht *adimere gratiae*.

2) Titin. v. 43 *rusticae togae ⟨ei⟩ ne sit copia*, 77 *pallae evallavero*,
Afran. 387 *vestrae hic erae* wie Turpil. 162 *famae ac flagiti*, sind Conjecturen,
die ich nicht empfehlen möchte. Doch Laberius 120 *decorem formae an di-
gnitatem corporis*.

des Ennius gesagt zu sein; *navis* tritt zum Gerundium wie in *lucis das tuendi copiam*, vgl. Ussing zu Capt. 1003, Madvig de fin. p. 113. Es findet sich also in den Resten des Ennius kein Beispiel von Synalöphe des Genetivs in *ae*.

Im wesentlichen zeigt die folgende daktylische Poesie dasselbe Bild wie Ennnius, und zwar länger als man anzunehmen geneigt sein würde. Lucilius hat Synalöphe im Nom. plur. v. 34. 35. 78. 80. 253. 261. 526. 866. 872 *(gumiae vetulae improbae ineptae)* 893. 900. 993; im Dativ nur die sehr zweifelhaften v. 142. 1015; im Genetiv[1]) sicher v. 28 *Ledae atque*, alle übrigen sehr unsicher: 250 *iratae ad* in einem Verse, dem ein Wort fehlt, etwa *iratae ⟨tigris⟩ ad catulos accedere inultum;* 889 *vitae esse* in dem (Nonius 173) so überlieferten Verse *sicuti te qui ea quae speciem vitae putamus esse*, der vielleicht ausging *vitae speciem esse putamus*[2]); 905 *tuae artis*, sicher verdorben[3]), vgl. 1124. Daneben hat Lucilius mehrmals den Genetiv in *-āi*, sicher v. 174 *Tiresiai*, 980 *viai* am Versende, 489 *rutai caulis habetur*[4]), inc. 12 M. *patriai prima putare*, auch v. 405 *(horai)* mit Wahrscheinlichkeit angenommen.[5])

Daraus, dafs Lucilius die zweisilbige Genetivendung anwendet, folgt, dafs sie im Leben noch keine versteinerte Form war, dass sie in der Sprache noch Leben hatte, wenn auch der Genetiv dem Dativ so weit angeglichen war, dafs Lucilius die Schreibung zu differenziren nöthig fand; aber er schrieb *ai* für den Genetiv und *ae* für den Dativ vor; das ist nicht scholastische Regel, es ist die Bezeichnung des Lautzustandes, den wir auch fernerhin in der Poesie nachweisen können.

Dafs Cicero in den Aratea (57[6]). 179. 216. 278. 324. 372. 418, aufser 57 und 278 im Versende) und Lucrez den Genetiv in *āi* anwenden, lehrt zunächst nichts für die lebendige Sprache[7]); aber wir können auch hier die Probe an der gleichsam umgekehrten Erscheinung, der nega-

---

1) Vgl. Stowasser in Wölfflins Archiv I p. 195 sq.

2) Liegt *quietae* in *qui ea quae?* vgl. 397 und 1145.

3) ⟨*istacc*⟩ | *virtutis tuae, haec artis monumenta locantur?* Der Gegensatz scheint mir sehr gut (Nonius 340 *virtutis haec tuae artis*).

4) Die Behauptung Stowassers p. 117, *ruta* könne τὰ ὄντα sein, ist mir unverständlich.

5) Die Stellen bei Stowasser p. 200.

6) Priscian I p. 285 bezeugt *terrai*, der Dresdensis hat *serius haec obitus terra eius sit equi vis* d. h. *terrae uissit.*

7) Bezeichnend sind Verse des Lucrez wie *tantast in quovis genere herbae materiai dissimilis ratio; quoniamst animi natura reperta atque animae quasi pars hominis, redde harmoniai nomen; maior enim turbae disiectus materiai consequitur leto.*

tiven Behandlung des Auslauts machen. Da finden wir die auffallende
Thatsache, dass zwar der Genetiv nicht in Synalöphe tritt, aber nun
auch den Dativ und, weniger vollständig, den Nominativ plur. in seinen
Bereich gezogen hat. Cicero freilich vermeidet überhaupt Synalöphe langer
Vocale in hohem Grade und es wird einfach dadurch erklärt, dafs er
keinen der drei casus in Synalöphe setzt (v. 448 *coronaest*) aufser v. 293
den nom. plur. *paucae e Chelis*, wo *e* mit Sicherheit ergänzt ist. Aber
Lucrez scheut die Synalöphe nicht und es ist kein Zufall, dafs bei ihm
das dativische *ae* nicht ein einziges mal mit folgendem Anlaut verschmilzt,
das genetivische nicht ein einziges mal aufser I, 139 *propter egestatem
linguae et rerum novitatem*. Einigemal steht der Nominativ plur. in Synalöphe: I, 305 *suspensae in,* 306 *dispansae in*; 605 und 813 *aliae atque aliae*, 1045 *aliae ac.*[1]) Lachmann hat VI, 1282 geschrieben *multaque ⟨res⟩ subitae et paupertas horrida suasit*, wo *subita et* im oblongus,
subita fit im quadratus steht; für jenes spricht der Umstand, dafs sich
die sichern Fälle von Synalöphe des nom. plur. auf das erste Buch beschränken, wie sich auch in ihm der Genetiv *linguae et* findet. Dagegen
hat Lucrez *qui etesiae esse feruntur* (VI, 716) neben *remigi oblitae* (Lachmann p. 387). Mit Recht sagt Lachmann (zu VI, 651) 'Lucretio *ae* vera
diphthongos erat, cuius utraque vocalis audiebatur.' Der Genetiv, der
seinen zweilautigen Charakter nie ganz eingebüfst aber doch dem Nominativ plur. und Dativ sich bis auf einen geringen Abstand in der
Aussprache genähert hatte, hat auch für den Nominativ plur. das Bewufstsein von der diphthongischen Natur des Auslauts geschärft und für
den Dativ es wieder wach gerufen.

Was es sonst von Versen voraugusteischer Zeit gibt, aufser Catull,
zeigt keine abweichenden Erscheinungen. In dem grofsen Fragment des
Porcius Licinus ist weder *Graeciae in* noch *Arcadiae in* überliefert, der
Iliatus *Arcadiae oppido* in der Diärese des Septenars. CIL. I, 1202, 2
(Bücheler 362) aus etwa gleicher Zeit *non aevo exsacto vitai es tradi-
tus morti* (vorher *eheu heu Taracei, ut acerbo es deditus fato*).

Catull ist der erste, der das *ae* des Genetivs und Nominativs (vom
Dativ scheint kein Beispiel vorhanden zu sein) nicht in zahlreichen aber
sicheren Fällen und wie es scheint unbedenklich in Synalöphe setzt:
*Libyssae harenae, Asiae Europaeque, vitae heu heu, boreae aut apeliotae,
multae optavere puellae*; Vergil in den Eclogen, in denen überhaupt die

---

1) I, 874 hat Lachmann *quae alienigenis* eingesetzt (*quae lignis*); vgl. II, 126
und IV, 887 *quae in solis, quae in corpore;* das sind alle Fälle mit *quae;* vgl.
Lachmann zu IV, 638. *quaest* V, 900. Dagegen II, 404 *at contra quae amara
atque aspera cumque videntur.*

Synalöphe langer Vocale sehr beschränkt ist, läfst kein -*ae* verschmelzen, wohl aber Hiatus bilden 7, 53 *castaneae hirsutae* und vielleicht 10, 12 *Aoniae Aganippe;* doch schon in den Georgica ist die Synalöphe üblich und dann in der Aeneis,[1]) obwohl er -*ai* conservirt.

Somit ist das auslautende *ae* endlich auf die Stufe andrer langer Vocale gelangt; aber seiner Elisionsfähigkeit froh zu werden war ihm nicht beschieden. Bereits in augusteischer Zeit beginnt man in einzelnen Kreisen der Dichtung die Synalöphe langer Vocale überhaupt zu vermeiden; im Culex ist *divae exorabile* (288) eine Singularität. Dieser Vermeidung der Synalöphe wirkt Vergil im didaktischen und epischen Gedicht entgegen, aber Horaz steht der Bewegung nicht fern[2]), hier kreuzen sich die Wege der beiden grofsen Führer. Im Punkt der Verschleifung des *ae* tritt das Verhalten des Horaz zur Synalöphe langer Vocale überhaupt in seinen Phasen greifbar und in seinem Gegensatz zu Vergil hervor. Während Vergil von der Vermeidung zur Zulassung fortschreitet, geht Horaz in seiner daktylischen Dichtung zwar keinen graden, aber doch eher den umgekehrten Weg. In den Satiren[3]) hat er Synalöphe in *ae* im ersten Buch nur 6, 38 im Genetiv *Damae aut* (1, 20 *causaest,* 2, 82 *togataest,* 100 *quae invideant*), aber im zweiten im Genetiv 1, 72 *Scipiadae et,* 4, 7 *naturae hoc* (vgl. 5, 100), im Dativ 3, 276 *stultitiae atque,* 6, 84 *longae invidit,* im Nom. plur. nicht. Dagegen in allen späteren (ep. I. 11, ars) nur das eine 1, 6, 26 *cum bene notum porticus Agrippae et via te conspexerit Appi;* hier aber fehlt *et* in der Masse der mafsgebenden Handschriften: den Mavortius-Handschriften und *F*, die es bewahrt haben (nicht Porphyrio, dessen Paraphrase kein *et* beweist), stehen *A* und der Vaticanus *B* gegenüber; ein Übergewicht der Überlieferung ist nach keiner von beiden Seiten vorhanden, das Asyndeton ist untadelig. In den Epoden hat Horaz die Synalöphen 3, 16 *siculosae Apuliae* (Dativ) und 17, 11 *Iliae addictum* (Nominativ), aber ihnen hält die Wage der Hiatus 5, 100 *Esquilinae alites,* der jetzt erst in sein richtiges Licht tritt. In sämmtlichen Oden ist nur eine Synalöphe in *ae*: III, 4, 78 *nequitiae additus* (Dativ). Auch dieser steht eine umgekehrte Erscheinung gegenüber. Horaz baut die alcäischen und sapphischen Gedichte des 4. Buches, schon das carmen saeculare, so, dafs er die Verse als Kola behandelt und durch Synaphie verknüpft.[4]) Die

---

1) Vgl. Schaper Progr. Joachimsth. Gymn. 1872/73 p. 41 sq., Haupt opusc. I p. 93.
2) Lehrs Horaz p. I sq., Kiefsling I p. 10 sq.
3) Lehrs hat die Thatsachen beobachtet, p. XVII und XIX.
4) Kiefsling I p. 10.

einzige Ausnahme von dieser Regel ist IV, 15, 10 *frena licentiae | iniecit*, es ist ein Auslaut in *ae*, in dem versteckt Horaz den scheinbaren Hiatus zuläfst. In den Gedichten andern Mafses findet sich, nicht im Strophenschlufs, 1, 18 *aemuli | Albanos*, 13, 1 *di | audivere*, beides Wörter, die er gleichfalls nicht mehr in Synalöphe setzen würde (wie *di* sat. II, 6, 54), in c. 3 kein Fall, in c. 7 und 12 nur syllaba anceps (7, 22; 12, 19), wie in c. 5; die Hiate, die in 5. 8. 10 zwischen den Kola vorkommen, sind folgende: 5, 5 *patriae | instar*, 8, 17 *impiae | eius* [1]), 10, 2 *superbiae | et*, sonst weder Hiatus noch in 8 und 10 syllaba anceps (8, 20 und 24 sind Strophenschlüsse wie 1, 16 und 24). Es ist klar, dafs Horaz nach 724 nicht nur die Synalöphe des *ae* vermieden, sondern auch durch den Hiatus gezeigt hat, dafs ihm auslautendes *ae* von andrer Art war als andere lange Vocale; während Vergil, der es bis 716 eben so gehalten hatte, danach das *ae* im Auslaut wie andere lange Vocale behandelte.

In der Zeit, in der Horaz die Synalöphe des *ae* aufgab, haben Tibull und Properz gedichtet. Tibull vermeidet bekanntlich in hohem Grade die Synalöphe langer Vocale, völlig vermeidet er die des *ae* aller Formen: *formaest* I, 8, 43 und *curaest* II, 3, 43 (vgl. I, 8, 45; 9, 51) sind keine Synalöphen. Properz, der der Synalöphe freier gegenübersteht [2]), stellt die des auslautenden *ae* unter besondere Regel; aber auch hier ist eine Entwicklung kenntlich und zwar auch hier eine nicht in grader Linie sich bewegende. Im ersten Buch findet sich aufser *tuaest* 2, 7 (so überliefert) nur, und zwar in demselben Gedicht v. 17 *Idae et* (Dativ), geschrieben im Neapolitanus *ida et*. [3]) In seiner ersten Publication hat sich also Properz der horazischen Technik angeschlossen. Dann aber nähert er sich der vergilischen. Im zweiten und dritten Buch stehen in Synalöphe die Dative II, 1, 74 *vitae et* (wie *Idae et*), 3, 36 *Europae atque Asiae*, die Nominative III, 5, 41 *furiae aut*, 20, 19 *multae ante* und nach Neapolitanus und Charisius, deren Zeugnifs nun freilich eine besondere Beleuchtung erhält, II, 33, 37 *cum tua praependent demissae in pocula sertae* (*demissa — serta* die übrigen Handschriften) [4]), der einzige Genetiv III, 8, 32 *ille Helenae in gremio maxima bella gerit*, dessen Vereinzelung ge-

---

1) Dies ist nicht Horaz, aber ein Beweis für das Alter der Interpolation.

2) Vgl. II, 17, 11 *quem modo felicem invidia admirante ferebant, nunc decimo admittor vix ego quoque die.*

3) 20, 45 Unger und Bährens falsch *accensae Hydriades.*

4) Scaligers *Thebae et* II, 28, 54 gewinnt nicht an Wahrscheinlichkeit, desgleichen *quadrigae aut* der geringeren Handschriften 34, 40. Der Hiatus III, 7, 29 *ite, rates curvae, et leti texite causas* ist durch die nothwendige Emendation *curvas* gehoben.

wifs als zufällig anzusehen ist.[1]) Es sind wenige, sparsam vertheilte
Fälle; aber in seiner letzten Zeit hat Properz auch die wenigen nicht
mehr zugelassen. Im vierten Buche findet sich keine Synalöphe in *ae*,
und Haupts *pactae in savia noctes* (3, 11) wird durch diese Beobachtung so hinfällig wie Lachmanns *blandae utrimque fluant* 6, 72.

Die Abneigung gegen die Synalöphe des *ae* wird, wie wir sehen,
in der frühern augusteischen Zeit noch als ein Erbstück der alten Technik
bewahrt; denn dafs damals noch ein sprachlicher Anlafs dazu vorhanden
gewesen wäre, ist nicht wahrscheinlich. Von Ovid an habe ich den Gebrauch nicht beobachtet. Die Abneigung gegen Synalöphe langer Vocale, durch Ovid gefördert, und gegen die Synalöphe überhaupt erreicht
in neronischer Zeit ihren Höhepunkt, dann wendet sich wieder die
epische Dichtung der vergilischen Technik zu. Aber es scheint nicht
wieder vorzukommen, dafs das auslautende *ae* unter besondere, es von
den übrigen Auslauten unterscheidende Regeln gestellt wird[2]); Statius
in den daktylischen Gedichten behandelt es sicher auf gleichem Fufs
mit den anderen, vgl. in Theb. I v. 302. 375, in XII v. 185. 435.
529. 679. 687. 727, und *Maenaliae Atalantes* (VI, 541) wirft bei ihm kein
Licht mehr auf eine Besonderheit des Auslauts. Dem einstigen Diphthong
war es bekanntlich beschieden, noch tiefer zu sinken; aber seine Rolle
als Diphthong hatte er ausgespielt als die klassische Poesie vollendet
war, nachdem er sie im römischen Verse unter Wechselfällen bis zu
Horaz und Properz bewahrt hatte *Livi scriptoris ab aevo*.

---

1) *vitae es* (*es* fehlt im Neapolitanus) III, 7, 1.

2) Über Lucan Trampe de Lucani arte metr. p. 16 (V 733 *indulgere morae et tempus subducere fatis* ist *et* so zweifelhaft überliefert wie Hor. ep. I,
6, 26), über Statius Nohl quaest. Stat. p. 14 sq.

Nachträge.

Zu S. 37 A. 4. Die Argumente, mit denen J. Masson im Journ. of philol. 1895 p. 220 sq. den suetonischen Ursprung der Lucrezvita des G. Borgia begründet, sind nicht überzeugender als die Radingers. Dagegen haben Reid (daselbst p. 235, vgl. Berl. phil. Wochenschr. 1895 p. 286) und Woltjer (Mnemos XXIII p. 222 sq.) übereinstimmend die Herkunft des Pollius Parthenopaeus aus Statius' Silven erkannt; und auch das *matre natus diutius sterili* hat Woltjer sehr hübsch aus einer Reminiscenz an Seren. Samm. 606 hergeleitet (bestätigt durch Fritsche Berl. phil. Wochenschr. 1895 p. 541). Die vita trägt den Stempel der Renaissanceerfindung an der Stirn. — Die Stelle ad Q. fr. II 9, 3 erklärt auch Reid richtig.

Zu S. 94. Kaibel erinnert, dass Menander frg. 402, 1 (Plokion) II. Weil emendirt hat $\dot{\epsilon}\pi'$ $\dot{\alpha}\mu\varphi\text{o}\tau\acute{\epsilon}\rho\alpha\nu$ $\dot{\rho}\tilde{\iota}\nu'$ $\dot{\eta}\pi\acute{\iota}\kappa\lambda\eta\rho\text{o}\varsigma$ $\ddot{\eta}$ $\kappa\alpha\lambda\dot{\eta}$ $\mu\acute{\epsilon}\lambda\lambda\epsilon\iota$ $\kappa\alpha\vartheta\epsilon\nu\delta\acute{\eta}\sigma\epsilon\iota\nu$ (überliefert *ANΦOTEPANIN* und *ἈΜΦΟΤΈΡΑΝ ἽΝΑ*), was mit dem Scherz des Pseudolus gut zusammentrifft.

Zu S. 102 vgl. Lukian Hermot. 20.

Zu S. 112. Ein sehr ähnlicher Fall bei Cicero de inv.: Marx Ad Herennium p. 109.

Zu S. 127 vgl. Kaibel Galeni protrept. p. 54 sq.

Zu S. 224. Wilamowitz erklärt *Pomplio* für Dual, eine kühne Erklärung von einschneidender Bedeutung; aber ich bin sehr geneigt zu glauben, dass er recht hat. Der Dual wäre dann bewahrt in der formelhaften Verbindung zweier Praenomina mit einem Nomen. Die sonst ältesten Beispiele sind, wenn ich nicht irre, *M. P. Vertuleieis* und *Q. M. Minucieis*.

Zu S. 258 A. 2. Mil. 634 *adolescentules (-e)* = *adulescentula est.*

Zu S. 260. Mil. 997 *corporist* = *corporis est.*

Zu S. 267. Anzuführen war für *potisset* auch Lucil. 976.

Sachregister.

22

Stellenregister.

Druck von J. B. Hirschfeld in Leipzig.